LE NOUVEAU TESTAMENT

Nihil obstat
Paris, le 12 novembre 1980
Guy Tilliette, p.s.s.

Imprimatur
Paris, le 12 novembre 1980
P. Faynel, v. é.

LE NOUVEAU TESTAMENT

*Traduit sur le texte grec,
présenté et commenté
par*

Charles Augrain, p.s.s.
Robert Tamisier, p.s.s.
François Amiot, p.s.s.

MÉDIASPAUL

La traduction des évangiles a été assurée par R. Tamisier (Matthieu et Marc) et C. Augrain (Luc et Jean); celle des Actes, des lettres des Apôtres et de l'Apocalypse par F. Amiot. Les introductions et les notes ont été rédigées par C. Augrain, R. Tamisier et M. Du Buit.

Catalogage avant publication de la Bibliothèque nationale du Canada

Bible. N.T. Français. Augrain et al. 2004
Le Nouveau Testament
ISBN 2-89420-606-2
I. Augrain, Charles. II. Tamisier, Robert, 1907. III. Amiot, François. IV. Titre.

BS2130 2004   225.5'41   C2004-940913-1

Composition et mise en page: *Médiaspaul*

Maquette de la couverture: *Maxstudy*

ISBN 2-89420-606-2

Dépôt légal — 3ᵉ trimestre 2004
Bibliothèque nationale du Québec
Bibliothèque nationale du Canada

© 2004   Médiaspaul
           3965, boul. Henri-Bourassa Est
           Montréal, QC, H1H 1L1 (Canada)
           www.mediaspaul.qc.ca
           mediaspaul@mediaspaul.qc.ca

           Médiaspaul
           48, rue du Four
           75006 Paris (France)
           media.arp@wanadoo.fr

Imprimé au Canada — Printed in Canada

SOMMAIRE

ABRÉVIATIONS DES LIVRES BIBLIQUES

La Genèse	Gn
L'Exode	Ex
Le Lévitique	Lv
Les Nombres	Nb
Le Deutéronome	Dt
Le livre de Josué	Jos
Le livre des Juges	Jg
Le livre de Ruth	Rt
Premier livre de Samuel	1 S
Deuxième livre de Samuel	2 S
Premier livre des Rois	1 R
Deuxième livre des Rois	2 R
Premier livre des Chroniques	1 Ch
Deuxième livre des Chroniques	2 Ch
Le livre d'Esdras	Esd
Le livre de Néhémie	Ne
Le livre de Tobit	Tb
Le livre de Judith	Jdt
Le livre d'Esther	Est
Premier livre des Maccabées	1 M
Deuxième livre des Maccabées	2 M
Le livre de Job	Jb
Les Psaumes	Ps
Les Proverbes	Pr
L'Ecclésiaste (Qohélet)	Qo
Le Cantique des Cantiques	Ct
Le livre de la Sagesse	Sg
L'Ecclésiastique (Siracide)	Si
Isaïe	Is
Jérémie	Jr

Les Lamentations	Lm
Le livre de Baruch	Ba
Ézéchiel	Ez
Daniel	Dn
Osée	Os
Joël	Jl
Amos	Am
Abdias	Ab
Jonas	Jon
Michée	Mi
Nahum	Na
Habacuc	Ha
Sophonie	So
Aggée	Ag
Zacharie	Za
Malachie	Ml
Évangile selon saint Matthieu	Mt
Évangile selon saint Marc	Mc
Évangile selon saint Luc	Lc
Évangile selon saint Jean	Jn
Les Actes des Apôtres	Ac
Lettre aux Romains	Rm
Première lettre aux Corinthiens	1 Co
Deuxième lettre aux Corinthiens	2 Co
Lettre aux Galates	Ga
Lettre aux Éphésiens	Ep
Lettre aux Philippiens	Ph
Lettre aux Colossiens	Col
Première lettre aux Thessaloniciens	1 Th
Deuxième lettre aux Thessaloniciens	2 Th
Première lettre à Timothée	1 Tm
Deuxième lettre à Timothée	2 Tm

Lettre à Tite	Tt
Lettre à Philémon	Phm
Lettre aux Hébreux	He
Lettre de saint Jacques	Jc
Première lettre de saint Pierre	1 P
Deuxième lettre de saint Pierre	2 P
Première lettre de saint Jean	1 Jn
Deuxième lettre de saint Jean	2 Jn
Troisième lettre de saint Jean	3 Jn
Lettre de saint Jude	Jude
L'Apocalypse	Ap

Abréviations par ordre alphabétique:

Ab	Abdias
Ac	Les Actes des Apôtres
Ag	Aggée
Am	Amos
Ap	L'Apocalypse
Ba	Le livre de Baruch
1 Ch	Premier livre des Chroniques
2 Ch	Deuxième livre des Chroniques
1 Co	Première lettre aux Corinthiens
2 Co	Deuxième lettre aux Corinthiens
Col	Lettre aux Colossiens
Ct	Le Cantique des Cantiques**
Dn	Daniel
Dt	Le Deutéronome
Ep	Lettre aux Éphésiens
Esd	Le livre de Esdras
Est	Esther*

Ex	L'Exode
Ez	Ézéchiel
Ga	Lettre aux Galates
Gn	La Genèse
Ha	Habacuc**
He	Lettre aux Hébreux
Is	Isaïe**
Jc	Lettre de saint Jacques
Jb	Job**
Jdt	*Judith**
Jg	Le livre de Juges
Jl	Joël**
Jn	L'Évangile selon saint Jean
1 Jn	Première lettre de saint Jean
2 Jn	Deuxième lettre de saint Jean
3 Jn	Troisième lettre de saint Jean
Jon	Jonas**
Jos	Le livre de Josué
Jr	Jérémie
Jude	Lettre de Jude
Lc	L'Évangile selon saint Luc
Lm	Les Lamentations**
Lv	Le Lévitique
1 M	*Premier livre des Maccabées*
2 M	*Deuxième livre des Maccabées*
Mc	L'Évangile selon saint Marc
Mi	Michée
Ml	Malachie
Mt	L'Évangile selon saint Matthieu
Na	Nahum**
Nb	Les Nombres
Ne	Le livre de Néhémie

Os	Osée**
1 P	Première lettre de saint Pierre
2 P	Deuxième lettre de saint Pierre
Ph	Lettre aux Philippiens
Phm	Lettre à Philémon
Pr	Les Proverbes**
Ps	Les Psaumes**
Qo	L'Ecclésiaste (Qohélet)
1 R	Premier livre des Rois
2 R	Deuxième livre des Rois
Rm	Lettre aux Romains
Rt	Le livre de Ruth*
1 S	Premier livre de Samuel
2 S	Deuxième livre de Samuel
Sg	*Le livre de Sagesse***
Si	*L'Ecclésiastique (Siracide)***
So	Sophonie**
Tb	Tobit*
1 Th	Première lettre aux Thessaloniciens
2 Th	Deuxième lettre aux Thessaloniciens
1 Tm	Première lettre à Timothée
2 Tm	Deuxième lettre à Timothée
Tt	Lettre à Tite
Za	Zacharie

AUTRES ABRÉVIATIONS COURANTES

AT	Ancien Testament
NT	Nouveau Testament
av. J.C.	Avant Jésus Christ
ap. J.C.	Après Jésus Christ

cf.	Voir
ch.	Chapitre
litt.	Littéralement
par.	Passage(s) parallèle(s)
s.	Suivant, suivants
v.	Verset
vv.	Versets

* La Bible hébraïque, soit elle ne reconnaît pas ces livres, soit elle les situe dans les livres sapientiaux ou didactiques.
** Livres poétiques.
L'italique signale les livres deutérocanoniques.

LES ÉVANGILES

INTRODUCTION

Évangile signifie bonne nouvelle. L'Évangile est la Bonne Nouvelle par excellence, celle de notre salut en Jésus Christ. Elle a été mise par écrit en quatre petits livres, auxquels on a donné par extension ce même nom d'évangile : ce sont des formes diverses de l'unique Bonne Nouvelle. Nous disons traditionnellement, pour souligner cette unité : évangile selon saint Matthieu, selon saint Marc etc., plutôt qu'évangile de saint Matthieu ou de saint Marc.

On ne peut bien lire et bien comprendre les récits évangéliques si l'on ne sait qu'ils proviennent avant tout de la prédication des apôtres, commencée dès la Pentecôte. Les besoins de l'apostolat, l'extension même de l'Église et le souci de son unité amenèrent à mettre par écrit l'essentiel de cette prédication, ou catéchèse primitive. Ainsi virent le jour des rédactions fragmentaires – en premier lieu sans doute celles des événements de la Passion – dont le Prologue de saint Luc 1, 1 atteste clairement l'existence. Ces premiers récits sont, avec les traditions orales, à la base de nos évangiles.

On sait qu'un enseignement oral souvent répété ne tarde pas à revêtir une forme stéréotypée. Il prend des libertés avec la chronologie, l'ordre des événements, la teneur des paroles prononcées, qu'il adapte spontanément aux besoins de l'auditoire, surtout quand celui-ci est constitué en communauté. Il laisse de côté, ou au contraire met en relief, certains détails, selon la signification qu'il leur accorde. La mise par écrit de la prédication chrétienne présente ces caractères.

C'est ainsi que nos évangiles sont à la fois concordants pour l'ensemble et divergents sur nombre de points, tant dans les récits que dans les discours. La tradition s'est attachée au mystère de Jésus et au sens de son message plus qu'à la reproduction littérale des faits et des paroles, encore que celle-ci soit loin d'être absente. Mais la richesse de l'enseignement du Christ, le mystère de sa Personne, ont été mieux compris avec le recul du temps et dans la vie de la communauté ecclésiale. La lumière de la résurrection, l'action de l'Esprit Saint en ont fait mieux percevoir la signification profonde.

Les trois premiers évangiles sont appelés synoptiques, parce qu'ils suivent un même plan d'ensemble et peuvent être, pour une bonne part, disposés en colonnes parallèles. Dans quelle mesure dépendent-ils les uns des autres ? C'est un problème trop complexe pour que nous en traitions ici. Il reste qu'ils ont utilisé des sources communes, auxquelles se sont ajoutées pour chacun des informations propres, recueillies dans certains milieux de la première Église chrétienne. Chaque évangéliste a en outre mis sa marque personnelle sur son œuvre, tant du point de vue du vocabulaire et du style que de la pensée et des intentions.

Le quatrième évangile, selon saint Jean, se distingue nettement des trois premiers. Il procède d'un autre type de composition, suit un plan différent, est animé d'intentions qui lui sont propres. Il émane évidemment d'autres milieux, ou du moins en a subi les influences. Cela n'empêche pas qu'il soit vraiment un évangile, et l'exégèse contemporaine souligne, à côté de très notables divergences, nombre de points de contact avec les Synoptiques et d'attestations indiscutables d'une très ancienne tradition, qui mérite, sur tous les plans, la considération la plus attentive.

Au moment d'ouvrir les évangiles, il importe de bien se pénétrer de ce qu'ils sont : ni vie de Jésus au sens moderne du terme, ni exposé systématique et complet de la doctrine et de la morale chrétiennes, mais témoignage des premiers disciples sur la personne du Maître, écho de la prédication des apôtres dans la première Église. Œuvre de foi et d'amour, instrument d'apostolat, les évangiles laissent souvent insatisfaite notre curiosité. Aussi bien ne se sont-ils pas donné pour tâche de la satisfaire. Ils veulent susciter et approfondir cette même foi où ils ont pris naissance. Ils veulent enrichir notre connaissance historique et théologique du mystère du Christ. Ils veulent creuser en nous l'espérance du Règne de Dieu et nous permettre de nous désaltérer à la source jaillissante de l'Esprit de Jésus.

ÉVANGILE SELON SAINT MATTHIEU

INTRODUCTION

Matthieu ou Lévi, publicain de Capharnaüm, répondit à l'appel de Jésus (9, 9 et par.) et fut choisi comme l'un des Douze (10, 3 et par.). On ne sait rien de certain sur la suite de sa vie après la Pentecôte ni sur sa mort.

Au témoignage d'anciens Pères (Papias, Irénée, Origène, Jérôme), il aurait composé son récit « en langue hébraïque », ou plus exactement araméenne, avant la dispersion des Apôtres, donc entre 40 et 50. Mais ce texte, qu'on nomme l'évangile araméen de Matthieu, a disparu de bonne heure ou, plutôt, il a été absorbé par notre premier évangile.

Celui-ci fut écrit très probablement après la guerre juive de 66-70 à l'intention des milieux juifs : désormais dispersés, les fils d'Israël sont obligés de parler grec. En Asie mineure surtout, ils se trouvent en contact avec des milieux chrétiens hellénistiques ; ils ne peuvent ignorer les questions que l'on s'y pose sur les origines de Jésus (cf. Épîtres aux Colossiens et aux Éphésiens). D'ailleurs ils sont assez séduits par les spéculations prégnostiques qui s'y manifestent.

L'auteur a utilisé en outre des sources anciennes, comme ces livrets aide-mémoire qui virent le jour dès les premières décennies de l'Église : liste des Apôtres, paraboles du Royaume, discussions avec les Juifs, Miracles, Passion et Résurrection, sans oublier la charte du Royaume qui deviendra le Discours sur la montagne ; en outre, des formulaires liturgiques et scripturaires. On convient généralement que notre auteur a utilisé également l'évangile de Marc (certains parlent plus volontiers d'une source commune à ces deux premiers évangiles).

Matthieu écrit pour des fidèles généralement d'origine juive. C'est pourquoi il insiste sur la réalisation des prophéties et sur la continuité de la Loi mosaïque et de l'Évangile : le Christ n'est « pas venu abolir mais parfaire » (5, 17) ; le Juif qui devient chrétien ne renie pas le trésor spirituel du peuple élu, mais en trouve l'épanouissement et l'achèvement.

Aussi bien montre-t-il en Jésus le Messie annoncé par les prophètes, l'héritier des Promesses divines et le propre Fils de Dieu (26, 63-64). Celui-ci apporte à la Loi de Moïse son couronnement, il revendique la prérogative divine de remettre les péchés, il exerce un pouvoir souverain sur la nature et sur les hommes ; par sa Passion et sa Gloire, il assure le Royaume de Dieu, la vie véritable, le salut ou bonheur au monde entier que figure « la Galilée des nations » (2, 22 ; 28, 16-20).

Cet évangile est donc l'œuvre d'un théologien. Peu soucieux de détails concrets et de couleur locale, il abrège souvent le récit des événements, mais reproduit avec prédilection les enseignements du Christ. Suivant le schéma synoptique classique, (cf. Ac 10, 37-41), il groupe ces faits et enseignements en de grandes fresques ou discours, par exemple : discours sur la montagne : 5-7 ; les miracles : 8-9 ; instructions de mission : 10 ; paraboles du Royaume : 13 ; qualités du vrai fidèle : 18 ; discours eschatologique : 24-25.

C'est un genre didactique ou thématique qui ne s'attarde pas nécessairement à la chronologie. Il juxtapose volontiers des paroles prononcées en des circonstances diverses (comparer le discours sur la montagne dans Luc 6, 17-49) et qui tantôt se complètent et s'éclairent, tantôt ne sont unies que par un lien assez lâche.

Il importe de signaler spécialement l'évangile de l'Enfance (1-2) : souvenirs familiaux provenant peut-être de l'entourage de Joseph et qui probablement ne figuraient pas dans l'évangile araméen. Mais, en ces années 70, l'évangéliste veut répondre aux questions que l'on se pose sur l'origine de Jésus ; par là, il entend en même temps préfigurer et illustrer toute l'œuvre de Jésus.

La Généalogie montre en Jésus l'héritier des promesses faites à Abraham et à David ; si elle est marquée de la mentalité sémitique, elle affirme déjà l'universalisme de l'enseignement du Christ (les quatre femmes citées avant la Vierge apportent à la lignée messianique quelques gouttes de sang païen).

Puis l'Enfant est accueilli par Joseph, fils de David (filiation officielle), qui représente le petit Reste, puis par les Païens (Mages). Persécuté par les chefs du peuple, il échappe à la mort et s'installe dans la Galilée des Nations.

Dans un style solennel, hiératique et parfois liturgique, cet évangile offre un ensemble d'une grande richesse doctrinale, très propre à l'enseignement comme à la méditation et souvent utilisé par la liturgie. Matthieu n'écrivait-il pas d'expérience personnelle : « *Tout scribe devenu disciple du royaume des cieux ressemble à un père de famille qui tire de ses réserves du neuf et du vieux* » *(13, 52)* ?

L'ÉVANGILE DE L'ENFANCE

1 Généalogie de Jésus. – [1]Généalogie de Jésus Christ, fils de David, fils d'Abraham[a]. [2]Abraham engendra Isaac. Isaac engendra Jacob. Jacob engendra Juda et ses frères. [3]Juda engendra Pharès et Zara, de Tamar. Pharès engendra Esrom. Esrom engendra Aram. [4]Aram engendra Aminadab. Aminadab engendra Naasson. Naasson engendra Salmon. [5]Salmon engendra Booz, de Rahab. Booz engendra Obed, de Ruth. Obed engendra Jessé. [6]Jessé engendra le roi David.

David engendra Salomon, de celle qui avait été la femme d'Urie. [7]Salomon engendra Roboam. Roboam engendra Abia. Abia engendra Asa. [8]Asa engendra Josaphat. Josaphat engendra Joram. Joram engendra Ozias. [9]Ozias engendra Joatham. Joatham engendra Achaz. Achaz engendra Ézéchias. [10]Ézéchias engendra Manassé. Manassé engendra Amon. Amon engendra Josias. [11]Josias engendra Jéchonias et ses frères, au temps de la déportation à Babylone.

[12]Après la déportation à Babylone, Jéchonias engendra Salathiel. Salathiel engendra Zorobabel. [13]Zorobabel engendra Abioud. Abioud engendra Éliakim. Éliakim engendra Azor. [14]Azor engendra Sadok. Sadok engendra Akhim. Akhim engendra Élioud. [15]Élioud engendra Éléazar. Éléazar engendra Mathan. Mathan engendra Jacob. [16]Jacob engendra Joseph, l'époux de Marie, de laquelle est né Jésus, qu'on appelle Christ[b].

1. – [a]1. Chez les Sémites, une généalogie développée est un titre de noblesse et d'héritage. En Jésus aboutissent et trouvent leur couronnement les promesses faites à Abraham (Tu seras bénédiction... pour toutes les familles de la terre : Gn 12, 2-3), et à David (sa dynastie durera à jamais : 2 S 7, 11-16).

[17]Il y a donc en tout, d'Abraham à David, quatorze générations[c]; de David à la déportation de Babylone, quatorze générations; et de la déportation de Babylone au Christ, quatorze générations.

L'annonce à Joseph. – [18]Voici quelle fut l'origine de Jésus Christ: Marie, sa mère, était fiancée à Joseph. Avant qu'ils aient habité ensemble, elle se trouva enceinte par l'action de l'Esprit Saint. [19]Joseph, son époux, qui était un homme juste et ne voulait pas la diffamer, envisagea de la répudier secrètement[d]. [20]Alors qu'il y réfléchissait, l'ange du Seigneur lui apparut en songe et lui dit: «Joseph, fils de David, ne crains pas de prendre chez toi Marie, ton épouse, car l'enfant qui est engendré en elle est l'œuvre de l'Esprit Saint. [21]Elle mettra au monde un fils, tu lui donneras le nom de Jésus, car il sauvera son peuple de ses péchés.» [22]Tout cela arriva pour accomplir ce que le Seigneur avait annoncé par le prophète: [23]*Voici que la vierge concevra et enfantera un fils, à qui on donnera le nom d'Emmanuel*[e], ce qui signifie: «Dieu avec nous». [24]A son réveil, Joseph fit ce que l'ange du Seigneur lui avait prescrit. Il prit chez lui son épouse; [25]il ne la connut pas jusqu'à ce qu'elle ait enfanté un fils[f], auquel il donna le nom de Jésus.

[b]16. Le grec «Christ» traduit l'hébreu «Messie»: celui qui a été consacré, le roi, puis le prêtre.

[c]17. Attentif aux chiffres et à leur symbolisme, Matthieu signale trois séries de quatorze générations (pour y parvenir, il ne craint pas d'omettre quelques noms): c'est-à-dire 6 fois 7 générations; or, dans la pensée juive de l'époque, l'histoire se divise en sept âges, le septième devant débuter avec l'avènement messianique: «Les derniers temps» de 2 Tm 3, 1; He 1, 2; 1 Jn 2, 18.

[d]19. Les fiancés vivaient séparément chez leurs parents, mais ils avaient tous les droits et devoirs du mariage. Cf. Dt 24, 1-5.

[e]23. Is 7, 14.

[f]25. Ces mots n'affirment pas et ne nient pas non plus la virgi-

2 Les mages.

— [1]Jésus étant né à Bethléem de Judée, au temps du roi Hérode[a], voici que des mages vinrent de l'Orient à Jérusalem. [2]Ils demandèrent : « Où est le roi des Juifs qui vient de naître ? Car nous avons vu son étoile en Orient, et nous sommes venus l'adorer. » [3]A cette nouvelle, le roi Hérode fut troublé, et tout Jérusalem avec lui. [4]Il convoqua tous les grands prêtres et les scribes du peuple et il leur demanda en quel lieu devait naître le Christ. [5]Ils lui répondirent : « A Bethléem de Juda, car voici ce qu'a écrit le prophète : [6]*Et toi, Bethléem, terre de Juda, tu n'es pas la moindre des cités de Juda, car de toi sortira le chef qui doit paître Israël, mon peuple*[b]. » [7]Alors Hérode convoqua secrètement les mages et leur fit préciser la date où l'étoile leur était apparue. [8]En les envoyant à Bethléem, il dit : « Allez vous renseigner exactement sur l'enfant ; lorsque vous l'aurez trouvé, faites-le-moi savoir, afin que moi aussi j'aille l'adorer. » [9]Après avoir entendu le roi, ils partirent. Et voici que l'étoile qu'ils avaient vue en Orient les précédait jusqu'à ce qu'elle vînt s'arrêter au-dessus de l'endroit où était l'enfant. [10]A la vue de l'étoile, ils avaient éprouvé une très grande joie. [11]Entrant dans la maison, ils virent l'enfant avec Marie, sa mère, et se prosternèrent pour lui rendre hommage. Puis, ouvrant leurs trésors, ils lui offrirent des présents, de l'or, de l'encens et de la myrrhe. [12]Puis, avertis en songe de ne pas retourner chez Hérode, ils rentrèrent dans leur pays par un autre chemin[c].

---

nité de Marie après la naissance de Jésus. Mais elle est plutôt indiquée par l'ensemble des évangiles et fortement affirmée par les Églises anciennes.

2. — [a]1. Hérode a régné de 37 à 4 avant notre ère. Les mages étaient des savants venant pro-

bablement d'Arabie du Sud où, depuis quelques siècles, se développait une importante communauté juive.

[b]6. Mi 5, 1, texte christianisé : Bethléem n'est plus « la moindre » des cités de Juda.

[c]12. Les mages ont pu rejoin-

Fuite en Égypte. — [13]Après leur départ, l'ange du Seigneur apparut en songe à Joseph et lui dit : « Lève-toi, prends l'enfant et sa mère, et fuis en Égypte. Tu y resteras jusqu'à ce que je t'avertisse, car Hérode va chercher l'enfant pour le faire périr. » [14]Joseph se leva, prit l'enfant et sa mère durant la nuit et se retira en Égypte. [15]Il y resta jusqu'à la mort d'Hérode, pour que s'accomplisse ce que le Seigneur avait annoncé par le prophète : *D'Égypte j'ai appelé mon Fils*[d].

Massacre des Innocents. — [16]Hérode, se voyant joué par les mages, entra dans une grande colère ; il envoya tuer, à Bethléem et dans tout son territoire, tous les enfants de deux ans et au-dessous, d'après la date qu'il s'était fait préciser par les mages. [17]Alors s'accomplit ce qui avait été annoncé par le prophète Jérémie : [18]*Une voix s'est fait entendre à Rama, gémissements et sanglots sans nombre : Rachel pleure ses enfants et ne veut pas être consolée, parce qu'ils ne sont plus*[e].

D'Égypte à Nazareth. — [19]Après la mort d'Hérode, l'ange du Seigneur apparaît en songe à Joseph, en Égypte, [20]et lui dit : « Lève-toi, prends l'enfant et sa mère, et retourne au pays d'Israël, car ceux qui en voulaient à la vie de l'enfant sont morts. » [21]Joseph se leva, prit l'enfant et sa mère et rentra au pays d'Israël. [22]Mais apprenant qu'Archélaüs régnait en Judée à la place d'Hérode, son père, il eut peur d'y aller. Averti en songe, il se retira dans la région de Galilée [23]et vint

dre, par Hébron, la route de l'encens allant de Gaza à l'Arabie du Sud.

[d]15. Os 11, 1, appliqué à Jésus (au lieu d'Israël).

[e]18. Jr 31,15 : le prophète disait la douleur des Israélites déportés à partir de Rama, près du tombeau de Rachel, la bien-aimée de Jacob ; une tradition tardive l'a situé près de Bethléem.

habiter dans une ville appelée Nazareth, afin que s'accomplisse ce qu'avaient dit les prophètes : « On l'appellera Nazaréen[f]. »

LE PROGRAMME DU ROYAUME

3 **Jean Baptiste, le Précurseur.** – [1]En ces jours-là parut Jean le Baptiste. Il prêchait dans le désert de Judée. [2]« Convertissez-vous, disait-il, car le Royaume des cieux[a] est proche. » [3]C'est de lui qu'a parlé le prophète Isaïe quand il a dit : *Voix de celui qui crie dans le désert : Préparez le chemin du Seigneur, rendez droits ses sentiers*[b]. [4]Quant à Jean, il avait un vêtement de poils de chameau et une ceinture de cuir autour des reins ; il se nourrissait de sauterelles et de miel sauvage. [5]Alors, accouraient à lui Jérusalem, toute la Judée et toute la région du Jourdain. [6]Ils se faisaient baptiser par lui dans le fleuve du Jourdain en confessant leurs péchés[c]. [7]Voyant beaucoup de pharisiens et de sadducéens venir au baptême, il leur dit : « Engeance de vipères, qui vous a enseigné comment fuir la colère qui vient ? [8]Produisez donc un véritable fruit de conversion. [9]Ne vous avisez pas de dire en vous-mêmes : "Nous avons pour père Abraham" ; car, je vous le déclare, des pierres que voici Dieu peut susciter des enfants d'Abraham[d]. [10]La cognée est déjà mise à la

---

[f]23. *Nazaréen* évoque sans doute Nazareth, mais aussi Ps 132, 18 ; le Messie portera le diadème, hébreu *nézèr,* qui suggère à la fois la consécration et le pouvoir royal.
3. – [a]2. Au lieu de *royaume des cieux,* Marc et Luc disent *royaume de Dieu* ; Jean traduit : *la vie éternelle.*

[b]3. Is 40, 3. Texte souvent cité à Qumrân.
[c]6. Un peu comme le baptême juif des prosélytes, celui que conférait Jean symbolisait la conversion intérieure, étape vers le baptême chrétien.
[d]9. Comparer Jn 8, 33-41.

père : ils réparaient leurs filets. Il les appela ; [22]laissant aussitôt leur barque et leur père, ils le suivirent.

Jésus et les foules. – [23]Jésus parcourait toute la Galilée, enseignant dans leurs synagogues, proclamant la Bonne Nouvelle du Royaume, et guérissant toute maladie et toute infirmité parmi le peuple. [24]Sa renommée se répandit dans toute la Syrie et on lui amena tous ceux qui souffraient de diverses maladies et douleurs : démoniaques, lunatiques, paralytiques ; et il les guérit. [25]Des foules nombreuses le suivirent, de Galilée, de la Décapole, de Jérusalem, de la Judée et d'au-delà du Jourdain.

5 **Discours sur la montagne. Les béatitudes.** – [1]A la vue de cette foule, Jésus gravit la montagne. Quand il se fut assis, ses disciples s'approchèrent de lui. [2]Prenant la parole, il se mit à les instruire :

[3]« Heureux ceux qui ont un cœur de pauvre[a] : le Royaume des cieux est à eux.

[4]Heureux les doux : ils posséderont la terre[b].

[5]Heureux ceux qui pleurent : ils seront consolés.

[6]Heureux ceux qui ont faim et soif de la justice : ils seront rassasiés.

[7]Heureux les miséricordieux : ils obtiendront miséricorde.

[8]Heureux les cœurs purs[c] : ils verront Dieu.

[9]Heureux ceux qui travaillent à la paix : ils seront appelés fils de Dieu.

---

5. – [a]3. Comme les « pauvres du Seigneur », ceux qui ne s'attachent pas aux richesses possédées ou recherchées.

[b]4. La Terre promise, figure des biens messianiques, équivalent du Royaume de Dieu.

[c]8. Dans la Bible, le cœur est premièrement le siège de la pensée. *Les cœurs purs* désignent ceux qui recherchent la lumière de la vérité, pour la mettre en pratique.

[10]Heureux ceux qui souffrent persécution pour la justice : le Royaume des cieux est à eux.

[11]Heureux serez-vous lorsqu'on vous insultera, qu'on vous persécutera et qu'on dira faussement contre vous toute sorte de mal à cause de moi :

[12]Réjouissez-vous et exultez, car votre récompense est grande dans les cieux. C'est ainsi, en effet, qu'on a persécuté les prophètes qui vous ont précédés. »

Le sel et la lumière. – [13]« Vous êtes le sel de la terre. Si le sel vient à s'affadir, comment lui rendre sa saveur ? Il n'est plus bon qu'à être jeté dehors et piétiné.

[14]« Vous êtes la lumière du monde. Une ville située sur une montagne ne peut être cachée. [15]On n'allume pas une lampe pour la mettre sous le boisseau, mais sur le lampadaire, afin d'éclairer tous ceux qui sont dans la maison. [16]Qu'ainsi brille votre lumière devant les hommes, pour qu'en voyant vos bonnes actions, ils glorifient votre Père qui est dans les cieux. »

La perfection de la loi. – [17]« Ne pensez pas que je sois venu abolir la Loi ou les Prophètes. Je ne suis pas venu abolir, mais parfaire. [18]Oui, en vérité, je vous le dis, tant que n'auront pas passé le ciel et la terre, aucun iota, aucun trait de la Loi ne passera : tout sera accompli[d]. [19]Qui donc violera l'un de ces commandements, même des plus petits, et enseignera aux autres à faire de même, sera déclaré bien petit dans le royaume des cieux. Mais qui les aura pratiqués et enseignés, celui-là sera déclaré grand dans le Royaume des cieux.

---

[d]17-18. L'AT (la Loi et les Prophètes) n'est pas caduc : il acheminait vers le Christ et la Loi nouvelle, achèvement et couronnement de l'ancienne.

²⁰Car, je vous le dis, si votre justice ne surpasse pas celle des scribes et des pharisiens, vous n'entrerez pas dans le Royaume des cieux. »

L'homicide. – ²¹« Vous avez entendu qu'il a été dit aux anciens : *Tu ne tueras pas ;* celui qui tuera sera passible de jugement. ²²Et moi, je vous dis que celui qui se met en colère contre son frère sera passible du jugement. Quiconque dit à son frère : "Raca"ᵉ sera passible du Sanhédrin ; quiconque dit : "Fou" sera passible de la géhenne de feu. ²³Si donc tu vas présenter ton offrande à l'autel et que là tu te souviennes que ton frère a quelque chose contre toi, ²⁴laisse là ton offrande devant l'autel ; va d'abord te réconcilier avec ton frère ; puis reviens présenter ton offrande.

²⁵« Accorde-toi au plus tôt avec ton adversaire, tant que tu es en route avec lui, sinon l'adversaire pourrait te livrer au juge, et le juge au geôlier : tu serais jeté en prison. ²⁶En vérité, je te le dis, tu n'en sortiras pas que tu n'aies payé jusqu'au dernier centime. »

Adultère et divorce. – ²⁷« Vous avez entendu qu'il a été dit aux anciens : *Tu ne commettras pas d'adultère*ᶠ. ²⁸Et moi, je vous dis que quiconque regarde une femme avec convoitise a déjà commis dans son cœur l'adultère avec elle. ²⁹Si donc ton œil droit est pour toi occasion de chute, arrache-le et jette-le loin de toi : mieux vaut pour toi perdre l'un de tes membres que d'avoir le corps entier jeté dans la géhenne. ³⁰Si ta main droite est pour toi occasion de chute, coupe-la et jette-la loin de toi : mieux vaut pour toi perdre l'un de tes membres que d'avoir le corps entier jeté dans la géhenne.

ᵉ22. *Raca* : mot araméen injurieux.
ᶠ27. Ex 20, 14.

[31]« Il a été dit aussi : *Que celui qui renvoie sa femme, lui donne un acte de répudiation*[g]. [32]Et moi, je vous dis que celui qui aura renvoyé sa femme, sauf dans le cas de faux mariage, l'expose à l'adultère ; et celui qui épouse une femme renvoyée commet un adultère[h]. »

Le serment. – [33]« Vous avez entendu encore qu'il a été dit aux anciens : *Tu ne te parjureras pas, mais tu t'acquitteras envers le Seigneur de tes serments*[i]. [34]Et moi, je vous dis de ne pas jurer du tout, ni par le ciel, parce que c'est le trône de Dieu ; [35]ni par la terre, parce que c'est l'escabeau de ses pieds ; ni par Jérusalem, parce que c'est la ville du grand Roi. [36]Ne jure pas non plus par ta tête, parce que tu n'en peux rendre un seul cheveu blanc ou noir. [37]Que votre langage soit : oui, oui ; non, non ; tout le reste vient du Mauvais. »

Le talion et l'amour des ennemis. – [38]« Vous avez entendu qu'il a été dit : *Œil pour œil, dent pour dent*[j]. [39]Et moi, je vous dis de ne pas résister au méchant ; mais si quelqu'un te frappe sur la joue droite, présente-lui encore l'autre. [40]Si quelqu'un veut te citer en justice pour te prendre ta tunique, abandonne-lui encore ton manteau. [41]Si quelqu'un te réquisitionne pour un kilomètre, fais-en deux avec lui. [42]Donne à celui qui te demande, et ne te détourne pas de celui qui veut t'emprunter.

[43]« Vous avez entendu qu'il a été dit : *Tu aimeras ton proche et tu haïras ton ennemi*[k]. [44]Et moi, je vous

---

g[31]. Dt 24, 1.

h[32]. Comme en 19, 9, est mis à part le cas du « faux mariage » souvent pratiqué dans le monde gréco-romain, mais que la conscience juive ne pouvait admettre.

i[33]. Ex 20, 7 ; Nb 30, 3.

j[38]. Ex 21, 24. La coutume du talion, qui pouvait se comprendre dans les milieux nomades, fut, depuis Moïse, constamment limitée et tempérée.

k[43]. Lv 19, 18. « Tu haïras ton ennemi » ne se trouve pas dans la

dis : Aimez vos ennemis, faites du bien à ceux qui vous haïssent, priez pour ceux qui vous persécutent et vous calomnient[l] : [45]ainsi serez-vous les fils de votre Père qui est dans les cieux, lui qui fait lever son soleil sur les méchants et sur les bons, et qui fait pleuvoir sur les justes et sur les injustes. [46]Si, en effet, vous aimez ceux qui vous aiment, quelle récompense aurez-vous ? Les publicains[m] n'en font-ils pas autant ? [47]Et si vous ne saluez que vos frères, que faites-vous d'extraordinaire ? Les païens ne le font-ils pas aussi ? [48]Vous donc, soyez parfaits comme votre Père céleste est parfait. »

6 L'aumône.

— [1]« Gardez-vous de pratiquer vos bonnes œuvres devant les hommes pour qu'ils vous remarquent, vous n'auriez pas de récompense auprès de votre Père qui est dans les cieux. [2]Quand donc tu fais l'aumône, ne le claironne pas devant toi, comme le font les hypocrites dans les synagogues et dans les rues, pour être honorés des hommes. En vérité, je vous le dis, ils ont reçu leur récompense. [3]Pour toi, lorsque tu fais l'aumône, que ta main gauche ignore ce que fait ta main droite [4]afin que ton aumône reste secrète ; ton Père, qui voit dans le secret, te le rendra. »

La prière.

— [5]« Quand vous priez, ne faites pas comme les hypocrites qui aiment prier debout dans les synagogues et aux coins des places, pour être honorés des hommes. En vérité, je vous le dis, ils ont reçu leur

Bible, mais traduit la pensée des gens de Qumrân, exprimée déjà au début de leur règlement : « Aimer tous les fils de lumière... et haïr tous les fils de ténèbres, chacun selon sa culpabilité d'après la vengeance de Dieu. »

[l]44. Plusieurs manuscrits ont complété d'après Luc 6, 27-28.

[m]46. Les *publicains*, fermiers juifs du fisc romain, à la fois collaborateurs et trop souvent exploiteurs de leurs frères, étaient considérés comme des pécheurs publics.

récompense. [6]Mais toi, quand tu veux prier, entre dans ta chambre, ferme la porte et prie ton Père présent dans le secret : ton Père, qui voit dans le secret, te le rendra. [7]Quand vous priez, ne rabâchez pas comme les païens qui se figurent être exaucés à force de paroles. [8]Ne les imitez pas : votre Père sait de quoi vous avez besoin avant que vous ne le lui demandiez. [9]Vous donc, priez ainsi :

« Notre Père, qui es aux cieux,
      que ton nom soit sanctifié ;
[10]que ton règne vienne,
      que ta volonté soit faite sur la terre comme au ciel.
[11]Donne-nous aujourd'hui notre pain de ce jour.
[12]Pardonne-nous nos offenses, comme nous
      pardonnons aussi à ceux qui nous ont offensés.
[13]Et ne nous soumets pas à la tentation,
      mais délivre-nous du Mal[a]. »

[14]« Si vous pardonnez aux hommes leurs offenses, votre Père céleste vous pardonnera aussi. [15]Mais si vous ne pardonnez pas aux hommes, votre Père ne vous pardonnera pas non plus vos offenses. »

Le jeûne. — [16]« Lorsque vous jeûnez, ne prenez pas un air sombre comme les hypocrites : ils se donnent une mine défaite pour que les gens voient bien qu'ils jeûnent. En vérité, je vous le dis, ils ont reçu leur récompense. [17]Pour toi, lorsque tu jeûnes, parfume-toi la tête et lave-toi le visage, [18]pour ne pas montrer aux gens que tu jeûnes, mais seulement à ton Père, présent dans le secret ; et ton Père, qui voit dans le secret, te le rendra. »

Détachement des biens terrestres. — [19]« Ne vous amassez pas de trésors sur la terre, où mites et vers les rongent, où les voleurs percent les murs et volent. [20]Mais

6. – [a]9-13. Comparer Luc 11, 2-4.

amassez-vous des trésors dans le ciel, où mites et vers ne rongent, où les voleurs ne percent pas les murs ni ne volent. [21]Car là où est ton trésor, là aussi sera ton cœur.

[22]« La lampe du corps, c'est l'œil. Si ton œil est sain, tout ton corps sera dans la lumière. [23]Mais si ton œil est malade, tout ton corps sera dans les ténèbres. Si la lumière qui doit être en toi n'est que ténèbres, que ne seront pas les ténèbres elles-mêmes ?

[24]« Nul ne peut servir deux maîtres : ou bien il haïra l'un et aimera l'autre ; ou bien il s'attachera à l'un et méprisera l'autre. Vous ne pouvez servir Dieu et Mammon[b].

[25]« C'est pourquoi je vous dis : Ne vous inquiétez pas pour votre vie de ce que vous mangerez, ni pour votre corps de quoi vous le vêtirez. La vie n'est-elle pas plus que la nourriture, et le corps plus que le vêtement ? [26]Regardez les oiseaux du ciel : ils ne sèment ni ne moissonnent, ils n'amassent rien dans des greniers ; mais votre Père céleste les nourrit. Ne valez-vous pas plus qu'eux ? [27]Qui de vous pourrait, à force de préoccupations, prolonger sa vie d'une coudée ? [28]Pourquoi vous inquiéter aussi du vêtement ? Regardez les lis des champs, comment ils croissent : ils ne travaillent ni ne filent, [29]cependant, je vous le déclare, Salomon lui-même, dans toute sa gloire, n'a jamais été vêtu comme l'un d'eux. [30]Si Dieu habille ainsi l'herbe des champs, qui est aujourd'hui et qui demain sera jetée au feu, ne fera-t-il pas beaucoup plus pour vous, gens de peu de foi ? [31]Ne vous préoccupez donc pas en disant : "Que mangerons-nous ?" ou : "De quoi nous couvrirons-nous ?" [32]Tout cela, les païens le recherchent, mais

[b]24. *Mammon* : mot araméen qu'on trouve en Si 31, 8 (texte hébreu), dans les écrits bibliques et à Qumrân. Il désigne l'argent considéré comme une puissance démoniaque qui asservit le monde.

votre Père céleste sait que vous en avez besoin. ³³Cherchez d'abord le Royaume de Dieu et sa justice, et tout cela vous sera donné par surcroît. ³⁴Ne vous inquiétez donc pas pour le lendemain : demain aura souci de lui-même ; à chaque jour suffit sa peine. »

7

Ne pas juger. − ¹« Ne jugez pas, afin de n'être pas jugés. ²Car, c'est à la manière dont vous aurez jugé qu'on vous jugera ; et c'est la mesure que vous utilisez pour les autres qui servira de mesure pour vous. ³Qu'as-tu à regarder la paille qui est dans l'œil de ton frère ? La poutre qui est dans ton œil, ne la remarques-tu pas ? ⁴Comment peux-tu dire à ton frère : "Laisse-moi ôter la paille de ton œil", alors qu'il y a une poutre dans le tien ? ⁵Hypocrite, ôte d'abord la poutre de ton œil ; alors tu y verras clair pour ôter la paille de l'œil de ton frère. »

Respect des choses saintes. − ⁶« Ne donnez pas les choses saintes aux chiens ; ne jetez pas vos perles aux pourceaux[a] : ils pourraient les piétiner et se retourner pour vous déchirer. »

Prier. − ⁷« Demandez, et l'on vous donnera ; cherchez et vous trouverez ; frappez, et l'on vous ouvrira. ⁸Quiconque en effet demande, reçoit ; qui cherche trouve ; à celui qui frappe on ouvrira. ⁹Qui d'entre vous, si son fils lui demande du pain, lui donnera une pierre ? ¹⁰Ou s'il lui demande un poisson, lui donnera-t-il un serpent ? ¹¹Si donc vous, qui êtes mauvais, vous savez donner de bonnes choses à vos enfants, combien plus votre Père, qui est dans les cieux, donnera-t-il de bonnes choses à ceux qui les lui demandent ? ¹²Tout ce que vous désirez que les hommes fassent pour vous, faites-le aussi pour eux : c'est cela, la Loi et les Prophètes. »

---

7. − [a]6. Chiens et porcs, tenus pour spécialement impurs.

Les deux voies. – [13]« Entrez par la porte étroite. Large est la porte et spacieux le chemin qui conduit à la perdition ; beaucoup s'y engagent. [14]Mais étroite est la porte et resserré le chemin qui conduit à la vie : il en est peu qui le trouvent. »

Les faux prophètes. – [15]« Gardez-vous des faux prophètes qui viennent à vous déguisés en brebis ; mais au-dedans, ce sont des loups rapaces. [16]Vous les reconnaîtrez à leurs fruits. Cueille-t-on des raisins sur des épines, ou des figues sur des ronces ? [17]Ainsi, tout bon arbre produit de bons fruits ; mais l'arbre mauvais produit de mauvais fruits. [18]Un bon arbre ne peut porter de mauvais fruits, ni un arbre mauvais porter de bons fruits. [19]Tout arbre qui ne produit pas du bon fruit, on le coupe et on le jette au feu. [20]Vous les reconnaîtrez à leurs fruits.

[21]« Ce n'est pas celui qui me dit : "Seigneur, Seigneur !" qui entrera dans le Royaume des cieux, mais celui qui fait la volonté de mon Père qui est dans les cieux. [22]Beaucoup me diront en ce jour-là[b] : "Seigneur, Seigneur ! n'est-ce pas en ton nom que nous avons prophétisé, en ton nom que nous avons chassé les démons, en ton nom que nous avons fait beaucoup de miracles ?" [23]Alors je leur déclarerai : "Je ne vous ai jamais connus ; *retirez-vous de moi, artisans d'iniquité[c] !*"»

Les vrais disciples. – [24]« Ainsi, quiconque entend de moi ces paroles et les met en pratique ressemble à un homme prudent qui a bâti sa maison sur le roc. [25]La pluie est tombée, les torrents ont dévalé, les vents ont soufflé et se sont déchaînés contre cette maison : elle ne s'est pas effondrée, car elle est fondée sur le roc. [26]Mais

[b]22. *Ce jour-là* : celui du Jugement.   [c]23. Ps 6, 9.

quiconque entend de moi ces paroles et ne les met pas en pratique ressemble à un homme insensé qui a bâti sa maison sur le sable. [27]La pluie est tombée, les torrents ont dévalé, les vents ont soufflé et se sont déchaînés contre cette maison : elle s'est effondrée, et grande a été sa ruine. »

[28]Lorsque Jésus eut achevé ce discours, les foules étaient frappées d'admiration pour son enseignement : [29]car il les enseignait en toute autorité et non pas comme leurs scribes.

LES MEMBRES ET LES MESSAGERS DU ROYAUME

8 Guérison d'un lépreux. – [1]Comme Jésus descendait de la montagne, des foules nombreuses le suivirent. [2]Et voici qu'un lépreux vint se prosterner devant lui en disant : « Seigneur, si tu le veux, tu peux me purifier. » [3]Jésus étendit la main, le toucha et dit : « Je le veux, sois purifié. » Aussitôt il fut purifié de sa lèpre. [4]Et Jésus lui dit : « Garde-toi d'en parler à personne ; mais va te montrer au prêtre et offre le don prescrit par Moïse, pour leur servir d'attestation[a]. »

Le centurion de Capharnaüm. – [5]Comme Jésus entrait à Capharnaüm, un centurion l'aborda et le supplia [6]en ces termes : « Seigneur, mon serviteur est couché à la maison, paralysé, et il souffre atrocement. » [7]Jésus lui dit : « Je vais aller le guérir. » [8]Le centurion reprit : « Seigneur, je ne suis pas digne que tu entres sous mon toit, mais dis seulement une parole et mon serviteur sera guéri. [9]Je ne suis certes qu'un subalterne, mais j'ai des soldats sous mes ordres ; je dis à

8. – [a]4. Conformément à Lv 14, 1-32.

l'un : "Va !" et il va, à un autre : "Viens !" et il vient ; à mon serviteur : "Fais cela !" et il le fait. » [10]A ces mots, Jésus fut dans l'admiration et dit à ceux qui le suivaient : « En vérité, je vous le dis, chez personne en Israël je n'ai trouvé pareille foi. [11]Aussi, je vous le déclare, beaucoup viendront du levant et du couchant prendre place à table dans le Royaume des cieux, avec Abraham, Isaac et Jacob. [12]Mais les fils du royaume[b] seront jetés dans les ténèbres extérieures : là, il y aura pleurs et grincements de dents. » [13]Puis Jésus dit au centurion : « Va, qu'il te soit fait comme tu as cru ! » Et son serviteur fut guéri à l'heure même.

Autres guérisons à Capharnaüm. – [14]Jésus vint dans la maison de Pierre. Il y trouva sa belle-mère couchée et atteinte de fièvre. [15]Il lui toucha la main et la fièvre la quitta ; elle se leva et se mit à le servir.

[16]Le soir venu, on lui amena beaucoup de démoniaques. D'un mot, il chassa les esprits et il guérit tous les malades. [17]Ainsi s'accomplissait ce qu'avait dit le prophète Isaïe : *Il a pris nos infirmités et s'est chargé de nos maladies*[c].

Suivre Jésus. – [18]Voyant une grande foule autour de lui, Jésus ordonna de passer sur l'autre rive. [19]Un scribe s'approcha et lui dit : « Maître, je te suivrai partout où tu iras. » [20]Jésus lui dit : « Les renards ont des tanières et les oiseaux du ciel des nids, mais le *Fils de l'homme*[d] n'a pas où reposer la tête. » [21]Un autre de ses disciples lui dit : « Seigneur, permets-moi d'aller d'abord

[b]12. *Les fils du royaume* : ceux qui demeureront volontairement dans la haine ou l'orgueil. *Pleurs et grincements de dents* : formule biblique pour exprimer le dépit et la colère.

[c]17. Is 53, 4.

[d]20. *Fils de l'homme* : Ez 2, 1 et ailleurs (pour dire : un homme comme les autres), et Dn 7, 13 : le personnage transcendant qui recevra de Dieu le règne univer-

ensevelir mon père. » ²²Jésus lui dit : « Suis-moi, et laisse les morts ensevelir leurs morts[e]. »

La tempête apaisée. – ²³Jésus monta dans une barque et ses disciples le suivirent. ²⁴Et voici qu'il s'éleva sur la mer une si grande tempête que la barque allait disparaître sous les vagues ; lui, cependant, dormait. ²⁵Ils vinrent l'éveiller en disant : « Seigneur, sauve-nous, nous périssons ! » ²⁶Il leur répondit : « Pourquoi avez-vous peur, gens de peu de foi ? » Se levant alors, il menaça les vents et la mer, et il se fit un grand calme. ²⁷Stupéfaits, les gens disaient : « Qui est-il donc, pour que même les vents et la mer lui obéissent ? »

Les possédés gadaréniens. – ²⁸Il parvint à l'autre rive, au pays des Gadaréniens[f]. Deux démoniaques, sortant des tombeaux, vinrent à sa rencontre ; ils étaient si violents que personne n'osait passer par ce chemin. ²⁹Et voici qu'ils se mirent à crier : « Qu'avons-nous de commun[g], Fils de Dieu ? Es-tu venu ici pour nous tourmenter avant le temps ? » ³⁰Or, il y avait, non loin d'eux, un grand troupeau de porcs qui paissaient. ³¹Les démons le suppliaient, disant : « Si tu nous chasses, envoie-nous dans ce troupeau de porcs. » ³²Il leur dit : « Allez-y ! » Ils sortirent et passèrent dans les porcs. Et voilà que tout le troupeau se précipita du haut de la falaise dans la mer et périt dans les eaux. ³³Les gardiens s'enfuirent et allèrent en ville tout raconter, ainsi

sel et éternel. Jésus a aimé ce titre qui invitait à scruter son mystère.

[e]22. Il s'agit des morts spirituels, qui refusent la vie du Royaume.

[f]28. *Gadara*, ville hellénistique de Décapole, à 10 km au sud-est du lac. Marc 5, 1 et Luc 8, 26 nomment Gérasa ou Gergésa, villes également situées en Décapole.

[g]29. *Qu'avons-nous de commun ?* Cf. note Marc 5, 7.

que l'affaire des démoniaques. 34Et voici que toute la ville sortit à la rencontre de Jésus ; dès qu'ils le virent, ils le supplièrent de se retirer de leur territoire.

9 **Guérison d'un paralytique.** − 1Jésus, s'étant embarqué, retraversa la mer et vint dans sa propre ville. 2Voici qu'on lui amenait un paralytique, couché sur une civière. Voyant leur foi, Jésus dit au paralytique : « Confiance, mon enfant : tes péchés sont remis. » 3Aussitôt quelques scribes se dirent en eux-mêmes : « Cet homme blasphème. » 4Mais, connaissant leurs pensées, Jésus dit : « Pourquoi ces pensées mauvaises dans vos cœurs ? 5Quel est le plus facile, de dire : "Tes péchés te sont remis"; ou de dire : "Lève-toi et marche"? 6Eh bien ! sachez que le Fils de l'homme a le pouvoir sur la terre de remettre les péchés... » « Lève-toi, dit-il alors au paralytique ; prends ta civière et retourne chez toi. » 7Il se leva et s'en alla chez lui. 8A cette vue, la foule fut saisie de crainte et rendit gloire à Dieu d'avoir donné une telle puissance aux hommes.

Matthieu le publicain. − 9Partant de là, Jésus vit, assis au bureau de la douane, un homme nommé Matthieu. Il lui dit : « Suis-moi. » L'homme se leva et le suivit. 10Or, comme il était à table chez lui, il arriva que de nombreux publicains et pécheurs vinrent prendre place avec Jésus et ses disciples. 11A cette vue, les pharisiens dirent aux disciples : « Pourquoi votre maître mange-t-il avec les publicains et les pécheurs ? » 12Mais lui les entendit et dit : « Ce ne sont pas les bien-portants qui ont besoin de médecin, mais les malades. 13Allez donc apprendre ce que signifie : *C'est la miséricorde que je veux, non le sacrifice*[a]. En effet, je ne suis pas venu appeler les justes, mais les pécheurs. »

9. − [a]13. Os 6, 6.

Discussion sur le jeûne. – [14]Les disciples de Jean l'abordent alors et lui disent : « Pourquoi jeûnons-nous, nous et les pharisiens, alors que tes disciples ne jeûnent pas ? » [15]Jésus leur répond : « Les gens de la noce peuvent-ils être en deuil tant que l'époux est avec eux ? Des jours viendront où l'époux leur sera ravi : alors, ils jeûneront. [16]Personne ne met une pièce de tissu neuf à un vieux vêtement, sinon la pièce rapportée tire sur le vêtement, et la déchirure s'aggrave. [17]On ne met pas non plus du vin nouveau dans des outres vieilles, sinon les outres éclatent, le vin se répand et les outres sont perdues ; mais on met le vin nouveau dans des outres neuves et le vin et les outres se conservent. »

L'hémorroïsse et la fille d'un notable. – [18]Tandis qu'il leur parlait ainsi, voici qu'un notable[b] s'approcha et se prosterna devant lui, en disant : « Seigneur, ma fille vient de mourir ; mais viens lui imposer la main et elle vivra. » [19]Jésus se leva et le suivit avec ses disciples.

[20]Et voilà qu'une femme affligée d'une perte de sang depuis douze ans s'approcha par derrière et toucha la frange de son vêtement, [21]car elle se disait : « Si seulement j'arrive à toucher son vêtement, je serai sauvée. » [22]Jésus se retourna, la vit et lui dit : « Confiance, ma fille, ta foi t'a sauvée. » Et, dès ce moment, cette femme fut sauvée.

[23]Arrivé à la maison du notable, Jésus vit les joueurs de flûte et la foule bruyante : [24]« Retirez-vous, dit-il. La fillette n'est pas morte, mais elle dort. » On se moquait de lui. [25]Mais quand on eut mis la foule dehors, il entra, prit la main de la fillette et elle se leva. [26]La nouvelle se répandit dans toute cette contrée.

---

[b]18. Ce *notable* est Jaïre, selon Mc 5, 22 ; Lc 8, 41.

Guérison de deux aveugles. – ²⁷Comme Jésus s'en allait, deux aveugles le suivirent, en criant : « Aie pitié de nous, fils de David ! » ²⁸Quand il fut entré dans la maison, ces aveugles s'approchèrent de lui et il leur dit : « Croyez-vous que je puisse vous faire cela ? » Ils lui répondirent : « Oui, Seigneur. » ²⁹Alors, il leur toucha les yeux, en disant : « Qu'il vous advienne selon votre foi. » ³⁰Et leurs yeux s'ouvrirent. Puis Jésus leur dit d'un ton sévère : « Prenez garde que personne ne le sache ! » ³¹Mais eux s'en allèrent, proclamant sa renommée dans tout le pays.

Guérison d'un muet. – ³²Comme ils sortaient, voici qu'on lui présenta un démoniaque muet. ³³Le démon chassé, le muet parla. Pleine d'admiration, la foule disait : « On n'a jamais rien vu de tel en Israël ! » ³⁴Mais les pharisiens disaient : « C'est par le prince des démons qu'il chasse les démons. »

Les foules sans berger. – ³⁵Jésus parcourait toutes les villes et les villages. Il enseignait dans leurs synagogues, proclamant la Bonne Nouvelle du Royaume et guérissant toute maladie et toute infirmité. ³⁶A la vue des foules, il fut ému de pitié, parce qu'elles étaient accablées et abattues comme *des brebis sans pasteur*ᶜ. ³⁷Alors il dit à ses disciples : « La moisson est abondante, mais les ouvriers peu nombreux. ³⁸Priez donc le Maître de la moisson d'envoyer des ouvriers dans sa moisson. »

10 **Les Douze et leur mission.** – ¹Ayant appelé à lui ses douze disciples, il leur donna pouvoir sur les esprits impurs, pour les chasser et pour guérir toute maladie et toute infirmité. ²Voici les noms des douze apôtres : le premier, Simon, surnommé Pierre, et André

ᶜ 36. Nb 27, 17 ; 1 R 22, 17.

son frère ; Jacques, fils de Zébédée, et Jean son frère ;
[3]Philippe et Barthélemy ; Thomas et Matthieu le publicain ; Jacques, fils d'Alphée, et Thaddée ; [4]Simon le
Cananéen[a], et Judas Iscariote, celui qui l'a trahi.

[5]Ces Douze, Jésus les envoya après leur avoir
donné les instructions suivantes : « N'allez pas chez les
païens ; n'entrez pas dans une ville de Samaritains[b].
[6]Allez plutôt vers les brebis perdues de la maison d'Israël. [7]En route, proclamez que le Royaume des cieux
est tout proche. [8]Guérissez les malades, ressuscitez les
morts, purifiez les lépreux, chassez les démons. Vous
avez reçu gratuitement, donnez gratuitement. [9]Ne vous
procurez ni or, ni argent, ni monnaie à mettre dans vos
ceintures, [10]ni sac pour la route, ni deux tuniques, ni
chaussures, ni bâton, car l'ouvrier mérite sa nourriture.

[11]« En quelque ville ou village que vous entriez, infor-
mez-vous de quelqu'un d'honorable et demeurez chez
lui jusqu'à votre départ. [12]En entrant dans la maison,
saluez-la. [13]Si cette maison en est digne, que votre paix
descende sur elle ; si elle n'en est pas digne, que votre
paix revienne à vous. [14]Si l'on refuse de vous recevoir et
d'écouter vos paroles, quittez cette maison ou cette ville
et secouez la poussière de vos pieds. [15]En vérité, je vous
le dis, au jour du jugement, Sodome et Gomorrhe seront
traitées moins rigoureusement que cette ville. »

Annonce de persécutions. — [16]« Voilà que je
vous envoie comme des brebis au milieu des loups.
Soyez donc prudents comme les serpents et simples

---

10. — [a]4. *Cananéen,* qualificatif
araméen qui désigne, non un
habitant de Canaan, mais un
homme zélé. Cf. Lc 6, 15 ; Ac
1, 13.

[b]5. Avant d'aller aux Samaritains et aux païens, il faut rap-

peler aux Juifs leur mission fondamentale : être pour tous les
peuples les missionnaires de la
Vérité. Ainsi agira Paul au cours
de ses voyages : d'abord la Synagogue, puis les païens.

comme les colombes. [17]Gardez-vous des hommes, car ils vous traduiront devant leurs tribunaux et ils vous flagelleront dans leurs synagogues. [18]Vous comparaîtrez devant gouverneurs et rois, à cause de moi : ce sera un témoignage pour eux et pour les païens. [19]Lorsqu'on vous livrera, ne vous demandez pas anxieusement ce que vous aurez à dire ni comment, car ce que vous devrez dire vous sera donné à l'heure même ; [20]ce n'est pas vous qui parlerez, mais l'Esprit de votre Père qui parlera en vous.

[21]« Le frère livrera son frère à la mort, et le père son enfant ; les enfants *se dresseront contre leurs parents*[c] et les feront mourir. [22]Tous vous haïront à cause de mon nom ; mais celui qui tiendra jusqu'à la fin, celui-là sera sauvé. [23]Lorsqu'on vous persécutera dans telle ville, fuyez dans telle autre. En vérité, je vous le dis, vous n'achèverez pas le tour des villes d'Israël avant que ne vienne le Fils de l'homme.

[24]« Le disciple n'est pas au-dessus de son maître, ni le serviteur au-dessus de son seigneur : [25]il suffit au disciple d'être comme son maître, et au serviteur d'être comme son seigneur. Si l'on traite de Béelzéboul[d] le maître de maison, à plus forte raison les gens de la maison. [26]Ne les craignez donc pas. Tout ce qui est caché finit par être découvert et tout secret par être connu. [27]Ce que je vous dis dans les ténèbres, dites-le en pleine lumière ; ce qu'on murmure à l'oreille, criez-le sur les toits. [28]Ne craignez pas ceux qui tuent le corps, mais ne peuvent tuer l'âme ; craignez plutôt celui qui peut perdre et l'âme et le corps dans la géhenne. [29]Ne vend-on pas deux moineaux pour un sou ? Aucun d'eux cependant ne tombe à terre sans la permission de

[c]21. Mi 7, 6.
[d]25. *Béelzéboul* : « Baal le Prince », dieu cananéen d'Ekron (2 R 1, 2) ; au temps de Jésus, c'est l'une des désignations de Satan.

votre Père. ³⁰Quant à vous, même les cheveux de votre tête sont tous comptés. ³¹Ne craignez donc pas : vous valez mieux qu'une multitude de moineaux.

³²« Quiconque se déclarera pour moi devant les hommes, je me déclarerai aussi pour lui devant mon Père qui est dans les cieux. ³³Quiconque me reniera devant les hommes, moi aussi je le renierai devant mon Père qui est dans les cieux. ³⁴Ne pensez pas que je sois venu apporter la paix sur la terre, je ne suis pas venu apporter la paix, mais le glaive. ³⁵Oui, je suis venu séparer *l'homme de son père, la fille de sa mère, la belle-fille de sa belle-mère.* ³⁶*On aura pour ennemis ceux de sa propre maison*ᵉ. ³⁷Qui aime son père ou sa mère plus que moi n'est pas digne de moi. Qui aime son fils ou sa fille plus que moi n'est pas digne de moi. ³⁸Qui ne prend pas sa croix et ne me suit pas n'est pas digne de moi. ³⁹Qui croira assurer sa vie la perdra, et qui aura perdu sa vie à cause de moi l'assurera.

⁴⁰« Qui vous reçoit, me reçoit ; et celui qui me reçoit, reçoit Celui qui m'a envoyé. ⁴¹Qui accueille un prophète parce qu'il est prophète recevra une récompense de prophète. Et qui reçoit un juste parce qu'il est juste recevra une récompense de juste. ⁴²Quiconque aura donné à boire, ne fût-ce qu'un verre d'eau fraîche, à l'un de ces petits, parce qu'il est mon disciple, en vérité, je vous le dis, il ne perdra pas sa récompense. »

11 ¹Lorsque Jésus eut achevé de donner ces instructions aux douze disciples, il s'en alla enseigner et prêcher dans leurs villes.

ᵉ35-36. Mi 7, 6.

LES MYSTÈRES DU ROYAUME

Message de Jean Baptiste. – [2]Or, Jean apprit dans sa prison les œuvres du Christ ; il lui envoya demander par ses disciples : [3]« Es-tu celui qui doit venir, ou devons-nous en attendre un autre ? » [4]Jésus leur répondit : « Allez rapporter à Jean ce que vous entendez et voyez : [5]*Les aveugles voient*, les boiteux marchent, les lépreux sont purifiés, *les sourds entendent*, les morts ressuscitent, *les pauvres reçoivent la Bonne Nouvelle*[a]. [6]Et heureux celui qui ne trébuchera pas à cause de moi ! »

[7]Comme ils s'en allaient, Jésus se mit à dire aux foules au sujet de Jean : « Qu'êtes-vous allés contempler au désert ? Un roseau agité par le vent ? Non ? [8]Qu'êtes-vous donc allés voir ? Un homme richement vêtu ? Mais les gens richement vêtus se trouvent dans les demeures des rois. [9]Alors, qu'êtes-vous allés voir ? Un prophète ? Oui, je vous le dis, et plus qu'un prophète. [10]C'est de lui qu'il est écrit : *Voici que j'envoie mon messager devant toi, il préparera ton chemin devant toi*[b]. [11]En vérité, je vous le dis, parmi les enfants des femmes, il n'en a pas surgi de plus grand que Jean le Baptiste ; cependant, le plus petit dans le Royaume des cieux est plus grand que lui. [12]Depuis les jours de Jean le Baptiste jusqu'à présent, le Royaume des cieux souffre violence, et ce sont des violents qui s'en emparent. [13]En effet, tous les Prophètes et la Loi ont prophétisé jusqu'à Jean ; [14]et si vous voulez comprendre, c'est lui le prophète Élie qui doit venir. [15]Celui qui a des oreilles, qu'il entende !

[16]« A qui puis-je comparer cette génération ? Elle ressemble à des enfants assis sur les places et qui en interpellent d'autres : [17]"Nous vous avons joué de la flûte, et vous n'avez pas dansé ; nous avons entonné un chant de

11. – [a]5. Is 35, 5-6 ; 42, 7 ; 61, 1.
  [b]10. Ml 3, 1.

deuil, et vous ne vous êtes pas frappé la poitrine." [18]Jean est venu, en effet, qui ne mangeait ni ne buvait, et l'on dit : "Il est possédé". [19]Le Fils de l'homme est venu, qui mange et boit, et l'on dit : "Voilà un glouton et un ivrogne, un ami des publicains et des pécheurs !" Mais la Sagesse a été justifiée par ses œuvres. »

Lamentation sur les villes de Galilée. – [20]Alors il se mit à reprocher aux villes où avaient eu lieu la plupart de ses miracles de ne s'être pas converties : [21]« Malheur à toi, Corozaïn ! Malheur à toi, Bethsaïde ! Car, si les miracles qui ont eu lieu chez vous avaient eu lieu à Tyr et à Sidon, il y a longtemps qu'elles se seraient converties sous le cilice et la cendre. [22]Aussi, je vous le déclare, au jour du jugement, Tyr et Sidon seront traitées moins rigoureusement que vous. [23]Et toi, Capharnaüm, *crois-tu que tu seras élevée jusqu'au ciel ? Tu seras précipitée aux enfers*[c]. Car si les miracles qui ont eu lieu chez toi avaient eu lieu à Sodome, elle subsisterait encore aujourd'hui. [24]Aussi, je vous le déclare, au jour du jugement, le pays de Sodome sera traité moins rigoureusement que toi. »

Le Père et le Fils. Appel aux humbles. – [25]En ce temps-là, Jésus prit la parole et dit : « Je te bénis, Père, Seigneur du ciel et de la terre, d'avoir caché ces choses aux sages et aux instruits, et de les avoir révélées aux tout-petits. [26]Oui, Père, tel a été ton bon plaisir. [27]Tout m'a été remis par mon Père ; personne ne connaît le Fils, sinon le Père, comme personne ne connaît le Père, sinon le Fils, et celui à qui le Fils veut le révéler.

[28]« Venez à moi, vous tous qui peinez sous le poids du fardeau, et moi je vous donnerai le repos. [29]Prenez sur vous mon joug et devenez mes disciples, car je suis

[c]23. Is 14, 13-15.

doux et humble de cœur, et vous trouverez le repos de vos âmes ; ³⁰car mon joug est facile à porter et mon fardeau léger. »

12 Le sabbat et les épis arrachés. – ¹En ce temps-là, un jour de sabbat, Jésus traversait des champs de blé. Ses disciples, ayant faim, se mirent à arracher des épis et à les manger. ²Ce que voyant, les pharisiens lui dirent : « Voilà tes disciples qui font ce qu'il n'est pas permis de faire le jour du sabbat. » ³Mais Jésus leur répondit : « N'avez-vous pas lu ce que fit David, lorsqu'il eut faim, lui et ses compagnons[a] ? ⁴Il entra dans la maison de Dieu et ils mangèrent les pains consacrés, que ni lui ni ses compagnons n'étaient autorisés à manger, mais seulement les prêtres. ⁵Ou bien n'avez-vous pas lu dans la Loi que les prêtres, dans le Temple, les jours de sabbat, violent la loi sur le sabbat sans être coupables ? ⁶Or, je vous le déclare, il y a ici plus grand que le Temple. ⁷Si vous aviez compris ce que signifie : *C'est la miséricorde que je veux, non le sacrifice*[b], vous n'auriez pas condamné des innocents. ⁸Car le Fils de l'homme est maître du sabbat. »

L'homme à la main paralysée. – ⁹Partant de là, il se rendit dans leur synagogue ; ¹⁰il s'y trouvait un homme qui avait une main paralysée. On posa à Jésus cette question : « Est-il permis de guérir le jour du sabbat ? » C'était pour l'accuser. ¹¹Mais il leur dit : « Qui d'entre vous, s'il n'a qu'une brebis et qu'elle tombe dans un trou le jour du sabbat, n'ira la prendre et la retirer[c] ? ¹²Or, combien l'homme vaut plus qu'une bre-

---

12. – [a]3. Resume 1 S 21, 1-7.
[b]7. Os 6, 6.
[c]11. Les pharisiens étaient moins rigides, plus humains que les moines de Qumrân qui interdisaient précisément une telle intervention.

bis ! Il est donc permis de faire le bien le jour de sabbat. » ¹³Alors il dit à cet homme : « Étends la main. » Il l'étendit, et elle redevint aussi saine que l'autre. ¹⁴Mais les pharisiens sortirent et tinrent conseil contre lui sur les moyens de le faire périr.

Jésus, le parfait Serviteur. — ¹⁵Jésus, l'ayant su, s'éloigna de là. Beaucoup le suivirent et il les guérit tous, ¹⁶en leur enjoignant de ne pas le faire connaître. ¹⁷Ainsi s'accomplit ce qu'avait dit le prophète Isaïe : ¹⁸*Voici mon serviteur que j'ai choisi, mon bien-aimé qui a toute ma faveur. Je mettrai mon Esprit sur lui et il annoncera le droit aux nations. ¹⁹Il ne disputera pas ni ne criera, on n'entendra pas sa voix sur les places. ²⁰Il ne brisera pas le roseau froissé, il n'éteindra pas la mèche qui fume encore, jusqu'à ce qu'il ait assuré le triomphe du droit ; ²¹en son nom tous les peuples mettront leur espoir*ᵈ.

Jésus et Béelzéboul. — ²²Alors on lui amena un démoniaque aveugle et muet. Il le guérit, en sorte que le muet parlait et voyait. ²³Toute la foule, stupéfaite, disait : « N'est-ce pas là le Fils de David ? » ²⁴Mais, entendant cela, les pharisiens dirent : « Celui-ci ne peut chasser les démons que par Béelzéboul, le prince des démons. » ²⁵Connaissant leurs pensées, Jésus leur dit : « Tout royaume divisé contre lui-même va à la ruine ; toute ville ou maison divisée contre elle-même ne peut se maintenir. ²⁶Si Satan chasse Satan, il est divisé contre lui-même : alors, comment son royaume se maintiendra-t-il ? ²⁷Si c'est par Béelzéboul que je chasse les démons, par qui donc vos disciples les chassent-ils ? Aussi bien seront-ils eux-mêmes vos juges. ²⁸Mais si

ᵈ18-21. Is 42, 1-4.

c'est par l'Esprit de Dieu que je chasse les démons, c'est donc que le règne de Dieu est arrivé pour vous. ²⁹Ou encore, comment quelqu'un peut-il entrer dans la maison d'un homme fort et enlever ses biens, s'il n'a d'abord ligoté l'homme fort ? Alors, il pillera sa maison.

³⁰« Qui n'est pas avec moi est contre moi ; qui n'amasse pas avec moi dissipe. ³¹C'est pourquoi, je vous le déclare, tout péché et tout blasphème sera pardonné aux hommes ; mais le blasphème contre l'Esprit ne sera pas pardonné. ³²Quiconque dit une parole contre le Fils de l'homme, cela lui sera pardonné ; mais s'il parle contre l'Esprit Saint, cela ne lui sera pardonné ni en ce monde, ni dans le monde à venir[e]. ³³Que vous rendiez l'arbre bon, son fruit sera bon ; que vous rendiez l'arbre mauvais, son fruit sera mauvais : car c'est au fruit qu'on reconnaît l'arbre. ³⁴Engeance de vipères, comment pourriez-vous dire de bonnes paroles, vous qui êtes mauvais ? Car c'est de l'abondance du cœur que parle la bouche. ³⁵L'homme bon, d'un bon trésor, tire de bonnes choses ; l'homme mauvais, d'un mauvais trésor, tire de mauvaises choses. ³⁶Or je vous le dis, au jour du jugement, les hommes rendront compte de toute parole vaine qu'ils auront dite. ³⁷Car c'est d'après tes paroles que tu seras justifié et c'est d'après tes paroles que tu seras condamné. »

Le signe de Jonas. — ³⁸Alors quelques scribes et pharisiens lui dirent : « Maître, nous voudrions voir un signe de toi. » ³⁹Jésus leur répondit : « Génération mauvaise et adultère qui demande un signe ! Il ne lui sera

---

[e]31-32. Le péché contre l'Esprit est essentiellement le refus volontaire et coupable de la lumière ; ici, il consiste à attribuer à Satan les œuvres et la puissance du Christ. Tant que persiste cette attitude, on refuse le pardon toujours offert.

pas donné d'autre signe que celui du prophète Jonas.
⁴⁰De même, en effet, que *Jonas fut trois jours et trois
nuits dans le ventre du poisson*ᶠ, ainsi le Fils de l'homme sera trois jours et trois nuits dans le sein de la terre.
⁴¹Lors du jugement, les Ninivites se lèveront avec cette
génération et la condamneront, car ils se sont convertis
à la prédication de Jonas : et il y a ici plus que Jonas.
⁴²Lors du jugement, la reine du Midiᵍ ressuscitera avec
cette génération et la condamnera, parce qu'elle est
venue des extrémités de la terre pour écouter la sagesse de Salomon : et il y a ici plus que Salomon.

⁴³« Lorsque l'esprit impur est sorti d'un homme, il
erre dans les lieux arides en quête de repos, et il n'en
trouve pas. ⁴⁴Alors il dit : « Je vais retourner dans ma
maison d'où je suis sorti. » A son arrivée, il la trouve
libre, nettoyée et en ordre. ⁴⁵Alors il va chercher sept
autres esprits plus méchants que lui ; ils y entrent et s'y
installent et le dernier état de cet homme devient pire
que le premier. C'est ce qui arrivera à cette génération
mauvaise. »

La vraie famille de Jésus. — ⁴⁶Il parlait encore
aux foules lorsque voici sa mère et ses frères ; se tenant
dehors, ils cherchaient à lui parler. ⁴⁷Quelqu'un lui dit :
« Voici que ta mère et tes frères sont là dehors ; ils cherchent à te parler. » ⁴⁸Mais il répondit à celui qui l'en
informait : « Qui est ma mère et qui sont mes frères ? »
⁴⁹Et montrant de la main ses disciples, il dit : « Voici
ma mère et mes frères. ⁵⁰Quiconque fait la volonté de
mon Père qui est dans les cieux, celui-là m'est un frère
et une sœur et une mère. »

ᶠ40. Jon 2, 1. Le grand signe
que donnera Jésus sera sa propre
résurrection.

ᵍ42. La reine de Saba : 1 R 10,
1-10.

13 Les paraboles du lac. Le semeur. – ¹Ce

jour-là, Jésus sortit de la maison et s'assit au bord du lac. ²De si grandes foules s'assemblèrent autour de lui qu'il monta dans une barque et s'y assit : toute la foule se tenait sur le rivage. ³Et il leur dit beaucoup de choses en paraboles :

« Voici que le semeur est sorti pour semer. ⁴Tandis qu'il semait, des grains tombèrent le long du chemin ; les oiseaux vinrent et les mangèrent. ⁵D'autres tombèrent dans la pierraille, où ils n'avaient pas beaucoup de terre ; ils levèrent très vite car la terre était peu profonde ; ⁶mais après le lever du soleil, ils brûlèrent et, faute de racine, ils se desséchèrent. ⁷D'autres tombèrent au milieu des épines et les épines, en montant, les étouffèrent. ⁸D'autres enfin tombèrent sur la bonne terre et ils donnèrent du fruit, l'un cent, l'autre soixante, l'autre trente pour un. ⁹Que celui qui a des oreilles entende ! »

¹⁰Les disciples s'approchèrent et lui dirent : « Pourquoi leur parles-tu en paraboles ? » ¹¹Il leur répondit : « A vous il est donné de connaître les mystères du Royaume des cieux, mais à eux, ce n'est pas donné. ¹²Car, à celui qui a, on donnera et il sera dans l'abondance ; mais à celui qui n'a pas, on enlèvera même ce qu'il a. ¹³Voici pourquoi je leur parle en paraboles : c'est qu'ils voient sans voir et qu'ils entendent sans entendre ni comprendre. ¹⁴Et pour eux s'accomplit la prophétie d'Isaïe, qui dit : *Vous entendrez de vos oreilles, mais vous ne comprendrez pas ; vous regarderez de vos yeux, mais vous ne verrez pas. ¹⁵Car le cœur de ce peuple s'est appesanti ; ils sont devenus durs d'oreille, ils ont fermé les yeux, si bien qu'ils ne voient pas de leurs yeux, qu'ils n'entendent pas de leurs oreilles, qu'ils ne comprennent pas avec leur cœur, qu'ils ne se convertissent pas : et je les aurais guéris*[a] ! ¹⁶Mais pour

---

13. – [a]14-15. Is 6, 9-10.

vous, heureux vos yeux parce qu'ils voient, et vos oreilles parce qu'elles entendent ! [17]En vérité, je vous le dis, beaucoup de prophètes et de justes ont désiré voir ce que vous voyez, et ne l'ont pas vu, entendre ce que vous entendez, et ne l'ont pas entendu.

[18]« Vous donc, entendez la parabole du semeur. [19]Si quelqu'un entend la Parole du Royaume sans la comprendre, le Malin vient et enlève ce qui a été semé dans son cœur : c'est celui qui a reçu la semence au bord du chemin. [20]Celui qui a reçu la semence dans la pierraille, c'est celui qui entend la Parole et qui la reçoit aussitôt avec joie ; [21]mais il n'y a pas en lui de racine, il est inconstant : que vienne épreuve ou persécution à cause de la Parole, il tombe aussitôt. [22]Celui qui a reçu la semence au milieu des épines, c'est celui qui entend la Parole ; mais le souci du monde et la séduction de la richesse étouffent la parole, qui reste sans fruit. [23]Celui qui a reçu la semence dans la bonne terre, c'est celui qui entend la Parole et comprend ; il porte du fruit et produit cent, soixante ou trente pour un. »

Le bon grain et l'ivraie. – [24]Il leur proposa une autre parabole : « Le Royaume des cieux est semblable à un homme qui a semé du bon grain dans son champ. [25]Mais pendant que les gens dormaient, son ennemi est venu semer de l'ivraie au milieu du blé et s'en est allé. [26]Quand l'herbe eut poussé et produit l'épi, alors apparut aussi l'ivraie. [27]Les serviteurs du propriétaire vinrent lui dire : "Seigneur, n'as-tu pas semé du bon grain dans ton champ ? D'où vient donc qu'il y a de l'ivraie ?" [28]Il leur répondit : "C'est mon ennemi qui a fait cela." Et les serviteurs de lui dire : "Veux-tu que nous allions la ramasser ?" [29]"Non, dit-il, de peur qu'en ramassant l'ivraie, vous n'arrachiez en même temps le blé. [30]Laissez-les croître tous deux ensemble ; au temps de la moisson, je dirai aux moissonneurs : Ramassez d'abord l'ivraie et liez-la en bottes pour la brûler ; mais amassez le blé dans mon grenier". »

Le grain de moutarde. Le levain. – [31]Il leur proposa une autre parabole : « Le Royaume des cieux est semblable à un grain de moutarde qu'un homme prend et sème dans son champ. [32]C'est la plus petite de toutes les semences ; mais, lorsqu'elle a poussé, c'est la plus grande des plantes potagères ; elle devient un arbre, si bien que les oiseaux du ciel viennent faire leurs nids dans ses branches. »

[33]Il leur dit une autre parabole : « Le Royaume des cieux est semblable au levain qu'une femme prend et mêle à trois mesures de farine, si bien que le tout finit par lever. »

[34]Tout cela, Jésus le dit aux foules en paraboles et il ne leur parlait qu'en paraboles. [35]Ainsi s'accomplit cette parole du prophète : *J'ouvrirai la bouche pour parler en paraboles, je publierai des choses cachées depuis la création du monde*[b].

[36]Alors, laissant les foules, Jésus vint à la maison et ses disciples s'approchèrent de lui en disant : « Explique-nous la parabole de l'ivraie dans le champ. » [37]Il leur répondit : « Celui qui sème la bonne semence, c'est le Fils de l'homme. [38]Le champ, c'est le monde. Le bon grain, ce sont les sujets du Royaume, et l'ivraie, ce sont les sujets du Malin. [39]L'ennemi qui l'a semée, c'est le diable. Le temps de la moisson, c'est la fin des temps. Les moissonneurs sont les anges. [40]De même qu'on ramasse l'ivraie et qu'on la jette au feu, ainsi en sera-t-il à la fin des temps : [41]le Fils de l'homme enverra ses anges ; ils enlèveront de son royaume tous les fauteurs de scandale et d'iniquité [42]et ils les précipiteront dans la fournaise de feu :

[b]35. Ps 78, 2.

là seront pleurs et grincements de dents. [43]Alors les justes resplendiront comme le soleil[c] dans le Royaume de leur Père. Que celui qui a des oreilles, entende ! »

Le trésor et la perle. — [44]« Le Royaume des cieux est semblable à un trésor caché dans un champ. L'homme qui le trouve le cache à nouveau ; tout joyeux il s'en va vendre tout ce qu'il possède et il achète ce champ. [45]Le Royaume des cieux est encore semblable à un marchand en quête de perles fines. [46]S'il trouve une perle de grand prix, il va vendre tout ce qu'il possède et il l'achète[d]. »

Le filet. — [47]« Le Royaume des cieux est encore semblable à un filet qu'on jette dans la mer et qui ramène toutes sortes de poissons. [48]Lorsqu'il est plein, les pêcheurs le tirent sur le rivage et s'assoient ; ils mettent les bons dans des paniers et jettent les mauvais. [49]Ainsi en sera-t-il à la fin des temps : les anges viendront séparer les méchants d'avec les justes, [50]et ils les jetteront dans la fournaise de feu ; là, il y aura pleurs et grincements de dents.

[51]« Avez-vous compris tout cela ? » Ils répondent : « Oui. » [52]Et il leur dit : « C'est pourquoi tout scribe devenu disciple du Royaume des cieux ressemble à un père de famille qui tire de ses réserves du neuf et du vieux[e]. »

L'ORGANISATION DU ROYAUME :
L'ÉGLISE

Jésus à Nazareth. — [53]Quand Jésus eut achevé ces paraboles, il partit de là. [54]Arrivé dans sa patrie, il

---

[c]43. Comparer Dn 12, 3.
[d]44-46. Le trésor est trouvé fortuitement ; la perle rare a été longtemps recherchée.

[e]52. Comme Matthieu lui-même, le scribe avisé unit le respect de la tradition à la nouveauté permanente de l'Évangile.

se mit à enseigner les gens dans leur synagogue, de sorte que, pleins d'étonnement, ils disaient : « D'où lui viennent cette sagesse et ces miracles ? [55]N'est-ce pas là le fils du charpentier ? Sa mère ne s'appelle-t-elle pas Marie, et ses frères, Jacques, Joseph, Simon et Jude ? [56]Et ses sœurs ne sont-elles pas toutes parmi nous ? D'où lui vient donc tout cela[f] ? » [57]Et il était pour eux une occasion de chute. Mais Jésus leur dit : « Un prophète n'est méconnu que dans sa patrie et dans sa maison. » [58]Et là, il ne fit pas beaucoup de miracles, à cause de leur manque de foi.

14 **La mort de Jean Baptiste.** − [1]En ce temps-là, le tétrarque Hérode entendit la renommée de Jésus [2]et il dit à ses familiers : « C'est Jean le Baptiste ! Il est ressuscité d'entre les morts et c'est pourquoi le pouvoir des miracles agit en lui. » [3]En effet, Hérode avait fait arrêter Jean ; il l'avait enchaîné et jeté en prison à cause d'Hérodiade, femme de son frère Philippe[a]. [4]Car Jean lui disait : « Il ne t'est pas permis de la garder pour femme. » [5]Hérode aurait voulu le faire mourir, mais il craignait le peuple qui tenait Jean pour un prophète. [6]Or, à l'anniversaire d'Hérode, la fille d'Hérodiade dansa devant les convives. Elle plut tellement au roi [7]qu'il s'engagea par serment à lui donner tout ce qu'elle demanderait. [8]Et elle, à l'instigation de sa mère, dit : « Donne-moi, ici, sur un plat, la tête de Jean le Baptiste. » [9]Le roi fut contrarié ; mais à cause du serment et des convives, il ordonna de la lui donner, et [10]il envoya décapiter Jean dans la prison. [11]Sa tête fut apportée sur

[f]55-56. Frères et sœurs désignent, dans la Bible, ceux qu'unit un lien familial, ethnique ou religieux.

14. − [a]1-3. Hérode Antipas, fils d'Hérode le Grand et tétrarque de Galilée et Pérée ; exilé en Gaule en 39 avec Hérodiade. Hérode Philippe, son demi-frère (à ne pas confondre avec un autre demi-frère, le tétrarque du même nom) vécut en simple particulier et mourut à Rome.

un plat et donnée à la jeune fille, qui la porta à sa mère. [12]Ses disciples enlevèrent le corps et l'ensevelirent ; puis ils allèrent en informer Jésus.

Multiplication des pains. – [13]A cette nouvelle, Jésus s'éloigna de là en barque, vers un lieu désert et isolé. L'ayant appris, les foules partirent à pied de plusieurs villes et le suivirent[b]. [14]En débarquant, il vit une foule nombreuse ; il en fut ému de pitié et guérit leurs malades. [15]Le soir venu, les disciples s'approchèrent de lui et dirent : « Ce lieu est désert et l'heure est déjà avancée ; renvoie les foules, qu'elles aillent dans les villages s'acheter de quoi manger. » [16]Mais Jésus leur dit : « Ils n'ont pas besoin de s'en aller ; donnez-leur vous-mêmes à manger. » [17]Ils lui dirent : « Nous n'avons ici que cinq pains et deux poissons. » [18]« Apportez-les-moi ici », dit-il. [19]Il ordonna de faire asseoir les foules sur l'herbe. Puis, prenant les cinq pains et les deux poissons, il leva les yeux au ciel et dit la bénédiction ; il rompit les pains et les donna aux disciples, et les disciples aux foules. [20]Tous mangèrent à satiété ; et l'on emporta le reste des morceaux : douze corbeilles pleines. [21]Or, ceux qui avaient mangé étaient environ cinq mille hommes, sans compter les femmes et les enfants[c]. [22]Aussitôt il obligea les disciples à remonter dans la barque et à le devancer sur l'autre rive, pendant qu'il renverrait les foules[d]. [23]Après avoir renvoyé les

---

[b]13sv. En Matthieu (cf. 15, 32-38) et en Marc (6, 30-44 ; 8, 1-9) on trouve deux récits de multiplication des pains. Seraient-ils deux versions du même miracle, l'une transmise directement par les Douze (les douze paniers),

l'autre par les Diacres (les sept paniers) ?

[c]21. *Sans compter les femmes et les enfants* : formule biblique qu'affectionne Matthieu.

[d]22. Attitude de Jésus expliquée par Jean 6, 14-15.

foules, il gravit la montagne pour prier à l'écart; le soir venu, il était là, tout seul.

La marche sur les eaux. – [24]La barque se trouvait déjà à plusieurs stades[e] du rivage, battue par les flots, car le vent était contraire. [25]A la quatrième veille de la nuit[f], Jésus vint à eux en marchant sur la mer. [26]Le voyant marcher sur la mer, les disciples furent bouleversés et dirent: « C'est un fantôme ! » Pris de peur, ils poussèrent des cris. [27]Mais aussitôt il leur parla et dit: « Rassurez-vous, c'est moi; n'ayez pas peur ! » [28]Pierre lui répondit: « Seigneur, si c'est toi, ordonne que j'aille à toi sur les eaux. » [29]« Viens », dit Jésus. Et Pierre, descendant de la barque, se mit à marcher sur les eaux à la rencontre de Jésus. [30]Mais voyant la violence du vent, il eut peur et commença à couler; il s'écria: « Seigneur, sauve-moi ! » [31]Aussitôt Jésus étendit la main, le saisit et lui dit: « Homme de peu de foi, pourquoi as-tu douté[g] ? » [32]Lorsqu'ils furent montés dans la barque, le vent tomba. [33]Ceux qui étaient dans la barque se prosternèrent devant lui en disant: « Vraiment, tu es Fils de Dieu ! »

[34]Au terme de la traversée, ils abordèrent à Gennésareth. [35]Les gens de cet endroit, l'ayant reconnu, le firent savoir dans toute la contrée, et on lui amena tous les malades. [36]On le priait de les laisser seulement toucher la frange de son manteau, et tous ceux qui la touchèrent furent guéris.

[e]24. Le stade vaut environ 185 metres.

[f]25. La nuit était divisée en quatre « veilles », de 18 h à 6 h; la quatrième va de 3 h à 6 h du matin.

[g]31. Dans une intention ecclésiologique, Matthieu met Pierre en relief dans quatre épisodes qui lui sont propres: la marche sur les eaux; la primauté, 16, 17-19 (suggérée par les autres évangiles); l'impôt du Temple, 17, 24-27, qui unit le Christ et Pierre; le pardon sans limite, à l'imitation du Seigneur, 18, 21-22.

15 **Les pharisiens et leurs traditions.** – [1]Alors des scribes et des pharisiens venus de Jérusalem s'approchèrent de Jésus et dirent : [2]« Pourquoi tes disciples violent-ils la tradition des anciens ? Car ils ne se lavent pas les mains lorsqu'ils prennent leur repas. » [3]Il leur répondit : « Et vous, pourquoi violez-vous le commandement de Dieu au nom de votre tradition ? [4]En effet, Dieu a dit : *Honore ton père et ta mère* ; et encore : *Celui qui maudit son père ou sa mère mérite la mort*[a]. [5]Mais vous, vous dites : Celui qui déclare à son père ou à sa mère : "Ce dont j'aurais pu t'assister, j'en fais une chose consacrée"[b], [6]celui-là se trouvera dispensé de secourir son père ou sa mère. Et ainsi, vous annulez la parole de Dieu au nom de votre tradition ! [7]Hypocrites ! Isaïe a bien prophétisé de vous quand il dit : [8]*Ce peuple m'honore des lèvres, mais son cœur est loin de moi.* [9]*C'est en vain qu'ils me rendent un culte ; leurs enseignements ne sont que préceptes humains*[c]. »

[10]Puis, ayant appelé la foule, il leur dit : « Écoutez et comprenez. [11]Ce n'est pas ce qui entre dans la bouche qui rend l'homme impur, mais ce qui sort de la bouche, voilà ce qui rend l'homme impur. » [12]Alors les disciples s'approchèrent et lui dirent : « Sais-tu que les pharisiens, en entendant cette parole, ont été scandalisés ? » [13]Mais il répondit : « Tout plant que mon Père céleste n'a pas planté sera arraché. [14]Laissez-les : ce sont des aveugles qui conduisent des aveugles. Or, si un aveugle conduit un aveugle, tous deux tombent dans un trou. »

[15]Pierre prit la parole et lui dit : « Explique-nous cette parabole. » [16]Jésus dit : « Êtes-vous encore, vous aussi, sans intelligence ? [17]Ne comprenez-vous pas que tout ce qui entre dans la bouche descend dans le ven-

---

15. – [a]4. Ex 20, 12 ; 21, 17 ; Dt 3, 16.
[b]5. Littéralement : *qorban*,

offrande à Dieu, ou Trésor du Temple (27, 6).
[c]8-9. Is 29, 13.

tre, pour être ensuite évacué ? [18]Mais ce qui sort de la bouche vient du cœur, et c'est cela qui peut rendre l'homme impur. [19]Du cœur, en effet, viennent mauvaises pensées, meurtres, adultères, débauches, vols, faux témoignages, injures : [20]voilà ce qui rend l'homme impur. Mais manger sans s'être lavé les mains ne rend pas l'homme impur. »

La foi d'une païenne. – [21]Partant de là, Jésus se retira dans la région de Tyr et de Sidon. [22]Voici qu'une Cananéenne, venue de cette contrée, se mit à crier : « Aie pitié de moi, Seigneur, fils de David ; ma fille est cruellement tourmentée par un démon. » [23]Mais il ne lui répondit pas un mot. Ses disciples s'approchèrent et lui demandèrent : « Fais-lui grâce, car elle nous poursuit de ses cris. » [24]Il leur répondit : « Je n'ai été envoyé qu'aux brebis perdues de la maison d'Israël. » [25]Mais la femme vint se prosterner devant lui en disant : « Seigneur, viens à mon secours ! » [26]Il lui répondit : « Il n'est pas bien de prendre le pain des enfants pour le jeter aux petits chiens. » [27]Mais elle dit : « Oui, Seigneur ; mais les petits chiens mangent bien des miettes qui tombent de la table de leurs maîtres[d]. » [28]Alors Jésus lui répondit : « Femme, ta foi est grande ! Qu'il te soit fait comme tu le désires. » Et à cette heure même, sa fille fut guérie.

Seconde multiplication des pains. – [29]Partant de là, Jésus gagna le bord de la mer de Galilée ; il gravit la montagne et s'y assit[e]. [30]De grandes foules vinrent à lui, amenant avec elles boiteux, aveugles, estropiés, muets et bien d'autres encore. On les déposa à ses pieds et il les guérit. [31]La foule était saisie d'admiration en voyant les

[d]26-27. Les *petits chiens* ne symbolisent pas des êtres impurs (7, 6) ; mais, à sa cou-

tume, Jésus évoque une scène familière.
[e]29-38. Cf. 14, 13-21.

muets parler, les estropiés guéris, les boiteux marcher et les aveugles voir. Et elle rendait gloire au Dieu d'Israël. [32]Or, Jésus, appelant à lui ses disciples, leur dit : « J'ai pitié de cette foule ; voilà trois jours déjà qu'elle reste auprès de moi et ils n'ont rien à manger. Je ne veux pas les renvoyer à jeun ; ils pourraient défaillir en route. » [33]Les disciples lui disent : « Où trouver dans ce lieu désert assez de pains pour rassasier une telle foule ? » [34]Jésus leur dit : « Combien de pains avez-vous ? » « Sept, dirent-ils, et quelques petits poissons. » [35]Il ordonna à la foule de s'asseoir par terre ; [36]il prit les sept pains et les poissons et il rendit grâce. Puis il les rompit, il les donnait aux disciples, et les disciples aux foules. [37]Tous mangèrent à satiété ; et l'on emporta sept corbeilles pleines des morceaux qui restaient. [38]Or, ceux qui avaient mangé étaient au nombre de quatre mille hommes, sans compter les femmes et les enfants. [39]Après avoir renvoyé les foules, il monta dans la barque et s'en vint au pays de Magadan[f].

16

Voir un signe ! – [1]Les pharisiens et les sadducéens vinrent le mettre à l'épreuve en lui demandant de leur montrer un signe venant du ciel. [2]Il leur répondit : « Le soir, vous dites : "Il fera beau, car le ciel est rouge" ; [3]et le matin vous dites : "Aujourd'hui il y aura de l'orage, car le ciel est d'un rouge sombre". Vous savez donc interpréter l'aspect du ciel, mais pour les signes des temps vous ne le pouvez pas ! [4]Génération méchante et adultère qui demande un signe ! Mais comme signe, il ne lui sera donné que celui de Jonas. » Et, les laissant là, il partit.

Un enseignement faussé. – [5]En passant à l'autre rive, les disciples avaient oublié de prendre des pains.

---

[f]39. *Magadan* : lieu inconnu et texte incertain (*Dalmanoutha* en Mc 8, 10), peut-être Magdala ; en tout cas, à proximité du Lac.

[6]Jésus leur dit : « Attention ! Gardez-vous du levain des pharisiens et des sadducéens ! » [7]Mais eux-mêmes se faisaient cette réflexion : « C'est que nous n'avons pas pris de pains. » [8]Jésus, s'en rendant compte, leur dit : « Hommes de peu de foi, pourquoi ces réflexions, que vous n'avez pas de pains ? [9]Ne comprenez-vous pas encore ? Ne vous rappelez-vous pas les cinq pains pour les cinq mille hommes, ni combien de corbeilles vous avez remportées ? [10]Ni les sept pains pour les quatre mille hommes, ni combien de corbeilles vous avez remportées ? [11]Comment ne comprenez-vous pas que ce n'est pas pour des pains que je vous ai dit : Méfiez-vous du levain des pharisiens et des sadducéens ? » [12]Ils comprirent alors qu'il ne leur avait pas dit de se garder du levain qu'on met dans le pain, mais de la doctrine des pharisiens et des sadducéens[a].

La confession de Pierre. – [13]Arrivé dans la région de Césarée de Philippe, Jésus interrogea ses disciples : « Qui est le Fils de l'homme, au dire des gens ? » [14]Ils dirent : « Pour les uns, Jean le Baptiste ; pour d'autres, Élie ; pour d'autres, Jérémie ou l'un des prophètes. » [15]Il leur dit : « Et vous, qui dites-vous que je suis ? » [16]Prenant la parole, Simon-Pierre dit : « Tu es le Christ, le Fils du Dieu vivant. »

[17]Jésus lui répondit : « Heureux es-tu, Simon, fils de Jona : ce ne sont pas chair et sang qui t'ont révélé cela, mais mon Père qui est dans les cieux[b]. [18]Et moi je te dis que tu es Pierre ; sur cette pierre je bâtirai mon Église, et les portes de l'Enfer ne prévaudront pas contre elle. [19]Je te donnerai les clefs du Royaume des cieux ; tout ce

---

16. – [a]11-12. Sauf en 13, 33 et Lc 13, 20-21, le levain signifie un élément de corruption.

[b]17. Sur ce passage important,

cf. 14, 28-31. – *Chair et sang* : hébraïsme pour désigner la nature humaine et ses limites.

que tu lieras sur la terre sera lié dans les cieux, et tout ce que tu délieras sur la terre sera délié dans les cieux. » [20]Alors il défendit expressément aux disciples de dire à personne qu'il était le Christ.

Première annonce de la Passion. — [21]A partir de ce moment, Jésus commença à montrer à ses disciples qu'il devait aller à Jérusalem et beaucoup souffrir de la part des anciens, des grands prêtres et des scribes ; être mis à mort et ressusciter le troisième jour[c]. [22]Pierre, le tirant à part, se mit à le reprendre en lui disant : « A Dieu ne plaise, Seigneur ! Cela ne t'arrivera pas ! » [23]Mais Jésus, se retournant, dit à Pierre : « Arrière, Satan ! Tu m'es un obstacle : tes pensées ne sont pas celles de Dieu, mais celles des hommes. »

Comment suivre Jésus. — [24]Alors Jésus dit à ses disciples : « Si quelqu'un veut me suivre, qu'il se renonce lui-même, qu'il prenne sa croix et qu'il m'accompagne. [25]Celui qui veut sauver sa vie la perdra ; mais celui qui perd sa vie à cause de moi la retrouvera. [26]Que sert à l'homme de gagner le monde entier, s'il y perd sa vie ? Ou que pourrait donner l'homme en échange de sa vie ? [27]Car le Fils de l'homme doit venir avec ses anges, dans la gloire de son Père : alors il rendra à chacun selon sa conduite. [28]En vérité, je vous le dis, certains de ceux qui se trouvent ici ne mourront pas avant de voir le Fils de l'homme venir dans son Royaume. »

17 **La Transfiguration.** — [1]Six jours après, Jésus prend avec lui Pierre, Jacques et Jean son frère, et les emmène à l'écart sur une haute montagne[a]. [2]Il fut

----

[c]21. Commence une nouvelle phase de la vie publique ; cf. Mc 8, 31.

17. — [a]1-13. Sur cette haute montagne, comme sur un nouveau Sinaï, Moïse et Élie apparaissent

transfiguré devant eux ; son visage resplendit comme le soleil et ses vêtements devinrent blancs comme la lumière. ³Et voici que leur apparurent Moïse et Élie qui s'entretenaient avec lui. ⁴Prenant la parole, Pierre dit à Jésus : « Seigneur, il nous est bon d'être ici. Si tu veux, je vais y dresser trois tentes, une pour toi, une pour Moïse et une pour Élie. » ⁵Il parlait encore, qu'une nuée lumineuse les recouvrit ; et voici que, de la nuée, une voix disait : « Celui-ci est mon Fils bien-aimé ; il a toute ma faveur ; écoutez-le ! » ⁶Entendant cela, les disciples tombèrent la face contre terre, saisis d'effroi. ⁷Jésus s'approcha, les toucha et leur dit : « Levez-vous, ne craignez pas. » ⁸Levant les yeux, ils ne virent plus que Jésus seul. ⁹Comme ils descendaient de la montagne, Jésus leur donna cet ordre : « Ne parlez à personne de cette vision tant que le Fils de l'homme ne sera pas ressuscité d'entre les morts. »

¹⁰Les disciples l'interrogèrent : « Pourquoi donc les scribes disent-ils qu'Élie doit venir d'abord ? » ¹¹Jésus leur répondit : « Oui, Élie doit venir et tout remettre en ordre. ¹²Mais je vous le dis, Élie est déjà venu ; ils ne l'ont pas reconnu, mais ils l'ont traité comme ils ont voulu. De même le Fils de l'homme aura à souffrir de leur part. » ¹³Les disciples comprirent alors qu'il leur avait parlé de Jean le Baptiste.

Guérison d'un lunatique. – ¹⁴Quand ils eurent rejoint la foule, un homme s'approcha de lui, se jeta à genoux et dit : ¹⁵« Seigneur, aie pitié de mon fils. Il est lunatique et souffre beaucoup ; souvent il tombe dans le feu et souvent dans l'eau. ¹⁶Je l'ai présenté à tes disciples, mais ils n'ont pu le guérir. » ¹⁷Jésus répondit : « Génération incrédule et pervertie, jusques à quand

comme les témoins par excellence de cette ancienne alliance que Jésus, envoyé du Père, va rénover et achever.

serai-je avec vous ? Jusques à quand devrai-je vous supporter ? Amenez-le-moi. » [18]Jésus le menaça et le démon sortit de l'enfant, qui fut guéri dès ce moment[b].

[19]Alors les disciples s'approchèrent de Jésus et lui dirent en particulier : « Pourquoi n'avons-nous pu le chasser nous-mêmes ? » [20]Il leur dit : « A cause de votre peu de foi. En vérité, je vous le dis, si vous avez de la foi gros comme un grain de sénevé, vous direz à cette montagne : "Transporte-toi d'ici à là-bas", elle s'y transportera. Rien ne vous sera impossible. [21]Quant à cette sorte de démon, on ne la chasse que par la prière et le jeûne. »

Deuxième annonce de la Passion. – [22]Comme ils se trouvaient réunis en Galilée, Jésus leur dit : « Le Fils de l'homme va être livré aux mains des hommes ; [23]ils le feront mourir et, le troisième jour, il ressuscitera. » Ils en furent consternés.

L'impôt du Temple. – [24]Comme ils étaient arrivés à Capharnaüm, ceux qui perçoivent l'impôt du Temple s'approchèrent de Pierre et lui dirent : « Votre maître ne paie-t-il pas les didrachmes[c] ? » [25]« Si ! », répondit Pierre. Et quand il fut arrivé à la maison, Jésus lui dit, prenant les devants : « Qu'en penses-tu, Simon ? Les rois de la terre, de qui perçoivent-ils taxes et impôt ? De leurs fils ou des étrangers ? » [26]Comme il avait répondu : « Des étrangers », Jésus lui dit : « Les fils en sont donc exempts. [27]Mais, pour ne pas les scandaliser, va à la mer, jette l'hameçon, saisis le premier poisson qui mor-

[b]14-18. On attribuait à la lune une influence néfaste sur l'homme (Ps 126, 1), certaines maladies mystérieuses comme l'épilepsie ; c'est le cas de cet enfant ; cf. Mt 4, 24 ; Mc 9, 17-27.

[c]24. Le *didrachme*, pièce de deux drachmes, était le montant de la taxe annuelle que tout Israélite, à partir de vingt ans, devait payer pour le Temple.

dra, ouvre-lui la bouche : tu y trouveras un statère[d].
Prends-le et donne-le-leur pour moi et pour toi. »

L'AVÈNEMENT DU ROYAUME

18 Comme un enfant. — [1]A cette heure-là, les disciples s'approchèrent de Jésus et lui dirent :
« Qui donc est le plus grand dans le Royaume des
cieux ? » [2]Faisant venir un petit enfant, il le plaça au
milieu d'eux [3]et dit : « En vérité, je vous le dis : si vous
ne changez et ne devenez comme de petits enfants,
vous n'entrerez pas dans le Royaume des cieux. [4]Qui se
fera petit comme cet enfant, celui-là sera le plus grand
dans le Royaume des cieux. [5]Qui accueille un tel enfant
en mon nom m'accueille moi-même. [6]Mais qui scandalise un de ces petits qui croient en moi, mieux vaudrait
pour lui qu'on lui attache au cou une grosse meule[a] et
qu'on le précipite au fond de la mer. »

Le scandale. — [7]« Malheur au monde à cause des
scandales ! Il est inévitable qu'il arrive des scandales ;
mais malheur à l'homme par qui le scandale arrive ! [8]Si
ta main ou ton pied est pour toi occasion de chute,
coupe-le et jette-le loin de toi : mieux vaut pour toi entrer dans la vie manchot ou boiteux que d'être jeté dans
le feu éternel avec tes deux mains et tes deux pieds. [9]Si
ton œil est pour toi occasion de chute, arrache-le et
jette-le loin de toi : mieux vaut pour toi entrer borgne
dans la vie que d'être jeté avec tes deux yeux dans la
géhenne de feu. [10]Gardez-vous de mépriser aucun de
ces petits ; car, je vous le dis, leurs anges dans les cieux

[d]27. Le *statère* valait deux
didrachmes. Cf. 14, 28-31.
18. — [a]6. Littéralement : « meule

d'âne », grosse meule tournée
par un âne.

contemplent sans cesse la face de mon Père qui est dans les cieux. »

La brebis égarée. – [11]« Le Fils de l'homme est venu sauver ce qui était perdu. [12]Qu'en pensez-vous ? Si un homme possède cent brebis, et que l'une d'elles vienne à s'égarer, ne va-t-il pas laisser les quatre-vingt-dix-neuf autres sur les montagnes pour partir à la recherche de celle qui s'est égarée[b] ? [13]S'il parvient à la retrouver, en vérité, je vous le dis, il s'en réjouit bien plus que pour les quatre-vingt-dix-neuf autres qui ne se sont pas égarées. [14]De même, votre Père qui est dans les cieux ne veut pas qu'un seul de ces petits se perde. »

Correction fraternelle et pardon. – [15]« Si ton frère vient à pécher, va le trouver et reprends-le seul à seul ; s'il t'écoute, tu auras gagné ton frère. [16]Mais s'il ne t'écoute pas, prends encore avec toi une ou deux personnes, afin que *toute l'affaire soit réglée sur la parole de deux ou trois témoins*[c]. [17]S'il ne les écoute pas, réfères-en à l'Église. S'il refuse même d'écouter l'Église, qu'il soit pour toi comme le païen ou le publicain. [18]En vérité, je vous le dis, tout ce que vous lierez sur la terre sera lié dans le ciel ; tout ce que vous délierez sur la terre sera délié dans le ciel.

[19]« Je vous le dis encore, si deux d'entre vous s'accordent sur la terre pour demander quoi que ce soit, ils l'obtiendront de mon Père qui est dans les cieux ; [20]là, en effet, où deux ou trois sont réunis en mon nom, je suis là, au milieu d'eux. »

---

[b]12. Le berger en quête d'une bête égarée laisse les autres aux soins de ses camarades, car ils réunissent souvent leurs troupeaux. C'est ce qui se passa en mars 1947 quand un bédouin découvrit dans une grotte les premiers manuscrits de Qumrân.

[c]16. Dt 19, 15.

racine des arbres : tout arbre qui ne produit pas de bons fruits sera coupé et jeté au feu. [11]Moi, je vous baptise dans l'eau en signe de conversion ; mais celui qui vient après moi est plus puissant que moi et je ne suis pas digne de porter ses chaussures. Lui vous baptisera dans l'Esprit Saint et dans le feu. [12]Il tient en main la pelle à vanner. Il va nettoyer son aire, amasser son froment dans le grenier ; mais la paille, il la brûlera dans un feu qui ne s'éteindra pas. »

Baptême de Jésus. – [13]Alors survient Jésus. Il venait de la Galilée au Jourdain, auprès de Jean, pour être baptisé par lui. [14]Mais Jean s'en défendait, en disant : « C'est moi qui ai besoin d'être baptisé par toi, et tu viens à moi ! » [15]Jésus lui répondit : « Laisse faire pour le moment ; il convient que nous accomplissions ainsi toute justice. » Alors Jean le laissa faire. [16]Une fois baptisé, Jésus sortit aussitôt de l'eau. Voici que les cieux s'ouvrirent et il vit l'Esprit de Dieu, comme une colombe, descendre et venir sur lui. [17]Et du ciel une voix disait : « Celui-ci est mon Fils bien-aimé, il a toute ma faveur[e]. »

4 **Tentations au désert.** – [1]Alors Jésus fut conduit par l'Esprit dans le désert, pour être tenté par le diable. [2]Après avoir jeûné quarante jours et quarante nuits, il eut faim. [3]Le tentateur, s'approchant, lui dit : « Si tu es Fils de Dieu, ordonne que ces pierres deviennent des pains. » [4]Il répondit : « Il est écrit : *L'homme ne vit pas seulement de pain, mais de toute parole qui sort de la bouche de Dieu[a].* » [5]Alors le diable l'emmène dans la Ville sainte, le place sur le faîte du Temple [6]et lui dit : « Si tu es Fils de Dieu, jette-toi en bas, car il est écrit : *Il donnera pour toi des ordres à ses anges ; ils te porteront de leurs mains, afin que tu ne heurtes pas*

[e]17. Is 42, 1.   **4.** – [a]4. Dt 8, 3 ; Sg 16, 26.

ton pied contre une pierre[b]. » [7]Jésus répliqua : « Il est aussi écrit : *Tu ne tenteras pas le Seigneur ton Dieu*[c]. » [8]Le diable l'emmène encore sur une montagne très élevée ; il lui montre tous les royaumes du monde avec leur splendeur [9]et lui dit : « Tout cela, je te le donnerai, si tu te prosternes et m'adores. » [10]Mais Jésus lui dit : « Arrière, Satan, car il est écrit : *Tu adoreras le Seigneur ton Dieu et tu ne serviras que lui seul*[d]. » [11]Alors le diable le laissa. Et voici que des anges s'approchèrent, et ils le servaient.

Jésus en Galilée. – [12]Ayant appris que Jean avait été livré, Jésus se retira en Galilée.

[13]Quittant Nazareth, il vint habiter à Capharnaüm, située au bord de la mer, dans les territoires de Zabulon et de Nephtali : [14]ainsi s'accomplissait ce qu'avait annoncé le prophète Isaïe : [15]*Terre de Zabulon et terre de Nephtali, route de la mer, pays au-delà du Jourdain, Galilée des nations ! *[16]*Le peuple qui se trouvait dans les ténèbres a vu une grande lumière ; sur ceux qui se trouvaient au sombre pays de la mort, une lumière s'est levée*[e]. [17]Dès lors, Jésus se mit à prêcher ; il disait : « Convertissez-vous, car le Royaume des cieux est proche. »

Les premiers disciples. – [18]Comme il marchait le long de la mer de Galilée, Jésus vit deux frères, Simon, surnommé Pierre, et André, son frère ; ils jetaient leurs filets dans la mer, car ils étaient pêcheurs. [19]Il leur dit : « Suivez-moi, et je ferai de vous des pêcheurs d'hommes. » [20]Laissant aussitôt leurs filets, ils le suivirent. [21]S'avançant plus loin, il vit deux autres frères, Jacques, fils de Zébédée, et Jean son frère, qui étaient dans leur barque avec Zébédée leur

---

[b]6. Ps 91, 11-12.
[c]7. Dt 6, 16.
[d]10. Dt 6, 13.
[e]15-16. Is 8, 23-9, 1.

Parabole du serviteur impitoyable. – [21]Alors Pierre s'approche et lui dit[d] : « Seigneur, si mon frère commet une faute contre moi, combien de fois faudra-t-il lui pardonner ? Jusqu'à sept fois ? »

[22]Jésus dit : « Je ne te dis pas jusqu'à sept fois, mais jusqu'à soixante-dix fois sept fois. »

[23]« Dans ce sens, le Royaume des cieux ressemble à un roi qui voulut régler ses comptes avec ses serviteurs. [24]L'opération commencée, on lui en présenta un qui lui devait dix mille talents[e]. [25]Comme il n'avait pas de quoi rendre cet argent, le maître ordonna de le vendre, lui, sa femme, ses enfants et tout ce qu'il avait, pour acquitter sa dette. [26]Le serviteur se prosterna à ses pieds en disant : "Accorde-moi un délai et je te rendrai tout." [27]Ému de pitié, le maître de ce serviteur le laissa aller et lui remit sa dette. [28]En sortant, ce serviteur trouva l'un de ses compagnons qui lui devait cent deniers[f]. Le prenant à la gorge, il l'étouffait en disant : "Rends-moi ce que tu me dois." [29]Tombant à ses pieds, son compagnon le suppliait : "Accorde-moi un délai et je te rendrai tout." [30]Mais il refusa et s'en alla le faire mettre en prison jusqu'au remboursement de sa dette.

[31]« Voyant cela, ses compagnons furent très peinés ; ils allèrent raconter à leur maître tout ce qui était arrivé. [32]Alors son maître le convoqua et lui dit : "Serviteur méchant ! je t'avais remis toute cette dette parce que tu m'en avais prié. [33]Ne devais-tu pas, toi aussi, avoir pitié de ton compagnon comme j'avais eu pitié de toi ?" [34]Et dans sa colère le maître le livra aux bourreaux jusqu'à ce qu'il ait remboursé toute sa dette. [35]C'est ainsi que mon

---

[d]21-22. Cf. 14, 28-31.

[e]24. Le *talent*, monnaie comptable, valait environ 6000 drachmes (ou francs-or), somme considérable.

[f]28. Le *denier* romain valait à peu près une drachme grecque. C'était le salaire quotidien du travailleur.

Père céleste vous traitera, si chacun de vous ne pardonne à son frère du fond du cœur. »

19 Montée à Jérusalem.

Montée à Jérusalem. – [1]Jésus, ayant achevé ces discours, quitta la Galilée et se rendit au pays de Judée, au-delà du Jourdain. [2]De grandes foules le suivirent et là il les guérit.

Mariage et divorce. – [3]Les pharisiens l'abordèrent pour lui tendre un piège; ils lui dirent: « Est-il permis de renvoyer sa femme pour n'importe quel motif? » [4]Il répondit: « N'avez-vous pas lu qu'au commencement le Créateur *les fit homme et femme* [5]et qu'il a dit: *Pour cette raison, l'homme se détachera de son père et de sa mère pour s'attacher à sa femme, et les deux deviendront un seul être*[a]. [6]Ainsi, ils ne sont plus deux, mais un seul. Donc, ce que Dieu a uni, que l'homme ne le sépare pas. »

[7]Il lui dirent: « Pourquoi donc Moïse a-t-il prescrit de *donner un acte de divorce* quand on répudie? » [8]Il leur répondit: « C'est à cause de votre dureté de cœur que Moïse vous a permis de répudier vos femmes. Mais au commencement il n'en était pas ainsi. [9]Je vous le déclare, celui qui répudie sa femme, sauf dans le cas de faux mariage, et en épouse une autre, commet un adultère[b]. »

[10]Les disciples lui dirent: « Si telle est la condition de l'homme à l'égard de la femme, mieux vaut ne pas se marier. » [11]Il leur répondit: « Tous ne comprennent pas ce langage, mais seulement ceux à qui c'est donné. [12]Car il y a des eunuques qui le sont dès le sein maternel; d'autres le sont devenus par le fait des hommes; il y en a aussi qui se sont eux-mêmes rendus tels à cause du Royaume des cieux. Comprenne qui peut comprendre[c]! »

19. – [a]4-5. Gn 1, 27; 2, 24.   [c]12. La chasteté volontaire,
  [b]7-9. Dt 24, 1. Cf. Mt 5, 32.   signe eschatologique, déjà en

Les petits enfants. — ¹³On lui présenta alors des petits enfants pour qu'il leur imposât les mains en faisant une prière. Mais les disciples les rabrouèrent. ¹⁴Jésus leur dit : « Laissez les petits enfants ; ne les empêchez pas de venir à moi. Car c'est à ceux qui leur ressemblent qu'appartient le Royaume des cieux. »

¹⁵Il leur imposa les mains, puis il partit de là.

Le jeune homme riche. — ¹⁶Voici qu'un jeune homme s'approcha de lui et dit : « Maître, quel bien me faut-il faire pour acquérir la vie éternelle ? » ¹⁷Jésus lui dit : « Pourquoi me demandes-tu ce qui est bon ? Il n'y a qu'un Être bon. Si tu veux entrer dans la vie, observe les commandements. » ¹⁸« Lesquels ? » lui dit-il. Jésus répondit : *« Tu ne tueras pas, tu ne commettras pas d'adultère, tu ne voleras pas, tu ne porteras pas de faux témoignage ;* ¹⁹*honore ton père et ta mère* et *aime ton prochain comme toi-même*[d]. ²⁰Ce jeune homme lui dit : « Tout cela, je l'ai observé ; que me manque-t-il encore ? » ²¹Jésus lui dit : « Si tu veux être parfait, va, vends ce que tu possèdes, donne-le aux pauvres, et tu auras un trésor dans les cieux ; puis viens et suis-moi. » ²²A ces mots, le jeune homme s'en alla tout triste, car il avait de grands biens.

²³Et Jésus dit à ses disciples : « En vérité, je vous le dis, il est difficile à un riche d'entrer dans le Royaume des cieux. ²⁴Je vous le répète : il est plus facile à un chameau de passer par un trou d'aiguille qu'à un riche d'entrer dans le Royaume des cieux[e]. » ²⁵A ces mots, les disciples, tout saisis, dirent : « Qui donc peut être sauvé ? » ²⁶Les fixant du regard, Jésus leur dit : « Aux

honneur chez les moines juifs d'Égypte et de Qumrân, connue de Sg 3, 13 – 4, 2. C'est une grâce qu'on ne peut comprendre et vivre qu'à la lumière de Dieu.

[d]18-19. Ex 20, 12-16 ; Dt 5, 16-17.

[e]24. Hyperbole bien orientale pour signifier une grande difficulté.

hommes c'est impossible, mais à Dieu tout est possible. » ²⁷Alors Pierre, prenant la parole, lui dit : « Voici que nous avons tout quitté pour te suivre : qu'en sera-t-il pour nous ? » ²⁸Jésus leur dit : « En vérité, je vous le dis, à vous qui m'avez suivi : lors du Renouveau, quand le Fils de l'homme siégera sur son trône de gloire, vous aussi vous siégerez sur douze trônes pour juger les douze tribus d'Israël. ²⁹Et quiconque aura laissé maisons, frères, sœurs, père, mère, enfants ou terres à cause de mon nom, recevra bien davantage et aura comme part la vie éternelle. ³⁰Beaucoup de premiers seront derniers et beaucoup de derniers, premiers. »

20 L'embauche des vignerons. – ¹« Le Royaume des cieux ressemble à un propriétaire qui sortit, tôt le matin, embaucher des ouvriers pour sa vigne. ²Convention faite avec eux d'un denier pour la journée, il les envoya dans sa vigne. ³Sorti vers la troisième heure, il en vit d'autres qui se tenaient sur la place, sans travail. ⁴Il leur dit : "Allez, vous aussi, à ma vigne, et je vous donnerai ce qui sera juste." ⁵Ils y allèrent. Il sortit encore vers la sixième et la neuvième heure, et fit de même. ⁶Il sortit encore vers la onzième heure, il en trouva d'autres qui se tenaient là, et il leur dit : "Pourquoi rester là toute la journée sans travail ?" ⁷Ils répondirent : "Parce que personne ne nous a embauchés." Il leur dit : "Allez, vous aussi, à ma vigneᵃ."

⁸« Le soir venu, le maître de la vigne dit à son intendant : "Appelle les ouvriers et paie-les, en commençant par les derniers pour finir par les premiers." ⁹Ceux de la onzième heure vinrent donc et reçurent chacun un denier. ¹⁰Quand vinrent les premiers, ils pensèrent recevoir davantage, mais reçurent eux aussi un denier chacun. ¹¹En

20. – ᵃ3-7. Le jour était divisé en douze heures, de 6 h à 18 h. La troisième heure est donc 9 h du matin, la sixième, midi, etc.

le recevant, ils murmuraient contre le propriétaire : [12]"Ces derniers n'ont fait qu'une heure, disaient-ils, et tu les traites comme nous, qui avons porté le poids du jour et de la chaleur." [13]Mais il répondit à l'un d'eux : "Mon ami, je ne te fais pas de tort. N'es-tu pas convenu avec moi d'un denier ? [14]Prends ce qui t'appartient, et va-t'en. Pour moi, je veux donner à ce dernier autant qu'à toi. [15]Ne m'est-il pas permis de faire de mon bien ce que je veux ? Ou bien ton regard est-il mauvais parce que je suis bon ?" [16]Ainsi les derniers seront premiers, et les premiers seront derniers. Car il y a beaucoup d'appelés, mais peu d'élus[b]. »

Troisième annonce de la Passion. – [17]Au moment de monter à Jérusalem, Jésus prit à part les Douze et leur dit en chemin : [18]« Voici que nous montons à Jérusalem ; le Fils de l'homme sera livré aux grands prêtres et aux scribes ; ils le condamneront à mort, [19]et le livreront aux païens pour être insulté, flagellé et crucifié ; et le troisième jour, il ressuscitera. »

Les places d'honneur. – [20]Alors la mère des fils de Zébédée s'approcha avec ses fils, et se prosterna pour lui adresser une demande. [21]Il lui dit : « Que veux-tu ? » – « Ordonne, lui dit-elle, que mes deux fils que voici siègent dans ton Royaume, l'un à ta droite, l'autre à ta gauche. » [22]Jésus répondit : « Vous ne savez pas ce que vous demandez. Pouvez-vous boire le calice[c] que je dois boire ? » Ils lui dirent : « Nous le pouvons. » – [23]« Mon calice, leur dit-il, vous le boirez. Quant à siéger à ma droite ou à ma gauche, il ne m'appartient pas de l'accorder ; c'est pour ceux à qui mon Père l'a destiné. »

---

[b]16. Le début du verset reprend 19, 30, ce qui fait inclusion ; la fin a été ajoutée d'après 22, 14.

[c]22. Le *calice* (ou la coupe) désigne souvent une dure épreuve.

²⁴Les dix autres, qui avaient entendu, s'indignèrent contre les deux frères. ²⁵Jésus les appela et leur dit : « Vous le savez, les chefs des peuples leur commandent en maîtres ; les grands exercent sur eux leur pouvoir. ²⁶Il ne doit pas en être ainsi parmi vous ; celui parmi vous qui voudra devenir grand, qu'il soit votre serviteur ; ²⁷celui parmi vous qui voudra être le premier, qu'il soit votre esclave. ²⁸C'est ainsi que le Fils de l'homme n'est pas venu pour être servi, mais pour servir et donner sa vie en rançon pour la multitude. »

Les aveugles de Jéricho. – ²⁹Comme ils sortaient de Jéricho, une grande foule le suivit. ³⁰Voici que deux aveugles, assis au bord du chemin, apprenant que Jésus passait, se mirent à crier : « Seigneur, fils de David, aie pitié de nous[d] ! » ³¹La foule leur enjoignit de se taire ; mais ils crièrent plus fort : « Seigneur, fils de David, aie pitié de nous ! » ³²S'arrêtant, Jésus les appela et dit : « Que voulez-vous que je fasse pour vous ? » – ³³« Seigneur, lui dirent-ils, que nos yeux s'ouvrent ! » ³⁴Ému de pitié, Jésus leur toucha les yeux : aussitôt ils recouvrèrent la vue et ils le suivirent.

21 Entrée messianique à Jérusalem. – ¹Lorsqu'ils approchèrent de Jérusalem et arrivèrent à Bethphagé, au mont des Oliviers, Jésus envoya deux disciples ²en leur disant : « Allez au village qui est en face de vous ; vous trouverez tout de suite une ânesse attachée, et son ânon près d'elle ; détachez-les et amenez-les-moi. ³Si l'on vous dit quelque chose, répondez : "Le Seigneur en a besoin, mais il les renverra sans tarder."» ⁴Cela arriva pour que s'accomplissent ces paroles du prophète : ⁵*Dites à la fille de Sion : Voici que ton roi vient à toi, plein de douceur, monté sur une ânesse,*

---

[d]30. Marc 10, 46 ne signale qu'un seul aveugle : Bartimée.

sur un ânon, le petit d'une bête de somme[a]. [6]Les disciples allèrent donc et firent ce que Jésus leur avait commandé : [7]ils amenèrent l'ânesse et l'ânon, les couvrirent de leurs vêtements, et lui s'assit dessus.

[8]La plus grande partie de la foule étendit ses vêtements sur le chemin ; d'autres coupaient des branches aux arbres et en jonchaient le chemin. [9]Les foules qui précédaient et celles qui suivaient, criaient : « *Hosanna*[b] au fils de David ! *Béni soit celui qui vient au nom du Seigneur ! Hosanna* au plus haut des cieux ! » [10]Quand Jésus entra à Jérusalem, toute la ville fut en émoi ; on se demandait : « Qui est cet homme ? » [11]Et les foules répondaient : « C'est le prophète Jésus, de Nazareth en Galilée. »

[12]Jésus entra dans le Temple et chassa tous ceux qui vendaient et qui achetaient dans le Temple. Il renversa les tables des changeurs et les sièges des marchands de colombes. [13]Et il leur dit : « Il est écrit : *Ma maison sera appelée maison de prière* ; mais vous, vous en faites *une caverne de voleurs*[c]. » [14]Des aveugles et des boiteux s'approchèrent de lui dans le Temple, et il les guérit.

[15]Mais, à la vue des prodiges qu'il venait de faire et des enfants qui criaient dans le Temple : « Hosanna au fils de David ! » les grands prêtres et les scribes furent indignés. [16]Ils lui dirent : « Tu entends ce qu'ils disent ? » – « Oui, leur dit Jésus. N'avez-vous jamais lu : *De la bouche des petits et des nourrissons, tu as su tirer une louange*[d] ? » [17]Et les laissant là, il sortit de la ville en direction de Béthanie, où il passa la nuit.

21. – [a]5. Za 9, 9.
[b]9. Ps 118, 25-26. L'hébreu *hosanna* signifie : « Donne donc le salut ! »

[c]12-13. Is 56, 7 ; Jr 7, 11. Jn 2, 14-16 place l'épisode au début de la vie publique.
[d]16. Ps 8, 3.

Le figuier desséché. – ¹⁸Le matin, en revenant à la ville, il eut faim. ¹⁹Voyant un figuier près du chemin, il s'en approcha, mais n'y trouva que des feuilles. Il lui dit : « Jamais plus tu ne porteras de fruit. » Et sur-le-champ, le figuier sécha. ²⁰A cette vue, les disciples, étonnés, dirent : « Comment le figuier a-t-il séché sur-le-champ ? » ²¹Jésus leur répondit : « En vérité, je vous le dis, si vous avez de la foi et que vous n'hésitiez pas, non seulement vous ferez ce que j'ai fait au figuier, mais même si vous dites à cette montagne : "Ôte-toi et jette-toi dans la mer", cela se fera. ²²Car tout ce que vous demanderez avec foi dans la prière, vous l'obtiendrez. »

D'où vient l'autorité de Jésus ? – ²³Quand il fut entré dans le Temple, les grands prêtres et les anciens du peuple vinrent à lui pendant qu'il enseignait et lui dirent : « Par quelle autorité fais-tu cela ? Et qui t'a donné cette autorité ? » ²⁴Jésus leur répondit : « Je vais, moi aussi, vous poser une seule question ; si vous me répondez, moi aussi je vous dirai par quelle autorité je fais cela. ²⁵Le baptême de Jean, d'où était-il ? Du ciel ou des hommes ? » Mais ils raisonnèrent ainsi entre eux : « Si nous répondons : "Du ciel", il nous dira : "Pourquoi donc n'y avez-vous pas cru ?" ²⁶Et si nous répondons : "Des hommes" nous devons craindre la foule, car tous tiennent Jean pour un prophète. » ²⁷Alors ils répondirent à Jésus : « Nous ne savons pas. » Et lui leur répliqua : « Moi non plus, je ne vous dis pas par quelle autorité je fais cela. »

Les deux fils. – ²⁸« Qu'en pensez-vous ? Un homme avait deux fils. Il s'adressa au premier et lui dit : "Mon enfant, va aujourd'hui travailler à ma vigne." ²⁹Il lui répondit : "Je ne veux pas." Mais ensuite, touché de repentir, il y alla. ³⁰S'adressant au second, il lui dit la

même chose. Celui-ci répondit : "J'y vais, Seigneur" ;
mais il n'y alla pas. [31]Lequel des deux a fait la volonté de
son père ? » – « Le premier », lui dirent-ils. Jésus leur
dit : « En vérité, je vous le dis, les publicains et les prostituées vous devancent dans le Royaume de Dieu. [32]Car
Jean est venu à vous, se conduisant en juste, et vous ne
l'avez pas cru ; au contraire, les publicains et les prostituées l'ont cru. Et vous, voyant cela, vous n'avez même
pas eu de repentir tardif pour croire en lui. »

Le rejet des mauvais vignerons. – [33]« Écoutez
une autre parabole. Il y avait un propriétaire qui *planta
une vigne*[e], *l'entoura d'une clôture, y creusa un pressoir et y bâtit une tour* ; puis il la loua à des vignerons
et partit en voyage. [34]Quand vint le temps des fruits, il
envoya ses serviteurs aux vignerons pour en percevoir
les fruits. [35]Mais les vignerons saisirent ses serviteurs,
ils battirent celui-ci, tuèrent celui-là, en lapidèrent un
autre. [36]Il envoya encore d'autres serviteurs en plus
grand nombre, et ils les traitèrent de même. [37]Finale-
ment, il leur envoya son fils, en se disant : "Ils respecteront mon fils." [38]Mais les vignerons, voyant le fils, se
dirent : "C'est l'héritier ; allons, tuons-le et nous aurons
son héritage." [39]Ils le saisirent, le jetèrent hors de la
vigne et le tuèrent. [40]Quand reviendra le maître de la
vigne, que fera-t-il à de tels vignerons ? »
[41]Ils lui dirent : « Il fera périr misérablement ces misérables et il louera la vigne à d'autres vignerons qui lui
en remettront les fruits en temps voulu. » [42]Jésus leur dit :
« N'avez-vous jamais lu dans les Écritures : *La pierre
rejetée des bâtisseurs est devenue la pierre d'angle ;
c'est là l'œuvre du Seigneur, une merveille à nos yeux*[f] ?

[e]33. Is 5, 1-2 : la vigne, image
du peuple de Dieu, objet de
soins attentifs, mais rebelle au
Seigneur.

[f]42. Ps 118, 22-23. *La pierre
d'angle*, à la fois base et couronnement de l'édifice.

⁴³C'est pourquoi, je vous le dis, le Royaume de Dieu vous sera enlevé pour être donné à un peuple qui en produira les fruits. ⁴⁴Celui qui tombera sur cette pierre s'y brisera, celui sur qui elle tombera en sera broyé. »

⁴⁵En entendant ces paraboles, les grands prêtres et les pharisiens comprirent que c'était d'eux qu'il parlait. ⁴⁶Mais, tout en cherchant à l'arrêter, ils eurent peur des foules, car elles le tenaient pour un prophète.

22 **Noces royales.** – ¹Reprenant la parole, Jésus leur dit de nouveau en paraboles : ²« Le Royaume des cieux est comparable à un roi qui fit un festin de noces pour son fils. ³Il envoya des serviteurs convier les invités aux noces ; mais ils refusèrent de venir. ⁴Il envoya encore d'autres serviteurs avec ce message : "Dites aux invités : Voici que j'ai préparé mon festin ; mes taureaux sont égorgés, ainsi que mes animaux gras ; tout est prêt, venez aux noces." ⁵Mais eux, sans en tenir compte, s'en allèrent, qui à son champ, qui à son commerce ; ⁶d'autres se saisirent des serviteurs, les outragèrent et les tuèrent. ⁷A cette nouvelle, le roi se mit en colère, il envoya ses armées, il fit périr ces meurtriers et incendier leur ville.

⁸« Alors il dit à ses serviteurs : "Le festin est prêt, mais les invités n'en étaient pas dignes. ⁹Allez donc aux carrefours et, tous ceux que vous trouverez, invitez-les au festin." ¹⁰Ces serviteurs s'en allèrent sur les routes, rassemblèrent tous ceux qu'ils trouvèrent, mauvais comme bons, et la salle de noces fut remplie de convives[a]. ¹¹Entrant pour regarder les convives, le roi aperçut un homme qui ne portait pas de vêtement de noces ¹²et il lui dit : "Mon ami, comment es-tu entré ici sans

22. – [a]9-10. Luc 14, 13-21 énumère ces gens : ils sont ceux que les moines de Qumrân ne voulaient pas regarder comme « fils de lumière ». Le royaume est offert à tous.

avoir de vêtement de noces?" Mais il resta muet. [13]Alors le roi dit aux serviteurs : "Liez-lui pieds et mains et jetez-le dehors dans les ténèbres ; là, il y aura les pleurs et les grincements de dents." [14]Car innombrables sont les appelés, mais peu sont élus. »

Le tribut à César. – [15]Les pharisiens, s'étant alors retirés, tinrent conseil pour le prendre au piège dans ses paroles. [16]Ils lui envoient leurs disciples, accompagnés des Hérodiens[b], pour lui dire : « Maître, nous savons que tu es sincère et que tu enseignes la voie de Dieu en pleine vérité, sans te laisser influencer par personne, car tu ne considères pas la condition des gens. [17]Dis-nous donc ton avis : est-il permis ou non de payer le tribut à César ? » [18]Mais connaissant leur méchanceté, Jésus dit : « Pourquoi me tendez-vous un piège, hypocrites ? [19]Montrez-moi la monnaie du tribut. » Ils lui présentèrent un denier. [20]Il leur dit : « De qui est cette effigie, et l'inscription ? » [21]Ils répondent : « De César. » Alors il leur dit : « Rendez donc à César ce qui est à César, et à Dieu ce qui est à Dieu. » [22]A ces mots, ils furent tout étonnés et, le laissant, ils s'en allèrent.

Question sur la résurrection. – [23]Ce jour-là, vinrent le trouver des sadducéens, gens qui nient la résurrection ; ils l'interrogèrent : [24]« Maître, Moïse a dit : *Si quelqu'un meurt sans enfant, son frère épousera la veuve et suscitera une descendance à son frère*[c]. [25]Or, il y avait chez nous sept frères ; le premier s'était marié et mourut ; n'ayant pas d'enfants, il laissa sa femme à son frère. [26]De même, le deuxième, le troisième,

---

[b]16. Les *Hérodiens* ne sont nommés qu'ici et en Mc 3, 6 ; 12, 13. Ce sont des partisans d'Hérode Antipas.

[c]24. Dt 25, 5-10 qui réglemente la vieille coutume du lévirat.

et jusqu'au septième. [27]Après eux tous, mourut la femme. [28]Eh bien ! à la résurrection, duquel des sept sera-t-elle la femme, puisque tous l'ont eue comme épouse ? »

[29]Jésus leur répondit : « Vous êtes dans l'erreur ; vous ne comprenez ni les Écritures ni la puissance de Dieu. [30]A la résurrection, on ne prend ni femme ni mari, mais on est comme des anges dans le ciel. [31]Quant à la résurrection des morts, n'avez-vous pas lu ce que Dieu vous a dit : [32]*Je suis le Dieu d'Abraham, le Dieu d'Isaac et le Dieu de Jacob*[d] ? Il n'est pas le Dieu des morts, mais des vivants. » [33]Les foules qui l'écoutaient étaient frappées de son enseignement.

Le grand commandement. – [34]Les pharisiens, apprenant qu'il avait fermé la bouche aux sadducéens, se groupèrent. [35]L'un d'eux, docteur de la Loi, lui demanda pour l'embarrasser : [36]« Maître, quel est le grand commandement dans la Loi ? » [37]Il lui déclara : « *Tu aimeras le Seigneur ton Dieu de tout ton cœur, de toute ton âme et de tout ton esprit*[e]. [38]Voilà le grand, le premier commandement. [39]Un second lui est semblable : *Tu aimeras ton prochain comme toi-même*[f]. [40]A ces deux commandements se rattache toute la Loi, ainsi que les prophètes. »

Le Messie, fils et Seigneur de David. – [41]Comme les pharisiens étaient réunis, Jésus les interrogea : [42]« Que pensez-vous du Christ ? De qui est-il fils ? » Ils lui disent : « De David. » [43]Il leur dit : « Comment donc David, inspiré par l'Esprit, peut-il l'appeler Seigneur,

[d]32. Ex 3, 6.
[e]37. Dt 6, 5 (le *schema'* ou profession de foi d'Israël). La question posée par ce scribe était classique et fort débattue dans les écoles rabbiniques.
[f]39. Lv 19, 18.

quand il dit : *⁴⁴Le Seigneur a dit à mon Seigneur : Siège à ma droite jusqu'à ce que je mette tes ennemis sous tes pieds*[g] ? *⁴⁵Si donc David l'appelle Seigneur, comment est-il son fils ?* » ⁴⁶Personne ne put rien lui répondre, et à partir de ce jour nul n'osa plus l'interroger.

23 Contre les maîtres hypocrites.

— ¹Alors Jésus parla aux foules et à ses disciples : ²« Sur la chaire de Moïse siègent les scribes et les pharisiens. ³Tout ce qu'ils vous disent, faites-le donc et observez-le, mais n'agissez pas selon leurs actes : car ils disent et ne font pas. ⁴Ils attachent de lourds fardeaux et les mettent sur les épaules des hommes, mais eux-mêmes se refusent à les remuer du doigt. ⁵Tous leurs actes, ils les font pour être vus des hommes. Ils élargissent leurs phylactères et allongent leurs franges[a]. ⁶Ils aiment le divan d'honneur dans les festins, les sièges d'honneur dans les synagogues, ⁷les salutations sur les places publiques et le titre de Rabbi que leur donnent les gens. ⁸Pour vous, ne vous faites pas appeler Rabbi, car vous n'avez qu'un seul Maître et vous êtes tous frères. ⁹Ne donnez à personne ici-bas le nom de père, car vous n'en avez qu'un seul, le Père céleste. ¹⁰Ne vous faites pas non plus appeler docteurs, car vous n'avez qu'un seul Docteur, le Christ. ¹¹Le plus grand parmi vous sera votre serviteur ; ¹²quiconque s'élèvera sera abaissé, et quiconque s'abaissera sera élevé.

¹³« Malheur à vous, scribes et pharisiens hypocrites, parce que vous fermez aux hommes le Royaume des cieux ! Vous-mêmes n'y entrez pas, et ceux qui le vou-

---

[g]44. Ps 110, 1. *Le Seigneur* désigne Dieu ; *mon Seigneur* désignait le roi.
23. — [a]5. Les *phylactères* (Ex 13, 9 ; Dt 6, 8) sont de petits étuis contenant un parchemin portant les textes du *schema'* ; les *franges* (Nb 15, 38-41) rappelaient les commandements divins.

draient, vous ne les laissez pas entrer. [14]Malheur à vous, scribes et pharisiens hypocrites, parce que vous dévorez les biens des veuves, tout en affectant de faire de longues prières! C'est pourquoi vous subirez une rigoureuse condamnation[b].

[15]« Malheur à vous, scribes et pharisiens hypocrites, parce que, si vous parcourez mers et continents pour faire un seul prosélyte[c], quand il l'est devenu, vous le rendez digne de la géhenne deux fois plus que vous! [16]Malheur à vous, guides aveugles, qui dites: "Jurer par le Temple ne compte pas, mais jurer par l'or du Temple oblige." [17]Insensés et aveugles, qu'est-ce qui l'emporte: l'or ou le Temple qui sanctifie l'or?

[18]« Vous dites encore: "Jurer par l'autel ne compte pas, mais jurer par l'offrande qui est sur l'autel oblige." [19]Aveugles, qu'est-ce qui l'emporte: l'offrande ou l'autel qui sanctifie l'offrande? [20]Celui qui jure par l'autel jure par l'autel et par tout ce qui est dessus; [21]celui qui jure par le Temple jure par le Temple et par Celui qui l'habite; [22]celui qui jure par le ciel jure par le trône de Dieu et par Celui qui y siège.

[23]« Malheur à vous, scribes et pharisiens hypocrites, qui payez la dîme de la menthe, du fenouil et du cumin, mais qui négligez le plus important de la Loi: la justice, la miséricorde et la bonne foi! Voilà ce qu'il fallait pratiquer sans omettre le reste. [24]Guides aveugles, qui filtrez le moustique et avalez le chameau!

[25]« Malheur à vous, scribes et pharisiens hypocrites, parce que vous purifiez l'extérieur de la coupe et du plat, alors que l'intérieur est plein de rapine et d'intempérance! [26]Pharisien aveugle, purifie d'abord l'in-

---

[b]14. Ce verset a été ajouté d'après Marc 12, 40.

[c]15. Le *prosélyte* était un païen converti à la foi juive et acceptant toutes les pratiques du judaïsme, à commencer par la circoncision.

térieur de la coupe et du plat, afin que l'extérieur aussi devienne pur.

27« Malheur à vous, scribes et pharisiens hypocrites, car vous ressemblez à des sépulcres blanchis : au-dehors ils paraissent beaux, mais au-dedans ils sont pleins d'ossements de morts et de toute sorte d'impuretés ! 28Vous de même : au-dehors, pour les gens, vous paraissez justes, mais au-dedans vous êtes pleins d'hypocrisie et d'iniquité.

29« Malheur à vous, scribes et pharisiens hypocrites ! Vous bâtissez les tombeaux des prophètes, vous décorez les monuments des justes, 30et vous dites : "Si nous avions vécu au temps de nos pères, nous n'aurions pas été leurs complices pour répandre le sang des prophètes." 31Ainsi vous témoignez contre vous-mêmes : vous êtes les fils de ceux qui ont tué les prophètes ; 32vous comblez donc à votre tour la mesure de vos pères ! 33« Serpents, engeance de vipères, comment éviterez-vous le châtiment de la géhenne ? 34C'est pourquoi, voici que je vous envoie des prophètes, des sages et des scribes : vous tuerez les uns et vous mettrez en croix les autres, vous en flagellerez d'autres dans vos synagogues et les poursuivrez de ville en ville ; 35de la sorte retombera sur vous tout le sang innocent répandu sur la terre, depuis le sang d'Abel le juste jusqu'au sang de Zacharie[d], fils de Barachie, que vous avez tué entre le sanctuaire et l'autel. 36En vérité, je vous le dis, tout cela retombera sur cette génération.

37« Jérusalem, Jérusalem, toi qui tues les prophètes et lapides ceux qui te sont envoyés, combien de fois ai-je voulu rassembler tes enfants comme une poule ras-

---

[d]35. *Zacharie*, non le grand prophète de ce nom, mais le fils de Yehoyada, 2 Ch 24, 20-22 ; c'était au temps de Joas, fils d'Athalie et roi de Juda, à la fin du IX[e] siècle. Un copiste l'a qualifié *fils de Barachie*.

semble ses poussins sous ses ailes : vous n'avez pas voulu ! [38]Eh bien ! voici que *votre demeure va vous être laissée déserte*[e] ; [39]car, je vous le dis, vous ne me verrez plus désormais jusqu'à ce que vous disiez : *Béni soit celui qui vient au nom du Seigneur*[f]. »

24 La fin de Jérusalem et du monde[a].

– [1]Jésus était sorti du Temple et s'en allait. Ses disciples s'approchèrent pour lui faire remarquer les constructions du Temple. [2]Mais il leur répondit : « Vous voyez bien tout cela ? En vérité, je vous le dis, il ne restera pas ici pierre sur pierre : tout sera démoli. » [3]Lorsqu'il se fut assis au mont des Oliviers, ses disciples s'approchèrent de lui en particulier et lui dirent : « Dis-nous quand cela arrivera, et quel sera le signe de ta manifestation et de la fin du monde. »

[4]Jésus leur répondit : « Prenez garde que personne ne vous égare ; [5]car beaucoup viendront en mon nom qui diront : "Je suis le Christ !" et ils en égareront beaucoup. [6]Vous entendrez parler de guerre et de bruits de guerre : veillez ; ne vous laissez pas troubler ; *il faut que cela arrive*[b], mais ce n'est pas encore la fin. [7]On se dressera peuple contre peuple et royaume contre royaume[c] ; il y aura famines et tremblements de terre en divers lieux. [8]Tout cela sera le commencement des douleurs.

[9]« Alors on vous livrera à la souffrance, on vous fera mourir, vous serez haïs de tous les peuples, à cause de mon nom. [10]Alors beaucoup succomberont : ils se livreront les uns les autres, ils se haïront les uns les autres.

---

e38. Jr 22, 5.
f39. Ps 118, 26.
24. – aTout ce chapitre est connu comme « le discours eschatologique ». Jésus annonce la ruine de Jérusalem, considérée comme le prélude à la fin des temps. Les deux thèmes sont entremêlés et proposés au moyen d'images apocalyptiques, alors conventionnelles et qu'il ne faut pas prendre au pied de la lettre.

b6. Dn 2, 28.
c7. 2 Ch 15, 6 ; Is 19, 2.

¹¹De nombreux faux prophètes surgiront et égareront bien des gens. ¹²A cause des progrès de l'iniquité, l'amour d'un grand nombre se refroidira. ¹³Mais celui qui tiendra jusqu'à la fin, celui-là sera sauvé. ¹⁴Cette Bonne Nouvelle du Royaume sera proclamée dans le monde entier, en témoignage pour tous les peuples. Alors viendra la fin.

¹⁵« Quand donc vous verrez *l'abomination de la désolation*ᵈ, dont a parlé le prophète Daniel, *installée dans le lieu saint* – que le lecteur comprenne ! –, ¹⁶alors, ceux qui seront en Judée, qu'ils fuient dans les montagnes ! ¹⁷Que celui qui sera sur la terrasse ne descende pas pour prendre quelque chose de sa maison ! ¹⁸Que celui qui sera au champ ne retourne pas pour prendre son manteau ! ¹⁹Malheur aux femmes qui seront enceintes ou qui allaiteront en ces jours-là ! ²⁰Priez pour que votre fuite n'ait pas lieu en hiver ni un jour de sabbatᵉ. ²¹Car il y aura alors une grande *détresse, telle qu'il n'y en a pas eu de pareille depuis le commencement de la création jusqu'à présent*ᶠ, et qu'il n'y en aura plus jamais. ²²Si ces jours n'étaient abrégés, aucun être ne serait sauf : mais, à cause des élus, ces jours-là seront abrégés.

²³« Alors si l'on vous dit : "Voici, le Christ est ici", ou : "Il est là", ne le croyez pas. ²⁴Il surgira, en effet, de faux christs et de faux prophètes qui feront de grands signes et des prodiges, capables d'égarer, s'il était possible, même les élus. ²⁵Voilà, je vous ai prévenus. ²⁶Si

---

ᵈ15. Dn 9, 27 ; 11, 31 ; 12, 11. L'expression désignait alors la statue de Zeus érigée sur l'autel des holocaustes, par ordre d'Antiochus IV Épiphane : c'était la grande profanation.

ᵉ16-20. Recommandations analogues à celles que formulait le libelle qumrânien « guerre des fils de lumière contre les fils de ténèbres » pour le temps où le Messie descendrait du ciel tout armé pour la lutte suprême et la victoire.

ᶠ21. Dn 12, 1 ; Jl 2, 1-2.

donc on vous dit : "Voici, il est dans le désert", ne sortez pas. "Voici, il est dans les lieux retirés", ne le croyez pas. ²⁷Comme l'éclair, en effet, part du levant et brille jusqu'au couchant, ainsi sera la manifestation du Fils de l'homme. ²⁸Où que soit le cadavre, là se rassembleront les vautours.

²⁹« Aussitôt après la détresse de ces jours-là, *le soleil s'obscurcira, la lune ne donnera plus sa clarté, les étoiles tomberont* du ciel *et les puissances des cieux seront ébranlées.* ³⁰Alors paraîtra dans le ciel le signe du Fils de l'homme. *Toutes les tribus de la terre se frapperont la poitrine* et elles verront *le Fils de l'homme venant sur les nuées du ciel* avec grande puissance et gloire. ³¹Il enverra ses anges, munis de *la grande trompette,* et ils *rassembleront* ses élus *des quatre vents, d'une extrémité du ciel à l'autre*ᵍ.

³²« Comprenez cette comparaison tirée du figuier : dès que ses branches deviennent tendres et que ses feuilles poussent, vous savez que l'été est proche. ³³De même, vous aussi, lorsque vous verrez toutes ces choses, sachez que c'est proche, à vos portes. ³⁴En vérité, je vous le dis, cette génération ne passera pas que tout cela n'arrive. ³⁵Le ciel et la terre passeront, mais mes paroles ne passeront pasʰ. »

Vigilance ! – ³⁶« Quant à ce jour et à cette heure, personne n'en sait rien, ni les anges des cieux, ni le Fils, mais le Père seulⁱ. ³⁷Tels furent les jours de Noé, telle sera la manifestation du Fils de l'homme. ³⁸D'une part, en effet, en ces jours qui précédèrent le déluge, on

---

ᵍ29-31. Images courantes dans les apocalypses juives et qui s'inspirent notamment de Is 13, 9-10 ; 34, 4 ; Dn 7, 13-14 ; Dt 30, 4 ; Is 27, 13 ; Za 2, 10.

ʰ35. Jésus prend à son compte les déclarations du Seigneur en Is 40, 8.

ⁱ36. En tant qu'homme, Jésus ignore le jour et l'heure ; sa mission ne consiste pas d'ailleurs à les dévoiler : Ac 1, 7.

mangeait et on buvait, on prenait femme ou mari jusqu'au jour où Noé entra dans l'arche ; ³⁹et les gens ne
comprirent rien jusqu'à ce que vînt le déluge qui les
emporta tous. De même en sera-t-il à la manifestation
du Fils de l'homme : ⁴⁰alors deux hommes seront au
champ : l'un sera pris, l'autre laissé ; ⁴¹deux femmes
moudront à la meule : l'une sera prise, l'autre laissée.

⁴²« Veillez donc, car vous ne savez quel jour votre
Seigneur doit venir. ⁴³Vous le savez : si le propriétaire
connaissait à quelle heure de la nuit le voleur doit
venir, il veillerait et ne laisserait pas percer le mur de
sa maison. ⁴⁴Soyez donc prêts, vous aussi, car à l'heure
où vous n'y pensez pas, le Fils de l'homme viendra. »

Le serviteur vigilant. – ⁴⁵« Quel est donc le serviteur fidèle et avisé que le maître a préposé aux gens
de sa maison pour leur donner la nourriture en temps
voulu ? ⁴⁶Heureux ce serviteur que son maître, en arrivant, trouvera en train d'agir comme il le doit. ⁴⁷En
vérité je vous le dis, il l'établira sur tous ses biens.
⁴⁸Mais si c'est un mauvais serviteur qui se dit en son
cœur : "Mon maître tarde", ⁴⁹et qu'il se mette à battre
ses compagnons, à manger et à boire avec les ivrognes,
⁵⁰le maître de ce serviteur viendra au jour qu'il n'at-
tend pas, à l'heure qu'il ne connaît pas ; ⁵¹il le chassera
et lui assignera le sort des hypocrites : là, il y aura les
pleurs et les grincements de dents. »

25 **Les dix vierges.** – ¹« Alors le Royaume des
cieux sera semblable à dix jeunes filles qui prirent leurs lampes et s'en allèrent à la rencontre de l'é-
poux. ²Cinq d'entre elles étaient sottes et cinq étaient
avisées. ³Les sottes, en effet, en prenant leurs lampes,
n'emportèrent pas d'huile. ⁴Mais les avisées prirent de
l'huile dans des fioles, en même temps que leurs lam-

pes. [5]L'époux tardant à venir, elles s'assoupirent toutes et s'endormirent. [6]Au milieu de la nuit un cri retentit : "Voici l'époux, sortez à sa rencontre !" [7]Alors toutes ces jeunes filles se réveillèrent et préparèrent leurs lampes. [8]Mais les sottes dirent aux avisées : "Donnez-nous de votre huile, car nos lampes s'éteignent." [9]Les avisées répondirent : "Il n'y en aurait sans doute pas assez pour nous et pour vous ; allez plutôt chez les marchands vous en acheter." [10]Elles étaient parties en acheter quand arriva l'époux. Celles qui étaient prêtes entrèrent avec lui dans la salle de noces et l'on ferma la porte. [11]Finalement arrivent aussi les autres jeunes filles ; elles disent : "Seigneur, Seigneur, ouvre-nous !" [12]Mais il leur répondit : "En vérité, je vous le dis, je ne vous connais pas !" [13]Veillez donc, car vous ne savez ni le jour ni l'heure. »

Les talents. – [14]« Il en sera, en effet, comme d'un homme qui, partant en voyage, appela ses serviteurs et leur confia ses biens[a]. [15]A l'un il remit cinq talents, à un autre deux, à un autre un seul, à chacun selon ses capacités, puis il partit. [16]Aussitôt celui qui avait reçu les cinq talents alla les faire valoir et en gagna cinq autres. [17]De même celui qui en avait reçu deux en gagna deux autres. [18]Mais celui qui n'en avait reçu qu'un s'en alla creuser un trou dans la terre et cacha l'argent de son maître. [19]Longtemps après arrive le maître de ces serviteurs et il règle ses comptes avec eux. [20]Celui qui avait reçu les cinq talents s'avança et en présenta cinq autres en disant : "Seigneur, tu m'as confié cinq talents, voici cinq autres talents que j'ai gagnés." [21]Son maître lui répondit : "C'est bien, bon et fidèle serviteur ; tu as

25. – [a]14-30. Parabole analogue à celle des mines qu'on trouve en Luc 19, 11-27.

été fidèle pour peu de choses; je t'en confierai beaucoup, entre dans la joie de ton maître." [22]S'avançant à son tour, celui qui avait reçu deux talents dit: "Seigneur, tu m'as confié deux talents, voici deux autres talents que j'ai gagnés." [23]Son maître lui répondit: "C'est bien, bon et fidèle serviteur, tu as été fidèle pour peu de choses, je t'en confierai beaucoup; entre dans la joie de ton maître." [24]S'avançant enfin, celui qui détenait un talent dit: "Seigneur, je savais que tu es un homme dur; tu moissonnes ce que tu n'as pas semé et tu ramasses où tu n'as rien répandu; [25]par peur, je suis allé cacher ton talent, dans la terre; voici, tu as ton bien." [26]Mais en réponse son maître lui dit: "Mauvais serviteur, fainéant! tu savais que je moissonne où je n'ai pas semé et que je ramasse où je n'ai rien répandu; [27]il te fallait donc placer mon argent chez les banquiers; à mon retour, j'aurais recouvré mon bien avec un intérêt. [28]Enlevez-lui donc ce talent et donnez-le à celui qui a dix talents. [29]Car à celui qui a on donnera et il sera dans l'abondance; mais à celui qui n'a pas, on enlèvera même ce qu'il a. [30]Quant à ce serviteur bon à rien, jetez-le dehors, dans les ténèbres: là seront les pleurs et les grincements de dents". »

Le jugement dernier. – [31]« Lorsque le Fils de l'homme viendra dans sa gloire, et tous les anges avec lui, alors il siégera sur son trône de gloire[b]. [32]Devant lui seront rassemblées toutes les nations, et il séparera les hommes les uns des autres, comme le berger sépare les brebis des boucs. [33]Il placera les brebis à sa droite et les boucs à sa gauche. [34]Alors le Roi dira à ceux qui seront à sa droite: "Venez, les bénis de mon Père, prenez possession du Royaume qui a été préparé pour vous

[b]31-46. Description apocalyptique du Jugement dernier, qui couronne les chapitres précédents.

depuis la fondation du monde : [35]car j'ai eu faim et vous m'avez donné à manger ; j'ai eu soif et vous m'avez donné à boire ; j'étais étranger et vous m'avez accueilli ; [36]nu et vous m'avez vêtu ; malade, et vous m'avez visité ; j'étais en prison et vous êtes venus à moi." [37]Alors les justes lui répondront : "Seigneur, quand t'avons-nous vu affamé et t'avons-nous donné à manger ; ou assoiffé et t'avons-nous donné à boire ? [38]Quand t'avons-nous vu étranger et t'avons-nous accueilli ; ou nu et t'avons-nous vêtu ? [39]Et quand t'avons-nous vu malade ou en prison et sommes-nous venus à toi ?" [40]Le Roi leur répondra : "En vérité, je vous le dis, chaque fois que vous l'avez fait à l'un de mes frères les plus humbles, c'est à moi-même que vous l'avez fait."

[41]« Alors il dira à ceux de sa gauche : "Éloignez-vous de moi, maudits ! allez au feu éternel qui a été préparé pour le diable et pour ses anges. [42]Car j'ai eu faim et vous ne m'avez pas donné à manger ; j'ai eu soif et vous ne m'avez pas donné à boire ; [43]j'étais étranger et vous ne m'avez pas accueilli ; nu, et vous ne m'avez pas vêtu ; malade et en prison, et vous ne m'avez pas visité." [44]Alors eux aussi lui répondront : "Seigneur, quand t'avons-nous vu affamé ou assoiffé, étranger ou nu, malade ou en prison, et ne t'avons-nous pas assisté ?" [45]Alors il leur répondra : "En vérité, je vous le dis, chaque fois que vous ne l'avez pas fait à l'un de ceux-là, les plus humbles, c'est à moi-même que vous ne l'avez pas fait[c]." [46]Et ils s'en iront, ces derniers au supplice éternel, et les justes à la vie éternelle. »

---

[c]40-45. Ces affirmations seront développées par Paul méditant sur le Corps du Christ. Cf. déjà Ac 9, 6.

PASSION ET RÉSURRECTION

26 **Complot contre Jésus.** – [1]Or, quand Jésus eut achevé tous ces discours, il dit à ses disciples : [2]« Vous le savez, dans deux jours, c'est la Pâque ; le Fils de l'homme sera livré pour être crucifié. »

[3]Alors les grands prêtres et les anciens du peuple se réunirent dans le palais de Caïphe, le grand prêtre[a]. [4]Ils se concertèrent pour arrêter Jésus par ruse et le faire mourir. [5]Mais ils disaient : « Pas pendant la fête, pour éviter du tumulte dans le peuple. »

L'onction de Béthanie. – [6]Or, comme Jésus était à Béthanie, dans la maison de Simon le lépreux, [7]une femme s'approcha de lui, avec un flacon d'albâtre plein d'un parfum de grand prix ; elle le versa sur la tête de Jésus pendant qu'il était à table[b]. [8]A cette vue, les disciples s'indignèrent et dirent : « A quoi bon ce gaspillage ? [9]On aurait pu le vendre très cher, et en donner le prix aux pauvres. » [10]Jésus, l'ayant su, leur dit : « Pourquoi faire de la peine à cette femme ? C'est une bonne action qu'elle a accomplie envers moi. [11]Car, des pauvres, vous en avez toujours parmi vous, mais moi, vous ne m'aurez pas toujours. [12]En versant ce parfum sur mon corps, elle l'a fait en vue de ma sépulture. [13]En vérité, je vous le dis, partout où l'on proclamera cet Évangile, dans le monde entier, on racontera aussi, à sa mémoire, ce qu'elle vient de faire. »

[14]Alors l'un des Douze, appelé Judas Iscariote, alla trouver les grands prêtres [15]et leur dit : « Que voulez-vous me donner, et je vous le livrerai ? » Ils lui *fixèrent trente deniers d'argent*[c]. [16]Dès lors il cherchait une occasion favorable pour le livrer.

---

26. – [a]3. *Caïphe* : grand prêtre de 18 à 36, quatrième successeur de son beau-père Anne, grand prêtre de 6 à 15.

[b]6-7. Cette onction eut lieu la veille des Rameaux, selon Jean 12, 1.

[c]15. Ex 21, 32 ; Za 11, 12.

La dernière Cène. − [17]Le premier jour des Azymes[d], les disciples s'approchèrent de Jésus et lui dirent : « Où veux-tu que nous te préparions le repas de la Pâque ? » [18]Jésus répondit : « Allez en ville chez un tel, et dites-lui : "Le Maître dit : Mon temps est proche ; c'est chez toi que je fais la Pâque avec mes disciples". » [19]Les disciples firent comme Jésus leur avait commandé et ils préparèrent la Pâque.

[20]Le soir venu, il se mit à table avec les douze disciples. [21]Pendant qu'ils mangeaient, il dit : « En vérité, je vous le dis, l'un de vous va me livrer. » [22]Profondément attristés, ils se mirent à lui dire l'un après l'autre : « Serait-ce moi, Seigneur ? » [23]Il répondit : « Celui qui a mis avec moi la main au plat, c'est lui qui va me livrer. [24]Le Fils de l'homme s'en va, comme il est écrit à son sujet ; mais malheur à l'homme par qui le Fils de l'homme est livré ! Mieux vaudrait pour cet homme qu'il ne fût pas né. » [25]Judas, qui allait le livrer, prit la parole et dit : « Serait-ce moi, Rabbi ? » Il lui répondit : « Tu l'as dit. »

[26]Or, pendant qu'ils mangeaient, Jésus prit du pain, il dit la bénédiction, il le rompit et le donna aux disciples en disant : « Prenez, mangez, ceci est mon corps. » [27]Puis il prit une coupe, rendit grâce et la leur donna en disant : « Buvez-en tous, [28]car ceci est mon sang, le sang de l'Alliance, versé pour la multitude en rémission des péchés[e]. [29]Or, je vous le dis, je ne boirai plus de ce fruit de la vigne jusqu'au jour où, avec vous, je le boirai nouveau dans le Royaume de mon Père. »

[30]Après avoir chanté les psaumes, ils partirent pour le mont des Oliviers. [31]Alors Jésus leur dit : « Vous

---

[d]17. Les *Azymes* (pains sans levain), vieille fête agricole unie depuis longtemps à celle de Pâque ; elle durait une semaine, commençant le 14 nisan (mars-avril), au soir duquel on immolait la Pâque.

[e]28. Littéralement : « mon sang de l'Alliance » (voir Ex 24, 8, conclusion de l'Alliance au Sinaï).

tous, vous tomberez à cause de moi, cette nuit même, car il est écrit : *Je frapperai le berger, et les brebis du troupeau seront dispersées*[f]. ³²Mais après ma résurrection, je vous précéderai en Galilée. »

³³En réponse, Pierre lui dit : « Quand tous tomberaient à cause de toi, pour moi, jamais je ne tomberai ! » ³⁴Jésus lui dit : « En vérité, je te le dis, cette nuit même, avant que le coq ait chanté, tu m'auras renié trois fois. » ³⁵Mais Pierre lui dit : « Même s'il me faut mourir avec toi, je ne te renierai pas. » Et tous les disciples dirent de même.

Gethsémani. – ³⁶Alors Jésus arrive avec eux dans un domaine appelé Gethsémani et il dit à ses disciples : « Asseyez-vous ici pendant que j'irai là-bas pour prier. » ³⁷Il prit avec lui Pierre et les deux fils de Zébédée, et il se mit à éprouver tristesse et angoisse. ³⁸Alors il leur dit : « Mon âme est triste à en mourir ; restez ici et veillez avec moi. » ³⁹S'étant un peu éloigné, il tomba la face contre terre, en faisant cette prière : « Mon Père, s'il est possible, que cette coupe s'éloigne de moi ; cependant, non pas comme je veux, mais comme tu veux ! » ⁴⁰Puis il revient vers les disciples et les trouve endormis ; il dit à Pierre : « Ainsi, vous n'avez pas pu veiller une heure avec moi. ⁴¹Veillez et priez pour ne pas succomber à la tentation. Si l'esprit est ardent, la chair est faible. » ⁴²De nouveau, pour la deuxième fois, il s'éloigna et pria en disant : « Mon Père, si cette coupe ne peut passer sans que je la boive, que ta volonté soit faite. » ⁴³Puis il revint et de nouveau les trouva endormis, car leurs yeux étaient appesantis. ⁴⁴Les quittant, il s'éloigna de nouveau et pria, répétant les mêmes paroles.

⁴⁵Alors il revient vers les disciples et leur dit : « Dormez donc et reposez-vous ! Voici qu'approche l'heure où

[f]31. Za 13, 7.

le Fils de l'homme va être livré aux mains des pécheurs.
⁴⁶Debout, allons! Voici tout proche celui qui me livre. »

Arrestation de Jésus. — ⁴⁷Il parlait encore que
Judas, l'un des Douze, arriva, et avec lui une troupe
nombreuse armée d'épées et de bâtons, envoyée par les
grands prêtres et les anciens du peuple. ⁴⁸Or, celui qui
le livrait leur avait donné un signe : « Celui que j'embrasserai, c'est lui, arrêtez-le ! » ⁴⁹Aussitôt il s'approcha
de Jésus et dit : « Salut, Rabbi ! » Et il l'embrassa.
⁵⁰Jésus lui dit : « Ami, c'est pour cela que tu es venu ! »
S'avançant alors, ils mirent la main sur Jésus et l'arrêtèrent.

⁵¹Et voici : l'un de ceux qui étaient avec Jésus porta
la main à son épée, dégaina, frappa le serviteur du
grand prêtre et lui coupa l'oreille[g]. ⁵²Alors Jésus lui dit :
« Remets ton épée à sa place ; car tous ceux qui prennent l'épée périront par l'épée. ⁵³Penses-tu donc que je
ne puisse recourir à mon Père, qui m'enverrait aussitôt
plus de douze légions d'anges ? ⁵⁴Comment donc s'ac-
compliraient les Écritures, selon lesquelles il doit en
être ainsi ? »

⁵⁵En cette heure-là, Jésus dit aux foules : « Comme
pour un brigand, vous êtes sortis avec épées et bâtons
pour vous saisir de moi. Chaque jour j'étais assis dans
le Temple à enseigner, et vous ne m'avez pas arrêté.
⁵⁶Mais tout cela est arrivé pour que s'accomplissent les
écrits des prophètes. » Alors tous les disciples l'abandonnèrent et s'enfuirent.

Devant Caïphe et le Sanhédrin. — ⁵⁷Ceux qui
avaient arrêté Jésus le conduisirent chez le grand prêtre Caïphe, où les scribes et les anciens s'étaient réunis.

---

[g]51. Cf. les précisions données par Jean 18, 10.

[58]Or, Pierre le suivit de loin, jusqu'au palais du grand prêtre ; il entra et s'assit avec les serviteurs pour voir comment cela finirait.

[59]Les grands prêtres et tout le Sanhédrin cherchaient un faux témoignage contre Jésus pour le faire condamner à mort. [60]Mais ils n'en trouvaient pas, quoique beaucoup de faux témoins se fussent présentés. Enfin, il en vint deux [61]qui déclarèrent : « Cet homme a dit : "Je puis détruire le Temple de Dieu et, en trois jours, le rebâtir[h]". » [62]Le grand prêtre se leva et lui dit : « Tu ne réponds rien ! Qu'est-ce que ces gens témoignent contre toi ? » [63]Mais Jésus gardait le silence. Et le grand prêtre lui dit : « Je t'adjure par le Dieu vivant de nous dire si tu es le Christ, le Fils de Dieu. » [64]Jésus lui dit : « Tu l'as dit. Seulement, je vous le déclare, désormais vous verrez *le Fils de l'homme assis à la droite de la Puissance et venant sur les nuées du ciel.* » [65]Alors le grand prêtre déchira ses vêtements et dit : « Il a blasphémé ! Qu'avons-nous encore besoin de témoins ? Vous venez d'entendre le blasphème[i]. [66]Qu'en pensez-vous ? » Ils répondirent : « Il mérite la mort. »

[67]Alors ils lui crachèrent au visage et le giflèrent : certains lui donnèrent des coups [68]en disant : « Prophétise pour nous, Christ ! Qui t'a frappé ? »

Reniement de Pierre. — [69]Cependant, Pierre était assis au-dehors, dans la cour. Une servante l'aborda et dit : « Toi aussi, tu étais avec Jésus le Galiléen ! » [70]Mais il le nia devant tout le monde, en disant : « Je ne sais ce que tu veux dire. » [71]Il s'éloignait vers le portail quand une autre le vit et dit à ceux qui se trouvaient là : « Celui-ci était avec Jésus de Nazareth. » [72]De

[h]61. Cf. Jean 2, 19-21.
[i]64-65. Ps 110, 1 ; Dn 7, 13-14. Caïphe entend bien que, par sa déclaration, Jésus se dit Fils de Dieu.

nouveau il le nia avec serment : « Je ne connais pas cet homme. » 73Peu après, ceux qui se tenaient là s'approchèrent ; ils dirent à Pierre : « Sûrement, toi aussi, tu en es ! et d'ailleurs ton accent te trahit[j]. » 74Alors il se mit à proférer des imprécations et à jurer : « Je ne connais pas cet homme ! » Et aussitôt un coq chanta. 75Pierre se rappela la parole que Jésus lui avait dite : « Avant que le coq ait chanté, tu m'auras renié trois fois. » Il sortit et pleura amèrement.

27 **Suicide de Judas.** – 1Le matin venu, tous les grands prêtres et les anciens du peuple tinrent conseil contre Jésus, pour le faire mourir. 2Après l'avoir ligoté, ils l'emmenèrent et le livrèrent à Pilate, le gouverneur[a].

3Alors Judas, qui l'avait livré, voyant que Jésus avait été condamné, fut pris de remords ; il rapporta les trente pièces d'argent aux grands prêtres et aux anciens, 4en disant : « J'ai péché en livrant un sang innocent. » Ils répliquèrent : « Que nous importe ? C'est ton affaire. » 5Alors, jetant l'argent dans le sanctuaire, il se retira et alla se pendre.

6Les grands prêtres ramassèrent l'argent et dirent : « Il n'est pas permis de le verser au trésor, puisque c'est le prix du sang. » 7Après délibération, ils en achetèrent le Champ du Potier pour la sépulture des étrangers. 8C'est pourquoi on appelle ce champ aujourd'hui encore : *Hakeldama*, le champ du sang. 9Alors s'accomplit ce qu'avait dit le prophète Jérémie : *Ils ont reçu les trente pièces d'argent, le prix de celui qu'on a mis à*

---

[j]73. Les Juifs de Galilée parlaient couramment le grec, d'où leur accent caractéristique.
27. – [a]2. Le *« jus gladii »*, droit de condamner à mort et de procéder à l'exécution, avait été enlevé au Sanhédrin par l'occupant romain. Il fallait donc porter la cause devant le gouverneur et la présenter avec ses implications politiques.

prix, qu'ont mis à prix les fils d'Israël, [10]*et ils les ont données pour le champ du potier, comme le Seigneur me l'avait ordonné*[b].

Jésus devant Pilate. – [11]Jésus comparut devant le gouverneur. Le gouverneur l'interrogea : « Es-tu le roi des Juifs ? » Jésus déclara : « Tu le dis. » [12]Mais aux accusations que les grands prêtres et les anciens portaient contre lui, il ne répondit rien. [13]Alors Pilate lui dit : « N'entends-tu pas tout ce qu'ils allèguent contre toi ? » [14]Mais il ne lui répondit sur aucun point, de sorte que le gouverneur était fort étonné. [15]Or, à chaque fête, le gouverneur avait coutume de relâcher à la foule un prisonnier, celui qu'elle voulait. [16]On avait alors un prisonnier fameux, nommé Barabbas. [17]Comme la foule était rassemblée, Pilate leur dit : « Qui voulez-vous que je vous relâche : Barabbas, ou Jésus qu'on appelle Christ ? » [18]Car il savait qu'on l'avait livré par jalousie. [19]Pendant qu'il siégeait au tribunal, sa femme lui envoya dire : « Qu'il n'y ait rien entre toi et ce juste, car aujourd'hui j'ai été fort tourmentée en songe à cause de lui. »

[20]Cependant les grands prêtres et les anciens persuadèrent les foules de réclamer Barabbas et de faire mourir Jésus. [21]Prenant la parole, le gouverneur leur dit : « Lequel des deux voulez-vous que je vous relâche ? » Ils répondirent : « Barabbas. » [22]Pilate reprit : « Que ferai-je donc de Jésus, qu'on appelle Christ ? » Tous de dire : « Qu'il soit crucifié ! » [23]Pilate poursuivit : « Quel mal a-t-il donc fait ? » Et ils criaient encore plus fort : « Qu'il soit crucifié ! » [24]Voyant qu'il ne gagnait rien, mais que le tumulte augmentait, Pilate prit de l'eau et se lava les mains devant la foule, en disant : « Je suis innocent du sang de cet homme ; à vous de voir ! » [25]Et tout le peuple

[b]9-10. Libre citation d'éléments empruntés à Jr 18, 2-3 ; 32, 6-15 et Za 11, 12-13.

répondit : « Que son sang soit sur nous et sur nos enfants ! » [26]Alors il leur relâcha Barabbas. Quant à Jésus, il le fit flageller et il le livra pour être crucifié.

Couronnement d'épines. — [27]Alors les soldats du gouverneur emmenèrent Jésus dans le prétoire et rassemblèrent autour de lui toute la cohorte. [28]Ils le dévêtirent et lui passèrent un manteau écarlate ; [29]ils tressèrent une couronne d'épines, qu'ils lui mirent sur la tête, ainsi qu'un roseau dans la main droite et, fléchissant le genou devant lui, ils se moquaient de lui en disant : « Salut, roi des Juifs ! » [30]Ils crachèrent sur lui et, prenant le roseau, ils le frappaient à la tête. [31]Après s'être moqués de lui, ils lui enlevèrent la chlamyde[c], lui remirent ses vêtements et l'emmenèrent pour le crucifier.

Crucifiement. — [32]En sortant, ils trouvèrent un homme de Cyrène, du nom de Simon, et ils le réquisitionnèrent pour porter la croix de Jésus. [33]Arrivés à l'endroit appelé Golgotha, ce qui veut dire « Lieu du Crâne », [34]ils lui donnèrent à boire du vin mêlé de fiel ; l'ayant goûté, il ne voulut pas en boire. [35]Après l'avoir crucifié, *ils se partagèrent ses vêtements, en les tirant au sort*[d]. [36]Puis ils s'assirent là pour le garder. [37]On avait affiché au-dessus de sa tête le motif de sa condamnation : « Celui-ci est Jésus, le roi des Juifs. » [38]Alors on crucifie avec lui deux bandits, l'un à droite, l'autre à gauche. [39]Les passants l'insultaient, hochant la tête et disant : [40]« Toi qui détruis le Temple et en trois jours le rebâtis, sauve-toi toi-même ! Si tu es le Fils de Dieu, descends de la croix ! » [41]De même les grands prêtres se moquaient ; ils disaient, avec les scri-

---

[c]31. La *chlamyde* : manteau militaire écarlate qui figure ici la pourpre royale.

[d]35. Ps 22, 19. C'était un droit reconnu aux soldats qui exécutaient un condamné.

bes et les anciens : [42]« Il en a sauvé d'autres et il ne peut se sauver lui-même ! Il est le roi d'Israël : qu'il descende maintenant de la croix et nous croirons en lui ! [43]*Il a mis sa confiance en Dieu : qu'il le délivre* maintenant *s'il l'aime*[e] ! car il a dit : « Je suis Fils de Dieu. » [44]Les bandits crucifiés avec lui l'injuriaient de la même façon.

Mort de Jésus. – [45]A partir de la sixième heure, il y eut des ténèbres sur toute la terre, jusqu'à la neuvième heure[f]. [46]Vers la neuvième heure, Jésus s'écria d'une voix forte : *« Éli, Éli, lama sabaqtani*[g], *»* c'est-à-dire : *« Mon Dieu, mon Dieu, pourquoi m'as-tu abandonné ? »* [47]Quelques-uns de ceux qui étaient là dirent, en l'entendant : « Il appelle Élie[h]. » [48]Aussitôt l'un d'eux courut prendre une éponge, l'imbiba de vinaigre, la mit au bout d'un roseau puis la lui présenta pour qu'il boive ; [49]mais les autres disaient : « Laisse ! Voyons si Élie va venir le sauver ! » [50]Mais Jésus poussa de nouveau un grand cri et rendit l'esprit. [51]Et voici que le voile du Temple[i] se déchira en deux, de haut en bas ; la terre trembla, les rochers se fendirent ; [52]les tombeaux s'ouvrirent et les corps de nombreux saints, qui y reposaient, ressuscitèrent. [53]Sortant des tombeaux, après sa résurrection, ils entrèrent dans la ville sainte et se montrèrent à beaucoup de gens. [54]Le centurion et ceux qui étaient avec lui pour garder Jésus, à la vue du tremblement de terre et de ce qui se passait,

[e]43. Ps 22, 9 ; Sg 2, 13.18-30.

[f]45. De midi à 15 h. Cf. note sur 20, 3-7.

[g]46. Ps 22, 2 : les deux premiers mots sont hébreux, le reste araméen ; cf. Mc 15, 34. Ce psaume du Juste souffrant se termine en accents de confiance et de triomphe.

[h]47. Certains assistants confondent *Éli*, mon Dieu, avec le nom du prophète Élie, dont on attendait le retour.

[i]51. Ce voile était un double rideau séparant le Saint du Saint des Saints.

furent saisis d'effroi et dirent : « Vraiment cet homme était Fils de Dieu. »

⁵⁵Or, il y avait là plusieurs femmes qui regardaient de loin : elles avaient suivi Jésus depuis la Galilée, pour le servir ; ⁵⁶parmi elles se trouvaient Marie de Magdala, Marie mère de Jacques et de Joseph, et la mère des fils de Zébédée.

Sépulture de Jésus. – ⁵⁷Le soir venu, arriva un homme riche d'Arimathie ; il s'appelait Joseph, et était, lui aussi, disciple de Jésus. ⁵⁸Il alla trouver Pilate et lui demanda le corps de Jésus ; alors Pilate ordonna de le lui remettre. ⁵⁹Prenant le corps, Joseph l'enveloppa dans un linceul propre, ⁶⁰et le déposa dans le tombeau neuf qu'il s'était fait tailler dans le roc. Puis il roula une grande pierre à l'entrée du tombeau et il s'en alla. ⁶¹Or, Marie de Magdala et l'autre Marie se trouvaient là, assises en face du sépulcre.

La garde au tombeau. – ⁶²Le lendemain, c'est-à-dire le jour après la Préparation[j], les grands prêtres et les pharisiens se rendirent ensemble chez Pilate ⁶³et lui dirent : « Seigneur, nous nous sommes souvenus que cet imposteur a dit de son vivant : "Après trois jours, je ressusciterai". ⁶⁴Ordonne donc de garder le tombeau jusqu'au troisième jour, de peur que ses disciples ne viennent le dérober et ne disent au peuple : "Il est ressuscité des morts". Cette dernière imposture serait pire que la première. » ⁶⁵Pilate leur répondit : « Vous avez une garde. Allez ; gardez-le comme vous l'entendez. » ⁶⁶Ils allèrent donc s'assurer du tombeau ; ils scellèrent la pierre et laissèrent une garde.

---

[j]62. La *Préparation* : veille du sabbat ; on y prenait toutes dispositions nécessaires pour assurer le repos complet du sabbat.

28

Le tombeau vide. — [1]Après le sabbat, à l'aube du premier jour de la semaine, Marie de Magdala et l'autre Marie vinrent voir le sépulcre. [2]Et voici qu'il y eut un grand tremblement de terre ; l'Ange du Seigneur descendit du ciel, s'approcha, roula la pierre et s'assit dessus. [3]Il avait l'aspect de l'éclair et son vêtement était blanc comme neige. [4]La frayeur qu'ils en eurent bouleversa les gardes, qui devinrent comme morts[a]. [5]Mais, prenant la parole, l'Ange dit aux femmes : « Pour vous, ne craignez pas ; je sais que vous cherchez Jésus, le Crucifié ; [6]il n'est pas ici, car il est ressuscité comme il l'avait dit. Venez voir l'endroit où on l'avait déposé. [7]Puis, vite, allez dire à ses disciples : "Il est ressuscité des morts ; voici qu'il vous précède en Galilée ; c'est là que vous le verrez". Vous voilà prévenues[b]. »

[8]Quittant vite le tombeau avec crainte et grande joie, elles partirent en courant porter la nouvelle à ses disciples. [9]Or voici que Jésus vint à leur rencontre en disant : « Je vous salue ! » Elles s'approchèrent, saisirent ses pieds et se prosternèrent devant lui. [10]Alors Jésus leur dit : « Ne craignez pas. Allez dire à mes frères de se rendre en Galilée : c'est là qu'ils me verront[c]. »

Les gardes soudoyés. — [11]Tandis qu'elles étaient en chemin, voici que quelques gardes revinrent en ville informer les grands prêtres de tout ce qui était arrivé. [12]Ceux-ci se réunirent avec les anciens et tinrent conseil. Ils donnèrent une forte somme d'argent aux

28. — [a]2-4. L'*Ange du Seigneur*, plusieurs fois nommé dans l'évangile de l'Enfance, semble bien évoquer Dieu lui-même. C'est une véritable théophanie, que Matthieu décrit en utilisant les éléments traditionnels de telles manifestations : tremblement de terre, lumière, frayeur humaine.

[b]7. Rendez-vous en Galilée. Cf. 26, 32.

[c]9-10. Semble évoquer Jean 20, 17. De nouveau est donné rendez-vous en Galilée.

soldats, [13]en disant: «Déclarez: "Ses disciples sont
venus de nuit et l'ont dérobé pendant que nous dor-
mions." [14]Et si cela parvient aux oreilles du gouverneur,
nous l'apaiserons et nous vous mettrons à couvert.»
[15]Les soldats prirent l'argent et agirent comme on le
leur avait indiqué. Et ce récit s'est répandu parmi les
Juifs jusqu'aujourd'hui[d].

La mission universelle. – [16]Les onze disciples se
rendirent en Galilée, sur la montagne que Jésus leur
avait désignée. [17]En le voyant, ils se prosternèrent, eux
qui avaient douté. [18]Jésus s'approcha et leur parla en ces
termes: «Toute puissance m'a été donnée au ciel et sur
la terre. [19]Allez donc; de toutes les nations faites des
disciples, les baptisant au nom du Père et du Fils et du
Saint-Esprit, [20]leur apprenant à suivre toutes les
recommandations que je vous ai faites. Et voici que
moi, je suis avec vous tous les jours jusqu'à la fin des
temps[e].»

[d]11-15. Matthieu est seul à
donner des précisions sur la
garde au tombeau, 27, 62-66 et,
ici, sur la légende que les Juifs
hostiles tentaient d'accréditer.

[e]18-20. Finale grandiose: le
Christ a tout pouvoir comme le
Fils de l'homme de Dn 7, 13-14,
comme Dieu; proclamation de
son mystère et de son enseignement doit être faite à tous les
peuples, pour que chaque
homme lui soit incorporé par le
baptême (formule trinitaire) ;
certitude de sa présence jusqu'à
la fin des temps.

ÉVANGILE SELON SAINT MARC

INTRODUCTION

Jean surnommé Marc est assez connu dans le NT : fils de Marie, peut-être propriétaire du Cénacle (Ac 12, 12) et cousin de Barnabé, il est possible qu'il ait connu le Seigneur (Mc 14, 51-52), mais il était encore tout jeune. Barnabé l'emmène à Antioche (Ac 12, 25) et l'associe au premier grand voyage missionnaire de Paul; mais Marc les quitte à Pergé (Ac 13, 5.13). En 52, Barnabé se sépare de Paul à cause de son cousin et part avec Marc pour Chypre (Ac 15, 37-39). On le retrouve à Rome en 62 auprès de Paul (Col 4, 10 ; Phm 24), puis de Pierre (1 P 5, 13). En 65-66, il est à Éphèse avec Timothée (2 Tm 4, 11), qu'il semble bien avoir accompagné à Rome. A-t-il été arrêté, puis libéré à la mort de Néron, comme le fut Timothée (He 13, 23)? Une ancienne tradition, rapportée par Eusèbe de Césarée, affirme qu'il aurait été évêque d'Alexandrie.

On voit en lui le disciple et l'interprète de Pierre dont il mit par écrit l'enseignement donné aux fidèles de Rome : telle est l'affirmation de Papias, Irénée, Clément d'Alexandrie. L'évangile de Marc apparaît bien comme la rédaction de cette catéchèse de Pierre, vers 65. Elle s'adressait notamment aux petites gens de la capitale, Juifs ou païens d'origine : ils étaient bien placés pour constater la redoutable puissance romaine et la multiplicité des divinités de l'Empire. La catéchèse de Pierre et l'évangile de Marc tiennent donc à leur présenter Jésus comme sauveur par sa puissance divine et vainqueur du démon et du péché.

Mais Marc fait œuvre d'auteur. Il a utilisé sans doute le Matthieu araméen, ainsi que les premiers écrits chrétiens (cf. introduction à Matthieu). Son intention générale est bien exprimée en 1, 1 : Jésus de Nazareth est le Messie ou libérateur attendu, ce qu'il développe de 1, 14 à 8, 30. Mieux encore, il est le Fils de l'homme (Dn 7, 13), titre mystérieux qui invite à réfléchir ; Jésus lui-même devant le Sanhédrin, puis le centurion romain au pied de la croix en donnent le sens : Fils de Dieu – ce qui est développé de 8, 31 à la fin.

C'est en fait l'écho d'une pédagogie, celle de Jésus, celle de Pierre ; ainsi peut-on saisir ce que signifie le « secret messianique » de Marc : si Jésus évite de se proclamer ouvertement le Messie, c'est sans doute pour éviter de provoquer des mouvements plus ou moins politiques (cf. Jn 6, 14-15). C'est plus encore pour que chacun recherche et découvre son mystère en réfléchissant sur ses actes et sur ses paroles.

Il se conforme au schéma synoptique de Pierre (Ac 10, 37-41) qui ressort d'autant mieux que Marc préfère les faits aux discours. S'il écrit dans une langue populaire et qui peut sembler monotone, elle est simple et rendue alerte par l'emploi fréquent du présent historique. Son récit est vivant, écho de la mémoire audiovisuelle de Pierre. Le portrait de Jésus est naturel, parfois abrupt, montrant en lui la réalité humaine et la puissance divine ; assez souvent des détails, secondaires mais pittoresques, attestent le témoin oculaire : attitudes et sentiments des interlocuteurs, regards du Christ...

En Marc apparaît dans sa plénitude, sa fraîcheur et ses aspérités le témoignage primitif des disciples : « Nous ne pouvons pas ne pas dire ce que nous avons vu et entendu » (Ac 4, 20).

LES COMMENCEMENTS DE L'ÉVANGILE

1 **Jean Baptiste, le Précurseur.** – ¹Commencement de l'Évangile de Jésus Christ, Fils de Dieu[a].

²Comme il est écrit dans le prophète Isaïe : *Voici que j'envoie mon messager devant toi pour préparer ton chemin.* ³*Voix de celui qui crie dans le désert : Préparez le chemin du Seigneur, rendez droits ses sentiers*[b]. ⁴Jean le Baptiste parut dans le désert, proclamant un baptême de conversion pour le pardon des péchés. ⁵Tout le pays de Judée et tous les habitants de Jérusalem accouraient à lui ; ils se faisaient baptiser par lui dans le fleuve du Jourdain, en confessant leurs péchés. ⁶Jean était vêtu de poils de chameau et d'une ceinture de cuir autour des reins ; il mangeait des sauterelles et du miel sauvage. ⁷Il proclamait : « Après moi vient quelqu'un de plus puissant que moi ; je ne suis pas digne de me baisser pour délier la courroie de ses sandales. ⁸Moi, je vous ai baptisés dans l'eau, mais lui vous baptisera dans l'Esprit Saint[c]. »

Baptême de Jésus. – ⁹Et il arriva, en ces jours-là, que Jésus vint de Nazareth de Galilée et fut baptisé par Jean dans le Jourdain. ¹⁰Dès qu'il sortit de l'eau, il vit les cieux se fendre et l'Esprit, comme une colombe,

---

1. – [a]1. Titre riche et significatif. Marc veut raconter les débuts de l'Évangile ou Bonne Nouvelle proclamée d'abord par le Christ puis par ses disciples (16, 20). Elle concerne la vie et l'enseignement de Jésus qui est le Christ attendu (8, 29), mieux encore, le Fils de Dieu : c'est le plan général de Marc.

[b]2-3. Ml 3, 1 ; Is 40, 3. Dans les vv 2-13, Marc résume la période d'inauguration beaucoup plus développée par les autres évangélistes.

[c]8. Cf . note sur Mt 3, 6.

descendre sur lui. [11]Et une voix vint du ciel : « Tu es mon Fils bien-aimé ; tu as toute ma faveur. »

Tentation au désert. – [12]Aussitôt, l'Esprit pousse[d] Jésus au désert. [13]Il y demeura quarante jours, tenté par Satan. Il était avec les bêtes sauvages et les anges le servaient.

MINISTÈRE DE JÉSUS EN GALILÉE

Jésus commence sa prédication. – [14]Après que Jean eut été livré, Jésus vint en Galilée, proclamant l'Évangile de Dieu. [15]Il disait : « Le temps est accompli, il est proche, le Royaume de Dieu[e] ; convertissez-vous et croyez à l'Évangile. »

Les premiers disciples. – [16]En passant le long de la mer de Galilée, il vit Simon et André, frère de Simon, qui jetaient leurs filets dans la mer, car ils étaient pêcheurs. [17]Jésus leur dit : « Suivez-moi, et je ferai de vous des pêcheurs d'hommes. » [18]Et aussitôt, laissant leurs filets, ils le suivirent. [19]S'avançant un peu plus loin, il vit Jacques, fils de Zébédée, et Jean son frère : ils étaient dans leur barque et réparaient leurs filets. [20]Aussitôt il les appela : laissant Zébédée, leur père, dans la barque avec les ouvriers, ils partirent à sa suite.

Un sabbat à Capharnaüm. – [21]Ils se rendent à Capharnaüm. Immédiatement, le jour du sabbat, Jésus entra dans la synagogue et se mit à enseigner. [22]On était frappé de son enseignement, car il les enseignait en toute autorité et non pas comme les scribes.

---

[d]12. Premier emploi du présent historique, fréquent en Marc et qui en fait un récit vivant et actuel.

[e]15. Le *Royaume de Dieu* : cf. note sur Mt 3, 1.

²³Or, il y avait précisément dans leur synagogue un homme possédé d'un esprit impur, qui se mit à crier : ²⁴« Qu'y a-t-il entre nous et toi, Jésus de Nazareth ? Es-tu venu pour nous perdre ? Je sais qui tu es : le Saint de Dieu. » ²⁵Mais Jésus lui commanda sévèrement : « Tais-toi et sors de cet homme. » ²⁶L'esprit impur le secouant violemment, sortit de lui en jetant un grand cri. ²⁷Tous furent saisis d'une telle frayeur qu'ils se demandaient entre eux : « Qu'est ceci ? Un enseignement nouveau, donné avec autorité ! Il commande aux esprits impurs et ils lui obéissent ! » ²⁸Et sa renommée se répandait aussitôt partout, dans toute la région de Galilée.

²⁹Sans tarder, sortant de la synagogue, ils allèrent dans la maison[f] de Simon et d'André avec Jacques et Jean. ³⁰Or, la belle-mère de Simon était couchée avec de la fièvre ; aussitôt ils lui parlèrent d'elle. ³¹Jésus s'approcha d'elle et la fit lever en lui prenant la main ; la fièvre la quitta et elle se mit à les servir. ³²Le soir venu, quand le soleil fut couché, on lui amena tous les malades et les démoniaques. ³³Toute la ville était rassemblée devant la porte. ³⁴Il guérit beaucoup de malades atteints de diverses maladies, et il chassa beaucoup de démons ; mais il ne laissait pas parler les démons, car ils le connaissaient.

³⁵De grand matin il se leva, sortit et s'en alla dans un lieu désert : là, il priait. ³⁶Simon et ses compagnons partirent à sa recherche. ³⁷Ils le trouvent et lui disent : « Tout le monde te cherche. » ³⁸Il leur dit : « Allons ailleurs, dans les villages voisins, pour que j'y prêche aussi, car c'est pour cela que je suis sorti[g]. » ³⁹Et il s'en

---

[f] 29. *La maison* (avec l'article) désigne la plupart du temps cette demeure de Simon et André.

[g] 38. *Sorti* : et du village (v. 35) et d'auprès de Dieu dont il est l'envoie : Lc 4, 43.

alla à travers toute la Galilée, prêchant dans leurs synagogues et chassant les démons.

Guérison d'un lépreux. – [40]Un lépreux vient à
lui ; il le supplie et se jette à genoux en disant : « Si tu
veux, tu peux me purifier. » [41]Rempli de pitié pour lui,
il étendit la main, le toucha et lui dit : « Je le veux, sois
purifié. » [42]A l'instant même, la lèpre le quitta et il fut
purifié. [43]Prenant un ton sévère, il le congédia sans tarder [44]et lui dit : « Garde-toi d'en parler à personne ;
mais va te montrer au prêtre et offre pour ta purification ce que Moïse a prescrit : ce sera pour eux une
attestation[h]. » [45]Mais lui, une fois sorti, se mit à proclamer partout et à divulguer la chose, de sorte que Jésus
ne pouvait plus entrer ouvertement dans une ville mais
qu'il se tenait dehors, en des lieux isolés ; et l'on venait
à lui de toutes parts.

2 **Guérison d'un paralytique.** – [1]Il revint à Capharnaüm quelques jours après, et l'on apprit qu'il était
dans une maison. [2]Tant de gens s'y rassemblèrent qu'il n'y
avait plus de place, même aux abords de la porte ; et Jésus
leur annonçait la Parole. [3]Surviennent des gens qui lui
amènent un paralytique porté par quatre hommes.
[4]Comme ils ne pouvaient l'amener jusqu'à lui à cause de la
foule, ils découvrent la terrasse[a] de la maison où il était,
dégagent une ouverture et descendent le brancard où gisait
le paralytique. [5]Voyant leur foi, Jésus dit au paralytique :
« Mon enfant, tes péchés te sont remis. » [6]Or, il y avait là,
assis, quelques scribes qui pensaient dans leurs cœurs :
[7]« Pourquoi cet homme parle-t-il ainsi ? Il blasphème. Qui
peut remettre les péchés sinon Dieu seul ? » [8]Sur-le-

[h]40-44. Cf. Lv 14, 1-32.
2. – [a]4. *La terrasse* était faite
d'un clayonnage de branchages
recouvert d'argile ; on y accédait
par un escalier extérieur.

champ, Jésus, sachant bien en son esprit qu'ils pensaient ainsi en eux-mêmes, leur dit : « Pourquoi de telles pensées dans vos cœurs ? ⁹Quel est le plus facile, de dire: "Tes péchés te sont remis", ou de dire: "Lève-toi, prends ton brancard et marche" ? ¹⁰Eh bien ! pour que vous sachiez que le Fils de l'homme a le pouvoir de remettre les péchés sur la terre... », il dit au paralytique : ¹¹« Je te le dis, lève-toi, prends ton brancard et retourne chez toi. » ¹²L'homme se leva, prit aussitôt son brancard et sortit au vu de tout le monde, si bien que tous, stupéfaits, rendaient gloire à Dieu en disant : « Jamais nous n'avons rien vu de pareil ! »

Lévi (Matthieu) le publicain. – ¹³Jésus sortit de nouveau le long de la mer. Tout le peuple venait à lui et il les enseignait. ¹⁴En passant il vit Lévi[b], fils d'Alphée, assis au bureau de la douane et il lui dit : « Suis-moi. » Il se leva et le suivit.

¹⁵Et voici que Jésus se trouvait à table dans la maison de Lévi. De nombreux publicains[c] et pécheurs avaient pris place avec Jésus et ses disciples, car ils étaient nombreux à le suivre. ¹⁶Les scribes du parti des pharisiens, le voyant manger avec les pécheurs et les publicains, dirent à ses disciples : « Pourquoi mange-t-il avec les publicains et les pécheurs ? » ¹⁷Jésus, qui avait entendu, leur dit : « Ce ne sont pas les bien-portants qui ont besoin de médecin, mais les malades. Je ne suis pas venu appeler les justes, mais les pécheurs. »

Discussion sur le jeûne. – ¹⁸Or, les disciples de Jean et les pharisiens observaient un jeûne. On vient lui dire : « Pourquoi les disciples de Jean et les disciples des pharisiens jeûnent-ils, alors que tes disciples ne jeûnent pas ? »

---

[b]14. *Lévi* n'est autre que Matthieu, surnom signifiant « Don du Seigneur ».

[c]15. Sur les publicains, cf. note sur Mt 5, 46.

[19]Jésus leur répond : « Les invités de la noce, tant que l'époux est avec eux, peuvent-ils jeûner ? Aussi longtemps qu'ils ont l'époux avec eux, ils ne peuvent jeûner. [20]Viendront des jours où l'époux leur sera enlevé ; alors ils jeûneront, ce jour-là[d]. [21]Personne ne coud un morceau d'étoffe neuve sur un vieux vêtement ; sinon un tel morceau tire dessus, le neuf sur le vieux, et la déchirure s'aggrave. [22]Personne ne met du vin nouveau dans des outres vieilles ; sinon le vin fera éclater les outres, et le vin est perdu aussi bien que les outres. Mais à vin nouveau, outres neuves. »

Le sabbat et les épis arrachés. – [23]Or, un jour de sabbat, Jésus traversait des champs de blé, et ses disciples, chemin faisant, se mirent à arracher des épis. [24]Les pharisiens lui dirent : « Regarde, pourquoi tes disciples font-ils ce qui n'est pas permis le jour du sabbat ? » [25]Il leur répondit : « N'avez-vous jamais lu ce que fit David, lorsqu'il fut dans le besoin et qu'il eut faim, lui et ses compagnons ? [26]Il entra dans la maison de Dieu, au temps du grand prêtre Abiathar, et mangea les pains de l'offrande qu'il n'est permis qu'aux prêtres de manger ; il en donna même à ses compagnons[e]. » [27]Et il leur disait : « Le sabbat a été fait pour l'homme et non l'homme pour le sabbat. [28]Si bien que le Fils de l'homme est maître même du sabbat. »

3 **L'homme à la main paralysée.** – [1]Il entra de nouveau dans la synagogue. Un homme s'y trouvait dont la main était paralysée. [2]On épiait Jésus pour voir s'il le guérirait un jour de sabbat, afin de l'accuser. [3]Il dit à l'homme qui avait la main desséchée : « Lève-toi, là au milieu. » [4]Et il leur dit : « Est-il permis le jour du sabbat de faire du bien ou de faire du mal ? de sauver

[d]20. Première allusion à la Passion future.

[e]25-26. Cf. 1 S 21, 1-7 ; Lv 24, 5-9.

une vie ou de l'ôter ? » Mais eux se taisaient. [5]Promenant sur eux un regard de colère et navré de l'endurcissement de leur cœur, il dit à cet homme : « Étends ta main. » Il l'étendit et sa main fut guérie. [6]Une fois sortis, les pharisiens avec les Hérodiens[a] tinrent aussitôt conseil contre lui, sur les moyens de le faire périr.

Jésus et les foules. — [7]Jésus se retira vers la mer avec ses disciples : une grande multitude le suivit, venant de Galilée, de Judée, [8]de Jérusalem, de l'Idumée et d'au-delà du Jourdain, du pays de Tyr et de Sidon. Cette grande multitude vint à lui parce qu'elle avait appris tout ce qu'il faisait. [9]Il dit à ses disciples de tenir une barque à sa disposition, pour que la foule ne l'écrase pas. [10]Car il en guérissait beaucoup, si bien que ceux qui étaient atteints de maladies se jetaient sur lui pour le toucher. [11]Les esprits impurs, quand ils le voyaient, se prosternaient devant lui et criaient : « Tu es le Fils de Dieu ! » [12]Mais il leur enjoignait très sévèrement de ne pas le faire connaître.

Les Douze. — [13]Ensuite il gravit la montagne, il appelle à lui ceux qu'il voulait et ils vinrent à lui. [14]Il en choisit douze pour être avec lui et pour les envoyer prêcher, [15]avec pouvoir de chasser les démons. [16]Il établit donc les Douze : Simon, à qui il donna le nom[b] de Pierre ; [17]Jacques, fils de Zébédée, et Jean son frère, auxquels il donna le nom de Boanergès, c'est-à-dire fils du tonnerre ; [18]puis André, Philippe, Barthélemy, Matthieu et Thomas ; Jacques, fils d'Alphée, Thaddée, Simon le Cananéen[c] [19]et Judas l'Iscariote, celui qui le trahit.

---

3. − [a]6. Les *Hérodiens* : cf. note sur Mt 22, 16.

[b]16. Le nom exprime le plus intime d'un être : donner un nom, c'est à la fois connaître et exercer sa maîtrise.

[c]18. *Cananéen* : cf. note sur Mt 10, 4.

Jésus et Béelzéboul. – [20]Il vient à la maison et de nouveau la foule se rassemble, si bien qu'ils ne pouvaient même plus prendre de nourriture. [21]L'ayant appris, ses proches vinrent pour se saisir de lui, car ils disaient : « Il n'y est plus ! »

[22]Les scribes, qui étaient descendus de Jérusalem, disaient : « Il est possédé de Béelzéboul[d] ! » et : « C'est par le prince des démons qu'il chasse les démons. » [23]Les ayant appelés, il leur disait en paraboles : « Comment Satan peut-il chasser Satan ? [24]Si un royaume est divisé contre lui-même, ce royaume ne peut se maintenir. [25]Si une maison est divisée contre elle-même, cette maison ne peut se maintenir. [26]Et si Satan s'est dressé contre lui-même et s'est divisé, il ne peut se maintenir, il est fini. [27]Personne ne peut entrer dans la maison d'un homme fort et piller ses biens, s'il n'a d'abord ligoté l'homme fort : alors il pillera sa maison.

[28]« En vérité, je vous le dis, tout sera pardonné aux fils des hommes, péchés et blasphèmes autant qu'ils en auront proférés. [29]Mais si quelqu'un blasphème contre l'Esprit Saint, il n'obtiendra jamais de pardon ; il est coupable de péché à jamais[e]. » [30]Cela, parce qu'ils disaient : « Il est possédé d'un esprit impur. »

La vraie famille de Jésus. – [31]Sa mère et ses frères[f] arrivent ; se tenant dehors, ils le firent appeler. [32]Une foule de gens étaient assis autour de lui, et on lui dit : « Il y a là dehors ta mère et tes frères qui te demandent. » [33]En réponse il leur dit : « Qui sont ma mère et mes frères ? » [34]Et promenant son regard sur ceux qui

---

[d]22. *Béelzéboul*, l'un des noms donnés à Satan. Cf. note sur Mt 10, 25.

[e]29. Cf. note sur Mt 12, 31-32. Tant que persiste ce refus de la lumière, on demeure dans son péché.

[f]31. Les *frères* sont des parents au sens large, des cousins. Cf. note sur Mt 13, 55-56.

faisaient cercle autour de lui, il dit : « Voici ma mère et mes frères ; ³⁵quiconque fait la volonté de Dieu m'est un frère et une sœur et une mère. »

4 **Les paraboles du lac : le semeur.** – ¹De nouveau, il se mit à enseigner au bord de la mer. Une telle foule s'assembla autour de lui qu'il monta dans une barque et s'y assit, en mer. La foule, elle, se tenait au bord de la mer. ²Il leur enseignait beaucoup de choses en paraboles et leur disait dans son enseignement : ³« Écoutez ! Voici que le semeur est sorti pour semer. ⁴Il arriva, tandis qu'il semait, que des grains tombèrent le long du chemin ; les oiseaux vinrent et les mangèrent. ⁵D'autres tombèrent dans la pierraille, où il n'y avait pas beaucoup de terre ; ils levèrent très vite, car la terre était peu profonde ; ⁶mais quand se leva le soleil, ils furent brûlés et, faute de racine, ils séchèrent. ⁷Une autre partie tomba au milieu des épines et les épines, en montant, l'étouffèrent et elle ne porta pas de fruit. ⁸D'autres enfin tombèrent sur la bonne terre ; ils donnèrent du fruit en montant et en se développant et ils ont produit l'un trente, l'autre soixante, l'autre cent pour un. » ⁹Et il dit : « Qui a des oreilles pour entendre, qu'il entende ! »

¹⁰Lorsqu'il fut seul, ceux qui l'entouraient avec les Douze l'interrogèrent sur les paraboles. ¹¹Il leur dit : « Le mystère du Royaume de Dieu vous a été donné ; mais pour ceux du dehors[a], tout arrive en paraboles. ¹²*Si bien que, regardant de leurs yeux, ils ne voient pas ; qu'entendant de leurs oreilles, ils ne comprennent pas, qu'ils ne se convertissent pas et qu'il ne leur est pas pardonné*[b]. »

¹³Et il leur dit : « Ne comprenez-vous pas cette parabole ? Comment donc comprendrez-vous toutes

---

4. – [a]11. *Ceux du dehors,* qui ne connaissent pas encore la Bonne Nouvelle ou qui la refusent. [b]12. Is 6, 9-10 ; cf. Mt 13, 10-15.

les paraboles ? [14]Le semeur, c'est la Parole qu'il sème. [15]Les uns se trouvent au bord du chemin où la Parole est semée : dès qu'ils l'ont entendue, arrive Satan qui enlève la Parole semée en eux. [16]De même il y en a d'autres qui sont ensemencés dans la pierraille ; quand ils entendent la Parole, ils la reçoivent aussitôt avec joie ; [17]mais ils n'ont pas en eux de racine, ils sont inconstants : que vienne épreuve ou persécution à cause de la Parole, ils tombent aussitôt. [18]D'autres ont été ensemencés au milieu des épines : ceux-là ont entendu la Parole ; [19]mais les soucis du monde, la séduction de la richesse et les autres convoitises les envahissent et étouffent la Parole, qui reste sans fruit. [20]D'autres enfin ont été ensemencés dans la bonne terre, ceux-là entendent et accueillent la Parole ; ils portent du fruit, l'un trente, l'autre soixante et l'autre cent pour un. »

La lampe et la mesure. – [21]Il leur disait : « Est-ce qu'on apporte la lampe pour la mettre sous le boisseau ou sous le lit ? N'est-ce pas pour la mettre sur le lampadaire ? [22]Car il n'y a rien de caché qui ne doive être découvert ; et rien ne se fait en secret qui ne doive venir au grand jour. [23]Si quelqu'un a des oreilles pour entendre, qu'il entende ! »

[24]Et il leur disait : « Faites attention à ce que vous entendez. On utilisera pour vous la même mesure que vous employez pour les autres, et on y ajoutera. [25]Car à celui qui a, on donnera ; mais à celui qui n'a pas, on enlèvera même ce qu'il a[c]. »

La semence. – [26]Il disait : « Il en est du Royaume de Dieu comme d'un homme qui jette la semence en terre : [27]qu'il dorme ou se lève, nuit et jour, la semence germe et pousse, il ne sait comment ; [28]d'elle-même la

[c]25. Mt 13, 12 ; 23, 29.

terre produit d'abord l'herbe, ensuite l'épi, puis du blé plein l'épi. [29]Et aussitôt que le fruit est mûr, on y met la faucille car la moisson est à point[d]. »

Le grain de moutarde.

– [30]Il disait : « A quoi allons-nous comparer le Royaume de Dieu ? ou par quelle parabole pourrons-nous le représenter ? [31]C'est comme un grain de moutarde[e] : quand on le sème en terre c'est la plus petite de toutes les semences qu'il y ait sur terre. [32]Mais une fois semé, il monte et devient plus grand que toutes les plantes potagères, et il pousse de grandes branches, si bien que sous son ombre peuvent nicher les oiseaux du ciel. »

[33]C'est par beaucoup de paraboles de ce genre qu'il leur annonçait la Parole, selon qu'ils étaient capables de l'entendre ; [34]il ne leur parlait pas sans parabole, mais en particulier il expliquait tout à ses disciples[f].

La tempête apaisée.

– [35]Le soir de ce même jour, il leur dit : « Passons sur l'autre rive. » [36]Laissant la foule, ils l'emmènent, aussitôt, dans la barque ; et d'autres barques l'accompagnaient. [37]Survient un grand tourbillon de vent ; les vagues se jetaient dans la barque, si bien que déjà elle s'emplissait. [38]Et lui, à la poupe, dormait sur le coussin. Ils le réveillent et lui disent : « Maître, cela ne te fait rien que nous périssions ? » [39]Il se réveilla, menaça le vent et dit à la mer : « Tais-toi ! Silence ! » Et le vent tomba et il se fit un grand calme. [40]Jésus leur dit : « Pourquoi avez-vous si peur ? N'avez-vous pas encore de foi ? » [41]Ils furent saisis d'une grande crainte et ils se disaient entre eux : « Qui donc est-il pour que même la mer et le vent lui obéissent ? »

---

[d]29. Jl 4, 13. Perspective eschatologique.

[e]31. *Sénevé* ou moutarde sauvage.

[f]34. Affirmation précieuse qui montre le Christ préparant ses disciples à proclamer à leur tour et à expliquer le mystère.

5 Le possédé gérasénien.

— [1]Ils arrivèrent de l'autre côté de la mer, au pays des Géraséniens[a]. [2]Au moment même où il sortait de la barque, vint à sa rencontre, sortant des tombeaux, un homme possédé d'un esprit impur. [3]Il avait sa demeure dans les tombeaux et personne ne pouvait plus le lier, même avec une chaîne ; [4]souvent, en effet, on l'avait lié d'entraves et de chaînes, mais il avait rompu les chaînes et brisé les entraves ; personne ne pouvait le dompter. [5]Sans cesse, nuit et jour, il était dans les tombeaux et par les montagnes, poussant des cris et se lacérant avec des pierres. [6]Voyant Jésus de loin, il accourut, se prosterna devant lui [7]et cria d'une voix forte : « Qu'avons-nous de commun[b], Jésus, Fils du Dieu très-haut ? Je t'adjure par Dieu, ne me tourmente pas ! » [8]En effet Jésus lui disait : « Sors de cet homme, esprit impur ! » [9]Et il lui demandait : « Quel est ton nom ? » Il répond : « Légion est mon nom, car nous sommes nombreux. » [10]Et il suppliait instamment Jésus de ne pas le chasser hors du pays. [11]Or, il y avait là, sur la montagne, un grand troupeau de porcs qui paissaient. [12]Et les démons de le supplier en disant : « Envoie-nous vers ces porcs pour que nous entrions en eux. » [13]Il le leur permit. Et les esprits impurs sortirent, entrèrent dans les porcs et le troupeau se précipita du haut de la falaise dans la mer ; il y en avait environ deux mille et ils se noyèrent dans la mer.

[14]Ceux qui les gardaient s'enfuirent et répandirent la nouvelle dans la ville et dans les campagnes. Les gens vinrent voir ce qui s'était passé. [15]Arrivés près de Jésus, ils aperçoivent le démoniaque assis, vêtu et sain d'esprit, lui que Légion avait possédé ; et ils prirent

---

5. — [a]1. La région de Gérasa ou de Gadara. Cf. note sur Mt 8, 28.

[b]7. Littéralement : « Quoi à nous et à toi ? » formule biblique dont seul le contexte permet de préciser le sens ; cf. Mt 8, 29 ; Jn 2, 4.

peur. [16]Les témoins leur racontèrent comment cela s'é-
tait passé pour le démoniaque et à propos des porcs.
[17]Ils se mirent à le supplier de quitter leur territoire.

[18]Comme il montait dans la barque, celui qui avait
été démoniaque lui demanda à pouvoir rester avec lui.
[19]Il ne le lui permit pas, mais lui dit : « Va dans ta maison, auprès des tiens, et annonce-leur tout ce que le
Seigneur a fait pour toi et comment il a eu pitié de toi. »
[20]L'homme s'en alla et se mit à proclamer dans la
Décapole[c] tout ce que Jésus avait fait pour lui. Et tous
étaient dans l'admiration.

L'hémorroïsse et la fille de Jaïre. – [21]Lorsque
Jésus eut regagné en barque l'autre rive, une grande
foule se rassembla près de lui ; il se tenait au bord de la
mer. [22]Survient l'un des chefs de la synagogue, nommé
Jaïre. Voyant Jésus, il se jette à ses pieds [23]et le supplie
instamment en disant : « Ma petite fille est à toute extrémité ; viens donc lui imposer les mains pour qu'elle soit
sauvée et qu'elle vive. » [24]Il partit avec lui. Une foule
nombreuse le suivait et le pressait de toutes parts.

[25]Or, il y avait là une femme affligée d'une perte de
sang depuis douze ans. [26]Elle avait beaucoup souffert
du fait de nombreux médecins ; elle avait dépensé tout
son bien sans le moindre profit, allant au contraire de
mal en pis[d]. [27]Ayant entendu ce qu'on disait de Jésus,
elle vint dans la foule, par derrière, et toucha son vêtement. [28]Car elle se disait : « Si j'arrive à toucher au
moins ses vêtements, je serai sauvée[e]. » [29]Son hémorra-

---

[c]20. *La Décapole* : groupe de cités hellénistiques, primitivement au nombre de dix, autonomes depuis le règne de Jean Hyrcan (134-104).

[d]26. Le verset est omis par Matthieu 9, 20 dont le récit est plus bref ; omis également par le « cher médecin d'Antioche », Luc 8, 43.

[e]27-28. Son infirmité la met-tait dans un état d'impureté légale permanente, Lv 15, 25.

gie s'arrêta aussitôt et elle sentit dans son corps qu'elle était guérie de son infirmité. ³⁰A l'instant même, Jésus, sentant qu'une force était sortie de lui, se retournait dans la foule et disait : « Qui a touché mes vêtements ? » ³¹Ses disciples lui disaient : « Tu vois la foule qui te presse, et tu demandes : "Qui m'a touché ?" » ³²Et il regardait autour de lui pour voir celle qui avait fait cela. ³³Alors, la femme, craintive et tremblante, sachant ce qui lui était arrivé, vint se jeter à ses pieds et lui dit toute la vérité. ³⁴Jésus lui dit : « Ma fille, ta foi t'a sauvée ; va en paix et sois guérie de ton infirmité. »

³⁵Il parlait encore lorsque arrivent de chez le chef de synagogue des gens qui disent : « Ta fille est morte. Pourquoi déranger encore le Maître ? » ³⁶Mais Jésus, qui avait entendu ces mots, dit au chef de synagogue : « Ne crains pas ; crois seulement. » ³⁷Et il ne laissa personne l'accompagner, sauf Pierre, Jacques et Jean, le frère de Jacques. ³⁸Ils arrivent à la maison du chef de synagogue et Jésus aperçoit de l'agitation et des gens qui pleurent et poussent de grands cris. ³⁹Il entre et leur dit : « Pourquoi cette agitation et ces pleurs ? L'enfant n'est pas morte, mais elle dort. » ⁴⁰On se moquait de lui. Alors il fait sortir tout le monde, prend avec lui le père et la mère de l'enfant et ceux qui l'accompagnaient. Il entre là où se trouvait l'enfant ⁴¹et, prenant la main de l'enfant, il lui dit : « *Talitha koum* », ce qui signifie : « Petite fille, je te le dis, lève-toi[f]. » ⁴²Et aussitôt la fillette se leva et se mit à marcher : car elle avait douze ans. Ils furent saisis d'une grande stupeur. ⁴³Jésus leur recommanda vivement que personne ne le sache et il dit de lui donner à manger.

[f]41. Marc rapporte les mots mêmes de Jésus, fixés dans la mémoire de Pierre, exactement, en araméen : *Talitha qoum.* Pierre s'en inspirera plus tard, selon Ac 9, 40.

6 **Jésus à Nazareth.** – [1]Parti de là, Jésus vient dans sa patrie et ses disciples l'accompagnent. [2]Le jour du sabbat, il se mit à enseigner dans la synagogue ; les nombreux auditeurs, pleins d'étonnement, disaient : « D'où cela lui vient-il ? Quelle est cette sagesse qui lui a été donnée ? Et de si grands miracles qui se font par ses mains ? [3]N'est-il pas le charpentier, le fils de Marie, le frère de Jacques, de José, de Jude et de Simon ? Et ses sœurs ne sont-elles pas ici parmi nous[a] ? » Et ils étaient choqués à son sujet. [4]Jésus leur disait : « Un prophète n'est méconnu que dans sa patrie, parmi ses parents et dans sa maison. » [5]Et là il ne pouvait faire aucun miracle, si ce n'est qu'il guérit quelques malades en leur imposant les mains. [6]Il s'étonnait de leur incrédulité.

Mission des Douze. – Il parcourait les villages d'alentour en enseignant. [7]Il appelle les Douze et il se mit à les envoyer deux par deux, en leur donnant pouvoir sur les esprits impurs. [8]Il leur prescrivit de ne rien prendre pour la route, sauf un bâton, pas de pain, pas de sac, pas de monnaie dans la ceinture ; [9]mais des sandales aux pieds, et : « Ne mettez pas deux tuniques. » [10]Il leur disait : « Quelle que soit la maison où vous serez entrés, demeurez-y jusqu'à ce que vous partiez de ce lieu. [11]Si dans une localité on ne veut pas vous recevoir ni vous écouter, allez-vous-en et secouez la poussière de vos pieds, en témoignage contre eux. » [12]Ils partirent et ils proclamèrent qu'il fallait se repentir ; [13]ils chassaient beaucoup de démons, ils oignaient d'huile beaucoup de malades et les guérissaient.

La mort de Jean Baptiste. – [14]Le roi Hérode l'apprit, car le nom de Jésus était devenu célèbre. On disait : « Jean le Baptiste est ressuscité des morts, c'est pourquoi

---

6. – [a]3. Cf. 3, 31 ; Matthieu 13, 55-56.

le pouvoir des miracles agit en lui. » [15]D'autres disaient :
« C'est Élie. » D'autres : « C'est un prophète comme l'un
des prophètes[b]. » [16]Entendant cela, Hérode disait : « Ce
Jean que j'ai fait décapiter, c'est lui qui est ressuscité ! »

[17]En effet c'était lui, Hérode, qui avait envoyé arrêter Jean et l'avait enchaîné en prison, à cause d'Hérodiade, femme de son frère Philippe, qu'il avait épou-
sée. [18]Car Jean disait à Hérode : « Il ne t'est pas permis
d'avoir la femme de ton frère. » [19]Aussi Hérodiade lui
gardait rancune et voulait le faire mourir ; mais elle ne
le pouvait pas, [20]car Hérode craignait Jean, sachant
que c'était un homme juste et saint. Quand il l'entendait, il était fort perplexe et cependant il l'écoutait
volontiers.

[21]Il se présenta une occasion quand Hérode, pour
son anniversaire, donna un banquet à ses grands, à ses
officiers et aux notables de Galilée. [22]La fille de cette
Hérodiade entra ; elle dansa et plut à Hérode et à ses
convives. Le roi dit à la jeune fille : « Demande-moi ce
que tu veux et je te le donnerai. » [23]Et il lui fit ce serment : *Tout ce que tu me demanderas, je te le donnerai,*
fût-ce la moitié de mon royaume[c]. [24]Elle sortit et dit à sa
mère : « Que faut-il demander ? » Elle répondit : « La tête
de Jean le Baptiste. » [25]Elle revint aussitôt en hâte
auprès du roi et lui fit cette demande : « Je veux que, sur-
le-champ, tu me donnes sur un plat la tête de Jean le
Baptiste. » [26]Tout contrarié qu'il fût, le roi, à cause de
son serment et des convives, ne voulut pas le lui refuser.
[27]Aussitôt le roi envoya un garde avec ordre d'apporter la
tête de Jean ; le garde s'en alla le décapiter dans sa prison. [28]Il apporta la tête sur un plat et la donna à la jeune
fille, et la jeune fille la donna à sa mère.

---

[b]14-15. Ces opinions d'une foule intriguée par Jésus sont rapportées ailleurs, par ex. Matthieu 14, 2 ; 16, 14 ; cf. Jean 1, 20-22.

[c]23. Est 5, 3.6 ; 7, 2.

²⁹L'ayant appris, ses disciples vinrent enlever son corps et le déposèrent dans un tombeau.

Multiplication des pains. – ³⁰Les apôtres se rassemblent près de Jésus. Ils lui racontèrent tout ce qu'ils avaient fait et tout ce qu'ils avaient enseigné[d]. ³¹Il leur dit : « Vous autres, venez à l'écart dans un lieu désert et reposez-vous un peu. » Car arrivants et partants étaient si nombreux que l'on n'avait même pas le temps de manger. ³²Ils partirent dans la barque vers un lieu désert et isolé. ³³Mais on les vit s'en aller et beaucoup comprirent ; alors, de toutes les villes les gens accoururent à pied et les devancèrent. ³⁴En débarquant, il vit une foule nombreuse et il en fut ému de pitié, car ils étaient *comme des brebis sans pasteur*[e] ; et il se mit à leur enseigner beaucoup de choses.

³⁵Comme déjà l'heure était très avancée, ses disciples s'approchèrent de lui et dirent : « Ce lieu est désert et déjà l'heure est bien avancée. ³⁶Renvoie-les ; qu'ils aillent dans les hameaux d'alentour et dans les villages s'acheter des vivres. » ³⁷Mais il leur répondit : « Donnez-leur vous-mêmes à manger. » Ils lui disent : « Nous faudra-t-il aller acheter deux cents deniers de pains pour leur donner à manger ? » ³⁸Il leur dit : « Combien avez-vous de pains ? Allez voir. » S'étant informés, ils disent : « Cinq et deux poissons. » ³⁹Il leur commanda de les faire tous asseoir par groupes sur l'herbe verte. ⁴⁰Ils s'assirent par carrés de cent et de cinquante. ⁴¹Puis, prenant les cinq pains et les deux poissons, Jésus leva les yeux au ciel et dit la bénédiction. Il rompit les pains et il les donnait aux disciples pour qu'ils les distribuent ; il partagea aussi les deux poissons entre tous. ⁴²Tous mangèrent à satiété. ⁴³Et l'on

[d]30-46. Cf. note sur Mt 14, 13-21. [e]34. Ez 34, 5.

emporta les morceaux, douze corbeilles pleines, ainsi que le reste des poissons. [44]Or, ceux qui avaient mangé les pains étaient cinq mille hommes.

[45]Aussitôt il obligea ses disciples à remonter dans la barque et à le devancer sur l'autre rive, vers Bethsaïde, pendant qu'il renverrait la foule. [46]Après les avoir congédiés, il s'en alla sur la montagne pour prier.

Marche sur les eaux. – [47]Le soir venu, la barque était au milieu de la mer et lui, tout seul à terre.

[48]Voyant qu'ils peinaient à ramer, parce que le vent leur était contraire, vers la quatrième veille[f] de la nuit, il vient vers eux en marchant sur la mer. Il allait les dépasser ; [49]mais eux, le voyant marcher sur la mer, crurent que c'était un fantôme et poussèrent des cris : [50]tous en effet l'avaient vu et ils étaient bouleversés. Mais aussitôt il leur parla et leur dit : « Rassurez-vous ; c'est moi, n'ayez pas peur ! » [51]Il monta auprès d'eux dans la barque, et le vent cessa. Ils étaient en eux-mêmes au comble de la stupeur, [52]car ils n'avaient rien compris au sujet des pains : leur cœur était aveuglé.

[53]Au terme de la traversée, ils abordèrent à Génésareth et ils accostèrent. [54]Dès qu'ils furent sortis de la barque, les gens le reconnurent ; [55]ils parcoururent toute cette contrée et se mirent à apporter les malades sur leurs civières, là où l'on apprenait sa présence. [56]Partout où il arrivait dans des villages, des villes ou des hameaux, on déposait les malades sur les places et on le priait de leur laisser toucher ne serait-ce que la frange de son manteau ; et tous ceux qui la touchaient étaient guéris.

[f]48. *La quatrième veille* correspond à l'aube entre 3 et 6 heures du matin.

7 Les pharisiens et leurs traditions. – [1]Les pharisiens et quelques scribes venus de Jérusalem se rassemblent auprès de lui. [2]Ils voient quelques-uns de ses disciples prendre leur repas avec des mains impures, c'est-à-dire non lavées. [3]En effet, les pharisiens, comme tous les Juifs, ne mangent pas sans s'être lavé les mains avec soin, suivant la tradition des anciens; [4]quand ils reviennent du marché, ils ne mangent pas sans avoir fait des ablutions. Et il y a beaucoup d'autres pratiques qu'ils observent par tradition: comme le lavage des coupes, des cruches et des plats.

[5]Les pharisiens et les scribes lui demandent donc: « Pourquoi tes disciples ne suivent-ils pas la tradition des anciens, mais prennent-ils leurs repas avec des mains impures? »

[6]Il leur dit: « Isaïe a bien prophétisé de vous, hypocrites, ainsi qu'il est écrit: *Ce peuple m'honore des lèvres, mais son cœur est loin de moi; [7]c'est en vain qu'ils me rendent un culte; leurs enseignements ne sont que préceptes humains*[a]. [8]Vous laissez de côté le commandement de Dieu et vous vous attachez à la tradition des hommes. » [9]Et il leur disait: « Vous annulez bel et bien le commandement de Dieu pour garder votre tradition. [10]Par exemple, Moïse a dit: *Honore ton père et ta mère,* et: *Celui qui maudit son père ou sa mère, qu'il soit puni de mort*[b]. [11]Mais vous, vous dites: "Celui qui déclare à son père ou à sa mère: Ce dont j'aurais pu t'assister, j'en fais un *qorban*[c], c'est-à-dire une chose consacrée..." [12]vous ne l'obligez plus à rien faire pour son père ou pour sa mère; [13]vous annulez la parole de Dieu par la tradition que vous vous êtes transmise. Et vous faites beaucoup d'autres choses du même genre. »

[14]Puis, il appela de nouveau la foule et leur dit:

---

7. – [a]6-7. Is 29, 13.
[b]10. Ex 20, 12; 21, 15.
[c]11. *Qorban*: cf. note sur Mt 15, 5.

« Écoutez-moi tous et comprenez. [15]Il n'est rien d'extérieur à l'homme, qui, entrant en lui, puisse le rendre impur ; mais ce qui sort de l'homme, voilà ce qui rend l'homme impur. [16]Si quelqu'un a des oreilles pour entendre, qu'il entende[d] ! »

[17]Quand il fut entré dans la maison, loin de la foule, ses disciples lui demandèrent le sens de cette parabole. [18]Il leur dit : « Ainsi, vous aussi vous êtes sans intelligence ? Ne comprenez-vous pas que tout ce qui du dehors entre dans l'homme ne peut le rendre impur ; [19]car cela ne pénètre pas dans son cœur, mais dans son ventre, pour être ensuite évacué ? » Ainsi déclarait-il purs tous les aliments. [20]Il disait : « Ce qui sort de l'homme, voilà ce qui rend l'homme impur ; [21]car c'est du dedans, du cœur des hommes que sortent les mauvaises pensées : débauches, vols, meurtres, [22]adultères, convoitises, méchancetés, fourberie, inconduite, envie, injures, orgueil, déraison. [23]Toutes ces mauvaises choses sortent de l'intérieur et rendent l'homme impur. »

MINISTÈRE DE JÉSUS HORS DE GALILÉE

La foi d'une païenne. — [24]Partant de là, il se rendit dans la région de Tyr et entra dans une maison. Il ne voulait pas qu'on le sache, mais il ne put demeurer caché. [25]Car, aussitôt qu'elle entendit parler de lui, une femme dont la fillette avait un esprit impur vint se jeter à ses pieds. [26]Cette femme était grecque[e], syrophénicienne d'origine ; elle lui demandait de chasser le démon hors de sa fille. [27]Jésus lui dit : « Laisse d'abord se rassasier les enfants, car il n'est pas bien de prendre le pain des enfants pour le jeter aux petits chiens. »

[d]16. Ce verset ne se lit que dans quelques manuscrits.

[e]26. *Grecque,* c'est-à-dire non juive : cf. Ga 3, 28 ; Rm 10, 12.

²⁸Elle lui répondit : « Oui, Seigneur ; mais les petits chiens, sous la table, mangent les miettes des enfants. » ²⁹Alors il dit : « A cause de cette parole, va, le démon est sorti de ta fille. » ³⁰Elle retourna chez elle et trouva l'enfant étendue sur son lit et le démon parti.

Guérison d'un sourd-bègue. — ³¹Jésus quitta ensuite le pays de Tyr, passa par Sidon et revint vers la mer de Galilée, en plein pays de la Décapole. ³²On lui amène un homme sourd et bègue, et on le supplie de lui imposer la main. ³³Le prenant hors de la foule, à l'écart, Jésus lui mit les doigts dans les oreilles et lui toucha la langue avec sa salive ; ³⁴puis, levant les yeux au ciel, il soupira et dit : « *Ephphata* », c'est-à-dire : « Ouvre-toi. » ³⁵Ses oreilles s'ouvrirent, le lien de sa langue se dénoua et il parlait distinctement. ³⁶Il leur recommanda de n'en parler à personne, mais plus il le leur recommandait, plus encore ils le proclamaient ; ³⁷au comble de l'admiration ils disaient : « Il a bien fait toutes choses ; il fait entendre les sourds et parler les muets. »

8 **Seconde multiplication des pains.** — ¹En ces jours-là, il y eut de nouveau une foule nombreuse, et comme ils n'avaient rien à manger, Jésus appelle les disciples et leur dit[a] : ²« J'ai pitié de cette foule ; voilà trois jours déjà qu'ils restent auprès de moi et ils n'ont rien à manger. ³Si je les renvoie à jeun chez eux, ils vont défaillir en route ; et certains d'entre eux sont venus de loin. » ⁴Ses disciples lui répondirent : « Comment pourrait-on les rassasier de pains, ici, dans un désert ? » ⁵Il leur demanda : « Combien avez-vous de pains ? » — « Sept », lui répondirent-ils. ⁶Il ordonna à la foule de s'étendre à terre. Prenant les sept pains, il rendit grâce, il les rompit et les donnait aux disciples pour qu'ils les dis-

8. – [a]1-10. Cf. 6, 30-46 ; note sur Matthieu 14, 13-21.

tribuent ; et ils les distribuèrent à la foule. [7]Ils avaient aussi quelques petits poissons : il les bénit et il dit de les distribuer aussi. [8]Ils mangèrent et furent rassasiés, et l'on emporta les restes des morceaux, sept corbeilles. [9]Or, ils étaient environ quatre mille. Puis il les renvoya. [10]Aussitôt, montant dans la barque avec ses disciples, il s'en vint dans la région de Dalmanoutha[b].

Voir un signe ! – [11]Survinrent les pharisiens, qui se mirent à discuter avec lui, lui demandant un signe venant du ciel, pour le mettre à l'épreuve. [12]Soupirant du fond de l'âme, il dit : « Pourquoi cette génération demande-t-elle un signe ? En vérité, je vous le dis, il ne sera pas donné de signe à cette génération ! » [13]Et les laissant, il remonta dans la barque et partit pour l'autre rive.

Un enseignement faussé. – [14]Les disciples avaient oublié de prendre des pains et ils n'avaient avec eux dans la barque qu'un seul pain. [15]Jésus leur faisait cette recommandation : « Attention ! Gardez-vous du levain[c] des pharisiens et du levain d'Hérode ! » [16]Ils échangeaient des réflexions parce qu'ils n'avaient pas de pains. [17]Le sachant, il leur dit : « Pourquoi ces réflexions, que vous n'avez pas de pains ? Ne comprenez-vous pas encore ? Ne saisissez-vous pas ? Avez-vous le cœur aveuglé ? [18]*Vous avez des yeux et vous ne voyez pas, des oreilles et vous n'entendez pas*[d]. Ne vous rappelez-vous pas ? [19]Quand j'ai rompu les cinq pains pour cinq mille hommes, combien de corbeilles pleines de morceaux avez-vous emportées ? » – « Douze », lui répondirent-ils. [20]« Et quand j'ai rompu les sept pour les quatre mille,

---

[b]10. *Dalmanoutha,* ou Magadan en Matthieu 15, 39. Lieu inconnu mais proche du lac, peut-être Magdala.

[c]15. Le *levain* figure l'influence corruptrice ; cf. note sur Matthieu 16, 6-12.

[d]18. Jr 5, 21 ; Ez 12, 2.

combien de paniers pleins de morceaux avez-vous emportés ? » – « Sept », lui dirent-ils. [21]Et il leur disait : « Ne comprenez-vous pas encore ? »

L'aveugle de Bethsaïde. – [22]Ils arrivent à Bethsaïde ; on lui amène un aveugle et on le prie de le toucher. [23]Prenant l'aveugle par la main, il le conduisit hors du village, lui mit de la salive sur les yeux, lui imposa la main et lui demanda : « Vois-tu quelque chose ? » [24]Ayant levé les yeux, il dit : « Je vois les hommes ; je distingue comme des arbres et ils marchent. » [25]Il lui imposa de nouveau les mains sur les yeux : l'homme vit clair et se trouva guéri ; il voyait tout nettement et de loin. [26]Jésus le renvoya chez lui en disant : « N'entre même pas dans le village. »

La confession de Pierre. – [27]Jésus s'en alla avec ses disciples vers les villages de Césarée de Philippe. En chemin, il posait à ses disciples cette question : « Qui suis-je, au dire des gens ? » [28]Ils lui dirent : « Jean le Baptiste ; pour d'autres, Élie ; et, selon d'autres, l'un des prophètes. » [29]Mais lui leur demandait : « Et vous, qui dites-vous que je suis ? » En réponse, Pierre lui dit : « Tu es le Christ[e]. » [30]Et il leur défendit sévèrement de parler de lui à personne.

Première annonce de la Passion. – [31]Puis il commença à leur enseigner qu'il fallait que le Fils de l'homme souffre beaucoup, qu'il soit rejeté par les anciens, par les grands prêtres et par les scribes, qu'il soit mis à mort et qu'après trois jours il ressuscite. [32]Il

[e]29. Cette reconnaissance de Jésus comme Christ ou Messie achève la première partie doctrinale de Marc ; désormais Jésus va orienter ses disciples vers le mystère de sa personne, du Fils de l'homme (cf. note sur Matthieu 8, 20) en qui le centurion reconnaîtra enfin le Fils de Dieu, 16, 39.

tenait ouvertement ce langage. Pierre, le tirant à part, se mit à le reprendre. ³³Mais lui, se retournant et regardant ses disciples, réprimanda Pierre et lui dit : « Arrière, Satan[f], car tes pensées ne sont pas celles de Dieu, mais celles des hommes ! »

Comment suivre Jésus.

– ³⁴Appelant la foule avec ses disciples, il leur dit : « Si quelqu'un veut me suivre, qu'il se renonce lui-même, qu'il prenne sa croix et qu'il m'accompagne. ³⁵Celui qui veut sauver sa vie la perdra ; mais celui qui perd sa vie à cause de moi et de l'Évangile la sauvera. ³⁶Que sert à l'homme de gagner le monde entier s'il perd sa vie ? ³⁷Que peut donner l'homme en échange de sa vie ? ³⁸Car celui qui rougira de moi et de mes paroles, au milieu de cette génération adultère et pécheresse, le Fils de l'homme aussi rougira de lui lorsqu'il viendra dans la gloire de son Père, avec les saints anges. »

9 ¹Et il leur dit : « En vérité, je vous le dis, certains de ceux qui se trouvent ici ne mourront pas avant de voir le Royaume de Dieu venir avec puissance. »

La Transfiguration.

– ²Six jours plus tard, Jésus prend avec lui Pierre, Jacques et Jean ; il les emmène à l'écart sur une haute montagne[a]. Il fut transfiguré devant eux. ³Ses vêtements devinrent éblouissants, si blancs qu'aucun foulon sur terre ne saurait blanchir de la sorte. ⁴Élie leur apparut avec Moïse ; ils s'entretenaient avec Jésus. ⁵Prenant la parole, Pierre dit à

---

[f]33. *Satan*, nom commun hébreu désignant l'accusateur public, devant le tribunal ; de là il en est venu à désigner l'Ennemi de Dieu et des hommes, aux noms multiples (cf. Ap 12, 9-10).

9. – [a]2-8. Cf. note sur Matthieu 17, 1-13. La montagne de la Transfiguration doit être située sur les pentes de l'Hermon, près de Césarée de Philippe, plutôt qu'au mont Thabor.

s'étaient demandé l'un l'autre, en chemin, lequel d'entre eux était le plus grand. [35]S'étant assis, il appela les Douze et leur dit : « Si quelqu'un veut être le premier, qu'il soit le dernier de tous et le serviteur de tous. » [36]Et prenant un petit enfant, il le plaça au milieu d'eux ; le tenant dans ses bras, il leur dit : [37]« Qui accueille un de ces petits enfants en mon nom m'accueille moi-même ; et celui qui m'accueille, ce n'est pas moi qu'il accueille, mais Celui qui m'a envoyé. »

[38]Jean lui dit : « Maître, nous avons vu quelqu'un chasser les démons en ton nom, mais il n'est pas de ceux qui nous accompagnent ; nous avons voulu l'en empêcher parce qu'il ne nous accompagne pas. » [39]Mais Jésus dit : « Ne l'empêchez pas ; car il n'y a personne qui fasse un miracle en mon nom et qui puisse aussitôt après parler mal de moi. [40]Qui n'est pas contre nous est pour nous.

[41]« Quiconque vous aura donné à boire un verre d'eau parce que vous appartenez au Christ, en vérité, je vous le dis, il ne perdra pas sa récompense. »

Le scandale. – [42]« Si quelqu'un scandalise un de ces petits qui croient, mieux vaut pour lui qu'on lui suspende au cou une grosse meule et qu'on le jette dans la mer. [43]Si ta main est pour toi occasion de chute, coupe-la : il vaut mieux pour toi entrer manchot dans la vie que de t'en aller avec tes deux mains dans la géhenne[d], dans le feu qui ne s'éteint pas, [44]où le ver ne meurt pas et où le feu ne s'éteint jamais. [45]Si ton pied est pour toi occasion de chute, coupe-le : il vaut mieux pour toi entrer boiteux dans la vie que d'être jeté, avec tes deux pieds dans la géhenne, [46]là où le ver ne meurt pas et où le feu ne s'éteint jamais. [47]Si ton œil est pour toi occa-

[d]43. *Géhenne*, de Gé-Hinnom, vallée délimitant Jérusalem à l'ouest. A fini par symboliser le séjour des réprouvés (Is 66, 24).

sion de chute, arrache-le ; mieux vaut pour toi entrer borgne dans le Royaume de Dieu que d'être jeté avec tes deux yeux dans la géhenne, [48]*où le ver ne meurt pas et où le feu ne s'éteint pas*[e].

[49]« Car chacun doit être salé par le feu[f]. [50]Bon est le sel ; mais si le sel perd sa saveur, avec quoi la lui rendrez-vous ? Ayez en vous-mêmes du sel et vivez en paix entre vous. »

VOYAGE DE GALILÉE À JÉRUSALEM

10 Mariage et divorce. – [1]Partant de là, Jésus s'en va au pays de Judée et au-delà du Jourdain. De nouveau, des foules se joignirent à lui et, à son habitude, de nouveau il les enseignait.

[2]Des pharisiens l'abordèrent, lui demandant s'il est permis à un homme de renvoyer sa femme : c'était pour lui tendre un piège. [3]Il leur répondit : « Que vous a prescrit Moïse ? » [4]Ils dirent : « Moïse a permis de rédiger un acte de divorce quand on répudie[a]. » [5]Mais Jésus leur dit : « C'est à cause de votre dureté de cœur qu'il a écrit pour vous ce commandement.

[6]« Mais au commencement de la création, *Dieu les fit homme et femme ;* [7]*pour cette raison l'homme se détachera de son père et de sa mère pour s'attacher à sa femme,* [8]*et les deux deviendront un seul être*[b]. Ainsi, ils ne sont plus deux, mais un seul. [9]Donc, ce que Dieu a uni, que l'homme ne le sépare pas. »

---

[e]44-48. Le verset 48 cite Is 66, 24 ; cette citation a été ajoutée aux versets 44 et 46, comme une sorte de refrain.

[f]49. Le feu du châtiment, au verset 48, appelle cette sentence assez mystérieuse : le feu y appa-raît comme purificateur et s'accorde avec la mention du sel qui évite la corruption.

10. – [a]4. Dt 24, 1. Cf. Matthieu 5, 31 ; 19, 9 et par.

[b]6-8. Gn 1, 27 ; 2, 24.

[10]Revenus à la maison, les disciples l'interrogeaient de nouveau à ce sujet [11]et il leur dit : « Celui qui répudie sa femme et en épouse une autre, commet l'adultère envers elle ; [12]et si une femme répudie son mari et en épouse un autre, elle commet un adultère. »

Les petits enfants. — [13]On lui amenait des petits enfants pour qu'il les touche ; mais les disciples les rabrouèrent. [14]Voyant cela, Jésus s'indigna et leur dit : « Laissez les petits enfants venir à moi, ne les empêchez pas, car c'est à ceux qui leur ressemblent qu'appartient le Royaume de Dieu. [15]En vérité, je vous le dis, qui n'accueille pas le Royaume de Dieu comme un petit enfant n'y entrera pas. » [16]Puis, les prenant dans ses bras, il les bénissait en leur imposant les mains.

L'homme riche. — [17]Comme il se mettait en route, quelqu'un[c] accourut et fléchit le genou devant lui ; il lui demanda : « Bon Maître, que dois-je faire pour obtenir la vie éternelle ? » [18]Jésus lui dit : « Pourquoi m'appelles-tu bon ? Nul n'est bon, que Dieu seul. [19]Tu connais les commandements : *Tu ne tueras pas ; tu ne commettras pas d'adultère ; tu ne voleras pas ; tu ne porteras pas de faux témoignage ; tu ne feras pas de tort à personne ; honore ton père et ta mère*[d]. » [20]Il lui répondit : « Maître, tout cela je l'ai observé depuis ma jeunesse. » [21]Jésus le regarda, se prit à l'aimer et lui dit : « Une seule chose te manque ; va, tout ce que tu as, vends-le, donne-le aux pauvres et tu auras un trésor dans le ciel ; puis viens, suis-moi. » [22]Mais il s'assombrit à cette parole ; il s'en alla tout triste, car il avait de grands biens.

[23]Regardant autour de lui, Jésus dit à ses disciples : « Qu'il est difficile à ceux qui ont des richesses d'entrer

[c]17. Selon Matthieu 19, 20 ce riche est un jeune homme, selon Luc 18, 18, un notable.
[d]19. Ex 20, 12-16.

dans le Royaume de Dieu ! » ²⁴Or, les disciples étaient stupéfaits de cette parole, mais Jésus reprit et dit : « Mes enfants, qu'il est difficile d'entrer dans le Royaume de Dieu ! ²⁵Il est plus facile à un chameau de passer par un trou d'aiguille qu'à un riche d'entrer dans le Royaume de Dieuᵉ. » ²⁶Eux, saisis à l'extrême, se disaient entre eux : « Qui peut être sauvé ? » ²⁷Les fixant du regard, Jésus leur dit : « Aux hommes c'est impossible, mais non à Dieu ; car tout est possible à Dieuᶠ. »

²⁸Pierre se mit à lui dire : « Voici que nous avons tout quitté pour te suivre. » ²⁹Jésus déclara : « En vérité, je vous le dis, nul n'aura laissé maison, frères, sœurs, père, mère, enfants ou terres, à cause de moi et à cause de l'É.vangile, ³⁰qu'il ne reçoive au centuple dès maintenant, en ce temps-ci, maisons, frères, sœurs, mères, enfants et terres, avec des persécutions, et dans le monde à venir, la vie éternelle. ³¹Beaucoup de premiers seront derniers et beaucoup de derniers, premiers. »

Troisième annonce de la Passion. — ³²Ils étaient en routeᵍ, montant à Jérusalem. Jésus marchait devant eux ; ils étaient troublés, et ceux qui suivaient avaient peur. Prenant de nouveau les Douze auprès de lui, il se mit à leur dire ce qui allait lui arriver : ³³« Voilà que nous montons à Jérusalem. Le Fils de l'homme sera livré aux grands prêtres et aux scribes ; ils le condamneront à mort et ils le livreront aux païens ; ³⁴ils l'insulteront, cracheront sur lui, le flagelleront et le tueront et, après trois jours, il ressuscitera. »

Les places d'honneur. — ³⁵S'approchant de lui, Jacques et Jean, les fils de Zébédée, lui disent : « Maî-

---

ᵉ25. Cf. Mt 19, 24 ; Luc 18, 25.
ᶠ27. Gn 18, 14 ; Jr 32, 17.27 ; Za 8, 6 ; Lc 1, 37.
ᵍ32. Comparer Jean 11, 7-16.

tre, nous voudrions que tu fasses pour nous ce que nous allons te demander. » 36Il leur dit : « Que voulez-vous que je fasse pour vous ? » 37Ils lui répondent : « Accorde-nous que l'un à ta droite et l'autre à ta gauche nous siégions dans ta gloire. » 38Mais Jésus leur dit : « Vous ne savez pas ce que vous demandez. Pouvez-vous boire le caliceh que je vais boire et être baptisés du baptême dont je vais être baptisé ? » 39Ils lui dirent : « Nous le pouvons. » Et Jésus de leur déclarer : « Le calice que je vais boire, vous le boirez, et du baptême dont je vais être baptisé, vous serez baptisés. 40Quant à siéger à ma droite ou à ma gauche, il ne m'appartient pas de l'accorder ; c'est pour ceux auxquels c'est destiné. » 41Les dix autres, ayant entendu, se mirent à s'indigner contre Jacques et Jean. 42Jésus les appela et leur dit : « Vous le savez : ceux qu'on regarde comme les chefs des nations leur commandent en maîtres ; les grands exercent sur elles leur pouvoir. 43Il ne doit pas en être ainsi parmi vous. Au contraire, celui qui veut être grand parmi vous, qu'il soit votre serviteur. 44Celui d'entre vous qui voudra être le premier, qu'il soit l'esclave de tous. 45Car le Fils de l'homme n'est pas venu pour être servi, mais pour servir et donner sa vie en rançon pour la multitude. »

L'aveugle de Jéricho. — 46Ils arrivent à Jéricho. Comme Jésus sortait de Jéricho avec ses disciples et une foule considérable, le fils de Timée, Bartimée, un mendiant aveuglei, était assis au bord du chemin.

47Apprenant que c'était Jésus de Nazareth, il se mit à crier : « Fils de David, Jésus, aie pitié de moi ! » 48Beaucoup lui enjoignirent de se taire ; mais il cria

---

h38. Le *calice* : symbole des épreuves (cf. Matthieu 20, 22) ; *le baptême* : au sens étymologique d'immersion (dans les épreuves). i46. Matthieu 20, 30 parle de deux aveugles.

beaucoup plus fort : « Fils de David, aie pitié de moi ! »
49S'arrêtant, Jésus dit : « Appelez-le ! » On appelle l'aveugle en lui disant : « Confiance, lève-toi, il t'appelle ! »
50Rejetant son manteau, d'un bond il vint auprès de Jésus. 51Prenant la parole, Jésus lui dit : « Que veux-tu que je fasse pour toi ? » L'aveugle lui dit : « Rabbouni[j], que je voie ! » 52Jésus lui dit : « Va! ta foi t'a sauvé. » Aussitôt il recouvra la vue et il suivait Jésus sur le chemin.

11 Entrée messianique à Jérusalem. — 1Lorsqu'ils approchent de Jérusalem, vers Bethphagé et Béthanie, près du mont des Oliviers, il envoie deux de ses disciples 2et leur dit : « Allez au village qui est en face de vous : aussitôt, en y entrant, vous trouverez un ânon attaché, que personne encore n'a monté ; détachez-le et amenez-le. 3Si l'on vous dit : "Pourquoi faites-vous cela ?" répondez : "Le Seigneur en a besoin et, aussitôt après, il le renvoie ici". » 4Ils s'en allèrent et ils trouvèrent un ânon attaché dehors près d'une porte, dans la rue. Ils le détachent ; 5certains de ceux qui se trouvaient là leur dirent : « Qu'est-ce qui vous prend de détacher cet ânon ? » 6Ils répondirent comme avait dit Jésus, et on les laissa faire.

7Ils amènent l'ânon à Jésus ; ils jettent sur lui leurs vêtements et Jésus s'assit dessus. 8Beaucoup étendirent leurs vêtements sur le chemin ; d'autres, des feuillages qu'ils coupaient dans les champs. 9Ceux qui précédaient et ceux qui suivaient criaient : «*Hosanna ! Béni soit celui qui vient au nom du Seigneur !* 10*Béni soit le règne qui vient, celui de notre père David ! Hosanna au plus haut des cieux*[a] ! » 11Il entra à Jérusalem, dans le Temple. Après avoir tout regardé autour

[j]51. *Rabbouni*, forme araméenne de Rabbi, « mon maître ».

11. — [a]9-10. Ps 118, 26. *Hosanna*, « donne le salut ».

de lui, comme déjà l'heure était tardive, il sortit en direction de Béthanie avec les Douze.

Le figuier stérile. – [12]Le lendemain, comme ils sortaient de Béthanie, il eut faim. [13]Voyant de loin un figuier couvert de feuilles, il alla voir s'il y trouverait quelque chose ; s'étant approché, il ne trouva rien que des feuilles, car ce n'était pas le temps des figues. [14]Prenant alors la parole, il lui dit : « Que jamais plus personne ne mange de ton fruit ! » Et ses disciples entendaient.

Les marchands du Temple. – [15]Ils arrivent à Jérusalem. Entrant dans le Temple, il se mit à chasser ceux qui vendaient et qui achetaient dans le Temple ; il renversa les tables des changeurs et les sièges des marchands de colombes, [16]et il ne laissait personne transporter quoi que ce soit à l'intérieur du Temple. [17]Il enseignait et leur disait : « N'est-il pas écrit : *Ma maison sera appelée maison de prière pour toutes les nations* ? Et vous en avez fait *une caverne de voleurs*[b] ! »

[18]Les grands prêtres et les scribes l'apprirent et ils cherchaient comment le faire périr ; ils le craignaient, en effet, car toute la foule était frappée de son enseignement. [19]Quand vint le soir, Jésus et ses disciples sortirent de la ville.

Le figuier desséché. – [20]En passant, le lendemain matin, ils virent le figuier desséché[c] jusqu'aux racines. [21]Se rappelant, Pierre lui dit : « Rabbi, vois : le figuier que tu as maudit s'est desséché. » [22]Jésus leur répond : « Ayez foi en Dieu. [23]En vérité, je vous le dis, celui qui dirait à cette montagne : "Ôte-toi et jette-toi

[b]17. Is 56, 7 ; Jr 7, 11. Cf. Mt 21, 12-13.

[c]20-26. Le figuier maudit et desséché : parabole en acte pour illustrer la puissance de la foi et de la prière.

dans la mer", s'il n'hésite pas dans son cœur mais croit que ce qu'il dit va arriver, cela, il l'obtiendra. [24]C'est pourquoi, je vous le dis : tout ce que vous demandez en priant, croyez que vous l'avez reçu et vous l'obtiendrez. [25]Lorsque vous êtes debout pour prier, si vous avez quelque chose contre quelqu'un, pardonnez-lui, afin que votre Père qui est dans les cieux vous pardonne aussi vos offenses. [26]Si vous ne pardonnez pas, votre Père qui est dans les cieux ne vous pardonnera pas non plus vos offenses[d]. »

D'où vient l'autorité de Jésus. – [27]Ils reviennent à Jérusalem. Comme il se promenait dans le Temple, viennent à lui les grands prêtres, les scribes et les anciens. [28]Ils lui disaient : « Par quelle autorité fais-tu cela et qui t'a donné cette autorité pour le faire ? » [29]Jésus leur dit : « Je vais vous poser une seule question ; répondez-moi et je vous dirai par quelle autorité je fais cela : [30]le baptême de Jean était-il du ciel ou des hommes ? Répondez-moi. » [31]Et ils raisonnèrent ainsi entre eux : « Si nous répondons : "Du ciel", il dira : "Pourquoi donc n'avez-vous pas cru en lui ?" [32]Mais si nous répondons : "Des hommes"... » Ils craignaient la foule, car tous tenaient Jean pour un véritable prophète. [33]Alors ils répondirent à Jésus : « Nous ne savons pas. » Et Jésus leur dit : « Moi non plus, je ne vous dis pas par quelle autorité je fais cela. »

12 **Le rejet des mauvais vignerons.** – [1]Et il se mit à leur parler en paraboles : « Un homme *planta une vigne, l'entoura d'une clôture, y creusa un pressoir et bâtit une tour*[a]. Puis il la loua à des vigne-

[d]26. Verset ajouté par quelques manuscrits s'inspirant du *Pater*.
12. – [a]1. Is 5, 1-2 : allégorie de la vigne, figure du peuple de Dieu, que cite Matthieu 21, 33, mais non Luc 20, 9.

rons et partit en voyage. ²En temps voulu, il envoya un serviteur auprès de ces vignerons pour percevoir d'eux une partie des fruits de la vigne. ³Mais les vignerons le saisirent, le battirent et le renvoyèrent les mains vides. ⁴Il leur envoya encore un autre serviteur ; celui-là aussi, ils le frappèrent à la tête et l'outragèrent. ⁵Il leur en envoya un autre et celui-là, ils le tuèrent ; puis beaucoup d'autres : ils battirent les uns, tuèrent les autres. ⁶Il lui restait encore quelqu'un, son fils bien-aimé ; il le leur envoya en dernier, se disant : "Ils respecteront mon fils." ⁷Mais ces vignerons se dirent entre eux : « C'est l'héritier ; allons, tuons-le et nous aurons l'héritage ! » ⁸Ils le saisirent, le tuèrent et le jetèrent hors de la vigne. ⁹Que fera donc le maître de la vigne ? Il viendra, il fera périr ces vignerons et il donnera la vigne à d'autres. ¹⁰N'avez-vous pas lu cette parole de l'Écriture : *"La pierre rejetée des bâtisseurs est devenue la pierre d'angle ; ¹¹c'est là l'œuvre du Seigneur, une merveille à nos yeux*ᵇ*."*

¹²Ils cherchaient à l'arrêter, mais ils redoutaient la foule. Ils avaient en effet compris que c'était pour eux qu'il avait dit cette parabole. Et, le laissant, ils s'en allèrent.

Le tribut à César. — ¹³Ils lui envoient quelques pharisiens et quelques Hérodiens pour le prendre au piège dans ses paroles. ¹⁴Ils viennent lui dire : « Maître, nous savons que tu es sincère et que tu ne te laisses influencer par personne ; tu ne considères pas la condition des gens ; mais en toute vérité tu enseignes la voie de Dieu. Est-il permis ou non de payer le tribut à César ? Devons-nous payer ou ne pas payer ?" ¹⁵Mais lui, pénétrant leur hypocrisie, leur dit : « Pourquoi me tendre un piège ? Apportez-moi un denier, que je voie." ¹⁶Ils le présentèrent et il leur dit : « De qui est cette effi-

ᵇ10-11. Ps 118, 2-23. Cf. note sur Matthieu 21, 42.

gie? et l'inscription?» Ils répondirent: «De César.»
[17]Et Jésus leur dit: «Ce qui est à César, rendez-le à
César, et ce qui est à Dieu, à Dieu.» Et ils étaient tout
étonnés à son sujet.

Question sur la résurrection. – [18]Des sadducéens, ces gens qui nient la résurrection, viennent
auprès de lui et lui posent cette question: [19]«Maître,
Moïse a écrit pour nous: *Si quelqu'un a un frère qui*
meurt en laissant une femme mais sans laisser d'en-
fant, que le frère survivant prenne la femme et suscite
une descendance à son frère[c]. [20]Il y avait sept frères.
Le premier prit femme et mourut sans laisser de descendance. [21]Le deuxième la prit et mourut sans laisser
de descendance; et le troisième de même. [22]Les sept ne
laissèrent aucune descendance. Après eux tous, la
femme mourut aussi. [23]A la résurrection, lorsqu'ils ressusciteront, duquel d'entre eux sera-t-elle la femme,
puisque tous les sept l'ont eue pour femme[d]?» [24]Jésus
leur dit: «N'êtes-vous pas dans l'erreur, parce que
vous ne comprenez ni les Écritures ni la puissance de
Dieu? [25]En effet, quand on ressuscite d'entre les morts,
on ne prend ni femme ni mari, mais on est comme des
anges dans les cieux. [26]Pour ce qui est des morts et de
leur résurrection, n'avez-vous pas lu dans le livre de
Moïse, à propos du Buisson, comment Dieu lui dit: *Je*
suis le Dieu d'Abraham, le Dieu d'Isaac et le Dieu de
Jacob[e]? [27]Il n'est pas le Dieu des morts, mais des
vivants. Vous êtes grandement dans l'erreur.»

Le grand commandement. – [28]Un scribe, qui
les avait entendus discuter, s'approche. Voyant que

[c]19. Dt 25, 5-10 (loi du lévirat).
[d]20-23. Question classique
quand s'affrontaient les docteurs
pharisiens et sadducéens.

[e]26. Ex 3, 6. C'est l'épisode
du buisson ardent qui ouvre le
récit de la vocation de Moïse
(Ex 3-4).

Jésus avait bien répondu, il lui demanda : « Quel est le premier de tous les commandements[f] ? » [29]Jésus répondit : « Le premier, c'est : *Écoute, Israël, le Seigneur notre Dieu, le Seigneur est un ; * [30]*et tu aimeras le Seigneur ton Dieu de tout ton cœur, de toute ton âme, de tout ton esprit et de toute ta force.* [31]Voici le second : *Tu aimeras ton prochain comme toi-même.* Il n'y a pas d'autre commandement plus grand que ceux-là. » [32]Le scribe lui dit : « Bien, maître, tu as dit vrai : *Il est l'unique et il n'en est pas d'autre que lui[g] ;* [33]*l'aimer de tout son cœur, de toute son intelligence, de toute son âme et de toute sa force et aimer son prochain comme soi-même,* cela vaut mieux que tous les holocaustes et sacrifices[h]. » [34]Jésus voyant qu'il avait commenté sagement, lui dit : « Tu n'es pas loin du Royaume de Dieu. » Et personne n'osait plus l'interroger.

Le Messie, fils et Seigneur de David. — [35]Prenant la parole, Jésus disait, en enseignant dans le Temple : « Comment les scribes peuvent-ils dire que le Christ est fils de David ? [36]David lui-même a dit, inspiré par l'Esprit Saint : *Le Seigneur a dit à mon Seigneur : Siège à ma droite, jusqu'à ce que je mette tes ennemis sous tes pieds[i].* [37]David lui-même l'appelle Seigneur : de quelle façon est-il donc son fils ? » La foule nombreuse l'écoutait avec plaisir.

Contre certains scribes. — [38]Dans son enseignement il disait : « Gardez-vous des scribes qui aiment à se promener en longues robes : ils aiment les salutations sur les places publiques, [39]les sièges d'honneur dans les

[f]28-31. Dt 6, 4-5 ; Lv 19, 18. Encore une question fort débattue dans les écoles rabbiniques.

[g]32. Dt 4, 35 ; 6, 4 ; Is 45,21.
[h]33. Dt 6, 5 ; Lv 19, 18 ; Os 6, 4.
[i]36. Ps 110, 1.

synagogues et les divans d'honneur dans les festins ; [40]ils dévorent les biens des veuves et affectent de prier longuement. Ceux-là subiront une condamnation plus sévère. »

L'obole de la veuve. − [41]Assis face au Trésor, Jésus regardait de quelle manière la foule y jetait de la monnaie. Beaucoup de riches en jetaient beaucoup. [42]Vint une veuve pauvre, qui jeta deux petites pièces, la valeur d'un quart d'as[j].

[43]Il appela ses disciples et leur dit : « En vérité, je vous le dis, cette veuve, qui est pauvre, a donné plus que tous ceux qui jettent dans le Trésor ; [44]car tous ont jeté de leur superflu, mais elle, elle a pris sur son indigence, mettant tout ce qu'elle possédait, tout ce qu'elle avait pour vivre. »

13 La fin de Jérusalem et du monde. −
[1]Comme il sortait du Temple, un de ses disciples lui dit : « Maître, regarde : quelles pierres et quelles constructions ! » [2]Jésus lui dit : « Tu vois ces grandes constructions ? Tout sera démoli ; il ne restera pas ici pierre sur pierre. »

[3]Lorsqu'il se fut assis sur le mont des Oliviers, en face du Temple, Pierre, Jacques, Jean et André lui demandèrent en particulier : [4]« Dis-nous quand cela arrivera et quel sera le signe que tout cela va finir. »

[5]Et Jésus se mit à leur dire : « Prenez garde que personne ne vous égare. [6]Car beaucoup viendront, prenant mon nom, qui diront : "C'est moi", et ils égareront beaucoup de gens. [7]Quand vous entendrez parler de guerres et de bruits de guerre, ne vous laissez pas troubler : il faut que cela arrive, mais ce n'est pas encore la fin[a]. [8]On se dressera peuple contre peuple et royaume

[j]41-42. Sur le Trésor, cf. note sur Matthieu 15, 5. L'*as*, petite monnaie romaine, valait 1/16 de denier (ou de franc-or).

contre royaume; il y aura des tremblements de terre en divers lieux, il y aura des famines. Ce sera le commencement des douleurs. [9]Soyez sur vos gardes, car on vous traduira devant des tribunaux; vous serez battus dans les synagogues; vous comparaîtrez, à cause de moi, devant gouverneurs et rois: ce sera un témoignage pour eux. [10]Il faut d'abord que l'Évangile soit proclamé à toutes les nations.

[11]« Quand on vous emmènera pour vous livrer, ne vous inquiétez pas d'avance de ce que vous direz; mais ce qui vous sera donné à l'heure même, cela, dites-le; car ce n'est pas vous qui parlerez, mais l'Esprit Saint. [12]Le frère livrera son frère à la mort, et le père son enfant; *les enfants se dresseront contre leurs parents* et les feront mettre à mort[b]. [13]Tous vous haïront à cause de mon nom; mais celui qui tiendra jusqu'à la fin, celui-là sera sauvé.

[14]« Quand vous verrez l'*abomination de la désolation* installée là où il ne faut pas – que le lecteur comprenne –, alors, que ceux qui seront en Judée fuient dans les montagnes[c]; [15]que celui qui sera sur la terrasse ne descende pas et ne rentre pas prendre quelque chose dans sa maison; [16]que celui qui ira à son champ ne retourne pas prendre son manteau. [17]Malheur aux femmes qui seront enceintes ou qui allaiteront en ces jours-là[d]! [18]Priez que cela n'ait pas lieu en hiver. [19]Car ces jours-là seront *une détresse telle qu'il n'y en a pas eu de pareille depuis le commencement du monde* que Dieu a créé *jusqu'à présent* et qu'il n'y en aura plus jamais[e]. [20]Et si Dieu n'avait abrégé ces jours, aucun être ne serait sauf. Mais, à cause des élus qu'il a choi-

---

13. – [a]7. Inspiré de Daniel 2, 28.
[b]12. Mi 7, 6.
[c]14. Cf. note sur Matthieu 24, 15.
[d]17. Évocation des massacres impitoyables qui accompagnaient la prise d'une ville assiégée.
[e]19. Dn 12, 1.

sis, il a abrégé ces jours. [21]Alors, si l'on vous dit : "Vois, le Christ est ici !" ou : "Vois, il est là !", ne le croyez pas. [22]Car en effet de faux christs et de faux prophètes surgiront qui feront signes et prodiges pour séduire, s'il était possible, même les élus. [23]Pour vous, prenez garde : je vous ai prévenus de tout.

[24]« Mais en ces jours-là, après cette détresse, *le soleil s'obscurcira, la lune ne donnera plus sa clarté,* [25]*les étoiles se mettront à tomber du ciel, et les puissances qui sont aux cieux* seront ébranlées. [26]Alors on verra *le Fils de l'homme venant dans les nuées,* en grande puissance et gloire[f].

[27]« Alors il enverra les anges et il rassemblera ses élus des quatre vents, de l'extrémité de la terre à l'extrémité du ciel.

[28]« Comprenez cette comparaison tirée du figuier : dès que ses branches deviennent tendres et que ses feuilles poussent, vous savez que l'été est proche. [29]De même, vous aussi, lorsque vous verrez cela arriver, sachez que c'est proche, à vos portes. [30]En vérité, je vous le dis, cette génération ne passera pas que tout cela n'arrive. [31]Le ciel et la terre passeront, mais mes paroles ne passeront pas.

[32]« Quant à ce jour ou à cette heure, personne n'en sait rien : ni les anges dans le ciel, ni le Fils, mais seulement le Père[g]. »

Vigilance ! – [33]« Prenez garde, soyez éveillés, car vous ne savez pas quand ce sera le moment. [34]C'est comme un homme qui part en voyage : il a laissé sa maison et donné pouvoir à ses serviteurs, à chacun sa beso-

[f]24-26. Description inspirée de plusieurs passages apocalyptiques, symboles de ténèbres ou de détresse qu'il ne faut pas prendre à la lettre : Is 13, 10 ; Jl 2, 10 ; 3, 4 ; 4, 15 ; etc. *Le Fils de l'homme* : Dn 7, 13.

[g]32. Cf. note sur Matthieu 24, 36.

gne ; au portier il a donné l'ordre de veiller. [35]Veillez donc, car vous ne savez quand le maître de la maison doit venir : le soir, à minuit, au chant du coq ou le matin ; [36]craignez que, survenant à l'improviste, il ne vous trouve endormis. [37]Ce que je vous dis, je le dis à tous : veillez ! »

PASSION ET RÉSURRECTION

14 Complot contre Jésus. – [1]Or, deux jours plus tard, c'était la Pâque et les Azymes. Les grands prêtres et les scribes cherchaient comment arrêter Jésus par ruse pour le faire mourir ; [2]car ils disaient : « Pas pendant la fête, de peur que le peuple ne se soulève. »

L'onction de Béthanie. – [3]Comme il était à Béthanie, dans la maison de Simon le lépreux et qu'il se trouvait à table, vint une femme portant un flacon d'albâtre plein de parfum, de nard pur et de grand prix. Brisant le flacon, elle le lui versa sur la tête. [4]Or, quelques-uns s'indignaient entre eux : « A quoi bon ce gaspillage de parfum[a] ? [5]On aurait pu vendre ce parfum plus de trois cents deniers et les donner aux pauvres. » Et ils murmuraient contre elle. [6]Mais Jésus dit : « Laissez-la ; pourquoi lui faire de la peine ? C'est une bonne action qu'elle a accomplie à mon égard. [7]Car vous avez toujours des pauvres parmi vous. Quand vous voudrez, vous pourrez leur faire du bien ; mais moi, vous ne m'aurez pas toujours. [8]Ce qu'elle pouvait, elle l'a fait : elle a d'avance parfumé mon corps pour la sépulture.

---

14. – [a]3-4. Jean 12, 1-8 donne des précisions sur la femme (Marie, sœur de Marthe et de Lazare), sur les disciples et sur le rôle de Judas.

[9]En vérité, je vous le dis, partout où l'on proclamera l'Évangile, on racontera aussi, à sa mémoire, ce qu'elle vient de faire. »

[10]Judas l'Iscariote, l'un des Douze, s'en alla trouver les grands prêtres pour le leur livrer. [11]En l'entendant, ils se réjouirent et promirent de lui donner de l'argent. Et il cherchait comment le livrer au bon moment.

La dernière Cène. — [12]Le premier jour des Azymes[b], où l'on immolait la Pâque, ses disciples lui disent : « Où veux-tu que nous allions faire les préparatifs pour que tu manges la Pâque ? » [13]Il envoie deux de ses disciples et leur dit : « Allez en ville ; un homme viendra à votre rencontre, portant une cruche d'eau ; suivez-le. [14]Là où il entrera, dites au propriétaire : "Le Maître dit : Où est ma salle où je dois manger la Pâque avec mes disciples ?" [15]Il vous montrera à l'étage une chambre haute[c], vaste, garnie de tapis, toute prête ; et là vous nous ferez les préparatifs. » [16]Ses disciples partirent, allèrent en ville, trouvèrent tout comme il le leur avait dit et préparèrent la Pâque.

[17]Le soir venu, il arrive avec les Douze. [18]Tandis qu'ils étaient à table et mangeaient, Jésus dit : « En vérité, je vous le dis, l'un de vous va me livrer, un *qui mange avec moi*[d]. » [19]Ils se mirent à s'attrister et à lui dire, l'un après l'autre : « Serait-ce moi ? » [20]Il leur répondit : « C'est l'un des Douze, qui met avec moi la main au plat. [21]Certes, le Fils de l'homme s'en va, comme il est écrit à son sujet ; mais malheur à l'homme par qui le Fils de l'homme est livré ! Mieux vaudrait pour cet homme qu'il ne fût pas né. »

[b]12. Les *Azymes*, ou pains sans levain, seuls permis durant la semaine pascale et le repas de la Pâque.

[c]15. *Chambre haute* : vaste salle construite sur la terrasse des maisons aisées ; il s'agit du Cénacle.

[d]18. Ps 41, 10.

²²Pendant qu'ils mangeaient, il prit du pain ; il dit la bénédiction, le rompit, le leur donna et dit : « Prenez ; ceci est mon corps. » ²³Puis il prit une coupe, rendit grâce, la leur donna et ils en burent tous ; ²⁴et il leur dit : « Ceci est mon sang, le sang de l'Alliance, qui sera versé pour la multitude[e]. ²⁵En vérité, je vous le dis, jamais plus je ne boirai du fruit de la vigne jusqu'au jour où je le boirai, nouveau, dans le Royaume de Dieu. »

²⁶Après avoir chanté les psaumes, ils partirent pour le mont des Oliviers. ²⁷Et Jésus leur dit : « Vous tous, vous allez tomber ; car il est écrit : *Je frapperai le berger, et les brebis seront dispersées*[f]. ²⁸Mais après ma résurrection, je vous précéderai en Galilée. » ²⁹Pierre lui dit : « Quand même tous tomberaient, pas moi ! » ³⁰Jésus lui dit : « En vérité, je te le dis, aujourd'hui, cette nuit même, avant que le coq chante deux fois, tu m'auras renié trois fois. » ³¹Mais il n'en disait que plus fort : « Même s'il me faut mourir avec toi, je ne te renierai pas. » Et tous disaient de même.

Gethsémani. — ³²Ils arrivent à un domaine du nom de Gethsémani, et il dit à ses disciples : « Asseyez-vous ici pendant que je prierai. » ³³Il prend avec lui Pierre, Jacques et Jean ; et il se mit à éprouver frayeur et angoisse. ³⁴Il leur dit : « Mon âme est triste à en mourir ; restez ici et veillez. » ³⁵S'étant, un peu éloigné, il tombait à terre et priait que, s'il était possible, cette heure s'éloigne de lui. ³⁶Il disait : « Abba[g], Père, tout t'est possible : éloigne de moi cette coupe. Cependant, non pas ce que je veux, mais ce que tu veux. » ³⁷Puis il revient vers ses disciples et les trouve endormis ; il dit

---

[e]24. Cf. note sur Matthieu 26, 28.
[f]27. Za 13, 7.
[g]36. *Abba,* absent de Matthieu 26, 39 et de Luc 22, 42 ; mot araméen qui désigne le propre père de celui qui parle.

à Pierre : « Simon, tu dors ! Tu n'as pas été capable de veiller une heure ! ³⁸Veillez et priez pour ne pas entrer en tentation ; si l'esprit est ardent, la chair est faible. » ³⁹De nouveau il s'éloigna et pria, répétant les mêmes paroles. ⁴⁰Puis de nouveau il revint et les trouva endormis, car leurs yeux étaient appesantis ; ils ne savaient que lui répondre. ⁴¹Il revient une troisième fois et leur dit : « Dormez donc et reposez-vous ! C'en est fait. L'heure est venue ; voici que le Fils de l'homme va être livré aux mains des pécheurs. ⁴²Debout, allons ! voici que celui qui me livre est tout proche. »

Arrestation de Jésus. – ⁴³Aussitôt, comme il parlait encore, survient Judas, l'un des Douze, et avec lui une troupe nombreuse, armée d'épées et de bâtons, envoyée par les grands prêtres, les scribes et les anciens. ⁴⁴Or, celui qui le livrait leur avait donné un signe en leur disant : « Celui que j'embrasserai, c'est lui ; arrêtez-le et emmenez-le sous bonne garde. »

⁴⁵Sitôt arrivé, il s'approche de Jésus et dit : « Rabbi ! » et il l'embrassa. ⁴⁶Les autres mirent la main sur lui et l'arrêtèrent. ⁴⁷Or, un de ceux qui étaient là, tirant son épée, frappa le serviteur du grand prêtre et lui coupa l'oreille[h]. ⁴⁸Prenant la parole, Jésus leur dit : « Comme pour un brigand, vous êtes sortis avec épées et bâtons pour me prendre. ⁴⁹Chaque jour j'étais parmi vous, dans le Temple, à enseigner, et vous ne n'avez pas arrêté. Mais c'est pour que s'accomplissent les Écritures. »

⁵⁰L'abandonnant, ils s'enfuirent tous. ⁵¹Un jeune homme[i] le suivait, n'ayant qu'un drap sur le corps : on l'arrête ; ⁵²mais lui, lâchant le drap, s'enfuit tout nu.

---

[h]47. Cf. Jean 18, 10-11.
[i]51-52. Ce jeune homme semble bien avoir été Marc, le seul à noter cet épisode.

Devant Caïphe et le Sanhédrin. – [53]Ils conduisirent Jésus chez le grand prêtre[j], où se rassemblent
tous les grands prêtres, les anciens et les scribes.
[54]Pierre l'avait suivi de loin jusqu'à l'intérieur du palais
du grand prêtre ; il se tenait assis avec les serviteurs et
se chauffait près du feu.

[55]Les grands prêtres et tout le Sanhédrin cherchaient contre Jésus un témoignage pour le faire
condamner à mort et ils n'en trouvaient pas. [56]Car si
beaucoup témoignaient faussement contre lui, les
témoignages ne concordaient pas. [57]Quelques-uns se
levaient pour témoigner faussement contre lui en disant : [58]« Nous l'avons entendu dire : "Je détruirai ce
Temple fait de main d'homme et, en trois jours, j'en
bâtirai un autre qui ne sera pas fait de main d'homme". »
[59]Mais même ainsi, leurs témoignages ne concordaient
pas. [60]Alors le grand prêtre se leva au milieu de
l'assemblée et interrogea Jésus : « Tu ne réponds rien !
Qu'est-ce que ces gens déposent contre toi ? » [61]Mais
Jésus se taisait et ne répondait rien. De nouveau le
grand prêtre l'interrogeait ; il dit : « Es-tu le Christ, le
fils du Béni ? » [62]Jésus déclara : « Je le suis. Et vous
verrez *le Fils de l'homme assis à la droite de la Puissance et venant sur les nuées du ciel*[k]. » [63]Le grand
prêtre déchira ses tuniques et dit : « Qu'avons-nous
encore besoin de témoins[l] ? [64]Vous avez entendu le
blasphème. Que vous en semble ? » Tous prononcèrent
qu'il avait mérité la mort.

[65]Quelques-uns se mirent à cracher sur lui, à lui voi-
ler le visage, à le gifler et à lui dire : « Prophétise ! » Et
les serviteurs l'accablèrent de coups.

---

[j]53. Il s'agit du grand prêtre Caïphe, Matthieu 26, 57.

[k]62. Ps 110, 1 ; Dn 7, 13.

[l]63. Caïphe comprend sans hésitation que Jésus se dit le Fils du Béni, c'est-à-dire de Dieu ou du Seigneur, dont les Juifs évi-taient de prononcer le nom.

Reniement de Pierre. – [66]Comme Pierre était en bas dans la cour, arrive une des servantes du grand prêtre. [67]Voyant Pierre qui se chauffait, elle le dévisage et lui dit : « Toi aussi, tu étais avec le Nazaréen, avec Jésus ! » [68]Mais il nia en disant : « Je ne sais pas, je ne comprends pas ce que tu veux dire. » Il s'éloigna audehors, dans l'avant-cour. Et un coq chanta[m]. [69]La servante, l'ayant vu, se remit à dire à ceux qui se trouvaient là : « Il en est ! » De nouveau il nia. [70]Peu après, ceux qui se trouvaient là dirent de nouveau à Pierre : « Sûrement tu en es ; d'ailleurs tu es Galiléen[n]. » [71]Mais il se mit à proférer des imprécations et à jurer : « Je ne connais pas cet homme dont vous parlez. » [72]Et aussitôt, pour la seconde fois, un coq chanta. Et Pierre se souvint de la parole que Jésus lui avait dite : « Avant que le coq chante deux fois, tu m'auras renié trois fois. » Et il éclata en sanglots.

15 **Jésus devant Pilate.** – [1]Dès le matin, les grands prêtres tinrent conseil avec les scribes, les anciens et tout le Sanhédrin. Après avoir ligoté Jésus, ils l'emmenèrent et le livrèrent à Pilate[a]. [2]Pilate l'interrogea : « Es-tu le roi des Juifs ? » Jésus lui répondit : « Tu le dis. » [3]Les grands prêtres portaient contre lui de multiples accusations. [4]Pilate l'interrogea de nouveau : « Tu ne réponds rien ? Vois tout ce dont ils t'accusent. » [5]Mais Jésus ne répondit plus rien, de sorte que Pilate était fort étonné. [6]A chaque fête, il leur relâchait un prisonnier, celui qu'ils demandaient. [7]Or, il y avait un nommé Barabbas, emprisonné avec les émeu-

---

[m]68. *Un coq chanta* : ne se lit pas dans tous les manuscrits.

[n]70. Relativement loin de Judée et surtout parlant le grec avec leurs voisins, la plupart païens, les Juifs de Galilée en avaient contracté un accent caractéristique.

15. – [a]1. Cf. note sur Matthieu 27, 2.

tiers qui pendant l'émeute avaient commis un meurtre.
⁸La foule monta et se mit à demander ce qu'il avait coutume de leur accorder. ⁹Pilate leur répondit : « Voulez-vous que je vous relâche le roi des Juifs ? » ¹⁰Car il savait que les grands prêtres l'avaient livré par jalousie.

¹¹Mais les grands prêtres excitèrent la foule pour qu'il leur relâche plutôt Barabbas. ¹²Reprenant la parole, Pilate leur dit : « Que ferai-je donc de celui que vous appelez le roi des Juifs ? » ¹³De nouveau, ils crièrent : « Crucifie-le ! » ¹⁴Pilate leur dit : « Quel mal a-t-il donc fait ? » Mais ils criaient encore plus fort : « Crucifie-le ! » ¹⁵Pilate, voulant donner satisfaction à la foule, leur relâcha Barabbas. Et il livra Jésus, après l'avoir fait flageller, pour qu'il soit crucifié.

Couronnement d'épines. – ¹⁶Les soldats le conduisirent à l'intérieur du palais, c'est-à-dire du prétoire[b]. Ils rassemblent toute la cohorte ; ¹⁷ils le revêtent de pourpre et lui mettent sur la tête une couronne d'épines qu'ils ont tressée. ¹⁸Puis ils se mettent à le saluer : « Salut, roi des Juifs ! » ¹⁹Ils lui frappaient la tête avec un roseau, crachaient sur lui et, fléchissant les genoux, ils se prosternaient devant lui. ²⁰Après s'être moqués de lui, ils lui enlevèrent la pourpre, lui remirent ses vêtements et l'emmenèrent à l'extérieur pour le crucifier.

Crucifiement. – ²¹Ils réquisitionnent pour porter sa croix un passant, Simon de Cyrène, père d'Alexandre et de Rufus[c], qui venait de la campagne. ²²Ils conduisirent Jésus au lieu dit Golgotha, ce qui signifie :

[b]16. Sans doute le palais, forteresse de l'Antonia au nord du Temple. C'est là que résidait le gouverneur romain quand il montait à Jérusalem, surtout pour les grandes fêtes. Sa capitale était normalement Césarée Maritime.

[c]21. Les fils de Simon devaient être connus de l'Église ; l'un d'eux est-il le Rufus de Romains 16, 13 ?

lieu du Crâne. ²³Ils lui donnaient du vin mêlé de myr-rhe, mais il n'en prit pas. ²⁴Ils le crucifient et *ils se par-tagent ses vêtements, tirant au sort*[d] ce que chacun prendrait. ²⁵C'était la troisième heure[e] quand ils le cru-cifièrent. ²⁶Et l'inscription indiquant le motif de sa condamnation était ainsi rédigée : « Le roi des Juifs. » ²⁷Avec lui ils crucifient deux bandits, l'un à sa droite, l'autre à sa gauche. ²⁸Ainsi fut accomplie l'Écriture qui dit : *Il a été mis au rang des malfaiteurs*[f].

²⁹Les passants l'insultaient, hochant la tête et di-sant : « Hé ! Toi qui détruis le Temple et en trois jours le rebâtis, ³⁰sauve-toi toi-même et descends de la croix ! » ³¹De même les grands prêtres se moquaient entre eux avec les scribes et disaient : « Il en a sauvé d'autres et il ne peut se sauver lui-même ! ³²Que le Christ, le roi d'Israël, descende maintenant de la croix pour que nous puissions voir et croire ! » Même ceux qui étaient crucifiés avec lui l'injuriaient.

Mort de Jésus. — ³³Quand vint la sixième heure, il y eut des ténèbres sur toute la terre jusqu'à la neu-vième heure[g]. ³⁴A la neuvième heure, Jésus cria d'une voix forte : *Eloï, Eloï, lama sabaqtani*[h] ? ce qui signifie : *Mon Dieu, mon Dieu, pourquoi m'as-tu abandonné ?* ³⁵Quelques-uns des assistants dirent, en l'entendant : « Voilà qu'il appelle Élie. » ³⁶Quelqu'un courut impré-gner une éponge de vinaigre, la mit au bout d'un roseau et lui présenta à boire en disant : « Laissez ! Voyons si Élie va venir le descendre. » ³⁷Mais Jésus, poussant un grand cri, expira.

---

[d]24. Ps 22, 19.
[e]25. *Troisième heure* : 9 heures.
[f]28. Ps 22, 8 ; mais ce verset manque dans les meilleurs ma-nuscrits.

[g]33. *Sixième heure* : midi. *Neu-vième heure* : 15 heures. Cf. note sur Matthieu 20, 2-13.
[h]34. Ps 22, 2, cité en araméen. Cf. note sur Matthieu 27, 46.

³⁸Et le voile du Temple se déchira en deux du haut en bas. ³⁹Le centurion, qui se tenait en face de lui, voyant qu'il avait ainsi expiré, dit : « Vraiment cet homme était Fils de Dieu[i]. » ⁴⁰Il y avait aussi des femmes qui regardaient de loin ; parmi elles, Marie de Magdala, Marie, mère de Jacques le Mineur et de José, et Salomé, ⁴¹celles qui le suivaient et le servaient quand il était en Galilée, et beaucoup d'autres encore qui étaient montées avec lui à Jérusalem.

Sépulture de Jésus. – ⁴²Déjà le soir était venu, et comme c'était la Préparation, c'est-à-dire la veille du sabbat, ⁴³Joseph d'Arimathie, membre notable du Conseil et qui lui aussi attendait le Royaume de Dieu, eut le courage d'aller trouver Pilate ; il lui demanda le corps de Jésus. ⁴⁴Pilate s'étonna qu'il fût déjà mort ; il fit venir le centurion et lui demanda s'il était déjà mort. ⁴⁵Informé par le centurion, Pilate autorisa Joseph à prendre le corps. ⁴⁶Celui-ci acheta un linceul, descendit Jésus de la croix, l'enveloppa dans le linceul et le déposa dans un tombeau taillé dans le roc ; puis il roula une pierre contre l'entrée du tombeau. ⁴⁷Marie de Magdala et Marie, mère de José, observaient où on le mettait.

16 **Le tombeau vide.** – ¹Quand le sabbat fut passé, Marie de Magdala, Marie, mère de Jacques, et Salomé achetèrent des aromates pour aller l'embaumer. ²De grand matin, le premier jour de la semaine, elles viennent au tombeau ; le soleil venait de se lever. ³Elles se disaient entre elles : « Qui nous roulera la pierre de l'entrée du tombeau ? » ⁴Levant les yeux, elles voient que

---

[i]39. *Il était Fils de Dieu* : cette déclaration, qu'on lit également en Matthieu 27, 54, prend tout son relief en Marc qui écrit pour des Romains et dont l'évangile veut acheminer le lecteur vers cette reconnaissance de la divinité de Jésus.

la pierre avait été roulée de côté : or, elle était très grande. [5]Entrées dans le tombeau, elles virent un jeune homme assis à droite, vêtu d'une robe blanche, et elles furent saisies de frayeur. [6]Mais il leur dit : « N'ayez pas peur ! Vous cherchez Jésus le Nazaréen, le Crucifié ; il est ressuscité, il n'est pas ici. Voici l'endroit où on l'avait placé. [7]Mais allez dire à ses disciples et à Pierre : "Il vous précède en Galilée ; c'est là que vous le verrez, comme il vous l'a dit". » [8]Elles sortirent et s'enfuirent loin du tombeau : elles étaient saisies d'effroi, hors d'elles-mêmes ; elles ne dirent rien à personne, car elles avaient peur.

APRÈS LA RÉSURRECTION

Les apparitions et l'Ascension du Ressuscité[a]. — [9]Ressuscité le matin, le premier jour de la semaine, Jésus apparut d'abord à Marie de Magdala, dont il avait chassé sept démons. [10]Celle-ci alla l'annoncer à ceux qui avaient été avec lui et qui étaient dans le deuil et les larmes ; [11]mais eux, entendant dire qu'il était vivant et qu'elle l'avait vu, ne crurent pas.

[12]Après cela, il apparut sous une autre forme à deux d'entre eux qui faisaient route pour aller à la campagne ; [13]ceux-ci revinrent l'annoncer aux autres, mais on ne les crut pas non plus.

[14]Enfin c'est aux Onze eux-mêmes qu'il apparut, alors qu'ils étaient à table ; il leur reprocha leur incrédulité et la dureté de leur cœur, parce qu'ils n'avaient pas cru ceux qui l'avaient vu ressuscité.

---

16. – [a]9-20. La « finale de Marc » se relie mal à ce qui précède. Elle a été ajoutée, dès l'âge apostolique, à l'évangile brusquement interrompu. C'est un résumé inspiré des apparitions du Christ vv 9-11 ; cf. Jn 20, 14-18 ; v 12 : cf. Lc 24, 13-35 ; v 14 : cf. Jn 20, 24-29 et par.

¹⁵Et il leur dit[b] : « Allez dans le monde entier ; proclamez l'Évangile à toute la création. ¹⁶Celui qui croira et sera baptisé, sera sauvé ; celui qui ne croira pas, sera condamné. ¹⁷Voici les signes qui accompagneront ceux qui auront cru : en mon nom ils chasseront les démons ; ils parleront des langues nouvelles, ¹⁸ils prendront en main des serpents, et s'ils boivent quelque poison mortel, il ne leur fera pas de mal ; ils imposeront les mains aux malades et ceux-ci seront guéris. »

¹⁹Or, le Seigneur Jésus, après leur avoir parlé, fut enlevé au ciel et s'assit à la droite de Dieu[c].

²⁰Quant à eux, ils s'en allèrent prêcher partout : le Seigneur agissait avec eux et confirmait la Parole par les miracles qui l'accompagnaient[d].

[b]15-18 Mission universelle ; cf. Matthieu 28, 16-20.
[c]19. Ascension, comme en Luc 24, 50-52.
[d]20. Résume la proclamation de la Bonne Nouvelle et l'expérience du Christ présent qui ont marqué les toutes premières décennies de l'Église.

ÉVANGILE SELON SAINT LUC

INTRODUCTION

Luc était un Grec né à Antioche ; d'après l'historien Eusèbe il était médecin (Col 4, 14 ; 2 Tm 4, 11 ; Phm 24). Disciple de saint Paul, il l'accompagna à partir de son second voyage en Asie et le suivit à Jérusalem, puis à Césarée, et enfin à Rome.

Luc est un esprit cultivé, qui manie le grec avec aisance. Il a des dons exceptionnels d'écrivain, de narrateur et d'artiste. Il suffit pour s'en convaincre de lire les récits de l'enfance, la parabole du bon Samaritain ou celle du fils prodigue, l'épisode des disciples d'Emmaüs. Pour autant, le plan de son évangile n'est pas très équilibré. Après l'enfance, et la prédication de la Bonne Nouvelle en Galilée, commence un interminable voyage vers Jérusalem (9, 51 à 19, 27), cadre évidemment artificiel, dans lequel Luc a groupé quantité de données qui lui sont propres et qu'il ne savait sans doute pas situer ailleurs avec précision. Il en résulte toutefois un effet assez saisissant de montée continue de Jésus, et donc un mouvement du récit, vers Jérusalem, la ville qui tue les prophètes.

Saint Luc indique dans son prologue qu'il a voulu composer une histoire suivie et ordonnée (ce qui ne veut pas toujours dire chronologiquement ordonnée), et que, pour mettre en lumière la solidité de l'enseignement chrétien, il s'est informé avec soin auprès de témoins qualifiés. Les occasions ne lui ont pas manqué en Palestine de se mettre en rapport avec plusieurs apôtres et disciples, avec les saintes femmes et probablement avec la Vierge Marie elle-même (2, 19.51). Il

*tient sans doute de ces sources les nombreux récits qui
lui sont propres, en particulier dans les deux sections
6, 20 à 8, 3 et 9, 51 à 18, 14. Pour le reste il s'est servi
de documents écrits (1, 1). Mais lesquels et dans quelle
mesure ? Il reproduit l'ordre de saint Marc et raconte
les mêmes épisodes dans les trois sections 4, 31 à 6, 19 ;
8, 4 à 9, 50 et 18, 15 à 21, 38, mais il ne le suit pas ser-
vilement, ce qui fait douter qu'il en soit directement
tributaire. L'un et l'autre dérivent peut-être de la catéchèse de Pierre à Antioche, mise par écrit au moins
partiellement et comportant des variantes ; il est
d'ailleurs fréquent qu'il s'accorde avec Matthieu contre
Marc. Il ne paraît pas non plus que Luc ait connu le
Matthieu grec que nous possédons ; les différences
sont trop grandes, non seulement pour l'évangile de
l'enfance, ce qui est évident, mais dans plusieurs autres cas, entre autres le discours sur la montagne et les
apparitions du Christ ressuscité. On serait sans doute
proche de la vérité en supposant que Luc avait sous les
yeux une traduction grecque du Matthieu araméen,
antérieure au Matthieu canonique et différente de la
traduction grecque utilisée par celui-ci. Il faut noter
enfin que Luc semble avoir été influencé par la tradition johannique dont il est parfois très proche, dans
un état de cette tradition antérieur au quatrième
évangile.*

*L'évangile de Luc est postérieur à celui de Marc et
évidemment antérieur au livre des Actes. Si l'on admet
la date de 65 pour la rédaction de Marc, on pensera,
pour celle de Luc, à la période 70-80, d'autant plus
que la forme qu'il donne à l'annonce de la ruine de Jérusalem suggère – sans peut-être l'imposer absolument
– que cet événement décisif a déjà eu lieu.*

*Comme son maître Paul, saint Luc écrit pour des
chrétiens venus du paganisme. Il met en relief l'uni-*

versalité de l'appel au salut, et omet ce qui n'avait d'intérêt direct que pour les Juifs, ainsi le parallèle entre Moïse et Jésus, la Loi et l'Évangile, dans le discours sur la montagne. Son évangile est celui de la tendresse et de la miséricorde, mais aussi de la pauvreté, du renoncement, du portement de la croix. Il insiste sur la prière – dont Jésus est ici le constant modèle – la louange de Dieu, l'action de l'Esprit Saint. Il dépeint, avec une grâce et une délicatesse exquises, les scènes de l'annonce à Zacharie, de l'Annonciation, de l'enfance de Jésus, de la vie familiale dans la piété et la disponibilité à Dieu, comme aussi, avec une émotion contenue mais intense, celles de l'Agonie, du chemin de croix, de la mort de Jésus. Aussi n'est-il pas étonnant que l'évangile de saint Luc ait contribué, plus que tout autre, à modeler la sensibilité et la piété chrétiennes.

ÉVANGILE DE L'ENFANCE

1 Prologue[a]. — [1]Puisque beaucoup ont entrepris de composer un récit des événements qui se sont accomplis parmi nous, [2]comme nous l'ont transmis ceux qui ont été dès le début témoins oculaires et qui sont devenus serviteurs de la Parole, [3]il m'a paru bon à moi aussi, après m'être informé avec soin de toutes choses depuis l'origine, d'en écrire un récit suivi pour toi, très honorable Théophile, [4]afin que tu connaisses bien la solidité des enseignements que tu as reçus.

L'annonce à Zacharie. — [5][b]Au temps d'Hérode, roi de Judée, il y avait un prêtre, nommé Zacharie, de la classe d'Abia. Sa femme était une descendante d'Aaron et s'appelait Élisabeth. [6]Tous deux étaient justes devant Dieu : ils suivaient irréprochablement tous les commandements et ordonnances du Seigneur. [7]Mais ils n'avaient pas d'enfants, car Élisabeth était stérile, et tous deux étaient avancés en âge.

[8]Or, comme Zacharie officiait devant Dieu au tour de sa classe, [9]il fut, selon la coutume sacerdotale, désigné par le sort pour faire brûler l'encens[c] à l'intérieur du sanctuaire du Seigneur. [10]Toute la foule du peuple était en prière à l'extérieur, à l'heure de l'offrande de l'encens.

---

1. — [a]1-4. Prologue dans la manière des historiens hellénistiques. En une belle période grecque, Luc expose la méthode et le but de son ouvrage, et donne le nom du destinataire auquel il est dédié.

[b]5-33. Le style change. Luc imite ici le grec des Septante.

[c]9. L'offrande de l'encens se faisait chaque jour sur l'autel des parfums, avant le sacrifice du matin et après celui du soir.

¹¹Alors lui apparut un ange du Seigneur, debout à droite de l'autel de l'encens. ¹²A sa vue, Zacharie fut bouleversé, et la crainte s'abattit sur lui. ¹³Mais l'ange lui dit : « Sois sans crainte, Zacharie. Oui, ta prière est exaucée : ta femme Élisabeth t'enfantera un fils, à qui tu donneras le nom de Jean. ¹⁴Tu en auras joie et allégresse, et beaucoup se réjouiront de sa naissance. ¹⁵Car il sera grand devant le Seigneur : *il ne boira ni vin ni boisson fermentée*ᵈ, et il sera rempli d'Esprit Saint dès le sein maternel. ¹⁶Il ramènera nombre des fils d'Israël au Seigneur leur Dieu. ¹⁷Lui-même le précédera avec l'esprit et la puissance d'Élie, *pour ramener les cœurs des pères vers leurs enfants*ᵉ et les rebelles aux sentiments des justes, pour préparer au Seigneur un peuple bien disposé. » ¹⁸Zacharie dit à l'ange : « Comment le saurai-je ? Je suis, moi, un vieillard et ma femme est âgée. » ¹⁹L'ange lui répondit : « Je suis Gabriel, qui me tiens devant Dieu. J'ai été envoyé pour te parler et t'annoncer cette bonne nouvelle. ²⁰Or voici que tu vas être muet, incapable de parler jusqu'au jour où cela arrivera, parce que tu n'as pas cru à mes paroles, qui s'accompliront en leur temps. »

²¹Le peuple attendait Zacharie et s'étonnait qu'il s'attardât dans le sanctuaire. ²²Mais quand il sortit, il ne pouvait leur parler et ils comprirent qu'il avait eu une vision dans le sanctuaire ; il leur faisait des signes et demeurait muet. ²³Quand ses jours de service furent accomplis, il s'en retourna chez lui. ²⁴Quelque temps après, sa femme Élisabeth fut enceinte. Elle se tint cachée pendant cinq mois, disant : ²⁵« Voilà donc ce qu'a fait pour moi le Seigneur, au temps où il a jeté son regard sur moi pour ôter ce qui faisait ma honte aux yeux des hommes. »

ᵈ15. Nb 6, 3. ᵉ17. Ml 3, 24.

L'Annonciation. — [26]Le sixième mois[f], l'ange Gabriel fut envoyé par Dieu dans une ville de Galilée appelée Nazareth, [27]à une vierge fiancée à un homme de la maison de David, nommé Joseph. Cette vierge s'appelait Marie. [28]L'ange entra chez elle et dit : « Je te salue, comblée de grâce ! Le Seigneur est avec toi[g]. » [29]A ces paroles, elle fut toute troublée : elle se demandait ce que pouvait signifier cette salutation. [30]L'ange lui dit alors : « Sois sans crainte, Marie, car tu as trouvé grâce auprès de Dieu. [31]Voici que tu vas être enceinte[h], et tu enfanteras un fils auquel tu donneras le nom de Jésus. [32]Il sera grand et sera appelé fils du Très-Haut. Le Seigneur Dieu lui donnera le trône de David, son père. [33]Il régnera sur la maison de Jacob pour toujours, et son règne n'aura pas de fin. » [34]Marie dit à l'ange : « Comment cela sera-t-il, puisque je ne connais pas d'homme[i] ? » [35]L'ange lui répondit : « L'Esprit Saint viendra sur toi, et la puissance du Très-Haut te prendra sous son ombre[j] ; c'est pourquoi l'enfant saint qui naîtra sera appelé Fils de Dieu. [36]Et voici qu'Élisabeth, ta parente, est enceinte, elle aussi, d'un fils malgré sa vieillesse, et elle en est à son sixième mois, elle qu'on appelait la stérile. [37]Car rien n'est impossible à Dieu. »

[38]Marie dit alors : « Je suis la servante du Seigneur. Qu'il m'advienne selon ta parole. » Et l'ange la quitta.

---

[f]26. Sixième mois à partir de la conception de Jean.

[g]28. Ce texte est l'une des sources de la doctrine de l'Immaculée Conception. Certains manuscrits portent en finale : *Bénie es-tu entre les femmes.*

[h]31-33. Les paroles angéliques sont des réminiscences de l'AT (Is 7, 14 ; 9, 5-6 ; 2 S 7, 12sv. ; Ps 2, 7-9 ; Dn 7, 13-14).

[i]34. Cette parole de Marie n'a vraiment de sens que si elle exprime le choix de vivre dans la virginité.

[j]35. Comme la nuée en Ex 16, 10 ; 40, 35 etc. Première révélation du mystère de l'Incarnation.

La Visitation. – [39]En ce temps-là, Marie partit pour gagner en hâte, dans le haut pays, une ville de Juda. [40]Elle entra chez Zacharie et salua Élisabeth. [41]Comme Élisabeth entendit la salutation de Marie, l'enfant tressaillit dans son sein. Élisabeth fut remplie de l'Esprit Saint [42]et dit dans un grand cri : « Bénie es-tu entre les femmes, et béni le fruit de ton sein ! [43]Et d'où m'est-il donné que vienne à moi la mère de mon Seigneur ? [44]Car voici : comme le son de ta salutation frappait mes oreilles, l'enfant a tressailli de joie dans mon sein. [45]Heureuse celle qui a cru que s'accomplira ce qui lui a été dit de la part du Seigneur ! » [46]Marie dit alors[k] :

« Mon âme exalte le Seigneur,

[47]mon esprit s'est réjoui en Dieu mon Sauveur,

[48]parce qu'il a jeté les yeux sur son humble servante.
Voici que désormais toutes les générations
célébreront mon bonheur.

[49]Oui, le Puissant a fait pour moi de grandes choses :
saint est son Nom.

[50]Sa miséricorde s'étend de génération en génération
pour ceux qui le craignent.

[51]Il a déployé la force de son bras,
il a dispersé les hommes altiers d'esprit et de cœur.

[52]Il a renversé les potentats de leurs trônes,
et il a élevé les humbles.

[53]Les affamés, il les a comblés de biens
et les riches, il les a renvoyés les mains vides.

[54]Il est venu au secours d'Israël, son serviteur,
se souvenant de sa miséricorde,

[55]ainsi qu'il l'avait promis à nos pères,
en faveur d'Abraham et de sa descendance
pour toujours. »

[k]46-55. Quelques manuscrits tardifs attribuent le *Magnificat* à Élisabeth. Cette variante ne saurait être retenue. Le cantique s'inspire de nombreux passages bibliques, et en premier du cantique d'Anne, 1 S 2, 1-10.

[56]Marie demeura avec Élisabeth trois mois environ, puis elle s'en retourna chez elle.

Naissance de Jean-Baptiste. – [57]Le temps arriva où Élisabeth devait accoucher. Elle donna naissance à un fils. [58]Ses voisins et ses parents apprirent que le Seigneur lui avait fait grande miséricorde et ils s'en réjouissaient avec elle.

[59]Le huitième jour, ils vinrent pour la circoncision de l'enfant[l]. Ils voulaient l'appeler Zacharie, du nom de son père. [60]Mais sa mère intervint : « Non, dit-elle, il s'appellera Jean. » [61]Ils lui dirent : « Il n'y a personne de ta parenté qui porte ce nom ! » [62]Et ils demandaient par signes au père comment il voulait qu'on l'appelle. [63]Il demanda une tablette et il écrivit : « Jean est son nom. » Ils furent tous stupéfaits. [64]Au même instant, sa bouche se délia ainsi que sa langue : il parlait, bénissant Dieu. [65]La crainte s'empara de tous leurs voisins, et dans la montagne de Judée on se racontait tous ces événements. [66]Tous ceux qui en entendirent parler les gardèrent dans leur cœur, se disant : « Que sera donc cet enfant ? » En effet, la main du Seigneur était avec lui.

Le Benedictus. – [67]Zacharie, son père, fut rempli de l'Esprit Saint et prophétisa en ces termes :

[68]« Béni soit le Seigneur[m], le Dieu d'Israël,
   parce qu'il a visité et délivré son peuple.
[69]Il nous a suscité une force de salut
   dans la maison de David, son serviteur,
[70]comme il l'avait dit par la bouche de ses saints
      prophètes d'autrefois,

---

[l]59. La circoncision, qui signifiait l'entrée du garçon dans l'Alliance, s'accompagnait d'une fête familiale à laquelle on invitait parents et amis.

[m]68-79. Le *Benedictus* s'inspire de passages de l'AT, mais moins que le *Magnificat*.

⁷¹pour nous sauver de nos ennemis
et de la main de tous ceux qui nous haïssent.
⁷²Il fait ainsi miséricorde à nos pères,
et se souvient de son alliance sainte,
⁷³du serment qu'il a juré à Abraham, notre père :
⁷⁴de nous accorder que, sans crainte,
délivrés de la main de nos ennemis,
⁷⁵nous le servions, dans la sainteté et la justice,
sous son regard, tout au long de nos jours.
⁷⁶Et toi, petit enfant, tu seras appelé prophète
du Très-Haut,
car tu marcheras en avant du Seigneur pour lui
préparer les voies ;
⁷⁷pour donner à son peuple la connaissance du salut
par le pardon de ses péchés,
⁷⁸à cause de l a miséricorde de notre Dieu,
qui nous vaudra la visite du Soleil levant qui vient
d'en haut,
⁷⁹pour éclairer ceux qui sont assis dans la ténèbre
et une ombre de mort,
pour guider nos pas au chemin de la paix. »

Jeunesse de Jean-Baptiste. – ⁸⁰L'enfant grandissait et son esprit se fortifiait. Il fut dans les déserts jusqu'au jour de sa manifestation à Israël.

2 Naissance de Jésus. – ¹En ce temps-là, parut un édit de César Auguste[a], ordonnant un recensement de tout l'univers. ²Ce premier recensement eut lieu pendant que Quirinius était gouverneur de Syrie[b]. ³Tous

2. – [a]1. Auguste régna de 30 avant J.C. à 14 après J.C.
[b]2. Le recensement de Quirinius pose un problème historique classique, pour la solution duquel on est réduit à des conjectures. Ac 5, 37 évoque un autre recensement. Il y en eut plusieurs, à des époques différentes, selon les diverses régions de l'empire romain.

allaient se faire recenser, chacun dans sa ville. [4]Joseph aussi monta de Galilée, de la ville de Nazareth en Judée, à la ville de David, qui s'appelle Bethléem, car il était de la maison et de la famille de David, [5]pour se faire recenser avec Marie, son épouse, qui était enceinte.

[6]Comme ils étaient là, le jour où elle devait accoucher arriva. [7]Elle mit au monde son fils premier-né. Elle l'emmaillota et le coucha dans une mangeoire, car il n'y avait pas de place pour eux à l'hôtellerie.

[8]Or il y avait dans la contrée des bergers qui vivaient aux champs et la nuit montaient la garde auprès de leurs troupeaux. [9]L'ange du Seigneur se présenta à eux et la gloire du Seigneur les enveloppa de lumière. Ils furent saisis d'une grande crainte. [10]Mais l'ange leur dit : « Soyez sans crainte, car voici que je vous annonce une bonne nouvelle qui réjouira tout le peuple : [11]aujourd'hui dans la ville de David vous est né un Sauveur, le Christ Seigneur. [12]Et en voici pour vous le signe : vous trouverez un nouveau-né emmailloté et couché dans une mangeoire. »

[13]Soudain il y eut avec l'ange une troupe nombreuse de l'armée céleste, qui louait Dieu en disant : [14]« Gloire à Dieu au plus haut des cieux et sur terre paix aux hommes qu'il aime ! »

[15]Quand les anges les eurent quittés pour retourner au ciel, les bergers se dirent entre eux : « Allons donc jusqu'à Bethléem voir ce qui s'est passé et que le Seigneur nous a fait connaître. » [16]Ils y allèrent en hâte et trouvèrent Marie, Joseph, et le nouveau-né couché dans la mangeoire. [17]Après l'avoir vu, ils firent connaître ce qui leur avait été dit au sujet de cet enfant. [18]Tous ceux qui les entendirent furent stupéfaits de ce que leur disaient les bergers. [19]Or Marie retenait tout cela et le méditait dans son cœur[c].

---

[c]19. Ici et en 2, 51, Luc suggère que ses informations remontent à Marie ou du moins à son entourage. Cet évangile de l'enfance, fait du point de vue de Marie, complète celui de

²⁰Les bergers repartirent, glorifiant et louant Dieu pour tout ce qu'ils avaient entendu et vu, selon ce qui leur avait été annoncé.

Circoncision de Jésus. – ²¹Quand vint le jour de la circoncision de l'enfant, huit jours plus tard, on lui donna le nom de Jésus, nom qui avait été indiqué par l'ange avant qu'il fût conçu dans le sein de sa mère.

Présentation de Jésus au Temple. – ²²Puis, lorsque furent accomplis les jours où, selon la Loi de Moïse, ils devaient être purifiés, ils le portèrent à Jérusalem pour le présenter au Seigneur, ²³comme il est écrit dans la Loi du Seigneur : *Tout garçon premier-né sera consacré au Seigneur,* ²⁴et pour offrir en sacrifice, selon ce qui est dit dans la Loi du Seigneur, *un couple de tourterelles ou deux jeunes colombes*ᵈ. ²⁵Or, il y avait à Jérusalem un homme du nom de Syméon, un homme juste et pieux ; il attendait la consolation d'Israël et l'Esprit Saint était sur lui. ²⁶Il lui avait été révélé par l'Esprit Saint qu'il ne verrait pas la mort avant d'avoir vu le Christ du Seigneur. ²⁷Il vint au Temple, poussé par l'Esprit, et quand les parents amenèrent l'enfant Jésus pour faire à son égard ce qui est prescrit par la Loi, ²⁸il le prit dans ses bras et il bénit Dieu en disant :

²⁹« Maintenant, ô Maître, laisse ton serviteur s'en aller en paix, selon ta parole. ³⁰Car mes yeux ont vu ton salut, ³¹que tu as préparé à la face de tous les peuples, ³²lumière pour éclairer les nationsᵉ, et gloire de ton peuple Israël. »

Matthieu, écrit du point de vue de Joseph. Les deux œuvres sont littérairement indépendantes.

ᵈ23-24. Ex 13, 2 ; Nb 18, 15-16 ; Lv 12, 2-8.

ᵉ32. Note d'universalisme remarquable. Elle se retrouvera plusieurs fois dans l'évangile de Luc.

³³Le père et la mère de l'enfant étaient stupéfaits de ce qu'on disait de lui. ³⁴Syméon les bénit et dit à Marie, sa mère: «Vois, il est là pour la chute et pour le relèvement de beaucoup en Israël et pour être un signe de contradiction. ³⁵Et toi-même, un glaive te transpercera l'âme, afin que soient dévoilées les pensées cachées de beaucoup de cœurs.»

³⁶Il y avait aussi Anne, une prophétesse, fille de Phanuel, de la tribu d'Aser. Elle était très âgée. ³⁷Ayant vécu sept ans avec son mari, elle était devenue veuve. Parvenue à l'âge de quatre-vingt-quatre ans, elle ne s'éloignait pas du Temple, rendant un culte à Dieu nuit et jour par des jeûnes et des prières. ³⁸Survenant au même moment, elle louait Dieu et parlait de l'enfant à tous ceux qui attendaient la délivrance de Jérusalem.

³⁹Quand ils eurent achevé tout ce qui était conforme à la Loi du Seigneur, ils s'en retournèrent en Galilée, dans leur ville de Nazareth.

Jeunesse de Jésus. – ⁴⁰Or l'enfant grandissait et se fortifiait. Il se remplissait de sagesse, et la grâce de Dieu était sur lui.

Jésus retrouvé au Temple. – ⁴¹Ses parents allaient chaque année à Jérusalem pour la fête de la Pâque. ⁴²Quand il eut douze ans, ils y montèrent selon la coutume de la fête. ⁴³Or, une fois les jours de fête achevés, comme ils s'en retournaient, l'enfant Jésus resta à Jérusalem à l'insu de ses parents. ⁴⁴Pensant qu'il était dans la caravane, ils firent une journée de chemin avant de le chercher parmi leurs parents et connaissances. ⁴⁵Ne le trouvant pas, ils s'en retournèrent à Jérusalem à sa recherche. ⁴⁶Après trois jours, ils le trouvèrent dans le Temple, assis au milieu des maîtres, les écoutant et les interrogeant. [47]Tous ceux qui l'entendaient s'extasiaient sur son intelligence et ses réponses. [48]En le voyant, ils furent saisis d'émotion et sa mère lui dit : « Mon enfant, pourquoi as-tu agi ainsi avec nous ? Vois, ton père et moi, tourmentés, nous te cherchions. » [49]Il leur dit : « Mais pourquoi me cherchiez-vous ? Ne saviez-vous pas que je dois être chez mon Père[f] ? » [50]Mais ils ne comprirent pas ce qu'il leur disait.

[51]Il descendit avec eux et vint à Nazareth ; et il leur était soumis. Sa mère retenait tout cela dans son cœur. [52]Jésus progressait en sagesse, en taille et en grâce auprès de Dieu et des hommes.

PRÉPARATION DU MINISTÈRE PUBLIC DE JÉSUS

3 **Prédication de Jean-Baptiste.** – [1]L'an quinze du gouvernement de Tibère César, Ponce Pilate étant gouverneur de Judée, Hérode tétrarque de Galilée, son frère Philippe tétrarque de la contrée d'Iturée et de Trachonitide, et Lysanias tétrarque d'Abilène, [2]sous le pontificat d'Anne et de Caïphe, la parole de Dieu fut adressée à Jean, le fils de Zacharie, dans le désert[a].

[f]49. Ou, moins probable : *Aux affaires de mon Père.*
3. – [a]1-2. Luc n'indique malheureusement pas s'il date du règne de Tibère de son association à l'Empire, ou de la mort d'Auguste (19 août de l'an 14 de notre ère). Ponce Pilate a été procurateur de Judée (ainsi que de Samarie et d'Idumée) de 26 à 36. Hérode Antipas et Philippe sont des fils du célèbre Hérode. L'Iturée et la Trachonitide sont situées au nord-est de la Galilée.

Lysanias est connu, en dehors de ce texte, par deux inscriptions. L'Abilène est entre l'Hermon et le cours supérieur du Jourdain. Caïphe (Céphas) a été grand prêtre de 18 à 36. Anne, son beau-père, l'avait été de 6 à 15 ; il jouissait d'un grand prestige, ayant réussi à faire élever successivement au pontificat, après sa destitution, ses cinq fils et enfin son gendre, Caïphe. Le grand prêtre, en principe élu à vie, était en réalité, depuis

[3]Il vint alors dans toute la région du Jourdain, proclamant un baptême de conversion pour la rémission des péchés, [4]comme il est écrit au livre des oracles du prophète Isaïe[b] :

Voix de celui qui crie dans le désert :
Préparez le chemin du Seigneur,
rendez droits ses sentiers.
[5]*Tout ravin sera comblé,*
toute montagne et colline seront abaissées.
Les chemins tortueux deviendront droits,
les chemins raboteux seront aplanis,
[6]*et toute chair verra le salut de Dieu.*

[7]Jean disait donc aux foules qui venaient se faire baptiser par lui : « Engeance de vipères, qui vous a montré comment fuir la colère imminente ? [8]Faites donc des fruits dignes de la conversion et ne commencez pas à dire en vous-mêmes : "Nous avons pour père Abraham !" Car je vous dis que, des pierres que voici, Dieu peut susciter des enfants à Abraham. [9]Oui, déjà la cognée est à la racine des arbres. Tout arbre qui ne fait pas de bon fruit va être coupé et jeté au feu. »

[10]Les foules lui demandaient : « Que devons-nous donc faire ? » [11]Il leur répondait : « Que celui qui a deux tuniques partage avec celui qui n'en a pas, et que celui qui a de quoi manger fasse de même. » [12]Des publicains[c] vinrent aussi pour se faire baptiser et ils lui dirent : « Maître, que devons-nous faire ? » [13]Il leur dit : « N'exigez rien de plus que ce qui vous est prescrit. » [14]Des militaires aussi lui demandaient : « Et nous, que devons-nous faire ? » Il leur dit : « Ne faites ni violence ni tort à qui que ce soit, et contentez-vous de votre solde. »

Hérode, une créature de l'autorité politique.

[b]4-6. Is 40, 3-5. Citation plus développée qu'en Matthieu et Marc, probablement à cause de la note universaliste qui vient en finale.

[c]12. Voir note sur Mt 5, 46.

¹⁵Comme le peuple était dans l'attente et que tous se demandaient dans leurs cœurs, au sujet de Jean, s'il n'était pas le Christ, ¹⁶Jean répondit à tous : « Moi, je vous baptise avec de l'eau. Mais vient celui qui est plus fort que moi, et je ne suis pas digne de dénouer la courroie de ses sandales. Il vous baptisera, lui, dans l'Esprit Saint et le feu. ¹⁷Il a en main la pelle à vanner pour nettoyer son aire et recueillir le blé dans son grenier ; mais la bale, il la brûlera au feu qui ne s'éteint pas. » ¹⁸Par beaucoup d'autres exhortations encore, il annonçait au peuple la Bonne Nouvelle.

Jean est mis en prison. – ¹⁹Mais Hérode le tétrarque, qu'il blâmait au sujet d'Hérodiade, la femme de son frère, et de tous les méfaits qu'il avait commis, ²⁰ajouta encore celui-ci à tous les autres : il fit enfermer Jean en prison[d].

Jésus est baptisé. – ²¹Or, comme tout le peuple avait été baptisé, et tandis que Jésus, baptisé lui aussi, était en prière[e], le ciel s'ouvrit. ²²L'Esprit Saint descendit sur lui sous une apparence corporelle, comme une colombe. Et une voix vint du ciel : « Tu es mon Fils bien-aimé, tu as toute ma faveur. »

Généalogie de Jésus[f]. – ²³Jésus, à ses débuts, avait environ trente ans ; il était, à ce qu'on croyait, fils

[d]20. Raccourci littéraire typique de Luc : il en finit avec Jean, qui en réalité ne sera emprisonné que plus tard.

[e]21. Première mention de Jésus en prière. Ce sera un thème caractéristique de cet évangile (5, 16 ; 6, 12 ; 9, 18.28-29 ; 11, 1).

[f]23-38. A la différence de Matthieu, Luc donne la généalogie de Jésus en remontant jusqu'à Adam : toujours la perspective universaliste. Deux noms seulement, entre David et Joseph, lui sont communs avec la liste de Matthieu : Salathiel et Zorobabel. Luc donne-t-il l'ascendance naturelle et Matthieu l'ascendance dynastique ? Ou la loi du

de Joseph, fils d'Héli, [24]fils de Matthat, fils de Lévi, fils
de Melchi, fils de Jannaï, fils de Josech, [25]fils de Mattathias, fils d'Amos, fils de Nahum, fils d'Esli, fils de Nag-
gaï, [26]fils de Maath, fils de Mattathias, fils de Séméin, fils
de Josech, fils de Jôda, [27]fils de Joanan, fils de Résa, fils
de Zorobabel, fils de Salathiel, fils de Néri, [28]fils de Melchi, fils d'Addi, fils de Kôsam, fils d'Elmadam, fils d'Er,
[29]fils de Jésus, fils d'Éliézer, fils de Jôrim, fils de Matthat, fils de Lévi, [30]fils de Siméon, fils de Juda, fils de
Joseph, fils de Jônam, fils d'Éliakim, [31]fils de Méléa, fils
de Menna, fils de Mattatha, fils de Nathan, fils de David,
[32]fils de Jessé, fils d'Obed, fils de Booz, fils de Sala, fils de
Naasson, [33]fils d'Aminadab, fils d'Admin, fils d'Arni, fils
de Hesron, fils de Pharès, fils de Juda, [34]fils de Jacob, fils
d'Isaac, fils d'Abraham, fils de Thara, fils de Nachor,
[35]fils de Sérouch, fils de Ragaou, fils de Phalec, fils d'É-
ber, fils de Sala, [36]fils de Kaïnam, fils d'Arphaxad, fils de
Sem, fils de Noé, fils de Lamech, [37]fils de Mathusalem,
fils de Hénoch, fils de Jaret, fils de Maléléel, fils de Kaïnam, [38]fils d'Énos, fils de Seth, fils d'Adam, fils de Dieu.

4 Au désert, Jésus est tenté. — [1]Jésus, rempli
d'Esprit Saint, s'en revint du Jourdain et fut conduit
par l'Esprit dans le désert. [2]Pendant quarante jours, il
fut tenté par le diable. Il ne mangea rien pendant ces
jours-là et, quand ils furent achevés, il eut faim. [3]Alors le
diable lui dit: « Si tu es Fils de Dieu, ordonne à cette
pierre de se changer en pain. » [4]Jésus lui répondit: « Il
est écrit: *L'homme ne vivra pas seulement de pain*[a]. »

[5b]Alors, l'emmenant dans les hauteurs, le diable lui
fit voir en un instant tous les royaumes de l'univers [6]et il

lévirat serait-elle intervenue
(voir Lc 20, 28)? On ne peut
répondre avec certitude.
4. — [a]4. Dt 8, 3.

[b]5-12. Luc intervertit l'ordre
des deux dernières tentations par
rapport à Matthieu: son évangile
est orienté vers Jérusalem.

lui dit : « Je te donnerai tout ce pouvoir et la gloire de ces royaumes, car elle m'a été remise et je la donne à qui je veux. [7]Eh bien ! si tu m'adores, elle sera tout entière à toi. » [8]Jésus lui répondit : « Il est écrit : *Tu adoreras le Seigneur ton Dieu, et à lui seul tu rendras un culte*[c].»

[9]Alors il l'emmena à Jérusalem, il le plaça sur le pinacle du Temple et lui dit : « Si tu es Fils de Dieu, jette-toi d'ici en bas, [10]car il est écrit : *A ses anges il donnera à ton sujet l'ordre de te garder.* [11]Et : *Ils te porteront sur leurs mains, de peur que tu ne heurtes du pied quelque pierre*[d]. » [12]Jésus lui répondit : « Il est dit : *Tu ne mettras pas à l'épreuve le Seigneur ton Dieu*[e]. »

[13]Ayant épuisé toute forme de tentation, le diable s'éloigna de lui jusqu'au temps fixé.

MINISTÈRE DE JÉSUS EN GALILÉE

Jésus inaugure son ministère. – [14]Alors Jésus s'en retourna en Galilée, avec la puissance de l'Esprit, et sa renommée se répandit dans toute la région. [15]Il enseignait dans leurs synagogues, et tous disaient ses louanges.

[16]Il vint à Nazareth[f], où il avait été élevé. Selon sa coutume, le jour du sabbat il entra dans la synagogue, et il se leva pour faire la lecture. [17]On lui présenta le livre du prophète Isaïe. Il le déroula et trouva le passage où il est écrit : [18]*L'Esprit du Seigneur est sur*

[c]8. Dt 6, 13.

[d]10-11. Ps 91, 11-12.

[e]12. Dt 6, 16.

[f]16-30. Ce récit pourrait bloquer trois visites de Jésus à Nazareth. Une première, où Jésus suscite l'admiration (16-22a) ; une autre, où il étonne (22b-24) ; une dernière, où il est attaqué (25-30). Le récit lucanien, évocateur et dramatique, devient symbolique des relations de Jésus avec le peuple juif, auquel il était envoyé pour apporter le salut qui est refusé.

moi, parce qu'il m'a conféré l'onction, il m'a envoyé annoncer la bonne nouvelle aux pauvres, proclamer aux captifs la délivrance et aux aveugles le retour à la vue, rendre aux opprimés la liberté, ¹⁹*proclamer une année de faveur du Seigneur*[g].

²⁰Il roula le livre, le rendit au servant et s'assit. Tous, dans la synagogue, avaient les yeux fixés sur lui. ²¹Alors il se mit à leur dire : « Aujourd'hui est accomplie cette Écriture que vous venez d'entendre. » ²²Tous lui rendaient témoignage et ils étaient dans l'admiration des paroles pleines de grâce qui sortaient de sa bouche. Et ils disaient : « N'est-ce pas là le fils de Joseph ? » ²³Alors il leur dit : « Sûrement vous allez me citer le proverbe : "Médecin, guéris-toi toi-même". Tout ce qu'on nous a dit être arrivé à Capharnaüm, eh bien, fais-le ici, dans ta patrie ! » ²⁴Et il ajouta : « Vraiment, je vous dis, aucun prophète n'est bien reçu dans sa patrie. ²⁵En vérité, je vous dis, il y avait beaucoup de veuves en Israël aux jours d'Élie, lorsque le ciel fut fermé durant trois ans et six mois, et que survint une grande famine par tout le pays[h]. ²⁶Pourtant, Élie ne fut envoyé à aucune d'entre elles, mais à une veuve de Sarepta, au pays de Sidon[i]... ²⁷Et il y avait beaucoup de lépreux en Israël, lors du prophète Élisée. Pourtant, aucun d'eux ne fut purifié, mais bien Naaman le Syrien[j]. »

²⁸Tous furent remplis de fureur dans la synagogue en entendant cela. ²⁹Ils se levèrent, l'entraînèrent hors de la ville et l'emmenèrent jusqu'à une corniche du mont sur lequel leur ville était bâtie, pour le précipiter en bas. ³⁰Mais lui, passant au milieu d'eux, allait son chemin...

---

[g]18-19. Is 61, 1-2a. La citation est soigneusement arrêtée avant l'annonce du « Jour de vengeance » (61, 2b).

[h]25. 1 R 17, 1 ; 18, 1.
[i]26. 1 R 17, 9.
[j]27. 2 R 5, 1-14.

Une journée de Jésus à Capharnaüm. Prédi-cation et guérisons. – ³¹Il descendit à Capharnaüm, ville de Galilée, et il les enseignait le jour du sabbat. ³²Ils étaient frappés de son enseignement, car il parlait avec une autorité souveraine.

³³Or il y avait dans la synagogue un homme possédé d'un esprit démoniaque impur. Il s'écria d'une voix forte : ³⁴« Ah ! que nous veux-tu, Jésus le Nazaréen ? Tu es venu pour nous perdre. Je sais qui tu es : le Saint de Dieu. » ³⁵Jésus le menaça, en disant : « Tais-toi, et sors de cet homme ! » Alors le démon, jetant l'homme à terre au milieu d'eux, sortit sans lui faire aucun mal. ³⁶L'effroi les saisit tous, et ils se disaient les uns aux autres : « Qu'est-ce donc que cette parole ? Il commande avec autorité et puissance aux esprits impurs et ils sortent ! » ³⁷Et un bruit se répandait à son sujet en tout lieu de la région.

³⁸Sortant de la synagogue, il entra dans la maison de Simon. La belle-mère de Simon était en proie à une forte fièvre et ils lui demandèrent de faire quelque chose pour elle. ³⁹Il s'approcha, se pencha sur elle et menaça la fièvre, qui la quitta. Elle se leva aussitôt, et elle les servait.

⁴⁰Au coucher du soleil, tous ceux qui avaient des malades atteints de maux divers les lui amenèrent. Et lui, imposant les mains à chacun d'eux les guérissait. ⁴¹Des démons sortaient aussi de beaucoup de gens en criant : « Tu es le Fils de Dieu ! » Mais, avec des menaces, il ne leur permettait pas de parler, parce qu'ils savaient qu'il était le Christ.

Jésus quitte Capharnaüm. – ⁴²Quand il fit jour, il sortit et se rendit dans un endroit désert. Les foules se mirent à sa recherche. Elles le rejoignirent, et elles voulaient le retenir pour l'empêcher de s'éloigner d'elles. ⁴³Mais il leur dit : « Aux autres villes aussi je dois annoncer la Bonne Nouvelle du règne de Dieu, car j'ai été envoyé pour cela. » [44]Et il prêchait dans les synagogues de Judée[k].

5 Pêche miraculeuse. Appel des quatre premiers disciples.

– [1]Une fois, la foule se serrait contre lui, écoutant la Parole de Dieu. Il se tenait au bord du lac de Génésareth. [2]Il vit deux barques amarrées au bord du lac. Les pêcheurs en étaient descendus et lavaient leurs filets. [3]Il monta dans l'une des barques, qui était à Simon, et lui demanda de s'avancer un peu en mer. Alors, il s'assit et, de la barque, il enseignait les foules. [4]Quand il eut fini de parler, il dit à Simon : « Avance en eau profonde et jetez vos filets pour la pêche[a]. » [5]Simon répondit : « Maître, nous avons peiné toute la nuit sans rien prendre. Pourtant, sur ta parole, je vais jeter les filets. » [6]Ils le firent et prirent une si grande quantité de poissons que leurs filets se déchiraient. [7]Ils firent signe à leurs compagnons, qui étaient dans l'autre barque, de venir les aider. Ils vinrent, et on remplit les deux barques au point qu'elles s'enfonçaient. [8]A cette vue, Simon-Pierre[b] tomba aux genoux de Jésus, en disant : « Éloigne-toi de moi, Seigneur, car je suis un homme pécheur. » [9]Car l'effroi l'avait saisi, lui ainsi que tous ceux qui étaient avec lui, devant la capture de poissons qu'ils avaient faite ; [10]de même Jacques et Jean, fils de Zébédée, qui étaient les compagnons de Simon. Jésus dit à Simon : « Sois sans crainte ; désormais ce sont des hommes que tu captureras. » [11]Alors, ramenant les barques à terre, ils laissèrent tout et le suivirent.

---

[k]44. Judée désigne ici tout le pays d'Israël (cf. Mc 1, 14 : Galilée).

5. – [a]4-11. Luc seul raconte la pêche miraculeuse lors de l'appel des premiers disciples. Cf. Jn 21.

[b]8. Pierre : anticipation (cf. 6, 14).

Guérison d'un lépreux. – ¹²Une fois qu'il était dans une ville, voici un homme couvert de lèpre. A la vue de Jésus, il tomba face contre terre et lui fit cette prière : « Seigneur, si tu le veux, tu peux me purifier. » ¹³Jésus étendit la main, le toucha et dit : « Je le veux, sois purifié. » Aussitôt la lèpre le quitta. ¹⁴Il lui ordonna de n'en parler à personne : « Mais va te montrer au prêtre, dit-il, et fais l'offrande pour ta purification, comme Moïse l'a prescrit : ce sera pour eux une attestation. »

¹⁵On parlait de plus en plus de lui. De grandes foules se rassemblaient pour l'entendre et se faire guérir de leurs maladies. ¹⁶Mais lui se retirait dans les endroits déserts et il priait.

Guérison d'un paralysé et discussion sur le pardon des péchés. – ¹⁷Un jour qu'il enseignait, il y avait parmi ses auditeurs des pharisiens et des docteurs de la Loi, venus de tous les villages de Galilée, de Judée et de Jérusalem. Et la puissance du Seigneur était là pour lui faire opérer des guérisons. ¹⁸Arrivent des gens portant sur un lit un homme paralysé. Ils cherchaient à le faire entrer et à le placer devant lui. ¹⁹Mais ne trouvant pas par où le faire entrer, à cause de la foule, ils montèrent sur la terrasse et, écartant les tuiles, ils le descendirent avec sa civière, en plein milieu, devant Jésus. ²⁰Voyant leur foi, il dit : « Homme, tes péchés te sont remis. »

²¹Alors les scribes et les pharisiens se mirent à penser : « Qui est cet homme qui dit des blasphèmes ? Qui donc peut remettre les péchés, sinon Dieu seul ? »

²²Mais Jésus, connaissant leurs raisonnements, leur répliqua : « Qu'avez-vous à raisonner ainsi dans vos cœurs ? ²³Qu'y a-t-il de plus facile, de dire : "Tes péchés te sont remis", ou de dire : "Lève-toi et marche" ? ²⁴Eh bien ! pour que vous sachiez que le Fils de l'homme a sur la

terre autorité pour remettre les péchés, lève-toi, je te
l'ordonne, dit-il au paralysé, emporte ta civière et rentre chez toi. » [25]A l'instant, il se leva devant eux, emporta ce qui lui servait de lit et s'en alla chez lui en rendant
gloire à Dieu. [26]Tous furent frappés de stupeur et ils
rendaient gloire à Dieu. Remplis de crainte, ils disaient :
« Nous avons vu des choses extraordinaires aujourd'-
hui. »

Appel de Lévi. – [27]Après cela, il sortit. Il remar-
qua un publicain nommé Lévi, assis au bureau des
impôts. Il lui dit : « Suis-moi. » [28]Quittant tout, il se
leva et le suivit. [29]Lévi offrit à Jésus un grand banquet
dans sa maison. Il y avait une foule nombreuse de
publicains et d'autres gens, attablés avec eux. [30]Les
pharisiens et leurs scribes murmuraient, disant à ses
disciples : « Pourquoi mangez-vous et buvez-vous avec
les publicains et les pécheurs ? » [31]Jésus leur répondit :
« Ce ne sont pas les bien-portants qui ont besoin de
médecin, mais les malades. [32]Je ne suis pas venu appeler les justes, mais les pécheurs, au repentir. »

Question sur le jeûne. – [33]Ils lui dirent : « Les disciples de Jean jeûnent souvent et font des prières, et de
même ceux des pharisiens, tandis que les tiens mangent
et boivent ! » [34]Jésus leur dit : « Pouvez-vous faire jeûner
les compagnons de l'époux tant que l'époux est avec
eux ? [35]Mais viendront des jours... quand l'époux leur
aura été enlevé... alors ils jeûneront, en ces jours-là. »
[36]Il leur dit encore une parabole : « Personne ne
déchire une pièce d'un vêtement neuf pour rapiécer un
vieux vêtement. Ou alors, on aura déchiré le neuf, et la
pièce prise du neuf ne s'assortira pas au vieux. [37]Per-
sonne ne met non plus du vin nouveau dans de vieilles
outres. Ou alors, le vin nouveau fera éclater les outres,

il se répandra, et les outres seront perdues. ³⁸Non, il faut mettre le vin nouveau dans des outres neuves. »

³⁹« Personne, après avoir bu du vin vieux, n'en demande du nouveau, car on dit : "Le vieux est meilleur". »

6 Les épis arrachés le jour du sabbat. – ¹Un certain sabbat, comme il passait à travers des champs de blé, ses disciples arrachaient des épis, les froissaient dans leurs mains et les mangeaient. ²Quelques pharisiens dirent : « Pourquoi faites-vous ce qui n'est pas permis le jour du sabbat ? » ³Jésus leur répondit : « N'avez-vous pas lu ce que fit David lorsqu'il eut faim, lui et ses compagnons ? ⁴Comment il entra dans la maison de Dieu, prit les pains de l'offrande, en mangea et en donna à ses compagnons, bien qu'il ne soit permis qu'aux prêtres d'en manger ? » ⁵Et il leur disait : « Le Fils de l'homme est maître du sabbat. »

Jésus guérit, un jour de sabbat, un homme à la main desséchée. – ⁶Un autre sabbat, il entra dans la synagogue et il enseignait. Il y avait là un homme dont la main droite était desséchée. ⁷Les scribes et les pharisiens épiaient Jésus pour voir s'il allait guérir le jour du sabbat, afin de trouver de quoi l'accuser. ⁸Mais il connaissait leurs raisonnements. Il dit à l'homme à la main desséchée : « Lève-toi et tiens-toi là, au milieu. » Il se leva et se tint debout. ⁹Jésus leur dit : « Je vous le demande : est-il permis, le jour du sabbat, de faire le bien ou de faire le mal, de sauver une vie ou de la perdre ? » ¹⁰Et jetant sur eux tous un regard circulaire, il lui dit : « Étends ta main. » Il le fit. Sa main redevint normale. ¹¹Alors ils furent remplis d'une colère folle, et ils discutaient entre eux de ce qu'ils pourraient faire à Jésus.

Jésus choisit les Douze. – [12]En ces jours-là, il s'en alla dans la montagne pour prier, et il passait la nuit à prier Dieu. [13]Quand il fit jour, il appela ses disciples et en choisit douze[a], auxquels il donna le nom d'apôtres : [14]Simon, à qui il donna le nom de Pierre, André son frère, Jacques, Jean, Philippe, Barthélemy, [15]Matthieu, Thomas, Jacques fils d'Alphée, Simon appelé le Zélote, [16]Judas fils de Jacques, et Judas Iscariote, le futur traître.

Jésus et les foules. – [17]Jésus descendit avec eux et s'arrêta sur un plateau[b], avec une grande foule de ses disciples et une grande multitude du peuple de toute la Judée, de Jérusalem et du littoral de Tyr et de Sidon, [18]venus pour l'entendre et se faire guérir de leurs maladies. Ceux qui étaient tourmentés par des esprits impurs étaient guéris. [19]Toute la foule cherchait à le toucher, parce qu'une puissance émanait de lui et les guérissait tous.

Béatitudes et malédictions. – [20]Alors, levant les yeux sur ses disciples, il disait[c] :

« Heureux, vous les pauvres, car le Royaume de Dieu est à vous.

[21]« Heureux, vous qui avez faim maintenant, car vous serez rassasiés.

---

6. – [a]13-16. Luc anticipe-t-il le choix des Douze, pour les avoir autour de Jésus lors du discours inaugural ?

[b]17. Sans doute à mi-hauteur entre le sommet du mont et la rive du lac. Ce n'est donc pas en contradiction avec « la montagne » de Mt 5, 1.

[c]20-26. Quatre béatitudes, suivies de quatre malédictions, au lieu de huit béatitudes en Mt 5, 2-12. Adressées directement à ceux qui ont tout quitté pour suivre Jésus, elles insistent sur la pauvreté et la souffrance effectives. Matthieu leur donne une forme plus classique, une destination plus générale, et insiste sur les dispositions spirituelles.

« Heureux, vous qui pleurez maintenant, car vous rirez.

²²« Heureux serez-vous quand les hommes vous haïront, quand ils vous expulseront, vous insulteront et proscriront votre nom comme infâme, à cause du Fils de l'homme. ²³Soyez heureux ce jour-là, sautez de joie, voici que votre récompense est grande dans le ciel : car c'est ainsi que leurs pères traitaient les prophètes.

²⁴« Mais malheur à vous, les riches, car vous l'avez, votre consolation.

²⁵« Malheur à vous, qui êtes repus maintenant, car vous aurez faim.

« Malheur, vous qui riez maintenant, car vous serez dans le deuil et les larmes.

²⁶« Malheur, quand tous les hommes diront du bien de vous : car c'est ainsi que leurs pères traitaient les faux prophètes. »

L'amour des ennemis. – ²⁷« Mais je vous dis, à vous qui m'écoutez[d] : Aimez vos ennemis, faites du bien à ceux qui vous haïssent, ²⁸bénissez ceux qui vous maudissent, priez pour ceux qui vous calomnient. ²⁹A qui te frappe sur une joue, présente encore l'autre. A qui te prend ton manteau, ne refuse pas non plus ta tunique. ³⁰A quiconque te demande, donne, et à qui te prend ton bien ne le réclame pas. ³¹Comme vous voudriez que les autres se comportent envers vous, comportez-vous également envers eux. ³²Si vous aimez ceux qui vous aiment, quelle reconnaissance vous en aura-t-on ? Car les pécheurs aussi aiment ceux qui les aiment. ³³Si vous faites du bien à ceux qui vous en font, quelle reconnaissance vous en aura-t-on ? Les

[d] 27-35. Luc omet le long parallèle de Mt 5, 20-48 entre la Loi et l'Évangile, qui concerne moins des lecteurs d'origine païenne. Il s'attache presque exclusivement au commandement de la charité.

pécheurs aussi en font autant. ³⁴Si vous prêtez à ceux dont vous espérez qu'ils vous rembourseront, quelle reconnaissance vous en aura-t-on ? Les pécheurs aussi prêtent aux pécheurs, pour en recevoir autant. ³⁵Au contraire, aimez vos ennemis, faites du bien et prêtez sans rien espérer en retour. Alors votre récompense sera grande et vous serez les fils du Très-Haut, car il est bon, lui, pour les ingrats et les méchants. »

Générosité envers le prochain. – ³⁶« Soyez miséricordieux, comme votre Père est miséricordieux. ³⁷Ne jugez pas, et vous ne serez pas jugés ; ne condamnez pas, et vous ne serez pas condamnés ; acquittez, et vous serez acquittés. ³⁸Donnez, et on vous donnera. Une bonne mesure, tassée, secouée, débordante, sera versée dans les plis de votre manteau. Car on utilisera pour vous la même mesure dont vous vous servez pour les autres. »

Conditions du zèle. – ³⁹Il leur dit aussi une parabole : « Un aveugle peut-il guider un aveugle ? Ne tomberont-ils pas tous les deux dans un trou ?

⁴⁰« Le disciple n'est pas au-dessus du maître. Mais tout disciple accompli sera comme son maître.

⁴¹« Pourquoi vois-tu la paille qui est dans l'œil de ton frère, alors que la poutre qui est dans ton œil, tu ne la remarques pas ? ⁴²Comment peux-tu dire à ton frère : "Frère, laisse-moi ôter la paille qui est dans ton œil", quand tu ne vois pas la poutre qui est dans le tien ? Hypocrite, ôte d'abord la poutre de ton œil. Alors tu verras clair pour ôter la paille qui est dans l'œil de ton frère.

⁴³« Non, il n'y a pas de bon arbre qui donne un fruit mauvais, ni non plus d'arbre mauvais qui donne un bon fruit. ⁴⁴Chaque arbre se reconnaît à son fruit. Sur les épines, on ne cueille certes pas des figues, et sur un

buisson on ne vendange pas du raisin. 45L'homme bon, du bon trésor de son cœur, tire le bien. Et le mauvais, de son mauvais fonds, tire le mal. Car sa bouche parle du trop-plein du cœur.

46« Pourquoi m'appelez-vous : "Seigneur, Seigneur", et ne faites-vous pas ce que je dis ? »

La maison bâtie sur le roc et la maison bâtie sans fondations. – 47« Tout homme qui vient à moi, qui écoute mes paroles et les met en pratique, je vais vous montrer à qui il ressemble. 48Il ressemble à un homme qui construit une maison. Il a creusé, il est allé profond et a posé les fondations sur le roc. La crue est survenue, le torrent s'est jeté sur cette maison, mais il n'a pu l'ébranler, car elle était bien construite. 49Mais celui qui a écouté et n'a pas mis en pratique ressemble à un homme qui a construit une maison à même le sol, sans fondations. Le torrent s'est jeté sur elle ; aussitôt elle s'est écroulée, et la ruine de cette maison a été complète. »

7 **Le centurion de Capharnaüm.** – 1Quand Jésus eut achevé de parler à la foule, il entra dans Capharnaüm. 2Or un centurion avait un esclave malade, près de mourir, auquel il tenait beaucoup. 3Ayant entendu parler de Jésus, il lui envoya quelques anciens des Juifs, pour lui demander de venir sauver son esclave. 4Arrivés auprès de Jésus, les anciens le suppliaient instamment : « Il mérite que tu lui accordes cela, disaient-ils, 5car il aime notre nation. Il nous a construit la synagogue. » 6Alors Jésus se mit en route avec eux. Déjà il n'était plus loin de la maison, quand le centurion envoya des amis lui dire : « Seigneur, ne te donne pas cette peine, car je ne vaux pas que tu entres sous mon toit. 7Aussi bien ne me suis-je pas moi-même jugé digne de venir vers toi. Mais dis un seul mot, et que mon esclave soit guéri. 8Car moi, qui ne suis qu'un subalterne, j'ai des soldats sous mes ordres, et je dis à l'un : "Va", et il va ; à un autre : "Viens", et il vient ; et à mon esclave : "Fais ceci", et il le fait. » 9Jésus, entendant ces mots, l'admira et il se retourna vers la foule qui le suivait, pour dire : "Je vous le dis, même en Israël je n'ai pas trouvé une telle foi ! » 10Et à leur retour à la maison, les envoyés trouvèrent l'esclave en bonne santé.

Résurrection du fils d'une veuve à Naïm. — 11Jésus se rendit ensuite dans une ville appelée Naïm. Ses disciples et une grande foule faisaient route avec lui. 12Comme il était près de la porte de la ville, voici qu'on portait en terre un défunt, fils unique d'une femme qui était veuve. Il y avait avec elle une foule considérable de gens de la ville. 13En la voyant, le Seigneur fut pris de pitié pour elle et lui dit : « Ne pleure pas. » 14Il s'avança et toucha la civière. Les porteurs s'arrêtèrent. Alors il dit : « Jeune homme, je te l'ordonne, relève-toi ! » 15Le mort se redressa, s'assit et se mit à parler. Et Jésus le donna à sa mère. 16La crainte s'empara de tous, et ils glorifiaient Dieu en disant : « Un grand prophète s'est levé parmi nous, et Dieu a visité son peuple. » 17Et ce propos se répandit à son sujet dans la Judée entière et dans tout le pays d'alentour.

Jésus répond aux envoyés de Jean-Baptiste. — 18Les disciples de Jean l'informèrent de tout cela. Il convoqua alors deux de ses disciples 19et les envoya demander au Seigneur : « Es-tu Celui qui vient, ou devons-nous en attendre un autre ? » 20Arrivés auprès de Jésus, ils lui dirent : « Jean le Baptiste nous envoie te demander : "Es-tu Celui qui vient, ou devons-nous en attendre un autre ?"» ²¹A ce moment même, Jésus guérit beaucoup de gens de maladies, d'infirmités et d'esprits mauvais, et à beaucoup d'aveugles il rendit la vue. ²²Il répondit alors aux envoyés : « Allez informer Jean de ce que vous avez vu et entendu : les aveugles recouvrent la vue, les boiteux marchent, les lépreux sont purifiés, les sourds entendent, les morts ressuscitent, la Bonne Nouvelle est annoncée aux pauvres. ²³Et heureux celui pour qui je ne serai pas occasion de chute ! »

Qui donc est Jean-Baptiste ? – ²⁴Quand les envoyés de Jean furent partis, Jésus se mit à parler de lui aux foules : « Qu'êtes-vous allés voir au désert ? Un roseau agité par le vent ? ²⁵Eh bien, qu'êtes-vous allés voir ? Un homme habillé avec recherche ? Voyons, ceux qui ont des habits somptueux et qui vivent dans le luxe sont dans les demeures royales. ²⁶Mais qu'êtes-vous partis voir ? Un prophète ? Oui, je vous dis, et bien plus qu'un prophète. ²⁷Il est celui au sujet duquel il est écrit : *Voici que j'envoie mon messager en avant de toi, qui préparera ton chemin devant toi*[a]. ²⁸Car je vous dis : parmi les enfants des femmes, il n'y en a pas de plus grand que Jean. Pourtant, le plus petit dans le Royaume de Dieu est plus grand que lui. ²⁹Tout le peuple, qui l'a écouté, et même les publicains ont rendu justice à Dieu en se faisant baptiser du baptême de Jean. ³⁰Mais les pharisiens et les légistes ont rendu vain le dessein de Dieu sur eux, en ne se faisant pas baptiser par lui. »

A qui ressemble cette génération ? – ³¹« A qui donc vais-je comparer les hommes de cette génération ? A qui ressemblent-ils ? ³²Ils ressemblent à ces

7. – [a]27. Ml 3, 1.

gamins assis sur la place, qui s'interpellent les uns les autres en disant : "Nous vous avons joué de la flûte, et vous n'avez pas dansé ! Nous avons entonné une lamentation, et vous n'avez pas pleuré ! » [33]En effet, Jean le Baptiste est venu, il ne mangeait pas de pain, il ne buvait pas de vin, et vous dites : "Il est possédé !" [34]Le Fils de l'homme est venu, il mange et il boit, et vous dites : "Voilà un homme glouton et ivrogne, ami des publicains et des pécheurs !" [35]Mais justice a été rendue à la Sagesse par tous ses enfants. »

Jésus et la pécheresse. – [36]Un pharisien l'invita à manger avec lui. Il entra dans la maison du pharisien et se mit à table. [37]Survint une femme, une pécheresse de la ville. Ayant appris qu'il était à table dans la maison du pharisien, elle avait apporté un flacon de parfum. [38]Elle se plaça derrière lui, à ses pieds. Elle pleurait et ses larmes mouillaient les pieds de Jésus ; elle les essuyait avec ses cheveux, les embrassait et répandait sur eux du parfum.

[39]A ce spectacle, le pharisien qui l'avait invité se dit en lui-même : « Si cet homme était un prophète, il saurait qui est cette femme qui le touche, et ce qu'elle est : une pécheresse. » [40]Jésus prit alors la parole et lui dit : « Simon, j'ai quelque chose à te dire. » – « Parle, Maître », dit-il. [41]« Un créancier avait deux débiteurs ; l'un devait cinq cents deniers[b], l'autre cinquante. [42]Comme ils n'avaient pas de quoi rembourser, il remit leur dette à tous deux. Lequel donc des deux l'aimera le plus ? » [43]Simon répondit : « Celui à qui il a remis davantage, je suppose. » Jésus lui dit : « Tu as bien jugé. » [44]Alors, se tournant vers la femme, il dit à Simon : « Tu vois cette femme ? Je suis entré dans ta maison, et tu ne m'as pas versé d'eau sur les pieds ; mais elle, elle les a mouillés de

[b]41. Environ cinq cents francs or.

ses larmes, et avec ses cheveux elle les a essuyés. [45]Tu ne m'as pas embrassé, mais elle, depuis que je suis entré, n'a cessé d'embrasser mes pieds. [46]Tu n'as pas répandu d'huile sur ma tête ; mais elle, elle a répandu du parfum sur mes pieds. [47]C'est pourquoi je te dis : ses péchés, ses nombreux péchés lui sont pardonnés, parce qu'elle a beaucoup aimé. Mais celui à qui on pardonne peu aime peu. » [48]Et il dit à la femme : « Tes péchés sont pardonnés. » [49]Les invités se mirent alors à dire en eux-mêmes : « Qui est cet homme, qui va jusqu'à pardonner les péchés ? » [50]Mais Jésus dit à la femme : « Ta foi t'a sauvée. Va en paix. »

8 L'entourage de Jésus.

8 **L'entourage de Jésus.** — [1]Ensuite, Jésus cheminait par villes et villages, proclamant et annonçant la Bonne Nouvelle du Règne de Dieu. Les Douze étaient avec lui, [2]et aussi certaines femmes qui avaient été délivrées d'esprits mauvais et guéries de leurs maladies : Marie, appelée la Magdaléenne[a], de qui étaient sortis sept démons, [3]Jeanne, femme de Chouza, intendant d'Hérode, Suzanne et beaucoup d'autres, qui les aidaient de leurs biens.

Parabole des semailles. — [4]Comme une grande foule se rassemblait, et que de toutes les villes on se mettait en route vers lui, il dit en parabole :

[5]« Le semeur est sorti pour semer sa semence. Comme il semait, du grain est tombé au bord du chemin. Il a été piétiné et les oiseaux du ciel l'ont mangé. [6]D'autres grains sont tombés sur le roc. Ils ont poussé, mais se sont desséchés, faute d'humidité. [7]D'autres sont tombés au milieu des épines. Les épines ont poussé avec eux et les ont étouffés. [8]D'autres sont tombés

8. – [a]2. Originaire de Magdala, sur la rive nord-ouest du lac de Tibériade.

dans la bonne terre. Ils ont poussé et ont fructifié au centuple. » Ce disant, il élevait la voix : « Celui qui a des oreilles pour entendre, qu'il entende ! »

[9]Ses disciples lui demandaient ce que pouvait signifier cette parabole. [10]Il dit : « A vous il a été donné de connaître les mystères du règne de Dieu. Mais pour les autres, ces choses sont dites en paraboles, afin qu'ils *voient sans voir, et entendent sans comprendre*[b]. [11]Or voici ce que signifie cette parabole. La semence, c'est la Parole de Dieu. [12]Ceux du bord du chemin sont ceux qui ont entendu. Ensuite vient le diable et il enlève la Parole de leur cœur, de peur qu'ils ne croient et ne soient sauvés. [13]Ceux sur le roc sont ceux qui accueillent la Parole avec joie dès qu'ils l'entendent. Mais ceux-là n'ont pas de racines. Pendant un moment ils croient, puis, au moment de l'épreuve, ils abandonnent. [14]Ce qui est tombé au milieu des épines sont ceux qui ont entendu. Mais chemin faisant, ils sont étouffés par les soucis, les richesses et les plaisirs de la vie, et ils n'arrivent pas à maturité. [15]Ce qui est tombé dans la bonne terre sont ceux qui, ayant entendu la Parole avec un cœur parfait, la retiennent et portent du fruit par la persévérance. »

La lampe. – [16]« Personne n'allume une lampe pour la recouvrir d'un récipient ou la mettre sous un lit. On la met au contraire sur un lampadaire, pour que ceux qui entrent voient la lumière. [17]Car il n'y a rien de caché qui ne sera mis au jour, ni rien de dissimulé qui ne sera connu et ne viendra au grand jour. [18]Faites donc attention à la manière dont vous écoutez. Car celui qui a, on lui donnera, mais celui qui n'a pas, même ce qu'il croit avoir lui sera enlevé. »

[b]10. Is 6, 9.

La vraie famille de Jésus. — [19]Sa mère et ses frères arrivèrent auprès de lui, mais ils ne pouvaient l'atteindre à cause de la foule. [20]On lui annonça : « Ta mère et tes frères sont là, dehors, qui veulent te voir[c]. » [21]Mais il leur répondit : « Ma mère et mes frères sont ceux qui écoutent la Parole de Dieu et la mettent en pratique. »

Jésus apaise la tempête. — [22]Un jour, il monta en barque avec ses disciples. Il leur dit : « Passons de l'autre côté du lac. » Et ils gagnèrent le large. [23]Pendant qu'ils naviguaient, Jésus s'endormit. Une bourrasque s'abattit alors sur le lac ; ils faisaient eau et étaient en péril. [24]Ils s'approchèrent et le réveillèrent en disant : « Maître, maître, nous sommes perdus ! » Il se réveilla et menaça le vent et la mer agitée : ils s'apaisèrent et ce fut le calme. [25]Il leur dit alors : « Où est votre foi ? » Saisis de crainte et d'admiration, ils se disaient entre eux : « Qui donc est-il, pour qu'il commande et au vent et aux flots, et qu'ils lui obéissent ? »

Le possédé du pays des Géraséniens et l'aventure des porcs. — [26]Ils abordèrent au pays des Géraséniens, qui fait face à la Galilée. [27]Comme il descendait à terre, vint au-devant de lui un homme de la ville, possédé de démons. Depuis longtemps il n'avait pas mis un vêtement, et il n'habitait pas dans une maison, mais dans les tombeaux. [28]Voyant Jésus, il poussa des cris et tomba devant lui, disant d'une voix forte : « Que me veux-tu, Jésus, fils du Dieu Très-Haut ? Je t'en prie, ne me torture pas ! » [29]Car il ordonnait à l'esprit impur de sortir de cet homme. Bien des fois, en effet, cet esprit s'était emparé de lui. On le liait avec des chaînes et des entraves pour s'assurer de lui, mais, brisant ses liens, il

[c]19-20. Luc omet par délicatesse l'épisode rapporté en Mc 3, 20-21 et adoucit celui de Mc 3, 31-35.

était entraîné par le démon vers les endroits déserts. ³⁰Jésus l'interrogea : « Quel est ton nom ? » – « Légion », répondit-il, car beaucoup de démons étaient entrés en lui. ³¹Et ils le suppliaient de ne pas leur commander de s'en aller dans l'abîme.

³²Or il y avait là un troupeau considérable de porcs, qui paissaient dans la montagne. Les démons le supplièrent de leur permettre d'entrer dans ces porcs. Il le leur permit. ³³Sortis de l'homme, les démons entrèrent dans les porcs, et le troupeau s'élança et dévala du haut de l'escarpement jusque dans le lac, où il se noya.

³⁴Voyant ce qui était arrivé, les gardiens prirent la fuite et portèrent la nouvelle à la ville et dans les campagnes. ³⁵Les gens s'en vinrent donc voir ce qui s'était passé. Ils arrivèrent auprès de Jésus et trouvèrent l'homme dont les démons étaient sortis, assis, habillé et raisonnant sainement, et ils furent saisis de crainte. ³⁶Les témoins leur racontèrent comment le démoniaque avait été guéri. ³⁷Toute la population de la contrée des Géraséniens demanda à Jésus de s'éloigner d'eux, car ils étaient en proie à une grande crainte. Il remonta en barque et s'en retourna. ³⁸L'homme dont les démons étaient sortis lui demandait de rester avec lui. Mais il le renvoya, en disant : ³⁹« Retourne chez toi et raconte tout ce que Dieu a fait pour toi. » Il s'en alla, proclamant à travers la ville entière tout ce que Jésus avait fait pour lui.

Guérison d'une femme. Résurrection de la fille de Jaïre. – ⁴⁰A son retour, Jésus fut accueilli par la foule, car tout le monde l'attendait. ⁴¹Et voici que vint un homme du nom de Jaïre. Il était chef de la synagogue. Tombant aux pieds de Jésus, il le suppliait d'entrer chez lui, ⁴²parce qu'il avait une fille unique, d'environ douze ans, qui était mourante.

Comme Jésus y allait, les foules le serraient à l'étouffer. [43]Or une femme qui souffrait d'hémorragies depuis douze ans et n'avait pu être guérie par personne [44]s'approcha par derrière et toucha la frange de son manteau. A l'instant même son hémorragie s'arrêta. [45]Jésus demanda : « Qui est-ce qui m'a touché ? » [46]Comme tous s'en défendaient, Pierre dit : « Maître, les foules te serrent et te pressent ! » Mais Jésus dit : « Quelqu'un m'a touché, car j'ai senti qu'une force était sortie de moi. » [47]La femme, voyant qu'elle n'était pas passée inaperçue, vint toute tremblante, tomba à ses pieds et raconta devant tout le peuple pourquoi elle l'avait touché, et comment elle avait été guérie à l'instant même. [48]Il lui dit : « Ma fille, ta foi t'a sauvée. Va en paix. »

[49]Il parlait encore, quand vient de chez le chef de la synagogue quelqu'un qui dit : « Ta fille est morte. Ne fatigue pas davantage le Maître. » [50]Mais Jésus, qui avait entendu, lui dit : « Ne crains pas. Crois seulement, et elle sera sauvée. » [51]Arrivé à la maison, il ne laissa entrer personne avec lui, sauf Pierre, Jean, Jacques, et le père et la mère de l'enfant. [52]Tous pleuraient et se lamentaient sur elle. Mais il dit : « Ne pleurez pas. Elle n'est pas morte, mais elle dort. » [53]Et ils se moquaient de lui, car ils savaient qu'elle était morte. [54]Alors, lui prenant la main, il l'appela ainsi : « Mon enfant, lève-toi. » [55]Son esprit revint et elle se leva à l'instant même[d]. Et il ordonna de lui donner à manger. [56]Ses parents furent saisis de stupeur. Mais il leur enjoignit de ne dire à personne ce qui était arrivé.

9 **Mission des Douze.** – [1]Ayant convoqué les Douze, Jésus leur donna puissance et autorité de chasser tous les démons, et de guérir les maladies. [2]Et il

[d]54-55. Comparer 1 R 17, 21-23 et 2 R 4, 32-35.

les envoya proclamer le Règne de Dieu et opérer des guérisons. [3]Il leur dit : « Ne prenez rien pour la route, ni bâton, ni sac, ni pain, ni argent, et n'ayez pas de tunique de rechange. [4]En quelque maison que vous entriez, restez-y, et de là vous repartirez. [5]Quant à ceux qui ne vous accueilleront pas, en sortant de leur ville secouez la poussière de vos pieds, en témoignage contre eux. » [6]Ils partirent et passaient de village en village, annonçant la Bonne Nouvelle et opérant partout des guérisons.

Hérode est perplexe. – [7]Hérode le tétrarque apprit tout ce qui se passait. Il était perplexe, parce que certains disaient : « Jean est ressuscité des morts », [8]d'autres : « Élie est apparu », et d'autres : « Un des anciens prophètes est ressuscité. » [9]Hérode dit : « Jean, je l'ai décapité. Qui est donc celui-ci, dont j'entends dire de telles choses ? » Et il cherchait à le voir.

Le miracle des pains. – [10]A leur retour, les apôtres racontèrent à Jésus tout ce qu'ils avaient fait. Il les prit avec lui et se retira à l'écart, vers une ville appelée Bethsaïde. [11]Mais les foules, l'ayant su, le suivirent. Il les accueillit, leur parlait du Règne de Dieu et guérissait tous ceux qui en avaient besoin. [12]Le jour déclinait. Les Douze s'approchèrent et lui dirent[a] : « Congédie la foule, pour qu'ils aillent dans les villages et les campagnes des environs se loger et trouver de la nourriture, car nous sommes ici dans un endroit désert. » [13]Il leur dit : « Donnez-leur vous-mêmes à manger. » Ils répondirent : « Nous n'avons pas plus de cinq pains et deux poissons. A moins peut-être que nous n'allions nous-mêmes acheter des vivres pour tout ce peuple ! » [14]Car ils étaient environ cinq mille hommes. Il dit à ses disci-

9. – [a]12-17. Luc ne rapporte qu'une multiplication des pains, comme Jean.

ples : « Faites-les s'étendre par groupes d'environ cinquante. » [15]Il obéirent et les firent tous s'asseoir. [16]Jésus prit alors les cinq pains et les deux poissons et, levant les yeux au ciel, il les bénit, les rompit, et les donna à ses disciples pour les distribuer à la foule. [17]Ils mangèrent et furent tous rassasiés. On emporta ce qui leur était resté de morceaux : douze couffins.

Profession de foi de Pierre. Jésus annonce sa Passion. – [18]Un jour qu'il priait seul, ses disciples étant auprès de lui, il leur posa cette question : « Qui les foules disent-elles que je suis ? » [19]Ils répondirent : « Jean le Baptiste ; d'autres, Élie ; d'autres, un des anciens prophètes qui est ressuscité. » [20]Il leur dit : « Mais vous, qui dites-vous que je suis ? » Pierre répondit alors : « Le Christ de Dieu[b]. » [21]Mais il leur défendit sévèrement de le dire à personne, [22]disant : « Il faut que le Fils de l'homme souffre beaucoup, qu'il soit rejeté par les anciens, les grands prêtres et les scribes, qu'il soit mis à mort et que le troisième jour il ressuscite. »

Comment suivre Jésus ? – [23]Il disait à tous : « Si quelqu'un veut venir à ma suite, qu'il renonce à lui-même, qu'il porte sa croix chaque jour et qu'il me suive. [24]Oui, qui veut sauver sa vie la perdra, mais qui perdra sa vie à cause de moi, celui-là la sauvera. [25]Quel profit, en effet, retire un homme qui a gagné le monde entier, mais s'est perdu ou ruiné lui-même ? [26]Car celui qui rougira de moi et de mes paroles, de celui-là le Fils de l'homme rougira, quand il viendra dans sa gloire et dans celle du Père et des saints anges. [27]Je vous dis en vérité : il y en a, de ceux qui sont ici présents, qui ne mourront pas avant d'avoir vu le règne de Dieu. »

[b]20. Luc est ici plus proche de Mc 8, 29 que de Mt 16, 16. Comparer en 2, 26, l'expression : le Christ du Seigneur.

La Transfiguration. — [28]Huit jours environ après ces événements, Jésus, prenant avec lui Pierre, Jacques et Jean, alla sur la montagne pour prier. [29]Or, tandis qu'il priait, l'aspect de son visage changea, ses vêtements devinrent d'une blancheur éblouissante, [30]et voici que deux hommes parlaient avec lui. C'était Moïse et Élie, [31]qui, apparus dans la gloire, parlaient de son départ[c], qui allait s'accomplir à Jérusalem. [32]Pierre et ses compagnons étaient lourds de sommeil. Mais, restés éveillés, ils virent sa gloire et les deux hommes qui se tenaient là avec lui. [33]Comme ces derniers se séparaient de Jésus, Pierre lui dit : « Maître, il est heureux que nous soyons ici. Eh bien, faisons trois tentes, une pour toi, une pour Moïse et une pour Élie. » Il ne savait pas ce qu'il disait. [34]Comme il parlait, survint une nuée, qui les couvrait de son ombre. Ils eurent peur lorsqu'ils y pénétrèrent. [35]Et de la nuée vint une voix qui disait : « Celui-ci est mon Fils, l'Élu ; écoutez-le. » [36]Quand cette voix eut retenti, Jésus se trouva seul. Eux gardèrent le silence et ne racontèrent rien à personne, en ce temps-là, de ce qu'ils avaient vu.

Jésus guérit un enfant possédé. — [37]Le jour suivant, comme ils descendaient de la montagne, une foule nombreuse vint au-devant de lui. [38]Et voilà que de la foule un homme cria : « Maître, je t'en prie, jette les yeux sur mon fils, car c'est mon enfant unique. [39]Un esprit s'empare de lui. Tout à coup il crie, il l'agite avec violence et le fait écumer, et il le quitte à grand-peine, le laissant tout brisé. [40]J'ai prié tes disciples de le chasser, mais ils n'ont pas pu. » [41]Prenant la parole, Jésus dit : « Génération incrédule et pervertie, jusqu'à quand serai-je auprès de vous et aurai-je à vous sup-

[c]31. *Son départ* : la Passion et la Résurrection.

porter ? Amène ici ton fils. » ⁴²Celui-ci ne faisait encore qu'approcher, quand le démon le jeta à terre et l'agita avec violence. Mais Jésus menaça l'esprit impur, guérit l'enfant et le rendit à son père. ⁴³Et tous étaient frappés de la grandeur de Dieu.

Deuxième annonce de la Passion. – Comme tous étaient dans l'admiration de tout ce qu'il faisait, il dit à ses disciples : ⁴⁴« Pour vous, retenez bien ces paroles : le Fils de l'homme va être livré aux mains des hommes. » ⁴⁵Mais ils ne comprenaient pas ce langage. Il était voilé pour eux, de sorte qu'ils n'en saisissaient pas le sens, et ils craignaient de l'interroger à ce sujet.

Qui est le plus grand ? – ⁴⁶Il leur vint à l'esprit cette question : lequel d'entre eux pouvait bien être le plus grand ? ⁴⁷Mais Jésus, sachant la pensée de leur cœur, prit un enfant, le plaça près de lui ⁴⁸et leur dit : « Quiconque accueille cet enfant en mon nom m'accueille. Et quiconque m'accueille accueille Celui qui m'a envoyé. Car le plus petit parmi vous tous, celui-là est grand. »

Le nom de Jésus. – ⁴⁹Prenant alors la parole, Jean dit : « Maître, nous avons vu quelqu'un chasser les démons en ton nom, et nous voulions l'empêcher, parce qu'il ne te suit pas avec nous. » ⁵⁰Jésus lui dit : « Ne l'empêchez pas. Car qui n'est pas contre vous est pour vous. »

LA MONTÉE DE JÉSUS À JÉRUSALEM

Mauvais accueil des Samaritains. – ⁵¹Comme arrivaient les jours où il devait être enlevé de ce monde, il prit résolument la route de Jérusalem[d] [52]et envoya des messagers devant lui. Ils se mirent en marche et entrèrent dans un village de Samaritains, afin de tout préparer pour lui. [53]Mais on ne l'accueillit pas, parce qu'il se dirigeait vers Jérusalem. [54]Voyant cela, les disciples Jacques et Jean dirent : « Seigneur, veux-tu que nous ordonnions que le feu descende du ciel et les consume ? » [55]Mais, se retournant, il les réprimanda[e]. [56]... Et ils firent route vers un autre village.

Tout quitter pour suivre Jésus. – [57]Comme ils étaient en chemin, quelqu'un lui dit : « Je te suivrai où que tu ailles. » [58]Jésus lui dit : « Les renards ont des tanières et les oiseaux du ciel des abris, mais le Fils de l'homme n'a pas où reposer la tête. » [59]Il dit à un autre : « Suis-moi. » Celui-ci dit : « Permets-moi d'abord de partir enterrer mon père. » [60]Jésus lui répondit : « Laisse les morts enterrer leurs morts, et toi, pars annoncer le Règne de Dieu. » [61]Un autre encore dit : « Je te suivrai, Seigneur, mais d'abord permets-moi de faire mes adieux à ceux de ma maison. » [62]Jésus lui répondit : « Quiconque met la main à la charrue, et regarde en arrière est inapte au Règne de Dieu. »

10 **Mission des soixante-douze.** – [1]Après cela, le Seigneur désigna soixante-douze autres disciples. Il les envoya deux par deux devant lui dans toute ville et tout endroit où lui-même devait aller. [2]Il leur disait : « Il y a beaucoup de moisson, et peu d'ouvriers. Priez donc le

---

[d]51. Ici commence le « voyage » de Jésus, section entièrement propre à Luc, jusqu'en 19, 27. L'évangéliste y a placé nombre d'épisodes et de paroles relevant de ses sources particulières d'information.

[e]55. D'assez nombreux manuscrits ajoutent ici : *Vous ne savez de quel esprit vous êtes. Car le Fils de l'homme n'est pas venu perdre les âmes des hommes, mais les sauver.*

Maître de la moisson d'envoyer des ouvriers à sa mois-son. ³Allez ! Voici que je vous envoie comme agneaux au milieu de loups. ⁴Ne portez ni bourse, ni sac, ni sandales, et ne saluez personne en chemin[a]. ⁵En quelque maison que vous entriez, dès l'abord dites : "Paix à cette maison !" ⁶S'il y a là un homme de paix, votre paix ira reposer sur lui. Sinon, elle reviendra sur vous. ⁷Restez dans la même maison, mangeant et buvant ce qu'il y a chez eux. Car l'ouvrier est digne de son salaire. Ne passez pas de maison en maison. ⁸En quelque ville que vous entriez et où l'on vous accueille, mangez ce qu'on vous présente, ⁹guérissez ceux qui y sont malades et dites aux gens : "Le Règne de Dieu est tout proche de vous." ¹⁰Mais en quelque ville que vous soyez entrés et où l'on ne vous accueille pas, sortez sur ses places pour dire : ¹¹"Même la poussière de votre ville qui s'est collée à nos pieds, nous l'essuyons pour vous la rendre. Pourtant, sachez-le, le Règne de Dieu est tout proche." ¹²Je vous le dis, le sort de Sodome, en ce jour-là, sera moins dur que pour cette ville.

¹³« Malheur à toi, Corozaïn ! Malheur à toi, Beth-saïde ! Oui, si les miracles faits chez vous l'avaient été à Tyr et à Sidon, depuis longtemps, sous le sac et assises dans la cendre, elles se seraient converties. ¹⁴Eh bien ! le sort de Tyr et de Sidon sera moins dur, lors du juge-ment, que pour vous. ¹⁵Et toi, Capharnaüm, *seras-tu élevée jusqu'au ciel ? Tu seras abaissée jusqu'aux enfers*[b].

¹⁶« Qui vous écoute m'écoute, et qui vous rejette me rejette. Or qui me rejette rejette Celui qui m'a envoyé. »

Retour des soixante-douze disciples. – ¹⁷Les soixante-douze disciples revinrent dans la joie, disant :

---

10. – [a]4. Au sens de : Ne pas s'at-tarder en salutations prolongées, à la manière orientale. [b]15. Is 14, 13-15.

« Seigneur, même les démons nous sont soumis en ton nom. » [18]Il leur dit : « Je voyais Satan tomber du ciel comme un éclair. [19]Voici que je vous ai donné le pouvoir de fouler aux pieds serpents et scorpions, et toute la puissance de l'ennemi. Rien ne pourra vous nuire. [20]Pourtant, ne vous réjouissez pas de ce que les esprits vous sont soumis. Réjouissez-vous de ce que vos noms sont inscrits dans les cieux. »

Le Père et le Fils. — [21]A ce même moment, Jésus exulta de joie sous l'action de l'Esprit Saint, et il dit : « Je te loue, Père, Seigneur du ciel et de la terre, de ce que tu as caché cela aux sages et aux intelligents et l'as révélé aux tout-petits. Oui, Père, car ainsi a-t-il paru bon à tes yeux. [22]Tout m'a été remis par mon Père et nul ne sait qui est le Fils, sinon le Père, ni qui est le Père, sinon le Fils, et celui à qui le Fils veut bien le révéler[c]. » [23]Et se retournant vers les disciples, il leur dit en particulier : « Heureux les yeux qui voient ce que vous voyez ! [24]Car je vous le déclare, beaucoup de prophètes et de rois ont voulu voir ce que vous voyez et ils ne l'ont pas vu ; entendre ce que vous entendez, et ils ne l'ont pas entendu. »

Le bon Samaritain. — [25]Voici qu'un légiste se leva et lui dit, pour le mettre à l'épreuve : « Maître, que dois-je faire pour avoir part à la vie éternelle ? » [26]Jésus lui demanda : « Dans la Loi, qu'est-il écrit ? Comment lis-tu ? » [27]Il lui répondit : *Tu aimeras le Seigneur ton Dieu de tout ton cœur, avec toute ton âme, avec toute ta force et avec toute ta pensée, et ton prochain comme toi-même*[d]. [28]Jésus lui dit : « Tu as bien répondu. Fais cela et tu vivras. » [29]Mais lui, voulant se justi-

---

[c]21-22. Comparer Matthieu 11, 26-27. On note la saveur johannique de cette élévation de Jésus vers le Père.

[d]27. Dt 6, 5 et Lv 19, 18.

fier, dit à Jésus : « Et qui est mon prochain ? » ³⁰Jésus reprit : « Un homme descendait[e] de Jérusalem à Jéricho. Il tomba en plein milieu de brigands qui le dépouillèrent, le rouèrent de coups et s'en allèrent, le laissant à demi-mort. ³¹Par hasard, un prêtre descendait par ce chemin. Il le vit et passa de l'autre côté. ³²De même, un lévite arriva en cet endroit, le vit et passa de l'autre côté. ³³Mais un Samaritain en voyage arriva près de lui. Il le vit et fut ému de pitié. ³⁴Il s'avança, pansa ses blessures et y versa de l'huile et du vin. Puis, le chargeant sur sa propre monture, il le conduisit dans une hôtellerie et prit soin de lui. ³⁵Le lendemain, il tira deux deniers, les donna à l'hôtelier et lui dit : "Prends soin de lui, et tout ce que tu auras dépensé de plus, à mon retour je te le rendrai." ³⁶Lequel de ces trois te semble s'être montré le prochain de l'homme qui était tombé sur les brigands ? » ³⁷Il répondit : « Celui qui a usé de miséricorde envers lui. » Alors Jésus lui dit : « Va, et toi aussi fais de même. »

Chez Marthe et Marie. — ³⁸Comme ils faisaient route, il entra dans un village. Une femme du nom de Marthe le reçut dans sa maison. ³⁹Elle avait une sœur, appelée Marie, qui, assise aux pieds du Seigneur, écoutait sa parole. ⁴⁰Marthe, elle, était accaparée par les multiples soins du service. Intervenant, elle dit : « Seigneur, cela ne te fait rien que ma sœur m'ait laissée seule à faire le service ? Dis-lui donc de m'aider. » ⁴¹Mais le Seigneur lui répondit : « Marthe, Marthe, tu te soucies et t'agites pour beaucoup de choses. ⁴²Or, il n'est besoin que de peu, ou d'une seule[f]. Oui, Marie a choisi la bonne part, qui ne lui sera pas enlevée. »

---

[e]30. Pour une distance d'environ quarante kilomètres, la différence d'altitude entre Jérusalem et Jéricho est de 1090 mètres.

[f]42. La tradition manuscrite est ici confuse. La pensée est en

11 **Le Notre Père.** – [1]Comme il était en prière en quelque endroit, quand il eut fini, un de ses disciples lui dit : « Seigneur, apprends-nous à prier, comme Jean l'a appris à ses disciples. » [2]Il leur dit : « Quand vous priez, dites[a] :

> Père,
> soit sanctifié ton nom,
> vienne ton règne.
> [3]Notre pain quotidien,
> donne-le-nous chaque jour.
> [4]Remets-nous nos péchés,
> car nous-mêmes, nous remettons à quiconque
> nous doit.
> Et ne nous fais pas entrer en tentation. »

L'ami sans gêne. – [5]Il leur dit encore : « Qui de vous, ayant un ami, s'il va le trouver à minuit pour lui dire : "Mon ami, prête-moi trois pains [6]parce qu'un de mes amis m'est arrivé de voyage et je n'ai rien à lui offrir", [7]et que celui-ci réponde de l'intérieur : "Ne m'importune pas. Maintenant, la porte est fermée. Mes enfants et moi sommes au lit. Je ne puis me lever pour t'en donner..." [8]Je vous le dis, même s'il ne se lève pas pour les lui donner parce que c'est son ami, du moins se lèvera-t-il à cause de son sans-gêne, pour lui donner tout ce dont il a besoin. »

Quiconque demande reçoit. – [9]« Et moi je vous dis : Demandez, on vous donnera. Cherchez, vous trouverez. Frappez, on vous ouvrira. [10]Car quiconque demande reçoit. Qui cherche trouve. A qui frappe, on ouvrira. [11]Quel père parmi vous, si son fils lui demande un poisson, lui

---

effet subtile, Jésus passant du thème du repas à celui de l'unique nécessaire.
11. – [a]2-4. Le *Notre Père* selon

Luc ne contient que cinq demandes, celui de Matthieu sept. Luc est peut-être plus près de l'origine.

donnera un serpent au lieu de poisson? ¹²Ou encore, s'il demande un œuf, lui donnera-t-il un scorpion? ¹³Si donc vous, qui êtes mauvais, vous savez donner de bonnes choses à vos enfants, combien plus le Père du ciel donnera-t-il l'Esprit Saint à ceux qui le lui demandent! »

Jésus accusé de chasser les démons par Béelzéboul. – ¹⁴Il chassait un démon, lequel était muet. Le démon étant sorti, le muet parla, et les foules furent dans l'admiration. ¹⁵Mais certains d'entre eux dirent: « C'est par Béelzéboul, le chef des démons, qu'il chasse les démons! » ¹⁶D'autres, pour le mettre à l'épreuve, réclamaient de lui un signe du ciel. ¹⁷Mais lui, sachant leurs pensées, leur dit: « Tout royaume divisé contre lui-même est ruiné, et maison sur maison croule. ¹⁸Si Satan aussi est divisé contre lui-même, comment son royaume tiendra-t-il?... Puisque vous dites que c'est par Béelzéboul que je chasse les démons! ¹⁹Or, si je chasse les démons par Béelzéboul, vos fils, par qui les chassent-ils? C'est pourquoi ils seront eux-mêmes vos juges. ²⁰Si au contraire c'est par le doigt de Dieu que je chasse les démons, alors le Règne de Dieu vous a atteints. ²¹Quand un homme fort, bien armé, garde son palais, ses biens sont en sûreté. ²²Mais qu'un plus fort que lui survienne et le batte, il lui enlève son armement auquel il se fiait et il distribue ses dépouilles. »

²³« Qui n'est pas avec moi est contre moi. Qui n'amasse pas avec moi dissipe. ²⁴Quand l'esprit impur est sorti de l'homme, il parcourt des lieux arides, cherchant du repos. N'en trouvant pas, il dit: "Je vais retourner dans ma maison, d'où je suis sorti." ²⁵En arrivant, il la trouve balayée et en ordre. ²⁶Alors il va prendre sept autres esprits plus mauvais que lui. Ils entrent et s'y installent. Et le dernier état de cet homme devient pire que le premier. »

Qui est heureux? – ²⁷Comme il disait cela, une femme éleva la voix du milieu de la foule et lui dit: «Heureux le ventre qui t'a porté et les seins que tu as sucés!» ²⁸Mais il dit: «Heureux plutôt ceux qui écoutent la parole de Dieu et l'observent!»

Le signe de Jonas. – ²⁹Comme les foules s'amassaient, il se mit à dire: «Cette génération est une génération mauvaise. Elle cherche un signe. Mais de signe, il ne lui en sera donné d'autre que celui de Jonas. ³⁰Car, tout comme Jonas fut un signe pour les Ninivites, ainsi le Fils de l'homme aussi le sera un pour cette génération. ³¹La reine du Midi se lèvera, lors du jugement, avec les hommes de cette génération et elle les condamnera. Car elle est venue des extrémités de la terre pour écouter la sagesse de Salomon, et il y a ici bien plus que Salomon. ³²Les hommes de Ninive se dresseront, lors du jugement, avec cette génération et ils la condamneront. Car ils se sont convertis à la prédication de Jonas, et il y a ici bien plus que Jonas.»

La lampe. – ³³«Personne n'allume une lampe pour la mettre dans une cachette ou sous le boisseau, mais bien sur le lampadaire, pour que ceux qui entrent voient la clarté. ³⁴La lampe du corps, c'est ton œil. Lorsque ton œil est simple, ton corps tout entier est aussi dans la lumière. Mais quand il est mauvais, ton corps aussi est ténébreux. ³⁵Examine donc si la lumière qui est en toi n'est pas ténèbres! ³⁶Si donc ton corps tout entier est lumineux, n'ayant aucune partie ténébreuse, il sera tout entier dans la lumière, comme lorsque la lampe t'illumine de son éclat.»

Contre les pharisiens et les légistes. – ³⁷Comme il parlait, un pharisien l'invite à déjeuner chez lui. Jésus entra et se mit à table. [38]Le pharisien fut étonné de voir qu'il n'avait pas fait d'abord une ablution avant le repas. [39]Mais le Seigneur lui dit : « Alors, vous les pharisiens, c'est l'extérieur de la coupe et du plat que vous purifiez, mais votre intérieur est plein de rapine et de méchanceté. [40]Insensés ! Celui qui a fait l'extérieur n'a-t-il pas fait aussi l'intérieur ? [41]Donnez plutôt en aumône ce que vous avez, et tout sera pur pour vous.

[42]« Mais malheur à vous, les pharisiens, parce que vous acquittez la dîme de la menthe, de la rue et de tous les légumes, et vous négligez la justice et l'amour de Dieu ! Il fallait faire ceci et ne pas omettre cela.

[43]« Malheur à vous, les pharisiens, parce que vous aimez le premier siège dans les synagogues et les salutations sur les places publiques !

[44]« Malheur à vous, parce que vous êtes comme les tombeaux non signalés : les gens marchent dessus sans le savoir ! »

[45]Prenant alors la parole, un légiste lui dit : « Maître, en disant cela, tu nous insultes, nous aussi ! » [46]Jésus dit : « A vous aussi, les légistes, malheur, parce que vous chargez les hommes de charges insupportables, et que vous-mêmes ne touchez pas à ces fardeaux, ne fût-ce que d'un doigt !

[47]« Malheur à vous, parce que vous construisez les tombeaux des prophètes, alors que vos pères les ont tués ! [48]Vous êtes donc témoins et vous approuvez les actes de vos pères. Eux les ont tués, et vous, vous construisez[b] !

[49]« C'est aussi pourquoi la Sagesse de Dieu a dit : Je leur enverrai des prophètes et des apôtres, et ils tueront les uns et persécuteront les autres, [50]afin que soit

---

[b]48. Amère ironie. Les légistes persécutent Jésus, imitant en cela l'attitude de leurs pères envers les prophètes. Mt 23, 32-35 est plus explicite.

réclamé à cette génération le sang de tous les prophètes répandu depuis la fondation du monde, [51]depuis le
sang d'Abel jusqu'au sang de Zacharie qui a péri entre
l'autel et le sanctuaire[c]. Oui, je vous le dis, on en
demandera compte à cette génération.

[52]« Malheur à vous, les légistes, parce que vous avez
enlevé la clef de la science. Vous-mêmes, vous n'êtes
pas entrés et ceux qui voulaient entrer, vous les en avez
empêchés ! »

[53]Quand il fut sorti de là, les scribes et les pharisiens
se mirent à lui en vouloir terriblement et à le faire se
prononcer sur beaucoup de sujets, [54]l'épiant pour le
prendre au piège dans ses paroles.

12 **Le levain des pharisiens.** – [1]Cependant, la foule
s'étant rassemblée par dizaines de milliers au point
qu'on se piétinait, Jésus se mit à dire à ses disciples d'a-
bord : « Gardez-vous du levain, c'est-à-dire de l'hypocrisie
des pharisiens. [2]Rien n'est voilé qui ne doive être dévoilé,
et rien n'est secret qui ne doive être connu. [3]C'est pourquoi
tout ce que vous aurez dit dans les ténèbres sera entendu
en pleine lumière, et ce que vous aurez dit à l'oreille, dans
les celliers, sera proclamé sur les terrasses.

[4]« Je vous le dis à vous, mes amis : Ne craignez pas
ceux qui tuent le corps, et après cela ne peuvent plus
rien faire. [5]Mais je vais vous montrer qui vous devez
craindre : craignez celui qui, après avoir tué, a le pouvoir de jeter dans la géhenne. Oui, je vous le dis, celui-
là, craignez-le. [6]Est-ce que cinq moineaux ne se ven-
dent pas deux sous ? Et pas un d'entre eux n'est en
oubli devant Dieu. [7]Mais les cheveux mêmes de votre
tête sont tous comptés. Soyez sans crainte : vous êtes
bien autre chose qu'une quantité de moineaux. »

[c]51. Gn 4, 18 et 2 Ch 24, 20-22.

Confesser le Fils de l'homme. – [8]« Je vous le dis, quiconque se déclarera pour moi devant les hommes, le Fils de l'homme se déclarera pour lui devant les anges de Dieu. [9]Mais celui qui me renie à la face des hommes sera renié à la face des anges de Dieu. [10]Et quiconque dira une parole contre le Fils de l'homme, il lui sera pardonné. Mais à qui aura blasphémé contre le Saint-Esprit, il ne sera pas pardonné[a]. [11]Lorsqu'on vous amènera devant les synagogues, les chefs et les autorités, ne vous souciez pas du quoi ni du comment de votre défense, ni de ce que vous direz, [12]car le Saint-Esprit vous apprendra au moment même ce qu'il faudra dire. »

Le riche insensé. – [13]Quelqu'un de la foule lui dit : « Maître, dis à mon frère de partager avec moi notre héritage. » [14]Il lui dit : « Homme, qui m'a établi pour être juge ou arbitre entre vous ? » [15]Puis il leur dit : « Faites attention à vous garder de toute avidité. Car quelqu'un fût-il dans l'abondance, sa vie n'est pas assurée par ses biens. »

[16]Il leur dit alors cette parabole : « Il y avait un homme riche, dont le domaine avait bien rapporté. [17]Et il raisonnait en lui-même : "Que vais-je faire ? Car je n'ai pas où engranger mes récoltes !" [18]Et il dit : "Je vais faire ceci : j'abattrai mes greniers et j'en construirai de plus grands, où j'amasserai tout mon blé et tous mes biens, [19]et je dirai à mon âme : Mon âme, tu as là quantité de biens en réserve pour de nombreuses années. Repose-toi, mange, bois, amuse-toi." [20]Mais Dieu lui dit : "Insensé, cette nuit même on va te redemander ton âme, et ce que tu as préparé, qui l'aura ?" [21]Ainsi en est-il de qui thésaurise pour lui-même, mais ne s'enrichit pas en vue de Dieu. »

---

12. – [a]10. Le péché contre l'Esprit est essentiellement le refus volontaire et coupable de la lumière. Tant qu'on persiste dans cette attitude, on refuse le pardon toujours offert.

Abandon à Dieu. – ²²Il dit à ses disciples : « C'est pourquoi je vous dis : Ne vous souciez pas, pour votre vie, de ce que vous mangerez ni, pour votre corps, de ce dont vous le vêtirez. ²³Car la vie est plus que la nourriture, et le corps plus que le vêtement. ²⁴Regardez les corbeaux : ils ne sèment ni ne moissonnent, ils n'ont ni cellier ni grenier, et Dieu les nourrit. Combien plus valez-vous que les oiseaux ?

²⁵« Qui d'entre vous peut, à force de soucis, ajouter une coudée à la longueur de sa vie ? ²⁶Si donc même la moindre chose est hors de votre pouvoir, pourquoi vous souciez-vous du reste ? ²⁷Regardez les lis : ils ne filent ni ne tissent ; or, je vous le dis, même Salomon dans toute sa gloire n'a pas été vêtu comme l'un d'eux. ²⁸Or si, dans les champs, l'herbe qui est là aujourd'hui et demain sera jetée au four, Dieu la revêt ainsi, combien plus le fera-t-il pour vous, gens de peu de foi ! ²⁹Et vous, ne cherchez pas ce que vous mangerez et ce que vous boirez, et ne vous tourmentez pas. ³⁰Tout cela, en effet, les païens de ce monde s'en préoccupent, mais votre Père sait que vous en avez besoin. ³¹Cherchez plutôt son règne et cela vous sera surajouté.

³²« Ne crains pas, petit troupeau, car votre Père a trouvé bon de vous donner le Règne. ³³Vendez vos biens et donnez-les en aumônes ; faites-vous des bourses qui ne s'usent pas, un trésor inépuisable dans les cieux, où le voleur n'approche ni la teigne ne détruit. ³⁴Car où est votre trésor, là aussi sera votre cœur. »

Nécessité de la vigilance. – ³⁵« Que vos reins soient ceints et vos lampes allumées. ³⁶Et vous, soyez semblables à des hommes qui attendent leur maître à son retour des noces, afin de lui ouvrir dès qu'il arrivera et frappera. ³⁷Heureux ces serviteurs que le maître, à son arrivée, trouvera éveillés ! Vraiment, je vous dis qu'il se ceindra, les fera mettre à table et passera les servir. ³⁸S'il arrive à la deuxième ou à la troisième veille et qu'il les trouve ainsi, heureux sont-ils ! ³⁹Comprenez bien ceci : si le maître de maison savait à quelle heure le voleur vient, il ne laisserait pas percer le mur de sa maison. ⁴⁰Tenez-vous prêts, vous aussi, parce qu'à l'heure où vous n'y pensez pas, le Fils de l'homme vient. »

⁴¹Pierre dit alors : « Seigneur, est-ce pour nous que tu dis cette parabole, ou aussi pour tous ? » ⁴²Le Seigneur dit : « Quel est donc l'intendant fidèle, avisé, que le maître établira sur son personnel pour lui donner en temps voulu sa ration de blé ? ⁴³Heureux ce serviteur que son maître, à son arrivée, trouvera agissant ainsi ! ⁴⁴En vérité je vous dis qu'il l'établira sur tous ses biens. ⁴⁵Mais si ce serviteur dit en son cœur : "Mon maître tarde à venir" et qu'il se mette à battre les garçons et les filles de service, à manger, à boire et à s'enivrer, ⁴⁶le maître de ce serviteur arrivera au jour qu'il n'attend pas et à l'heure qu'il ne sait pas. Il le chassera et lui fera partager le sort des infidèles. ⁴⁷Ce serviteur, qui connaissant la volonté de son maître, n'a rien préparé, ni agi selon sa volonté, recevra de nombreux coups. ⁴⁸Mais celui qui, ne la connaissant pas, aura par sa conduite mérité des coups en recevra peu. A qui on aura beaucoup donné, on demandera beaucoup. A qui on aura beaucoup confié, on réclamera davantage. »

Le feu sur la terre. Les signes du temps. — ⁴⁹« Je suis venu jeter un feu sur la terre, et combien je voudrais qu'il soit déjà allumé[b] ! ⁵⁰Je dois être baptisé d'un baptême[c], et comme je suis angoissé jusqu'à ce

[b]49. Jésus fait-il allusion au Feu du Jugement eschatologique ? Ou, moins probablement, à l'Esprit Saint ? Peut-être est-ce une simple métaphore pour exprimer la violence de son désir du salut des hommes.

[c]50. Le baptême de la Passion et de la Croix, cf. 22, 15.

qu'il soit accompli ! ⁵¹Pensez-vous que je sois venu mettre la paix sur la terre ? Non, je vous dis, mais la division. ⁵²Car désormais, cinq dans une même maison seront divisés, trois contre deux et deux contre trois. ⁵³Ils seront divisés, père contre fils et fils contre père, mère contre fille et fille contre mère, belle-mère contre belle-fille et belle-fille contre belle-mère. »

⁵⁴Il disait aussi aux foules : « Quand vous voyez un nuage s'élever au couchant, vous dites aussitôt : "La pluie va venir" et il en est ainsi ; ⁵⁵et quand souffle le vent du midi, vous dites : "Il va faire très chaud", et cela arrive. ⁵⁶Hypocrites ! Vous savez juger de l'aspect de la terre et du ciel ; alors, comment ne savez-vous pas juger de ce temps-ci ? »

Des jugements. – ⁵⁷« Pourquoi aussi ne jugez-vous pas par vous-mêmes de ce qui est juste ? ⁵⁸Ainsi, quand tu vas avec ton adversaire devant un magistrat, tâche de t'arranger avec lui en chemin, de peur qu'il ne te traîne devant le juge, que le juge ne te livre à l'exécuteur, et que l'exécuteur ne te jette en prison. ⁵⁹Je te le dis, tu ne sortiras pas de là que tu n'aies rendu jusqu'au dernier sou. »

13 **L'exigence de conversion. Le figuier stérile.** – ¹Survinrent en ce même temps des gens qui l'informèrent au sujet des Galiléens dont Pilate avait mêlé le sang à celui de leurs sacrifices. ²Prenant la parole, il leur dit : « Pensez-vous que ces Galiléens étaient plus pécheurs que tous les autres Galiléens, pour avoir subi cela ? ³Non, je vous le dis, mais si vous ne vous convertissez pas, vous périrez tous de même. ⁴Ou ces dix-huit sur lesquels est tombée la tour de Siloé et qu'elle a tués, pensez-vous qu'ils étaient plus coupables que tous les autres habitants de Jérusa-

lem? ⁵Non, je vous le dis, mais si vous ne vous convertissez pas, vous périrez tous pareillement. »

⁶Et il disait cette parabole : « Quelqu'un avait un
figuier planté dans sa vigne. Il vint y chercher des fruits
et n'en trouva pas. ⁷Il dit alors au vigneron : "Voilà trois
ans que je viens chercher des fruits sur ce figuier, et je
n'en trouve pas. Coupe-le. Pourquoi faut-il qu'il occupe
la terre inutilement ?" ⁸Mais il lui répond : "Maître, lais-
se-le encore cette année, le temps que je creuse tout
autour et que je mette du fumier. ⁹Peut-être fera-t-il des
fruits à l'avenir... Sinon, tu le couperas". »

**Jésus guérit une femme infirme, un jour de
sabbat.** – ¹⁰Jésus enseignait dans une synagogue, le
jour du sabbat. ¹¹Et voici une femme qui avait depuis
dix-huit ans un esprit qui la rendait infirme. Elle était
toute courbée et ne pouvait pas se redresser du tout. ¹²La
voyant, Jésus s'adressa à elle : « Femme, lui dit-il, tu es
délivrée de ton infirmité. » ¹³Et il lui imposa les mains.
Aussitôt elle redevint droite et elle glorifiait Dieu. ¹⁴Mais
le chef de la synagogue, indigné de ce que Jésus avait fait
une guérison le jour du sabbat, prit la parole et dit à la
foule : « Il y a six jours pendant lesquels on doit travailler. Venez donc vous faire guérir ces jours-là et non
le jour du sabbat. » ¹⁵Le Seigneur lui répondit : « Hypocrites ! Chacun de vous, le sabbat, ne délie-t-il pas son
bœuf ou son âne de la mangeoire pour le mener boire ?
¹⁶Et cette femme, une fille d'Abraham, que Satan a liée
voilà dix-huit ans, il n'aurait pas fallu qu'elle soit déliée
de ce lien le jour du sabbat ? » ¹⁷A ces paroles, tous ses
adversaires étaient honteux, et toute la foule se réjouis-
sait de toutes les merveilles qu'il accomplissait.

Le grain de sénevé. Le levain. – ¹⁸Il disait
donc : « A quoi est semblable le Règne de Dieu ? A quoi

le comparerai-je ? ¹⁹Il est semblable à un grain de sénevé, qu'un homme a pris et jeté dans son jardin. Il a
poussé, il est devenu un arbre, et les oiseaux du ciel ont
fait leurs nids dans ses branches. » ²⁰Il dit encore : « A
quoi comparerai-je le Règne de Dieu ? ²¹Il est semblable à du levain qu'une femme a pris et a caché dans
trois mesures de farine, jusqu'à ce que le tout ait levé. »

**En route vers Jérusalem. La porte étroite.
Le mystère de l'élection.** – ²²Il cheminait par villes
et villages, enseignant et faisant route vers Jérusalem[a].
²³Quelqu'un lui dit : « Seigneur, sont-ils peu nombreux,
ceux qui seront sauvés ? » ²⁴Il leur dit : « Luttez pour
entrer par la porte étroite, car beaucoup, je vous le dis,
chercheront à entrer et n'en seront pas capables. ²⁵Dès
que le maître de maison se sera levé et aura fermé la
porte, vous vous mettrez, vous qui serez restés dehors,
à frapper à la porte en disant : "Seigneur, ouvre-nous"
et il vous répondra : "Je ne sais d'où vous êtes." ²⁶Vous
vous mettrez alors à dire : "Nous avons mangé en ta
présence et nous avons bu, et tu as enseigné sur nos
places !" ²⁷Mais il dira : "Je ne sais d'où vous êtes. Écar-
tez-vous de moi, vous tous, artisans d'injustice !" ²⁸Il y
aura les pleurs et les grincements de dents, quand vous
verrez Abraham, Isaac, Jacob et tous les prophètes
dans le Royaume de Dieu, et vous, jetés dehors. ²⁹Et ils
viendront de l'orient et de l'occident, du nord et du
midi, et ils se mettront à table dans le Royaume de
Dieu. ³⁰Et voici, il y a des derniers qui seront premiers,
et des premiers qui seront derniers. »

13. – ᵃ22. Plusieurs détails des récits précédents laisseraient entendre que Jésus est arrivé à Jérusalem ou dans les environs immédiats (10, 30.38 ; 13, 1-5). Le rappel du « voyage » montre le caractère artificiel de cette composition littéraire.

Hérode le renard. – ³¹Au même moment s'approchèrent des pharisiens qui lui dirent : « Pars, va-t'en d'ici, car Hérode veut te faire mourir. » ³²Il leur dit : « Allez dire à ce renard : Voici, je chasse les démons et j'accomplis des guérisons aujourd'hui et demain, et le troisième jour c'en est fini de moi[b]. ³³Mais il me faut, aujourd'hui, demain et le jour suivant, poursuivre ma route, car il n'est pas admis qu'un prophète meure hors de Jérusalem. »

Apostrophe à Jérusalem. – ³⁴« Jérusalem, Jérusalem, qui tues les prophètes et lapides ceux qui te sont envoyés, que de fois j'ai voulu rassembler tes enfants, à la manière dont une poule rassemble sa couvée sous ses ailes, et vous n'avez pas voulu ! ³⁵Voici que votre maison vous est laissée. Je vous le dis, vous ne me verrez plus jusqu'à ce que vienne le temps où vous direz : *"Béni soit celui qui vient au nom du Seigneur !"* »

14 **Jésus guérit un hydropique un jour de sabbat.** – ¹Or, comme il était entré dans la maison d'un chef des pharisiens un jour de sabbat pour y prendre son repas, ils étaient là qui l'épiaient. ²Et voilà qu'un homme hydropique était devant lui. ³Prenant la parole, Jésus dit aux légistes et aux pharisiens : « Est-il permis, le sabbat, de guérir, ou non ? » ⁴Ils gardèrent le silence. Alors, prenant le malade, il le guérit et le renvoya. ⁵Et il leur dit : « Qui de vous, si son fils ou son bœuf tombe dans un puits, ne l'en retirera aussitôt, le jour du sabbat ? » ⁶Ils furent incapables de répliquer à cela.

Choisir la dernière place. – ⁷Il disait à l'adresse des invités une parabole, remarquant comment ils choisissaient les premières places. Il leur disait : ⁸« Quand

[b]32. Comparer Jn 19, 30. He 2, 10 ; 5, 9.

quelqu'un t'invite à des noces, ne t'installe pas à la première place, de peur qu'on ait invité un plus digne que toi, [9]et que celui qui vous a invités l'un et l'autre ne vienne te dire : "Cède-lui la place." Alors tu devrais, rouge de honte, prendre la dernière place. [10]Au contraire, quand tu es invité, va te mettre à la dernière place, afin qu'à son arrivée celui qui t'a invité te dise : "Ami, avance plus haut !" Alors ce sera pour toi un honneur devant tous les convives qui sont avec toi. [11]Car quiconque s'élève sera abaissé, et qui s'abaisse sera élevé. »

Inviter les pauvres. – [12]Il disait aussi à celui qui l'avait invité : « Quand tu donnes un déjeuner ou un dîner, ne convoque ni tes amis, ni tes frères, ni tes parents, ni de riches voisins, de peur qu'eux aussi ne t'invitent à leur tour et que la politesse ne te soit rendue. [13]Au contraire, quand tu donnes une réception, invite des pauvres, des estropiés, des boiteux, des aveugles. [14]Alors tu seras heureux de ce qu'ils n'ont pas de quoi te rendre. Car cela te sera rendu à la résurrection des justes. »

Les invités remplacés. – [15]En entendant cela, l'un des convives lui dit : « Heureux celui qui prendra son repas dans le Règne de Dieu ! » [16]Il lui dit : « Un homme donnait un grand dîner, et il avait invité beaucoup de monde. [17]Il envoya son serviteur, à l'heure du dîner, dire aux invités : "Venez, car maintenant c'est prêt." [18]Mais tous unanimement se mirent à s'excuser. Le premier lui dit : "J'ai acheté un champ. Il est nécessaire que j'aille le voir. Je te prie de m'excuser !" [19]Un autre dit : "J'ai acheté cinq paires de bœufs. Je vais les essayer. Je t'en prie, excuse-moi !" [20]Un autre dit : "J'ai pris femme, c'est pourquoi je ne peux venir."

[21]« A son retour, le serviteur rapporta cela à son maî-

tre. Alors, pris de colère, le maître de maison dit à son serviteur : "Va vite sur les places et dans les rues de la ville, et amène ici les pauvres, les estropiés, les aveugles, les boiteux." ²²Le serviteur dit : "Maître, on a fait ce que tu as commandé, et il y a encore de la place." ²³Le maître dit alors au serviteur : "Va sur les chemins et le long des clôtures, et pousse les gens d'entrer, afin que ma maison soit remplie. ²⁴Car, je vous le dis, aucun de ces hommes qui avaient été invités ne goûtera de mon dîner". »

Porter sa croix. – ²⁵Des foules nombreuses faisaient route avec lui. Il se retourna et leur dit : ²⁶« Si quelqu'un vient vers moi sans me préférer à son père, sa mère, sa femme, ses enfants, ses frères, ses sœurs, et même à sa propre vie, il ne peut être mon disciple. ²⁷Celui qui ne porte pas sa croix et ne vient pas à ma suite ne peut être mon disciple. ²⁸Qui d'entre vous, en effet, voulant construire une tour, ne s'assied d'abord pour calculer la dépense et voir s'il a de quoi aller jusqu'au bout ? ²⁹De peur que s'il a posé les fondations et n'est pas capable d'achever, tous ceux qui le regardent ne se mettent à se moquer de lui, ³⁰en disant : "Cet homme a commencé à construire et n'a pas été capable d'achever !" ³¹Ou quel roi, partant faire la guerre à un autre roi, ne s'assied d'abord pour délibérer s'il peut, avec dix mille hommes, se porter au-devant de celui qui marche contre lui avec vingt mille ? ³²Sinon, alors que l'autre est encore loin, il envoie une ambassade demander les conditions de paix. ³³Ainsi donc, quiconque d'entre vous ne renonce pas à tous ses biens ne peut être mon disciple. »

Le sel. – ³⁴« Oui, c'est une bonne chose que le sel. Mais si le sel même s'affadit, avec quoi lui donnera-t-on de la saveur ? ³⁵Il ne vaut rien, ni pour la terre ni pour le fumier. On le jette dehors. Entende qui a des oreilles pour entendre ! »

15 Jésus et les pécheurs. La brebis perdue et retrouvée.

– [1]Les publicains et les pécheurs s'approchaient tous de lui pour l'entendre. [2]Les pharisiens et les scribes murmuraient : « Cet homme, disaient-ils, accueille des pécheurs et mange avec eux ! » [3]Il dit alors à leur adresse cette parabole[a] : [4]« Qui d'entre vous, possédant cent brebis et qu'il en perde une, ne laisse les quatre-vingt-dix-neuf autres dans le désert pour aller chercher celle qui est perdue, jusqu'à ce qu'il l'ait retrouvée ? [5]Quand il l'a retrouvée, il la met sur ses épaules, tout joyeux [6]et, de retour chez lui, il convoque amis et voisins et leur dit : "Réjouissez-vous avec moi. J'ai retrouvé ma brebis qui était perdue !" [7]Je vous le dis, ainsi y aura-t-il de la joie dans le ciel pour un seul pécheur qui se convertit, plus que pour quatre-vingt-dix-neuf justes qui n'ont pas besoin de conversion. »

La drachme perdue et retrouvée.

– [8]« Ou quelle femme, si elle possède dix drachmes et qu'elle en perde une, n'allume une lampe, ne balaie la maison et ne cherche avec soin jusqu'à ce qu'elle l'ait retrouvée ? [9]Quand elle l'a retrouvée, elle convoque amies et voisines et dit : "Réjouissez-vous avec moi. J'ai retrouvé la drachme que j'avais perdue !" [10]Ainsi, je vous le dis, il y a de la joie devant les anges de Dieu pour un seul pécheur qui se convertit. »

15. – [a]3. Cette parabole et les deux suivantes sont caractéristiques de l'évangile de Luc. Ce sont les paraboles de la miséri-corde. Elles comportent d'ailleurs une attaque contre l'orgueil des pharisiens et leur mépris pour les « pécheurs ».

L'enfant prodigue. – [11]Il dit encore : « Un homme avait deux fils. [12]Le plus jeune dit à son père : "Père, donne-moi la part de bien qui me revient." Et le père partagea entre eux son avoir. [13]Peu de jours après, réunissant tout, le plus jeune fils émigra dans un pays éloigné, et il dilapida son bien dans une vie de prodigue. [14]Quand il eut tout dépensé, une grande famine survint dans ce pays, et il commença à se trouver dans le besoin. [15]Il alla se mettre au service de l'un des citoyens de ce pays, qui l'envoya dans ses champs garder les porcs. [16]Il aurait bien voulu se remplir le ventre des caroubes que mangeaient les porcs, mais personne ne lui en donnait. [17]Rentrant alors en lui-même, il dit : "Combien de salariés de mon père ont plus de pain qu'il ne leur en faut, et je suis ici à mourir de faim ! [18]Je pars, j'irai vers mon père et je lui dirai : Père, j'ai péché contre le ciel et envers toi, [19]je ne suis plus digne d'être appelé ton fils. Traite-moi comme un de tes salariés." [20]Il partit pour se rendre chez son père. Il était encore loin quand son père le vit et fut pris de pitié. Il courut se jeter à son cou et le couvrit de baisers. [21]Le fils lui dit : "Père, j'ai péché contre le ciel et envers toi, je ne suis plus digne d'être appelé ton fils." [22]Mais le père dit à ses serviteurs : "Vite, apportez la plus belle robe et habillez-le. Mettez-lui un anneau au doigt et des sandales aux pieds. [23]Amenez le veau gras, tuez-le, mangeons et festoyons, [24]car mon fils que voici était mort, et il est revenu à la vie ! Il était perdu, et il est retrouvé !" Et ils se mirent à faire fête.

[25]« Or son fils aîné était aux champs. Quand, à son retour, il approcha de la maison, il entendit la musique et les danses. [26]Il appela un des serviteurs et s'enquit de ce que c'était. [27]Il lui dit : "Ton frère est arrivé, et ton père a tué le veau gras, parce qu'il l'a retrouvé en bonne santé." [28]Alors il se mit en colère et il ne voulait pas

entrer. Son père sortit et l'y invitait. ²⁹Mais il répondit
à son père : "Voilà tant d'années que je suis à ton service, je n'ai jamais transgressé un seul de tes ordres. Et
tu ne m'as jamais donné un chevreau pour festoyer
avec mes amis ! ³⁰Mais quand ton fils que voici est
revenu, lui qui a mangé ton avoir avec des prostituées,
tu as tué pour lui le veau gras !" ³¹Le père lui dit : "Mon
enfant, tu es toujours avec moi et tout ce qui est à moi
est à toi. ³²Mais il fallait festoyer et se réjouir, parce que
ton frère que voici était mort, et il a repris vie. Il était
perdu, et il est retrouvé !" »

16 L'intendant habile. – ¹ᵃIl disait aussi aux dis-
ciples : « Un homme riche avait un gérant, et
celui-ci lui fut dénoncé comme dilapidant ses biens. ²Il
le fit appeler et lui dit : "Qu'est-ce que j'entends dire de
toi ? Rends compte de ta gestion, car désormais tu ne
peux plus être mon gérant." ³Le gérant se dit en lui-
même : "Que vais-je faire, puisque mon maître me retire
l'intendance ? Bêcher ? Je n'en ai pas la force. Mendier ? J'en aurais honte. ⁴Je sais ce que je vais faire, afin
qu'une fois destitué de l'intendance, des gens m'accueillent chez eux." ⁵Il convoqua un par un les débiteurs de son maître et dit au premier : "Combien dois-
tu à mon maître ?" ⁶Celui-ci répondit : "Cent barils
d'huile." Il lui dit : "Prends ton billet, assieds-toi et
écris vite cinquante." ⁷Il demanda ensuite à un autre :
"Et toi, combien dois-tu ?" Il dit : "Cent sacs de blé." Il
lui dit : "Prends ton billet, et écris quatre-vingts." ⁸Et le
maître loua le gérant malhonnête d'avoir agi habilement. Oui, les fils de ce monde-ci sont plus habiles
envers leurs contemporains que les fils de la lumière.

16. – ᵃ1-13. La parabole de l'intendant malhonnête est intentionnellement paradoxale. Dieu
se moque de l'argent, auquel
l'homme accorde tant d'importance. Comparer la parabole des
ouvriers de la onzième heure, Mt
20, 1-15.

⁹« Et moi je vous dis : Tirez parti de l'argent mal-honnête pour vous faire des amis, afin que lorsqu'il manquera[b], ils vous accueillent dans les demeures éternelles.

¹⁰« Celui qui est fidèle dans les petites choses l'est aussi dans les grandes, et celui qui est malhonnête dans les petites choses l'est aussi dans les grandes. ¹¹Si donc vous n'avez pas été fidèles avec l'argent malhon-nête, le bien véritable, qui vous le confiera ? ¹²Et si vous n'avez pas été fidèles dans le bien qui ne vous appar-tient pas, le vôtre, qui vous le donnera ? ¹³Nul domes-tique ne peut servir deux maîtres. Car ou il haïra l'un et aimera l'autre, ou il s'attachera à l'un et négligera l'au-tre. Vous ne pouvez servir Dieu et l'Argent. »

Reproches aux pharisiens. — ¹⁴Les pharisiens, qui aiment l'argent, écoutaient tout cela, et ils ironi-saient à son sujet. ¹⁵Il leur dit : « Vous êtes, vous, ceux qui vous donnez pour justes devant les hommes, mais Dieu connaît vos cœurs. Car ce qui est élevé chez les hommes est abomination devant Dieu.

¹⁶« La Loi et les Prophètes vont jusqu'à Jean. Depuis lors, le Règne de Dieu est la Bonne Nouvelle annoncée, et chacun lui fait violence. ¹⁷Il est plus facile que le ciel et la terre passent, que ne tombe un seul trait de la Loi.

¹⁸« Quiconque répudie sa femme et en épouse une autre commet l'adultère, et celui qui épouse une femme répudiée par son mari commet l'adultère. »

Le riche et le pauvre Lazare. — ¹⁹« Il y avait un homme riche[c], qui s'habillait de pourpre et de lin fin, et qui chaque jour faisait bonne chère avec luxe. ²⁰Un pau-

---

[b]9. Variante : *Lorsque vous disparaîtrez.*

[c]19-31. Le riche est puni pour son égoïsme.

vre, du nom de Lazare, gisait près de son portail, tout couvert d'ulcères. ²¹Il aurait bien voulu se rassasier de ce qui tombait de la table du riche ; de plus, les chiens venaient lécher ses ulcères. ²²Il arriva que le pauvre mourut et fut emporté par les anges dans le sein d'Abraham. Le riche mourut aussi et il fut inhumé[d]. ²³Au séjour des morts, levant les yeux alors qu'il était dans les tourments, il voit Abraham de loin et Lazare dans son sein. ²⁴Alors, il s'écria : "Père Abraham, aie pitié de moi et envoie Lazare pour qu'il trempe le bout de son doigt dans l'eau et me rafraîchisse la langue, car je suis torturé dans cette flamme." ²⁵Abraham lui dit : "Mon enfant, souviens-toi que tu as reçu le bonheur dans ta vie, tout comme Lazare les maux. Maintenant, ici il est consolé, et toi, tu es torturé. ²⁶De plus, il y a un grand abîme entre vous et nous, de sorte que ceux qui voudraient passer d'ici chez vous ne le puissent, ni que de là-bas on ne traverse vers nous." ²⁷Il lui dit : "Je te demande, Père, envoie Lazare dans la maison de mon père, ²⁸car j'ai cinq frères, de façon qu'il les adjure, pour qu'ils ne viennent pas, eux aussi, en ce lieu du tourment." ²⁹Abraham dit : "Ils ont Moïse et les prophètes. Qu'ils les écoutent !" ³⁰Il dit : "Non, père Abraham, mais si quelqu'un de chez les morts va vers eux, ils se convertiront." ³¹Mais Abraham lui dit : "S'ils n'écoutent pas Moïse ni les prophètes, même si quelqu'un ressuscite d'entre les morts ils ne seront pas convaincus". »

17 Avis aux disciples sur le scandale, le pardon, la foi. – ¹Jésus dit à ses disciples : « Il est impossible que les scandales n'arrivent pas. Mais mal-

[d]22. Et non pas : « On l'enterra dans l'enfer », variante sans valeur qui est passée dans la Vulgate (version latine de l'Ancien et du Nouveau Testament) et, par elle, dans des traductions anciennes.

heur à celui par qui ils arrivent! [2]Mieux vaut pour lui qu'on lui mette au cou une meule de moulin et qu'il soit jeté à la mer que de scandaliser un seul de ces petits. [3]Prenez garde à vous!

« Si ton frère vient à pécher, reprends-le, et s'il se repent, pardonne-lui. [4]Et si sept fois le jour il pèche contre toi et que sept fois le jour il revienne à toi, disant: "Je me repens", tu lui pardonneras. »

[5]Les apôtres dirent au Seigneur: « Augmente en nous la foi! » [6]Le Seigneur répondit: « Si vous aviez de la foi comme un grain de sénevé, vous diriez à ce mûrier: "Déracine-toi et plante-toi dans la mer", et il vous obéirait. »

Serviteurs inutiles. – [7]« Qui d'entre vous, ayant un serviteur qui laboure ou qui garde les bêtes, lui dira à son retour des champs: "Viens vite à table"? [8]Ne lui dira-t-il pas au contraire: "Prépare-moi à dîner, ceins-toi et sers-moi jusqu'à ce que j'aie mangé et bu; après cela, tu mangeras et tu boiras à ton tour"? [9]Saura-t-il gré à ce serviteur d'avoir fait ce qui lui était commandé? [10]Ainsi de vous. Quand vous aurez fait tout ce qui vous a été commandé, dites: "Nous sommes des serviteurs inutiles. Ce que nous devions faire, nous l'avons fait". »

Guérison de dix lépreux. – [11]Comme il faisait route vers Jérusalem, il passait aux confins de la Samarie et de la Galilée. [12]A son entrée dans un village, dix lépreux vinrent à sa rencontre. Ils se tinrent à distance [13]et élevèrent la voix pour dire: « Jésus, Maître, aie pitié de nous! » [14]Les voyant, Jésus dit: « Allez vous montrer aux prêtres. » Or, en chemin, ils furent purifiés. [15]L'un d'entre eux, se voyant guéri, revint sur ses pas, glorifiant Dieu à haute voix. [16]Il se jeta, face contre terre, aux pieds de Jésus en le remerciant. Or c'était un Samaritain. [17]Jésus dit alors : « Les dix n'ont-ils pas été purifiés ? Les neuf autres, où sont-ils ? [18]Il ne s'est trouvé que cet étranger pour revenir rendre gloire à Dieu ! » [19]Et il lui dit : « Lève-toi, va. Ta foi t'a sauvé. »

La venue du Règne. Le Jour du Fils de l'homme.

– [20]Interrogé par les pharisiens sur le moment où viendrait le Règne de Dieu, il leur répondit : « Le Règne de Dieu ne vient pas de manière à frapper le regard. [21]On ne dira pas : "Le voici !" ou "Le voilà !" Car voici que le règne de Dieu est parmi vous[a]. » [22]Puis il dit à ses disciples : « Des jours viendront où vous désirerez voir un seul des jours du Fils de l'homme[b], et vous ne le verrez pas. [23]On vous dira : "Le voilà !" ou "Le voici !" Ne partez pas, ne courez pas. [24]Car, de même que l'éclair fulgurant brille d'un point du ciel à l'autre, ainsi sera le Fils de l'homme en son Jour. [25]Mais d'abord il lui faut souffrir beaucoup et être rejeté par cette génération.

[26]« Ce qui arriva aux jours de Noé arrivera aussi aux jours du Fils de l'homme. [27]On mangeait, on buvait, on prenait femme, on prenait mari, jusqu'au jour où Noé entra dans l'arche. Vint le déluge, et il les fit tous périr. [28]Ou encore, comme il arriva aux jours de Lot. On mangeait, on buvait, on achetait, on vendait, on plantait, on bâtissait. [29]Mais le jour où Lot sortit de Sodome, Dieu fit tomber du ciel une pluie de feu et de soufre et il les fit périr tous. [30]Il en sera de même le jour où le Fils de l'homme se révélera.

---

17. – [a]20-21. Comme une réalité agissante, en la parole et l'action de Jésus. La traduction : *Au-dedans de vous* paraît moins exacte.

[b]22. A partir de sa manifestation glorieuse.

[31]« En ce Jour-là, celui qui sera sur la terrasse et aura ses affaires dans la maison, qu'il ne descende pas les chercher. De même, celui qui sera aux champs, qu'il ne retourne pas en arrière. [32]Souvenez-vous de la femme de Lot[c] ! [33]Qui cherchera à conserver sa vie la perdra. Qui la perdra la vivifiera. [34]Je vous dis, cette nuit-là, deux seront sur un même lit : l'un sera pris et l'autre sera laissé. [35]Deux femmes seront à moudre ensemble du grain : l'une sera prise et l'autre sera laissée. [[36d]]

[37]Prenant la parole, ils lui disent : « Où, Seigneur ? » Il leur dit : « Où sera le corps, là se rassembleront aussi les vautours. »

18 Le juge inique. – [1]Il leur disait une parabole sur la nécessité pour eux de prier toujours, sans se décourager. [2]Il disait : « Il y avait dans une ville un juge qui ne craignait pas Dieu et n'avait pas d'égards pour les humains. [3]Et il y avait dans cette ville une veuve qui venait lui dire : "Rends-moi justice contre mon adversaire." [4]Pendant longtemps, il n'y consentit pas. Mais ensuite il se dit : "Encore que je ne craigne pas Dieu et n'aie pas d'égards pour les humains, [5]néanmoins, parce que cette veuve m'importune, je lui rendrai justice, pour qu'elle ne vienne pas sans cesse me casser la tête". » [6]Et le Seigneur dit : « Écoutez ce que dit le juge inique ! [7]Et Dieu ne rendrait pas justice à ses élus qui crient vers lui jour et nuit, alors qu'il patiente à leur sujet ? [8]Je vous le dis, il leur rendra justice bien vite.

« Mais le Fils de l'homme, quand il viendra, trouvera-t-il la foi sur la terre ? »

---

[c]29-32. Gn 19, 24.26.
[d]36. Le verset 36 : *De deux hommes qui seront aux champs, l'un sera pris et l'autre laissé,* est emprunté à Mt 24, 40.

Le pharisien et le publicain. – [9]Il dit encore, à l'adresse de certains qui étaient persuadés d'être justes et qui méprisaient le reste des hommes, la parabole que voici : [10]« Deux hommes montèrent au Temple pour prier : l'un, pharisien, et l'autre, publicain. [11]Le pharisien, bien droit, priait ainsi en lui-même : "Ô Dieu, je te rends grâce de ce que je ne suis pas comme le reste des hommes, des voleurs, des injustes, des adultères, ou encore comme ce publicain. [12]Je jeûne deux fois par semaine, je donne la dîme de tout ce que je possède." [13]Le publicain, se tenant au loin, ne voulait même pas lever les yeux au ciel, mais il se frappait la poitrine, disant : "Ô Dieu, aie pitié de moi, pécheur !" [14]Je vous dis, celui-ci descendit chez lui justifié, et non pas l'autre. Car quiconque s'élève sera abaissé, et celui qui s'abaisse sera élevé. »

Jésus bénit les petits enfants. – [15]On lui présentait aussi les tout-petits, afin qu'il les touchât. Ce que voyant, les disciples les rabrouaient. [16]Mais Jésus les appela à lui et dit : « Laissez les enfants venir à moi et ne les empêchez pas. A leurs pareils, en effet, revient le Règne de Dieu. [17]Vraiment, je vous dis, celui qui ne recevra pas le Règne de Dieu comme un enfant n'y entrera pas. »

Tristesse du riche. Le problème des richesses. – [18]Un notable l'interrogea : « Bon Maître, dit-il, que ferai-je pour avoir en héritage la vie éternelle ? » [19]Jésus lui dit : « Pourquoi me dis-tu bon ? Nul n'est bon que Dieu seul. [20]Tu connais les commandements : *Tu ne commettras pas l'adultère ; tu ne tueras pas, tu ne voleras pas ; tu ne porteras pas de faux témoignages ; honore ton père et ta mère*[a]. » [21]Il dit : « Tout cela, je l'ai ob-

18. – [a]20. Dt 5, 16-18.

servé dès ma jeunesse. » ²²L'entendant, Jésus lui dit : « Il te manque encore une chose. Tout ce que tu as, vends-le et distribue-le aux pauvres, et tu auras un trésor dans les cieux. Puis viens, suis-moi. » ²³Lorsqu'il entendit cela, il devint tout triste, car il était fort riche. ²⁴Le voyant, Jésus dit : « Combien difficilement ceux qui ont des biens entrent dans le Règne de Dieu ! ²⁵Oui, il est plus facile qu'un chameau passe par un trou d'aiguille, qu'un riche n'entre dans le Règne de Dieu ! » ²⁶Les auditeurs dirent : « Et qui peut être sauvé ? » ²⁷Il dit : « Les choses impossibles aux hommes sont possibles à Dieu. »

²⁸Pierre dit : « Voici que nous, laissant nos biens personnels, nous t'avons suivi. » ²⁹Il leur dit : « Vraiment, je vous dis : il n'est personne qui, ayant laissé maison ou femme ou frères ou parents ou enfants, ³⁰ne reçoive beaucoup plus en ce temps-ci et, dans le monde qui vient, la vie éternelle. »

Troisième annonce de la Passion. — ³¹Prenant avec lui les Douze, il leur dit : « Voici que nous montons à Jérusalem, et tout ce qui a été écrit par les prophètes au sujet du Fils de l'homme va s'accomplir. ³²Car il sera livré aux païens, il sera raillé, insulté, il sera couvert de crachats, ³³et après l'avoir flagellé on le fera mourir, et le troisième jour il ressuscitera. » ³⁴Mais eux ne comprirent rien de tout cela. Cette parole était pour eux une énigme, et ils n'en saisissaient pas le sens.

L'aveugle de Jéricho. — ³⁵Comme il approchait de Jéricho, un aveugle était assis au bord du chemin et mendiait[b]. ³⁶Entendant une foule qui cheminait, il

---

[b]35. En Mt 20, 29 et Mc 10, 46, ce miracle a lieu à la sortie de Jéricho. Il est probable que Luc anticipe cet épisode pour placer ensuite l'épisode de Zachée, qu'il veut développer longuement.

demanda ce que c'était. ³⁷On l'informa que Jésus le Nazaréen passait. ³⁸Alors il cria : « Jésus, fils de David, aie pitié de moi. » ³⁹Ceux qui marchaient en avant le rabrouaient pour le faire taire. Mais lui criait de plus belle : « Fils de David, aie pitié de moi ! » ⁴⁰Jésus s'arrêta et ordonna de le lui amener. Quand il se fut approché, il lui demanda : ⁴¹« Que veux-tu que je fasse pour toi ? » Il dit : « Seigneur, que je recouvre la vue ! » ⁴²Jésus lui dit : « Recouvre la vue. Ta foi t'a sauvé. » ⁴³A l'instant même, il recouvra la vue, et il le suivait, glorifiant Dieu. Et tout le peuple, voyant cela, se mit à louer Dieu.

19
Zachée. – ¹Entré dans Jéricho, Jésus traversait la ville. ²Et voici un homme, appelé Zachée. C'était un chef des publicains, et il était fort riche. ³Il cherchait à voir qui était Jésus, mais il ne le pouvait à cause de la foule, car il était de petite taille. ⁴Alors, courant en avant, il monta sur un sycomore pour le voir, car il devait passer par là. ⁵Quand il fut arrivé à cet endroit, Jésus leva les yeux et lui dit : « Zachée, dépêche-toi de descendre, car aujourd'hui, il me faut demeurer dans ta maison. » ⁶Il se dépêcha de descendre et il le reçut avec joie.

⁷Ce que voyant, tous murmuraient : « Il est allé loger chez un pécheur ! » ⁸Mais Zachée, bien droit, dit au Seigneur : « Voici, Seigneur : je fais don de la moitié de mes biens aux pauvres, et si j'ai fait tort à quelqu'un, je lui rends le quadruple. » ⁹Jésus lui dit : « Le salut est entré aujourd'hui dans cette maison, puisque lui aussi est fils d'Abraham. ¹⁰Car le Fils de l'homme est venu chercher et sauver ce qui était perdu. »

Les trois serviteurs. – ¹¹Comme les gens écoutaient cela, il ajouta une parabole, parce qu'il était près de Jérusalem et qu'ils pensaient qu'à l'instant le Règne de Dieu allait apparaître. [12]Il dit donc : « Un homme de haute naissance se rendit dans un pays lointain pour se faire investir de la royauté et revenir[a]. [13]Il appela dix de ses serviteurs et leur donna dix mines[b], et il leur dit : "Faites des affaires jusqu'à ce que je revienne." [14]Mais ses concitoyens le haïssaient et ils envoyèrent une ambassade derrière lui pour dire : "Nous ne voulons pas que cet homme règne sur nous." [15]Or, quand il revint, investi de la royauté, il fit appeler ces serviteurs auxquels il avait donné l'argent, pour savoir quelles affaires chacun avait faites. [16]Le premier se présenta, disant : "Seigneur, ta mine a rapporté dix mines." [17]Il lui dit : "C'est bien, bon serviteur. Puisque tu as été fidèle en très peu de chose, aie autorité sur dix villes." [18]Vint le deuxième, disant : "Ta mine, Seigneur, a produit cinq mines." [19]Il dit aussi à celui-là : "Toi aussi, sois à la tête de cinq villes." [20]Et l'autre vint, disant : "Seigneur, voici ta mine, que j'avais mise de côté dans un linge. [21]Car je te redoutais, parce que tu es un homme dur : tu retires ce que tu n'as pas déposé, et tu moissonnes ce que tu n'as pas semé." [22]Il lui dit : "Ta propre bouche te condamne, mauvais serviteur. Tu savais que je suis un homme dur, retirant ce que je n'ai pas déposé et moissonnant ce que je n'ai pas semé. [23]Et pourquoi n'as-tu pas placé mon argent à la banque ? Et moi, en venant, je l'aurais repris avec un intérêt." [24]Et il dit aux assistants : "Enlevez-lui la mine, et donnez-la à celui qui en a dix." [25]Ils lui dirent : "Seigneur, il a déjà dix mines !" – [26]Je vous dis : A tout

---

19. – [a]12. L'investiture d'un roi vassal devait être ratifiée par Rome. Le verset 14 fait une allusion directe au cas d'Archélaüs, fils d'Hérode : en 4 av. J.-C., il alla demander à Rome confirmation du testament de son père, qui le faisait roi de Judée, Samarie et Idumée.

[b]13. La mine valait un peu moins de cent francs or. Cette parabole des mines est la même que celle des talents de Mt 25, 14-30, sauf quelques différences.

homme qui a, on donnera. Mais à celui qui n'a pas, même ce qu'il a lui sera enlevé. ²⁷Quant à mes ennemis, ces gens qui n'ont pas voulu que je règne sur eux, amenez-les ici et mettez-les à mort devant moi. »

MINISTÈRE DE JÉSUS À JÉRUSALEM

²⁸Sur ces paroles, Jésus partit en avant, montant à Jérusalem.

L'entrée messianique. – ²⁹Quand il approcha de Bethphagé et de Béthanie, vers le mont appelé des Oliviers, il envoya deux des disciples ³⁰en disant : « Allez au village d'en face. En y entrant, vous trouverez un ânon à l'attache, sur lequel personne n'est jamais monté. Déliez-le et amenez-le. ³¹Et si quelqu'un vous demande : "Pourquoi le déliez-vous ?" vous direz ceci : "Parce que le Seigneur en a besoin". » ³²Les envoyés partirent et trouvèrent les choses comme Jésus leur avait dit. ³³Comme ils déliaient l'ânon, ses maîtres leur dirent : « Pourquoi déliez-vous l'ânon ? » ³⁴Ils dirent : « Parce que le Seigneur en a besoin. » ³⁵Ils l'amenèrent à Jésus, puis ils jetèrent leurs manteaux sur l'ânon et y firent monter Jésus. ³⁶Tandis qu'il avançait, les gens étendaient leurs manteaux sur la route. ³⁷Comme déjà il approchait de la descente du mont des Oliviers, toute la multitude des disciples, dans sa joie, se mit à louer Dieu à grande voix pour tous les miracles qu'ils avaient vus. ³⁸Ils disaient : « *Béni soit celui qui vient,* le roi, *au nom du Seigneur*ᶜ ! Paix dans le ciel et gloire dans les hauteurs ! » ³⁹Quelques pharisiens de la foule lui dirent : « Maître, réprimande tes disciples. » ⁴⁰Il leur répondit : « Je vous le dis, si ceux-là se taisent, les pierres crieront ! »

ᶜ38. Ps 119, 26.

Jésus pleure sur la ville. – 41Comme il approchait de Jérusalem, à la vue de la ville, il pleura sur elle 42et dit : « Si tu avais connu en ce jour, toi aussi, ce qui apporte la paix ! Mais non, cela a été caché à tes yeux. 43Oui, des jours viendront sur toi où tes ennemis t'environneront de tranchées, t'encercleront et te serreront de tous côtés, 44t'écraseront, toi et tes enfants en toi, et ne laisseront pas en toi pierre sur pierre, parce que tu n'as pas connu le temps de ta visite ! »

Jésus au Temple. Expulsion des vendeurs. – 45Il entra dans le Temple et se mit à expulser les vendeurs, 46en leur disant : « Il est écrit : *Ma maison sera une maison de prière*d. Mais vous, vous en avez fait une *caverne de brigands.* » 47Et il enseignait tous les jours dans le Temple. Or, les grands prêtres et les scribes cherchaient à le faire périr, et aussi les premiers du peuple. 48Mais ils ne savaient pas comment s'y prendre, car tout le peuple qui l'écoutait était suspendu à ses lèvres.

20 **On questionne Jésus sur son autorité.** – 1Un de ces jours-là, comme il enseignait le peuple dans le Temple et annonçait la Bonne Nouvelle, survinrent les grands prêtres et les scribes, avec les anciens, 2et ils lui parlèrent en ces termes : « Dis-nous par quelle autorité tu fais cela, ou qui t'a donné cette autorité ? » 3Il leur répondit : « Je vous poserai, moi aussi, une question. 4Eh bien ! dites-moi : le baptême de Jean, était-il du ciel, ou des hommes ? » 5Ils raisonnèrent entre eux : « Si nous disons : "Du ciel", il dira : "Pourquoi n'avez-vous pas cru en lui ?" 6Et si nous disons : "Des hommes", le peuple tout entier nous lapidera, car il est persuadé que Jean est un prophète. » 7Ils répondirent ne pas savoir d'où il était. 8Alors Jésus leur

d46. Is 56, 7 ; Jr 7, 11.

dit : « Moi non plus, je ne vous dis pas par quelle autorité je fais cela. »

Les vignerons homicides. – [9]Il se mit ensuite à
dire au peuple cette parabole : « Un homme planta une
vigne. Il la loua à des vignerons et partit en voyage
pour un temps assez long. [10]Le moment venu, il envoya
aux vignerons un serviteur pour qu'ils lui donnent sa
part du fruit de la vigne. Les vignerons le renvoyèrent
battu et les mains vides. [11]Il recommença et envoya un
autre serviteur. Celui-là aussi, battu et outragé, ils le
renvoyèrent les mains vides. [12]Il recommença et en
envoya un troisième. Celui-là aussi, ils le blessèrent et
le jetèrent dehors. [13]Le maître de la vigne se dit alors :
"Que faire ? J'enverrai mon fils, mon bien-aimé. Peut-
être auront-ils égard à lui." [14]A sa vue, les vignerons
firent entre eux ce raisonnement : "Voilà l'héritier.
Tuons-le, pour que l'héritage soit à nous." [15]Alors, ils le
jetèrent hors de la vigne et le tuèrent. Que leur fera
donc le maître de la vigne ? [16]Il viendra, il fera périr ces
vignerons et il donnera la vigne à d'autres. » Entendant
cela, ils dirent : "A Dieu ne plaise !" [17]Mais, fixant sur
eux son regard, il dit : "Que signifie donc ceci qui est
écrit : *La pierre qu'ont rejetée les bâtisseurs, celle-là
est devenue tête d'angle*[a] ? [18]Quiconque tombera sur
cette pierre s'y brisera ; celui sur qui elle tombera, elle
l'écrasera. » [19]Les scribes et les grands prêtres cherchè-
rent à mettre la main sur lui à l'heure même, mais ils
eurent peur du peuple. Ils avaient compris, en effet,
qu'il avait dit cette parabole à leur adresse.

Le tribut à César. – [20]L'ayant guetté, ils lui
envoyèrent des espions qui jouaient les justes, pour le
prendre en défaut en quelque parole, de manière à le

20. – [a]17. Ps 118, 22.

livrer à l'autorité et au pouvoir du gouverneur. [21]Ils l'interrogèrent : « Maître, dirent-ils, nous savons que tu parles et enseignes avec droiture et que tu n'as pas égard aux personnes, mais que tu enseignes véritablement la voie de Dieu. [22]Nous est-il permis de payer le tribut à César, ou non ? » [23]Pénétrant leur fourberie, il leur dit : [24]« Montrez-moi un denier. De qui a-t-il effigie et inscription ? » Ils dirent : « De César. » [25]Il leur dit : « Eh bien, rendez donc à César ce qui est à César, et à Dieu ce qui est à Dieu. » [26]Ils furent incapables de le prendre en défaut sur quelque propos devant le peuple et, stupéfaits de sa réponse, ils se turent.

La femme aux sept maris et la résurrection.

– [27]Des sadducéens – ceux qui prétendent, en contradiction avec d'autres, qu'il n'y a pas de résurrection – s'approchèrent et lui posèrent cette question : [28]« Maître, Moïse a écrit pour nous : *Si quelqu'un a un frère marié qui meurt sans enfant, qu'il épouse la veuve et suscite une descendance à son frère*[b]. [29]Or, il y avait sept frères. Le premier prit femme et mourut sans enfant. [30]Le deuxième, [31]puis le troisième épousèrent la veuve, et pareillement les sept, qui moururent sans laisser d'enfants. [32]Finalement, la femme mourut aussi. [33]Or donc, cette femme, à la résurrection, duquel d'entre eux sera-t-elle la femme, puisque les sept l'ont eue pour femme ? »

[34]Jésus leur dit : « Les fils de ce monde prennent femme ou prennent mari. [35]Mais ceux qui auront été jugés dignes d'avoir part au monde à venir et à la résurrection d'entre les morts ne prennent ni femme ni mari. [36]C'est qu'ils ne peuvent plus mourir, car ils sont semblables aux anges et ils sont fils de Dieu, étant fils de la

[b]28. Dt 25, 5.

résurrection. [37]Et que les morts ressuscitent, Moïse lui-même l'a indiqué à propos du Buisson, puisqu'il appelle le Seigneur *le Dieu d'Abraham, le Dieu d'Isaac et le Dieu de Jacob*[c]! [38]Or Dieu n'est pas un Dieu de morts, mais de vivants : car pour lui ils sont tous vivants. »

[39]Quelques-uns des scribes, prenant la parole, dirent : « Maître, tu as bien parlé. » [40]Car ils n'osaient plus l'interroger sur rien.

[41]Il leur dit : « Comment peut-on dire que le Christ est fils de David ? [42]Car David lui-même dit, au livre des Psaumes : *Le Seigneur a dit à mon Seigneur : Siège à ma droite* [43]*jusqu'à ce que j'aie fait de tes ennemis l'escabeau de tes pieds*[d]. [44]David l'appelle donc Seigneur. Alors, comment est-il son fils ? »

Les scribes jugés. – [45]Comme tout le peuple écoutait, il dit aux disciples : [46]« Méfiez-vous des scribes, qui aiment à se promener en grandes robes, à recevoir les salutations sur les places publiques, qui recherchent les premiers sièges dans les synagogues et les premières places dans les festins, [47]eux qui dévorent les biens des veuves et affectent de prier longuement. Ces gens-là subiront une condamnation plus rigoureuse ! »

21 **L'obole de la veuve.** – [1]Levant les yeux, Jésus vit ceux qui jetaient leurs offrandes dans le tronc : des riches ! [2]Or il vit une veuve miséreuse qui y jetait deux piécettes [3]et il dit : « Vraiment, je vous dis que cette veuve pauvre a jeté plus que tous les autres. [4]Car tous ceux-là ont jeté dans les offrandes de leur superflu, mais elle, elle a pris de son indigence. Tout le bien qu'elle avait, elle l'a donné. »

---

[c]37. Ex 3, 6.　　　　　　[d]42-43. Ps 110, 1.

La ruine de Jérusalem et la fin du monde. –
[5]Comme quelques-uns disaient du Temple qu'il était
orné de belles pierres et d'ex-voto, il dit[a] : [6]« Ce que
vous contemplez, des jours viendront où il n'en sera
pas laissé pierre sur pierre : tout sera détruit. » [7]Ils l'interrogèrent : « Maître, dirent-ils, quand donc cela arri-
vera-t-il, et quel sera le signe que cela est imminent ? »

[8]Il dit : « Voyez à ne pas vous laisser égarer. Car
beaucoup viendront en mon nom, qui diront : "C'est
moi" et : "Le moment est tout proche". Ne les suivez
pas. [9]Quand vous entendrez parler de guerres et de
bouleversements, ne vous effrayez pas. Car il faut que
cela arrive d'abord, mais ce ne sera pas aussitôt la fin. »

[10]Alors il leur dit : « On se lèvera, nation contre
nation, royaume contre royaume. [11]Il y aura de grands
tremblements de terre, et par endroits des pestes et des
famines. Il y aura aussi des phénomènes terrifiants et
de grands signes dans le ciel.

[12]« Mais avant tout cela, on portera la main sur vous
et on vous persécutera ; on vous livrera aux synagogues, on vous jettera en prison, on vous traînera devant
rois et gouverneurs à cause de mon nom. [13]Cela vous
donnera occasion de témoignage. [14]Mettez-vous donc
dans l'esprit que vous n'avez pas à vous préoccuper de
votre défense ; [15]car je vous donnerai un langage et une
sagesse à laquelle aucun de vos adversaires ne pourra
résister ni contredire. [16]Vous serez livrés même par vos
parents, vos frères, vos proches et vos amis. On en mettra à mort parmi vous, [17]et vous serez haïs de tous à
cause de mon nom. [18]Mais pas un cheveu de votre tête
ne périra. [19]C'est par votre persévérance que vous
acquerrez la vie.

---

21. – [a]5-36. Le Discours apocalyptique, en Luc, est très centré
sur Jérusalem. Sa rédaction semble supposer que le siège et la
ruine de la ville ont eu lieu.

²⁰« Quand vous verrez Jérusalem encerclée par des armées, sachez que sa dévastation est toute proche. ²¹Alors, que ceux qui seront en Judée s'enfuient dans les montagnes, que ceux qui seront à l'intérieur de la ville s'en éloignent, et que ceux qui seront dans les campagnes n'y rentrent pas. ²²Car ce seront des jours de vengeance, pour que s'accomplisse tout ce qui est écrit. ²³Malheur à celles qui seront enceintes et à celles qui allaiteront en ces jours-là ! Car il y aura grande détresse dans le pays et colère contre ce peuple. ²⁴Ils tomberont dévorés par l'épée et seront emmenés captifs dans toutes les nations. Et Jérusalem sera piétinée par des nations, jusqu'à ce que soient accomplis les temps des nations[b].

²⁵« Il y aura des signes dans le soleil, la lune et les étoiles, et, sur la terre, angoisse des nations au fracas de la mer et des flots. ²⁶Les hommes mourront d'épouvante, dans l'attente de ce qui va survenir à l'univers, car les puissances des cieux seront ébranlées. ²⁷Alors ils verront le Fils de l'homme venant dans une nuée, avec grande puissance et gloire. ²⁸Quand ces événements commenceront d'arriver, redressez-vous et levez vos têtes, car votre rédemption est proche. »

²⁹Et il leur dit une parabole : « Voyez le figuier et tous les arbres. ³⁰Dès qu'ils bourgeonnent, vous savez de vous-mêmes, à les voir, que déjà l'été est proche. ³¹De même, vous aussi, quand vous verrez cela arriver, sachez que le Règne de Dieu est proche. ³²Vraiment, je vous dis, cette génération ne passera pas que tout cela n'arrive. ³³Le ciel et la terre passeront. Mes paroles, elles, ne passeront pas. ³⁴Prenez garde à vous-mêmes, de peur que vos cœurs ne s'alourdissent par l'orgie,

---

[b]24. *Les temps des nations* : période qui s'écoulera entre la ruine de Jérusalem et la conversion ultime d'Israël, dont parle Paul en Rm 11, 11-32.

l'ivrognerie, et les soucis de la vie, [35]et que ce jour-là ne fonde soudain sur vous comme un filet. Car il s'abattra sur tous ceux qui habitent la face de toute la terre. [36]Veillez donc en tout temps dans la prière, pour avoir la force d'échapper à tout ce qui doit arriver, et de vous tenir debout devant le Fils de l'homme. »

Derniers jours de Jésus à Jérusalem. – [37]Jésus passait les journées dans le Temple à enseigner ; mais il sortait passer les nuits en plein air sur le mont appelé des Oliviers. [38]Et tout le peuple, dès l'aurore, venait à lui dans le Temple pour l'écouter.

LA PASSION

22 **Complot et trahison.** – [1]La fête des Azymes, qu'on appelle la Pâque, approchait. [2]Les grands prêtres et les scribes cherchaient un moyen de faire disparaître Jésus : car ils craignaient le peuple.

[3]Or Satan entra dans Judas, appelé Iscariote, qui était du nombre des Douze. [4]Judas alla s'entretenir avec les grands prêtres et les officiers sur le moyen de leur livrer Jésus. [5]Ils se réjouirent et convinrent de lui donner de l'argent. [6]Judas fut d'accord et il cherchait une occasion favorable pour leur livrer Jésus à l'écart de la foule.

Jésus fait préparer la Pâque. – [7]Vint le jour des Azymes, où il fallait immoler la pâque. [8]Jésus envoya Pierre et Jean en disant : « Allez nous préparer la pâque, que nous la mangions. » [9]Ils lui demandèrent : « Où veux-tu que nous la préparions ? » [10]Il leur répondit : « Voici : comme vous entrerez dans la ville, un homme portant une cruche d'eau viendra à votre rencontre. Suivez-le dans la maison où il entrera ¹¹et vous direz au propriétaire de la maison : "Le Maître te demande : Où est la salle où je pourrai manger la pâque avec mes disciples ?" ¹²Et cet homme vous montrera, à l'étage, une grande salle toute meublée. Faites-y les préparatifs. »

¹³Ils partirent, trouvèrent les choses comme il le leur avait dit, et ils préparèrent la pâque.

L'Eucharistie. – ¹⁴Quand l'heure fut venue, il se mit à table, et les apôtres avec lui. ¹⁵Il leur dit : « Combien j'ai désiré manger cette pâque avec vous avant de souffrir ! ¹⁶Car je vous dis que jamais plus je ne la mangerai, jusqu'à ce qu'elle soit accomplie dans le Règne de Dieuᵃ. » ¹⁷Et, recevant une coupe, il rendit grâce et dit : « Prenez ceci et partagez-le entre vous, ¹⁸car je vous le dis, je ne boirai plus désormais du produit de la vigne, jusqu'à ce que le Règne de Dieu soit venu. » ¹⁹Puis, prenant du pain, il rendit grâce, il le rompit et le leur donna en disant : « Ceci est mon corps, qui est donné pour vous. Faites cela en mémoire de moi. » ²⁰Il fit de même pour la coupe, après le dîner, en disant : « Cette coupe est la nouvelle alliance en mon sang, qui est répandu pour vousᵇ. »

Annonce de la trahison. – ²¹« Mais voici que la main de celui qui me livre est avec moi sur la table. ²²Car le Fils de l'homme s'en va, selon ce qui a été déter-

---

22. – ᵃ16. Dans le Règne de Dieu, ce sera la Pâque parfaite, dont l'Eucharistie est la réalisation initiale.

ᵇ19-20. Le récit lucanien de l'institution de l'Eucharistie a des affinités évidentes avec celui de Paul, 1 Co 11, 23-25, cependant que Matthieu et Marc sont très proches l'un de l'autre. Ici, la première coupe fait partie du rituel de la Pâque juive ; la seconde est celle de l'Eucharistie.

miné. Mais malheur à cet homme, par qui il est livré ! »
²³Et ils se mirent à se demander les uns aux autres qui
était donc celui d'entre eux qui allait faire cela.

Qui est le plus grand ? — ²⁴Ils en vinrent à se
disputer : lequel d'entre eux devait être considéré le
plus grand[c] ? ²⁵Il leur dit : « Les rois des nations leur
commandent en maîtres et ceux qui exercent sur elles
le pouvoir sont appelés bienfaiteurs. ²⁶Pour vous, qu'il
n'en soit pas ainsi. Mais que le plus grand parmi vous
devienne comme le plus petit, et celui qui dirige
comme celui qui sert. ²⁷Qui est en effet le plus grand :
celui qui est à table ou celui qui sert ? N'est-ce pas celui
qui est à table ? Or, moi, au milieu de vous, je suis
comme celui qui sert. »

Récompense promise aux apôtres. — ²⁸« Vous
êtes, vous, ceux qui êtes constamment demeurés avec
moi dans mes épreuves. ²⁹Aussi je dispose pour vous
d'un Royaume, comme mon Père en a disposé pour
moi, ³⁰pour que vous mangiez et buviez à ma table
dans mon Royaume, et que vous siégiez sur des trônes
pour juger les douze tribus d'Israël[d]. »

Annonce du reniement de Pierre. — ³¹« Simon,
Simon, voici que Satan vous a réclamés pour vous passer au crible, comme le froment. ³²Mais j'ai prié pour
toi afin que ta foi ne défaille pas. Et toi, quand tu seras
revenu, affermis tes frères[e]. » ³³Pierre lui dit : « Sei-

---

[c]24. Cette discussion a dû
s'élever au moment où l'on choi-
sissait les places pour se mettre à
table. Bon historien, Luc n'a pas,
pour autant, de scrupules sur
l'ordre chronologique.

[d]30. Comparer Mt 19, 28.
[e]32. Cette parole est une de
celles que la tradition catholique
invoque en faveur de l'infaillibi-
lité de Pierre et de ses successeurs.

gneur, avec toi je suis prêt à aller et en prison et à la mort. » [34]Jésus lui répondit : « Je te le dis, Pierre, le coq ne chantera pas aujourd'hui[f], que tu n'aies nié trois fois me connaître. »

L'heure de l'épée. — [35]Et il leur dit : « Quand je vous ai envoyés sans bourse, ni sac, ni chaussures, avez-vous manqué de quelque chose ? » [36]Ils répondirent : « De rien ! » Il leur dit : « Mais maintenant, celui qui a une bourse, qu'il la prenne, et de même pour le sac ; et celui qui n'a pas d'épée, qu'il vende son manteau pour en acheter une. [37]Car je vous le dis, il faut que cette parole de l'Écriture s'accomplisse en moi : *Il a été compté parmi les malfaiteurs*[g]. Oui, ce qui me concerne touche à son terme. » [38]Ils dirent : « Seigneur, voici deux épées. » Il leur répondit : « Cela suffit. »

L'agonie. — [39]Il sortit et se rendit, selon sa coutume, au mont des Oliviers, et les disciples le suivirent. [40]Arrivé en cet endroit, il leur dit : « Priez, pour ne pas entrer en tentation. » [41]Il s'éloigna d'eux environ à un jet de pierre, et s'étant mis à genoux, il priait, [42]disant : « Père, si tu veux, écarte de moi cette coupe. Cependant, que ce ne soit pas ma volonté, mais la tienne qui se fasse. » [43]Alors lui apparut un ange, venant du ciel, qui le fortifiait. [44]Puis, entré en agonie, il priait plus instamment. Sa sueur devint comme de grosses gouttes de sang qui coulaient jusqu'à terre[h]. [45]Se relevant de sa prière, il vint vers ses disciples et il les trouva endormis de chagrin. [46]Il leur dit : « Quoi ! Vous dormez ! Levez-vous, priez, afin de ne pas entrer en tentation. »

[f]34. *Aujourd'hui* : on se rappellera que pour les Juifs, la journée commençait au coucher au soleil.

[g]37. Is 53, 12.

[h]43-44. Ces deux versets, bien que manquant dans de bons manuscrits, sont d'une authenticité certaine.

L'arrestation. – ⁴⁷Il parlait encore, et voici une foule, et le nommé Judas, l'un des Douze, marchait à leur tête. Il s'approcha de Jésus pour l'embrasser. ⁴⁸Jésus lui dit : « Judas, c'est par un baiser que tu livres le Fils de l'homme ! » ⁴⁹Voyant ce qui allait arriver, ceux qui l'entouraient dirent : « Seigneur, devons-nous frapper avec l'épée ? » ⁵⁰Et l'un d'entre eux frappa le serviteur du grand prêtre et lui coupa l'oreille droite. ⁵¹Mais prenant la parole, Jésus dit : « Laissez, cela suffit. » Et, lui touchant l'oreille, il le guérit.

⁵²Jésus dit à ceux qui étaient intervenus contre lui, grands prêtres, commandants des gardes du Temple et anciens : « Comme contre un brigand, vous êtes venus avec épées et bâtons. ⁵³Alors que chaque jour j'étais avec vous dans le Temple, vous n'avez pas porté la main sur moi. Mais voici votre heure et le pouvoir des ténèbres. »

Pierre renie Jésus. – ⁵⁴L'ayant saisi, ils l'emmenèrent, et le conduisirent dans la maison du grand prêtre. Pierre suivait de loin. ⁵⁵Comme ils avaient allumé un feu au milieu de la cour et faisaient cercle autour, Pierre s'assit au milieu d'eux. ⁵⁶Une servante, le voyant assis près de la flambée, fixa les yeux sur lui et dit : « Celui-là aussi était avec lui ! » ⁵⁷Mais il nia, disant : « Femme, je ne le connais pas. » ⁵⁸Peu après, un autre, le voyant, dit : « Toi aussi, tu en es ! » Mais Pierre dit : « Je n'en suis pas. » ⁵⁹Une heure environ s'était écoulée, quand un autre insistait, disant : « Pour sûr, celui-là aussi était avec lui. D'ailleurs, il est Galiléen. » ⁶⁰Pierre répondit : « Je ne sais ce que tu dis. » Aussitôt, alors qu'il parlait encore, un coq chanta. ⁶¹Le Seigneur, se retournant, regarda Pierre. Et Pierre se souvint alors de la parole que le Seigneur lui avait dite : « Avant qu'un coq chante aujourd'hui, tu me renieras trois fois. » ⁶²Il sortit et pleura amèrement.

Scène d'outrages. [63]Les hommes qui gardaient Jésus se moquaient de lui et le frappaient. [64]Lui ayant voilé le visage, ils lui demandaient : « Fais le prophète ! Qui est-ce qui t'a frappé ? » [65]Et ils proféraient beaucoup d'autres injures contre lui.

Le procès juif. – [66]Quand il fit jour[i], le conseil des anciens du peuple, grands prêtres et scribes, s'assembla. Ils amenèrent Jésus dans leur Sanhédrin [67]et dirent : « Si tu es le Christ, dis-le-nous. » Il leur répondit : « Si je vous le dis, vous ne le croirez pas, [68]et si je vous interroge, vous ne répondrez pas. [69]Mais désormais le Fils de l'homme *sera assis à la droite de la puissance de Dieu*[j]. » [70]Ils dirent tous : « Tu es donc le Fils de Dieu ? » Et lui leur dit : « Vous-mêmes dites que je le suis. » [71]Ils dirent alors : « Qu'avons-nous encore besoin de témoignage ? Nous l'avons entendu nous-mêmes de sa bouche. »

23 **Jésus comparaît devant Pilate.** – [1]Toute leur assemblée se leva et l'amena à Pilate. [2]Ils se mirent à l'accuser, disant : « Nous avons trouvé cet homme perturbant notre nation : il empêche de payer les impôts à César, et se présente comme Christ, roi. » [3]Pilate l'interrogea en ces termes : « Es-tu le roi des Juifs ? » Jésus lui répondit : « Tu le dis. » [4]Pilate dit alors aux grands prêtres et aux foules : « Je ne trouve aucun motif de condamner cet homme. » [5]Mais ils insistaient, disant : « Il soulève le peuple en enseignant dans tout le pays des Juifs, à partir de la Galilée jusqu'ici. » [6]Pilate, à ces mots, demanda si l'homme était

---

[i]66. Des deux comparutions, l'une de nuit, l'autre le matin, rapportées par Matthieu et Marc, Luc ne retient que la séance matinale du Sanhédrin, et il y reporte tout l'interrogatoire.

[j]69. Ps 110, 1.

Galiléen. 7Apprenant qu'il relevait de l'autorité d'Hérode, il le renvoya à Hérode, qui était lui aussi à Jérusalem en ces jours-là.

Jésus devant Hérode. – 8Hérode, voyant Jésus, se réjouit fort, car depuis longtemps il désirait le voir, pour ce qu'il entendait dire de lui. Il espérait lui voir faire quelque miracle. 9Il l'interrogea avec un flot de paroles, mais Jésus ne lui répondit rien. 10Les grands prêtres et les scribes se tenaient là, qui l'accusaient avec acharnement. 11Hérode, avec ses courtisans, le traita avec mépris et se moqua de lui. Il l'habilla d'un vêtement éclatant et le renvoya à Pilate. 12Hérode et Pilate devinrent amis ce jour-là, d'ennemis qu'ils étaient auparavant.

Pilate condamne Jésus innocent. – 13Pilate, ayant convoqué les grands prêtres, les chefs et le peuple, 14leur dit : « Vous m'avez présenté cet homme comme détournant le peuple. Or voici que je l'ai interrogé devant vous, et je n'ai trouvé en cet homme aucun des motifs de condamnation dont vous l'accusez. 15D'ailleurs, Hérode non plus, puisqu'il l'a renvoyé devant nous. Bref, il n'y a rien dans ses agissements qui mérite la mort. 16Je le fais donc corriger et je le relâche. » [17a] 18Mais ils criaient tous ensemble : « Mort à cet homme, et relâche-nous Barabbas ! » 19Ce dernier avait été jeté en prison pour une sédition survenue dans la ville et pour un meurtre. 20De nouveau, Pilate leur adressa la parole, voulant relâcher Jésus. 21Mais ils élevaient la voix, disant : « Crucifie, crucifie-le ! » 22Pour la troisième fois, il leur dit : « Quel mal a donc fait cet homme ? Je n'ai rien trouvé en lui qui mérite la mort. Je le fais donc corriger et je

23. – a17. Plusieurs manuscrits intercalent ici : *Or, à chaque fête,* *il était tenu de leur relâcher quelqu'un.*

le relâche. » [23]Mais ils insistaient à grands cris, réclamant qu'il fût crucifié, et leurs clameurs redoublaient. [24]Alors Pilate décréta que leur demande serait satisfaite. [25]Il relâcha celui qui avait été jeté en prison pour sédition et meurtre et qu'ils réclamaient, et Jésus, il le livra à leur volonté.

Le chemin de croix. – [26]Comme ils l'emmenaient, ils prirent un certain Simon de Cyrène, qui revenait des champs, et ils le chargèrent de la croix pour la porter derrière Jésus. [27]Une grande foule du peuple le suivait, ainsi que des femmes qui se frappaient la poitrine et se lamentaient sur lui. [28]Se retournant vers elles, Jésus dit : « Filles de Jérusalem, ne pleurez pas sur moi. Pleurez plutôt sur vous-mêmes et sur vos enfants. [29]Voici venir des jours où l'on dira : Heureuses les stériles, et les entrailles qui n'ont pas enfanté, et les seins qui n'ont pas nourri ! [30]Alors on se mettra à *dire aux montagnes :* *"Tombez sur nous !" et aux collines : "Cachez-nous*[b]*!"* [31]Car si l'on traite ainsi le bois vert, qu'en sera-t-il du bois sec ? » [32]On conduisait aussi deux autres, des malfaiteurs, pour être exécutés avec lui.

Le crucifiement. – [33]Arrivés à l'endroit appelé "Le Crâne", ils y crucifièrent Jésus, ainsi que les malfaiteurs, l'un à droite, l'autre à gauche. [34]Jésus disait : « Père, pardonne-leur. Ils ne savent pas ce qu'ils font. » Pour se partager ses vêtements, ils tirèrent au sort. [35]Le peuple se tenait là et regardait. Les chefs ironisaient : « Il en a sauvé d'autres, qu'il se sauve lui-même, s'il est le Christ de Dieu, l'Élu[c] ! » [36]Les soldats se moquèrent aussi de lui ; ils s'avançaient, lui présentaient du vinaigre [37]et disaient : « Si tu es le roi des Juifs, sauve-toi toi-

[b]30. Os 10, 8.
[c]34-35. Allusion au Ps 22, 19 et 22, 8.

même ! » ³⁸Il y avait aussi une inscription au-dessus de lui : « Celui-ci est le roi des Juifs. »

Les deux larrons. – ³⁹L'un des malfaiteurs suspendus à la croix l'injuriait : « N'es-tu pas le Christ ? Sauve-toi toi-même, et nous aussi ! » ⁴⁰Mais l'autre le réprimanda et lui dit : « Tu ne crains même pas Dieu, toi qui subis la même peine ! ⁴¹Pour nous, c'est juste, car nous recevons ce qu'ont mérité nos agissements. Mais lui n'a rien fait de mal. » ⁴²Et il disait : « Jésus, souviens-toi de moi quand tu viendras dans ton Règne. » ⁴³Jésus lui dit : « Vraiment, je te dis, aujourd'hui tu seras avec moi dans le paradis^d. »

La mort de Jésus. – ⁴⁴C'était déjà environ la sixième heure^e, quand l'obscurité se fit sur toute la terre jusqu'à la neuvième heure, le soleil ayant disparu. ⁴⁵Le rideau du Sanctuaire se déchira par le milieu. ⁴⁶Poussant un grand cri, Jésus dit : *Père, en tes mains je remets mon esprit*^f. En disant ces mots, il expira.

⁴⁷Le centurion, à la vue de ce qui était arrivé, glorifiait Dieu en disant : « Sûrement, cet homme était juste ! » ⁴⁸Et tous ceux qui s'étaient rassemblés pour ce spectacle, après avoir vu ce qui s'était passé, s'en retournaient en se frappant la poitrine. ⁴⁹Tous ses familiers se tenaient à distance, ainsi que les femmes qui l'avaient suivi depuis la Galilée, et qui regardaient cela.

Jésus mis au tombeau. – ⁵⁰Alors arriva un homme du nom de Joseph, membre du Conseil, homme bon et juste. ⁵¹Il n'avait donné son assentiment ni à leur

---

^d43. *Paradis* : mot d'origine persane, évoquant un jardin de délices, séjour des bienheureux.

^e44. Voir note sur Mc 15, 25.
^f46. Ps 31, 6.

dessein ni à leurs agissements. Il était d'Arimathie, ville juive, et il attendait le Règne de Dieu. ⁵²Il se rendit auprès de Pilate et demanda le corps de Jésus. ⁵³Il le descendit de la croix, l'enveloppa d'un linceul et le déposa dans un sépulcre taillé dans le roc, où personne n'avait encore été mis. ⁵⁴C'était le jour de la Préparation, et déjà luisait le sabbat^g. ⁵⁵Les femmes qui étaient venues de Galilée avec Jésus suivirent Joseph. Elles regardèrent la tombe et comment avait été mis le corps de Jésus. ⁵⁶S'en retournant, elles préparèrent aromates et parfums. Et, le sabbat, elles observèrent le repos, selon le précepte.

LA RÉSURRECTION ET L'ASCENSION

24 **Les femmes au tombeau. Le message pascal.** – ¹Le premier jour de la semaine, de grand matin, elles se rendirent à la tombe, portant les aromates qu'elles avaient préparés. ²Elles trouvèrent la pierre roulée de devant le tombeau. ³Mais, étant entrées, elles ne trouvèrent pas le corps du Seigneur Jésus. ⁴Comme elles s'interrogeaient à ce sujet, voici que deux hommes se tinrent devant elles, en vêtements fulgurants. ⁵Comme, saisies de peur, elles tenaient le visage incliné vers la terre, ils leur dirent : « Pourquoi cherchez-vous le Vivant parmi les morts ? ⁶Il n'est pas ici ; il est ressuscité. Rappelez-vous comment il vous a parlé, quand il était encore en Galilée. Il disait : ⁷"Le Fils de l'homme doit être livré aux mains d'hommes pécheurs et être crucifié, et le troisième jour ressusciter". » ⁸Alors elles se rappelèrent ses paroles.

---

^g54. Allusion aux lampes qu'on allumait au soir (c'est-à-dire au commencement) du sabbat. Le sabbat commence le vendredi au coucher du soleil.

⁹Revenues du tombeau, elles allèrent rapporter tout cela aux Onze et à tous les autres. ¹⁰C'étaient Marie de Magdala, Jeanne, et Marie, mère de Jacques ; les autres femmes qui étaient avec elles le dirent aussi aux apôtres. ¹¹Mais à leurs yeux, ces propos parurent divagation, et ils ne les crurent pas.

¹²Pierre cependant se leva et courut au tombeau. Se penchant, il ne voit que des linges. Et il s'en alla chez lui, tout étonné de ce qui était arrivé[a].

Les disciples d'Emmaüs. – ¹³Et voici que deux d'entre eux, ce même jour, faisaient route vers un village appelé Emmaüs, distant de soixante stades[b] de Jérusalem. ¹⁴Ils s'entretenaient de tout ce qui était arrivé. ¹⁵Comme ils parlaient et discutaient, Jésus lui-même s'approcha et il fit route avec eux. ¹⁶Mais leurs yeux étaient empêchés de le reconnaître. ¹⁷Il leur dit : « Quelles sont ces paroles que vous échangez entre vous en marchant ? » Ils s'arrêtèrent, tout assombris. ¹⁸L'un d'eux, du nom de Cléophas, lui répondit : « Tu es bien le seul à séjourner à Jérusalem qui n'aies pas su ce qui est arrivé ces jours-ci ! » ¹⁹Il leur dit : « Quoi donc ? » Ils lui répondirent : « Ce qui est arrivé à Jésus de Nazareth, qui était un prophète puissant en œuvres et en paroles devant Dieu et devant tout le peuple : ²⁰comment nos grands prêtres et nos chefs l'ont livré pour être condamné à mort et l'ont crucifié. ²¹Et nous, nous espérions qu'il serait le libérateur d'Israël. Mais, avec tout cela, voilà le troisième jour que ces choses sont arrivées. ²²Il est vrai que quelques femmes qui

---

24. – [a]12. Ce verset, appuyé par la très grande majorité des manuscrits, doit être maintenu. C'est un des nombreux points de contact de Luc avec Jean (20, 3-10).

[b]13. Ou : *cent soixante stades,* variante moins bien attestée. L'identification d'Emmaüs reste très discutée.

sont des nôtres nous ont stupéfiés. Étant allées, tôt le matin, au tombeau, ²³elles n'ont pas trouvé son corps, et sont venues dire qu'elles avaient même eu une vision d'anges qui le disent vivant. ²⁴Quelques-uns des nôtres sont allés au tombeau et ont trouvé les choses comme les femmes l'avaient dit. Mais lui, ils ne l'ont pas vu. »

²⁵Alors il leur dit : « Gens sans intelligence, cœurs lents à croire tout ce qu'ont annoncé les prophètes ! ²⁶N'est-ce pas là ce que le Christ devait souffrir pour entrer dans sa gloire ? » ²⁷Et commençant par Moïse, puis par tous les prophètes, il leur interpréta dans toutes les Écritures ce qui le concernait.

²⁸Quand ils approchèrent du village où ils se rendaient, Jésus fit semblant d'aller plus loin. ²⁹Mais ils le pressèrent, disant : « Reste avec nous, car le soir approche et déjà le jour décline. » Et il entra pour rester avec eux. ³⁰Quand il fut à table avec eux, il prit le pain, dit la bénédiction, le rompit et le leur donnaᶜ. ³¹Alors, leurs yeux s'ouvrirent et ils le reconnurent… mais il disparut à leurs regards. ³²Ils se dirent l'un à l'autre : « Notre cœur n'était-il pas brûlant en nous, quand il nous parlait en chemin, quand il nous ouvrait les Écritures ? »

³³Se levant à l'heure même, ils retournèrent à Jérusalem. Ils y trouvèrent réunis les Onze et leurs compagnons, ³⁴qui dirent : « Le Seigneur est vraiment ressuscité, et il est apparu à Simon. » ³⁵Et eux de raconter ce qui était arrivé en chemin, et comment il s'était fait connaître d'eux par la fraction du pain.

ᶜ30. Il ne s'agit peut-être pas de l'Eucharistie, mais le vocabulaire employé ici est bien le vocabulaire eucharistique.

Jésus apparaît aux disciples. – [36]Comme ils parlaient encore[d], Jésus se tint au milieu d'eux et leur dit : « Paix à vous ! » [37]Effrayés et saisis de peur, ils pensaient voir un esprit. [38]Il leur dit : « Pourquoi ce trouble ? Pourquoi ces doutes qui montent dans vos cœurs ? [39]Voyez mes mains et mes pieds. C'est bien moi. Touchez-moi et voyez : un esprit n'a ni chair ni os comme vous voyez que j'en ai. » [40]Disant cela, il leur montra ses mains et ses pieds. [41]Comme, dans leur joie, ils n'arrivaient pas encore à croire, et restaient étonnés, il leur dit : « Avez-vous ici quelque chose à manger ? » [42]Ils lui offrirent un morceau de poisson grillé. [43]Il le prit et le mangea devant eux. [44]Puis il leur dit : « Voilà les paroles que je vous ai dites, quand j'étais encore avec vous : Tout ce qui est écrit de moi dans la Loi[e] de Moïse, les Prophètes et les Psaumes doit s'accomplir. » [45]Alors il leur ouvrit l'intelligence pour qu'ils comprennent les Écritures. [46]Et il leur dit : « Voici ce qui est écrit : le Christ souffrira, et ressuscitera des morts le troisième jour, [47]et la conversion et la rémission des péchés seront prêchées en son nom à toutes les nations, en commençant par Jérusalem. [48]Vous en êtes les témoins. [49]Et voici que j'envoie sur vous ce qu'a promis mon Père[f]. Vous, restez dans la ville, jusqu'à ce que vous soyez, d'en haut, revêtus de puissance. »

L'Ascension. – [50]Il les emmena jusque vers Béthanie et, levant les mains, il les bénit. [51]Comme il les

[d]36-53. Luc ne mentionne pas les apparitions en Galilée. N'oublions pas que son évangile est tout entier centré sur Jérusalem.

[e]44. Loi, Prophètes, Psaumes : les trois parties de la Bible juive.

[f]49. L'Esprit Saint.

[g]50-51. On pourrait croire que l'Ascension a lieu le jour même de Pâques, si Ac 1, 3 ne précisait la durée de quarante jours entre les deux événements. Luc bloque

bénissait, il se sépara d'eux et il fut emporté au ciel[g]. [52]Quant à eux, s'étant prosternés devant lui, ils retournèrent à Jérusalem avec grande joie. [53]Ils étaient continuellement dans le Temple à bénir Dieu[h].

ici en un seul jour les manifestations glorieuses de Jésus.

[h]52-53. L'Évangile se termine là où il a commencé, au Temple de Jérusalem. Luc laisse son lecteur dans une atmosphère de joie surnaturelle, de recueillement et d'action de grâce, qui se retrouvera dans les premières pages des Actes.

ÉVANGILE SELON SAINT JEAN

INTRODUCTION

« *L'Évangile spirituel* »: telle est l'appellation qu'au début du IIIe siècle, Clément d'Alexandrie appliquait au quatrième évangile. Elle a sans cesse été reprise, car elle est parfaitement justifiée, tant par la profondeur théologique de cet évangile que par l'aura de contemplation et de mystère dans laquelle il baigne.

Il s'agit d'un récit bien différent de ceux des évangiles synoptiques. Saint Jean ne se rencontre avec eux que dans un petit nombre d'épisodes, si l'on excepte le récit de la Passion. Encore y ajoute-t-il des détails, des précisions qui plus d'une fois posent de nouveaux problèmes. On peut tenir pour certain qu'il n'a pas voulu reprendre des données déjà développées dans les trois premiers évangiles, et que dans plus d'un cas il a voulu compléter ceux-ci par des traditions personnelles, et parfois, sur des points de chronologie, de géographie etc., les rectifier discrètement.

Mais l'un des traits les plus frappants de cet évangile est l'importance et l'élévation théologique des discours. Il est clair que la rédaction de ceux-ci, à partir des paroles de Jésus, est le fruit d'une longue élaboration. Ils portent incontestablement la marque personnelle de l'auteur, et aussi celle d'un milieu d'initiés. Nombre de pages (dialogues avec Nicodème, avec la Samaritaine) évoquent des catéchèses d'initiation, et d'autres (discours de la Cène) des méditations dont la doctrine, le langage et jusqu'au vocabulaire (par exemple le terme de « Paraclet ») suggèrent l'influence de cénacles spirituels.

Malgré ces caractéristiques si particulières, le qua-

trième évangile s'est imposé comme les trois premiers aux chrétientés anciennes. Des papyrus récemment découverts ont montré qu'il était utilisé en Égypte, donc loin de son lieu d'origine, dès le début du IIe siècle. Ce fait ne peut s'expliquer que si les Églises, si attentives à discerner et à rejeter les écrits apocryphes, y ont reconnu l'œuvre et l'autorité d'un apôtre.

Le livre porte en effet une signature discrète : il se donne comme l'œuvre du disciple que Jésus aimait, qui reposa à la dernière Cène sur la poitrine du Sauveur (19, 26.35, à rapprocher de 21, 20.24). Divers recoupements amènent à reconnaître en lui l'un des Douze, uni à Pierre par une étroite intimité, et finalement Jean (1, 35sq ; 18, 15 ; 20, 2.4sq ; 21, 7). L'examen interne confirme ces données. Tout dénote un auteur d'origine juive : langue, style, connaissance approfondie de la Palestine contemporaine de Jésus, etc.

Saint Jean écrit après la ruine de Jérusalem ; il suppose que tout est changé en Palestine. L'incrédulité et la réprobation d'Israël, sur laquelle il insiste et qui le désole, et la vocation des Gentils sont des faits accomplis. On admet généralement que l'Apocalypse, contemporaine de la persécution de Domitien (95 ou 96) a été rédigée auparavant ; on peut donc placer l'Évangile entre 96 et 100. Il a été composé en Asie, à Éphèse, précise saint Irénée, probablement à l'instigation des évêques et des fidèles. Après tous les autres, le disciple bien-aimé apporte au Christ son témoignage, fruit de toute une vie de méditation et de prédication. Ce témoignage, bien que mis tardivement par écrit, est en réalité fort ancien, au point que l'on a cru discerner une influence de Jean sur Luc. D'autre part la différence de style entre l'Apocalypse et l'évangile a fait supposer que pour la rédaction de ce dernier l'apôtre aurait recouru à l'aide d'un disciple. Cette conclusion demeure sujette à discussion, le genre litté-raire d'une apocalypse étant tout autre que celui d'un récit.

   Le quatrième évangile est écrit dans un style sim-ple, monotone, d'allure très sémitique (juxtaposition des propositions par le simple « et »), avec un vocabu-laire étonnamment pauvre. Malgré cela, l'impression produite est saisissante. On ne peut échapper à l'em-prise de ce style hiératique – que la lecture à haute voix ne doit pas transformer en emphase – d'une solennité majestueuse, mais jamais pompeux et sou-vent teinté d'une ironie soit souriante, soit amère. On est en présence d'un témoignage dont la sincérité s'im-pose, d'un drame en face duquel on est sommé de se prononcer, d'un mystère dans lequel on ne peut entrer que par le don mystérieux de la foi.

PROLOGUE

Hymne au Verbe

1

¹Au commencement[a] était le Verbe[b],
   et le Verbe était vers Dieu,
   et le Verbe était Dieu.
²Il était au commencement vers Dieu.
³Tout fut par lui,
   et sans lui rien ne fut
   de ce qui est arrivé.
⁴En lui était la vie,
   et la vie était la lumière des hommes ;
⁵la lumière brille dans la ténèbre
   et la ténèbre ne l'a pas arrêtée[c].
⁶Il y eut un homme envoyé de par Dieu ;
   son nom était Jean.
⁷Il vint en témoignage[d],
   afin de témoigner de la lumière,
   pour que tous croient par lui.
⁸Il n'était pas la lumière,
   il devait témoigner de la lumière.

---

1. – [a]1. *Au commencement* : reprise intentionnelle des premiers mots de la Genèse.
   [b]1. *Verbe* : Logos en grec. Ce terme évoque à la fois la Parole, révélation de Dieu dans toute la tradition biblique, et le Logos connu dans la philosophie grecque et chez Philon d'Alexandrie (env. 13 av. J. C. à 45-50 après J. C.). Celui-ci, dans le dessein de rapprocher la pensée juive de la pensée grecque, développe la philo-théologie du Logos intermédiaire entre Dieu et le monde. Il a dû exercer une influence sur le choix du terme et sur la théologie du Logos chez saint Jean (ici, en 1 Jn 1, 1 et en Ap 19, 13).
   [c]5. Autres traductions : *Les ténèbres ne l'ont pas accueillie,* ou : *ne l'ont pas comprise.*
   [d]7-8. Le thème du témoi-

⁹Le Verbe, lumière véritable
qui illumine tout homme,
venait dans le monde.
¹⁰Il était dans le monde,
et le monde fut par lui,
et le monde ne l'a pas connu.
¹¹Il est venu chez lui,
et les siens ne l'ont pas accueilli.
¹²Mais à tous ceux qui l'ont reçu,
il a donné pouvoir
de devenir enfants de Dieu ;
à ceux qui croient en son Nom ;
¹³qui ne sont pas nés[e] du sang,
ni d'un vouloir de chair,
ni d'un vouloir d'homme, mais de Dieu.
¹⁴Et le Verbe s'est fait chair[f],
et il a habité parmi nous,
et nous avons vu sa gloire,
gloire comme celle que tient de son Père
un Fils unique,
plein de grâce et de vérité.
¹⁵Jean lui rend témoignage
et crie :
« C'était lui dont j'ai dit :
Celui qui vient après moi
est passé devant moi
parce qu'avant moi il était. »

gnage (de Jean, du Père, des œuvres...) tiendra une grande place dans cet évangile.

[e]13. La variante au singulier : *Lui qui n'est pas né* etc., ne s'appuie que sur quelques versions anciennes et citations patristiques et ne saurait prévaloir contre l'ensemble des meilleurs manuscrits grecs.

[f]14. *Chair* : homme. Le mystère de l'Incarnation trouve ici sa parfaite expression. *A habité* : litt. a établi sa tente. Allusion probable à la Tente du désert et au Temple, lieu de la Présence divine.

¹⁶Oui, de sa plénitude nous avons tous reçu,
    et grâce sur grâce.
¹⁷Car la Loi a été donnée par Moïse,
    la grâce et la vérité sont venues par Jésus Christ.
¹⁸Dieu, personne ne l'a jamais vu ;
    un Dieu, Fils unique,
    qui est dans le sein du Père,
    Celui-là l'a fait connaître.

LA MANIFESTATION DE JÉSUS

Témoignage de Jean-Baptiste. – ¹⁹Voici quel fut le témoignage de Jean, quand les Juifs envoyèrent vers lui, de Jérusalem, des prêtres et des lévites lui demander : « Qui es-tu ? » ²⁰Il reconnut, il ne nia pas, il reconnut : « Je ne suis pas le Christ. » ²¹Ils l'interrogèrent : « Quoi donc ? Es-tu Élie ? » Il dit : « Je ne le suis pas. » « Es-tu le Prophète[g] ? » Il répondit : « Non. » ²²Ils lui dirent donc : « Qui es-tu ?... que nous donnions réponse à ceux qui nous ont envoyés ! Que dis-tu de toi-même ? » ²³Il dit : « Je suis *la voix de celui qui crie dans le désert : Rendez droit le chemin du Seigneur*[h], comme a dit le prophète Isaïe. »

²⁴Or les envoyés étaient des pharisiens[i]. ²⁵Ils l'interrogèrent en ces termes : « Pourquoi donc baptises-tu, si tu n'es ni le Christ, ni Élie, ni le Prophète ? » ²⁶Jean leur répondit : « Moi, je baptise dans l'eau. Au milieu de vous se tient quelqu'un que vous ne connaissez pas, ²⁷celui qui vient après moi, dont je ne suis pas

---

[g] 21. Le Prophète par excellence (Dt 18, 15). Les Juifs l'entendaient assez confusément soit des grands prophètes d'Israël, soit du Messie lui-même.

[h] 23. Is 40, 3.
[i] 24. Ou : *Parmi les envoyés, il y avait des pharisiens.*

digne de délier la courroie de sa sandale. » ²⁸Cela se passait à Béthanie[j], au-delà du Jourdain, où Jean baptisait.

²⁹Le lendemain, il voit Jésus qui vient vers lui et il dit : « Voici l'Agneau de Dieu[k], qui enlève le péché du monde. ³⁰C'est de lui que j'ai dit : "Après moi vient un homme qui est passé devant moi, parce qu'avant moi il était." ³¹Et moi, je ne le connaissais pas ; mais pour qu'il fût manifesté à Israël, oui, pour cela je suis venu baptiser dans l'eau. » ³²Et Jean rendit ce témoignage : « J'ai vu l'Esprit descendre du ciel comme une colombe et demeurer sur lui. ³³Et moi, je ne le connaissais pas, mais celui qui m'a envoyé baptiser dans l'eau m'a dit : "Celui sur lequel tu verras l'Esprit descendre et demeurer, c'est lui qui baptise dans l'Esprit Saint." ³⁴Et moi j'ai vu, et j'ai témoigné qu'il est l'Élu de Dieu[l]. »

Jésus appelle ses premiers disciples[m]. — ³⁵Le lendemain, Jean se tenait de nouveau là, avec deux de ses disciples. ³⁶Il regardait Jésus qui marchait et il dit : « Voici l'Agneau de Dieu. » ³⁷Les deux disciples entendirent ces paroles et ils suivirent Jésus. ³⁸Jésus se retourna, les vit qui le suivaient et leur dit : « Que cherchez-vous ? » Ils lui dirent : « Rabbi — mot qui signifie Maître —, où demeures-tu ? » ³⁹Il leur dit : « Venez

[j]28. Site de localisation incertaine, évidemment distinct de la Béthanie de Marthe et Marie, aux portes de Jérusalem (11, 1.18).

[k]29-36. L'Agneau de Dieu évoque à la fois l'agneau pascal (Ex 12) et le Serviteur souffrant (Is 53, 4.7.11), dont le sacrifice apporte le salut à tout le peuple.

[l]34. Ou, selon une variante,

peut-être trop facile : *le Fils de Dieu*.

[m]35-51. Scènes très vivantes, qui dénotent un témoin oculaire. Apparaissent ici pour la première fois ces données personnelles qui seront si nombreuses dans cet évangile. Apparaît aussi, au v 40, le « disciple » qui restera anonyme jusqu'au bout (21, 24).

voir. » Ils vinrent donc, ils virent où il demeurait, et ils restèrent auprès de lui ce jour-là ; c'était environ la dixième heure[n].

[40]André, le frère de Simon-Pierre, était l'un des deux disciples qui avaient entendu Jean et suivi Jésus. [41]Il trouve d'abord[o] son propre frère Simon et lui dit : « Nous avons trouvé le Messie ! » – ce qui signifie Christ. [42]Il l'amena à Jésus. Le regardant, Jésus dit : « Tu es Simon, le fils de Jean. Tu t'appelleras Képhas » – ce qui signifie Pierre.

[43]Le lendemain, Jésus voulut partir pour la Galilée. Il rencontre Philippe et lui dit : « Suis-moi. » [44]Or Philippe était de Bethsaïde, la ville d'André et de Pierre. [45]Philippe rencontre Nathanaël et lui dit : « Celui dont a écrit Moïse dans la Loi, et dont ont parlé les prophètes, nous l'avons trouvé : Jésus, fils de Joseph, de Nazareth. » [46]Nathanaël lui dit : « De Nazareth peut-il venir quelque chose de bon ? » Philippe lui dit : « Viens voir. » [47]Jésus vit Nathanaël qui venait à lui et il dit : « Voici vraiment un Israélite, en qui il n'est pas de détour. » [48]Nathanaël lui dit : « D'où me connais-tu ? » Jésus lui répondit : « Avant que Philippe t'appelle, alors que tu étais sous le figuier, je t'ai vu. » [49]Nathanaël lui répondit : « Rabbi, tu es le Fils de Dieu, tu es roi d'Israël ! » [50]Jésus lui répondit : « Parce que je t'ai dit : "Je t'ai vu sous le figuier", tu crois ! Tu verras des choses plus grandes que cela. » [51]Et il ajouta : « Vraiment, vraiment je vous dis : vous verrez le ciel ouvert et les anges de Dieu montant et descendant au-dessus du Fils de l'homme[p]. »

2 Les noces de Cana. – [1]Le troisième jour, il y eut une noce à Cana de Galilée. La mère de Jésus était là. [2]Jésus aussi fut invité à la noce ainsi que ses disci-

---

[n]39. Quatre heures de l'après-midi.

[o]41. Variante : *à la pointe du jour*.

[p]51. Allusion au songe de Jacob : Gn 28, 10-17. Jésus, Fils de l'homme, ouvrira le ciel aux hommes.

ples. ³Le vin venant à manquer, la mère de Jésus lui dit : « Ils n'ont pas de vin. » ⁴Jésus lui dit : « Que me veux-tuᵃ, femmeᵇ ? Mon heure n'est pas encore venue. » ⁵Sa mère dit aux serviteurs : « Faites tout ce qu'il vous dira. » ⁶Or il y avait là six jarres de pierre, pour les purifications des Juifs, contenant chacune deux ou trois mesures. ⁷Jésus dit aux serveurs : « Remplissez d'eau les jarres. » Ils les remplirent jusqu'au bord. ⁸Il leur dit : « Puisez maintenant et portez-en au maître d'hôtel. » Ils lui en portèrent. ⁹Quand le maître d'hôtel eut goûté l'eau devenue du vin – il en ignorait la provenance, mais les serveurs la savaient, eux qui avaient puisé l'eau –, il appelle le marié ¹⁰et lui dit : « Tout le monde sert d'abord le bon vin, et, quand les gens sont ivres, alors le moins bon ; toi, tu as gardé le bon vin jusqu'à présent. »

¹¹Tel fut le commencement des signes de Jésus ; c'était à Cana de Galilée. Il manifesta sa gloire, et ses disciples crurent en lui.

¹²Après cela, il descendit à Capharnaüm avec sa mère, ses frères et ses disciples ; ils n'y restèrent que peu de jours.

La Pâque à Jérusalem. Les marchands du Temple. – ¹³La Pâque des Juifs était proche, et Jésus monta à Jérusalem. ¹⁴Il trouva dans le Temple les marchands de bœufs, de brebis et de colombes, et les changeurs assis (à leurs comptoirs). ¹⁵Se fabriquant un fouet

---

2. – ᵃ4. Cette formule, assez fréquente dans la Bible, exprime une discordance de sentiments, une désapprobation ou un refus. Jésus va cependant accéder ensuite à la demande implicite (cf. 11, 3) de sa Mère, manifes-tant ainsi la puissance d'inter-cession de Marie.

ᵇ4. Appellation singulière d'un fils à sa mère, répétée en 19, 26. On comprend que Marie est la Femme par excellence, la nouvelle Ève, mère des vivants (Gn 3, 20).

avec des cordes, il les chassa tous du Temple, et les brebis et les bœufs ; il répandit la monnaie des banquiers et renversa leurs tables ; [16]et aux marchands de colombes il dit : « Ôtez cela d'ici ; ne faites pas de la maison de mon Père une maison de trafic[c]. » [17]Ses disciples se souvinrent qu'il est écrit : *Le zèle de ta maison me dévorera*[d]. [18]Alors les Juifs lui demandèrent : « Quel signe nous montres-tu, pour agir ainsi ? » [19]Jésus leur répondit : « Détruisez ce sanctuaire, et en trois jours je le relèverai. » [20]Les Juifs lui dirent : « Pendant quarante-six ans on a construit ce sanctuaire[e], et toi, en trois jours tu le relèveras ! » [21]Mais lui parlait du sanctuaire de son corps[f]. [22]Lors donc qu'il se releva d'entre les morts, ses disciples se souvinrent qu'il avait dit cela. Ils crurent à l'Écriture et à la parole qu'avait dite Jésus.

Jésus connaît l'homme. – [23]Comme il était à Jérusalem, pendant cette fête de Pâque, beaucoup crurent en son nom en voyant les signes qu'il faisait. [24]Mais Jésus, lui, ne se fiait pas à eux, parce qu'il les connaissait tous. [25]Il n'avait pas besoin qu'on témoignât sur l'homme, car il savait ce qu'il y a dans l'homme[g].

3 **Jésus et Nicodème.** – [1]Il y avait un pharisien, du nom de Nicodème, un notable des Juifs. [2]Il vint, de nuit, vers Jésus et lui dit : « Rabbi, nous savons que tu es venu en maître de la part de Dieu, car nul ne peut faire ces signes que tu fais, si Dieu n'est avec lui. » [3]Jésus lui répondit : « Vraiment, vraiment je te dis : si

[c]16. Cf. Za 14, 21.
[d]17. Ps 69, 10. Allusion à la Passion.
[e]20. Hérode avait entrepris la reconstruction du Temple en 20-19 avant notre ère.
[f]21. Dans l'Alliance nouvelle, le

véritable Temple sera l'humanité du Verbe de Dieu.
[g]24-25. Le quatrième évangile sera parsemé de réflexions de l'évangéliste, soulignant notamment l'omniscience de Jésus.

on ne naît de nouveau[a], on ne peut voir le Règne de Dieu. » [4]Nicodème lui dit : « Comment un homme devenu vieux peut-il naître de nouveau ? Pourrait-il entrer une seconde fois dans le sein de sa mère et naître ? » [5]Jésus répondit : « Vraiment, vraiment, je te dis : si on ne naît de l'eau et de l'Esprit[b], on ne peut entrer dans le Règne de Dieu. [6]Ce qui est né de la chair est chair, et ce qui est né de l'Esprit est esprit. [7]Ne sois pas étonné que je t'aie dit : "Il vous faut naître de nouveau." [8]Le vent souffle où il veut ; et tu entends sa voix, mais tu ne sais d'où il vient ni où il va. Tel est quiconque est né de l'Esprit[c]. »

[9]Nicodème reprit : « Comment cela peut-il se faire ? » [10]Jésus répondit : « Tu es un maître en Israël, et tu ne sais pas cela ? [11]Vraiment, vraiment je te dis, nous parlons[d] de ce que nous savons, et nous témoignons de ce que nous avons vu ; mais notre témoignage, vous ne le recevez pas. [12]Si je vous ai dit les choses de la terre, et que vous ne croyez pas, comment croirez-vous si je vous dis les choses du ciel. [13]Et nul n'est monté au ciel, sinon celui qui du ciel est descendu, le Fils de l'homme qui est au ciel. [14]Et de même que Moïse a élevé le serpent, au désert[e], de même le Fils de l'homme doit-il être élevé, [15]pour que quiconque croit en lui ait la vie éternelle[f].

---

3. – [a]3. Ou : *d'en haut*. Mais l'évangéliste suggère les deux sens à la fois, selon le procédé du double sens qui est très sémitique et lui sera très habituel.

[b]5. Le baptême chrétien, comme l'a déclaré le Concile de Trente.

[c]8. En grec (comme en hébreu) le même mot signifie esprit et souffle ou vent.

[d]11. Le passage du singulier au pluriel se rencontre dans l'AT (notamment Dt) et n'est pas rare dans le langage rabbinique. Mais peut-être l'évangéliste et la communauté chrétienne joignent-ils ici leur témoignage à celui de Jésus.

[e]14. Nb 21, 8-9. L'élévation évoque à la fois la croix et la gloire.

[f]15. Ou : *pour que quiconque croit ait en lui la vie éternelle.*

[16]« Dieu, en effet, a tant aimé le monde qu'il a donné son Fils, son unique, pour que quiconque croit en lui ne périsse pas, mais ait la vie éternelle. [17]Car Dieu n'a pas envoyé son Fils dans le monde pour juger le monde, mais pour que le monde soit sauvé par lui. [18]Qui croit en lui n'est pas jugé. Qui ne croit pas en lui est déjà jugé, parce qu'il n'a pas cru au nom de l'unique Fils de Dieu. [19]Et tel est le jugement : la lumière est venue dans le monde, et les hommes ont préféré les ténèbres à la lumière, car leurs œuvres étaient mauvaises. [20]Quiconque en effet agit mal déteste la lumière et ne vient pas à la lumière, de peur que ne soient confondues ses œuvres. [21]Mais celui qui fait la vérité vient à la lumière, pour qu'il soit manifeste que ses œuvres ont été opérées en Dieu. »

Nouveau témoignage de Jean. — [22]Après cela, Jésus vint avec ses disciples au pays de Judée, et là, il séjournait avec eux et il baptisait. [23]Jean, lui aussi, baptisait à Énon[g], près de Salim, parce qu'il y avait là des eaux abondantes. Les gens se présentaient et il les baptisait. [24]Car Jean n'avait pas encore été jeté en prison. [25]Il y eut donc discussion des disciples de Jean avec un Juif à propos de purification. [26]Ils vinrent vers Jean et lui dirent : « Rabbi, celui qui était avec toi au-delà du Jourdain, celui à qui tu as rendu témoignage, le voici qui baptise, et tous vont vers lui ! » [27]Jean leur répondit : « Nul ne peut rien prendre qui ne lui ait été donné du ciel. [28]Vous-mêmes me rendez témoignage que j'ai dit : "Je ne suis pas le Christ, mais j'ai été envoyé en avant de lui." [29]Qui a l'épouse est l'époux ; l'ami de l'époux, qui se tient là et l'écoute, est comblé

---

[g]23. *Énon*, c'est-à-dire « Les Sources », à une trentaine de kilomètres au sud du lac de Tibériade, dans la vallée du Jourdain, selon des traditions patristiques (IVe s.).

de joie par la voix de l'époux. Cette joie, ma joie, est accomplie. [30]Celui-là, il lui faut grandir, et moi, diminuer.

[31]« Qui vient d'en haut est au-dessus de tous. Qui est de la terre appartient à la terre et son langage est de la terre. Qui vient du ciel est au-dessus de tous. [32]Ce qu'il a vu et entendu, il en témoigne. Mais son témoignage, nul ne le reçoit. [33]Qui reçoit son témoignage ratifie que Dieu est véridique. [34]En effet, celui que Dieu a envoyé dit les paroles de Dieu, car Dieu[h] ne donne pas l'Esprit avec mesure. [35]Le Père aime le Fils, et lui a tout remis en main. [36]Qui croit au Fils a la vie éternelle. Qui refuse de croire au Fils ne verra pas la vie, mais la colère de Dieu demeure sur lui. »

4 **Jésus et la Samaritaine.** – [1]Quand donc le Seigneur sut que les pharisiens avaient entendu dire que Jésus faisait et baptisait plus de disciples que Jean – [2]en réalité, c'étaient ses disciples qui baptisaient et non Jésus lui-même –, [3]il quitta la Judée et s'en alla de nouveau en Galilée. [4]Il lui fallait traverser la Samarie. [5]Il arrive donc dans une ville de Samarie, dite Sychar[a], proche du domaine que Jacob donna à son fils Joseph. [6]Là était le puits de Jacob.

Jésus donc, fatigué du voyage, s'était assis sur la margelle du puits. C'était environ la sixième heure. [7]Arrive une femme de Samarie, qui venait puiser de l'eau. Jésus lui dit : « Donne-moi à boire. » [8]Ses disciples, en effet, étaient partis pour la ville acheter des provisions. [9]Cette femme, cette Samaritaine, lui dit donc : « Comment ? Toi qui es Juif, tu me demandes à

[h]34. Ou : *car il* (l'envoyé). Il y a équivoque sur le sujet.
4. – [a]5. Soit l'ancienne Sichem, en araméen Sichara, distincte de la nouvelle Sichem, aujourd'hui Naplouse ; soit l'actuel village d'Askar, au pied du mont Ébal, à 1 km environ du puits de Jacob.

boire, à moi, une femme samaritaine!» Les Juifs, en effet, n'ont pas de relations avec les Samaritains. [10]Jésus lui répondit: «Si tu savais le don de Dieu, et qui est celui qui te dit: "Donne-moi à boire", c'est toi qui lui aurais demandé, et il t'aurait donné une eau vive.» [11]Elle lui dit: «Seigneur, tu n'as même pas de seau et le puits est profond. D'où l'as-tu donc, cette eau vive? [12]Serais-tu plus grand que notre père Jacob, qui nous a donné ce puits, et qui a bu lui-même de cette eau avec ses fils et ses bêtes?» [13]Jésus lui répondit: «Quiconque boit de cette eau aura soif de nouveau. [14]Or qui boira de l'eau que je lui donnerai n'aura plus jamais soif, car elle deviendra en lui source d'eau jaillissant en vie éternelle.» [15]La femme lui dit: «Seigneur, donne-moi de cette eau, pour que je n'aie plus soif et que je n'aie plus à venir puiser ici.» Il lui dit: [16]«Va, appelle ton mari et reviens ici.» [17]La femme lui répondit: «Je n'ai pas de mari.» Jésus lui dit: [18]«Tu as raison de dire: "Je n'ai pas de mari." Car tu as eu cinq maris, et celui que tu as maintenant n'est pas ton mari; en cela tu as dit vrai.» [19]La femme lui dit: «Seigneur, je vois que tu es un prophète... [20]Nos pères ont adoré sur cette montagne[b]; mais vous, vous dites que le lieu où on doit adorer est Jérusalem.» [21]Jésus lui dit: «Crois-moi, femme, l'heure vient où ce n'est ni sur cette montagne ni à Jérusalem que vous adorerez le Père. [22]Vous adorez ce que vous ne connaissez pas, nous adorons ce que nous connaissons; car le salut vient des Juifs. [23]Mais l'heure vient, et c'est maintenant, où les véritables adorateurs adoreront le Père en

---

[b]20. Le mont Garizim. Vers 300, les Samaritains y avaient bâti un temple. Ce temple avait été détruit en 129 par le roi juif Jean Hyrcan, mais le culte avait continué. Aujourd'hui encore, la communauté des Samaritains célèbre sa Pâque au sommet du Garizim.

esprit et vérité[c] ; oui, car le Père cherche de tels adorateurs. [24]Dieu est esprit, et ceux qui l'adorent doivent l'adorer en esprit et en vérité. [25]La femme lui dit : « Je sais que le Messie vient – celui qui est dit Christ. Quand il viendra, il nous annoncera toutes choses. » [26]Jésus lui dit : « Je le suis, moi qui te parle. »

[27]Là-dessus, arrivèrent ses disciples, étonnés qu'il parlât avec une femme[d]. Aucun pourtant ne lui dit : « Que cherches-tu ? » ou : « Pourquoi parles-tu avec elle ? » [28]Or donc, la femme laissa là sa cruche et s'en fut à la ville. Elle dit aux gens : [29]« Venez voir un homme qui m'a dit tout ce que j'ai fait. Ne serait-il pas le Christ ? » [30]Ils sortirent de la ville et ils vinrent vers lui.

[31]Pendant ce temps, les disciples insistaient : « Rabbi, mange. » [32]Mais il leur dit : « J'ai une nourriture à manger, que vous ne connaissez pas. » [33]Les disciples se disaient donc entre eux : « Quelqu'un lui aurait-il apporté à manger ? » [34]Jésus leur dit : « Ma nourriture est de faire la volonté de celui qui m'a envoyé et d'accomplir son œuvre. [35]Ne dites-vous pas : "Encore quatre mois[e], et la moisson vient" ? Voici, je vous dis : levez vos yeux et regardez les campagnes, elles sont blanches pour la moisson. Déjà [36]le moissonneur reçoit son salaire et amasse du fruit pour la vie éternelle, afin que semeur et moissonneur se réjouissent ensemble. [37]Car en ceci le proverbe dit vrai : "Autre est le semeur, autre le moissonneur". [38]Je vous ai envoyés moissonner ce pour quoi vous n'avez pas

---

[c]23-24. *Esprit et vérité* : Formule dont l'interprétation n'est pas simple. Elle fait certainement référence à l'Esprit de Dieu, Esprit de vérité en 14, 17 ; 15, 26.

[d]27. Parler en public avec une femme était contraire aux usages juifs, surtout de la part d'un rabbi.

[e]35-36. *Encore quatre mois* : soit proverbe rural, signifiant : chaque chose en son temps, soit allusion à l'époque de l'année où Jésus parle.

peiné. D'autres ont peiné[f], et vous recueillez le fruit de leur peine. »

[39]Beaucoup de Samaritains de cette ville crurent en lui, sur la parole de la femme qui témoignait : « Il m'a dit tout ce que j'ai fait. » [40]Quand donc les Samaritains vinrent à lui, ils le prièrent de demeurer chez eux, et il y demeura deux jours. [41]En bien plus grand nombre ils crurent sur sa parole à lui[g], [42]et ils disaient à la femme : « Ce n'est plus sur ton dire que nous croyons. Car nous l'avons entendu nous-mêmes et nous savons qu'il est vraiment le Sauveur du monde. »

En Galilée. Guérison du fils d'un officier royal. – [43]Après ces deux jours, Jésus partit de là pour la Galilée. [44]Car il avait lui-même témoigné qu'un prophète n'est pas estimé dans son propre pays[h]. [45]Quand donc il arriva en Galilée, les Galiléens lui firent bon accueil, ayant vu tout ce qu'il avait fait à Jérusalem pendant la fête. Car eux aussi étaient allés à la fête.

[46]Il revint donc à Cana de Galilée[i], là où de l'eau il avait fait du vin. Or il y avait un officier royal dont le fils était malade à Capharnaüm. [47]Cet homme, ayant appris que Jésus était arrivé de Judée en Galilée, se rendit auprès de lui et le priait de descendre et de guérir son fils, qui était mourant. [48]Jésus lui dit donc : « Si vous ne voyez signes et prodiges, vous ne croirez pas ! » [49]L'officier royal lui dit : « Seigneur, descends avant que mon enfant ne meure ! » [50]Jésus lui dit : « Va, ton fils vit. » L'homme crut à la parole que Jésus lui avait

---

[f]38. *D'autres ont peiné* : sans doute Moïse, les prophètes, Jean-Baptiste et Jésus lui-même.

[g]41-42. Allusion probable au succès de l'évangélisation apostolique en Samarie, Ac 8, 4-25.

[h]44. Allusion à la scène de Nazareth (Mt 13, 57 ; Mc 6, 4) ? Ou bien Jésus, en tant que prophète, considère-t-il la Judée comme sa patrie ?

[i]46-54. Comparer Mt 8, 5-13 et Lc 7, 1-10.

dite et s'en alla. ⁵¹Il descendait déjà, quand ses serviteurs vinrent à sa rencontre et lui dirent que son garçon vivait. ⁵²Il leur demanda à quelle heure il s'était
trouvé mieux. Ils lui dirent: « Hier, à la septième
heure, la fièvre l'a quitté. » ⁵³Le père reconnut que c'é-
tait l'heure même où Jésus lui avait dit: « Ton fils vit. »
Et il crut, lui et toute sa maison.

⁵⁴Ce fut le deuxième signe que fit Jésus, quand il
vint de Judée en Galilée.

5ᵃ **A Jérusalem, Jésus guérit un infirme.** –
¹Après cela, il y eut une fête des Juifsᵇ, et Jésus
monta à Jérusalem. ²Il existe, à Jérusalem, près de la
Porte des Brebisᶜ, une piscine appelée en hébreu Bézatha, qui a cinq portiques, ³où gisait une foule de
malades, d'aveugles, de boiteux, d'impotents... [4ᵈ] ⁵Il y
avait là un homme qui traînait son infirmité depuis
trente-huit ans. ⁶Jésus, le voyant étendu et sachant
qu'il était dans cet état depuis longtemps déjà, lui dit:
« Veux-tu recouvrer la santé ? » ⁷L'infirme lui répondit:
« Seigneur, je n'ai personne pour me jeter dans la piscine quand l'eau entre en effervescence. Le temps que
j'y aille, un autre descend avant moi. » ⁸Jésus lui dit:
« Lève-toi, emporte ton lit et marche. » ⁹Aussitôt,
l'homme redevint sain. Il emporta son lit. Il marchait !

5. – ᵃFaut-il, pour des raisons géographiques (voir aussi 7, 23) transposer ce chapitre après le chapitre 6 ? C'est un des nombreux cas qui posent le problème de déplacements possibles par rapport à l'ordonnance primitive du quatrième évangile.

ᵇ1. Sans doute la Pentecôte.

ᶜ2. La *Porte des Brebis* était proche de l'angle nord-est du Temple. On y a retrouvé les fon-dations d'une piscine à cinq por-tiques, quatre le long des côtés et un en travers. *Bézatha* (faille, coupure) était le nom d'un quartier séparé du reste de la ville par un fossé. On a pu don-ner le nom à l'édifice.

ᵈ4. La fin du v 3 et le v 4, évo-quant l'ange qui agitait l'eau, manquent dans les manuscrits les plus sûrs.

C'était un sabbat ce jour-là. ¹⁰Les Juifs disaient donc à celui qui avait été guéri : « C'est le sabbat, il ne t'est pas permis d'emporter ton lit. » ¹¹Il leur répondit : « Celui qui m'a rendu la santé, celui-là m'a dit : "Emporte ton lit et marche". » ¹²Ils lui demandèrent : « Qui est l'homme qui t'a dit : "Emporte ton lit et marche" ? » ¹³Mais l'homme guéri ne savait pas qui c'était ; Jésus avait disparu, car il y avait foule en cet endroit. ¹⁴Ensuite, Jésus le trouve dans le Temple et lui dit : « Te voici devenu sain. Ne pèche plus, de peur qu'il ne t'arrive quelque chose de pire. » ¹⁵L'homme s'en alla dire aux Juifs que c'était Jésus qui l'avait guéri. ¹⁶C'est pourquoi les Juifs persécutaient Jésus parce qu'il faisait cela le jour du sabbat. ¹⁷Mais il leur répondit : « Mon Père travaille jusqu'à présent et moi aussi je travaille. » ¹⁸Les Juifs n'en cherchaient que davantage à le tuer, parce que non seulement il violait le sabbat, mais il disait Dieu son propre Père, se faisant l'égal de Dieu.

L'œuvre du Fils. — ¹⁹Jésus prit la parole et leur dit : « Vraiment, vraiment je vous dis : le Fils ne peut rien faire de lui-même, mais seulement ce qu'il voit faire au Père ; oui, ce que fait le Père, le Fils le fait pareillement. ²⁰Car le Père aime le Fils et il lui montre tout ce qu'il fait ; il lui montrera des œuvres plus grandes que celles-ci, qui vous jetteront dans l'étonnement. ²¹En effet, comme le Père relève les morts et les fait vivre, ainsi le Fils fait vivre ceux qu'il veut. ²²Le Père ne juge personne, mais il a remis tout jugement au Fils, ²³afin que tous honorent le Fils de même qu'ils honorent le Père. Qui n'honore pas le Fils n'honore pas le Père qui l'a envoyé. ²⁴Vraiment, vraiment je vous dis : qui écoute ma parole et croit en Celui qui m'a envoyé a la vie éternelle. Il échappe au jugement : il est passé de la mort à la vie. ²⁵Vraiment, vraiment je vous dis : vient l'heure, et c'est maintenant, où les morts entendront la voix du Fils de Dieu, et ceux qui auront entendu vivront. ²⁶En effet, comme le Père a la vie en lui-même, ainsi a-t-il donné au Fils aussi d'avoir la vie en lui-même. ²⁷Et il lui a donné le pouvoir d'exercer le jugement, parce qu'il est Fils d'homme. ²⁸N'en soyez pas étonnés, car l'heure vient où tous ceux qui sont dans les tombeaux entendront sa voix ²⁹et sortiront : ceux qui ont fait le bien, pour une résurrection de vie, ceux qui ont exercé le mal, pour une résurrection de jugement. ³⁰Je ne puis rien faire de moi-même ; selon ce que j'entends, je juge, et mon jugement est juste, parce que je ne cherche pas ma volonté, mais la volonté de celui qui m'a envoyé. »

Le témoignage. – ³¹« Si je me rends témoignage à moi-même, mon témoignage n'est pas véridique. ³²Un autre me rend témoignage et je sais que le témoignage qu'il me rend est véridique. ³³Vous avez envoyé une délégation auprès de Jean et il a rendu témoignage à la vérité. ³⁴Ce n'est pas que j'accepte le témoignage d'un homme, mais je dis cela pour votre salut. ³⁵Celui-là était la lampe qui réchauffe et qui éclaire, et vous, vous avez voulu vous réjouir un moment à sa lumière. ³⁶Mais le témoignage que j'ai est plus grand que celui de Jean : les œuvres que le Père m'a donné d'accomplir, ces œuvres mêmes que je fais me rendent témoignage que le Père m'a envoyé. ³⁷Et le Père qui m'a envoyé m'a lui-même rendu témoignage. Sa voix, vous ne l'avez jamais entendue ; son visage, vous ne l'avez pas vu ; ³⁸et sa parole, vous ne l'avez pas qui demeure en vous, puisque vous ne croyez pas à celui qu'il a envoyé. ³⁹Vous scrutez les Écritures, parce que vous pensez avoir par elles la vie éternelle ; or, ce sont elles qui me rendent témoignage. ⁴⁰Et vous ne voulez pas venir à moi pour avoir la vie ! ⁴¹Je n'accepte pas de gloire venant des hommes. ⁴²Mais je vous connais : l'amour de Dieu, vous ne l'avez pas en vous. ⁴³Je suis venu au nom de mon Père et vous ne me recevez pas ; qu'un autre vienne en son propre nom, celui-là vous le recevrez. ⁴⁴Comment pouvez-vous croire, vous qui recevez gloire les uns des autres, mais la gloire qui vient du seul Dieu, vous ne la cherchez pas ! ⁴⁵Ne pensez pas que je vous accuserai auprès du Père : votre accusateur sera Moïse, en qui vous avez mis votre espérance. ⁴⁶Si, en effet, vous croyiez Moïse, vous me croiriez aussi : car il a écrit à mon sujet. ⁴⁷Mais si vous ne croyez pas ses écrits, comment croirez-vous mes paroles ? »

6 **Jésus rassasie une foule.** – ¹Après cela, Jésus s'en alla de l'autre côté de la mer de Galilée, ou de Tibériade. ²Une foule nombreuse le suivait, parce qu'ils voyaient les signes qu'il faisait sur les malades. ³Jésus gravit la montagne, et là, il s'assit avec ses disciples. ⁴La Pâque, la fête des Juifs, était proche.

⁵Levant les yeux et voyant une foule nombreuse venir à lui, Jésus dit à Philippe : « Où achèterons-nous des pains, pour que ces gens aient à manger ? » ⁶Il disait cela pour l'éprouver : il savait, lui, ce qu'il allait faire. ⁷Philippe lui répondit : « Deux cents deniers de pain ne leur suffiraient pas pour que chacun en reçoive un petit peu. » ⁸Un de ses disciples, André, le frère de Simon-Pierre, lui dit : ⁹« Il y a ici un petit garçon qui a cinq pains d'orge et deux petits poissons ; mais qu'est-ce que cela pour tant de monde ? » ¹⁰Jésus dit : « Faites asseoir les gens. » Or il y avait beaucoup d'herbe en cet endroit. Les hommes s'assirent donc, au nombre d'environ cinq mille. ¹¹Jésus prit les pains. Ayant rendu grâce, il les distribua aux convives. De même aussi pour les petits poissons, autant qu'ils en voulaient.

¹²Quand ils furent rassasiés, il dit à ses disciples : « Ramassez les morceaux qui sont en trop, pour que rien ne se perde. » ¹³Ils les ramassèrent donc et remplirent douze couffins des morceaux des cinq pains d'orge qui étaient restés à ceux qui avaient mangé. ¹⁴Les gens, voyant le signe qu'il avait fait, disaient : « C'est vraiment le Prophète[a] qui doit venir dans le monde ! » ¹⁵Alors Jésus, sachant qu'ils allaient venir l'enlever pour le faire roi, se retira de nouveau, seul, dans la montagne.

Jésus marche sur la mer. — ¹⁶Le soir venu, ses disciples descendirent à la mer[b] ; ils ¹⁷montèrent dans une barque et se dirigèrent vers Capharnaüm, sur l'autre rive. L'obscurité s'était déjà faite et Jésus n'était pas encore venu à eux. ¹⁸La mer se soulevait au souffle d'un grand vent. ¹⁹Ils avaient ramé environ vingt-cinq à trente stades, quand ils voient Jésus marcher sur la mer et s'approcher de la barque. Alors ils furent pris de peur. ²⁰Mais Jésus leur dit : « C'est moi, n'ayez pas peur. » ²¹Ils voulurent le prendre dans le bateau, mais aussitôt le bateau toucha terre à l'endroit où ils allaient.

La foule rejoint Jésus. — ²²Le lendemain, la foule restée sur l'autre rive vit bien qu'il n'y avait pas eu là d'autre barque, et que Jésus n'était pas monté dans la barque avec ses disciples, mais que ceux-ci étaient partis seuls. ²³Alors d'autres barques vinrent de Tibériade, près de l'endroit où ils avaient mangé le pain après que le Seigneur eut rendu grâce. ²⁴Quand la foule s'aperçut que Jésus n'était pas là, ni ses disciples non plus, ils

6. — [a]14. *Le Prophète* : cf. note sur 1, 21.

[b]16-21. La marche sur les eaux prépare le discours, en manifestant que l'humanité de Jésus n'est pas soumise aux lois ordinaires des corps.

montèrent dans les barques et vinrent à Capharnaüm, cherchant Jésus. [25]L'ayant trouvé sur l'autre rive, ils lui dirent : « Rabbi, quand es-tu arrivé ici ? »

Jésus, pain de la vie. – [26]Jésus leur répondit[c] : « Vraiment, vraiment je vous dis, vous me cherchez, non parce que vous avez vu des signes, mais parce que vous avez mangé des pains et avez été rassasiés. [27]Travaillez, non pour la nourriture périssable, mais pour la nourriture qui demeure en vie éternelle, celle que le Fils de l'homme vous donnera. Oui, c'est lui que le Père, Dieu, a marqué de son sceau. »

[28]Ils lui dirent donc : « Que faire, pour travailler aux œuvres de Dieu ? » [29]Jésus leur répondit : « Voici l'œuvre de Dieu : croire en celui qu'il a envoyé. » [30]Ils lui dirent : « Quel signe fais-tu donc, toi, que nous voyions et te croyions ? Quelle est ton œuvre ? [31]Nos pères ont mangé la manne dans le désert, comme il est écrit : *Du ciel, il leur a donné un pain à manger*[d]. » [32]Jésus leur dit : « Vraiment, vraiment, je vous dis : non, Moïse ne vous a pas donné le pain du ciel, c'est mon Père qui vous donne, du ciel, le pain véritable. [33]Car le pain de Dieu est celui qui descend du ciel et donne la vie au monde. »

[34]Ils lui dirent alors : « Seigneur, donne-nous toujours ce pain-là. »

[35]Jésus répondit : « Je suis le pain de la vie. Qui vient à moi n'aura pas faim, et qui croit en moi n'aura jamais soif. [36]Mais je vous l'ai dit : vous m'avez vu et vous ne croyez pas. [37]Tout ce que me donne le Père viendra vers moi, et celui qui vient vers moi, je ne le jetterai pas dehors. [38]Car je suis descendu du ciel pour faire non ma volonté, mais la volonté de celui qui m'a

[c]26-59. Jean ne rapportera pas l'institution de l'Eucharistie à la Cène. Il la remplace par ce discours sur le Pain de vie, qui en est à la fois l'annonce et le plus beau commentaire théologique.

[d]31. Ex 16, 13sq. ; Ps 78, 24.

envoyé. [39]Voici la volonté de celui qui m'a envoyé : que de tout ce qu'il m'a donné, je ne perde rien, mais que je le ressuscite au dernier jour. [40]Oui, voici la volonté de mon Père : que quiconque voit le Fils et croit en lui ait la vie éternelle, et que je le ressuscite au dernier jour. »

[41]Les Juifs murmuraient donc à son sujet, parce qu'il avait dit : « Je suis le pain descendu du ciel. » [42]Ils disaient : « N'est-ce pas là Jésus, le fils de Joseph, dont nous connaissons le père et la mère ? Comment dit-il maintenant : "Je suis descendu du ciel" ? » [43]Jésus leur répondit : « Ne murmurez pas entre vous. [44]Nul ne peut venir à moi si le Père qui m'a envoyé ne l'attire, et moi, je le ressusciterai au dernier jour. [45]Il est écrit dans les prophètes : *Ils seront tous enseignés par Dieu*[e]. Quiconque a entendu le Père et a appris de lui vient vers moi. [46]Non que personne ait vu le Père, sinon celui qui vient de Dieu : celui-là a vu le Père. [47]Vraiment, vraiment, je vous dis : le croyant a la vie éternelle.

[48]« Je suis le pain de la vie. [49]Vos pères ont mangé la manne dans le désert, et ils sont morts. [50]Tel est le pain qui descend du ciel que celui qui en mange ne meurt pas. [51]Je suis le pain vivant, qui est descendu du ciel. Si quelqu'un mange de ce pain, il vivra pour toujours ; et le pain que je donnerai est ma chair pour la vie du monde. »

[52]Les Juifs discutaient entre eux : « Comment cet homme peut-il nous donner sa chair à manger ? » [53]Jésus leur dit alors : « Vraiment, vraiment, je vous dis : si vous ne mangez la chair du Fils de l'homme et ne buvez son sang, vous n'avez pas la vie en vous. [54]Qui mange ma chair et boit mon sang a la vie éternelle, et je le ressusciterai au dernier jour. [55]Car ma chair est vraie nourriture et mon sang est vraie boisson. [56]Qui mange ma chair et boit mon sang demeure en moi et

[e]45. Is 54, 13. Cf. Jr 31, 33-34.

moi en lui. [57]Comme le Père, qui est vivant, m'a envoyé et que je vis par le Père, ainsi celui qui me mange vivra par moi[f]. [58]Tel est le pain qui est descendu du ciel : non comme celui qu'ont mangé vos pères, et ils sont morts. Qui mange ce pain vivra pour toujours. »

[59]Il dit cela alors qu'il enseignait dans la synagogue, à Capharnaüm[g].

Défection de nombreux disciples. Foi de Pierre.

— [60]Beaucoup de ses disciples dirent, après l'avoir entendu : « Cette parole est dure ! Qui peut l'écouter ? » [61]Mais Jésus, sachant en lui-même que ses disciples murmuraient à ce sujet, leur dit : « Cela vous scandalise ? [62]Et si vous voyiez le Fils de l'homme monter où il était auparavant... [63]L'esprit vivifie, la chair[h] ne sert de rien. Les paroles que je vous ai dites sont esprit et vie. [64]Mais il en est parmi vous qui ne croient pas. » Depuis le commencement, en effet, Jésus savait quels étaient ceux qui ne croyaient pas et qui était celui qui devait le livrer. [65]Et il disait : « Voilà pourquoi je vous ai dit que nul ne peut venir à moi, si cela ne lui a été donné par le Père. » [66]A partir de ce moment, beaucoup de ses disciples se retirèrent et cessèrent de marcher avec lui. [67]Jésus dit alors aux Douze : « Voulez-vous partir, vous aussi ? » [68]Simon-Pierre lui répondit : « Seigneur, vers qui irions-nous ? Tu as les paroles de la vie éternelle. [69]Et nous, nous avons cru et nous savons que tu es le Saint de Dieu. » [70]Jésus leur répondit : « Ne vous ai-je pas choisis, vous les Douze ? Et l'un de vous

---

[f]57. Ou, peut-être : *De même que je vis pour le Père, de même qui me mange vivra pour moi.*

[g]59. On a découvert à Capharnaüm de riches vestiges d'une synagogue du temps d'Hadrien (milieu du II[e] siècle), édifiée très probablement sur l'emplacement de celle, plus modeste, où Jésus parla.

[h]63. *La chair* : l'humanité, sous son aspect de limitation et de faiblesse.

est un démon ! » [71]Il le disait de Judas, fils de Simon
l'Iscariote : celui-ci en effet devait le livrer, lui, l'un des
Douze !

7 Jésus à la fête des Tentes.

[1]Après cela, Jésus parcourait la Galilée ; il ne voulait pas en effet parcourir la Judée, parce que les Juifs cherchaient à le tuer. [2]La fête juive des Tentes était proche[a]. [3]Ses frères[b] lui dirent donc : « Pars d'ici et va en Judée, pour que tes disciples aussi voient les œuvres que tu fais. [4]Nul n'agit en cachette, quand il cherche à être connu. Puisque tu fais cela, montre-toi au monde ! » [5]Car ses frères eux-mêmes ne croyaient pas en lui. [6]Jésus leur dit : « Mon temps n'est pas encore venu ; votre temps à vous est toujours prêt. [7]Le monde ne peut vous haïr ; moi, il me hait, parce que je témoigne à son sujet que ses œuvres sont mauvaises. [8]Vous, montez à la fête ; moi, je ne monte pas à cette fête, parce que mon temps n'est pas encore accompli. » [9]Leur ayant dit cela, il demeura en Galilée.

[10]Mais quand ses frères furent montés à la fête, alors il monta lui aussi, non pas ouvertement, mais comme en cachette. [11]Les Juifs le cherchaient donc pendant la fête. Ils disaient : « Où est-il ? » [12]et on chuchotait beaucoup à son sujet dans les foules. Les uns disaient : « C'est un homme de bien. » D'autres : « Non, il égare la foule. » [13]Personne pourtant ne parlait ouvertement de lui, par peur des Juifs.

Jésus enseigne dans le Temple.

[14]On était déjà au milieu de la fête. Jésus monta au Temple, et il enseignait. [15]Les Juifs s'en étonnaient et disaient : « Comment est-il instruit, lui qui n'a pas fait d'étu-

---

7. – [a]2. La fête des Huttes, ou des Tentes, se célébrait en automne. C'était la fête de la récolte. Elle durait huit jours (Lv 23, 33-43). [b]3. Les frères de Jésus : voir note sur Mt 13, 55.

des ? » [16]Jésus leur répondit : « Ma doctrine n'est pas mienne ; mais elle est de celui qui m'a envoyé. [17]Si quelqu'un veut faire sa volonté, il saura, au sujet de cette doctrine, si elle est de Dieu ou si je parle de moi-même. [18]Qui parle de soi-même cherche sa propre gloire ; mais qui cherche la gloire de celui qui l'a envoyé, celui-là est véridique, et en lui il n'y a pas d'imposture. [19]Moïse ne vous a-t-il pas donné la Loi ? Et nul d'entre vous ne pratique la Loi ! Pourquoi cherchez-vous à me tuer ? » [20]La foule répondit : « Tu as un démon ; qui cherche à te tuer ? » [21]Jésus leur répondit : « Je n'ai fait qu'une œuvre, et vous êtes tous étonnés. [22]Moïse vous a donné la circoncision – non pas qu'elle soit de Moïse, mais des patriarches – et vous la faites le jour du sabbat. [23]Si un homme subit la circoncision le jour du sabbat, pour que ne soit pas violée la Loi de Moïse, pourquoi vous irriter contre moi, parce que j'ai rendu sain tout entier un homme[c], un jour de sabbat ? [24]Ne jugez pas sur l'apparence, mais jugez selon la justice. »

[25]Certaines gens de Jérusalem disaient : « N'est-ce pas là celui qu'ils cherchent à tuer ? [26]Et voilà qu'il parle ouvertement, et ils ne lui disent rien ! Les chefs auraient-ils vraiment reconnu qu'il est le Christ ? [27]Mais celui-ci, nous savons d'où il est ; le Christ, quand il viendra, nul ne saura d'où il est[d]. » [28]Alors Jésus, enseignant dans le Temple, s'écria : « Oui, vous me connaissez, oui, vous savez d'où je suis ! Or je ne suis pas venu de moi-même ; mais il est véridique, celui qui m'a envoyé, et vous, vous ne le connaissez pas. [29]Moi je le connais, parce que je suis d'auprès de lui, et que c'est lui qui m'a envoyé ! » [30]Ils cherchaient alors à l'arrêter, mais personne ne porta la main sur lui, parce que son heure n'était pas encore venue.

[c]23. Allusion à la guérison du paralytique, voir note sur 5, 1.
[d]27. Croyance populaire.

³¹Dans la foule, beaucoup crurent en lui. Ils disaient : « Le Christ, quand il viendra, fera-t-il plus de signes que celui-ci n'en a fait ? » ³²Les pharisiens entendirent la foule chuchoter cela à son sujet. Alors les grands prêtres et les pharisiens envoyèrent des gardes pour se saisir de lui. ³³Jésus déclara : « Encore un peu de temps je suis avec vous, et je m'en vais vers celui qui m'a envoyé. ³⁴Vous me chercherez et vous ne me trouverez pas. Oui, là où je suis, vous ne pouvez pas venir. » ³⁵Les Juifs se dirent donc entre eux : « Où doit-il aller, que nous ne le trouvions pas ? Doit-il aller chez ceux qui sont dispersés parmi les Grecs et instruire les Grecs ? ³⁶Que signifie cette parole qu'il a dite : "Vous me chercherez et vous ne me trouverez pas", et : "Là où je suis, vous ne pouvez venir" ? »

³⁷Le dernier jour, – le plus grand – de la fête, Jésus se tenait là et cria : « Si quelqu'un a soif, qu'il vienne à moi et qu'il boive^e, ³⁸celui qui croit en moi ! Comme dit l'Écriture : "Des fleuves d'eau vive couleront de son sein^f". » ³⁹Il dit cela de l'Esprit que devaient recevoir ceux qui croiraient en lui. Il n'y avait pas encore d'Esprit, parce que Jésus n'avait pas encore été glorifié. ⁴⁰Dans la foule, plusieurs personnes qui avaient entendu ces paroles demandaient : « C'est vraiment le prophète. » ⁴¹D'autres disaient : « C'est le Christ. » Mais d'autres disaient : « Est-ce bien de Galilée que le Christ doit venir ? ⁴²L'Écriture ne dit-elle pas que c'est de la descendance de David et de Bethléem, le village de David, que viendra le Christ^g ? » ⁴³Il y eut donc division

---

^e37. Allusion probable à la procession qui, ce jour-là, apportait de l'eau de la piscine de Siloé dans une cruche d'or, pour la verser en libation au Temple, devant l'autel.

^f38. Ce n'est pas une citation à proprement parler, mais l'évocation de plusieurs textes : Is 44, 3 ; 48, 21 ; Ez 36, 25 ; Za 12, 10 ; 14, 8, entre autres.

^g42. Mi 5, 1 ; Mt 2, 5-6.

dans la foule à cause de lui. [44]Certains voulaient l'arrêter, mais personne ne porta la main sur lui.

[45]Les gardes revinrent trouver les grands prêtres et les pharisiens. Ceux-ci leur demandèrent : « Pourquoi ne l'avez-vous pas amené ? » [46]Les gardes répondirent : « Jamais homme n'a parlé comme parle cet homme ! » [47]Les pharisiens leur répondirent donc : « Vous êtes-vous laissé égarer, vous aussi ? [48]Est-il un des chefs qui ait cru en lui, ou un des pharisiens ? [49]Mais cette foule, ignorante de la Loi, ce sont des maudits. » [50]Nicodème, l'un d'entre eux, qui était venu le voir antérieurement, leur dit : [51]« Notre Loi condamne-t-elle quelqu'un sans qu'on l'ait d'abord entendu et qu'on sache ce qu'il a fait ? » [52]Ils lui répondirent : « Serais-tu, toi aussi, de Galilée ? Cherche[h], et tu t'apercevras qu'aucun prophète ne surgit de Galilée. »

[53]Et ils s'en allèrent chacun chez soi.

8 La femme adultère.

— [1]Jésus s'en alla au mont des Oliviers[a]. [2]A l'aurore, il reparut au Temple et tout le peuple venait vers lui. Il s'assit et se mit à les instruire. [3]Or, les scribes et les pharisiens amènent une femme surprise en adultère, et, la plaçant au milieu, [4]ils disent à Jésus : « Maître, cette femme a été surprise en

---

[h]52. Scrute les Écritures.
8. – [a]1-11. L'épisode de la femme adultère manque dans les plus anciens manuscrits grecs et dans plusieurs versions anciennes, dont la *Peschitto* syriaque. Il semble ignoré de nombreux Pères grecs. Dans certains manuscrits, il est situé ailleurs, soit en Jean, soit en Luc. Par sa langue et son style, il est d'ailleurs plus proche des Synoptiques, et notamment de Luc, que de Jean.

On peut donc penser qu'à l'origine il n'appartenait pas au quatrième évangile. Cela n'enlève rien, bien entendu, au caractère canonique et inspiré de ce passage, non plus qu'à sa valeur historique. Il appartient à la tradition évangélique la plus authentique et la plus ancienne. Peut-être a-t-il été inséré ici parce que l'événement s'est passé durant la fête des Huttes.

flagrant délit d'adultère. [5]Or, dans la Loi, Moïse nous a prescrit de lapider ces femmes-là[b]. Et toi, qu'en dis-tu ? » [6]Cela, ils le disaient pour le mettre à l'épreuve, pour avoir de quoi l'accuser. Mais Jésus, se baissant, se mit à écrire du doigt sur le sol[c]. [7]Comme ils persistaient à l'interroger, il se redressa et leur dit : « Celui d'entre vous qui est sans péché, qu'il lui jette le premier une pierre ! » [8]Et, se baissant de nouveau, il se remit à écrire sur le sol. [9]Quand ils entendirent ces paroles, ils se retirèrent un à un, à commencer par les plus âgés. Jésus resta seul avec la femme qui se tenait là, au milieu. [10]Jésus, se redressant, lui dit : « Femme, où sont-ils ? Personne ne t'a condamnée ? » [11]Elle dit : « Personne, Seigneur. » Jésus lui dit alors : « Moi non plus, je ne te condamne pas. Va, et désormais ne pèche plus ! »

Jésus lumière du monde. Discussions entre Jésus et les Juifs. — [12]Jésus leur parla de nouveau en ces termes : « Je suis la lumière du monde. Qui me suit ne marchera pas dans les ténèbres. Il aura la lumière de la vie. » [13]Les pharisiens lui dirent alors : « Tu te rends témoignage à toi-même. Ton témoignage n'est pas vrai. » [14]Jésus leur répondit : « Même si je me rends témoignage à moi-même, mon témoignage est vrai, parce que je sais d'où je suis venu et où je vais. Mais vous, vous ne savez ni d'où je suis ni où je vais.

[15]« Vous jugez, vous, selon la chair ; moi, je ne juge personne. [16]Et si même je juge, mon jugement est véridique, parce que je ne suis pas seul : mais il y a moi, et celui qui m'a envoyé. [17]Et dans votre Loi il est écrit que le témoignage de deux hommes est vrai[d]. [18]Je suis celui

---

[b]5. Lv 20, 10 ; Dt 22, 22.
[c]6. Attitude énigmatique. Jésus veut peut-être montrer qu'il prend ses distances par rap-

port à la question posée et aux questionneurs.
[d]17. Dt 17, 6 ; 19, 15 ; Nb 35, 30.

qui se rend témoignage à soi-même, et le Père qui m'a envoyé témoigne à mon sujet. » [19]Ils lui dirent donc : « Où est ton Père ? » Jésus répondit : « Vous ne connaissez ni moi ni mon Père. Si vous me connaissiez, vous connaîtriez mon Père aussi. » [20]Il prononça ces paroles dans le Trésor, enseignant dans le Temple ; et personne ne se saisit de lui, parce que son heure n'était pas encore venue.

[21]Il leur dit encore : « Je m'en vais et vous me chercherez et vous mourrez dans votre péché. Là où je vais, vous ne pouvez venir. » [22]Les Juifs se dirent donc : « Va-t-il se tuer, qu'il dise : "Là où je vais, vous ne pouvez venir" ? » [23]Et il leur dit : « Vous êtes d'en bas ; moi, je suis d'en haut. Vous êtes de ce monde ; moi, je ne suis pas de ce monde. [24]Je vous ai dit que vous mourrez dans vos péchés ; si vous ne croyez pas que Je Suis[e], vous mourrez dans vos péchés. » [25]Ils lui demandèrent : « Toi, qui es-tu ? » Jésus leur répondit : « Absolument ce que je vous dis. [26]J'ai beaucoup à dire et à juger sur vous. Mais celui qui m'a envoyé est vrai ; et moi, ce que j'ai entendu de lui, je le dis au monde. » [27]Ils ne comprirent pas qu'il leur parlait du Père.

[28]Jésus leur dit donc : « Quand vous aurez élevé le Fils de l'homme, alors vous connaîtrez que Je Suis, et que je ne fais rien de moi-même, mais que je dis ce que m'a enseigné le Père. [29]Et celui qui m'a envoyé est avec moi. Il ne m'a pas laissé seul, parce que je fais toujours ce qui lui plaît. »

[30]Comme il parlait ainsi, beaucoup crurent en lui. [31]Jésus dit donc aux Juifs qui l'avaient cru : « Si vous demeurez dans ma parole, vous êtes vraiment mes disciples. [32]Vous connaîtrez la vérité et la vérité vous libé-

---

[e]24. *Je Suis* : cette expression étonnante revient trois fois dans ce discours (vv 28 et 58) et une fois encore en 13, 19. Elle ne peut s'expliquer que par référence au Nom divin, Ex 3, 14.

rera. » ³³Ils lui répondirent : « Nous sommes descendants d'Abraham ; nous n'avons jamais été esclaves de personne. Comment dis-tu : "Vous deviendrez libres" ? » ³⁴Jésus leur répondit : « Vraiment, vraiment je vous dis : quiconque commet le péché est esclave du péché. ³⁵Or l'esclave ne demeure pas dans la maison pour toujours ; le fils y demeure pour toujours. ³⁶Si donc le Fils vous libère, réellement vous serez libres. ³⁷Je sais que vous êtes la descendance d'Abraham. Mais vous cherchez à me tuer, parce que ma parole ne pénètre pas en vous. ³⁸Ce que j'ai vu auprès du Père, je le dis ; et vous, ce que vous avez appris de votre père, vous le faites. » ³⁹Ils lui répondirent : « Notre père est Abraham. » Jésus leur dit : « Si vous êtes enfants d'Abraham, faites donc les œuvres d'Abraham. ⁴⁰Or vous cherchez à me tuer, moi, qui vous ai dit la vérité que j'ai entendue de Dieu. Cela, Abraham ne l'a pas fait. ⁴¹Vous faites les œuvres de votre père. » Ils lui répondirent : « Nous ne sommes pas nés de la prostitution. Nous n'avons qu'un père : Dieu. » ⁴²Jésus leur dit : « Si Dieu était votre père, vous m'aimeriez, car je suis sorti et je viens de Dieu. Je ne suis pas venu de moi-même, mais c'est lui qui m'a envoyé. ⁴³Pourquoi ne comprenez-vous pas mon langage ? Parce que vous êtes incapables d'écouter ma parole. ⁴⁴Vous êtes issus de votre père, le diable, et vous voulez accomplir les désirs de votre père. Celui-là était homicide dès le commencement. Il n'a pas tenu dans la vérité, parce qu'il n'y a pas de vérité en lui. Quand il parle mensonge, il parle de son propre fonds : oui, il est menteur et père du mensonge. ⁴⁵Mais moi, parce que je dis la vérité, vous ne me croyez pas. ⁴⁶Qui de vous me convaincra de péché ? Si je dis la vérité, pourquoi ne me croyez-vous pas ? ⁴⁷Qui est de Dieu écoute les paroles de Dieu. Voilà pourquoi vous n'écoutez pas : parce que vous n'êtes pas de Dieu. »

⁴⁸Les Juifs lui répondirent : « Ne disons-nous pas bien que tu es Samaritain et que tu as un démon ? » ⁴⁹Jésus répondit : « Je n'ai pas de démon, mais j'honore mon Père, et vous me déshonorez ! ⁵⁰Or je ne cherche pas ma gloire. Quelqu'un la cherche, et juge. ⁵¹Vraiment, vraiment, je vous dis, si quelqu'un garde ma parole, il ne verra jamais la mort. » ⁵²Les Juifs lui dirent : « Maintenant, nous savons que tu as un démon. Abraham est mort, les prophètes aussi, et tu dis : "Si quelqu'un garde ma parole, il ne goûtera jamais la mort." ⁵³Serais-tu plus grand que notre père Abraham, qui est mort ? Les prophètes aussi sont morts. Qui prétends-tu être ? » ⁵⁴Jésus répondit : « Si je me glorifie moi-même, ma gloire n'est rien. Mon Père est celui qui me glorifie, lui dont vous dites : Il est notre Dieu. ⁵⁵Vous ne le connaissez pas, alors que je le connais. Si je disais que je ne le connais pas, je serais semblable à vous, un menteur. Mais je le connais et je garde sa parole. ⁵⁶Abraham, votre père, a exulté à la pensée de voir mon jour. Il l'a vu[f] et il s'est réjoui. » ⁵⁷Les Juifs lui dirent : « Tu n'as pas encore cinquante ans, et tu as vu Abraham ! » ⁵⁸Jésus leur répondit : « Vraiment, vraiment, je vous dis : avant qu'Abraham parût, Je Suis. » ⁵⁹Ils prirent alors des pierres pour les jeter sur lui. Mais Jésus se cacha et sortit du Temple.

9 **Guérison de l'aveugle-né.** – ¹En passant, Jésus vit un homme aveugle de naissance. ²Ses disciples l'interrogèrent : « Rabbi, qui a péché, lui ou ses parents, pour qu'il soit né aveugle[a] ? » ³Jésus répondit : « Ni lui n'a péché, ni ses parents. Mais c'est pour que soient manifestées les œuvres de Dieu en lui. ⁴Il nous faut

---

[f]56. *Il l'a vu* : par charisme prophétique. De même Isaïe selon Jean 12, 41.

9. – [a]2. Croyance populaire : la maladie punition du péché.

accomplir les œuvres de celui qui m'a envoyé, tant qu'il fait jour. Vient la nuit[b], où nul ne peut travailler. [5]Aussi longtemps que je suis dans le monde, je suis la lumière du monde. » [6]Cela dit, il cracha à terre et fit de la boue avec sa salive, il lui enduisit les yeux de cette boue [7]et lui dit : « Va-t'en te laver à la piscine de Siloé » (ce qui signifie : Envoyé)[c]. Il y alla donc, se lava et il revint voyant clair.

[8]Les voisins et ceux qui l'avaient vu auparavant – car c'était un mendiant – disaient : « N'est-ce pas celui qui était assis à mendier ? » [9]Les uns disaient : « C'est lui. » D'autres disaient : « Pas du tout, mais il lui ressemble. » Mais lui affirmait : « C'est bien moi. » [10]Ils lui demandèrent : « Comment donc se sont ouverts tes yeux ? » [11]Il répondit : « L'homme appelé Jésus a fait de la boue, m'en a enduit les yeux et m'a dit : "Va à Siloé et lave-toi". J'y suis donc allé, je me suis lavé, et j'ai recouvré la vue. » [12]Ils lui dirent : « Où est-il, cet homme ? » Il répondit : « Je ne sais pas. »

[13]On amena aux pharisiens celui qui avait été aveugle. [14]Or c'était un sabbat, ce jour où Jésus avait fait de la boue et lui avait ouvert les yeux. [15]A leur tour, les pharisiens lui demandèrent aussi comment il avait recouvré la vue. Il leur dit : « Il m'a mis de la boue sur les yeux, je me suis lavé, et je vois. » [16]Quelques-uns des pharisiens disaient : « Cet homme-là ne vient pas de Dieu, puisqu'il n'observe pas le sabbat. » D'autres disaient : « Comment un homme pécheur pourrait-il faire de tels signes ? » Il y avait division entre eux. [17]Ils dirent donc de nouveau à l'aveugle : « Que dis-tu de lui, de ce qu'il t'a ouvert les yeux ? » Il répondit : « C'est un

[b]4. La nuit de la mort. Comparer 11, 9-10.

[c]7. *Siloé* : 2 R 20, 20 ; Ne 3, 15-16 ; Is 8, 6 ; 22, 11. L'étymologie « envoyé » fait évidemment référence à Jésus, désormais seule source du salut.

prophète. » [18]Les Juifs ne crurent pas à son sujet qu'il avait été aveugle et qu'il avait recouvré la vue, avant d'avoir appelé ses parents. [19]Ils les interrogèrent : « Est-ce là, dirent-ils, votre fils dont vous dites qu'il est né aveugle ? Comment donc voit-il à présent ? » [20]Ses parents répondirent : « Nous savons que c'est notre fils et qu'il est né aveugle. [21]Mais comment il voit maintenant, nous l'ignorons. Et nous ignorons également qui lui a ouvert les yeux. Interrogez-le, il est d'âge à parler sur son propre compte. » [22]Ses parents dirent cela parce qu'ils avaient peur des Juifs. Car les Juifs étaient déjà convenus que, si quelqu'un le reconnaissait comme Christ, il serait exclu de la synagogue. [23]Voilà pourquoi ses parents dirent : « Il est d'âge ; interrogez-le. »

[24]Ils appelèrent donc une seconde fois l'homme qui avait été aveugle et lui dirent : « Rends gloire à Dieu[d] ! Nous savons que cet homme est un pécheur. » [25]Celui-ci répondit : « Si c'est un pécheur, je ne sais, mais je sais une chose : j'étais aveugle, et à présent j'y vois. » [26]Ils lui dirent : « Comment t'a-t-il fait pour t'ouvrir les yeux ? » [27]Il leur répondit : « Je vous l'ai déjà dit, et vous n'avez pas écouté. Pourquoi de nouveau vouloir l'entendre ? Voudriez-vous, vous aussi, devenir ses disciples ? » [28]Ils l'insultèrent et dirent : « Toi, tu es disciple de cet homme. Nous sommes, nous, disciples de Moïse. [29]Nous savons que Dieu a parlé à Moïse ; mais celui-là, nous ne savons d'où il est. » [30]L'homme leur répondit : « En cela est l'étonnant : vous ne savez d'où il est, et il m'a ouvert les yeux ! [31]Nous savons que Dieu n'écoute pas les pécheurs. Mais si quelqu'un est pieux et fait sa volonté, celui-là, il l'écoute. [32]Jamais on n'a entendu dire que quelqu'un ait ouvert les yeux d'un aveugle-né. [33]Si cet homme n'était de Dieu, il ne pourrait rien faire. » [34]Ils lui répondirent : « Tu es né tout entier dans les péchés, et tu nous fais la leçon ? » Et ils le jetèrent dehors.

---

[d]24. Adjuration pour sommer quelqu'un de reconnaître la vérité.

³⁵Jésus apprit qu'ils l'avaient jeté dehors et, le trouvant, il lui dit : « Crois-tu au Fils de l'homme ? » ³⁶Celui-ci répondit : « Et qui est-il, Seigneur, pour que je croie en lui ? » ³⁷Jésus lui dit : « Tu l'as vu, c'est celui qui parle avec toi. » ³⁸L'homme dit : « Je crois, Seigneur », et il se prosterna devant lui. ³⁹Jésus dit : « Je suis venu en ce monde pour un jugement : afin que les non-voyants voient et que les voyants deviennent aveugles. » ⁴⁰Des pharisiens qui étaient avec lui entendirent cela, et ils lui dirent : « Serions-nous, nous aussi, aveugles ? » ⁴¹Jésus leur répondit : « Si vous étiez aveugles, vous n'auriez pas de péché. Au contraire, vous dites : "Nous voyons !" Votre péché demeure. »

10 Le bon berger. — ¹« Vraiment, vraiment, je vous dis : Qui n'entre pas par la porte dans le bercail des brebis, mais grimpe par un autre endroit, celui-là est voleur et brigand. ²Mais qui entre par la porte est berger des brebis. ³A lui, le portier ouvre, et les brebis écoutent sa voix. Il appelle les siennes par leur nom et il les emmène. ⁴Quand il a fait sortir toutes les siennes, il marche devant elles, et les brebis le suivent, parce qu'elles connaissent sa voix. ⁵Un étranger, elles ne le suivront pas, mais elles le fuiront, parce qu'elles ne connaissent pas la voix des étrangers. » ⁶Telle est la parabole que leur dit Jésus. Mais ils ne comprirent pas de quoi il leur parlait.

⁷De nouveau donc, Jésus leur dit : « Vraiment, vraiment je vous dis : je suis la porte des brebis. ⁸Tous ceux qui sont venus avant moi sont voleurs et brigands[a] ; mais les brebis ne les ont pas écoutés. ⁹Je suis la porte. Si quelqu'un entre par moi, il sera sauvé, il ira, il viendra et trouvera pâture. ¹⁰Le voleur ne vient que pour voler, tuer et perdre. Je suis venu pour qu'ils aient la vie, et l'aient en abondance.

---

10. – [a]8. Faux prophètes et faux messies ? Ou pharisiens ?

[11]« Je suis le bon berger[b]. Le bon berger donne sa vie pour les brebis. [12]Le mercenaire, qui n'est pas berger et à qui les brebis n'appartiennent pas, voit-il le loup venir, il laisse là les brebis et s'enfuit ; et le loup les enlève et les disperse. [13]C'est qu'il est mercenaire et ne se soucie pas des brebis. [14]Je suis le bon berger ; je connais mes brebis et mes brebis me connaissent, [15]comme le Père me connaît et que je connais le Père. Et je livre ma vie pour les brebis. [16]J'ai aussi d'autres brebis, qui ne sont pas de ce bercail. Celles-là aussi, il faut que je les conduise. Elles écouteront ma voix, et il y aura un seul troupeau, un seul berger. [17]Voilà pourquoi le Père m'aime : parce que je livre ma vie, pour la prendre de nouveau. [18]Personne ne me l'enlève, mais je la livre de moi-même. J'ai pouvoir de la livrer et j'ai pouvoir de la prendre de nouveau : tel est le commandement que j'ai reçu de mon Père. »

[19]De nouveau, il y eut division chez les Juifs à cause de ces paroles. [20]Beaucoup d'entre eux disaient : « Il a un démon, il est fou ! Pourquoi l'écoutez-vous ? » [21]D'autres disaient : « Ces paroles ne sont pas d'un démoniaque. Un démon peut-il ouvrir les yeux des aveugles ? »

Jésus à la fête de la Dédicace. – [22]On célébrait alors à Jérusalem la fête de la Dédicace[c]. C'était l'hiver [23]et Jésus allait et venait dans le Temple, sous le portique de Salomon[d]. [24]Les Juifs l'entourèrent donc et ils lui dirent : « Jusque à quand nous laisseras-tu dans le doute ? Si tu es le Christ, dis-le-nous ouvertement. »

---

[b]11. Le seul berger authentique, par opposition à tous les autres, Ez 34.

[c]22. La *Dédicace* se célébrait en décembre. Elle commémorait la purification du Temple par Judas Maccabée en 165, 1 M 4, 36-54.

[d]23. Sur le côté est du Temple, qu'il protégeait du vent glacial du désert.

²⁵Jésus leur répondit : « Je vous l'ai dit, et vous ne croyez pas. Les œuvres que je fais au nom de mon Père témoignent à mon sujet. ²⁶Mais vous ne me croyez pas, parce que vous n'êtes pas de mes brebis. ²⁷Mes brebis écoutent ma voix. Je les connais, et elles me suivent. ²⁸Je leur donne la vie éternelle. Elles ne périront jamais, et nul ne les arrachera de ma main. ²⁹Mon Père, qui me les a données, est plus grand que tout, et personne ne peut rien arracher de la main de mon Père. ³⁰Le Père et moi, nous sommes un. »

³¹Les Juifs ramassèrent de nouveau des pierres pour le lapider. ³²Jésus leur répondit : « Je vous ai montré beaucoup de belles œuvres venant du Père ; pour laquelle de ces œuvres me lapidez-vous ? » ³³Les Juifs répondirent : « Nous ne te lapidons pas pour une belle œuvre, mais pour blasphème, car toi, qui es un homme, tu te fais Dieu. » ³⁴Jésus leur répondit : « N'est-il pas écrit dans votre Loi : *J'ai dit : Vous êtes des dieux*ᵉ ? ³⁵Si la Loi appelle des dieux ceux à qui la Parole a été adressée – et l'Écriture ne peut être abrogée ! –, ³⁶celui que le Père a consacré et envoyé dans le monde, vous lui dites : "Tu blasphèmes", parce que j'ai dit : "Je suis le Fils de Dieu !" ³⁷Si je ne fais pas les œuvres de mon Père, ne me croyez pas. ³⁸Mais si je les fais, même si vous ne me croyez pas, croyez les œuvres, afin de connaître, oui, de reconnaître que le Père est en moi et moi dans le Père. » ³⁹Ils cherchaient donc de nouveau à se saisir de lui ; mais il se dégagea de leurs mains.

Jésus se retire en Pérée. – ⁴⁰Il s'en alla de nouveau au-delà du Jourdain, à l'endroit où Jean baptisait

---

ᵉ34-36. Argument rabbinique manié par Jésus avec ironie. Ps 82, 6 appelle métaphoriquement « dieux » les juges et les princes, parce qu'ils ont pouvoir de vie et de mort.

d'abord, et il y séjourna. [41]Beaucoup vinrent à lui, disant : « Jean n'a fait aucun signe, mais tout ce qu'a dit Jean de celui-ci était vrai. » [42]Et là, beaucoup crurent en lui.

11 La résurrection de Lazare. – [1]Il y avait un malade, Lazare, de Béthanie, le village de Marthe et de Marie, sa sœur. [2]Marie était celle qui oignit le Seigneur de parfum et lui essuya les pieds avec ses cheveux ; le malade était son frère Lazare. [3]Les sœurs envoyèrent donc dire à Jésus : « Seigneur, voilà que celui que tu aimes est malade. » [4]A cette nouvelle, Jésus dit : « Cette maladie n'aboutira pas à la mort, mais à la gloire de Dieu, afin que par elle soit glorifié le Fils de Dieu. » [5]Or Jésus aimait Marthe, et sa sœur, et Lazare.

[6]Quand il eut appris que celui-ci était malade, il demeura encore deux jours à l'endroit où il se trouvait. [7]Ensuite, il dit aux disciples : « Allons de nouveau en Judée. » [8]Les disciples lui dirent : « Rabbi, tout récemment les Juifs cherchaient à te lapider, et de nouveau tu y vas ! » [9]Jésus répondit : « N'y a-t-il pas douze heures dans le jour[a] ? Si quelqu'un marche de jour, il n'achoppe pas, parce qu'il voit la lumière de ce monde. [10]Mais si quelqu'un marche la nuit, il achoppe, parce que la lumière n'est pas en lui. » [11]Il dit cela, et il ajouta : « Lazare, notre ami, s'est endormi[b]. Mais je vais aller le réveiller. » [12]Les disciples lui dirent donc : « Seigneur, s'il s'est endormi, il sera sauvé ! » [13]Or Jésus avait parlé de sa mort, mais eux pensèrent qu'il parlait de l'engourdissement du sommeil. [14]Jésus leur dit alors ouvertement : « Lazare est mort, [15]et je me réjouis à cause de vous de n'avoir pas été là, afin que vous

---

11. – [a]9-10. Il faut respecter temps et moments du dessein de Dieu. Comparer 9, 4.

[b]11-14. Équivoque délibérée, comme il en est tant dans cet évangile.

croyiez. Mais allons auprès de lui ! » ¹⁶Alors Thomas, appelé Didyme[c], dit aux autres disciples : « Allons, nous aussi, pour mourir avec lui ! »

¹⁷A l'arrivée de Jésus, Lazare était depuis quatre jours déjà au tombeau. ¹⁸Or Béthanie était près de Jérusalem, à environ quinze stades[d], ¹⁹et beaucoup de Juifs étaient venus chez Marthe et Marie afin de les réconforter dans leur deuil. ²⁰Quand Marthe apprit que Jésus arrivait, elle alla à sa rencontre ; Marie, elle, était restée à la maison. ²¹Marthe dit donc à Jésus : « Seigneur, si tu avais été là, mon frère ne serait pas mort ! ²²Mais maintenant je sais que tout ce que tu demanderas à Dieu, Dieu te le donnera. » ²³Jésus lui dit : « Ton frère ressuscitera. » ²⁴Marthe reprit : « Je sais qu'il ressuscitera, à la résurrection, au dernier jour. » ²⁵Jésus lui dit : « Je suis la résurrection et la vie. Qui croit en moi, même s'il est mort, vivra ; ²⁶et quiconque vit et croit en moi ne mourra jamais[e]. Crois-tu cela ? » ²⁷Elle répondit : « Oui, Seigneur, je crois que tu es le Christ, le Fils de Dieu, qui viens dans le monde. »

²⁸Cela dit, elle s'en alla appeler Marie, sa sœur, et lui dit tout bas : « Le Maître est là et il t'appelle. » ²⁹Dès qu'elle eut entendu ces mots, elle se leva sur-le-champ et vint à sa rencontre. ³⁰Jésus n'était pas encore entré dans le village. Il se trouvait toujours à l'endroit où l'avait rencontré Marthe. ³¹Les Juifs qui étaient avec elle à la maison et la réconfortaient, voyant que Marie s'était levée bien vite et qu'elle était sortie, la suivirent, pensant qu'elle allait au tombeau pour y pleurer.

³²Quand Marie arriva à l'endroit où était Jésus, en le voyant elle tomba à ses pieds et lui dit : « Seigneur, si tu avais été là, mon frère ne serait pas mort ! » ³³Quand

---

[c]16. C'est-à-dire : le jumeau (cf. encore 20, 24 et 21, 2).

[d]18. *Stade* : environ 185 m.

[e]26. Ou : *Ne mourra pas pour toujours.*

Jésus vit qu'elle pleurait et que les Juifs qui l'accompagnaient pleuraient aussi, il frémit en son esprit et se troubla. [34]Il dit : « Où l'avez-vous mis ? » Ils répondirent : « Seigneur, viens et vois. » [35]Jésus pleura. [36]Les Juifs disaient donc : « Voyez comme il l'aimait ! » [37]Mais certains d'entre eux dirent : « Ne pouvait-il, lui qui a ouvert les yeux de l'aveugle, faire en sorte que cet homme ne mourût pas ? »

[38]Jésus, frémissant de nouveau en lui-même, arrive au tombeau. C'était une grotte, et une pierre en fermait l'entrée. [39]Jésus dit : « Ôtez la pierre. » La sœur du défunt, Marthe, lui dit : « Seigneur, il sent déjà : il en est au quatrième jour. » [40]Jésus lui répondit : « Ne t'ai-je pas dit : Si tu crois, tu verras la gloire de Dieu ? » [41]Ils ôtèrent donc la pierre. Jésus leva les yeux vers le ciel et dit : « Père, je te rends grâce de ce que tu m'as écouté. [42]Oui, je savais que tu m'écoutes toujours. Mais j'ai parlé à cause de la foule qui m'entoure, afin qu'ils croient que tu m'as envoyé. » [43]Cela dit, il clama d'une voix forte : « Lazare, sors de là ! » [44]Le mort sortit, lié aux pieds et aux mains de bandelettes, et le visage enveloppé d'un suaire. Jésus leur dit : « Déliez-le ; et laissez-le s'en aller. »

Complot contre Jésus. — [45]Beaucoup de ces Juifs qui étaient venus chez Marie et avaient vu ce que Jésus avait fait, crurent en lui. [46]Mais quelques-uns d'entre eux allèrent trouver les pharisiens et leur dirent ce qu'avait fait Jésus. [47]Les grands prêtres et les pharisiens rassemblèrent donc un conseil. Ils disaient : « Qu'allons-nous faire ? Cet homme fait de nombreux signes. [48]Si nous le laissons agir ainsi, tous croiront en lui, les Romains viendront, ils détruiront et notre Lieu[f] et notre nation. » [49]Mais l'un d'eux, Caïphe, grand prê-

[f]48. Terme technique pour Lieu saint, le Temple.

tre cette année-là[g], leur dit : « Vous ne savez rien. [50]Vous ne réfléchissez pas qu'il vaut mieux pour vous qu'un seul homme meure pour tout le peuple, et que la nation tout entière ne périsse pas. » [51]Cela, il ne le dit pas de lui-même, mais étant grand prêtre cette année-là, il prophétisa que Jésus devait mourir pour la nation. [52]Et pas seulement pour la nation, mais aussi afin de rassembler en un les enfants de Dieu dispersés. [53]A partir de ce jour, ils décidèrent de le tuer.

[54]Jésus cessa de se montrer trop ouvertement parmi les Juifs. Il s'en alla dans la région proche du désert, dans une ville appelée Éphraïm[h], et il y séjourna avec ses disciples.

[55]La Pâque des Juifs était proche. Beaucoup de gens montèrent de la campagne à Jérusalem avant la Pâque, pour se purifier[i]. [56]Ils cherchaient donc Jésus et se disaient les uns aux autres, dans le Temple : « Qu'en pensez-vous ? Ne viendra-t-il pas à la fête ? » [57]Or les grands prêtres et les pharisiens avaient donné ordre à quiconque saurait où il se trouvait de le leur faire savoir, pour qu'on procède à son arrestation.

12 L'onction de Béthanie. –

[1]Six jours avant la Pâque[a], Jésus vint à Béthanie, où était Lazare, qu'il avait ressuscité des morts. [2]On donna un dîner en son honneur ; Marthe servait, et Lazare était l'un des convives. [3]Alors Marie, prenant une livre de parfum de

---

[g]49. Caïphe fut grand prêtre de 18 à 36. Peut-être l'évangéliste veut-il souligner cette année mémorable. Cf. 18, 13.

[h]54. A une vingtaine de km au nord de Jérusalem.

[i]55. Pureté rituelle, requise pour la célébration de la Pâque : 18, 28.

12. – [a]1. Les précisions chronologiques de l'évangéliste pour cette dernière semaine de Jésus rappellent celles de la première semaine, 1, 29 et 35 ; 2, 1.

vrai nard d'un grand prix, oignit les pieds[b] de Jésus et les lui essuya avec ses cheveux. La maison fut remplie de l'odeur du parfum. [4]Judas l'Iscariote, un de ses disciples, celui qui devait le livrer, dit : [5]« Pourquoi ce parfum n'at-il pas été vendu trois cents deniers, que l'on aurait donnés aux pauvres ? » [6]Il disait cela, non par souci des pauvres, mais parce que c'était un voleur, et, tenant la bourse, il emportait ce qu'on y mettait. [7]Jésus dit alors : « Laisse-la ; elle fait cela en vue de ma sépulture[c]. [8]Car les pauvres, vous les avez toujours avec vous ; mais moi, vous ne m'avez pas toujours. »

[9]La foule nombreuse des Juifs sut qu'il était là, et ils vinrent non seulement à cause de Jésus, mais pour voir aussi Lazare qu'il avait ressuscité des morts. [10]Les grands prêtres décidèrent alors de tuer aussi Lazare, [11]parce qu'à cause de lui beaucoup de Juifs s'en allaient et croyaient en Jésus.

Les rameaux. – [12]Le lendemain, la foule nombreuse qui était venue pour la fête, apprenant que Jésus arrivait à Jérusalem, [13]prit des rameaux de palmier et sortit à sa rencontre. Et ils clamaient : «*Hosanna ! Béni celui qui vient au nom du Seigneur*[d], le roi d'Israël ! » [14]Jésus, trouvant un ânon, s'assit dessus, comme il est écrit : [15]*Ne crains pas, fille de Sion ! Voici que ton Roi vient, assis sur un petit d'ânesse*[e]. [16]Cela, ses disciples ne le comprirent pas d'abord. Mais quand Jésus eut été glorifié, alors ils se souvinrent que cela avait été écrit de lui et qu'on l'avait fait pour lui. [17]La foule donc, celle qui était avec lui lorsqu'il avait appelé

[b]3. Habituellement, on parfume la tête (Mt 26, 7 ; Mc 14, 3). L'onction des pieds, plus remarquable (Lc 7, 46), peut aussi mieux évoquer le rite d'embaumement pour la sépulture.

[c]7. Jésus veut dire que sa mort est prochaine, et son embaumement funéraire déjà signifié par le geste de Marie.

[d]13. Ps 118, 26.

[e]15. Za 9, 9.

Lazare hors du tombeau et l'avait ressuscité des morts, lui rendait témoignage. [18]Voilà aussi pourquoi la foule était venue à sa rencontre : parce qu'elle avait appris qu'il avait fait ce signe. [19]Les pharisiens se dirent donc entre eux : « Vous voyez que vous ne gagnez rien ! Voilà que tout le monde est parti à sa suite ! »

[20]Il y avait là quelques Grecs, de ceux qui montaient pour adorer pendant la fête[f]. [21]Ils abordèrent Philippe, qui était de Bethsaïde en Galilée, et ils lui demandèrent : « Seigneur, nous voudrions voir Jésus. » [22]Philippe alla le dire à André ; et puis André et Philippe allèrent le dire à Jésus. [23]Jésus leur répondit : « L'heure est venue où doit être glorifié le Fils de l'homme. [24]Vraiment, vraiment je vous dis : si le grain de blé tombé en terre ne meurt pas, il reste seul. S'il meurt, il porte beaucoup de fruit. [25]Qui aime sa vie la perd, mais qui hait sa vie en ce monde la gardera pour une vie éternelle[g]. [26]Si quelqu'un me sert, qu'il me suive et où je suis, là aussi sera mon serviteur. Si quelqu'un me sert, mon Père l'honorera. [27]Maintenant mon âme est troublée, et que dirai-je ? Père, sauve-moi de cette heure[h] ? Mais c'est pour cela que je suis arrivé à cette heure. [28]Père, glorifie ton Nom ! » Une voix vint alors du ciel : « Je l'ai glorifié, et de nouveau je le glorifierai[i]. »

[29]La foule qui se tenait là et avait entendu disait : « Il y a eu un coup de tonnerre. » D'autres disaient : « Un ange lui a parlé. » [30]Jésus répondit : « Cette voix n'est pas pour moi, mais pour vous. [31]Maintenant, c'est le jugement de ce monde ; maintenant, le chef de ce monde va être jeté dehors. [32]Et moi, quand j'aurai été élevé de terre, j'attirerai tous les hommes vers moi. »

[f]20. Des prosélytes, cf. Ac 2, 9-11.

[g]25-26. Comparer Mt 16, 24-27.

[h]27. Cette parole évoque l'Agonie, dont le récit est absent de cet évangile.

[i]28. Cf. 13, 31-32 et 17, 1-5.

³³Il dit cela, signifiant de quelle mort il devait mourir. ³⁴La foule lui demanda donc : « Nous avons appris de la Loi que le Christ demeure pour toujours. Comment dis-tu qu'il faut que le Fils de l'homme soit élevé ? Qui est ce Fils de l'homme ? » ³⁵Jésus leur répondit : « La lumière est encore parmi vous pour peu de temps. Marchez pendant que vous avez la lumière, de peur que les ténèbres ne vous arrêtent, car celui qui marche dans les ténèbres ne sait où il va. ³⁶Quand vous avez la lumière, croyez en la lumière, pour que vous deveniez fils de lumière. » Ainsi parla Jésus, et, s'en allant, il se déroba à eux.

Cause profonde de l'incrédulité des Juifs[j]. —

³⁷Bien qu'il eût fait tant de signes devant eux, ils ne croyaient pas en lui, ³⁸pour que la parole d'Isaïe s'accomplît : *Seigneur, qui a cru à ce que nous avons fait entendre ? Et le bras du Seigneur, à qui a-t-il été révélé ?*[k] ³⁹Voici pourquoi ils ne pouvaient croire, c'est que, dit encore Isaïe : ⁴⁰*Il a aveuglé leurs yeux et il a endurci leur cœur pour qu'ils ne voient pas de leurs yeux, qu'ils ne comprennent pas avec leur cœur et qu'ils ne se convertissent pas ; et je ne les guérisse pas*[l] ! ⁴¹Isaïe a dit cela parce qu'il a vu sa gloire et qu'il a parlé de lui[m].

⁴²Pourtant, parmi les chefs eux-mêmes, beaucoup crurent en lui. Mais, à cause des pharisiens, ils ne se déclaraient pas, de peur d'être exclus de la synagogue. ⁴³Ils aimaient mieux, en effet, la gloire des hommes que la gloire de Dieu.

[j]37-43. Conclusion sur la mission de Jésus et son refus par le monde juif.

[k]38. Is 53, 1.

[l]40. Is 6, 9-10. Cf. Matthieu 13, 10-17.

[m]41. Is 6, 1sq. Jésus est identifié à Dieu. Comparer 8, 56.

Dernières déclarations de Jésus. – [44]Or Jésus s'écria : « Qui croit en moi ne croit pas en moi, mais en celui qui m'a envoyé. [45]Qui me voit voit aussi celui qui m'a envoyé. [46]Moi, lumière, je suis venu dans le monde pour que quiconque croit en moi ne demeure pas dans les ténèbres. [47]Si quelqu'un écoute mes paroles et ne les garde pas, je ne le juge pas : car je ne suis pas venu pour juger le monde, mais pour sauver le monde. [48]Qui me rejette et n'accueille pas mes paroles a son juge ; la parole que j'ai dite, c'est celle-là qui le jugera au dernier jour. [49]Car je n'ai pas parlé de moi-même. Le Père qui m'a envoyé m'a ordonné ce que je devais dire et déclarer. [50]Et je sais que son commandement est vie éternelle. Donc ce que je dis, c'est comme me l'a dit le Père que je le dis. »

LA GLOIRE DE JÉSUS
MANIFESTÉE AUX DISCIPLES

13 **Le lavement des pieds.** – [1]Avant la fête de la Pâque, Jésus, sachant que son heure était venue de passer de ce monde à son Père, ayant aimé les siens qui étaient dans le monde, les aima jusqu'au bout[a]. [2]Au cours d'un dîner, alors que le diable avait déjà mis au cœur de Judas Iscariote, fils de Simon, le dessein de le livrer, [3]Jésus, sachant que le Père lui a tout remis entre les mains, qu'il est venu de Dieu et qu'il s'en va vers Dieu, [4]se lève de table, dépose ses vêtements et, prenant un linge, il se le noue à la ceinture. [5]Ensuite, il verse de l'eau dans un bassin, et il se met à laver les pieds des disciples et à les essuyer avec le linge noué à sa ceinture. [6]Il arrive ainsi à Simon-Pierre. Celui-ci lui dit : « Seigneur, tu veux me

---

13. – [a]1. Avec le double sens de *totalement* et *jusqu'à la fin*.

laver les pieds ! » [7]Jésus répondit : « Ce que je fais, tu ne le sais pas maintenant ; tu le comprendras par la suite. » [8]Pierre lui dit : « Non, tu ne me laveras jamais les pieds ! » Jésus lui répondit : « Si je ne te lave pas, tu n'auras pas de part avec moi[b]. » [9]Simon-Pierre lui dit : « Alors, Seigneur, pas seulement les pieds, mais aussi les mains et la tête ! » [10]Jésus lui dit : « Qui a pris un bain n'a pas besoin de se laver[c], car il est pur tout entier. Vous aussi vous êtes purs, mais non pas tous. » [11]Il savait, en effet, qui le livrerait. Voilà pourquoi il dit : « Vous n'êtes pas tous purs. »

[12]Quand il leur eut lavé les pieds, qu'il eut repris ses vêtements et se fut remis à table, il leur dit : « Comprenez-vous ce que je vous ai fait ? [13]Vous m'appelez Maître et Seigneur, et vous dites bien : je le suis en effet. [14]Si donc je vous ai lavé les pieds, moi, le Seigneur et le Maître, vous aussi vous devez vous laver les pieds les uns aux autres. [15]Car je vous ai donné un exemple, pour que vous fassiez vous aussi ce que j'ai fait pour vous. [16]Vraiment, vraiment je vous dis : un serviteur n'est pas supérieur à son maître, ni un messager supérieur à celui qui l'a envoyé. [17]Si vous savez cela, heureux êtes-vous à condition de le mettre en pratique !

[18]« Je ne parle pas de vous tous. Je sais ceux que j'ai choisis. Mais c'est pour que l'Écriture soit accomplie : *Celui qui mange mon pain a levé contre moi son talon*[d]. [19]Dès maintenant je vous le dis, avant que cela n'arrive, afin que vous croyiez, quand ce sera arrivé, que Je Suis. [20]Vraiment, vraiment je vous dis : qui reçoit celui que j'aurai envoyé me reçoit, et qui me reçoit, reçoit celui qui m'a envoyé. »

[b]8. Comparer Mt 16, 22-23.
[c]10. Des manuscrits et versions ajoutent, à tort semble-t-il, *sinon les pieds*.
[d]18. Ps 41, 10.

Jésus désigne le traître. — ²¹A ces mots, Jésus fut troublé dans son esprit et il attesta : « Vraiment, vraiment je vous dis : l'un de vous me livrera. » ²²Les disciples se regardaient les uns les autres, se demandant de qui il parlait. ²³L'un de ses disciples^e, celui que Jésus aimait, se trouvait à table tout contre Jésus. ²⁴Simon-Pierre lui fait signe et lui dit : « Demande-lui de qui il parle. » ²⁵Celui-ci, se penchant à même la poitrine de Jésus, lui demanda : « Seigneur, qui est-ce ? » ²⁶Jésus répondit : « C'est celui à qui je donnerai le morceau de pain que je vais tremper. » Trempant donc le morceau de pain, il le prend et le donne à Judas, fils de Simon Iscariote. ²⁷Dès que Judas eut pris le morceau, Satan entra en lui. Jésus lui dit alors : « Ce que tu as à faire, fais-le vite. » ²⁸Mais aucun des convives ne sut pourquoi il lui avait dit cela. ²⁹Quelques-uns en effet pensèrent, puisque Judas tenait la bourse, que Jésus lui disait : « Achète ce dont nous avons besoin pour la fête », ou de donner quelque chose aux pauvres. ³⁰Ayant donc pris le morceau, Judas sortit aussitôt^f ; il faisait nuit.

DISCOURS APRÈS LA CÈNE

Le départ de Jésus est proche. — ³¹Quand il fut sorti, Jésus dit : « Maintenant le Fils de l'homme a été glorifié, et Dieu a été glorifié en lui. ³²Si Dieu a été glorifié en lui, Dieu aussi le glorifiera en lui-même, et il le

---

^e23. Ce disciple anonyme, sans doute le même qu'en 1, 40 va jouer un grand rôle dans les récits de la Passion et de la Résurrection.

^f30. Judas entre dans les ténèbres.

glorifiera bientôt. [33]Petits enfants, je suis pour peu de temps encore avec vous. Vous me chercherez, et comme j'ai dit aux Juifs : "Où je vais, vous ne pouvez venir", à vous aussi je le dis maintenant. »

Le commandement nouveau. – [34]« Je vous donne un commandement nouveau : que vous vous aimiez les uns les autres ; comme je vous ai aimés[g], aimez-vous, vous aussi les uns les autres. [35]A ceci tous reconnaîtront que vous êtes mes disciples : si vous avez de l'amour les uns pour les autres. »

Annonce du reniement de Pierre. – [36]Simon-Pierre lui dit : « Seigneur, où vas-tu ? » Jésus lui répondit : « Là où je vais, tu ne peux me suivre maintenant ; tu me suivras plus tard[g]. » [37]Pierre lui dit : « Seigneur, pourquoi ne puis-je te suivre maintenant ? Ma vie, je la donnerai pour toi ! » [38]Jésus répondit : « Tu donneras ta vie pour moi ? Vraiment, vraiment je te dis : le coq n'aura pas chanté que tu ne m'aies renié trois fois ! »

14 **Jésus Chemin, Vérité et Vie.** – [1]« Que votre cœur ne se trouble pas. Vous croyez en Dieu : croyez aussi en moi. [2]Dans la maison de mon Père, nombreuses sont les demeures. Sinon, vous aurais-je dit : "Je vais vous préparer une place" ? [3]Et quand je serai allé et vous aurai préparé une place, je viendrai de nouveau et je vous prendrai auprès de moi, pour que là où je suis, vous soyez, vous aussi. [4]Et là où je vais, vous en savez le chemin. »

[5]Thomas lui dit : « Seigneur, nous ne savons même pas où tu vas. Comment pouvons-nous connaître le chemin ? » [6]Jésus lui dit : « Je suis le Chemin et la Vérité et la Vie. Personne ne vient au Père si ce n'est par

[g]34-35. Cf. 15, 12.   [h]36. Comparer 21, 19.

moi. ⁷Si vous me connaissiez, vous connaîtriez aussi mon Père ; dès à présent vous le connaissez et vous l'avez vu. » ⁸Philippe lui dit : « Seigneur, montre-nous le Père, et cela nous suffit. » ⁹Jésus lui dit : « Je suis avec vous depuis si longtemps, et tu ne me connais pas, Philippe ? Qui m'a vu a vu le Père ; comment peux-tu dire : "Montre-nous le Père" ? ¹⁰Ne crois-tu pas que je suis dans le Père et que le Père est en moi ? Les paroles que je vous dis, je ne les dis pas de moi-même. Le Père qui demeure en moi fait les œuvres lui-même. ¹¹Croyez-moi : je suis dans le Père et le Père est en moi. Sinon, croyez à cause des œuvres elles-mêmes.

¹²« Vraiment, vraiment je vous dis : celui qui croit en moi fera aussi les œuvres que je fais, et il en fera de plus grandes parce que je vais vers le Père. ¹³Et tout ce que vous demanderez en mon nom, je le ferai afin que le Père soit glorifié dans le Fils. ¹⁴Si vous me demandez quelque chose en mon nom, je le ferai. »

Promesse du Paraclet. — ¹⁵« Si vous m'aimez, vous garderez mes commandements ; ¹⁶je prierai le Père et il vous donnera un autre Paraclet[a], pour qu'il soit avec vous à jamais : ¹⁷l'Esprit de vérité, que le monde ne peut accueillir parce qu'il ne le voit ni ne le connaît. Vous le connaissez, parce qu'il demeure chez vous et qu'il sera en vous. »

14. – [a]16. *Paraclet* : mot exclusivement johannique, désigne l'Esprit ici et en 14, 26 ; 15, 26 ; 16, 7 et Jésus en 1 Jn 2, 1. Un tel terme relève évidemment d'un langage et d'un milieu d'initiés. Dans la ligne biblique, il évoque un consolateur (cf. Lc 2, 25). Dans la langue grecque, il signifie défenseur, avocat. Ce dernier sens est clair en 1 Jn 2, 1. Ici et dans les trois emplois suivants, les deux sens peuvent être présents à la pensée de l'évangéliste.

Présence de Jésus aux siens. – [18]« Je ne vous laisserai pas orphelins. Je viens à vous. [19]Encore un peu et le monde ne me verra plus, mais vous me verrez, parce que je vis et que vous aussi, vous vivrez. [20]En ce jour-là, vous connaîtrez que je suis dans le Père, et vous en moi, et moi en vous. [21]Celui qui a mes commandements et les garde, c'est celui-là qui m'aime. Celui qui m'aime sera aimé de mon Père. Moi aussi je l'aimerai et je me manifesterai à lui. » [22]Judas – non pas l'Iscariote – lui dit : « Seigneur, qu'est-il arrivé, que tu doives te manifester à nous et non pas au monde ? » [23]Jésus répondit : « Si quelqu'un m'aime, il gardera ma parole. Mon Père l'aimera, et nous viendrons à lui, et nous ferons notre demeure chez lui. [24]Qui ne m'aime pas ne garde pas mes paroles. Or la parole que vous entendez n'est pas de moi, mais du Père qui m'a envoyé. »

De nouveau le Paraclet. – [25]« Je vous ai dit cela pendant que je demeure avec vous. [26]Mais le Paraclet, l'Esprit Saint qu'enverra le Père en mon nom, lui vous enseignera toutes choses et vous rappellera tout ce que je vous ai dit. »

La paix, la joie, les adieux. – [27]« Je vous laisse la paix, je vous donne ma paix. Je ne vous la donne pas comme la donne le monde. Que votre cœur ne se trouble ni ne s'intimide. [28]Vous avez entendu que je vous ai dit : "Je m'en vais, et je reviens vers vous." Si vous m'aimiez, vous vous réjouiriez de ce que je vais au Père, parce que le Père est plus grand que moi. [29]Et maintenant je vous l'ai dit avant que cela n'arrive, afin que, quand ce sera arrivé, vous croyiez. [30]Je ne parlerai plus beaucoup avec vous, car le prince du monde vient. Contre moi, certes, il ne peut rien, [31]mais il faut que le monde sache que j'aime le Père, et que j'agis comme le Père me l'a commandé. Levez-vous, partons d'ici[b]. »

15 Jésus, la vigne véritable[a].

— [1]« Je suis la vigne véritable, et mon Père est le vigneron. [2]Tout sarment, en moi, qui ne porte pas fruit, il l'ôte, et tout sarment qui porte fruit, il l'émonde, afin qu'il en porte davantage. [3]Déjà vous êtes purs, à cause de la parole que je vous ai dite. [4]Demeurez en moi, et moi en vous. Comme le sarment ne peut porter fruit de lui-même, s'il ne demeure en la vigne, ainsi vous non plus, si vous ne demeurez en moi.

[5]« Je suis la vigne, vous, les sarments. Qui demeure en moi et en qui je demeure, celui-là porte beaucoup de fruit ; car séparés de moi, vous ne pouvez rien faire. [6]Si quelqu'un ne demeure pas en moi, il est jeté dehors comme le sarment et il se dessèche. Les sarments secs, on les ramasse, on les jette au feu et ils brûlent. [7]Si vous demeurez en moi et si mes paroles demeurent en vous, ce que vous voudrez, demandez-le, et cela vous arrivera. [8]En ceci est glorifié mon Père : que vous portiez beaucoup de fruit et que vous deveniez mes disciples. »

Demeurer dans l'amour.

— [9]« Comme le Père m'a aimé, moi aussi je vous ai aimés ; demeurez dans mon amour. [10]Si vous gardez mes commandements, vous demeurerez dans mon amour, comme j'ai gardé les commandements de mon Père et je demeure en son amour. [11]Je vous ai dit cela afin que ma joie soit en vous, et que votre joie soit pleine.

---

[b]31. Le départ n'aura lieu qu'en 18, 1. Les chapitres 15-17 semblent donc ajoutés par l'évangéliste dans une deuxième édition.

15. — [a]1-8. La parabole de la vigne est classique pour désigner le peuple de Dieu : Is 5, 1-7 ; Ps 80, 9-16. Jésus, avec tous ses disciples, est le nouvel et

¹²« C'est mon commandement que vous vous aimiez les uns les autres comme je vous ai aimés[b]. ¹³Personne n'a plus grand amour que celui qui donne sa vie pour ses amis. ¹⁴Vous êtes mes amis si vous faites ce que je vous commande. ¹⁵Je ne vous dis plus "serviteurs", parce que le serviteur ne sait ce que fait son maître. Mais je vous ai dit "amis", parce que tout ce que j'ai entendu de mon Père, je vous l'ai fait connaître. ¹⁶Vous ne m'avez pas choisi, mais c'est moi qui vous ai choisis, et je vous ai établis pour que vous alliez, que vous portiez du fruit et que votre fruit demeure. Ainsi tout ce que vous demanderez au Père en mon nom, il vous le donne. ¹⁷Je vous commande ceci : que vous vous aimiez les uns les autres. »

Le monde, Jésus, les disciples. – ¹⁸« Si le monde vous hait, sachez qu'il m'a haï avant vous. ¹⁹Si vous étiez du monde, le monde aimerait son bien propre. Or parce que vous n'êtes pas du monde, mais que je vous ai choisis et retirés du monde, à cause de cela le monde vous hait. ²⁰Souvenez-vous de la parole que je vous ai dite : "Un serviteur n'est pas supérieur à son maître". S'ils m'ont persécuté, ils vous persécuteront aussi ; s'ils ont gardé ma parole, ils garderont la vôtre aussi. ²¹Mais tout cela, ils le feront envers vous à cause de mon nom, parce qu'ils ne connaissent pas celui qui m'a envoyé.

²²« Si je n'étais venu et ne leur avais parlé, ils n'auraient pas de péché ; or maintenant, ils n'ont pas d'excuse pour leur péché. ²³Qui me hait, hait aussi mon Père. ²⁴Si je n'avais fait chez eux les œuvres que nul autre n'a faites, ils n'auraient pas de péché. Or, maintenant qu'ils ont vu, ils ont haï et moi et mon

véritable Israël. Comparer l'image du corps en 1 Co 12, 12sq.

[b]12. Cf. 13, 34-35.

Père. [25]Mais c'est pour que s'accomplisse la parole qui est écrite en leur Loi : *Ils m'ont haï gratuite-ment*[c]. »

Témoignage du Paraclet et des apôtres. – [26]« Quand viendra le Paraclet que je vous enverrai d'auprès du Père, l'Esprit de vérité qui procède du Père, il témoignera à mon sujet. [27]Et vous aussi vous témoignerez, parce que vous êtes avec moi depuis le commencement. »

16 **Annonce des persécutions.** – [1]« Je vous ai dit cela afin que vous ne soyez pas scandalisés. [2]On fera de vous des exclus de la synagogue. Même, l'heure vient où quiconque vous mettra à mort croira rendre un culte à Dieu. [3]Ils feront cela parce qu'ils n'ont connu ni le Père ni moi. [4]Mais je vous ai dit cela pour que, quand viendra leur heure, vous vous souve-niez que je vous l'ai dit. Je ne vous ai pas dit cela dès le commencement parce que j'étais avec vous. »

Le rôle du Paraclet. – [5]« Maintenant je m'en vais vers celui qui m'a envoyé, et aucun de vous ne me demande : "Où vas-tu ?" [6]Mais parce que je vous ai dit cela, la tristesse a rempli votre cœur. [7]Pourtant je vous dis la vérité : il vous est utile que je parte. Car si je ne pars pas, le Paraclet ne viendra pas vers vous ; mais si je m'en vais, je l'enverrai vers vous[a]. [8]Et lui, à sa venue, convaincra le monde à propos de péché, et à propos de justice, et à propos de jugement. [9]A propos de péché, parce qu'ils ne croient pas en moi ; [10]à propos de justice, parce que je m'en vais vers le Père et que vous ne me verrez plus ; [11]à propos de jugement, parce que le prin-ce de ce monde est déjà jugé.

[c]25. Ps 35, 19.   **16.** – [a]7. Cf. 7, 39.

[12]« J'ai encore beaucoup de choses à vous dire, mais vous ne pouvez les porter actuellement. [13]Quand il viendra, lui, l'Esprit de vérité, il vous guidera vers la vérité tout entière[b]; car il ne parlera pas de lui-même, mais tout ce qu'il entend, il le dira, et il vous annoncera l'avenir. [14]Il me glorifiera, car il prendra de ce qui est mien, et il vous l'annoncera. [15]Tout ce qu'a le Père est mien. Voilà pourquoi je vous ai dit: il prend de ce qui est mien, et il vous l'annonce. »

Séparation et retour. Tristesse et joie. —

[16]« Encore un peu, et vous ne me verrez plus; puis encore un peu, et vous me reverrez. » [17]Certains de ses disciples se dirent alors entre eux: « Que nous dit-il là: "Encore un peu, et vous ne me verrez pas, et encore un peu et vous me reverrez", et: "Je m'en vais auprès du Père"? » [18]Ils disaient donc: « Que signifie ce "un peu"? Nous ne savons de quoi il parle. »

[19]Jésus comprit qu'ils voulaient l'interroger. Il leur dit: « Vous cherchez entre vous ce que j'ai voulu dire par ces paroles: "Encore un peu, et vous ne me verrez pas, puis encore un peu et vous me reverrez". [20]Vraiment, vraiment je vous dis: vous pleurerez et vous vous lamenterez, tandis que le monde se réjouira. Vous serez attristés, mais votre tristesse deviendra joie. [21]La femme, quand elle accouche, a de la tristesse, parce que son heure est venue. Mais quand elle a donné naissance à l'enfant, elle ne se souvient plus de l'angoisse, à cause de la joie: un homme est né au monde! [22]Vous aussi, vous avez maintenant de la tristesse; mais je vous reverrai, et votre cœur se réjouira, et votre joie, personne ne vous l'ôtera. [23]Ce jour-là, vous n'aurez plus à m'interroger. »

[b]13. Cf. 14, 26.

Demander au nom de Jésus. – «Vraiment, vraiment je vous dis : ce que vous demanderez au Père, il vous le donnera en mon nom. ²⁴Jusqu'à présent vous n'avez rien demandé en mon nom. Demandez et vous recevrez, pour que votre joie soit pleine.

²⁵« Je vous ai dit cela en paraboles. L'heure vient où je ne vous parlerai plus en paraboles, mais je vous annoncerai ouvertement le Père. ²⁶Ce jour-là, vous demanderez en mon nom et je ne vous dis pas que je prierai le Père pour vous. ²⁷Car le Père lui-même vous aime, parce que vous m'avez aimé et que vous avez cru que je suis sorti d'auprès de Dieu. ²⁸Je suis sorti du Père et je suis venu dans le monde. Maintenant je quitte le monde et je vais vers le Père. »

Jésus vainqueur du monde. – ²⁹Ses disciples lui dirent : «Voici que maintenant tu parles ouvertement et ne dis aucune parabole. ³⁰Maintenant nous savons que tu sais tout et que tu n'as pas besoin qu'on t'interroge. En cela nous croyons que tu es sorti de Dieu. » ³¹Jésus leur répondit : «A présent vous croyez ! ³²Voici que l'heure vient, et elle est venue, où *vous serez dispersés*ᶜ chacun de son côté et vous me laisserez seul. Or je ne suis pas seul, parce que le Père est avec moi. ³³Je vous ai dit cela, afin qu'en moi vous ayez la paix. Dans le monde, vous aurez à souffrir. Mais courage ! J'ai vaincu le monde. »

17 **La prière sacerdotale.** – ¹ᵃAprès avoir ainsi parlé, Jésus leva les yeux au ciel et dit : « Père, l'heure est venue. Glorifie ton Fils, afin que le Fils te glorifie, ²et que, par le pouvoir que tu lui as donné sur

---

ᶜ32. Za 13, 7 ; Mt 26, 31 ; Mc 14, 27.
17. – ᵃ1-26. Prière sacerdotale, à cause de l'évocation du sacrifice de Jésus en 17-19. Dite aussi prière pour l'unité.

toute chair, il donne la vie éternelle à tous ceux que tu lui as donnés. ³Or la vie éternelle, c'est qu'ils te connaissent, toi le seul vrai Dieu, et celui que tu as envoyé, Jésus Christ. ⁴Je t'ai glorifié sur la terre, j'ai achevé l'œuvre que tu m'as donnée à faire. ⁵Et maintenant glorifie-moi, Père, auprès de toi, de la gloire que j'avais auprès de toi avant que le monde fût. »

Jésus prie pour ses disciples. – ⁶« J'ai manifesté ton nom aux hommes que tu m'as donnés du milieu du monde. Ils étaient tiens et tu me les as donnés, et ils ont gardé ta parole. ⁷Maintenant ils ont connu que tout ce que tu m'as donné vient d'auprès de toi ; ⁸car les paroles que tu m'as données, je les leur ai données. Ils les ont accueillies, et ils ont connu vraiment que je suis sorti d'auprès de toi, et ils ont cru que tu m'as envoyé. ⁹Je prie pour eux. Je ne prie pas pour le monde, mais pour ceux que tu m'as donnés, parce qu'ils sont tiens. ¹⁰Or tout ce qui est à moi est à toi, et tout ce qui est à toi est à moi, et j'ai été glorifié en eux.

¹¹« Je ne suis plus dans le monde, mais eux sont dans le monde ; et moi je vais vers toi. Père saint, garde-les en ton nom[b] que tu m'as donné, afin qu'ils soient un comme nous. ¹²Quand j'étais avec eux, je les gardais en ton nom que tu m'as donné. J'ai veillé sur eux, et aucun d'entre eux ne s'est perdu, sinon le fils de la perdition, pour que l'Écriture fût accomplie. ¹³Mais maintenant je vais à toi, et je dis ces choses dans le monde afin qu'ils aient en eux-mêmes ma joie dans sa plénitude.

¹⁴« Je leur ai donné ta parole, et le monde les a pris en haine, parce qu'ils ne sont pas du monde, comme moi je ne suis pas du monde. ¹⁵Je ne demande pas que tu les enlèves du monde, mais que tu les gardes du

[b]11-12. Le Nom divin : cf. Ph 2, 11.

Mauvais. ¹⁶Ils ne sont pas du monde, comme moi je ne suis pas du monde. ¹⁷Sanctifie-les dans la vérité : ta parole est vérité. ¹⁸Comme tu m'as envoyé dans le monde, moi aussi je les ai envoyés dans le monde. ¹⁹Et pour eux je me sanctifie moi-même, afin qu'ils soient, eux aussi, sanctifiés par la vérité.

²⁰« Je ne prie pas seulement pour ceux-là, mais aussi pour ceux qui, par leur parole, croient en moi, ²¹afin que tous soient un. Comme toi, Père, tu es en moi et moi en toi, qu'eux aussi soient un en nous, afin que le monde croie que tu m'as envoyé. ²²Et moi, la gloire que tu m'as donnée, je la leur ai donnée, pour qu'ils soient un comme nous sommes un : ²³moi en eux et toi en moi, afin que leur unité soit parfaite et que le monde connaisse que tu m'as envoyé et que tu les as aimés comme tu m'as aimé.

²⁴« Père, ceux que tu m'as donnés, je veux que là où je suis, eux aussi soient avec moi, afin qu'ils voient ma gloire, la gloire que tu m'as donnée parce que tu m'as aimé avant la fondation du monde. ²⁵Père juste, si le monde ne t'a pas connu, moi je t'ai connu, et ceux-ci ont connu que tu m'as envoyé. ²⁶Je leur ai fait connaître ton nom, et je le leur ferai connaître, afin que l'amour dont tu m'as aimé soit en eux, et moi en eux. »

PASSION ET RÉSURRECTION

18 **Arrestation de Jésus.** – ¹Ayant dit cela, Jésus s'en alla avec ses disciples et traversa le torrent du Cédron ; il y avait là un jardin dans lequel il entra, lui et ses disciples. ²Or Judas, qui le livrait, connaissait aussi l'endroit, car souvent Jésus s'était réuni là avec ses disciples. ³Judas donc, ayant pris la tête de la cohorte et des gardes fournis par les grands prêtres et

les pharisiens, s'y rendit avec des lanternes, des tor-
ches et des armes.

4Jésus, sachant tout ce qui devait lui arriver, s'a-
vança et leur demanda : « Qui cherchez-vous ? » 5Ils lui
répondirent : « Jésus le Nazaréen. » Il leur dit : « C'est
moi. » Or Judas, qui le livrait, se tenait aussi avec eux.
6Quand il leur dit : « C'est moi », ils reculèrent et tombèrent à terre. 7De nouveau il leur demanda : « Qui
cherchez-vous ? » Ils dirent : « Jésus le Nazaréen. »
8Jésus répondit : « Je vous ai dit que c'est moi. Si c'est
moi que vous cherchez, laissez ceux-là s'en aller. »
9Ainsi fut accomplie la parole qu'il avait dite : « Je n'ai
perdu aucun de ceux que tu m'as donnés[a]. » 10Or
Simon-Pierre, ayant une épée, la tira, frappa le serviteur du grand prêtre et lui coupa le lobe de l'oreille
droite. Ce serviteur s'appelait Malchus. 11Jésus dit à
Pierre : « Mets l'épée au fourreau. La coupe que m'a
donnée le Père, ne la boirai-je pas[b] ? »

**Jésus devant Anne et devant Caïphe. Renie-
ments de Pierre.** — 12La cohorte, le tribun et les gardes des Juifs se saisirent donc de Jésus et le ligotè-
rent. 13Ils l'emmenèrent d'abord chez Anne[c] : c'était
en effet le beau-père de Caïphe, le grand prêtre de
cette année-là. 14Caïphe était celui qui avait conseillé
aux Juifs : « Mieux vaut qu'un seul homme meure
pour le peuple. »

15Or, Simon-Pierre et un autre disciple suivaient

18. – [a]9. Cf. 10, 28 ; 17, 12.
[b]11. Évocation de l'Agonie, cf.
12, 27.
[c]13-24. Jean donne peu d'importance au procès juif, qu'il fait
se dérouler chez Anne, beau-
père du grand prêtre en exercice, Caïphe (à moins qu'on ne

lise le v 24 après le v 13, comme
le font certains, mais sans aucun
appui manuscrit). La pleine
révélation de Jésus, que les
Synoptiques situent dans le
procès juif, va avoir lieu ici dans
le procès romain.

Jésus. Ce disciple-là était connu du grand prêtre et il entra avec Jésus dans la cour du grand prêtre. ¹⁶Pierre, lui, se tenait dehors, près de la porte. L'autre disciple, celui qui était connu du grand prêtre, sortit ; il dit un mot à la gardienne de la porte et il fit entrer Pierre. ¹⁷La servante qui gardait la porte dit alors à Pierre : « N'es-tu pas, toi aussi, des disciples de cet homme ? » Celui-ci dit : « Je n'en suis pas. » ¹⁸Or les serviteurs et les gardes qui étaient là avaient fait un feu de braise, parce qu'il faisait froid et ils se chauffaient. Pierre était avec eux, et se chauffait aussi.

¹⁹Le grand prêtre interrogea donc Jésus sur ses disciples et sur sa doctrine. ²⁰Jésus lui répondit : « J'ai parlé ouvertement au monde. J'ai toujours enseigné dans la synagogue et au Temple, où tous les Juifs se rassemblent ; je n'ai rien dit en cachette. ²¹Pourquoi m'interroges-tu ? Interroge ceux qui m'ont entendu : que leur ai-je dit ? Voici qu'ils savent, eux, ce que j'ai dit. » ²²A ces mots, un des gardes qui se tenait là donna une gifle à Jésus en disant : « C'est ainsi que tu réponds au grand prêtre ! » ²³Jésus lui répondit : « Si j'ai mal parlé, montre où est le mal ; mais si j'ai bien parlé, pourquoi me frappes-tu ? » ²⁴Anne l'envoya alors, ligoté, au grand prêtre Caïphe.

²⁵Or il y avait Simon-Pierre, se tenant là et se chauffant. Ils lui dirent : « N'es-tu pas, toi aussi, de ses disciples ? » Celui-ci nia et dit : « Je n'en suis pas. » ²⁶Un des serviteurs du grand prêtre, parent de celui à qui Pierre avait coupé l'oreille, dit : « Ne t'ai-je pas vu dans le jardin avec lui ? » ²⁷De nouveau Pierre nia, et aussitôt un coq chanta.

Jésus devant Pilate. — ²⁸Alors ils emmènent Jésus de chez Caïphe au palais du gouverneur. C'était le matin. Eux n'entrèrent pas dans le palais, pour ne pas se souiller et pouvoir manger la Pâque[d]. [29]Pilate sortit donc pour aller vers eux. Il leur dit : « Quelle accusation portez-vous contre cet homme ? » [30]Ils répondirent : « Si ce n'était pas un malfaiteur, nous ne te l'aurions pas livré. » [31]Pilate leur dit alors : « Prenez-le vous-mêmes, et jugez-le selon votre loi. » Les Juifs lui dirent : « Il ne nous est pas permis de mettre quelqu'un à mort ! » [32]Ainsi fut accomplie la parole que Jésus avait dite, signifiant de quelle mort il devait mourir.

[33]Pilate rentra donc dans sa résidence. Il appela Jésus et lui dit : « Es-tu le roi des Juifs ? » [34]Jésus répondit : « Dis-tu cela de toi-même, ou d'autres te l'ont-ils dit de moi ? » [35]Pilate répondit : « Suis-je Juif, moi ? Ta nation et les grands prêtres t'ont livré à moi ; qu'as-tu fait ? » [36]Jésus répondit : « Mon royaume n'est pas de ce monde. Si mon royaume était de ce monde, mes gardes auraient combattu pour que je ne sois pas livré aux Juifs. Mais non, mon royaume n'est pas d'ici. » [37]Pilate lui dit alors : « Tu es donc roi ? » Jésus répondit : « Tu le dis : je suis roi. Je suis né et je suis venu dans le monde pour ceci : rendre témoignage à la vérité. Quiconque est de la vérité entend ma voix. » [38]Pilate lui dit : « Qu'est-ce que la vérité ? »

Après avoir dit cela, il sortit de nouveau vers les Juifs et leur dit : « Je ne trouve en lui aucune raison de condamnation. [39]Mais vous avez une coutume : que je vous relâche quelqu'un pendant la Pâque. Voulez-vous donc que je vous relâche le roi des Juifs ? » [40]Ils hurlè-

---

[d]28. Problème classique de chronologie johannique. La Pâque officielle doit avoir lieu le vendredi soir. Le dernier repas de Jésus avec ses disciples n'aurait-il donc pas été le repas pascal ? Les Synoptiques semblent pourtant clairs dans ce sens. Jésus aurait-il alors anticipé la Pâque ? C'est peu probable. Il aura plutôt suivi un autre calendrier, galiléen peut-être. La tentative d'explication par un calendrier essénien trouvé à Qumrân se heurte à trop de difficultés pour être convaincante.

rent alors de nouveau : « Pas celui-ci, mais Barabbas ! »
Or ce Barabbas était un brigand.

19 Flagellation et outrages.

Flagellation et outrages. – ¹Alors Pilate prit Jésus et le fit flageller. ²Et les soldats, tressant une couronne d'épines, la lui mirent sur la tête, et ils le revêtirent d'un manteau de pourpre. ³Et ils s'avançaient vers lui et disaient : « Salut, roi des Juifs ! » et ils lui donnaient des soufflets.

« Voici l'homme ! » Jésus est condamné. – ⁴Pilate sortit de nouveau et dit aux Juifs : « Voilà, je vous l'amène dehors pour que vous sachiez que je ne trouve aucun motif de le condamner. » ⁵Jésus vint donc, portant la couronne d'épines et le vêtement pourpre. Pilate leur dit : « Voici l'homme ! » ⁶Quand ils le virent, les grands prêtres et les gardes hurlèrent : « Crucifie-le ! Crucifie-le ! » Pilate leur dit : « Prenez-le, et crucifiez-le vous-mêmes ; car je ne trouve aucun motif de le condamner. » ⁷Les Juifs lui répondirent : « Nous avons une Loi, et selon la Loi il doit mourir, parce qu'il s'est fait Fils de Dieu. »

⁸Quand Pilate entendit cette parole, il eut encore plus peur[a]. ⁹Il rentra dans son palais et dit à Jésus : « D'où es-tu ? » Mais Jésus ne lui donna pas de réponse. ¹⁰Pilate lui dit alors : « Tu refuses de me parler ! Ne sais-tu pas que j'ai pouvoir de te relâcher et que j'ai pouvoir de te crucifier ? » ¹¹Jésus répondit : « Tu n'aurais aucun pouvoir sur moi[b], s'il ne t'avait été donné

19. – [a]8. Les hésitations de Pilate, contrastant avec la sérénité de Jésus et la détermination de ses accusateurs, sont typiques de la position d'un procurateur romain, toujours sous la crainte d'une dénonciation auprès du pouvoir impérial.
[b]11. Cf. 3, 27 ; 10, 18 ; 14, 30 et Luc 4, 6. On ne peut tirer argument de cette parole de Jésus en faveur de la légitimité des pouvoirs politiques qu'au sens où tout pouvoir, quel qu'il soit, joue

d'en haut. C'est pourquoi celui qui m'a livré à toi[c] a un plus grand péché. »

[12]De ce moment, Pilate cherchait à le relâcher. Mais les Juifs hurlèrent : « Si tu le relâches, tu n'es pas ami de César. Quiconque se fait roi s'oppose à César. » [13]Pilate, entendant ces paroles, amena Jésus dehors et s'assit au tribunal[d], en un endroit appelé Lithostrotos[e], en hébreu Gabbatha[f]. [14]C'était le jour de la préparation de la Pâque, vers la sixième heure[g]. Il dit aux Juifs : « Voici votre roi ! » [15]Ceux-ci hurlèrent alors : « A mort ! A mort ! Crucifie-le ! » Pilate leur dit : « Votre roi, le crucifier ! » Les grands prêtres répondirent : « Nous n'avons de roi que César ! » [16]Alors il le leur livra pour être crucifié.

Le crucifiement. – Ils se saisirent donc de Jésus. [17]Portant lui-même sa croix, Jésus sortit vers le lieu dit « Le Crâne », qu'on nomme en hébreu Golgotha. [18]Là ils le crucifièrent, et avec lui deux autres, de part et d'autre, et Jésus au milieu. [19]Pilate avait aussi rédigé un écriteau qu'il fit mettre sur la croix. Il portait cette inscription : « Jésus le Nazaréen, le roi des Juifs. » [20]Cet écriteau, beaucoup de Juifs le lurent, parce que l'endroit où fut crucifié Jésus était proche de la ville, et que c'était écrit en hébreu, en latin, en grec. [21]Les grands prêtres des Juifs disaient à Pilate : « N'écris

un rôle dans le dessein divin et où son détenteur est responsable devant Dieu.

[c]11. Caïphe, plutôt que Judas. Cf. 9, 41 et 15, 22-24.

[d]13. Pour prononcer la sentence.

[e]13. C'est-à-dire le dallage. Le très beau pavement retrouvé près de l'emplacement de la forteresse Antonia paraît plus récent. Pilate résidait d'ailleurs plus probablement dans l'ancien palais d'Hérode, où Jésus a dû comparaître.

[f]13. C'est-à-dire, semble-t-il : la hauteur.

[g]14. Midi ; voir Mt 20, 3-7 et note.

pas : "Le roi des Juifs", mais : "Cet homme a dit : Je suis roi des Juifs". »

²²Pilate répondit : « Ce que j'ai écrit, je l'ai écrit. »

La tunique sans couture. – ²³Quand les soldats eurent crucifié Jésus, ils prirent ses vêtements et en firent quatre parts : une pour chaque soldat. Il y avait aussi la tunique. Or cette tunique était sans couture, tissée d'une seule pièce de haut en bas. ²⁴Les soldats se dirent entre eux : « Ne la déchirons pas, mais tirons au sort à qui l'aura. » Ainsi fut accompli l'Écriture qui dit : *Ils se sont partagé mes vêtements, et sur mon habit ils ont jeté le sort*[h]. Voilà donc ce que firent les soldats.

La mort de Jésus. – ²⁵Près de la croix de Jésus se tenaient sa mère, la sœur de sa mère, Marie, femme de Clopas, et Marie de Magdala. ²⁶Jésus, voyant sa mère, et près d'elle le disciple qu'il aimait, dit à sa mère : « Femme, voici ton fils. » ²⁷Puis il dit au disciple : « Voici ta mère[i]. » Et depuis cette heure-là, le disciple la prit chez lui.

²⁸Après cela, sachant que désormais tout était achevé, afin que fût accomplie l'Écriture, Jésus dit : « J'ai soif[j] ! » ²⁹Il y avait là un vase plein de vinaigre. Attachant une éponge imbibée de ce vinaigre à un rameau d'hysope, les soldats l'approchèrent de sa bouche. ³⁰Quand il eut pris le vinaigre, Jésus dit : « Tout est achevé ! » Et inclinant la tête, il rendit l'esprit[k].

[h]24. Ps 22, 19.
[i]26-27. Maternité spirituelle de Marie à l'égard de tous les disciples de Jésus.
[j]28. Ps 22, 16 et 69, 22.
[k]30. Double sens, comme souvent dans cet évangile : « rendit l'esprit » et « livra l'Esprit ». Le dernier souffle de Jésus annonce l'effusion de l'Esprit Saint (cf. 20, 22).

Le sang et l'eau. – [31]C'était le jour de la Préparation. Pour que les corps ne restent pas sur la croix pendant le sabbat – car c'était un grand jour, ce sabbat ! – les Juifs demandèrent à Pilate qu'on leur brisât les jambes et qu'on enlevât les corps. [32]Les soldats vinrent donc et ils brisèrent les jambes du premier, puis du deuxième qui avait été crucifié avec lui. [33]Arrivés à Jésus, ils virent qu'il était déjà mort.

Aussi ne lui brisèrent-ils pas les jambes, [34]mais un des soldats, de sa lance, lui perça le côté, et il en sortit aussitôt du sang et de l'eau. [35]Celui qui a vu a témoigné, et son témoignage est véridique, et celui-là[1] sait qu'il dit vrai, afin que vous aussi, vous croyiez. [36]Car cela est arrivé pour que l'Écriture fût accomplie : *Aucun de ses os ne sera brisé*[m], [37]et un autre passage de l'Écriture dit encore : *Ils regarderont vers celui qu'ils ont transpercé*[n].

Le tombeau dans le jardin. – [38]Après cela, Joseph d'Arimathie, qui était disciple de Jésus, mais qui s'en cachait par crainte des Juifs, demanda à Pilate l'autorisation d'enlever le corps de Jésus. Pilate le lui permit. Il vint donc enlever le corps de Jésus. [39]Nicodème, celui qui au début était allé de nuit trouver Jésus, vint aussi. Il apportait un mélange de myrrhe et d'aloès d'environ cent livres. [40]Ils prirent le corps de Jésus et le lièrent de bandelettes, avec les aromates, comme les Juifs ont coutume d'ensevelir.

[41]A l'endroit où Jésus avait été crucifié, il y avait un jardin, et dans ce jardin, un tombeau neuf où personne n'avait encore été mis. [42]Là, à cause de la Préparation des Juifs, et comme ce tombeau était proche, ils déposèrent Jésus.

---

[1]35. *Celui-là* : Dieu, ou Jésus, selon un sens fréquent de cette expression dans cet évangile et en 1 Jn.

[m]36. Ex 12, 46 ; Nb 9, 12.
[n]37. Za 12, 10.

20 **Le tombeau vide.** – [1]Le premier jour de la semaine, de grand matin, alors qu'il faisait encore noir, Marie de Magdala se rend au tombeau, et voit que la pierre a été enlevée du tombeau. [2]Elle court donc trouver Simon-Pierre et l'autre disciple, celui qu'aimait Jésus, et elle leur dit : « Ils ont enlevé le Seigneur du tombeau, et nous ne savons où ils l'ont mis. »

[3a]Alors Pierre sortit avec l'autre disciple, et ils allèrent au tombeau. [4]Ils couraient tous deux ensemble, mais l'autre disciple courut plus vite que Pierre, et arriva le premier au tombeau. [5]Se penchant, il voit les linges restés là ; cependant il n'entra pas. [6]Simon-Pierre, qui le suivait, arrive aussi et il entre dans le tombeau. Il regarde les linges restés là, [7]et le suaire qui avait recouvert la tête, non pas posé avec les linges, mais à part, roulé en un autre endroit. [8]Alors l'autre disciple, qui était arrivé le premier au tombeau, entra aussi. Il vit et il crut. [9]Car ils n'avaient pas encore compris que, selon l'Écriture, Jésus devait ressusciter des morts. [10]Puis les disciples s'en revinrent chez eux.

Jésus apparaît à Marie de Magdala. – [11]Marie se tenait près du tombeau, dehors, et elle pleurait. Tout en pleurant, elle se pencha vers l'intérieur du tombeau [12]et elle voit deux anges en blanc, assis, l'un à la tête et l'autre aux pieds, là où avait été déposé le corps de Jésus. [13]Ceux-ci lui disent : « Femme, pourquoi pleures-tu ? » Elle leur dit : « Parce qu'ils ont enlevé mon Seigneur, et je ne sais où ils l'ont mis. » [14]Disant cela, elle se retourne et voit Jésus debout, mais elle ne savait pas que c'était lui[b]. [15]Jésus lui dit : « Femme, pourquoi pleures-tu ? Qui cherches-tu ? » Mais elle, pensant que c'était le jardinier, lui dit : « Seigneur, si tu l'as emporté, dis-moi où tu l'as mis, et j'irai le prendre. » [16]Jésus lui

---

20. – [a]3-6. Comparer Lc 24, 12.   [b]14. Cf. 21, 4 et Lc 24, 16.

dit : « Marie ! » Elle se retourna et lui dit en hébreu :
« Rabbouni ! » c'est-à-dire : Maître. [17]Jésus lui dit : « Ne
me touche pas[c], car je ne suis pas encore monté vers le
Père. Mais va trouver mes frères et dis-leur que je
monte vers mon Père et votre Père, mon Dieu et votre
Dieu. » [18]Marie de Magdala vint annoncer aux disciples : « J'ai vu le Seigneur, et voilà ce qu'il m'a dit. »

Jésus apparaît aux disciples. – [19]Le soir de ce
même jour, le premier de la semaine, les portes du lieu
où étaient les disciples étant fermées par crainte des
Juifs, Jésus vint et, debout au milieu d'eux, il leur dit :
« Paix à vous ! » [20]Ayant dit cela, il leur montra ses
mains et son côté. Les disciples furent remplis de joie
en voyant le Seigneur. [21]Jésus leur dit de nouveau :
« Paix à vous ! Comme le Père m'a envoyé, moi aussi je
vous donne mission. » [22]Ayant dit cela, il souffla sur
eux et leur dit : « Recevez l'Esprit Saint[d]. [23]Ceux à qui
vous remettrez les péchés, ils leur seront remis ; ceux à
qui vous les retiendrez, ils leur seront retenus. »

Heureux ceux qui croient sans voir. – [24]Or
Thomas, l'un des Douze, appelé Didyme, n'était pas
avec eux lorsque vint Jésus. [25]Les autres disciples lui
dirent donc : « Nous avons vu le Seigneur ! » Il leur dit :
« Si je ne vois dans ses mains la marque des clous, si je
ne mets mon doigt dans la place des clous, si je ne mets
ma main dans son côté, je ne croirai pas. »

[26]Or, huit jours après, les disciples étaient de nouveau à l'intérieur de la maison, et Thomas était avec
eux. Jésus vint, les portes étant fermées. Il se tint au
milieu d'eux et dit : « Paix à vous ! » [27]Puis il dit à Tho-

---

[c]17. La nature des rapports
avec Jésus est désormais
changée. Comparer Mt 28, 9.

[d]22. Anticipation de la Pentecôte. Cf. note sur 19, 30.

mas : « Avance ton doigt ici et regarde mes mains ;
avance ta main et mets-la dans mon côté. Et ne sois
plus incrédule, mais croyant. » ²⁸Thomas répondit :
« Mon Seigneur et mon Dieu ! » ²⁹Jésus lui dit : « Parce
que tu m'as vu, tu as cru. Heureux ceux qui auront cru
sans avoir vu ! »

Croire et vivre. – ³⁰ᵉJésus a fait beaucoup d'autres signes devant ses disciples. Ils n'ont pas été écrits
dans ce livre. ³¹Mais ceux-ci l'ont été pour que vous
croyiez que Jésus est le Christ, le Fils de Dieu, et que,
croyant, vous ayez vie en son nom.

ÉPILOGUE

21 **Au bord du lac de Tibériade.** – ¹Après cela,
Jésus se manifesta de nouveau aux disciples sur
le bord du lac de Tibériade. Voici comment. ²Simon-
Pierre, Thomas appelé Didyme, Nathanaël, celui de
Cana en Galilée, les fils de Zébédée, et deux autres de
ses disciples étaient ensemble. ³Simon-Pierre leur dit :
« Je m'en vais à la pêche. » Ils lui dirent : « Nous aussi,
nous allons avec toi. » Ils sortirent et montèrent dans la
barque. Mais, cette nuit-là, ils ne prirent rien.

⁴Au lever du jour, Jésus se tint sur le rivage ; cependant, les disciples ne savaient pas que c'était Jésusᵃ. ⁵Il
leur dit : « Les enfants, n'avez-vous pas quelque chose à
manger ? » – « Non », lui répondirent-ils. ⁶Il leur dit :
« Jetez le filet du côté droit de la barque, et vous trouverez. » Ils le jetèrent donc et ils n'étaient plus capables

---

ᵉ30-31. Finale primitive de l'é-
vangile. Le chapitre 21 a probablement été ajouté après coup,
mais très tôt, car il se trouve dans
tous les manuscrits, et il est, par
son style et sa pensée, bien
johannique.
21. – ᵃ4. Cf. 20, 14 et Lc 24, 16.

de le tirer, tellement il était plein de poissons[b]. [7]Le disciple que Jésus aimait dit alors à Pierre : « C'est le Seigneur ! » Simon-Pierre, entendant dire : « C'est le Seigneur », remit son vêtement – car il était nu – et se jeta à l'eau. [8]Les autres disciples revinrent avec la barque, traînant le filet aux poissons : ils n'étaient en effet pas loin de la terre, à une centaine de mètres.

[9]Quand ils furent descendus à terre, ils virent un feu de braise avec du petit poisson posé dessus, et du pain. [10]Jésus leur dit : « Apportez de ces poissons que vous venez de prendre. » [11]Simon-Pierre remonta dans la barque et tira le filet à terre, plein de gros poissons : cent cinquante-trois ! Et bien qu'il y en eût tant, le filet ne se déchira pas. [12]Jésus leur dit : « Venez déjeuner. » Aucun des disciples n'osait lui demander : « Qui es-tu ? », sachant que c'était le Seigneur. [13]Alors Jésus s'approche, prend le pain et le leur donne, ainsi que le poisson.

[14]C'était la troisième fois que Jésus se manifestait aux disciples depuis qu'il était ressuscité des morts.

Pais mes agneaux, pais mes brebis. – [15]Quand ils eurent déjeuné, Jésus dit à Simon-Pierre : « Simon, fils de Jean, m'aimes-tu plus que ceux-ci ? » Il lui dit : « Oui, Seigneur, tu sais que je t'aime. » Il lui dit : « Pais mes agneaux. » [16]Il lui redit une deuxième fois : « Simon, fils de Jean, m'aimes-tu ? » Il lui dit : « Oui, Seigneur, tu sais que je t'aime. » Il lui dit : « Sois le berger de mes brebis. » [17]Il lui dit une troisième fois[c] : « Simon, fils de Jean, m'aimes-tu ? » Pierre fut attristé de ce qu'il lui avait dit une troisième fois : « M'aimes-tu ? » et il lui dit : « Seigneur, tu sais tout, tu connais que je t'aime. » Jésus lui dit : « Pais mes brebis. [18]Vraiment,

[b]6. Comparer Lc 5, 1-11.

[c]15-17. Rappel discret du triple reniement. Pour la primauté conférée à Pierre, comparer Mt 16, 18-19.

vraiment je te dis : quand tu étais jeune, tu nouais toi-même ta ceinture et tu allais où tu voulais. Lorsque tu seras devenu vieux, tu étendras tes mains, et un autre te nouera ta ceinture et te mènera là où tu ne voudrais pas. » [19]Il dit cela pour signifier par quelle mort Pierre glorifierait Dieu. Cela dit, il ajouta : « Suis-moi[d]. »

L'avenir du disciple bien-aimé. – [20]Se retournant, Pierre vit derrière lui le disciple que Jésus aimait, celui qui, pendant le repas, s'était penché sur sa poitrine et avait dit : « Seigneur, qui est celui qui va te livrer ? » [21]Le voyant, Pierre dit à Jésus : « Seigneur, et celui-ci, qu'en sera-t-il de lui ? » [22]Jésus lui dit : « Si je veux qu'il demeure jusqu'à ce que je vienne, que t'importe ? Toi, suis-moi. » [23]Ce propos se répandit donc chez les frères : « Ce disciple ne meurt pas. » Or Jésus ne lui avait pas dit : « Il ne meurt pas », mais : « Si je veux qu'il demeure jusqu'à ce que je vienne, que t'importe ? »

Conclusion. – [24e]C'est ce disciple qui témoigne de ces choses et qui les a écrites, et nous savons que son témoignage est vrai.

[25]Il y a encore beaucoup d'autres choses que Jésus a faites. Si elles étaient consignées une à une, je ne pense pas que le monde entier lui-même puisse contenir les livres qu'on en écrirait !

---

[d]19. Au sens de : jusque dans mon sacrifice.

[e]24-25. Attestation probable des disciples du mystérieux « disciple » dont l'anonymat est gardé intentionnellement jusqu'au bout.

LES ACTES DES APÔTRES

INTRODUCTION

Ils sont dans le prolongement logique du troisième évangile. Ils ne cherchent pas tant à nous donner les biographies de Pierre ou de Paul qu'à montrer comment les témoins de Jésus Christ ont porté sa parole, sous l'action de l'Esprit Saint, depuis Jérusalem jusqu'à Rome.

L'auteur, Luc, était un Grec d'Antioche, converti au judaïsme avant d'être gagné au Christ. Ce fut un fidèle collaborateur de Paul.

Pour écrire ses deux livres, il a puisé, selon ses propres paroles, à des sources sûres et à des souvenirs personnels (Évangile selon Luc 1, 14). Il a donc regroupé les témoignages des anciens chrétiens de Jérusalem et d'ailleurs avec ceux des compagnons de saint Paul dont il était. On reconnaît ces derniers passages à l'emploi du pronom « nous » (16, 10-17 ; 20, 5-15 ; 21, 1-18 ; 27, 1-28, 16).

On pense souvent que le livre fut achevé à Rome, pendant la première captivité de saint Paul, ce qui expliquerait sa conclusion hâtive (28, 16-31). Mais on peut donner une autre raison : le livre s'achève quand l'Évangile est arrivé de la Ville sainte à Rome, porté par un témoin direct du Ressuscité.

Il est alors plausible de situer la composition définitive de l'œuvre de Luc, Évangile et Actes, un peu après la ruine de Jérusalem (70 ap. J.C.) ; ce qui permet aussi d'expliquer certains détails de l'Évangile selon Luc.

Le livre des Actes nous présente l'histoire de l'Église primitive et confirme par les faits l'universalité du salut : la foi nouvelle se répand sous l'influence de l'Esprit autour de la figure de Jésus Christ réellement ressuscité.

On peut diviser cette époque en trois phases.

1° – Phase judéo-chrétienne, années 30 à 44 ap. J.C.

A la Pentecôte, Pierre présente la foi nouvelle aux Juifs et aux prosélytes venus de tous les pays du monde célébrer cette fête à Jérusalem.

Le christianisme rayonne dans les régions voisines ; des païens y entrent. A Césarée, Pierre fait tomber la barrière qui séparait Juifs et païens, et qui s'opposait à la prédication chrétienne.

L'Église s'écarte peu à peu du judaïsme national.

2° – Phase pagano-chrétienne, années 44 à 64.

Persécutés à Jérusalem, les nouveaux fidèles s'enfuient. Antioche devient le centre d'où rayonne le christianisme. Pierre s'y établit.

Paul est le personnage le mieux connu de cette période. A partir d'Antioche, ses voyages le conduisent de plus en plus loin et les païens prennent donc une place prépondérante dans son apostolat. En 61, il arrive à Rome où Pierre le rejoindra.

L'Église judéo-chrétienne est liée par son conservatisme et tenue en otage par les Juifs. Son rôle dans l'évangélisation diminue. Mais elle conserve et adapte les souvenirs de Jésus de Nazareth.

3° – Avancée du christianisme à partir de 64.

Le martyre des deux grands apôtres Pierre et Paul fait de Rome la nouvelle cité sainte (64 à 67 ap. J.C.).

La ruine de Jérusalem et de son temple disperse l'Égli-se judéo-chrétienne qui se réduit à très peu de chose (70 ap. J.C.). Autour de 80, les Juifs se relèveront, mais dans un refus définitif de la nouvelle foi. Elle rayonne-ra, pendant des siècles, à partir des Églises de langue grecque.

L'ÉGLISE DE JÉRUSALEM

1 **Prologue.** – [1]J'ai raconté dans mon premier livre, ô Théophile[a], tout ce que Jésus a fait et enseigné depuis le début [2]jusqu'au jour où, après avoir donné, par l'Esprit Saint, ses instructions aux apôtres qu'il avait choisis, il fut enlevé au ciel.

La dernière apparition de Jésus. – [3]C'est à eux aussi qu'avec de nombreuses preuves il s'est montré vivant après sa passion, leur apparaissant pendant quarante jours et les entretenant du Royaume de Dieu. [4]Au cours d'un repas, il leur ordonna de ne pas quitter Jérusalem, mais d'y attendre l'accomplissement de la promesse du Père, «que vous avez, dit-il, apprise de moi : [5]Jean a baptisé dans l'eau, mais vous, vous serez baptisés dans l'Esprit Saint d'ici peu de jours. » [6]Ceux-ci, étant réunis, lui demandèrent : « Seigneur, est-ce maintenant que tu vas rétablir le royaume pour Israël ? » [7]Il leur répondit : « Ce n'est pas à vous de connaître les temps ni les moments que le Père a fixés de sa propre autorité, [8]mais vous recevrez la force du Saint-Esprit qui descendra sur vous, et vous serez mes témoins à Jérusalem, dans toute la Judée et la Samarie, et jusqu'aux extrémités de la terre. » [9]A ces mots, devant leurs yeux, il fut élevé, et une nuée le déroba à leur vue. [10]Comme ils tenaient leurs yeux fixés au ciel, tandis qu'il s'en allait, voici que leur apparurent deux hommes vêtus de blanc [11]qui leur dirent : « Galiléens,

---

1. – [a]1. Suivant une habitude de son temps, saint Luc s'adresse à un personnage imaginaire dont le nom veut dire «l'Ami de Dieu». Les Actes sont une suite de l'Évangile.

pourquoi restez-vous là à regarder le ciel ? Ce Jésus qui vient d'être enlevé au ciel du milieu de vous reviendra de la même manière que vous l'avez vu s'en aller vers le ciel. » [12]Ils retournèrent alors à Jérusalem du mont dit des Oliviers, qui est près de Jérusalem, à la distance qu'il est permis de parcourir le jour du sabbat[b].

Les apôtres complètent leur nombre. – [13]Une fois arrivés, ils montèrent dans la chambre haute où ils demeuraient. C'étaient Pierre, Jean, Jacques, André, Philippe et Thomas, Barthélemy et Matthieu, Jacques, fils d'Alphée, Simon le Zélote et Jude, frère de Jacques. [14]Tous persévéraient d'un même cœur dans la prière, avec quelques femmes, avec Marie, la mère de Jésus, et avec les frères de Jésus.

[15]En ces jours-là, Pierre se leva au milieu des frères – ils étaient réunis au nombre d'environ cent vingt personnes – et leur dit : [16]« Frères, il fallait que s'accomplît ce que l'Esprit Saint a prédit dans l'Écriture, par la bouche de David, au sujet de Judas qui s'est fait le guide de ceux qui ont arrêté Jésus. [17]Il était l'un des nôtres, et avait reçu sa part de notre ministère. [18]Cet homme a acquis un champ avec le salaire de son crime et, étant tombé la tête en avant, il s'est déchiré par le milieu du corps et toutes ses entrailles se sont répandues. [19]Le fait est si connu de tous les habitants de Jérusalem que le champ a été appelé, dans leur langue, Hakeldama, c'est-à-dire champ du sang. [20]Or il est écrit au livre des Psaumes[c] :

Que son campement devienne désert,
et que personne ne l'habite ;
et encore :

[b]12. C'est la longueur de la promenade permise le jour du sabbat pour un juif pieux, attentif à respecter le commandement du repos : un peu moins d'un kilomètre.

[c]20. Voir Ps 69, 26 et 109, 8.

Qu'un autre prenne sa charge.

[21]Il faut donc que parmi ceux qui ont été nos compagnons durant tout le temps que le Seigneur Jésus a vécu parmi nous, [22]depuis le baptême de Jean jusqu'au jour où il a été enlevé d'auprès de nous, il y en ait un qui devienne avec nous témoin de sa résurrection. » [23]On en présenta deux, Joseph dit Barsabbas, surnommé Justus, et Matthias. [24]Ils firent alors cette prière : « Seigneur, toi qui connais tous les cœurs, montre lequel des deux tu as choisi [25]pour prendre dans le service de l'apostolat la place que Judas a quittée pour s'en aller à la sienne. » [26]On tira au sort, et le sort tomba sur Matthias, qui fut associé aux onze apôtres.

2 L'Esprit vient. – [1]Le jour de la Pentecôte[a] étant arrivé, ils étaient tous réunis dans le même lieu. [2]Soudain vint du ciel un bruit semblable à celui d'un coup de vent impétueux, qui remplit toute la maison où ils se tenaient. [3]Et il leur apparut, semblable à du feu, des langues qui se partageaient ; il s'en posa une sur chacun d'eux. [4]Ils furent tous remplis de l'Esprit Saint et se mirent à parler d'autres langues, comme l'Esprit les faisait s'exprimer.

[5]Or il y avait, parmi les Juifs séjournant à Jérusalem, des hommes pieux venus de toutes les nations qui sont sous le ciel. [6]Au bruit qui se produisit, la foule accourut, et elle fut bouleversée de ce que chacun les entendait parler sa propre langue. [7]Stupéfaits et émerveillés, ils disaient : « Tous ces gens qui parlent ne sont-ils pas Galiléens ? [8]Comment donc les entendons-nous chacun dans notre langue maternelle ? [9]Parthes,

2. – [a]1. Le mot Pentecôte veut dire « le 50e jour » (après la Pâque). Ce jour-là, les Juifs célébraient le don de la Loi au Sinaï et la venue de l'Esprit sur les Prophètes, *dans le vent et le feu* (Ex 19, 16-25 et Ez 1, 4 ; 2, 2).

Mèdes, Élamites, habitants de la Mésopotamie, de Judée et de Cappadoce, du Pont et de l'Asie, ¹⁰de Phrygie et de Pamphylie, d'Égypte et du territoire de Libye voisin de Cyrène, Romains résidant ici, ¹¹Juifs et prosélytes[b], Crétois et Arabes, nous les entendons proclamer dans nos langues les merveilles de Dieu. » ¹²Tous étaient stupéfaits et, ne sachant que penser, se disaient les uns aux autres : « Qu'est-ce que cela signifie ? » ¹³Mais d'autres disaient en se moquant : « Ils sont pleins de vin doux ! »

Pierre parle à son peuple. – ¹⁴Pierre, debout avec les Onze, prit la parole et s'exprima en ces termes : « Hommes de Judée et vous tous qui habitez Jérusalem, comprenez bien ceci et prêtez l'oreille à mes paroles. ¹⁵Ces gens ne sont pas ivres, comme vous le pensez, car il n'est que la troisième heure du jour[c]. ¹⁶Mais c'est ici l'accomplissement de ce qui a été dit par le prophète Joël.

¹⁷Dans les derniers jours, dit Dieu,
je répandrai de mon Esprit sur tout homme ;
vos fils et vos filles prophétiseront,
vos jeunes auront des visions
et vos vieillards des songes.
¹⁸*Oui, sur mes serviteurs et sur mes servantes*
je répandrai en ces jours-là de mon Esprit
et ils prophétiseront.
¹⁹*Je ferai paraître des prodiges en haut dans le ciel*
et des signes en bas sur la terre :
du sang, du feu et des tourbillons de fumée.

[b] 11. *Prosélytes,* nom donné par les Juifs aux étrangers qui adhéraient complètement à la Loi de Moïse. (Voir Ac 6, 5 ; 13, 43 ; Mt 23, 15).

[c] 15. La troisième heure se compte à partir du lever du soleil : il est donc à peu près neuf heures du matin.

> ²⁰*Le soleil se changera en ténèbres*
> *et la lune en sang,*
> *avant que vienne le jour du Seigneur,*
> *le jour grand et éclatant.*
> ²¹*Alors quiconque invoquera le nom*
> *du Seigneur sera sauvé*^d.

²²« Hommes d'Israël, écoutez ces paroles : Jésus de Nazareth, cet homme que Dieu a accrédité auprès de vous par les miracles, les prodiges et les signes qu'il a opérés par lui au milieu de vous, comme vous le savez, ²³cet homme qui a été livré conformément au dessein arrêté et à la prescience de Dieu, vous l'avez cloué à la croix et mis à mort par la main des impies. ²⁴Mais Dieu l'a ressuscité en le délivrant des douleurs de la mort, parce qu'il n'était pas possible qu'il fût retenu en son pouvoir. ²⁵David dit en effet à son sujet :

> *Je voyais constamment le Seigneur devant moi,*
> *car il est à ma droite, afin que je ne chancelle pas.*
> ²⁶*Aussi mon cœur est-il dans la joie et ma langue*
> *dans l'allégresse,*
> *et ma chair aussi reposera dans l'espérance.*
> ²⁷*Car tu n'abandonneras pas mon âme dans*
> *le séjour des morts*
> *et tu ne permettras pas que ton Saint voie*
> *la corruption.*
> ²⁸*Tu m'as fait connaître des chemins de vie ;*
> *tu me rempliras de joie en me montrant ton visage*^e.

²⁹« Mes frères, qu'il me soit permis de vous le dire sans détour : le patriache David est mort, il a été enseveli et aujourd'hui encore son tombeau est parmi nous. ³⁰Mais, étant prophète et sachant que Dieu lui avait promis avec serment de faire asseoir sur son trône un de ses descendants, ³¹c'est la résurrection du Christ qu'il a prévue et annoncée en disant qu'il n'a pas été

---

^d17-21. Voir Jl 3, 1-5.   ^e25-28. Ps 15, 8-11.

abandonné dans le séjour des morts et que sa chair n'a pas vu la corruption. ³²C'est ce Jésus que Dieu a ressuscité, et nous en sommes tous témoins. ³³Exalté par la droite de Dieu et ayant reçu du Père l'Esprit Saint qui avait été promis, il l'a répandu, ainsi que vous le voyez et l'entendez. ³⁴David, en effet, n'est pas monté aux cieux, mais il dit lui-même[f] :

> *Le Seigneur a dit à mon Seigneur :*
>> *Assieds-toi à ma droite,*
> ³⁵*jusqu'à ce que j'aie fait de tes ennemis*
>> *un escabeau pour tes pieds.*

³⁶Que toute la maison d'Israël sache donc avec certitude : Dieu l'a fait Seigneur et Christ, ce Jésus que vous avez crucifié. »

³⁷Ils eurent le cœur transpercé en entendant ces paroles, et ils dirent à Pierre et aux autres apôtres : « Frères, que nous faut-il faire ? » ³⁸Pierre leur répondit : « Repentez-vous ; que chacun de vous se fasse baptiser au nom de Jésus Christ pour le pardon de ses péchés, et vous recevrez le don du Saint-Esprit. ³⁹Car c'est pour vous qu'est la Promesse, pour vos enfants et pour tous *ceux qui sont au loin,* en aussi grand nombre que les appellera le Seigneur notre Dieu. » ⁴⁰Et par beaucoup d'autres paroles il les adjurait et les exhortait, en disant : « Sauvez-vous du milieu de cette génération perverse ! » ⁴¹Ceux donc qui accueillirent sa parole furent baptisés, et ce jour-là trois mille personnes environ s'adjoignirent aux disciples.

Ils partageaient tout. – ⁴²Ils persévéraient dans l'assiduité à l'enseignement des apôtres, la communion fraternelle, la fraction du pain et les prières. ⁴³La crainte était dans tous les esprits, car beaucoup de prodiges et de miracles s'opéraient par les apôtres. ⁴⁴Tous les

[f] 34-35. Ps 109, 1.

croyants vivaient ensemble et mettaient tout en commun. [45]Ils vendaient leurs propriétés et leurs biens et
en partageaient le produit entre tous, selon les besoins
de chacun[g]. [46]Chaque jour, ils étaient d'un même cœur
assidus au Temple; ils rompaient le pain dans leurs
maisons et prenaient leur nourriture dans la joie et la
simplicité de cœur, [47]louant Dieu et ayant la faveur de
tout le peuple. Et le Seigneur augmentait chaque jour
le nombre de ceux qui étaient sauvés.

3 **Un impotent est guéri.** – [1]Pierre et Jean montaient au Temple pour la prière de la neuvième heure[a].
[2]Or il y avait un homme impotent de naissance qu'on
était en train de transporter et qu'on déposait chaque
jour à la porte du Temple appelée la Belle[b], pour
demander l'aumône à ceux qui entraient au Temple.
[3]Voyant Pierre et Jean sur le point d'y entrer, il leur
demanda l'aumône. [4]Pierre le fixa des yeux, ainsi que
Jean, et lui dit: « Regarde-nous. » [5]Lui les regardait
attentivement, s'attendant à recevoir d'eux quelque
chose. [6]Pierre lui dit: « De l'argent ou de l'or, je n'en ai
pas, mais ce que j'ai, je te le donne: au Nom de Jésus
Christ le Nazaréen, lève-toi et marche! » [7]Et, le prenant
par la main droite, il le fit lever. A l'instant même ses
pieds et ses chevilles s'affermirent. [8]D'un bond il fut
debout et il marchait; il entra avec eux au Temple,

[g]45. La communauté des biens
est entièrement libre et volontaire (Ac 5, 1-11). Elle est le fruit
de la foi, de l'amour pour le Seigneur, de l'espérance des biens
éternels du royaume de Dieu.
3. – [a]1. La neuvième heure (trois
heures de l'après-midi) était celle
où l'on faisait l'holocauste du
soir. Ensuite le prêtre entrait

porter l'encens dans le Temple
pendant la prière des Juifs. A sa
sortie, il les bénissait de la part
de Dieu.
[b]2. La Belle Porte était
richement ornée d'or, d'argent
et de bronze, elle donnait accès
à la première cour du Temple
proprement dit, le Parvis des
femmes.

marchant, gambadant et louant Dieu. [9]Tout le peuple le vit marcher et louer Dieu. [10]On le reconnaissait : c'était bien lui qui était assis, pour demander l'aumône, à la Belle Porte du Temple. Et on était rempli d'effroi et de stupeur par ce qui venait de lui arriver.

Pierre parle. – [11]Comme il ne lâchait pas Pierre et Jean, tout le peuple accourut vers eux au portique dit de Salomon, saisi d'étonnement.

[12]A cette vue, Pierre adressa la parole au peuple : « Hommes d'Israël, pourquoi vous étonner de cela ? Pourquoi tenir les yeux fixés sur nous, comme si c'était par notre propre puissance ou notre piété que nous avons fait marcher cet homme ? [13]Le Dieu d'Abraham, d'Isaac et de Jacob, le Dieu de nos pères, a glorifié son serviteur Jésus, que vous avez livré et renié devant Pilate, alors qu'il jugeait devoir le relâcher. [14]Mais vous, vous avez renié le Saint et le Juste ; vous avez réclamé la grâce d'un meurtrier, [15]et vous avez fait mourir le Prince de la vie. Mais Dieu l'a ressuscité des morts ; nous en sommes témoins. [16]Et grâce à la foi en son Nom, ce Nom a rendu la force à l'homme que vous voyez et connaissez ; c'est la foi qui vient de lui qui a valu à cet homme la guérison parfaite, en présence de vous tous.

[17]« Maintenant, frères, je sais bien que vous avez agi par ignorance, comme du reste vos chefs. [18]Ce que Dieu avait annoncé par la bouche de tous les prophètes, que son Christ devait souffrir, il l'a ainsi accompli. [19]Repentez-vous donc et convertissez-vous, pour que vos péchés soient effacés, [20]afin que viennent de la part du Seigneur des moments de consolation et qu'il envoie celui qui vous a été destiné, le Christ Jésus. [21]Le ciel doit le garder jusqu'à l'époque du renouvellement de toutes choses, dont Dieu a parlé dès les temps anciens

par la bouche de ses saints prophètes. ²²Moïse a dit en effet : *Le Seigneur notre Dieu vous suscitera d'entre vos frères un prophète comme moi ; vous l'écouterez dans tout ce qu'il vous dira.* ²³*Quiconque n'écoutera pas ce prophète sera exterminé du milieu du peuple*[c]. ²⁴Tous les prophètes d'ailleurs, depuis Samuel et ses successeurs, tous ceux qui ont parlé, ont annoncé aussi ces jours-là. ²⁵Vous êtes, vous, les fils des prophètes et de l'alliance que Dieu a conclue avec vos pères, quand il a dit à Abraham : *En ta descendance seront bénies toutes les familles de la terre*[d]. ²⁶C'est pour vous d'abord que Dieu a ressuscité son serviteur et l'a envoyé pour vous bénir, en détournant chacun de vous de ses iniquités. »

4 **Pierre et Jean passent devant le tribunal.** – ¹Tandis qu'ils parlaient au peuple, survinrent les prêtres, le commandant du Temple et les sadducéens[a], ²mécontents de ce qu'ils endoctrinaient le peuple et annonçaient en la personne de Jésus la résurrection des morts. ³Ils se saisirent d'eux et les jetèrent en prison jusqu'au lendemain, car c'était déjà le soir. ⁴Parmi les auditeurs du discours, beaucoup embrassèrent la foi, et le nombre des fidèles s'éleva à environ cinq mille hommes.

⁵Le lendemain, leurs chefs, les anciens et les scribes s'assemblèrent à Jérusalem, ⁶ainsi qu'Anne le grand prêtre, Caïphe, Jean, Alexandre et tous les membres des familles pontificales. ⁷Faisant comparaître devant eux les apôtres, ils les interrogèrent : « Par quel pouvoir et au

[c]22-23. Dt 18, 18-19.
[d]25. Gn 22, 18.
4. – [a]1. Parmi les sadducéens, on retrouve Anne et Caïphe connus dans les évangiles. Ils avaient le droit de faire la police à Jérusalem et ses environs, et le commandant du Temple était le chef de leur troupe.

nom de qui avez-vous fait cela ? » [8]Alors Pierre, rempli de l'Esprit Saint, leur dit : « Chefs du peuple et anciens, [9]puisque nous sommes aujourd'hui interrogés sur le bien fait à un infirme, sur la manière dont il a été guéri, [10]sachez-le bien, vous tous et tout le peuple d'Israël : c'est au Nom de Jésus Christ le Nazaréen, que vous avez crucifié et que Dieu a ressuscité des morts, c'est par lui que cet homme est là, devant vous, en pleine santé. [11]C'est lui *la pierre rejetée* par vous, *les bâtisseurs, et qui est devenue la pierre angulaire*[b]. [12]Il n'est de salut en aucun autre, car il n'y a pas sous le ciel d'autre Nom donné aux hommes par lequel nous devions être sauvés. »

[13]Voyant l'assurance de Pierre et de Jean et constatant que c'étaient des hommes ordinaires et sans instruction, ils en étaient étonnés. Ils les reconnaissaient comme d'anciens compagnons de Jésus, [14]et, voyant debout auprès d'eux l'homme qui avait été guéri, ils ne trouvaient rien à répliquer. [15]Leur ayant ordonné de sortir du Sanhédrin, ils se mirent à délibérer entre eux : [16]« Qu'allons-nous faire de ces gens-là ? disaient-ils. Qu'un miracle insigne ait été accompli par eux, cela est évident pour tous les habitants de Jérusalem, et nous ne pouvons pas le nier. [17]Mais afin que la chose ne se répande pas davantage parmi le peuple, défendons-leur avec menaces de parler désormais en ce nom-là à qui que ce soit. » [18]Ils les rappelèrent et leur interdirent absolument de parler et d'enseigner au nom de Jésus.

[19]Pierre et Jean leur répliquèrent : « S'il est juste aux yeux de Dieu de vous obéir plutôt qu'à Dieu, à vous d'en juger. [20]Quant à nous, nous ne pouvons pas ne pas parler de ce que nous avons vu et entendu. » [21]Après avoir réitéré leurs menaces, ils les relâchèrent, ne sachant, à cause du peuple, comment les punir, car

[b]11. Ps 117, 22.

tous rendaient gloire à Dieu de ce qui venait d'arriver. [22]L'homme guéri ainsi miraculeusement avait en effet plus de quarante ans.

Les fidèles prient dans l'épreuve. – [23]Une fois relâchés, ils revinrent vers les leurs et racontèrent tout ce que les grands prêtres et les anciens leur avaient dit. [24]A ce récit, ils n'eurent qu'une seule voix pour dire à Dieu : «*Maître, c'est toi qui as fait le ciel et la terre et la mer et tout ce qui s'y trouve. [25]C'est toi qui as dit par l'Esprit Saint et par la bouche de notre père David, ton serviteur*[c] :

Pourquoi les nations se sont-elles agitées
et les peuples ont-ils formé de vains complots ?
[26]*Les rois de la terre se sont soulevés*
et les princes se sont ligués ensemble
contre le Seigneur et contre son Christ.

[27]« Oui, c'est vraiment une ligue qu'Hérode, Ponce Pilate, avec les nations et les peuples d'Israël, ont formée dans cette ville contre ton saint serviteur Jésus, consacré par ton onction. [28]Ils ont ainsi accompli tout ce que ta main et ta volonté avaient décidé d'avance. [29]Maintenant, Seigneur, considère leurs menaces et donne à tes serviteurs d'annoncer en toute assurance ta Parole ; [30]étends la main pour que s'accomplissent des guérisons, des miracles et des prodiges, par le nom de ton saint serviteur Jésus. »

[31]Leur prière achevée, le lieu où ils étaient assemblés trembla ; ils furent tous remplis du Saint-Esprit et ils annonçaient la parole de Dieu avec assurance.

Ils n'avaient qu'un seul cœur. – [32]La multitude de ceux qui avaient cru n'avait qu'un cœur et qu'une âme ; nul ne se considérait comme le propriétaire de ce qu'il possédait, mais tout était commun entre eux.

[c]25-26. Ps 2, 1-2.

[33]Avec beaucoup de force, les apôtres rendaient témoignage à la résurrection du Seigneur Jésus, et une grande grâce était sur eux tous. [34]Il n'y avait pas d'indigents parmi eux, car tous ceux qui possédaient des champs ou des maisons les vendaient [35]et venaient en déposer le prix aux pieds des apôtres. On donnait alors à chacun selon ses besoins. [36]Joseph, surnommé par les apôtres Barnabé – ce qui veut dire fils de consolation –, lévite, Chypriote de naissance, [37]possédait un champ. Il le vendit, apporta l'argent et le déposa aux pieds des apôtres.

5 **Deux tricheurs.** – [1]Un homme du nom d'Ananie, d'accord avec sa femme, Saphire, vendit une propriété, [2]et avec sa complicité détourna une partie du prix. Il apporta le reste et le déposa aux pieds des apôtres. [3]Pierre lui dit : « Ananie, pourquoi Satan a-t-il rempli ton cœur au point que tu aies menti à l'Esprit Saint et détourné une partie du prix de ton champ ? [4]Quand il t'appartenait encore, n'avais-tu pas le droit de le garder et, l'ayant vendu, le prix n'en restait-il pas en ta possession ? Comment as-tu pu concevoir pareil dessein ? Ce n'est pas aux hommes que tu as menti, mais à Dieu. » [5]A ces paroles, Ananie tomba et expira. Tous les témoins furent saisis d'une grande frayeur. [6]Les jeunes gens vinrent envelopper le corps et l'emportèrent pour l'enterrer.

[7]Il s'était écoulé environ trois heures quand sa femme arriva sans savoir ce qui s'était passé. [8]Pierre lui adressa la parole : « Dis-moi, est-ce bien tel prix que vous avez vendu le champ ? » « Oui, c'est tel prix », répondit-elle. [9]Pierre répliqua : « Pourquoi vous êtes-vous entendus pour mettre à l'épreuve l'Esprit du Seigneur ? Voici que les pieds de ceux qui ont enterré ton mari sont à la porte. Ils vont t'emporter aussi. » [10]Au même instant, elle tomba à ses pieds et expira. Les jeu-

nes gens qui rentraient la trouvèrent morte. Ils l'emportèrent et l'enterrèrent près de son mari. [11]Ce fut une grande frayeur dans toute l'Église et parmi tous ceux qui apprirent cet événement.

De plus en plus de fidèles. – [12]Beaucoup de miracles et de prodiges s'opéraient parmi le peuple par les mains des apôtres. Ils se réunissaient d'un commun accord sous le portique de Salomon[a]. [13]Personne d'autre n'osait se joindre à eux, mais le peuple les louait hautement. [14]Le nombre de ceux qui croyaient au Seigneur ne cessait d'augmenter, une multitude d'hommes et de femmes, [15]au point qu'on apportait dans les rues les malades et qu'on les plaçait sur des lits ou des civières afin qu'au passage de Pierre son ombre au moins couvrît quelqu'un d'entre eux. [16]On venait même en foule des villes voisines de Jérusalem, portant des malades et des gens tourmentés par des esprits impurs, et tous étaient guéris.

Tous les apôtres passent en jugement. – [17]Alors intervint le grand prêtre avec tout son parti, c'est-à-dire la secte des sadducéens. Remplis de jalousie, [18]ils se saisirent des apôtres et les jetèrent dans la prison publique. [19]Mais, pendant la nuit, l'ange du Seigneur ouvrit les portes de la prison, les fit sortir [20]et leur dit : « Allez, tenez-vous dans le Temple et annoncez au peuple toutes ces paroles de vie. » [21]Obéissant à cet ordre, ils entrèrent au Temple dès le point du jour et se mirent à enseigner. Cependant le grand prêtre arriva avec tous ceux de son parti. Ils convoquèrent le Sanhédrin, tout le Conseil des anciens d'Israël et envoyèrent chercher les apôtres à la prison. [22]Mais les

---

5. – [a]12. Le portique de Salomon bordait le côté oriental de la grande esplanade du Temple.

gardes, étant allés à la prison, ne les y trouvèrent pas. Ils revinrent et firent leur rapport en ces termes : ²³« Nous avons trouvé la prison soigneusement fermée et les sentinelles aux portes, mais quand nous avons ouvert, nous n'avons trouvé personne à l'intérieur. »

²⁴A ces mots, le commandant du Temple et les grands prêtres furent dans une grande perplexité au sujet des apôtres, se demandant ce que cela voulait dire. ²⁵Mais quelqu'un, survenant, leur donna ce renseignement : « Voici que les hommes que vous avez mis en prison sont dans le Temple et ils instruisent le peuple. » ²⁶Alors le commandant du Temple partit avec ses agents et ramena les apôtres, sans violence toutefois, car ils avaient peur d'être lapidés par le peuple. ²⁷Les ayant amenés, ils les firent comparaître devant le Sanhédrin, et le grand prêtre les interrogea : ²⁸« Nous vous avions formellement interdit d'enseigner en ce nom-là, dit-il, et voilà que vous avez rempli Jérusalem de votre doctrine ; vous voulez donc faire retomber sur nous le sang de cet homme ! »

²⁹Pierre et les apôtres répondirent : « Il faut obéir à Dieu plutôt qu'aux hommes. ³⁰Le Dieu de nos pères a ressuscité Jésus, que vous, vous aviez tué en le suspendant au gibet. ³¹Dieu l'a exalté par sa droite comme Chef et Sauveur, pour donner à Israël le repentir et le pardon des péchés. ³²Nous sommes témoins de ces choses, nous et l'Esprit Saint que Dieu a donné à ceux qui lui obéissent. » ³³Ces paroles les mirent en fureur, et ils voulaient les faire mourir.

Un vrai pharisien les défend. – ³⁴Mais un membre du Sanhédrin se leva, un pharisien du nom de Gamaliel, docteur de la Loi, respecté de tout le peuple. Il ordonna de faire sortir ces hommes un instant, ³⁵et déclara : « Hommes d'Israël, prenez garde à ce que vous allez faire à l'égard de ces gens-là. [36]Il y a quelque temps a paru Theudas qui se donnait pour un personnage ; quatre cents hommes environ s'étaient ralliés à lui ; il a été tué, et tous ses partisans ont été défaits et réduits à rien. [37]Après lui a paru Judas le Galiléen, à l'époque du recensement ; il entraîna le peuple à sa suite ; lui aussi a péri, et tous ses partisans ont été dispersés[b]. [38]Maintenant, je vous le dis, ne vous occupez plus de ces gens-là et laissez-les. Car si cette entreprise ou cette œuvre vient des hommes, elle se détruira d'elle-même. [39]Mais si elle vient de Dieu, vous ne pourrez pas détruire ces gens-là. Ne prenez pas le risque de vous trouver en guerre contre Dieu. »

Ils se rangèrent à son avis. [40]Ayant alors rappelé les apôtres, ils les firent battre de verges, puis leur défendirent de parler au nom de Jésus et les relâchèrent. [41]Quant à eux, ils se retirèrent de devant le Sanhédrin tout joyeux d'avoir été jugés dignes de subir des outrages pour le nom de Jésus. [42]Et chaque jour, dans le Temple et dans les maisons, ils ne cessaient d'enseigner et d'annoncer le Christ Jésus.

6 Nouveaux chrétiens, nouveau service. – [1]En ces jours-là, le nombre des disciples augmentait, les Hellénistes se mirent à murmurer contre les Hé-

[b]34-37. Gamaliel était le chef d'un courant modéré qui appliquait avec tolérance et sagesse la Loi et la tradition pharisienne. C'est lui qui instruisit saint Paul (Ac 22, 3).

Deux autres personnages connus des historiens : Judas le Galiléen, qui se proclama Messie et souleva le peuple contre les Romains, à l'occasion d'un recensement, probablement en 6 ap. J.C. Ce mouvement ne s'éteignit pas tout à fait, mais les événements racontés ici se placent dans un moment de calme relatif. Theudas, qui joua un rôle plus effacé. Tous deux prêchaient la révolte armée, au nom du messianisme terrestre qu'espéraient la majorité des Juifs, surtout dans le milieu rural.

breux parce que leurs veuves étaient négligées dans les distributions quotidiennes[a]. ²Les Douze convoquèrent donc l'assemblée des disciples et leur dirent : « Il n'est pas convenable que nous délaissions la parole de Dieu pour le service des tables. ³Cherchez donc parmi vous, frères, sept hommes de bonne réputation, remplis de l'Esprit de sagesse, et nous les chargerons de cet office. ⁴Pour nous, nous nous consacrerons à la prière et au service de la parole. » ⁵Cette proposition plut à toute l'assemblée, et on choisit Étienne, homme plein de foi et d'Esprit Saint, Philippe, Prochore, Nicanor, Timon, Parménas et Nicolas, prosélyte d'Antioche. ⁶On les présenta aux apôtres qui, après avoir prié, leur imposèrent les mains. ⁷Et la parole de Dieu se répandait ; le nombre des disciples augmentait considérablement à Jérusalem, et une grande foule de prêtres se soumettaient à la foi.

6. – [a]1-6. *Hellénistes* : nom donné aux Juifs dispersés qui avaient perdu l'usage de leur langue nationale. Ils avaient leur traduction de la Bible, encore en usage chez les chrétiens orientaux (Ac 9, 29). Ils étaient nombreux à Jérusalem, près du tiers d'après certains documents archéologiques. Mais ils faisaient figure d'étrangers et se réunissaient dans leurs propres synagogues, où ils priaient et lisaient la Bible en grec. Beaucoup devaient être assez pauvres, sans propriétés en ville ni aux environs, vivant de petits métiers ou de secours. Et ils ne parlaient couramment ni l'araméen ni l'hébreu.

L'Église, encore réunie à Jérusalem, a déjà ouvert ses portes : les hellénistes ont respiré l'air de la culture hellénistique. Leurs vues sont plus ouvertes que celles des Juifs de Palestine. Leur tendance à sortir des limites étroites du nationalisme ne va pas tarder à se dessiner.

Les sept qui sont choisis pour s'occuper de leurs frères portent des noms grecs. Leur service charitable s'appelle en cette langue *diaconia,* d'où nous avons tiré le mot *diacre.*

Les apôtres leur imposent les mains (Ac 13, 3). Déjà le diaconat est une fonction sacrée, un *ordre* (Ph 1, 1 ; 1 Tm 3, 8-16).

Étienne sera le premier martyr du Christ et l'occasion d'une persécution plus grave que les autres, qui va disperser les chrétiens parmi les peuples. Paul entrera bientôt en scène.

Le procès d'Étienne au Sanhédrin. – [8]Étienne, plein de grâce et de force, opérait des prodiges et de grands miracles parmi le peuple. [9]Quelques membres de la synagogue dite des Affranchis, des Cyrénéens, des Alexandrins et d'autres de Cilicie et d'Asie entrèrent en discussion avec Étienne, [10]mais ils ne pouvaient tenir tête à la sagesse et à l'Esprit qui inspiraient sa parole. [11]Alors ils subornèrent des gens qui déclarèrent : « Nous l'avons entendu proférer des paroles blasphématoires contre Moïse et contre Dieu. » [12]Ils ameutèrent ainsi le peuple, les anciens et les scribes. Se jetant sur lui, ils se saisirent de sa personne et le conduisirent au Sanhédrin. [13]Là ils produisirent de faux témoins qui dirent : « Cet homme ne cesse de tenir des propos contre le Lieu saint et contre la Loi. [14]Nous l'avons, en effet, entendu dire que Jésus, ce Nazaréen, détruira ce Lieu et changera les coutumes que Moïse nous a transmises. » [15]Tous ceux qui siégeaient au Sanhédrin avaient les yeux fixés sur Étienne ; son visage leur parut semblable au visage d'un ange.

7 **Le discours d'Étienne.** – [1]Le grand prêtre demanda : « En est-il bien ainsi ? » [2]Étienne répondit : « Mes frères et mes pères, écoutez :

« Le Dieu de gloire apparut à notre père Abraham lorsqu'il était en Mésopotamie, avant de s'établir à Harran, [3]*et lui dit : Sors de ton pays et de ta famille et va dans le pays que je te montrerai*[a]. [4]Alors il quitta le pays des Chaldéens et s'établit à Harran. De là, après la mort de son père, Dieu le fit émigrer dans ce pays que vous habitez maintenant. [5]Il ne lui donna dans ce pays aucune propriété, pas même où poser le pied ; mais il promit de le lui donner en possession ainsi qu'à sa postérité après lui, bien qu'il n'eût pas d'enfant. [6]Voici ce

7. – [a]3. Gn 12, 1.

que Dieu déclara : *Sa postérité séjournera en terre étrangère ; on la réduira en servitude et on la maltraitera pendant quatre cents ans.* [7]*Mais la nation à laquelle ils auront été asservis, je la jugerai, moi, dit Dieu. Après cela ils en sortiront pour m'adorer* en ce lieu-ci[b]. [8]Puis il donna à Abraham l'alliance de la circoncision ; c'est ainsi qu'ayant engendré Isaac, il le circoncit le huitième jour[c], et de même Isaac pour Jacob, et Jacob pour les douze patriarches.

[9]« Les patriarches, jaloux de Joseph, le vendirent pour être emmené en Égypte. Mais Dieu était avec lui. [10]Il le délivra de toutes ses épreuves ; *il lui fit trouver grâce et lui donna la sagesse devant Pharaon, roi d'Égypte, qui l'établit gouverneur de l'Égypte et de toute sa maison.* [11]*Survint une famine dans tout le pays d'Égypte et de Canaan* et une grande détresse ; nos pères ne trouvaient pas de quoi se nourrir. [12]Jacob, apprenant qu'il y avait des vivres en Égypte, y envoya nos pères une première fois ; [13]la seconde fois, Joseph se fit reconnaître par ses frères, et Pharaon apprit l'origine de Joseph. [14]Joseph envoya alors chercher Jacob son père et toute sa parenté, au nombre de soixante-quinze personnes. [15]Jacob descendit en Égypte, où il mourut, ainsi que nos pères. [16]Ils furent transportés à Sichem et déposés dans le tombeau qu'Abraham avait acheté à prix d'argent des fils d'Emmor, à Sichem.

[17]« A mesure qu'approchait le temps où devait s'accomplir la promesse jurée par Dieu à Abraham, le peuple s'accrut et se multiplia en Égypte, [18]jusqu'à l'avènement dans ce pays d'un autre roi qui ne connaissait pas Joseph. [19]Ce roi, agissant perfidement envers notre race, opprima nos pères jusqu'à leur faire exposer leurs nouveau-nés pour les empêcher de vivre. [20]A cette

[b]6-7. Gn 15, 13-14.
[c]8. Gn 17. Voir l'histoire des patriarches en Genèse 21-25.

époque naquit Moïse ; il était beau aux yeux de Dieu. Il fut nourri trois mois dans la maison de son père. [21]Quand il eut été exposé, la fille de Pharaon le recueillit et le fit élever comme son enfant. [22]Ainsi Moïse fut instruit dans toute la sagesse des Égyptiens ; il était puissant en paroles et en œuvres.

[23]« Quand il eut atteint l'âge de quarante ans, le désir lui vint de visiter ses frères, les enfants d'Israël.

[24]« Voyant qu'on maltraitait l'un d'entre eux, il prit sa défense et vengea l'opprimé en frappant l'Égyptien. [25]Ses frères, pensait-il, comprendraient que par sa main Dieu leur apportait le salut ; mais ils ne le comprirent pas. [26]Le lendemain, il en trouva qui se battaient et il cherchait à les mettre d'accord : "Mes amis, leur dit-il, vous êtes frères ; pourquoi vous maltraiter l'un l'autre ?" [27]Mais celui qui maltraitait son compagnon le repoussa en disant : *Qui t'a établi chef et juge sur nous ? [28]Veux-tu me tuer comme tu as tué hier l'Égyptien*[d] *?* [29]A ces mots Moïse s'enfuit, et alla se réfugier au pays de Madian, où il eut deux fils.

[30]« Quarante ans plus tard, *au désert du mont* Sinaï, *un ange lui apparut dans la flamme d'un buisson en feu*[e]. [31]Moïse fut saisi d'étonnement à la vue de cette apparition. Comme il s'approchait pour mieux voir, la voix du Seigneur se fit entendre : [32]*Je suis le Dieu de tes pères, le Dieu d'Abraham, d'Isaac et de Jacob.* Moïse, tout tremblant, n'osait regarder. [33]Alors le Seigneur lui dit : *Ôte les sandales de tes pieds, car le lieu où tu te tiens est une terre sainte.* [34]*Oui, j'ai vu l'affliction de mon peuple qui est en Égypte ; j'ai entendu son gémissement et je suis descendu pour le délivrer. Viens donc maintenant, que je t'envoie en Égypte*[f]. [35]Ce Moïse qu'ils avaient renié en disant : *Qui t'a établi chef*

[d]27-28. Ex 2, 14.
[e]30. Ex 3, 1-2.
[f]32-34. Ex 3, 5-10.

et juge? c'est lui que Dieu envoya comme chef et rédempteur, par l'entremise de l'ange qui lui était apparu dans le buisson. [36]C'est lui qui les fit sortir d'Égypte, en opérant des prodiges et des miracles au pays d'Égypte, à la mer Rouge et au désert, pendant quarante ans. [37]C'est ce Moïse qui dit aux enfants d'Israël : *Dieu vous suscitera d'entre vos frères un prophète comme moi.* [38]C'est lui qui, lors de l'assemblée au désert, était avec l'ange qui lui parla sur le mont Sinaï, ainsi qu'avec nos pères ; lui qui reçut les paroles de vie pour vous les transmettre. [39]Nos pères refusèrent de lui obéir et le repoussèrent. Retournant de cœur en Égypte, [40]ils dirent à Aaron : *Fais-nous des dieux qui marchent devant nous, car ce Moïse qui nous a fait sortir du pays d'Égypte, nous ne savons ce qui lui est arrivé*[g]. [41]Ils fabriquèrent un veau d'or en ces jours-là ; ils offrirent un sacrifice à cette idole, et firent une fête en l'honneur de l'œuvre de leurs mains. [42]Mais Dieu se détourna et les abandonna au culte de l'armée céleste, comme il est écrit au livre des prophètes :

M'avez-vous offert des victimes et des sacrifices pendant quarante ans au désert, maison d'Israël[h] ?

[43]*Vous avez porté la tente de Moloch, l'étoile du dieu Rompha, ces idoles que vous aviez faites* pour les adorer. *Aussi je vous déporterai au-delà* de Babylone.

[44]« Nos pères au désert avaient la Tente du témoignage, ainsi que Dieu l'avait ordonné en disant à Moïse de la construire selon le modèle qu'il avait vu. [45]Nos pères, l'ayant reçue, l'introduisirent, sous la conduite de Josué, dans le pays conquis sur les nations que Dieu chassa devant nos pères ; elle y subsista jusqu'à l'époque de David. [46]Celui-ci trouva grâce devant Dieu et deman-

---

[g]40. Ex 32, 1.23.
[h]42-43. Voir Am 5, 25-27. Moloch était une divinité phénicienne à qui on immolait des victimes humaines.

da la faveur d'élever une demeure pour le Dieu de Jacob.
⁴⁷Mais ce fut Salomon qui lui bâtit une maison. ⁴⁸Et
pourtant le Très-Haut n'habite pas dans des temples
faits de main d'homme, ainsi que dit le prophète :

⁴⁹*Le ciel est mon trône et la terre l'escabeau de mes
pieds. Quelle maison me bâtirez-vous, dit le Seigneur,
et quel sera le lieu de mon repos ?*

⁵⁰*N'est-ce pas ma main qui a fait tout cela*ⁱ*?*

⁵¹« Nuques raides, cœurs et oreilles incirconcis, vous
résistez toujours à l'Esprit Saint ! Tels furent vos pères et
tels vous êtes. ⁵²Lequel des prophètes vos pères n'ont-ils
pas persécuté ? Ils ont tué ceux qui prédisaient la venue
du Juste, celui-là même que vous venez de trahir et
de mettre à mort, ⁵³vous qui avez reçu la Loi par le
ministère des anges et ne l'avez pas observée. »

Le premier martyr du Christ. – ⁵⁴En entendant
ces paroles, la rage leur déchirait le cœur et ils grin-
çaient des dents contre lui. ⁵⁵Mais lui, rempli de
l'Esprit Saint et les yeux fixés au ciel, vit la gloire de
Dieu et Jésus debout à la droite de Dieu. ⁵⁶« Voici, dit-
il, que je vois les cieux ouverts et le Fils de l'homme
debout à la droite de Dieu. »

⁵⁷Poussant alors de grands cris, ils se bouchèrent les
oreilles et tous ensemble se précipitèrent sur lui.
⁵⁸Puis, l'entraînant hors de la ville, ils le lapidèrentʲ.
Les témoins avaient déposé leurs vêtements aux pieds
d'un jeune homme appelé Saul. ⁵⁹Tandis qu'on le lapi-
dait, Étienne priait en ces termes : « Seigneur Jésus,
reçois mon esprit. » ⁶⁰Puis, il fléchit les genoux et cria

ⁱ49-50. Is 66, 1-2.

ʲ58. Selon la Loi de Moïse, un blasphémateur devait être lapidé en présence de ceux qui avaient témoigné contre lui en justice et devaient lui jeter la première pierre (Dt 17, 7). De cette façon, ceux qui parlaient contre un accusé se savaient publiquement responsables de sa mort.

d'une voix forte : « Seigneur, ne leur impute pas ce péché ! » En disant cela, il s'endormit.

8 Persécution à Jérusalem.

[1]Or Saul approuvait le meurtre d'Étienne. Une violente persécution éclata ce jour-là même contre l'Église de Jérusalem. Tous, à l'exception des apôtres, se dispersèrent dans les campagnes de Judée et de Samarie. [2]Des hommes pieux cependant ensevelirent Étienne et firent sur lui de grandes lamentations. [3]Quant à Saul, il ravageait l'Église ; perquisitionnant dans les maisons, il en arrachait hommes et femmes et les jetait en prison.

L'ÉGLISE HORS DE JÉRUSALEM

Mission de Philippe en Samarie. – [4]Les fidèles qui avaient été dispersés parcouraient le pays, annonçant la bonne nouvelle de la Parole. [5]C'est ainsi que Philippe, qui était descendu dans une ville de Samarie, y prêchait le Christ. [6]Unanimes, les foules se montraient attentives à la prédication de Philippe en apprenant et en voyant les miracles qu'il opérait. [7]D'un grand nombre de possédés en effet, les esprits impurs sortaient en poussant de grands cris ; beaucoup de paralytiques et de boiteux furent guéris. [8]Il y eut grande joie dans cette ville.

Apôtre contre magicien. – [9]Or un homme du nom de Simon[a] se trouvait déjà dans la ville ; il pratiquait la magie et émerveillait le peuple de Samarie. Il se don-

---

8. – [a]9. Les chrétiens d'autrefois ont appelé «simonie» le crime de faire commerce des choses saintes.

A peine sortis du pays juif, les apôtres se heurtent aux sciences occultes ; ils semblent d'abord un peu naïfs à leur égard, mais ils

nait pour un grand personnage [10]et tous s'attachaient à lui, du plus petit au plus grand. « Cet homme, disaient-ils, est la Puissance de Dieu, celle qui s'appelle la Grande. » [11]Ils s'attachaient à lui parce que depuis longtemps ils étaient émerveillés par ses tours de magie. [12]Mais, quand ils eurent cru à Philippe qui leur annonçait le Royaume de Dieu et le nom de Jésus Christ, hommes et femmes se firent baptiser. [13]Simon crut aussi et fut baptisé. Il ne quittait plus Philippe et s'émerveillait des miracles et des grands prodiges qui s'accomplissaient.

[14]Les apôtres, qui étaient à Jérusalem, apprenant que la Samarie avait reçu la parole de Dieu, y envoyèrent Pierre et Jean. [15]Ceux-ci descendirent chez les Samaritains et prièrent pour eux, afin que le Saint-Esprit leur fût donné. [16]Car il n'était encore tombé sur aucun d'eux ; ils avaient seulement été baptisés au nom du Seigneur Jésus. [17]Pierre et Jean leur imposèrent alors les mains et ils reçurent l'Esprit Saint.

[18]Lorsque Simon vit que l'Esprit était donné par l'imposition des mains des apôtres, il leur offrit de l'argent. [19]« Donnez-moi ce pouvoir à moi aussi, leur dit-il, afin que celui à qui j'imposerai les mains reçoive l'Esprit Saint. » [20]Mais Pierre lui répondit : « Périsse ton argent avec toi, puisque tu as pensé acquérir le don de Dieu à prix d'argent. [21]Tu n'as ni part ni héritage en tout ceci, car ton cœur n'est pas droit devant Dieu. [22]Repens-toi de ta méchanceté et prie le Seigneur de te pardonner, s'il est possible, cette pensée que tu as dans le cœur ; [23]car tu es, je le vois, dans une source d'amertume et dans les liens du péché. » [24]Simon répondit :

apprendront vite à quoi s'en tenir (Ac 13, 4-12 ; 16, 16-24 ; 19, 13-20). Cette situation a duré des siècles, donnant lieu à de nombreuses légendes dont Simon le magicien est souvent le héros.

« Priez vous-mêmes le Seigneur pour moi, afin qu'il ne m'arrive rien de ce que vous venez de dire. » [25]Eux donc, après avoir rendu témoignage et annoncé la parole du Seigneur, retournèrent à Jérusalem en évangélisant de nombreux villages samaritains.

Du haut Nil aux eaux du baptême. – [26]Un ange du Seigneur parla à Philippe en ces termes : « Lève-toi et va vers le midi, sur la route qui descend de Jérusalem à Gaza ; elle est déserte. » [27]Philippe se leva et partit. Et voici qu'un Éthiopien, un eunuque[b], haut fonctionnaire de Candace, reine d'Éthiopie, et surintendant de tous ses trésors, était venu pour adorer à Jérusalem. [28]Il s'en retournait, assis sur son char, et lisait le prophète Isaïe. [29]L'Esprit dit à Philippe : « Avance et rejoins ce char. » [30]Philippe y courut, entendit l'Éthiopien qui lisait le prophète Isaïe et lui dit : « Est-ce que tu comprends vraiment ce que tu lis ? » [31]L'autre répondit : « Comment le pourrais-je, si personne ne me guide ? » Et il invita Philippe à monter s'asseoir près de lui. [32]Le passage de l'Écriture qu'il lisait était celui-ci :

Comme une brebis, il a été mené à la boucherie, et comme un agneau muet devant le tondeur, il n'a pas ouvert la bouche.

[33]*C'est dans l'humiliation que sa condamnation a été consommée. Sa postérité, qui la racontera ? Car sa vie a été retranchée de la terre[c].*

[34]S'adressant à Philippe, l'eunuque lui dit : « Je te prie, de qui le prophète dit-il cela ? De lui-même ou de quelqu'un d'autre ? » [35]Philippe prit alors la parole et,

---

[b]27. On appelait souvent eunuques les fonctionnaires des palais royaux. Candace était le titre d'une reine du haut Nil (République du Soudan) ; ce mot se prononçait à peu près : Ka-N'Daké. On appelait alors *Éthiopiens* tous les noirs indistinctement.

[c]32-33. Is 53, 7-8.

partant de ce passage de l'Écriture, lui annonça Jésus.
³⁶Chemin faisant, ils arrivèrent à un point d'eau, et
l'eunuque dit : « Voici de l'eau ; qu'est-ce qui empêche
que je sois baptisé ? » ³⁷Philippe répliqua : « Si tu crois
de tout ton cœur, cela est possible. » Et il répondit : « Je
crois que Jésus Christ est le Fils de Dieu[d]. » ³⁸Il fit arrêter le char. Tous deux descendirent dans l'eau, Philippe
et l'eunuque, et Philippe le baptisa. ³⁹Dès qu'ils furent
remontés de l'eau, l'Esprit du Seigneur enleva Philippe,
et l'eunuque ne le vit plus. Mais il continua sa route
tout joyeux. ⁴⁰Quant à Philippe, il se trouva à Azot,
d'où, continuant sa route, il évangélisait toutes les
villes où il passait, jusqu'à ce qu'il arrivât à Césarée.

9 **Le Christ retourne Saul son adversaire.** –
¹Cependant Saul, ne respirant toujours que menaces et
meurtre contre les disciples du Seigneur, alla trouver le
grand prêtre ²et lui demanda des lettres pour les synagogues de Damas, afin que s'il y trouvait des membres de
cette secte, hommes ou femmes, il les amenât enchaînés à
Jérusalem. ³Chemin faisant, comme il approchait de Damas,
une lumière venant du ciel resplendit soudain autour de lui.
⁴Tombant à terre, il entendit une voix qui lui disait : « Saul,
Saul, pourquoi me persécutes-tu ? » ⁵Il demanda : « Qui es-tu,
Seigneur ? » Et lui : « Je suis Jésus que tu persécutes. ⁶Mais
relève-toi, entre dans la ville, et là on te dira ce que tu dois
faire. » ⁷Ses compagnons de route s'étaient arrêtés, stupéfaits : ils entendaient bien la voix, mais ne voyaient personne. ⁸Saul se releva de terre, et, bien qu'il eût les yeux
ouverts, il ne voyait rien. On le prit donc par la main et on
le conduisit à Damas. ⁹Il y resta trois jours, privé de la vue,
sans prendre ni nourriture ni boisson.

---

[d]37. Le verset 37 n'existe pas
dans les meilleurs manuscrits
grecs, c'est une addition. Nous y
lisons une très ancienne formule
de l'acte de foi des chrétiens.

[10]Or il y avait à Damas un disciple du nom d'Ananie. Le Seigneur lui dit dans une apparition : « Ananie ! » Il répondit : « Me voici, Seigneur. » [11]Le Seigneur lui dit : « Pars, va dans la rue Droite et demande dans la maison de Judas un nommé Saul de Tarse. Voici qu'il est en prière [12]et il a vu dans une apparition un homme du nom d'Ananie qui entrait et lui imposait les mains afin qu'il recouvre la vue. » [13]Ananie répondit : « Seigneur, j'ai appris de plusieurs tout le mal que cet homme a fait à tes saints à Jérusalem, [14]et il a ici pleins pouvoirs des grands prêtres pour enchaîner tous ceux qui invoquent ton nom. » [15]Le Seigneur lui répondit : « Va, car cet homme est pour moi un instrument de choix, pour porter mon nom devant les païens, les rois et les enfants d'Israël. [16]Et je lui montrerai, moi, tout ce qu'il doit souffrir pour mon nom. »

[17]Ananie partit donc, entra dans la maison et imposa les mains à Saul, en disant : « Saul, mon frère, le Seigneur, ce Jésus qui t'est apparu sur le chemin par où tu venais, m'envoie pour que tu recouvres la vue et que tu sois rempli de l'Esprit Saint. » [18]Des sortes d'écailles lui tombèrent aussitôt des yeux et il recouvra la vue. Il se leva et fut baptisé ; [19]puis il prit de la nourriture et les forces lui revinrent.

Saul prêche le Christ à Damas. – Il passa quelques jours avec les disciples qui étaient à Damas [20]et se mit aussitôt à proclamer dans les synagogues que Jésus est le Fils de Dieu. [21]Tous ceux qui l'entendaient étaient stupéfaits et disaient : « N'est-ce pas lui qui à Jérusalem persécutait ceux qui invoquent ce nom, et n'est-il pas venu ici tout exprès pour les amener enchaînés aux grands prêtres ? » [22]Mais Saul se fortifiait de plus en plus et confondait les Juifs habitant Damas, démontrant que Jésus est bien le Christ. [23]Après un temps assez considérable, les Juifs se concertèrent pour le tuer. ²⁴Mais Saul eut connaissance de leur complot. On gardait même les portes jour et nuit, afin de le tuer. ²⁵Alors ses disciples le prirent de nuit et le descendirent dans une corbeille le long du rempart.

Saul passe à Jérusalem. – ²⁶Arrivé à Jérusalem[a], Saul cherchait à se joindre aux disciples. Mais tous avaient peur de lui, ne croyant pas qu'il fût devenu disciple. ²⁷Alors Barnabé, le prenant avec lui, le conduisit aux apôtres. Il leur raconta comment, sur le chemin, il avait vu le Seigneur qui lui avait parlé, et comment, à Damas, il avait prêché avec assurance au nom de Jésus. ²⁸Dès lors, Saul allait et venait avec eux dans Jérusalem et prêchait avec assurance au nom du Seigneur. ²⁹Il parlait aussi et discutait avec les Hellénistes, mais ceux-ci cherchaient à le tuer. ³⁰Les frères, l'ayant su, le conduisirent à Césarée et le firent partir pour Tarse.

Une mission de Pierre. – ³¹Or l'Église était en paix dans toute la Judée, la Galilée et la Samarie ; elle s'édifiait et marchait dans la crainte du Seigneur et elle s'accroissait par l'assistance du Saint-Esprit.

³²Il arriva que Pierre, parcourant tout le pays, descendit aussi chez les saints qui habitaient Lydda. ³³Il y trouva un homme du nom d'Énée, couché sur une civière depuis huit ans ; c'était un paralytique. ³⁴Pierre lui dit : « Énée, Jésus Christ te guérit ; lève-toi et fais toi-même ton lit. » Et aussitôt il se leva. ³⁵Tous les habitants de Lydda et du Saron le virent, et ils se convertirent au Seigneur.

9. – [a]26. Dans sa lettre aux Galates, Paul dira qu'il a d'abord passé trois ans en Arabie. Saint Luc omet ce détail, sans importance à ses yeux. L'Arabie s'étendait alors jusqu'aux portes de Damas, dans les semi-déserts rocailleux qu'on appelle le Djebel Druse et le Ledja.

³⁶A Joppé il y avait parmi les disciples une femme nommée Tabitha, en grec Dorcas « gazelle »; elle était riche des bonnes œuvres et des aumônes qu'elle faisait. ³⁷En ces jours-là, elle tomba malade et mourut. Après l'avoir lavée, on la mit dans la chambre haute. ³⁸Comme Lydda est près de Joppé, les disciples, ayant appris que Pierre s'y trouvait, lui dépêchèrent deux hommes avec cette prière : « Viens chez nous sans retard. » ³⁹Pierre partit aussitôt avec eux. A son arrivée, on le fit monter dans la chambre haute. Toutes les veuves en larmes firent cercle autour de lui, lui montrant les tuniques et les manteaux que faisait Dorcas lorsqu'elle était avec elles. ⁴⁰Pierre fit sortir tout le monde, se mit à genoux et pria ; puis, se tournant vers le corps, il dit : « Tabitha, lève-toi. » Elle ouvrit les yeux et, voyant Pierre, se mit sur son séant. ⁴¹Il lui donna la main et la fit lever. Puis il appela les saints et les veuves et il la leur présenta vivante. ⁴²Le fait fut connu de tout Joppé et beaucoup crurent au Seigneur. ⁴³Pierre demeura quelque temps à Joppé chez un certain Simon, qui était corroyeur.

10 **Dieu parle au Romain Corneille.** – ¹Il y avait à Césarée un homme du nom de Corneille[a], centurion dans la cohorte appelée Italique. ²Il était pieux et craignait Dieu[b], ainsi que tous les siens ; il faisait beaucoup d'aumônes au peuple et priait Dieu sans cesse. ³Un jour, vers la neuvième heure, il eut une apparition ; il aperçut distinctement un ange de Dieu qui entrait chez

10. – [a]1. Cornélius est un nom latin typique. A cause du centurion, des chrétiens l'ont pris comme prénom ou comme nom de famille.

Césarée était la résidence habituelle du gouverneur ou procurateur romain, avec sa garnison. Corneille en était l'un des centurions.

[b]2. *Craignant Dieu, Adorateurs de Dieu* : nom donné par les Juifs de langue grecque à des étrangers qui adhéraient au

lui et l'appelait : « Corneille ! » [4]Les yeux fixés sur lui, saisi d'effroi, il s'écria : « Qu'y a-t-il, Seigneur ? » L'ange lui répondit : « Tes prières et tes aumônes sont montées devant Dieu et il s'en est souvenu. [5]Et maintenant, envoie des hommes à Joppé et fais venir un certain Simon, surnommé Pierre ; [6]il loge chez un autre Simon, corroyeur, dont la maison est près de la mer. »

[7]Dès que fut parti l'ange qui venait de lui parler, il appela deux de ses serviteurs et un soldat pieux, de ceux qui lui étaient attachés ; [8]après leur avoir tout expliqué, il les envoya à Joppé.

Dieu instruit son apôtre. – [9]Le lendemain, comme ils étaient en route et approchaient de la ville, Pierre monta sur la terrasse, vers la sixième heure[c], pour prier. [10]Or il eut faim et voulut manger. Pendant qu'on préparait son repas, il tomba en extase. [11]Il vit le ciel ouvert et un objet en descendre, une sorte de grande nappe, retenue par les quatre coins et s'abaissant vers la terre. [12]Il y avait dedans tous les quadrupèdes et les reptiles de la terre et les oiseaux du ciel. [13]Une voix lui dit : « Debout, Pierre, tue et mange. » [14]Pierre répondit : « Certainement pas, Seigneur, car je n'ai jamais rien mangé de souillé ni d'impur[d]. » [15]Mais la voix s'adressa de nouveau à lui : « Ce que Dieu a déclaré pur, ne l'appelle plus souillé. » [16]Cela se répéta jusqu'à trois fois, et aussitôt l'objet fut remporté au ciel.

---

monothéisme mais ne voulaient pas s'obliger à toute la Loi de Moïse.

[c]9. La sixième heure correspond à midi.

[d]14. La Loi de Moïse considérait comme impurs plusieurs animaux dont il était interdit de manger la chair (Lv 11, 1sv.). Les peuples qui le faisaient étaient considérés comme impurs eux aussi, comme si, de ce fait, ils avaient été contaminés.

[17]Tandis que Pierre se demandait ce que pouvait signifier l'apparition qu'il venait de voir, voici que les hommes envoyés par Corneille, qui s'étaient informés de la maison de Simon, se présentèrent à la porte. [18]Ils appelèrent et demandèrent si c'était là que logeait Simon, surnommé Pierre. [19]Comme Pierre était toujours à réfléchir sur l'apparition, l'Esprit lui dit : « Voici trois hommes qui te cherchent. [20]Lève-toi, descends et pars avec eux sans hésiter, car c'est moi qui les ai envoyés. » [21]Pierre descendit vers ces hommes et leur dit : « Me voici, je suis celui que vous cherchez ; quel motif vous amène ? » [22]Ils répondirent : « Le centurion Corneille, homme juste et craignant Dieu, à qui toute la nation juive rend bon témoignage, a été averti par un ange saint de te faire venir chez lui et d'écouter tes paroles. » [23]Pierre les fit donc entrer et leur donna l'hospitalité.

Le lendemain, il se mit en route avec eux, et quelques-uns des frères de Joppé l'accompagnèrent. [24]Il arriva à Césarée le jour suivant. Corneille les attendait ; il avait convoqué ses parents et ses amis intimes. [25]Comme Pierre entrait, Corneille, allant à sa rencontre, tomba à ses pieds et se prosterna. [26]Mais Pierre le releva en disant : « Lève-toi ; moi aussi, je ne suis qu'un homme. » [27]Et, tout en s'entretenant avec lui, il entra. [28]Il trouva un grand nombre de personnes réunies et leur dit : « Vous savez qu'il est interdit à un Juif de fréquenter un étranger ou d'aller chez lui. Mais Dieu vient de m'apprendre à ne regarder aucun homme comme souillé ou impur. [29]C'est pourquoi, sans faire de difficulté, je suis venu à votre appel. Je vous demande donc pour quel motif vous m'avez fait venir. »

[30]Corneille répondit : « Il y a juste quatre jours, j'étais en prière dans ma maison à la neuvième heure, et voici qu'un homme en vêtements resplendissants se présenta devant moi. [31]"Corneille, me dit-il, ta prière a

été exaucée et on s'est souvenu auprès de Dieu de tes aumônes. ³²Envoie donc quelqu'un à Joppé et fais venir Simon, surnommé Pierre. Il loge dans la maison du corroyeur Simon, près de la mer". ³³Je t'ai aussitôt envoyé chercher, et tu as bien fait de venir. Maintenant donc, nous voici tous en présence de Dieu pour entendre tout ce qui t'a été prescrit par le Seigneur. »

³⁴Alors Pierre prit la parole et dit : « En vérité, je reconnais que Dieu est absolument impartial, ³⁵et qu'en toute nation celui qui le craint et pratique la justice lui est agréable.

³⁶« Il a envoyé sa Parole aux enfants d'Israël, annonçant la bonne nouvelle de la paix par Jésus Christ, lui qui est le Seigneur de tous. ³⁷Vous savez ce qui s'est passé dans toute la Judée à partir de la Galilée, à la suite du baptême que Jean a prêché : ³⁸comment Dieu a oint Jésus de Nazareth d'Esprit Saint et de puissance, lui qui a passé faisant le bien et guérissant tous ceux qui étaient tombés au pouvoir du diable, car Dieu était avec lui. ³⁹Et nous, nous sommes témoins de tout ce qu'il a fait dans le pays des Juifs et à Jérusalem, lui qu'ils ont fait mourir en le suspendant au gibet. ⁴⁰Mais Dieu l'a ressuscité le troisième jour et lui a donné de se manifester, ⁴¹non pas à tout le peuple, mais aux témoins choisis d'avance par Dieu, à nous qui avons mangé et bu avec lui après sa résurrection d'entre les morts. ⁴²Il nous a ordonné de prêcher au peuple et d'attester que c'est lui qui a été établi par Dieu juge des vivants et des morts. ⁴³Tous les prophètes rendent de lui ce témoignage : tout homme qui croit en lui reçoit par son Nom la rémission de ses péchés. »

⁴⁴Pierre parlait encore quand l'Esprit Saint tomba sur tous ceux qui écoutaient la Parole. ⁴⁵Tous les fidèles circoncis venus avec Pierre étaient stupéfaits que le don du Saint-Esprit se fût répandu aussi sur les

païens; ⁴⁶ils les entendaient en effet parler en langues et glorifier Dieu. Alors Pierre reprit la parole : ⁴⁷« Peut-on refuser l'eau du baptême à ceux qui ont reçu l'Esprit Saint tout comme nous ? » ⁴⁸Et il ordonna de les baptiser au nom de Jésus Christ. Alors ils le prièrent de rester encore quelques jours.

11 Pierre s'explique à Jérusalem. — ¹Cependant les apôtres et les frères habitant la Judée apprirent que les païens avaient accueilli eux aussi la parole de Dieu. ²Lorsque Pierre remonta à Jérusalem, les fidèles circoncis lui firent des reproches : ³« Tu es entré chez des incirconcis, lui dirent-ils, et tu as mangé avec eux ! » ⁴Pierre se mit alors à leur exposer la suite des faits.

⁵« J'étais en prière dans la ville de Joppé, dit-il, quand je vis, en extase, cette apparition : un objet descendant du ciel, une sorte de grande nappe qui, retenue par les quatre coins, venait jusqu'à moi. ⁶Le regard fixé sur elle, je la considérai et j'y vis les quadrupèdes de la terre, les bêtes sauvages, les reptiles et les oiseaux du ciel. ⁷Et j'entendis une voix qui me disait : "Debout, Pierre, tue et mange". ⁸Je répondis : "Certainement pas, Seigneur, car rien de souillé ni d'impur n'est jamais entré dans ma bouche". ⁹La voix du ciel se fit entendre une deuxième fois : "Ce que Dieu a déclaré pur, ne l'appelle pas souillé". ¹⁰Cela se répéta jusqu'à trois fois, puis tout fut à nouveau retiré dans le ciel.

¹¹« Or, au moment même, trois hommes se présentèrent à la maison où nous étions, envoyés vers moi de Césarée. ¹²L'Esprit me dit d'aller avec eux sans hésiter. Les six frères que voici vinrent avec moi, et nous entrâmes dans la maison de l'homme en question. ¹³Il nous raconta comment il avait vu l'ange se présenter dans sa maison et lui dire : "Envoie chercher à Joppé Simon,

surnommé Pierre ; [14]il te dira des paroles qui t'apporteront le salut, à toi et à tous les tiens". [15]Or, à peine avais-je commencé de parler que l'Esprit Saint tomba sur eux, tout comme sur nous au commencement. [16]Je me suis alors rappelé cette parole du Seigneur : "Jean a baptisé dans l'eau, mais vous, vous serez baptisés dans l'Esprit Saint". [17]Si donc Dieu leur a accordé le même don qu'à nous pour avoir cru au Seigneur Jésus Christ, qui étais-je, moi, pour m'opposer à Dieu ? » [18]Ces paroles les calmèrent, et ils glorifièrent Dieu en disant : « Ainsi donc, Dieu a accordé aux païens aussi le repentir qui conduit à la Vie ! »

La première grande Église de l'étranger. – [19]Cependant, ceux qu'avait dispersés la persécution survenue à l'occasion d'Étienne allèrent jusqu'en Phénicie, à Chypre et à Antioche, n'annonçant la Parole qu'aux seuls Juifs. [20]Il y en eut toutefois parmi eux quelques-uns, originaires de Chypre et de Cyrène, qui, venus à Antioche, s'adressèrent aussi aux Grecs et leur annoncèrent la Bonne Nouvelle du Seigneur Jésus. [21]La puissance du Seigneur les assistait, et le nombre fut grand de ceux qui crurent et se convertirent au Seigneur. [22]Cependant la nouvelle de ces événements parvint aux oreilles de l'Église de Jérusalem qui envoya Barnabé à Antioche. [23]Lorsqu'il arriva et qu'il vit la grâce de Dieu, il se réjouit ; il les exhorta tous à rester du fond du cœur attachés au Seigneur ; [24]car c'était un homme de bien, rempli d'Esprit Saint et de foi. Une foule considérable adhéra ainsi au Seigneur.

[25]Puis Barnabé partit chercher Saul à Tarse [26]et, l'ayant trouvé, l'amena à Antioche. Ils passèrent une année entière dans cette Église, et y instruisirent une foule considérable. Ce fut à Antioche que les disciples reçurent pour la première fois le nom de chrétiens.

²⁷A cette époque, des prophètes descendirent de Jérusalem à Antioche. ²⁸L'un d'eux, nommé Agabus, intervint et, sous l'action de l'Esprit, annonça qu'il y aurait une grande famine dans tout l'univers. Elle eut lieu, en effet, sous Claude. ²⁹Les disciples décidèrent donc d'envoyer, chacun selon ses moyens, des secours aux frères qui habitaient la Judée. ³⁰Ce qu'ils firent, en les adressant aux presbytères par l'entremise de Barnabé et de Saul.

12 Martyre de Jacques et délivrance de Pierre.

— ¹A cette même époque, le roi Hérode[a] se saisit de quelques membres de l'Église pour les maltraiter. ²Il fit mourir par le glaive Jacques, le frère de Jean. ³Voyant que cela était agréable aux Juifs, il fit arrêter également Pierre. On était aux jours des Azymes. ⁴Il le fit saisir et mettre en prison, le donnant à garder à quatre escouades de quatre soldats chacune ; il avait l'intention de le faire comparaître devant le peuple après la Pâque. ⁵Pierre était donc gardé dans la prison, et l'Église ne cessait d'adresser pour lui des prières à Dieu.

⁶La nuit même avant sa comparution fixée par Hérode, Pierre dormait entre deux soldats, lié de deux chaînes, et des sentinelles devant la porte gardaient la prison. ⁷Soudain l'ange du Seigneur apparut et le cachot fut inondé de lumière. L'ange, frappant Pierre au côté, l'éveilla : « Lève-toi vite ! » lui dit-il. Les chaînes lui tombèrent alors des mains. ⁸L'ange ajouta : « Mets ta ceinture et chausse tes sandales. » Ce qu'il fit. Il lui dit encore : « Mets ton manteau et suis-moi. » ⁹Il

---

12. — [a]1. Cet Hérode s'appelait en latin Agrippa. C'était le petit-fils du grand Hérode du début des évangiles (Mt 2, 1 et Lc 1, 1), et le neveu d'Hérode Antipas, tétrarque de Galilée, celui auquel on fait le plus souvent allusion et qui prit part au jugement de Jésus (Lc 3, 1 et 23, 8). En 41, l'empereur Claude lui donna toute la Judée et fit de lui le dernier roi des Juifs. Ses rapports avec le Temple et avec les pharisiens étaient bons.

sortit et le suivait, mais il ne se rendait pas compte que ce qui s'opérait par l'ange était réel ; il croyait avoir une vision. [10]Ils passèrent un premier poste de garde, puis un second et arrivèrent à la porte de fer qui donne sur la ville : elle s'ouvrit d'elle-même devant eux. Ils sortirent et s'engagèrent dans une rue. Aussitôt l'ange le quitta. [11]Pierre, revenu à lui, se dit alors : « Maintenant je comprends : le Seigneur a réellement envoyé son ange et il m'a arraché à la main d'Hérode et à tout ce qu'attendait le peuple juif. »

[12]Puis, s'étant reconnu, il se dirigea vers la maison de Marie, mère de Jean surnommé Marc, où une assez nombreuse assemblée était réunie et priait. [13]Il heurta à la porte du vestibule, et une servante, nommée Rhodé[b], s'approcha pour écouter. [14]A peine eut-elle reconnu la voix de Pierre que, dans sa joie, au lieu d'ouvrir, elle courut à l'intérieur annoncer que Pierre était devant la porte. [15]« Tu es folle », lui dirent-ils ; mais elle maintenait fermement que c'était vrai. Et eux de dire : « C'est son ange. » [16]Cependant Pierre continuait à frapper. Ils ouvrirent donc et, en l'apercevant, furent stupéfaits. [17]De la main il leur fit signe de se taire et il leur raconta comment le Seigneur l'avait tiré de la prison. Et il ajouta : « Faites-le savoir à Jacques et aux frères. » Puis il sortit et s'en alla dans un autre lieu.

[18]Au lever du jour, l'émoi fut grand parmi les soldats : qu'était donc devenu Pierre ? [19]Hérode le fit rechercher, et, ne l'ayant pas découvert, soumit les gardes à un interrogatoire et ordonna de les exécuter. Puis il descendit de Judée à Césarée où il séjourna.

La mort du roi incrédule. – [20]Hérode était très irrité contre les Tyriens et les Sidoniens. Mais eux, d'un commun accord, se présentèrent devant lui. Après

[b]13. Rhodé : en français, Rose.

avoir gagné Blastus, le chambellan du roi, ils sollicitèrent la paix; leur pays en effet tirait sa subsistance de celui du roi. ²¹Au jour fixé, Hérode, revêtu de ses habits royaux et assis sur une estrade, les haranguait. ²²Et le peuple l'acclamait: « C'est la voix d'un dieu et non d'un homme! » ²³A l'instant même, l'ange du Seigneur le frappa, parce qu'il n'avait pas rendu gloire à Dieu. Et il expira, rongé par les vers[c].

Saul et Barnabé retournent à Antioche. –

²⁴Cependant la Parole de Dieu croissait et progressait. ²⁵Barnabé et Saul, leur mission remplie, quittèrent Jérusalem, ramenant avec eux Jean, surnommé Marc.

L'ÉGLISE DANS LE MONDE GRÉCO-ROMAIN

13 **L'Esprit envoie Barnabé et Saul. –** ¹Il y avait alors à Antioche, dans l'Église de cette ville, des prophètes et des docteurs: Barnabé, Simon surnommé le Noir, Lucius de Cyrène, Manahem, qui avait été élevé avec Hérode le tétrarque, et Saul. ²Comme ils célébraient le culte du Seigneur et jeûnaient, l'Esprit Saint dit: « Mettez-moi à part Barnabé et Saul pour l'œuvre à laquelle je les ai appelés. » ³Alors, après avoir jeûné et prié, ils leur imposèrent les mains et les congédièrent.

A Chypre. –

⁴Eux donc, envoyés par le Saint-Esprit, descendirent à Séleucie, d'où ils firent voile vers

[c]23. Un historien juif de l'époque relate le même fait un peu différemment. Il est probable que le roi mourut d'une cause naturelle, une maladie foudroyante. Mais ces récits montrent que le petit peuple n'était pas tellement sûr de la rectitude religieuse de son roi. Certains indices prouvent qu'il n'avait pas tort.

Chypre. [5]Arrivés à Salamine, ils prêchaient la parole de Dieu dans les synagogues des Juifs. Ils avaient aussi Jean comme auxiliaire. [6]Ils traversèrent toute l'île jusqu'à Paphos, où ils trouvèrent un magicien et faux prophète juif, du nom de Bar-Jésus, [7]qui vivait dans l'entourage du proconsul Sergius Paulus, personnage de grande intelligence. Ce dernier fit appeler Barnabé et Saul, et manifesta le désir d'entendre la parole de Dieu. [8]Mais Elymas le magicien – tel est le sens de ce nom – leur faisait opposition, cherchant à détourner de la foi le proconsul. [9]Alors Saul, appelé aussi Paul, rempli de l'Esprit Saint, fixa son regard sur lui et [10]lui dit : « Toi qui es rempli de toutes sortes de fourberies et de scélératesses, fils du diable, ennemi de toute justice, tu ne cesseras donc pas de te mettre en travers des voies droites du Seigneur ! [11]Eh bien ! voici maintenant sur toi la main du Seigneur. Tu vas être aveugle et pour un temps tu seras privé de la vue du soleil. » A l'instant même, d'épaisses ténèbres tombèrent sur lui, et il tournait de tous côtés, cherchant qui lui donnerait la main. [12]A la vue de ce prodige, le proconsul crut, vivement frappé de la doctrine du Seigneur.

A Antioche de Pisidie. – [13]Paul et ses compagnons s'embarquèrent à Paphos et gagnèrent Pergé en Pamphylie. Mais Jean les quitta et s'en retourna à Jérusalem. [14]Eux, poussant au-delà de Pergé, arrivèrent à Antioche de Pisidie. Ils entrèrent à la synagogue le jour du sabbat et y prirent place. [15]Après la lecture de la Loi et des Prophètes, les chefs de la synagogue leur firent dire : « Frères, si vous avez quelques mots d'exhortation à dire au peuple, parlez. » [16]Paul se leva, fit signe de la main et dit :

« Israélites, et vous qui craignez Dieu, écoutez. [17]Le Dieu de ce peuple d'Israël a fait choix de nos pères et il a fait grandir ce peuple durant son exil au pays d'Égypte. Puis, par la force de son bras il les en a fait sortir[a], [18]et pendant près de quarante ans les a nourris au désert. [19]Ensuite, après avoir exterminé sept nations au pays de Canaan, il les mit en possession de leur pays[b] ; [20]cela dura quatre cent cinquante ans environ. Après cela, il leur donna des juges, jusqu'au prophète Samuel. [21]Ils demandèrent alors un roi, et Dieu leur donna pendant quarante ans Saül, fils de Cis, de la tribu de Benjamin. [22]Après l'avoir rejeté, il leur suscita comme roi David, à qui il rendit ce témoignage : *J'ai trouvé David,* fils de Jessé, *homme selon mon cœur,* qui *accomplira toutes mes volontés*[c]. [23]C'est de sa descendance que Dieu, selon sa promesse, a suscité pour Israël un Sauveur : Jésus. [24]Dès avant sa venue, Jean avait prêché un baptême de repentir à tout le peuple d'Israël. [25]Comme il arrivait au terme de sa course, Jean disait : "Je ne suis pas celui que vous pensez ; mais voici que vient après moi quelqu'un dont je ne suis pas digne de délier les sandales".

[26]« Frères, vous qui êtes issus de la race d'Abraham, et vous qui craignez Dieu, c'est à vous que s'adresse ce message de salut. [27]Car les habitants de Jérusalem et leurs chefs ont méconnu Jésus ainsi que les oracles des Prophètes qui se lisent chaque sabbat : ils les ont accomplis en le condamnant. [28]Sans avoir rien trouvé en lui qui méritât la mort, ils ont demandé à Pilate de le faire périr. [29]Après avoir pleinement réalisé tout ce qui était écrit de lui, ils le descendirent du gibet et le mirent au tombeau. [30]Mais Dieu l'a ressuscité des morts. [31]Pendant plusieurs jours, il est apparu à ceux qui étaient montés avec lui de la Galilée à Jérusalem et qui sont maintenant ses témoins auprès du peuple.

13. – [a]17. Ex 6, 6.   [c]22. 1 S 13, 14 ; Is 44, 28.
   [b]19. Dt 7, 1.

32« Et nous, nous vous annonçons la Bonne Nouvelle : la promesse faite à nos pères, 33Dieu l'a accomplie pour nous, leurs enfants, en ressuscitant Jésus, ainsi qu'il est écrit au psaume deuxième : *Tu es mon fils, je t'ai engendré aujourd'hui*[d]. 34Que Dieu l'ait ressuscité des morts et qu'il ne doive pas retourner à la corruption, c'est ce qu'il a déclaré : *Je vous accorderai les promesses sacrées assurées à David*[e]. 35C'est pourquoi il dit encore ailleurs : *Tu ne permettras pas que ton Saint voie la corruption*[f]. 36Or David, après avoir pendant sa vie servi les desseins de Dieu, est mort, a été réuni à ses pères et a vu la corruption. 37Mais celui que Dieu a ressuscité n'a pas vu la corruption.

38« Sachez-le donc, frères, c'est par lui que vous est annoncée la rémission des péchés, et de toutes les impuretés dont vous n'avez pu être justifiés par la Loi de Moïse, 39en lui, tout homme qui croit en est justifié. 40Prenez donc garde qu'il ne vous arrive ce qui est dit dans les Prophètes :

41*Regardez, contempteurs, soyez dans la stupeur et disparaissez! Car je vais, de vos jours, accomplir une œuvre que vous ne croiriez pas si on vous la racontait*[g]. »

42A leur sortie, on leur demanda de reprendre ce sujet le sabbat suivant. 43Et, à l'issue de cette réunion, beaucoup de Juifs et de pieux prosélytes suivirent Paul et Barnabé qui, dans leurs entretiens, les exhortèrent à rester fidèles à la grâce de Dieu.

44Le sabbat suivant, presque toute la ville s'assembla pour entendre la parole de Dieu. 45A la vue de ces foules, les Juifs furent remplis de jalousie, et ils répliquaient par des blasphèmes à ce que disait Paul.

[d]33. Ps 2, 7.
[e]34. Is 55, 3.
[f]35. Ps 16, 10.
[g]41. Ha 1, 5.

⁴⁶Pleins d'assurance, Paul et Barnabé dirent alors : « C'est à vous d'abord que devait être annoncée la parole de Dieu ; mais puisque vous la repoussez et que vous vous jugez vous-mêmes indignes de la vie éternelle, voici que nous nous tournons vers les païens. ⁴⁷Car le Seigneur nous l'a ainsi ordonné :

*Je t'ai établi pour être la lumière des nations, pour porter le salut jusqu'aux extrémités de la terre*ʰ. »

⁴⁸A ces mots, les païens se réjouirent et glorifièrent la parole du Seigneur, et tous ceux qui étaient destinés à la vie éternelle embrassèrent la foi.

⁴⁹La parole du Seigneur se répandait dans tout le pays. ⁵⁰Mais les Juifs montèrent la tête aux dames dévotes de haut rang et aux notables de la ville ; ils provoquèrent une persécution contre Paul et Barnabé et les chassèrent de leur territoire. ⁵¹Ces derniers, ayant secoué contre eux la poussière de leurs pieds, se rendirent à Iconium. ⁵²Cependant les disciples étaient remplis de joie et d'Esprit Saint.

14 Iconium, Lystres, Derbé. — ¹A Iconium, ils se rendirent de même à la synagogue des Juifs et parlèrent de telle manière qu'une multitude de Juifs et de Grecs embrassèrent la foi. ²Mais les Juifs demeurés incrédules excitèrent et montèrent les païens contre les frères. ³Paul et Barnabé firent néanmoins là un assez long séjour, pleins d'assurance dans le Seigneur, qui rendait lui-même témoignage à la prédication de sa grâce par les miracles et les prodiges qu'il accomplissait par leurs mains. ⁴La population de la ville se divisa : les uns tenaient pour les Juifs, les autres pour les apôtres. ⁵Comme les païens et les Juifs, avec leurs chefs, se disposaient à les maltraiter et à les lapider, ⁶ils en eurent connaissance et cherchèrent refuge dans les

ʰ47. Is 49, 6.

villes de Lycaonie, Lystres, Derbé et le pays d'alentour. [7]Là aussi ils annoncèrent l'Évangile.

[8]Or il y avait à Lystres un homme paralysé des jambes, impotent de naissance et qui n'avait jamais marché. [9]Il écoutait assis la parole de Paul. Celui-ci, fixant sur lui son regard et voyant qu'il avait assez de foi pour être guéri, [10]lui dit d'une voix forte : « Lève-toi, tiens-toi droit sur tes pieds. » D'un bond, l'homme se dressa et se mit à marcher.

[11]A la vue de ce que Paul venait de faire, la foule éleva la voix et dit en lycaonien : « Les dieux, sous une forme humaine, sont descendus parmi nous ! » [12]Et ils appelaient Barnabé « Zeus » et Paul « Hermès », parce que c'était lui qui portait la parole.

[13]Le prêtre du temple de Zeus-de-devant-la-ville, fit amener aux portes des taureaux enguirlandés et, de concert avec la foule, il voulait offrir un sacrifice. [14]A cette nouvelle, les apôtres Barnabé et Paul déchirèrent leurs vêtements et se précipitèrent vers la foule en criant : [15]« Amis, que faites-vous là ? Nous aussi, nous sommes des hommes, de même nature que vous ; et nous vous prêchons d'abandonner ces vaines idoles pour vous tourner vers le Dieu vivant *qui a fait le ciel, la terre, la mer et tout ce qu'ils renferment.* [16]Dans les générations passées, il a laissé toutes les nations suivre leurs voies [17]sans cesser pour autant de se rendre témoignage, répandant ses bienfaits, vous dispensant du haut du ciel pluies et saisons fertiles, rassasiant vos cœurs de nourriture et de joie[a]. » [18]A grand-peine purent-ils par ces paroles empêcher la foule de leur offrir un sacrifice.

---

14. — [a]17. Nous trouvons dans ce discours le genre d'argumentation dont Paul se servait avec les païens. Dans la pensée populaire d'alors, le grand problème était de savoir comment Dieu se manifeste dans le monde. A partir de cette idée courante, l'apôtre annonce la révélation historique de Dieu en Jésus Christ.

[19]Alors survinrent d'Antioche et d'Iconium des Juifs qui rallièrent les foules, lapidèrent Paul et le traînèrent hors de la ville, le croyant mort. [20]Mais comme les disciples se rassemblaient autour de lui, il se releva et rentra dans la ville. Le lendemain, il partit pour Derbé avec Barnabé.

Retour à Antioche. – [21]Après avoir évangélisé cette ville et y avoir fait un certain nombre de disciples, ils retournèrent à Lystres, Iconium et Antioche. [22]Ils fortifiaient le cœur des disciples, les exhortant à persévérer dans la foi et leur disant : « Il nous faut passer par beaucoup de tribulations pour entrer dans le royaume de Dieu. » [23]Ils établirent des presbytres dans chaque Église par l'imposition des mains et, après avoir prié et jeûné, ils les confièrent au Seigneur en qui ils avaient cru. [24]Traversant alors la Pisidie, ils vinrent en Pamphylie, [25]annoncèrent la parole à Pergé, puis descendirent à Attalia. [26]De là ils firent voile vers Antioche, d'où ils étaient partis, confiés à la grâce de Dieu pour l'œuvre qu'ils venaient d'accomplir. [27]Dès leur arrivée, ils convoquèrent l'Église et racontèrent tout ce que Dieu avait fait avec eux et comment il avait ouvert aux païens la porte de la foi. [28]Ils firent là un séjour assez long avec les disciples.

15 Surprise des vieux chrétiens. – [1]Certaines gens, descendus de Judée, enseignaient aux frères : « Si vous ne vous faites pas circoncire selon la coutume de Moïse, vous ne pouvez pas être sauvés. » [2]Il s'ensuivit une polémique et une discussion assez vive entre eux et Paul et Barnabé. On décida que Paul, Barnabé et quelques autres frères monteraient à Jérusalem auprès des apôtres et des presbytres pour traiter cette question. [3]Eux donc, après avoir été escortés par l'Église,

traversèrent la Phénicie et la Samarie, racontant la conversion des païens et causant ainsi une grande joie à tous les frères. [4]Arrivés à Jérusalem, ils furent reçus par l'Église, les apôtres et les presbytres, et ils racontèrent tout ce que Dieu avait fait avec eux. [5]Mais certaines gens du parti des pharisiens, qui avaient embrassé la foi, intervinrent et déclarèrent qu'il fallait circoncire les païens et leur prescrire d'observer la Loi de Moïse.

Concile à Jérusalem. – [6]Les apôtres et les presbytres se réunirent pour examiner la question. [7]Comme les esprits s'échauffaient, Pierre se leva et dit : « Vous savez, frères, que dès les premiers jours, Dieu m'a choisi parmi vous pour que les païens entendent de ma bouche la parole de l'Évangile et embrassent la foi. [8]Or Dieu, qui connaît les cœurs, a témoigné en leur faveur en leur donnant l'Esprit Saint tout comme à nous. [9]Il n'a fait aucune différence entre eux et nous, puisqu'il a purifié leurs cœurs par la foi. [10]Pourquoi donc maintenant tenter Dieu en imposant aux disciples un joug que ni nos pères ni nous-mêmes n'avons eu la force de porter ? [11]Aussi bien croyons-nous que c'est par la grâce du Seigneur Jésus que nous sommes sauvés, exactement comme eux. »

[12]Toute l'assemblée fit alors silence, et l'on écouta Barnabé et Paul raconter tous les miracles et les prodiges que Dieu avait accomplis par eux chez les païens.

[13]Quand ils eurent achevé, Jacques prit la parole : « Frères, écoutez-moi. [14]Siméon vous a raconté comment dès le début Dieu a visité les païens pour se choisir parmi eux un peuple consacré à son Nom. [15]Ce dessein s'accorde avec les paroles des prophètes, puisqu'il est écrit :

[16]*Après cela, je reviendrai, et je relèverai la tente de David qui était tombée. Je relèverai ses ruines et je la redresserai,* [17]*afin que le reste des hommes recher-*

che le Seigneur, ainsi que toutes les nations sur lesquelles mon nom est invoqué, dit le Seigneur [18]qui fait
ces choses, connues de lui de toute éternité[a].

[19]J'estime donc qu'on ne doit pas inquiéter ceux des
païens qui se convertissent à Dieu. [20]Qu'on leur pres-
crive seulement de s'abstenir des souillures des idoles,
de la fornication, des viandes étouffées et du sang[b].
[21]Car, depuis les temps anciens, Moïse a dans chaque
ville ses prédicateurs, puisqu'on le lit dans les synagogues tous les jours de sabbat. »

Décision des apôtres. – [22]Alors les apôtres et les
anciens, ainsi que l'assemblée entière, décidèrent de
choisir quelques-uns d'entre eux pour les envoyer à Antioche avec Paul et Barnabé : Jude, surnommé Barsabbas,
et Silas, des personnages qui avaient autorité parmi les
frères. [23]Ils les chargèrent de la lettre suivante :

« Les apôtres et les anciens, vos frères, aux frères
d'origine païenne qui sont à Antioche, en Syrie et en
Cilicie, salut ! [24]Nous avons appris que quelques-uns
des nôtres, sans aucun mandat de notre part, vous ont
troublés par leurs propos et ont bouleversé vos âmes.
[25]Nous avons décidé d'un commun accord de choisir et
de vous envoyer des délégués avec nos bien-aimés Bar-

---

15. – [a]16-18. Voir Am 9, 11-12.
Jacques accepte le principe posé
par Pierre et Paul ; il y ajoute seulement des suggestions pratiques. Il propose les règles que
la Loi de Moïse exigeait des
étrangers domiciliés en Israël. Si
les chrétiens venus de l'extérieur
les acceptent, ils ne gêneront pas
leurs frères juifs.

[b]20. *La souillure des idoles*
consiste à participer de près ou
de loin à leur culte, (même en
mangeant la viande qui a été
sacrifiée dans leurs temples). *La
fornication,* c'est toute espèce
d'immoralité sexuelle. Ces deux
lois s'imposent à l'évidence. La
troisième concernant *le sang* et
les viandes étouffées, est de celles auxquelles les Juifs tiennent
encore beaucoup de nos jours
(Lv 1, 5) : elle interdit de manger
la viande d'un animal qui n'a pas
été complètement saigné.

nabé et Paul, [26]des hommes qui ont voué leur vie au Nom de notre Seigneur Jésus Christ. [27]Nous vous envoyons donc Jude et Silas qui vous donneront de vive voix les mêmes instructions. [28]L'Esprit Saint et nous-mêmes avons décidé[c] de ne vous imposer aucun fardeau au-delà de ce qui est nécessaire : [29]vous abstenir des viandes immolées aux idoles, du sang, des viandes étouffées et de la fornication. De tout cela vous ferez bien de vous garder. Adieu. »

[30]Ayant pris congé, les délégués descendirent à Antioche où ils convoquèrent l'assemblée et remirent la lettre. [31]On en fit la lecture et tous se réjouirent de cet encouragement. [32]Jude et Silas, qui étaient eux-mêmes prophètes, exhortèrent les frères et les affermirent par un long discours. [33]Ils restèrent quelque temps, puis les frères les renvoyèrent en paix vers ceux qui les avaient délégués. [34]Silas toutefois trouva bon de rester et Jude partit seul[d]. [35]Quant à Paul et Barnabé, ils demeurèrent à Antioche, enseignant et annonçant avec beaucoup d'autres la bonne nouvelle de la parole du Seigneur.

Deuxième voyage missionnaire de Paul. – [36]Quelque temps après, Paul dit à Barnabé : « Retournons donc visiter les frères dans toutes les villes où nous avons annoncé la parole du Seigneur, pour voir où ils en sont. » [37]Barnabé voulait emmener aussi Jean, surnommé Marc. [38]Mais Paul n'était pas d'avis de reprendre pour compagnon quelqu'un qui les avait quittés en Pamphylie et n'avait donc pas été à l'œuvre avec eux.

[39]Il s'ensuivit un dissentiment si vif qu'ils se séparèrent. Barnabé prit avec lui Marc et s'embarqua pour

[c]28. Ces mots : *l'Esprit Saint et nous-mêmes avons décidé...* ont servi de formule officielle aux Conciles œcuméniques quand il fallait définir la foi.

[d]34. Ce verset manque dans un grand nombre d'excellents manuscrits.

Chypre. [40]Paul, de son côté, choisit Silas et partit, recommandé par les frères à la grâce du Seigneur. [41]Il parcourut la Syrie et la Cilicie, affermissant les Églises.

16 C'est l'Esprit qui conduit.

– [1]Il se rendit ensuite à Derbé et à Lystres. Il y avait là un disciple nommé Timothée, fils d'une juive devenue croyante et d'un père grec. [2]Les frères de Lystres et d'Iconium lui rendaient bon témoignage. [3]Paul décida de l'emmener avec lui. Il le prit et le circoncit à cause des Juifs qui se trouvaient dans ces contrées, car tous savaient que son père était grec. [4]Dans les villes où ils passaient, ils notifiaient et recommandaient d'observer les décrets portés par les apôtres et les presbytres de Jérusalem. [5]Les Églises s'affermissaient dans la foi et croissaient en nombre de jour en jour.

[6]Ils traversèrent la Phrygie et le pays de Galatie, car l'Esprit Saint les avait empêchés d'annoncer la parole en Asie. [7]Parvenus aux confins de la Mysie, ils se disposaient à entrer en Bithynie, mais l'Esprit de Jésus ne le leur permit pas. [8]Ils traversèrent donc la Mysie et descendirent à Troas[a].

[9]Pendant la nuit, Paul eut une vision : un Macédonien, debout, lui adressait cette prière : « Passe en Macédoine et viens à notre secours ! » [10]Aussitôt après cette vision, nous cherchâmes à nous rendre en Macédoine, certains que Dieu nous appelait à y annoncer l'Évangile[b].

Arrivée en Europe. – [11]Embarqués à Troas, nous cinglâmes droit sur Samothrace, et le lendemain sur Néapolis. [12]De là, nous gagnâmes Philippes, ville prin-

---

16. – [a]8. Troas était la célèbre ville de Troie, aujourd'hui His-sarlik, sur les Dardanelles.

[b]10. Au verset 10 commence une section où l'auteur dit « nous » et qui continuera jusqu'à 16, 17. On pense généralement que Luc entra à ce moment-là dans l'entourage de Paul.

cipale de cette partie de la Macédoine, et colonie romaine. Nous passâmes quelques jours dans cette ville. ¹³Le jour du sabbat, nous nous rendîmes au-delà des portes, au bord d'une rivière où nous pensions qu'était un lieu de prière. Nous étant assis, nous adressâmes la parole aux femmes qui y étaient réunies. ¹⁴Dans l'auditoire, il y avait une femme nommée Lydie, une marchande de pourpre de la ville de Thyatire, qui adorait Dieu. Le Seigneur lui ouvrit le cœur et la rendit attentive à ce que disait Paul. ¹⁵Elle reçut le baptême avec toute sa famille et elle nous adressa cette invitation: « Puisque vous me reconnaissez fidèle au Seigneur, venez demeurer dans ma maison. » Et elle nous y contraignit.

¹⁶Un jour où nous allions au lieu de prière, nous rencontrâmes une jeune esclave possédée d'un esprit de divination, qui procurait de grands profits à ses maîtres par ses oracles. ¹⁷Elle se mit à nous suivre, Paul et nous, en criant: « Ces hommes sont les serviteurs du Dieu Très-Haut; ils vous annoncent la voie du salut. » ¹⁸Ainsi fit-elle pendant plusieurs jours. Excédé, Paul se retourna et dit à l'esprit: « Je te l'ordonne au nom de Jésus Christ: Sors de cette femme! » Et à l'instant même il sortit.

¹⁹Ses maîtres, voyant s'évanouir leurs espoirs de gain, se saisirent de Paul et de Silas, les traînèrent sur la place publique devant les magistrats ²⁰et les conduisirent aux préteurs. « Ces gens-là, dirent-ils, jettent le trouble dans notre cité; ce sont des Juifs ²¹qui prêchent des coutumes qu'il ne nous est permis, à nous, Romains, ni d'accepter ni de suivre. » ²²La foule s'ameuta contre eux, et les préteurs, ayant fait arracher leurs vêtements, ordonnèrent de les battre de verges. ²³Après les avoir roués de coups, on les jeta en prison avec ordre au geôlier de faire bonne garde. ²⁴Ayant

reçu pareille consigne, celui-ci les mit dans le cachot intérieur et leur fixa les pieds dans les ceps.

²⁵Vers le milieu de la nuit, Paul et Silas priaient et chantaient les louanges de Dieu ; les prisonniers les écoutaient. ²⁶Soudain il y eut un tremblement de terre si violent, que la prison fut ébranlée jusqu'aux fondations. Au même instant, toutes les portes s'ouvrirent et les liens de tous les prisonniers se détachèrent. ²⁷Le geôlier, réveillé en sursaut, vit les portes de la prison ouvertes ; croyant les prisonniers évadés, il tira son épée et allait se tuer. ²⁸Mais Paul cria d'une voix forte : « Ne te fais pas de mal ; nous sommes tous ici. »

²⁹Le geôlier demanda de la lumière, accourut et tomba tout tremblant aux pieds de Paul et de Silas. ³⁰Puis, les ayant fait sortir, il leur dit : « Seigneur, que faut-il que je fasse pour être sauvé ? » ³¹Ils répondirent : « Crois au Seigneur Jésus, et tu seras sauvé, toi et ta famille. » ³²Et ils lui annoncèrent la parole du Seigneur, ainsi qu'à tous ceux de sa maison. ³³Le geôlier les prit avec lui à cette heure même de la nuit, il lava leurs plaies et il fut baptisé aussitôt avec tous les siens. ³⁴Puis il les fit monter chez lui, leur servit à manger, et il se réjouit avec toute sa famille d'avoir cru en Dieu. ³⁵Le jour venu, les préteurs envoyèrent les licteurs dire au geôlier : « Relâche ces gens-là. » ³⁶Le geôlier transmit ces paroles à Paul : « Les préteurs envoient dire de vous relâcher ; partez donc et bonne route ! » ³⁷Mais Paul leur répliqua : « Ils nous ont fait battre de verges publiquement et sans jugement, nous, des citoyens romains[c], et ils nous ont jetés en prison. Et maintenant

[c]37. Philippes était une colonie d'anciens soldats romains qui se sentaient obligés par les lois religieuses de leur métropole. La municipalité y était organisée à la romaine, la justice rendue par des « préteurs » et exécutée par des « licteurs ».

Paul se réclame d'un privilège des citoyens romains qui ne devaient pas être battus de verges, à moins d'avoir été condam-

ils nous feraient sortir en cachette! Ah! mais non; qu'ils viennent en personne nous libérer!» ³⁸Les licteurs rapportèrent ces paroles aux préteurs qui furent effrayés en apprenant qu'ils étaient citoyens romains. ³⁹Ils vinrent donc leur parler et les élargirent, en les priant de quitter la ville. ⁴⁰Une fois sortis de prison, ils se rendirent chez Lydie, revirent les frères et les encouragèrent, puis ils s'en allèrent.

17 **Thessalonique, une capitale.** – ¹Après avoir traversé Amphipolis et Apollonie, ils arrivèrent à Thessalonique, où les Juifs avaient une synagogue. ²Selon sa coutume, Paul alla les y trouver, et, durant trois sabbats, il discuta avec eux à partir des Écritures; ³il leur expliquait et leur démontrait que le Christ devait souffrir et ressusciter des morts; «et le Christ, disait-il, c'est ce Jésus que je vous annonce.» ⁴Quelques-uns d'entre eux se laissèrent convaincre et se joignirent à Paul et Silas, ainsi qu'une multitude de Grecs adorateurs de Dieu et beaucoup de dames de qualitéᵃ.

⁵Les Juifs, pleins de jalousie, recrutèrent des vauriens de la lie du peuple, provoquèrent des attroupements et répandirent l'agitation dans la ville. Ils se portèrent à la maison de Jason, cherchant Paul et Silas pour les traduire devant le peuple. ⁶Ne les ayant pas trouvés, ils traînèrent Jason et quelques frères devant les politarquesᵇ, en vociférant: «Ces individus qui ont

---

nés à mort par un jugement régulier (*Lex Porcia*, 248 av. J.C.). Ce privilège permettra à l'apôtre de faire appel à César par-dessus la tête du gouverneur de Palestine (Ac 22, 22 – 25, 12). **17.** – ᵃ4. Saint Paul ne renonce pas à s'adresser d'abord aux Juifs. Il rencontre à la synagogue des Grecs adorateurs de Dieu qui formeront le noyau de l'église locale.

ᵇ6. Les «Politarques», chefs de la ville, étaient les magistrats municipaux de Thessalonique.

mis le monde entier sens dessus dessous, les voilà maintenant ici, [7]et Jason les a reçus chez lui. Tous ces gens-là contreviennent aux décrets de César en prétendant qu'il y a un autre roi, Jésus. » [8]Ces clameurs inquiétèrent la foule et les politarques, [9]et ce n'est qu'après avoir exigé une caution de Jason et des autres qu'ils les laissèrent s'en aller.

A Bérée de Macédoine. – [10]Les frères firent aussitôt partir – de nuit – Paul et Silas pour Bérée. Dès leur arrivée, ils se rendirent à la synagogue des Juifs. [11]Ceux-ci avaient des sentiments plus nobles que ceux de Thessalonique ; ils reçurent la parole avec beaucoup d'empressement, examinant chaque jour les Écritures pour voir s'il en était bien ainsi. [12]Beaucoup d'entre eux embrassèrent la foi, ainsi que des femmes grecques de haut rang et des hommes en assez grand nombre.

[13]Mais les Juifs de Thessalonique surent que Paul avait annoncé aussi à Bérée la parole de Dieu, ils vinrent là encore agiter et troubler les foules. [14]Alors les frères firent aussitôt partir Paul dans la direction de la mer, tandis que Silas et Timothée restèrent là. [15]Ceux qui accompagnaient Paul le conduisirent jusqu'à Athènes ; puis ils s'en retournèrent avec l'ordre pour Silas et Timothée de le rejoindre au plus vite.

Chez les philosophes d'Athènes. – [16]Tandis que Paul les attendait à Athènes, son esprit était bouleversé à la vue de cette ville remplie d'idoles. [17]Il discutait donc à la synagogue avec les Juifs et les prosélytes, et, tous les jours, sur l'agora, avec les premiers venus. [18]Quelques philosophes épicuriens et stoïciens s'entretenaient aussi avec lui. Les uns disaient : « Que peut bien vouloir dire ce perroquet ? » D'autres : « On dirait que c'est un prêcheur de divinités étrangères » ; car il annonçait Jésus et la résurrection. [19]Ils le prirent donc avec eux et le menèrent devant l'Aréopage, en disant : « Pourrions-nous savoir quelle est cette doctrine nouvelle que tu prêches ? [20]Car ce sont des propos étranges que tu nous fais entendre ; nous voudrions savoir ce qu'ils peuvent signifier. » [21]Tous les Athéniens, en effet, et les étrangers qui résidaient chez eux passaient le plus clair de leur temps à dire ou à écouter les dernières nouveautés.

Discours à l'Aréopage. – [22]Debout au milieu de l'Aréopage, Paul dit : « Athéniens, je vois que vous êtes à tous égards les plus religieux des hommes. [23]Parcourant en effet votre ville et observant vos monuments sacrés, j'ai même trouvé un autel avec cette inscription : *Au Dieu inconnu.* Précisément, ce que vous adorez ainsi sans le connaître, je viens, moi, vous l'annoncer.

[24]« Le Dieu qui a fait le monde et tout ce qu'il renferme, lui qui est le Seigneur du ciel et de la terre, n'habite pas dans des temples faits de main d'homme. [25]Il n'est pas non plus servi par des mains humaines, comme s'il avait besoin de quelque chose, lui qui donne à tous la vie, le souffle et toutes choses. [26]D'un seul être, il a fait sortir tout le genre humain et l'a fait habiter sur toute la surface de la terre. Il a déterminé les époques précises et les frontières de son habitat, [27]afin que les hommes cherchent Dieu, si toutefois ils peuvent le trouver en tâtonnant. Non qu'il soit loin de chacun de nous, [28]car c'est en lui que nous avons la vie, le mouvement et l'être, comme l'ont dit certains de vos poètes : "Oui, nous sommes aussi de sa race"[c].

[c]28. Citation du poète Aratus, dans ses *Phénomènes*. On trouve des expressions semblables dans l'hymne à Zeus du stoïcien Cléanthe ; elles étaient passées dans la philosophie populaire. Comparer avec Actes 14, 15-18 : le discours à l'Aréopage est rédigé avec plus de soin mais sur la même ligne générale. Une

[29]« Ainsi donc, si nous sommes de la race de Dieu, nous ne devons pas penser que la divinité soit semblable à de l'or, à de l'argent ou à de la pierre, travaillés par l'art et le génie de l'homme. [30]Mais voici que Dieu, ne tenant pas compte de ces temps d'ignorance, fait maintenant savoir aux hommes qu'ils ont tous et partout à se repentir, [31]car il a fixé un jour où il doit juger le monde avec justice par un homme qu'il a désigné et accrédité auprès de tous en le ressuscitant d'entre les morts. »

[32]Quand ils entendirent parler de résurrection des morts, les uns se moquèrent, d'autres dirent : « Nous t'entendrons là-dessus une autre fois. » [33]C'est ainsi que Paul se sépara d'eux. [34]Quelques personnes cependant s'attachèrent à lui et embrassèrent la foi ; parmi eux il y avait Denys l'Aréopagite, une femme nommée Damaris, et d'autres encore.

18 Paul chez les immigrés de Corinthe. –

[1]Ensuite Paul quitta Athènes et vint à Corinthe. [2]Il y trouva un Juif nommé Aquilas, originaire du Pont, qui venait d'arriver d'Italie avec sa femme Priscille, à la suite d'un édit de Claude qui ordonnait à tous les Juifs de s'éloigner de Rome[a]. Il se lia avec eux [3]et, comme il exerçait le même métier, il demeura chez eux, et ils travaillaient ensemble ; ils étaient en effet de leur métier

---

bonne partie de la sagesse grecque est donc reconnue assimilable par la révélation chrétienne. Il est vrai que les stoïciens devaient peut-être quelque chose au judaïsme. Saint Paul ne heurte son auditoire qu'aux derniers mots, quand il leur annonce Jésus Christ, *un certain homme ressuscité des morts.*

18. – [a]2. L'historien Suétone rapporte que l'empereur Claude chassa de Rome les Juifs « qui étaient en agitation continuelle à cause de Chrestos » (chap. 25). « Chrestos » est une déformation du grec Christos, Christ. Cette décision fut prise entre 48 et 50 de notre ère.

fabricants de tentes. ⁴Chaque sabbat, Paul discourait à la synagogue et s'efforçait de convaincre Juifs et Grecs.

⁵Quand Silas et Timothée furent arrivés de Macédoine, Paul s'adonna entièrement à la prédication, attestant aux Juifs que Jésus est le Christ. ⁶Mais devant leur opposition et leurs blasphèmes, Paul secoua ses vêtements et leur dit : « Que votre sang retombe sur votre tête ! J'en suis innocent. Désormais, c'est vers les païens que j'irai. » ⁷Et, se retirant de là, il alla chez un nommé Titius Justus, homme adorant Dieu, dont la maison était contiguë à la synagogue. ⁸Crispus, chef de la synagogue, crut au Seigneur avec toute sa famille et beaucoup de Corinthiens qui avaient entendu Paul croyaient et se faisaient baptiser.

⁹Une nuit, le Seigneur apparut à Paul et lui dit : « N'aie pas peur, parle sans hésiter ; ¹⁰je suis avec toi et personne ne mettra la main sur toi pour te faire du mal, car j'ai un peuple nombreux dans cette ville[b]. » ¹¹C'est ainsi qu'il y resta un an et six mois, enseignant parmi eux la parole de Dieu.

Le proconsul romain déclare non-lieu. –

¹²Sous le proconsulat de Gallion[c] en Achaïe, les Juifs se soulevèrent tous ensemble contre Paul et l'amenèrent au tribunal ¹³en disant : « Cet individu cherche à persuader les gens d'adorer Dieu d'une manière

[b]10. C'est la seule fois où le Christ encourage son apôtre à rester dans une ville depuis qu'il lui avait dit de quitter Jérusalem (Ac 22, 17-18). Corinthe, rebâtie après une ruine totale, était peuplée d'immigrants venus de partout, souvent comme esclaves. Paul se doutait de toutes ces difficultés auxquelles feront allusion ses épîtres aux Corinthiens. Mais Jésus qui aimait les pécheurs et mangeait avec eux invite son apôtre à rester chez eux.

[c]12. Gallion, frère du philosophe latin Sénèque, fut proconsul d'Achaïe (ou de Grèce) en 51 et 52. Le passage de Paul devant son tribunal nous donne une date très précise pour tout ce second voyage. Gallion décida qu'il n'y avait pas matière à procès.

contraire à la Loi. » ¹⁴Paul allait prendre la parole, quand Gallion dit aux Juifs : « S'il s'agissait d'un délit ou d'un grave méfait, je vous écouterais, ô Juifs, comme de raison. ¹⁵Mais puisqu'il s'agit de discussions sur une doctrine, des mots, des noms et sur votre Loi, cela vous regarde ; je ne veux pas, moi, en être juge. » ¹⁶Et il les renvoya du tribunal. ¹⁷Tous se saisirent alors de Sosthène, le chef de la synagogue, et se mirent à le battre devant le tribunal, sans que Gallion s'en souciât.

Retour à Antioche, par Jérusalem. – ¹⁸Paul resta encore assez longtemps à Corinthe. Puis il prit congé des frères et fit voile vers la Syrie avec Priscille et Aquilas. Il s'était fait raser la tête à Cenchrées, en vertu d'un vœu[d]. ¹⁹Ils arrivèrent à Éphèse ; là, Paul quitta ses compagnons pour se rendre à la synagogue où il s'entretint avec les Juifs. ²⁰Ceux-ci lui demandèrent de rester plus longtemps, mais il n'y consentit pas. ²¹Il prit congé d'eux en disant : « Je reviendrai chez vous une autre fois, s'il plaît à Dieu. » Puis il quitta Éphèse. ²²Ayant débarqué à Césarée, il monta à Jérusalem et, après avoir salué l'Église, il descendit à Antioche.

Troisième voyage missionnaire de Paul. – ²³Après avoir passé quelque temps à Antioche, Paul repartit et parcourut successivement le pays de Galatie et la Phrygie, encourageant tous les disciples.

Un fidèle qui ne connaît pas l'Esprit Saint. – ²⁴Un Juif nommé Apollos[e], originaire d'Alexandrie,

---

[d]18. Nous ne savons pas pourquoi Paul avait fait ce vœu, mais nous voyons qu'il ne méprisait pas les dévotions juives. Le vœu de « nazir » exigeait qu'on s'abstienne de boire du vin et de la bière, et qu'on ne se coupe pas les cheveux (Nb 6, 1-21).

[e]24. Alexandrie était le siège d'une communauté juive nombreuse et florissante où la Bible avait été traduite en grec. Les

était arrivé à Éphèse. C'était un homme savant et instruit dans les Écritures. [25]Il avait été instruit de la Voie du Seigneur ; dans la ferveur de son âme, il exposait et enseignait exactement ce qui concerne Jésus, mais il ne connaissait que le baptême de Jean. [26]Il se mit à parler avec assurance dans la synagogue. Priscille et Aquilas, l'ayant entendu, le prirent avec eux et lui exposèrent plus exactement la Voie de Dieu. [27]Comme il voulait passer en Achaïe, les frères l'y encouragèrent et écrivirent aux disciples de lui faire bon accueil. Une fois arrivé, il fut, par la grâce de Dieu, d'un grand secours à ceux qui avaient embrassé la foi, [28]car il réfutait vigoureusement les Juifs en public, démontrant par les Écritures que Jésus est le Christ.

19

Paul arrive à Éphèse. – [1]Tandis qu'Apollos était à Corinthe, Paul, ayant traversé le haut pays, arriva à Éphèse. Il y trouva quelques disciples [2]et leur demanda : « Avez-vous reçu l'Esprit Saint quand vous avez embrassé la foi ? » Ils lui répondirent : « Nous n'avons pas même entendu dire qu'il y ait un Esprit Saint. » [3]Il reprit : « Quel baptême avez-vous donc reçu ? » Ils répondirent : « Le baptême de Jean. » [4]Paul leur dit : « Jean n'a donné qu'un baptême de repentir, disant au peuple de croire en celui qui viendrait après lui, c'est-à-dire en Jésus. » [5]A ces mots, ils se firent baptiser au nom du Seigneur Jésus. [6]Lorsque Paul leur eut imposé les mains, l'Esprit Saint vint sur eux, et ils se mirent à parler en langues et à prophétiser. [7]Ils étaient en tout une douzaine. [8]Paul fréquenta la synagogue et, pendant trois mois, y parla avec assurance,

---

Juifs l'étudiaient d'une manière originale. Passé à la foi chrétienne, Apollos fait figure exceptionnelle. A-t-il reçu le témoignage du Christ sous une forme très primitive ? ou peut-être avec des idées toutes faites ? Il sait « tout ce qui concerne Jésus », y compris sa résurrection et son ascension, mais il ne sait pas que Jésus donne à ses fidèles son Esprit.

discourant d'une manière persuasive sur le royaume de Dieu. ⁹Mais, comme certains s'endurcissaient et demeuraient incrédules, décriant devant l'assemblée la Voie du Seigneur, il se sépara d'eux, prit à part les disciples et il enseignait tous les jours dans l'école d'un certain Tyrannos. ¹⁰Cela dura deux ans, en sorte que tous les habitants de l'Asie, Juifs et Grecs, purent entendre la parole du Seigneur. ¹¹Dieu opérait par les mains de Paul des miracles extraordinaires, ¹²au point qu'on appliquait sur les malades des mouchoirs ou des linges qui avaient touché son corps ; cela mettait fin à leurs maladies et les délivrait des esprits mauvais.

¹³Quelques exorcistes juifs itinérants essayèrent d'invoquer le nom du Seigneur Jésus sur ceux qui étaient possédés d'esprits mauvais. Ils disaient : « Je vous adjure par ce Jésus que prêche Paul. » ¹⁴Sept fils d'un certain Scévas, grand prêtre juif[a], se livraient à cette pratique. ¹⁵Mais l'esprit mauvais leur répondit : « Jésus, je le connais et je sais qui est Paul, mais vous, qui êtes-vous ? » ¹⁶Et, se jetant sur eux, l'homme possédé de l'esprit mauvais maîtrisa deux d'entre eux et les malmena de telle sorte qu'ils s'enfuirent de cette maison nus et couverts de blessures. ¹⁷Leur mésaventure vint à la connaissance des habitants d'Éphèse, Juifs et Grecs ; ils furent tous saisis de crainte et le nom du Seigneur Jésus fut glorifié. ¹⁸Beaucoup de ceux qui avaient embrassé la foi venaient avouer et déclarer leurs pratiques. ¹⁹Plusieurs de ceux qui avaient exercé les arts magiques apportaient leurs livres et les brûlaient en présence de tous. On en estima le prix et on trouva qu'il y en avait pour cinquante mille pièces d'argent. ²⁰Ainsi, par la puissance du Seigneur, la parole croissait et s'affermissait.

---

19. – [a]14. Ce grand prêtre juif n'avait peut-être aucun droit à porter son titre, ou bien il était apparenté de loin à une famille qui avait exercé cette charge.

²¹Après ces événements, Paul forma le projet de se rendre à Jérusalem, en passant par la Macédoine et l'Achaïe. « Après y être allé, disait-il, il faudra aussi que je voie Rome. » ²²Il envoya en Macédoine deux de ses auxiliaires, Timothée et Eraste ; lui cependant resta quelque temps encore en Asie.

Journée d'émeute contre Paul. – ²³Vers ce temps-là des troubles graves se produisirent au sujet de la Voie du Seigneur[b]. ²⁴Un orfèvre, nommé Démétrius, fabriquait des temples d'Artémis en argent et procurait ainsi aux artisans un gain considérable. ²⁵Il les réunit ainsi que les ouvriers des métiers similaires et leur déclara : « Vous savez, mes amis, que notre bien-être vient de cette industrie. ²⁶Or, vous le voyez et vous l'entendez dire : non seulement à Éphèse, mais dans presque toute l'Asie, ce Paul a séduit et détourné une foule de gens, en disant que les dieux faits de main d'homme ne sont pas des dieux. ²⁷Il est donc à craindre, non seulement que notre métier ne tombe dans le discrédit, mais aussi que le temple de la grande déesse Artémis ne soit tenu pour rien, et qu'elle ne soit dépouillée de cette majesté que toute l'Asie et le monde entier révèrent. » ²⁸A ces mots, transportés de colère, ils se mirent à crier : « Grande est l'Artémis des Éphésiens ! » ²⁹La confusion gagna la ville entière, et ils se précipitèrent tous ensemble au théâtre, entraînant avec eux les Macédoniens Gaïus et Aristarque, compagnons de voyage de Paul.

³⁰Paul voulait se présenter devant le peuple, mais les disciples l'en empêchèrent. ³¹Quelques asiarques même, qui étaient de ses amis, le firent prier de ne pas

[b]23. « La Voie » est une expression d'origine juive pour désigner un genre de vie, une manière de penser et de prier Dieu (Ac 18, 25 ; 22, 4 ; 24, 14). Ici, il s'agit des fidèles de Jésus Christ.

s'aventurer au théâtre. ³²On criait qui une chose, qui une autre ; l'assemblée était dans la plus grande confusion, et la plupart ne savaient même pas pourquoi on s'était réuni. ³³On fit alors sortir de la foule Alexandre, que les Juifs poussaient en avant. Alexandre fit signe de la main qu'il voulait présenter sa défense devant le peuple. ³⁴Mais quand on eut reconnu qu'il était Juif, tous se mirent à scander d'une seule voix, pendant près de deux heures : « Grande est l'Artémis des Éphésiens ! »

³⁵Enfin le secrétaire de la ville calma la foule et dit : « Éphésiens, y a-t-il un homme qui ignore que la ville d'Éphèse est la gardienne du temple de la grande Artémis et de sa statue tombée du ciel ? ³⁶Cela étant incontestable, il faut vous calmer et ne rien faire inconsidérément. ³⁷Les hommes que vous avez amenés ici ne sont ni des sacrilèges ni des blasphémateurs de notre déesse. ³⁸Que si Démétrius et ses artisans ont à se plaindre de quelqu'un, il y a des jours d'audience et il y a des proconsuls : qu'ils se citent en justice les uns les autres. ³⁹Si vous avez quelque autre affaire à débattre, on en décidera dans l'assemblée régulière. ⁴⁰Car nous risquons d'être accusés de sédition pour ce qui s'est passé aujourd'hui, puisqu'il n'existe aucun motif qui permette de justifier cet attroupement. » Cela dit, il congédia l'assemblée.

20

Trois mois en Grèce. – ¹Quand le tumulte eut pris fin, Paul fit venir les disciples, leur fit ses recommandations et, leur ayant dit adieu, partit pour la Macédoine. ²Il traversa cette contrée, prodigua ses exhortations aux frères, et se rendit en Grèce ³où il séjourna trois mois. Comme les Juifs tramaient un complot contre lui au moment où il allait s'embarquer pour la Syrie, il prit le parti de s'en retourner par la

Macédoine. [4]Il fut accompagné par Sopatros, fils de Pyrrhus, de Bérée ; Aristarque et Secundus, de Thessalonique ; Gaïus, de Derbé, et Timothée ; Tychique et Trophime, d'Asie. [5]Ils prirent les devants et nous attendirent à Troas[a]. [6]Quant à nous, nous nous embarquâmes à Philippes après la fête des Azymes, et, au bout de cinq jours, nous les rejoignîmes à Troas, où nous passâmes une semaine.

Un dimanche à Troas. — [7]Le premier jour de la semaine, comme nous étions réunis pour rompre le pain[b], Paul, qui devait partir le lendemain, s'entretenait avec eux et prolongea l'entretien jusqu'au milieu de la nuit. [8]Il y avait de nombreuses lampes dans la chambre haute où nous étions réunis. [9]Or, un jeune homme, nommé Eutyque, qui s'était assis sur le rebord de la fenêtre, s'endormit profondément pendant le long entretien de Paul. Entraîné par le sommeil, il tomba du troisième étage, et on le releva mort. [10]Paul descendit, se pencha sur lui, le prit dans ses bras et dit : « Cessez ce tapage ! Il est bien vivant. » [11]Puis il remonta, rompit le pain et mangea ; il parla longtemps encore, jusqu'à l'aube, après quoi il partit. [12]Quant au jeune homme, on le ramena vivant, et ce ne fut pas une petite consolation.

Navigation côtière. — [13]Pour nous, prenant les devants par mer, nous fîmes voile vers Assos, où nous devions reprendre Paul ; ainsi en avait-il décidé, préférant pour son compte faire la route à pied. [14]Quand il

20. — [a]5. Ici commence la deuxième section où Luc emploie le « nous » et qui continue jusqu'au chapitre 21. Elle consigne les souvenirs de l'un des compagnons nommés ici et qui viennent de Macédoine ou d'Asie. Paul les a réunis pour porter l'argent d'une quête en faveur des frères de Jérusalem (1 Co 16, 1-4 ; Rm 15, 19-33).

[b]7. C'est le premier récit d'une eucharistie chrétienne après la Cène du Seigneur. Le premier jour de la semaine est le lendemain du sabbat. Suivant l'usage

nous eut rejoints à Assos, nous le prîmes à bord et vînmes à Mitylène. ¹⁵De là, remettant à la voile, nous arrivâmes le lendemain à la hauteur de Chio. Le surlendemain, nous cinglâmes vers Samos et, le jour suivant, nous abordâmes à Milet. ¹⁶Paul avait en effet décidé de ne pas faire escale à Éphèse^c, pour ne pas perdre de temps en Asie. Il se hâtait afin d'être à Jérusalem, si possible, pour le jour de la Pentecôte.

Adieu aux anciens de l'Église d'Éphèse. – ¹⁷De Milet, il envoya chercher à Éphèse les anciens de cette Église. ¹⁸Quand ils furent auprès de lui, il leur dit^d : « Vous savez comment je me suis toujours comporté avec vous depuis le jour où j'ai mis le pied en Asie. ¹⁹J'ai servi le Seigneur en toute humilité, dans les larmes et parmi les épreuves que me suscitaient les embûches des Juifs. ²⁰Je n'ai rien négligé de ce qui pouvait vous être utile, dans mes prédications et mes enseignements, en public et en privé ; ²¹j'ai adjuré Juifs et Grecs de se convertir à Dieu et de croire en notre Seigneur Jésus.

²²« Maintenant, voici que, lié par l'Esprit, je me rends à Jérusalem sans savoir ce qui doit m'y arriver, ²³si ce n'est que, de ville en ville, l'Esprit Saint m'aver-

juif, il commence au coucher du soleil, notre samedi soir. L'assemblée chrétienne se prolonge dans la nuit. Elle débute par la parole et se termine par la fraction du pain (voir Ac 2, 42-47). Néanmoins on y veille rarement jusqu'à l'aube du dimanche.

^c16. Paul avait de fortes raisons d'éviter Éphèse où ses ennemis étaient nombreux (Ac 20, 17-23 ; 21, 27-36). Il fait escale à Milet, qui est tout près par la route, et il convoque les anciens de l'Église pour leur donner ses instructions.

^d18. Nous avons déjà rencontré le discours-type aux Juifs de Pisidie (Ac 13, 16-41), puis aux païens d'Athènes (Ac 17, 22-31). Voici maintenant le discours-type aux dirigeants des Églises. Son intérêt dépasse donc de beaucoup la situation du moment. On peut voir dans le même sens les Épîtres pastorales (1 Tm 3, 8-16 ; 4, 12-16) et la première épître de saint Pierre (5, 1-4).

tit que chaînes et tribulations m'attendent. ²⁴Mais je n'attache aucun prix à ma vie, pourvu que j'achève ma course et la mission que j'ai reçue du Seigneur Jésus : rendre témoignage à l'Évangile de la grâce de Dieu ! ²⁵Maintenant donc, je sais que vous ne reverrez plus mon visage, vous tous parmi lesquels je suis passé en prêchant le Royaume. ²⁶C'est pourquoi je l'atteste aujourd'hui devant vous : je suis pur de votre sang à tous. ²⁷Car je n'ai rien négligé pour vous annoncer en son entier le dessein de Dieu.

²⁸« Prenez donc garde à vous-mêmes et à tout le troupeau dont l'Esprit Saint vous a établis gardiens^e pour paître l'Église de Dieu qu'il s'est acquise par son propre sang. ²⁹Je sais qu'après mon départ il s'introduira parmi vous des loups cruels qui n'épargneront pas le troupeau ; ³⁰du milieu même de vous surgiront des hommes qui, par leurs discours pervers, essaieront d'entraîner les disciples à leur suite. ³¹Veillez donc, vous souvenant que durant trois ans, nuit et jour, je n'ai cessé d'exhorter avec larmes chacun de vous.

³²« Et maintenant, je vous confie au Seigneur et à la parole de sa grâce ; il a le pouvoir de bâtir l'édifice et de vous donner l'héritage avec tous les saints. ³³Je n'ai désiré ni l'or, ni l'argent, ni les vêtements de personne. ³⁴Vous-mêmes le savez, les mains que voici ont pourvu à mes besoins et à ceux de mes compagnons. ³⁵Je vous ai toujours montré que c'est en travaillant de la sorte qu'il faut secourir les faibles, nous souvenant des paroles du Seigneur Jésus qui a dit lui-même : "Il y a plus de bonheur à donner qu'à recevoir". »

³⁶A ces mots, il se mit à genoux et pria avec eux tous. ³⁷Tous éclatèrent en sanglots et, se jetant au cou

---

^e28. Le mot grec *presbuteros*, traduit par « anciens, hommes âgés, aînés », est devenu en français « prêtres », et le mot *episcopos*, traduit par « surveillants ou gardiens », est devenu « évêques ».

de Paul, ils l'embrassaient tendrement, [38]affligés surtout de ce qu'il avait dit : « Vous ne verrez plus mon visage. » Puis ils l'accompagnèrent jusqu'au bateau.

21 De Milet à Césarée de Palestine. — [1]Après nous être arrachés à eux, nous gagnâmes le large et fîmes voile droit sur Cos ; le lendemain sur Rhodes, et de là sur Patara. [2]Ayant trouvé un bateau en partance pour la Phénicie, nous montâmes et mîmes la voile. [3]Arrivés en vue de Chypre, nous la laissâmes sur notre gauche pour voguer vers la Syrie et nous abordâmes à Tyr, où le navire devait décharger sa cargaison. [4]Ayant découvert les disciples, nous restâmes là sept jours. Poussés par l'Esprit, ceux-ci disaient à Paul de ne pas se montrer à Jérusalem. [5]Notre séjour achevé, nous nous remîmes en route, accompagnés de tous les disciples avec les femmes et les enfants, jusqu'en dehors de la ville ; agenouillés sur le rivage, nous fîmes une prière [6]puis, après avoir échangé nos adieux, nous montâmes sur le bateau, tandis qu'ils s'en retournaient chez eux. [7]Pour nous, achevant notre navigation, nous allâmes de Tyr à Ptolémaïs[a] et, après avoir salué les frères, nous restâmes un jour avec eux.

[8]Repartis le lendemain, nous arrivâmes à Césarée ; nous descendîmes chez l'évangéliste Philippe, l'un des Sept, et demeurâmes chez lui. [9]Il avait quatre filles vierges qui avaient le don de prophétie[b]. [10]Nous étions là depuis quelques jours, quand un prophète du nom

---

21. – [a]7. Ptolemaïs, l'ancienne Akko cananéenne, Saint-Jean-d'Acre, était autrefois l'un des bons ports de la côte palestinienne.

[b]9. Philippe est le diacre de Ac 6, 1-7 et 8, 26-40. Luc l'appelle l'*évangéliste,* probablement parce que Philippe recueillait les souvenirs de Jésus. Dirigeant et enseignant de l'Église, il n'en est pas moins marié, mais ses filles sont consacrées au service du Seigneur qui leur a donné l'esprit prophétique.

d'Agabus descendit de Judée. [11]Il vint nous trouver, prit la ceinture de Paul, s'en lia les pieds et les mains, et déclara : « Voici ce que dit l'Esprit Saint : l'homme à qui appartient cette ceinture, les Juifs le ligoteront ainsi à Jérusalem, et ils le livreront aux mains des païens[c]. » [12]A ces mots, nous et les frères de l'endroit le conjurions de ne pas monter à Jérusalem. [13]Paul répondit : « Pourquoi pleurer ainsi et me briser le cœur ? Je suis prêt, quant à moi, non seulement à être lié, mais à mourir à Jérusalem pour le nom du Seigneur Jésus. » [14]Comme on ne parvenait pas à le persuader, nous n'insistâmes plus et nous dîmes : « Que la volonté du Seigneur soit faite ! »

Arrivée à Jérusalem. — [15]Après ces quelques jours, nos préparatifs terminés, nous montions à Jérusalem. [16]Des disciples de Césarée vinrent aussi avec nous et nous conduisirent loger chez un certain Mnason, de Chypre, disciple des premiers jours.

[17]A notre arrivée à Jérusalem, les frères nous accueillirent avec joie. [18]Le lendemain, Paul se rendit avec nous chez Jacques, où tous les anciens se réunirent. [19]Après les avoir salués, il raconta en détail ce que Dieu avait fait chez les païens par son ministère. [20]A ce récit, ils glorifièrent Dieu, puis ils dirent à Paul : « Tu vois, frère, combien de milliers de Juifs ont embrassé la foi, tout en restant des partisans zélés de la Loi. [21]Or ils ont entendu raconter que, par ton enseignement, tu pousses tous les Juifs vivant au milieu des païens à rompre avec Moïse, en les dissuadant de circoncire leurs enfants et de suivre les coutumes. [22]Que

[c]11. Agabus fait un geste symbolique à la façon des prophètes de l'Ancien Testament (Is 20 ; Jr 19 et 27). La transmission de la parole est accompagnée d'une sorte de mime qui en augmente la force expressive.

faire donc ? Ils apprendront sans aucun doute ton arrivée. ²³Fais donc ce que nous allons te dire. Nous avons ici quatre hommes qui ont fait un vœu. ²⁴Prends-les avec toi, purifie-toi avec eux, paie pour eux les sacrifices afin qu'ils puissent se faire raser la tête. Tous sauront alors que rien de ce qu'on leur a raconté sur ton compte n'est vrai, mais que tu te conduis au contraire en observateur de la Loi[d]. ²⁵Quant aux païens qui ont embrassé la foi, nous leur avons fait connaître nos décisions : s'abstenir de la viande immolée aux idoles, du sang, des chairs étouffées et de la fornication. » ²⁶Le lendemain donc, Paul prit avec lui ces hommes, se purifia avec eux et alla au Temple où il annonça le délai dans lequel, la purification achevée, on présenterait l'offrande pour chacun d'eux.

Paul arrêté dans le Temple. — ²⁷Les sept jours touchaient à leur fin quand les Juifs d'Asie, ayant aperçu Paul dans le Temple, ameutèrent la foule et mirent la main sur lui ²⁸en criant : « Israélites, au secours ! Le voilà, l'individu qui prêche partout et à tout le monde contre le peuple, contre la Loi et contre ce Lieu. Il a même introduit des Grecs dans le Temple et profané ce saint Lieu[e]. » ²⁹En effet, ils avaient vu l'Éphésien Tro-

---

[d]24. L'Église de Jérusalem était d'esprit très conservateur. Ses dirigeants se préoccupaient d'éviter les scissions avec le courant opposé, représenté surtout par Paul, en se rattachant aux décisions pacifiantes du Concile de Jérusalem (Ac 15, 6-35).

Ils fournissent à Paul l'occasion d'agir en Juif respectueux des lois ; c'était en effet un acte de charité que d'aider un « nazir » à offrir les sacrifices

nécessaires au terme de son vœu (un agneau, une brebis, un bélier : Nb 6, 14). Or Paul lui-même s'était lié par un vœu du même genre (Ac 18, 18).

Ici se termine l'une des sections où Luc emploie le « nous », transmettant directement les souvenirs d'un compagnon de Paul.

[e]28. Le mot « Temple » désigne généralement le Parvis d'Israël, considéré comme vrai sanctuaire. L'entrée d'un étran-

phime avec lui dans la ville et pensaient que Paul l'avait introduit dans le Temple. ³⁰Toute la ville fut en émoi et la population accourut de toutes parts. On se saisit de Paul et on le traîna hors du Temple, dont les portes furent aussitôt fermées.

³¹On cherchait à le tuer, quand on fit prévenir le tribun de la cohorte que tout Jérusalem était en ébullition. ³²Prenant aussitôt avec lui des soldats et des centurions, il courut sus aux manifestants qui, à la vue du tribun et des soldats, cessèrent de frapper Paul. ³³Le tribun s'approcha, se saisit de lui, le fit lier de deux chaînes ; puis il lui demanda qui il était et ce qu'il avait fait[f]. ³⁴Dans la foule, les uns criaient une chose, les autres une autre. Ne pouvant rien tirer au clair dans un tel tapage, il ordonna de conduire Paul à la forteresse. ³⁵Quand il atteignit le perron, les soldats durent le porter à cause de la violence de la foule. ³⁶Car la population suivait en masse en criant : « A mort ! »

³⁷Au moment d'entrer dans la forteresse, Paul dit au tribun : « Me serait-il permis de te dire un mot ? » « Tu sais le grec ? demanda celui-ci. ³⁸Tu n'es donc pas l'Égyptien qui, ces temps derniers, a soulevé et entraîné au désert quatre mille sicaires[g] ? » ³⁹Paul répondit : « Je suis Juif, de Tarse en Cilicie, citoyen d'une ville qui n'est pas sans renom. Je t'en prie, permets-moi de parler au peuple. » ⁴⁰Le tribun l'ayant permis, Paul, debout sur les degrés, fit signe de la main au peuple. Un grand silence s'établit, et il s'adressa à eux en langue hébraïque.

---

ger était un sacrilège et le coupable était puni de mort.

[f]33. Le tribun, officier romain de rang élevé, commandait 500 hommes environ, ou exerçait des responsabilités politiques difficiles, ce qui est plutôt le cas ici.

[g]38. D'après l'historien Josèphe, l'Égyptien dont il s'agit était un certain Ben-Stada qui s'était fait passer pour le Messie et avait entraîné en dissidence bon nombre de nationalistes juifs. Les *sicaires* étaient des tueurs à

22 **Discours au peuple juif.** — [1]« Frères et pères, écoutez ce que j'ai maintenant à vous dire pour ma défense. » [2]L'entendant parler en langue hébraïque, ils redoublèrent de silence. [3]Il dit : « Je suis Juif ; né à Tarse en Cilicie, mais élevé ici dans cette ville, j'ai été formé aux pieds de Gamaliel à la stricte observance de la Loi de nos pères ; j'étais plein de zèle pour Dieu comme vous l'êtes tous aujourd'hui. [4]J'ai persécuté à mort cette Voie[a], enchaînant et jetant en prison hommes et femmes ; [5]le grand prêtre et tout le collège des anciens peuvent m'en rendre témoignage. Ayant même reçu d'eux des lettres pour les frères de Damas, je m'y rendais, afin d'amener enchaînés à Jérusalem ceux qui s'y trouvaient, pour les faire châtier.

[6]« Comme, étant en chemin, j'approchais de Damas, voici que soudain, vers midi, une vive lumière venue du ciel resplendit autour de moi. [7]Je tombai à terre et j'entendis une voix qui me disait : "Saul, Saul, pourquoi me persécutes-tu ?" [8]Je répondis : "Qui es-tu, Seigneur ?" Il me dit : "Je suis Jésus de Nazareth, que tu persécutes". [9]Mes compagnons virent bien la lumière, mais n'entendirent pas la voix de celui qui me parlait. [10]Alors je demandai : "Que dois-je faire, Seigneur ?" Le Seigneur me répondit : "Relève-toi, va à Damas et là on te dira tout ce que tu dois faire". [11]Comme je n'y voyais plus, à cause de l'éclat de cette lumière, mes compagnons me conduisirent par la main, et c'est ainsi que j'arrivai à Damas.

[12]« Or un certain Ananie, homme pieux et observateur de la Loi, de qui tous les Juifs de la ville rendaient bon témoignage, [13]vint me trouver ; il s'ap-

gages, ainsi appelés parce qu'ils cachaient un poignard (en latin *sica*) sous leur manteau.
22. – [a]4. Saint Paul emploie le terme judéo-chrétien « Voie » (voir Ac 19, 23) ; il refusera un peu plus loin (Actes 24, 14) le terme «secte ».

procha de moi et me dit : "Saul, mon frère, retrouve la vue". A l'instant même je pus le voir. ¹⁴Puis il me dit : "Le Dieu de nos pères t'a destiné à connaître sa volonté, à voir le Juste et à entendre les paroles de sa bouche ; ¹⁵car tu dois lui servir de témoin devant tous les hommes de ce que tu as vu et entendu. ¹⁶Et maintenant, pourquoi tarderais-tu ? Lève-toi, fais-toi baptiser et purifier de tes péchés en invoquant son nom".

¹⁷« De retour à Jérusalem, comme je priais dans le Temple, je tombai en extase, ¹⁸et je vis le Seigneur qui me disait : "Hâte-toi, sors vite de Jérusalem, car on n'y accueillera pas ton témoignage à mon sujet". ¹⁹Et je dis : "Seigneur, ils savent bien que c'est moi qui faisais mettre en prison et battre de verges dans toutes les synagogues ceux qui croient en toi ; ²⁰lorsque le sang d'Étienne, ton témoin, fut répandu, j'étais là, moi aussi, approuvant et gardant les vêtements de ses meurtriers". ²¹Mais il me dit : "Va, car moi c'est au loin, chez les païens, que je vais t'envoyer". »

Dans la forteresse Antonia. – ²²Les Juifs l'avaient écouté jusque-là ; mais à ces mots ils se mirent à crier : « Débarrasse-nous d'un pareil individu ! Il n'est pas digne de vivre. » ²³Comme ils vociféraient, agitaient leurs manteaux et faisaient voler la poussière en l'air, ²⁴le tribun ordonna de faire entrer Paul dans la forteresse et de le mettre à la question par le fouet, afin de savoir pour quel motif on criait ainsi contre lui. ²⁵On allait l'attacher avec des courroies, quand Paul dit au centurion de service : « Vous est-il permis de donner le fouet à un citoyen romain, et cela sans jugement ? » ²⁶A ces mots, le centurion alla avertir le tribun et lui dit : « Que vas-tu faire ? Cet homme est citoyen romain. » ²⁷Le tribun vint aussitôt et dit à Paul : « Dis-moi, tu es citoyen romain ? » « Oui », répondit-il. ²⁸Le tribun reprit : « Moi, j'ai acheté bien cher ce droit de cité. » Paul répartit : « Et moi, je l'ai de naissance. » ²⁹Aussitôt, ceux qui allaient le mettre à la question s'écartèrent de lui, et le tribun lui-même prit peur en voyant qu'il avait fait enchaîner un citoyen romain[b].

Devant le Sanhédrin. – ³⁰Le lendemain, voulant tirer au clair ce dont les Juifs accusaient Paul, le tribun lui fit ôter ses chaînes et donna l'ordre aux grands prêtres et à tout le Sanhédrin de se réunir. Puis il amena Paul et le fit comparaître devant eux.

23 ¹Paul, fixant du regard le Sanhédrin, dit : « Frères, c'est en toute bonne conscience que je me suis conduit devant Dieu jusqu'à ce jour. » ²Mais le grand prêtre Ananie[a] ordonna à ses assistants de le frapper sur la bouche. ³Paul lui dit : « Toi aussi, Dieu te frappera, muraille blanchie. Tu sièges pour me juger selon la Loi, et tu me fais frapper, en violation de la Loi ! » ⁴Les assistants lui dirent : « C'est le grand prêtre de Dieu que tu insultes. » ⁵Paul répartit : « J'ignorais, frères, que c'était le grand prêtre. Car il est écrit : *Tu ne maudiras pas le chef de ton peuple*[b]. »

⁶Or, sachant qu'il y avait là deux partis, les sadducéens et les pharisiens, Paul s'écria dans le Sanhédrin : « Frères, je suis pharisien, fils de pharisiens ; c'est à cause de l'espérance en la résurrection des morts que je suis mis en jugement ! » ⁷A ces mots, il se produisit une discussion entre pharisiens et sadducéens, et l'assemblée se divisa. ⁸En effet, les sadducéens nient la résurrection ainsi que l'existence d'anges ou d'esprits,

---

[b]29. Sur le traitement de faveur des citoyens romains, voir Ac 16, 22-24.33-40.
23. – [a]2. Ananie fut grand prêtre de 47 à 59 ap. J.C. Il a laissé le souvenir d'un homme dur et violent. Il fut assassiné par les sicaires en 66.
[b]5. Ex 22, 27.

tandis que les pharisiens en professent l'une et l'autre. [9]Ce fut une belle clameur. Quelques scribes du parti pharisien se levèrent et se mirent à protester vivement : « Nous ne trouvons rien de mal en cet homme ; et si un esprit ou un ange lui avait parlé ? » [10]Comme la dispute redoublait de violence, le tribun, craignant que Paul ne fût mis en pièces par eux, fit descendre la troupe pour l'enlever de leurs mains et le ramener à la forteresse. [11]La nuit suivante, le Seigneur apparut à Paul et lui dit : « Courage ! De même que tu m'as rendu témoignage à Jérusalem, ainsi faut-il que tu me rendes témoignage à Rome. »

De Jérusalem à Césarée. – [12]Le jour venu, les Juifs tramèrent un complot : ils s'engagèrent par serment à ne manger ni boire avant d'avoir tué Paul. [13]Ils étaient plus de quarante à tremper dans cette conjuration. [14]Ils allèrent trouver les grands prêtres et les anciens et leur dirent : « Nous nous sommes engagés sous peine de malédiction divine à ne prendre aucune nourriture jusqu'à ce que nous ayons tué Paul. [15]Vous donc, avec le Sanhédrin, proposez au tribun de vous l'amener, comme pour examiner plus à fond sa cause. Nous, nous nous tenons prêts à le tuer avant qu'il n'arrive. »

[16]Mais le fils de la sœur de Paul[c], ayant eu connaissance du guet-apens, se rendit à la forteresse, entra et prévint Paul. [17]Celui-ci appela un des centurions et lui dit : « Conduis ce jeune homme au tribun ; il a une communication à lui faire. » [18]Le centurion le prit, le conduisit au tribun et lui dit : « Le prisonnier Paul m'a appelé et m'a prié de t'amener ce jeune homme ; il a à te parler. » [19]Le tribun le prit par la main, se retira à l'é-

[c]16. C'est le seul renseignement que nous ayons sur la famille de saint Paul.

cart et lui demanda : « Qu'as-tu donc à me communiquer ? » ²⁰Il répondit : « Les Juifs se sont concertés pour te prier d'amener Paul demain devant le Sanhédrin, sous prétexte d'instruire plus à fond sa cause. ²¹Garde-toi d'en rien croire ; plus de quarante d'entre eux lui préparent un guet-apens ; ils se sont engagés par serment à ne manger ni boire avant de l'avoir tué. Ils sont tout prêts et n'attendent plus que ta réponse favorable. » ²²Le tribun congédia le jeune homme avec la recommandation de ne dire à personne qu'il lui avait fait ce rapport.

²³Puis il appela deux centurions et leur dit : « Tenez prêts à partir pour Césarée, à la troisième heure de la nuit, deux cents soldats, soixante-dix cavaliers et deux cents lanciers. ²⁴Préparez aussi des montures pour conduire Paul sain et sauf au procurateur Félix[d]. » ²⁵Il lui écrivit une lettre dont voici la teneur :

²⁶« Claudius Lysias à son Excellence le gouverneur Félix, salut. ²⁷L'homme que voici avait été appréhendé par les Juifs qui allaient le tuer, quand, apprenant qu'il était citoyen romain, je suis intervenu avec la troupe et le leur ai arraché des mains. ²⁸Comme je voulais connaître les chefs d'accusation qu'ils formulaient contre lui, je l'ai fait comparaître devant leur Sanhédrin. ²⁹J'ai découvert qu'il était poursuivi pour des questions relatives à leur Loi, mais qu'il n'avait commis aucun crime qui méritât la mort ou la prison. ³⁰Informé qu'on préparait un guet-apens contre cet homme, je te l'ai aussitôt envoyé, tout en signifiant à ses accusateurs de s'expliquer devant toi à son sujet. Porte-toi bien. »

---

[d]24. Le procurateur Antonius Félix était un affranchi de la famille impériale. Fort de la protection dont il jouissait à la cour, il fut un gouverneur autoritaire, vénal et immoral. L'historien Tacite dit «qu'il exerça le pouvoir d'un roi avec l'esprit d'un esclave. » Il fut enfin destitué pour avoir trop mal gouverné.

[31]Conformément aux ordres reçus, les soldats emmenèrent Paul et le conduisirent de nuit à Antipatris. [32]Le lendemain, laissant les cavaliers poursuivre la route avec lui, ils retournèrent à la forteresse. [33]A leur arrivée à Césarée, les cavaliers remirent la lettre au gouverneur et lui présentèrent Paul. [34]Le gouverneur lut la lettre et demanda de quelle province il était. Apprenant qu'il était de Cilicie, [35]il lui dit : « Je t'entendrai quand les accusateurs seront arrivés. » Et il le fit garder dans le prétoire d'Hérode.

24 **Devant le gouverneur Félix.** — [1]Cinq jours après, le grand prêtre Ananie descendit avec quelques anciens et un avocat, un certain Tertullus, et ils portèrent plainte devant le gouverneur contre Paul. [2]Celui-ci fut appelé, et Tertullus commença son réquisitoire en ces termes : « La paix profonde dont nous jouissons grâce à toi et les réformes dont cette nation est redevable à ta prévoyance, [3]nous les accueillons en tout et partout, illustre Félix, avec une profonde gratitude. [4]Mais pour ne pas t'importuner outre mesure, je te prie de nous écouter un instant avec la bienveillance qui te caractérise. [5]Nous avons découvert que cet homme est une peste ; il sème la discorde parmi tous les Juifs du monde. C'est un meneur de la secte des Nazaréens ; [6]il a même tenté de profaner le Temple et nous l'avons arrêté. [7]Nous voulions le juger selon notre Loi, mais le tribun Lysias est intervenu, il l'a arraché violemment de nos mains et a ordonné à ses accusateurs de se présenter devant toi[a]. [8]Tu pourras toi-même, en l'interrogeant, vérifier l'exactitude de toutes nos accusations. » [9]Les Juifs l'appuyèrent, assurant qu'il en était bien ainsi.

---

24. — [a]7. Ce verset, absent de plusieurs manuscrits, ne fait que résumer ce qu'on a déjà vu.   Beaucoup d'éditions imprimées l'omettent.

¹⁰Alors, sur un signe du gouverneur, Paul répondit :
« Je sais que depuis plusieurs années tu as juridiction
sur cette nation, aussi est-ce avec confiance que je plai-
derai ma cause. ¹¹Comme tu peux t'en assurer, il n'y a
pas plus de douze jours que je suis monté à Jérusalem
pour adorer. ¹²On ne m'a trouvé en train de discuter ou
d'ameuter la foule ni au Temple, ni dans les synagogues, ni dans la ville. ¹³Ces gens ne sauraient pas
davantage prouver les accusations qu'ils portent maintenant contre moi. ¹⁴Je t'avoue cependant ceci : je sers
le Dieu de nos pères selon la Voie qu'ils qualifient de
secte ; je crois tout ce qui est écrit dans la Loi et les Prophètes ; ¹⁵j'ai en Dieu l'espérance, qu'eux aussi partagent, qu'il y aura une résurrection des justes et des
pécheurs. ¹⁶C'est pourquoi aussi je m'efforce de garder
toujours ma conscience sans reproche aux yeux de
Dieu et des hommes. ¹⁷Après une absence de plusieurs
années, je suis venu apporter des aumônes à ma nation
et présenter des offrandes. ¹⁸C'est alors qu'ils m'ont
trouvé dans le Temple. Je m'étais purifié et ne pro-
voquais ni attroupement ni tumulte ; ¹⁹mais certains
Juifs d'Asie... ce sont eux qui auraient dû comparaître
devant toi comme accusateurs, s'ils avaient eu quelque
grief contre moi. ²⁰Ou du moins que ceux qui sont ici
disent de quel crime ils m'ont trouvé coupable, quand
j'ai comparu devant le Sanhédrin. ²¹A moins que ce ne
soit pour la seule phrase que j'ai criée à leur barre :
"C'est à cause de la résurrection des morts que je suis
aujourd'hui traduit en jugement devant vous". »

²²Félix, qui était très bien renseigné sur cette doctrine, les ajourna en disant : « J'examinerai votre affaire quand le tribun Lysias sera descendu ici. » ²³Puis
il ordonna au centurion de garder Paul, en lui laissant
une certaine liberté et sans empêcher aucun des siens
de lui rendre service.

[24]Quelques jours après, Félix vint avec sa femme Drusille, qui était juive. Il envoya chercher Paul et l'écouta parler sur la foi au Christ Jésus. [25]Mais quand Paul en vint à parler de justice, de chasteté et du jugement à venir, Félix effrayé lui dit : « Retire-toi pour le moment ; je te rappellerai quand j'en trouverai l'occasion. » [26]Il comptait aussi que Paul lui donnerait de l'argent ; aussi le faisait-il venir souvent pour s'entretenir avec lui.

[27]Deux ans s'écoulèrent, et Félix eut pour successeur Porcius Festus[b]. Mais, voulant se ménager les bonnes grâces des Juifs, Félix laissa Paul en prison.

25 J'en appelle à César.

– [1]Trois jours après son arrivée dans sa province, Festus monta de Césarée à Jérusalem. [2]Les grands prêtres et les notables juifs portèrent plainte devant lui contre Paul. [3]Ils sollicitaient comme une faveur le transfert de Paul à Jérusalem, car ils préparaient un guet-apens pour le tuer en chemin. [4]Festus répondit que Paul devait rester en prison à Césarée et que lui-même allait bientôt repartir. [5]« Que ceux d'entre vous qui sont qualifiés, ajouta-t-il, descendent avec moi à Césarée, et, s'il y a des charges contre cet homme, qu'ils l'accusent. » [6]Il ne resta pas parmi eux plus de huit à dix jours, puis il descendit à Césarée.

Le lendemain, il siégea au tribunal et fit comparaître Paul. [7]Quand il fut arrivé, les Juifs descendus de Jérusalem l'entourèrent et portèrent contre lui plusieurs accusations graves qu'ils ne parvenaient pas à prouver. [8]Paul, de son côté, disait pour sa défense : « Je n'ai commis aucun délit ni contre la Loi juive, ni contre le Temple, ni contre César. » [9]Mais Festus, désireux de plaire aux Juifs, répondit à Paul : « Veux-tu monter à Jérusalem

[b]27. Porcius Festus fut procurateur entre 60 et 62, année où il mourut. Il appartenait à la noble famille romaine, la *Gens* Porcia. L'historien Flavius Josèphe le présente comme un fonctionnaire zélé et honorable.

pour y être jugé là-dessus en ma présence ? » [10]Paul répartit : « Je suis devant le tribunal de César ; c'est là que je dois être jugé. Je n'ai fait aucun tort aux Juifs, comme tu le sais fort bien. [11]Si je suis coupable, si j'ai commis quelque crime digne de mort, je ne refuse pas de mourir. Mais s'il n'y a rien de fondé dans les accusations de ces gens-là, personne n'a le droit de me livrer à eux par complaisance. J'en appelle à César. » [12]Festus, après en avoir conféré avec son conseil, répondit : « Tu en as appelé à César, tu iras devant César. »

Consultation d'un prince juif. – [13]Quelques jours après, le roi Agrippa II[a] et Bérénice vinrent à Césarée rendre visite à Festus. [14]Comme ils y passèrent plusieurs jours, Festus exposa au roi l'affaire de Paul. « Il y a ici, lui dit-il, un homme que Félix a laissé en prison. [15]Comme je me trouvais à Jérusalem, les grands prêtres et les anciens des Juifs ont porté plainte contre lui, réclamant sa condamnation. [16]Je leur ai répondu que les Romains n'ont pas l'habitude de livrer un prévenu sans l'avoir auparavant confronté avec ses accusateurs et lui avoir permis de se justifier des griefs portés contre lui. [17]Ils sont alors venus ici avec moi. Sans aucun délai, dès le lendemain, j'ai siégé à mon tribunal et fait amener l'homme. [18]Les accusateurs se sont présentés et ne lui ont imputé aucun des crimes que je soupçonnais. [19]Ils avaient seulement avec lui je ne sais quelles discussions au sujet de leur religion à eux et d'un certain Jésus qui est mort et que Paul affirme être vivant.

---

25. – [a]13. Hérode Agrippa II, fils d'Agrippa Ier (Ac 12, 1 et note), n'était pas roi mais on lui donnait couramment ce titre. Il avait de grands domaines en Syrie et en Galilée. Administrateur des biens du Temple, il était également chargé de désigner le grand prêtre. Grandi à la cour impériale, il était devenu l'ami de l'empereur Claude, mais il n'eut qu'un rôle politique insignifiant. On l'accusait de vivre en inceste avec sa sœur Bérénice.

²⁰Ne sachant quel parti prendre dans un tel débat, je lui ai demandé s'il consentait à aller à Jérusalem pour y être jugé là-dessus. ²¹Mais Paul s'est pourvu en appel pour que son cas fût réservé au jugement de l'Auguste. En conséquence, j'ai ordonné de le garder jusqu'à son transfert devant César. » ²²Agrippa dit alors à Festus : « Je voudrais bien, moi aussi, entendre cet homme. » « Demain, répondit Festus, tu l'entendras. »

²³Le lendemain, Agrippa et Bérénice vinrent en grand apparat et firent leur entrée dans la salle d'audience avec les tribuns et les notables de la ville. Sur l'ordre de Festus, Paul fut introduit. ²⁴Festus prit la parole : « Roi Agrippa et vous tous ici présents avec nous, vous voyez cet homme au sujet duquel les Juifs sont venus en foule me solliciter, tant à Jérusalem qu'ici, protestant à grands cris qu'il ne fallait pas le laisser vivre. ²⁵Pour moi, j'ai reconnu qu'il n'a rien fait qui mérite la mort, mais puisqu'il en a appelé à l'Auguste, j'ai décidé de le lui envoyer. ²⁶Cependant, comme je n'ai, sur son compte, aucune donnée précise à transmettre au Seigneur[b], je l'ai fait comparaître devant vous, devant toi surtout, roi Agrippa, pour que cet interrogatoire me fournisse de quoi rédiger mon rapport. ²⁷Il me paraît, en effet, déraisonnable de transférer un prisonnier sans indiquer les chefs d'accusation. »

26 Paul s'explique devant le roi. – ¹Agrippa dit à Paul : « On te donne la parole pour plaider ta cause. » Paul, étendant la main, présenta ainsi sa défense :

[b]26. Remarquer le titre divin de « Seigneur » (en grec Kyrios) attribué à l'empereur suivant un usage oriental qui se répand de plus en plus à Rome. Dans les siècles suivants, les chrétiens accepteront le martyre plutôt que de dire : « César est Seigneur. »

²« De tous les griefs dont me chargent les Juifs, je m'estime heureux, ô roi Agrippa, d'avoir aujourd'hui à me justifier devant toi, ³d'autant plus que tu connais toutes leurs coutumes et leurs controverses. C'est pourquoi je te prie de m'écouter avec patience.

⁴« Ce qu'a été ma vie depuis ma prime jeunesse, au sein de ma nation et à Jérusalem, tous les Juifs le savent. ⁵Ils me connaissent de longue date et peuvent témoigner, s'ils le veulent, que j'ai vécu selon le courant le plus strict de notre religion, en pharisien. ⁶Et maintenant, si je suis mis en accusation, c'est à cause de l'espérance en la promesse que Dieu a faite à nos pères, ⁷et dont nos douze tribus, servant Dieu nuit et jour avec persévérance, attendent l'accomplissement ; c'est pour cette espérance, ô roi, que je suis mis en accusation par les Juifs. ⁸Vous semble-t-il donc incroyable que Dieu ressuscite les morts ?

⁹« Pour moi, j'ai cru d'abord que je devais m'opposer par tous les moyens à la cause de Jésus de Nazareth. ¹⁰C'est ce que j'ai fait à Jérusalem ; j'ai moi-même jeté en prison un grand nombre de saints en vertu des pouvoirs reçus des grands prêtres ; et quand on les mettait à mort, j'y donnais mon suffrage. ¹¹Souvent même, parcourant les synagogues, je sévissais contre eux et les contraignais à blasphémer, et, dans l'excès de ma fureur, je les poursuivais jusque dans les villes étrangères.

¹²« C'est ainsi que je me rendais un jour à Damas avec mandat et pleins pouvoirs des grands prêtres. ¹³En chemin, vers le milieu du jour, ô roi, je vis venir du ciel, plus éclatante que le soleil, une lumière qui resplendit autour de moi et de mes compagnons. ¹⁴Nous étions tous tombés à terre, et j'entendis une voix me dire en langue hébraïque : "Saul, Saul, pourquoi me persécutes-tu ? Il t'est dur de regimber contre

l'aiguillon". ¹⁵Je dis: "Qui es-tu, Seigneur?" Le Seigneur répondit: "Je suis Jésus que tu persécutes. ¹⁶Mais relève-toi, tiens-toi sur tes pieds. Voici pourquoi je te suis apparu: pour t'établir serviteur et témoin de ce que tu as vu et de ce que je te ferai voir encore. ¹⁷Je te délivrerai du peuple et des païens vers lesquels je t'envoie, ¹⁸pour leur ouvrir les yeux, les ramener des ténèbres à la lumière[a] et de la puissance de Satan à Dieu, afin qu'ils obtiennent la rémission de leurs péchés et leur part d'héritage parmi les sanctifiés, par la foi en moi."

¹⁹« Dès lors, roi Agrippa, je n'ai pas résisté à cette vision céleste. ²⁰Au contraire, aux habitants de Damas d'abord, puis à Jérusalem et dans tout le pays de Judée, et ensuite aux païens, j'ai annoncé le repentir et la conversion à Dieu dans une conduite conforme à ce repentir. ²¹Voilà pourquoi les Juifs se sont emparés de moi dans le Temple et ont essayé de me tuer. ²²Mais, grâce au secours de Dieu qui ne m'a pas manqué jusqu'à ce jour, je continue donc à rendre témoignage devant petits et grands. Je ne dis rien d'autre que ce que les Prophètes et Moïse ont prédit devoir arriver: ²³à savoir que le Christ devait souffrir et que, ressuscité le premier d'entre les morts, il annoncerait la lumière au peuple juif et aux nations païennes. »

Agrippa donne son avis. – ²⁴Paul en était là de sa défense quand Festus dit à haute voix: « Tu es fou, Paul! Ton grand savoir te fait déraisonner. » ²⁵Paul répliqua: « Je ne suis pas fou, illustre Festus; je parle au contraire le langage de la vérité et du bon sens. ²⁶Le roi connaît bien ces faits; aussi je m'adresse à lui avec assurance, persuadé que rien ne lui en échappe; car cela ne s'est pas passé dans un coin. ²⁷Crois-tu aux Pro-

26. – [a]18. Is 42, 7 et 16.

phètes, roi Agrippa ? Je sais que tu y crois. » [28]Et Agrippa de répondre à Paul : « Pour un peu, tu me persuaderais de me faire chrétien ! » [29]« Qu'il s'en faille de peu ou de beaucoup, répartit Paul, plût à Dieu que non seulement toi, mais encore tous ceux qui m'écoutent aujourd'hui, vous deveniez ce que je suis, à l'exception de ces chaînes ! »

[30]Le roi se leva, ainsi que le gouverneur, Bérénice et tous les assistants. [31]En se retirant, ils se disaient entre eux : « Cet homme n'a rien fait qui mérite la mort ou la prison. » [32]Et Agrippa dit à Festus : « On aurait pu relâcher cet homme, s'il n'en avait appelé à César. »

27 Départ pour Rome.

— [1]Lorsqu'il eut été décidé que nous nous embarquerions[a] pour l'Italie, Paul et quelques autres prisonniers furent confiés à un centurion de la cohorte Augusta, nommé Julius. [2]Nous montâmes à bord d'un bateau d'Adramyttium qui devait faire le cabotage sur les côtes d'Asie, et nous levâmes l'ancre. Il y avait avec nous Aristarque, un Macédonien de Thessalonique. [3]Le lendemain nous fîmes escale à Sidon. Julius, qui traitait Paul avec humanité, lui permit d'aller visiter ses amis et de profiter de leurs services. [4]De là, nous côtoyâmes l'île de Chypre, car les vents étaient contraires ; [5]puis traversant les mers de Cilicie et de Pamphylie, nous arrivâmes à Myre, en Lycie. [6]Le centurion, ayant trouvé là un navire d'Alexandrie en partance pour l'Italie, nous y fit monter.

[7]Pendant plusieurs jours la navigation fut lente, et nous arrivâmes à grand-peine en face de Cnide, où le

27. — [a]1. Luc reprend ici le « nous » et continuera jusqu'à la fin de ce voyage. Pendant ses deux années de séjour auprès de Paul, il a eu tout le loisir de recueillir, à Jérusalem et à Césarée, de nombreux matériaux pour ses deux livres, l'Évangile et les Actes.

vent ne nous permit pas d'aborder. Nous passâmes alors sous la Crète, du côté de Salmone [8]et, la côtoyant péniblement, nous vînmes mouiller en un lieu appelé Bons-Ports, près de la ville de Lasaïa.

[9]Un temps assez long s'était écoulé, et la navigation devenait périlleuse, car l'époque du Jeûne[b] était déjà passée. Paul en avertit les autres : [10]« Mes amis, leur dit-il, je vois que la navigation ne va pas aller sans danger ni sans de graves dommages, non seulement pour la cargaison et le navire, mais encore pour nos personnes. » [11]Mais le centurion se fia plus au capitaine et à l'armateur qu'aux dires de Paul. [12]Le port se prêtant mal à un hivernage, la plupart furent d'avis d'en partir dans l'espoir de rallier, pour y passer l'hiver, Phénix, port de Crète, ouvert au sud-ouest et au nord-ouest.

Tempête et naufrage. – [13]Un léger vent du sud s'était levé et ils crurent pouvoir mettre leur plan à exécution. Ils levèrent donc l'ancre et serrèrent de plus près la Crète. [14]Mais bientôt, venant de l'île, un vent violent, qu'on nomme Euraquilon, se déchaîna. [15]Le bateau fut entraîné sans pouvoir tenir tête à l'ouragan, et nous nous laissions aller à la dérive. [16]Filant sous une petite île, nommée Cauda, nous réussîmes à grand-peine à nous rendre maîtres de la chaloupe. [17]Après l'avoir hissée, on recourut aux moyens de secours : on ceintura le bateau avec des câbles et, dans la crainte d'échouer sur la Syrte, on fit glisser l'ancre flottante ; on continuait ainsi à dériver. [18]Le lendemain, comme nous étions violemment battus par la tempête, on jeta la cargaison à la mer ; [19]le troisième jour, les

---

[b]9. Le grand jeûne des Juifs préparait la fête de l'expiation (Yom Kippour aujourd'hui). Il avait lieu entre la fin septembre et le début octobre. C'est à cette époque que le mauvais temps obligeait à arrêter la navigation.

matelots y lancèrent de leurs propres mains les agrès du bateau. ²⁰On ne vit de plusieurs jours ni le soleil ni les étoiles ; la tempête faisait toujours rage, et nous perdîmes bientôt tout espoir de salut.

²¹Depuis longtemps personne n'avait mangé. Paul se leva alors au milieu de l'équipage et dit : « Vous auriez dû m'écouter, mes amis, ne pas quitter la Crète et vous épargner ainsi ce péril et ces dégâts. ²²Mais je vous exhorte maintenant à reprendre courage, car aucun de vous ne périra ; le bateau seul sera perdu. ²³Cette nuit même m'est apparu un ange du Dieu à qui j'appartiens et que je sers, ²⁴et il m'a dit : "Sois sans crainte, Paul ; il faut que tu comparaisses devant César, et Dieu t'accorde aussi la vie de tous ceux qui naviguent avec toi". ²⁵Courage donc, mes amis ! J'ai confiance en Dieu : il en sera comme il m'a dit. ²⁶Mais nous devons échouer sur une île. »

²⁷C'était la quatorzième nuit que nous étions ballottés sur l'Adriatique[c], quand les matelots, vers minuit, pressentirent l'approche d'une terre. ²⁸Jetant la sonde, ils trouvèrent vingt brasses ; un peu plus loin, ils la jetèrent de nouveau et en trouvèrent quinze. ²⁹Dans la crainte d'échouer sur des récifs, ils jetèrent quatre ancres à la poupe et attendirent le jour avec impatience. ³⁰Mais, comme les matelots cherchaient à quitter le navire et mettaient déjà la chaloupe à la mer, sous prétexte d'élonger les ancres de la proue, ³¹Paul dit au centurion et aux soldats : « Si ces hommes ne restent pas à bord, il n'y a pas de salut pour vous. » ³²Les soldats coupèrent alors les câbles de la chaloupe et la laissèrent tomber.

³³En attendant le lever du jour, Paul exhorta tout le monde à prendre de la nourriture : « Voilà quatorze

---

[c]27. Les anciens appelaient « Adriatique » tout l'espace maritime compris entre la Grèce d'un côté, l'Italie et la Sicile de l'autre.

jours aujourd'hui que, dans l'attente, vous restez à jeun, sans rien prendre. 34Je vous engage donc à prendre de la nourriture, car il y va de votre salut ; aucun de vous ne perdra un cheveu de sa tête. » 35Cela dit, il prit du pain, rendit grâce à Dieu devant tous, le rompit et se mit à manger. 36Tous, reprenant courage, mangèrent aussi. 37Nous étions en tout sur le bateau deux cent soixante-seize personnes. 38Quand on se fut rassasié, on allégea le navire en jetant le blé à la mer.

39Le jour venu, les marins ne reconnurent pas la terre, mais, ayant remarqué une baie avec une plage, ils résolurent, si possible, d'y échouer le bateau. 40Ils détachèrent les ancres qu'ils abandonnèrent à la mer, et relâchèrent en même temps les amarres des gouvernails ; puis, hissant au vent une voile de fuite, ils se laissèrent porter vers le rivage. 41Mais, ayant touché une langue de terre entre deux courants, ils y échouèrent le bateau ; la proue fortement engagée resta immobile, tandis que la poupe commençait à se disloquer sous la violence des vagues.

42Les soldats étaient d'avis de tuer les prisonniers de peur qu'il ne s'en échappe à la nage. 43Mais le centurion, qui voulait sauver Paul, les empêcha d'exécuter ce dessein. Il ordonna à ceux qui savaient nager de se jeter à l'eau les premiers et de gagner la terre, 44et aux autres de se mettre qui sur des planches, qui sur les épaves du bateau. C'est ainsi que tous atteignirent la terre sains et saufs.

28 L'hiver à Malte. — 1Une fois sauvés, nous apprîmes que l'île s'appelait Malte. 2Les indigènes nous traitèrent avec des attentions peu ordinaires ; ils nous accueillirent tous auprès d'un grand feu qu'ils avaient allumé, à cause de la pluie qui s'était mise à tomber et du froid. 3Paul avait ramassé une brassée de

bois sec et l'avait jetée au feu, lorsque la chaleur en fit sortir une vipère qui le mordit à la main. [4]A la vue du reptile suspendu à sa main, les indigènes se dirent les uns aux autres : « Cet homme est pour sûr un assassin ; il a échappé à la mer, mais la justice divine[a] ne permet pas qu'il vive. » [5]Paul cependant secoua le reptile dans le feu et ne ressentit aucun mal. [6]Ils s'attendaient à le voir enfler ou tomber raide mort. Mais, après une longue attente, voyant qu'il ne lui arrivait aucun mal, ils changèrent d'avis et dirent que c'était un dieu.

[7]Il y avait, dans le voisinage, des terres appartenant au premier personnage de l'île[b], nommé Publius. Il nous reçut et nous donna pendant trois jours l'hospitalité la plus amicale. [8]Or le père de Publius était retenu au lit par la fièvre et la dysenterie. Paul alla le voir et, après avoir prié, il lui imposa les mains et le guérit. [9]Sur quoi, les autres habitants de l'île qui avaient quelque maladie accoururent aussi et furent guéris. [10]Ils nous comblèrent de toutes sortes d'égards et, à notre départ, ils nous pourvurent de tout le nécessaire.

De Malte à Rome. – [11]Au bout de trois mois, nous reprîmes la mer sur un bateau qui avait hiverné dans l'île ; il était d'Alexandrie et portait l'enseigne des Dioscures. [12]Nous abordâmes à Syracuse, où nous restâmes trois jours. [13]De là, en suivant la côte, nous atteignîmes Reggio. Le lendemain, le vent du sud se leva et en deux jours nous arrivâmes à Pouzzoles. [14]Nous y trouvâmes des frères qui nous prièrent de passer une semaine chez eux. Et c'est ainsi que nous allâmes à Rome. [15]Les

---

28. – [a]4. Les Grecs adoraient la déesse Justice (Dikè), chargée de tirer vengeance des crimes.

[b]7. L'Île de Malte était administrée de loin par le préteur de Sicile, un magistrat romain. Sur place, il y était représenté par le premier magistrat de l'île, dont le titre est connu par des inscriptions.

frères de cette ville, prévenus de notre arrivée, vinrent à notre rencontre jusqu'au Forum d'Appius et aux Trois-Tavernes. En les voyant, Paul rendit grâce à Dieu et reprit courage.

Dans la capitale de l'empire. – [16]Dès notre arrivée à Rome, on permit à Paul de loger en son particulier avec le soldat qui le gardait[c]. [17]Trois jours après, il convoqua les notables juifs. Quand ils furent réunis, il leur dit : « Frères, sans avoir rien fait contre notre peuple ni contre les traditions de nos pères, j'ai été arrêté à Jérusalem et livré aux mains des Romains. [18]Ceux-ci, après m'avoir interrogé, voulaient me relâcher, parce qu'il n'y avait rien en moi qui méritât la mort. [19]Mais comme les Juifs s'y opposaient, je me suis vu contraint d'en appeler à César, sans avoir pour autant l'intention d'accuser ma nation. [20]C'est pour cela que j'ai demandé à vous voir et à vous parler. Oui, c'est à cause de l'espérance d'Israël que je porte ces chaînes. »

[21]Ils lui répondirent : « Nous n'avons reçu aucune lettre de Judée à ton sujet et aucun des frères arrivés ici n'a rien rapporté ou dit de défavorable sur ton compte. [22]Mais nous voudrions t'entendre exposer toi-même ce que tu penses. Car, pour ce qui est de ta secte, nous savons qu'elle rencontre partout de la contradiction. »

[23]Ayant donc fixé un jour avec lui, ils vinrent en plus grand nombre le trouver à son logement. Dans son exposé, il rendit témoignage au Royaume de Dieu, s'efforçant de les convaincre au sujet de Jésus, à partir de la Loi de Moïse et des Prophètes, et cela depuis le matin jusqu'au soir. [24]Les uns furent convaincus par ce qu'il disait, les autres restèrent incrédules. [25]Ils se

[c]16. Paul était prisonnier mais sous un régime adouci. Il se logeait comme il voulait et pouvait recevoir ses amis. Mais il était toujours attaché par sa main droite à un soldat de garde.

séparèrent sans avoir pu se mettre d'accord, tandis que Paul se contentait de leur dire :

« Elle est bien vraie, cette parole que l'Esprit Saint a dite à vos pères par le prophète Isaïe :

²⁶*Va trouver ce peuple et dis-lui : Vous entendrez de vos oreilles et vous ne comprendrez pas ; vous regarderez de vos yeux et vous ne verrez pas.*

²⁷*Car le cœur de ce peuple s'est épaissi ; ils sont devenus durs d'oreille et ils ont fermé les yeux, de peur de voir de leurs yeux, d'entendre de leurs oreilles, de comprendre avec leur cœur et de se convertir. Et je les aurais guéris*ᵈ *!*

²⁸« Sachez donc que c'est aux païens qu'a été envoyé le salut divin. Eux l'écouteront. »

²⁹Sur ces mots, les Juifs s'en allèrent en discutant vivement entre eux*ᵉ*.

³⁰Paul resta deux années entières dans un logement qu'il avait loué ; il y accueillait tous ceux qui venaient le trouver, ³¹proclamant le royaume de Dieu et enseignant ce qui concerne le Seigneur Jésus Christ en toute assurance et sans empêchement*ᶠ*.

ᵈ26-27. Cette citation d'Isaïe (6, 9-10), a servi plusieurs fois à expliquer pourquoi le Christ n'a pas été compris par son peuple : Mt 13, 14 ; Mc 4, 12 ; Jn 12, 40.

ᵉ29. Verset absent de plusieurs manuscrits, et donc par la suite de plusieurs éditions imprimées.

ᶠ31. Luc interrompt ici son récit. Il laisse prévoir un acquittement, mais le jugement n'a pas encore eu lieu. Il lui suffit d'avoir montré que Paul a prêché l'Évangile jusque dans la capitale.

LETTRES DE SAINT PAUL

INTRODUCTION

Les quatorze lettres de saint Paul ne constituent qu'un élément très partiel de son activité missionnaire. Mais leur richesse doctrinale leur confère une importance exceptionnelle. Ce sont de véritables lettres avec adresse au début et salutation à la fin, écrits de circonstance dictés à un secrétaire selon l'usage ancien (Rm 16, 22) et terminés par quelques mots de la main de l'Apôtre (1 Co 16, 21 ; Ga 6, 11 ; Col 4, 18 ; 2 Th 3, 17). Il ne faut pas y chercher d'ordinaire un ordre rigoureux ni un enseignement complet. L'Apôtre traite les sujets en rapport avec les besoins de ses correspondants et parfois (1 Co) répond à leurs questions. Souvent il renvoie par brèves allusions à un enseignement oral plus détaillé donné antérieurement ; d'où des obscurités, motivées en outre par la profondeur et la densité de la pensée, et que soulignait déjà la seconde lettre de saint Pierre 3, 16. Non que cette pensée ne soit pleinement maîtresse d'elle-même ; les lettres, composées entre 49 et 66, appartiennent toutes à la seconde partie de la carrière apostolique de Paul, et les plus anciennes sont postérieures de quatorze ou quinze ans à sa conversion. Mais le caractère heurté et souvent unilatéral, l'absence fréquente de transitions, les modes d'argumentation et d'expression sont, dans bien des cas, déroutants pour le lecteur moderne. Ces difficultés — qu'il ne faut pas exagérer — seront grandement atténuées par la lecture préalable d'un exposé d'ensemble sur l'enseignement paulinien, suivie d'un contact assidu avec le texte même de l'Apôtre.

L'âme de Paul passe tout entière dans ses lettres ; elles offrent de lui un portrait singulièrement attachant. Malgré leur caractère occasionnel, elles abordent tous les points importants de sa doctrine et sont l'un des plus précieux trésors de l'Église.

La plupart des manuscrits et la Vulgate latine mettent en premier lieu les lettres adressées à des Églises, en commençant par celle de Rome, puis celles destinées à des particuliers. Nous nous conformerons à cet ordre traditionnel. Mais, pour comprendre le développement de la pensée paulinienne, il est préférable de lire les lettres dans l'ordre chronologique, sur lequel tout le monde est d'accord (sauf pour les lettres aux Galates et aux Philippiens : voir les introductions spéciales) :

a) Galates, 1 et 2 Thessaloniciens, 1 et 2 Corinthiens, Romains ;

b) lettres écrites pendant la première captivité de saint Paul : Colossiens, Éphésiens, Philippiens, Philémon ;

c) lettres pastorales : 1 et 2 à Timothée, Tite.

La lettre aux Hébreux doit être classée à part, car, bien que la doctrine soit celle de saint Paul, la rédaction est l'œuvre d'un disciple.

LETTRE AUX ROMAINS

INTRODUCTION

C'est de Corinthe, à la fin de son troisième voyage missionnaire (Ac 20, 2sv.), durant l'hiver 57-58 ou peut-être 56-57, que saint Paul a écrit la lettre aux Romains. Il avait le désir de passer par Rome en se rendant en Espagne : 15, 22-32. Malgré sa répugnance à travailler sur un terrain déjà évangélisé par autrui (15, 20-21), il est attiré par la capitale et souhaite communiquer à l'Église romaine quelque don spirituel : 1, 11-13.

Il écrit aux fidèles de Rome pour annoncer et préparer sa venue. La majorité d'entre eux devaient être d'origine païenne (1, 6.13sv.; 11, 13 ; 15, 16); les Juifs, expulsés par Claude en 49 ou 50, ne faisaient sans doute que commencer à rentrer, cet empereur étant mort en 54. Les convertis du paganisme étaient peut-être tentés de mépriser leurs frères juifs, moins nombreux et moins puissants : 11, 13-24. Le ton affectueux de la lettre ne laisse pas supposer que ces derniers fussent tombés dans les excès des judaïsants de Galatie ; la brève mise en garde de 16, 17-20 ne concerne sans doute que quelques agitateurs.

Paul y reprend avec plus d'ampleur et de sérénité et d'un point de vue un peu différent, l'enseignement donné jadis aux fidèles de Galatie sur le besoin universel de rédemption, la justification par la foi indépendamment de la Loi mosaïque, la gratuité du salut ; la nature de la vie chrétienne et de la grâce, triomphe de l'esprit sur la chair et gage de vie éternelle. La Loi n'est plus considérée comme un régime provisoire

dont le chrétien serait émancipé (voir Ga 3, 25sv.).
Elle est sainte, mais l'homme est impuissant à la suivre
(Rm 7, 12sv.). C'est Dieu qui le sauve, en sacrifiant son
Fils dont l'obéissance rétablit ce qu'avait détruit la
révolte d'Adam (Rm 3, 24sv.; 5, 12-21). Ce salut est
annoncé par l'Évangile ; il opère dans l'homme qui le
reçoit docilement, par la foi (Rm 10, 16). Celui-ci
reçoit alors l'Esprit de filiation et la présence intérieure du Christ, il est spirituellement ressuscité (Rm
6 et 8). Il est animé d'un désir spirituel plus fort que le
désir charnel. Il sait résumer toute la Loi dans le précepte de l'amour universel (Rm 15, 9).

Les Juifs n'en restent pas moins un peuple de Dieu
digne de tout respect (Rm 9 à 11). Quelques conseils
d'ordre pratique suivent ce magistral exposé qui revêt
un peu l'allure d'un traité. Les allusions fréquentes à
l'Ancien Testament auront été aisément comprises si
l'Église de Rome comptait, outre les judéo-chrétiens,
d'anciens prosélytes ou « craignants Dieu » qui étaient
entrés en contact avec le judaïsme. Il semble bien au
surplus que, dès l'origine, les prédicateurs de l'Évangile faisaient connaître les Écritures aux convertis du
paganisme.

Sa richesse doctrinale fait de cette lettre la plus
importante et la plus belle de toutes. « C'est l'écrit le
plus profond, le plus puissant, le plus noble qui soit
jamais sorti d'une plume humaine. Il est digne de la
grandeur romaine, du génie de Paul, de la magnificence des desseins de Dieu » (Osty). Ce n'est cependant
pas une synthèse complète ; des points importants de
doctrine n'y sont pas traités et font l'objet des autres
lettres.

L'authenticité est indiscutée, sauf pour le chapitre
15 et surtout le chapitre 16 ; mais les raisons alléguées
ne sont pas décisives.

PROLOGUE

1 **Adresse et acte de foi.** – ¹Paul, serviteur de Jésus Christ, apôtre par appel divin, mis à part pour annoncer l'Évangile ²que Dieu avait promis par ses prophètes dans les saintes Écritures, ³concernant son Fils, issu selon la chair de la race de David, ⁴établi selon l'Esprit Saint Fils de Dieu avec puissance, du fait de sa résurrection d'entre les morts, Jésus Christ notre Seigneur[a]. ⁵Par lui nous avons reçu grâce et mission d'apôtre afin d'amener en son nom à l'obéissance de la foi tous les païens, ⁶dont vous êtes aussi, vous, que Jésus Christ a appelés.

⁷A tous les bien-aimés de Dieu qui sont à Rome, aux saints qu'il a appelés, à vous, grâce et paix[b] de la part de Dieu notre Père et du Seigneur Jésus Christ.

Compliments et action de grâce. – ⁸Tout d'abord je rends grâce à mon Dieu par Jésus Christ au sujet de vous tous, de ce que votre foi est renommée dans le monde entier. ⁹Dieu m'en est témoin, lui que je sers de toute mon âme en annonçant l'Évangile de son Fils : sans cesse je fais mémoire de vous, ¹⁰demandant constamment dans mes prières d'avoir enfin, si telle est sa volonté, quelque heureuse occasion de me rendre chez vous. ¹¹J'ai en effet un vif désir de vous voir,

---

1. – [a]3-4. L'objet de l'Évangile est Jésus Christ, homme et Fils de Dieu. Sa résurrection l'a établi dans toute cette puissance de Fils de Dieu par l'action de l'Esprit Saint. Certains comprennent : *selon l'Esprit,* de la nature divine du Christ, répondant à *selon la chair,* la nature humaine.

[b]7. *Grâce et paix* : salutation grecque et salutation juive, unies dans les lettres de Paul.

afin de vous communiquer quelque don spirituel capable de vous affermir, [12]ou plutôt afin de nous réconforter ensemble chez vous par la foi qui nous est commune à vous et à moi. [13]Je ne veux pas vous laisser ignorer, frères, que j'ai souvent formé le projet d'aller chez vous, mais jusqu'à présent j'en ai été empêché ; je voulais recueillir quelque fruit chez vous aussi, comme chez les autres païens. [14]Je me dois aux Grecs comme aux Barbares, aux savants comme aux simples. [15]De là mon ardent désir de vous annoncer l'Évangile, à vous aussi qui êtes à Rome.

PARTIE DOGMATIQUE

Idée générale de la lettre. — [16]Car je ne rougis pas de l'Évangile ; il est une force divine pour le salut de tout croyant, du Juif d'abord, puis du Grec[c]. [17]En lui se révèle la justice de Dieu qui s'obtient par la foi et fait grandir la foi, selon qu'il est écrit : *Le juste vivra par la foi*[d].

[18]Les païens sont tous en faute. [18]La colère de Dieu se révèle en effet du haut du ciel contre toute impiété et toute injustice des hommes qui détiennent la vérité captive de l'injustice. [19]Car ce qui peut être connu de Dieu est pour eux bien clair ; Dieu lui-même le leur a clairement manifesté. [20]En effet, depuis la création du monde[e], ses perfections invisibles, puissance éternelle et divinité, sont, par le moyen de ses œuvres, rendues visibles à l'intelligence. Ils sont donc inexcusables,

---

[c]16. L'ordre : le Juif, puis le Grec, sera constant chez Paul. Il s'agit d'un ordre théologique, vision du déroulement de l'histoire du salut.

[d]17. Ha 2, 4 annonçait aux Juifs croyants leur délivrance de la captivité de Babylone.

²¹puisque, connaissant Dieu, ils ne l'ont pas glorifié comme Dieu et ne lui ont pas rendu grâces ; ils se sont au contraire égarés dans leurs vains raisonnements et leur cœur insensé a sombré dans les ténèbres. ²²Se flattant d'être sages, ils sont devenus fous ²³et ont substitué à la gloire du Dieu incorruptible des images représentant l'homme corruptible, des oiseaux, des quadrupèdes, des reptiles.

²⁴C'est pourquoi Dieu les a livrés à l'impureté, au gré des convoitises de leur cœur, en sorte qu'ils ont déshonoré eux-mêmes leurs propres corps ; ²⁵eux qui ont abandonné le Dieu véritable pour des divinités de mensonge, adoré et servi la créature au lieu du Créateur, – lequel est béni éternellement ! Amen.

²⁶C'est pourquoi Dieu les a livrés à des passions honteuses. Leurs femmes ont échangé les rapports naturels pour des rapports contre nature. ²⁷Les hommes pareillement, rejetant les rapports naturels avec la femme, ont brûlé de convoitise les uns pour les autres, ayant entre hommes des relations infâmes, et recevant en eux-mêmes le salaire que méritait leur égarement.

²⁸Et comme ils ne se sont pas souciés de garder la vraie connaissance de Dieu, Dieu les a livrés à leur intelligence sans jugement pour faire ce qu'il ne faut pas ; ²⁹ils sont remplis de toute espèce d'iniquité, perversité, cupidité, méchanceté ; pleins d'envie, d'intentions homicides, de discorde, de fourberie, de perfidie ; ³⁰diffamateurs, calomniateurs, ennemis de Dieu, insolents, orgueilleux, fanfarons, ingénieux pour le mal, rebelles à leurs parents, ³¹sans intelligence, sans loyauté, sans affection, sans pitié. ³²Ils connaissent le décret de Dieu déclarant dignes de mort ceux qui commettent de telles actions ; cependant, non contents de les faire, ils vont jusqu'à approuver ceux qui les commettent.

ᵉ20sv. Développement inspiré de l'apologétique juive, cf. Sg 13.

2 **Mais personne n'a le droit de juger.** − [1]Tu es donc sans excuse, toi, qui que tu sois, qui t'ériges en juge ; en jugeant autrui, tu te condamnes toi-même, car tu fais les mêmes choses, toi qui t'ériges en juge. [2]Or nous savons que le jugement de Dieu sur ceux qui agissent ainsi est conforme à la vérité. [3]Crois-tu donc, toi qui juges ceux qui agissent ainsi et qui agis de même, que tu échapperas au jugement de Dieu ? [4]Ou bien méprises-tu la richesse de sa bonté, de sa patience et de sa longanimité, et ne sais-tu pas que la bonté de Dieu t'invite au repentir ? [5]Par ton endurcissement et ton cœur impénitent, tu t'amasses un trésor de colère, pour le jour de la colère et de la manifestation du juste jugement de Dieu, [6]qui *rendra à chacun selon ses œuvres*[a] : [7]à ceux qui, persévérant dans la pratique du bien, recherchent la gloire, l'honneur et l'incorruptibilité : la vie éternelle ; [8]mais aux rebelles indociles à la vérité et dociles à l'injustice : la colère indignée.

[9]Tribulation et angoisse pour tout être humain qui fait le mal, le Juif d'abord, puis le Grec ; [10]mais gloire, honneur et paix pour quiconque fait le bien, le Juif d'abord, puis le Grec ; [11]car Dieu ne fait pas acception de personne.

[12]Tous ceux qui auront péché sans loi périront aussi sans loi, et tous ceux qui auront péché sous une loi seront jugés par cette loi. [13]car ce ne sont pas les auditeurs de la Loi qui sont justes aux yeux de Dieu, mais ceux-là seuls seront tenus pour justes qui observent la Loi. [14]Lors donc que des païens qui n'ont pas de loi accomplissent naturellement ce que prescrit la Loi, ces hommes, bien que n'ayant pas de loi, se tiennent à eux-mêmes lieu de loi. [15]Ils montrent ainsi que l'objet de la Loi est gravé dans leur cœur, tandis que leur conscience

---

2. − [a]6. Dieu jugera tout homme sur l'observation de la loi morale, telle qu'il peut la connaître.

y joint son témoignage, par leurs pensées qui tour à tour les accusent ou les excusent[b]. [16]C'est ce qui paraîtra le jour où, selon mon Évangile, Dieu jugera par Jésus Christ les actions secrètes des hommes.

Les Juifs aussi sont en faute. – [17]Or toi, qui te pares du nom de Juif, qui te reposes sur la Loi, qui es fier de ton Dieu, [18]qui connais sa volonté et qui, instruit par la Loi, sais discerner ce qui est le plus important ; [19]toi qui te flattes d'être le guide des aveugles, la lumière de ceux qui sont dans les ténèbres, [20]le docteur des ignorants, le maître des simples, possédant dans la Loi le dernier mot de la science et de la vérité ; [21]toi donc, qui enseignes les autres, tu ne t'enseignes pas toi-même ! Toi qui prêches de ne pas voler, tu voles ! [22]Toi qui interdis l'adultère, tu commets l'adultère ! Toi qui abomines les idoles, tu pilles leurs temples ! [23]Toi qui mets ta fierté dans la Loi, tu déshonores Dieu par la transgression de la Loi ! [24]Car, ainsi qu'il est écrit : *A cause de vous le nom de Dieu est blasphémé parmi les païens*[c].

[25]La circoncision est utile, bien sûr, si tu observes la Loi ; mais si tu la transgresses, ta circoncision devient incirconcision. [26]Si donc l'incirconcis observe les préceptes de la Loi, son incirconcision ne sera-t-elle pas réputée circoncision ? [27]Et l'incirconcis, resté tel qu'il est né, qui observe la Loi, te jugera, toi qui, avec la lettre et la circoncision, transgresses la Loi. [28]Car ce n'est pas celui qui le paraît extérieurement qui est le vrai Juif, pas plus que la vraie circoncision n'est celle qui paraît dans la chair. [29]Le vrai Juif est celui qui l'est intérieurement, et la vraie circoncision

[b]15. Texte embarrassé. Autre traduction possible : *et aussi les jugements de réprobation ou d'approbation qu'ils portent les uns sur les autres.*

[c]24. Is 52, 5.

est celle du cœur, selon l'esprit et non selon la lettre.
Voilà celui qui reçoit sa louange non des hommes,
mais de Dieu.

3 ¹Quelle est donc la supériorité du Juif? Quelle est
l'utilité de la circoncision? Considérables à tous
égards. ²D'abord c'est à eux que les oracles de Dieu ont
été confiés. ³Quoi donc! Si quelques-uns se sont montrés infidèles, leur infidélité va-t-elle mettre en échec la
fidélité de Dieu? ⁴Certainement pas! Tenons au
contraire que Dieu est véridique et *tout homme menteur,* ainsi qu'il est écrit: *Afin que tu sois reconnu juste
dans tes paroles et que tu triomphes si l'on te met en
jugement*ᵃ.

⁵Mais si notre injustice fait ressortir la justice de
Dieu, que dirons-nous? Dieu n'est-il pas injuste en
donnant libre cours à sa colère? Je parle de façon tout
humaine. ⁶Certainement pas! Autrement, comment
Dieu jugera-t-il le monde?

⁷Mais si mon mensonge fait mieux apparaître la
véracité de Dieu pour sa gloire, pourquoi suis-je encore
condamné comme pécheur? ⁸Pourquoi alors, comme
certains calomniateurs prétendent que nous le disons,
ne ferions-nous pas le mal afin qu'il en sorte du bien?
Ceux-là, leur condamnation est justeᵇ!

Tous sont égaux dans la faute. – ⁹Eh bien
donc! Avons-nous quelque supériorité? Non, aucune,
puisque, nous venons d'en faire la preuve, Juifs aussi
bien que Grecs sont tous sous l'empire du péché,
¹⁰ainsi qu'il est écrit:

---

3. – ᵃ4. Ps 116, 11 et 51, 6. Pessi-
misme psalmique et paulinien
sur l'homme laissé à lui-même.

ᵇ8. Nous décelons ici des critiques portées contre Paul, cf. 6,
1-2.

Il n'y a pas de juste, pas même un seul;
[11]*il n'y en a pas un qui comprenne, pas un qui
cherche Dieu.*
[12]*Tous sont dévoyés et semblablement pervertis.
Il n'y en a pas un qui fasse le bien; non, pas un seul!*
[13]*Sépulcre béant que leur gosier! Leur langue distille
la ruse. Ils ont du venin d'aspic sous les lèvres;*
[14]*leur bouche est pleine de malédiction
et d'amertume.*
[15]*Leurs pieds sont agiles pour verser le sang;*
[16]*la ruine et la misère jalonnent leur chemin.*
[17]*Ils ne connaissent pas le chemin de la paix.*
[18]*La crainte de Dieu n'est pas devant leurs yeux*[c].

[19]Or nous savons que tout ce que dit la Loi, elle le dit pour ceux qui sont soumis à la Loi, afin que toute bouche soit close et que le monde entier tombe sous le coup du jugement de Dieu. [20]Non, *personne ne peut être justifié à ses yeux*[d] par les œuvres de la Loi; car la Loi ne donne que la connaissance du péché.

A cause de Jésus, Dieu fait grâce à ceux qui croient. – [21]Mais maintenant, indépendamment de la Loi, la justice de Dieu, à laquelle rendent témoignage la Loi et les Prophètes, s'est manifestée[e]. [22]Cette justice de Dieu par la foi en Jésus Christ est pour tous ceux qui croient. En effet, il n'y a pas de distinction: [23]tous ont péché et sont privés de la gloire de Dieu[f]. [24]Ils sont justifiés gratuitement par sa grâce en vertu de la rédemption accomplie dans le Christ Jésus. Car Dieu l'a établi comme victime propitiatoire par son propre

---

[c]10-18. Centon de textes d'Écriture, comme en utilisaient alors prédicateurs juifs et chrétiens. Ps 14, 1-3; 5, 10; 140, 4; 10, 7; 36, 2; Is 59, 7-8; Pr 1, 16.

[d]20. Ps 149, 2; cf. 7, 7-13 et Ga 2, 16.

[e]21. Ce verset résume toute la doctrine paulinienne du salut par la seule grâce, dite doctrine de la justification.

[f]23. *La gloire de Dieu* : ici, le rayonnement mystérieux de la grâce divine. Cf. 2 Co 3, 18.

sang au moyen de la foi[g]. [25]Il révèle ainsi sa justice, en
pardonnant les péchés commis au temps de sa divine
patience[h]; [26]il révèle ainsi sa justice dans le temps
présent, montrant tout ensemble qu'il est juste et qu'il
justifie celui qui a foi en Jésus.

[27]Y a-t-il donc de quoi se vanter? Non, cela est
exclu. Par quelle loi? Celle des œuvres? Pas du tout,
mais par la loi de la foi[i]. [28]Car nous estimons que
l'homme est justifié par la foi indépendamment des
œuvres de la Loi. [29]Dieu ne serait-il que le Dieu des
Juifs? Ne l'est-il pas aussi des païens? Bien sûr, des
païens aussi, [30]puisqu'il n'y a qu'un Dieu qui justifiera
le circoncis par la foi et l'incirconcis aussi par le moyen
de la foi. [31]Détruisons-nous donc la Loi par la foi? Certainement pas! Nous lui donnons, au contraire, sa véritable valeur[j].

4 **Abraham, par sa foi, a reçu la grâce.** – [1]Quel
avantage dirons-nous donc qu'a obtenu Abraham,
notre ancêtre selon la chair[a]? [2]Si c'est pour ses œuvres
qu'Abraham a été justifié, il a de quoi se glorifier. Pas
devant Dieu, toutefois. [3]Que dit en effet l'Écriture?
*Abraham crut à Dieu et cela lui fut compté comme jus-
tice*[b]. [4]Or à celui qui fait un travail, le salaire n'est pas
compté comme une grâce, mais comme un dû; [5]tandis
qu'à celui qui, sans faire aucun travail, croit simple-

---

[g]24. Paul fait peut-être allusion
ici au propitiatoire de l'arche d'alliance, Lv 16, 11-14 et He 9, 5.

[h]25. Autre traduction: *Il avait
laissé impunis les péchés d'autrefois au temps de sa patience.*

[i]27. Formule paradoxale, typi-
quement paulinienne.

[j]31. Sa valeur en tant qu'Écriture, c'est-à-dire Parole de Dieu,
non en tant que code juridique.

C'est le fond de toute l'argumentation paulinienne.

4. – [a]1. Abraham, justifié par
la foi en la Promesse, avant d'a-
voir reçu la circoncision, montre
que le salut par la seule foi
répond au dessein constant de
Dieu.

[b]3. Gn 15, 6, texte capital pour
Paul. Autre traduction: *Et il fut
reconnu juste.*

ment en Celui qui justifie l'impie, sa foi lui est comptée comme justice[c]. [6]Ainsi David proclame-t-il heureux l'homme à qui Dieu attribue la justice indépendamment des œuvres :

> [7]*Heureux ceux dont les offenses ont été remises*
>   *et les péchés couverts !*
> [8]*Heureux l'homme à qui le Seigneur*
>   *n'impute pas de péché[d] !*

Cet exemple est bon pour tous les hommes. –

[9]Cette déclaration de bonheur ne concerne-t-elle que les circoncis ou aussi les incirconcis ? Nous disons en effet : *La foi d'Abraham lui fut comptée comme justice.* [10]Dans quel état lui fut-elle comptée ? Alors qu'il était circoncis ou incirconcis ? Non pas quand il était circoncis, mais incirconcis. [11]Et il reçut le signe de la circoncision comme sceau de la justice obtenue par la foi quand il était encore incirconcis. Il devenait ainsi le père de tous ceux qui croiraient sans être circoncis, et se verraient ainsi attribuer la justice ; [12]le père aussi des circoncis qui n'auraient pas seulement reçu la circoncision, mais qui, en outre, suivraient les traces de la foi qu'avait notre père Abraham avant sa circoncision[e].

[13]Ce n'est pas en effet en vertu de la Loi qu'a été faite à Abraham ou à sa descendance la promesse d'avoir le monde pour héritage, mais en vertu de la justice de la foi. [14]Si l'héritage appartenait à ceux qui se réclament de la Loi, la foi deviendrait sans objet et la promesse sans effet. [15]Car la Loi suscite la colère[f], mais là où il n'y a pas de Loi, il n'y a pas non plus de transgression. [16]C'est donc par la foi qu'on devient héritier,

[c]5. Cf. Ga 3, 18 ; Ph 1, 29 ; Ep 2, 8-10.

[d]8. Ps 32, 1-2.

[e]11-12. Abraham, père de tous les croyants, et non pas seulement des Juifs, cf. 16-17.

[f]15. Cf. 3, 20 et Ga 3, 19.

afin que ce soit par grâce, de manière que la promesse soit assurée pour toute la descendance, non seulement celle qui relève de la Loi, mais aussi celle qui procède de la foi d'Abraham, lequel est notre père à tous, [17]selon qu'il est écrit : *Je t'ai établi père de nombreuses nations*[g].

Il est notre père aux yeux de Celui en qui il a cru, le Dieu qui donne la vie aux morts et appelle ce qui n'est pas à l'existence. [18]Espérant contre toute espérance, il crut et devint ainsi le père de nombreuses nations, selon qu'il lui avait été dit : *Telle sera ta descendance*[h]. [19]Ce fut sans faiblir dans sa foi qu'il considéra son corps déjà mort – il avait dans les cent ans –, et le sein de Sara mort pareillement[i]. [20]En face de la promesse de Dieu, il n'hésita pas et ne se montra pas incrédule ; au contraire, il fut fortifié par la foi, rendant gloire à Dieu, [21]pleinement convaincu que ce qu'une fois Dieu a promis, il est assez puissant pour le réaliser. [22]Voilà pourquoi cela lui fut *compté comme justice*.

[23]Or ce n'est pas pour lui seulement qu'il a été écrit : *Cela lui fut compté*. [24]C'est aussi pour nous, à qui ce doit être également compté, nous qui croyons en Celui qui a ressuscité des morts Jésus notre Seigneur, [25]livré pour nos péchés et ressuscité pour notre justification[j].

5 **Nous sommes donc en paix avec Dieu.** – [1]Ainsi justifiés par la foi, conservons la paix avec Dieu[a] par notre Seigneur Jésus Christ, [2]à qui nous devons d'avoir accès par la foi à cette grâce dans laquelle nous demeurons fermes, et de nous glorifier dans l'espérance de la gloire de Dieu[b]. [3]Bien plus, nous nous

---

[g]17. Gn 17, 5.
[h]18. Gn 15, 5.
[i]19. Gn 17, 15-21.
[j]25. Cette affirmation sera développée en 6.

5. – [a]1. Ou bien : Nous sommes en paix.
[b]2. Voyez 8, 18sv.

glorifions même dans les épreuves[c], sachant que l'é-
preuve produit la constance, [4]la constance la vertu
éprouvée, la vertu éprouvée l'espérance. [5]Or l'espérance
ne trompe pas, car l'amour de Dieu a été répandu dans
nos cœurs par l'Esprit Saint qui nous a été donné.

[6]Car, alors que nous étions encore sans force, le
Christ, au temps fixé, est mort pour des impies.

[7]A grand-peine mourrait-on pour un juste ; peut-
être cependant consentirait-on à mourir pour un
homme de bien. [8]Mais Dieu donne une preuve éclatante
de son amour envers nous : alors que nous étions
encore pécheurs, le Christ est mort pour nous. [9]A bien
plus forte raison, maintenant que nous avons été justifiés par son sang, serons-nous préservés par lui de la
colère ! [10]Si en effet, étant ses ennemis, nous avons été
réconciliés avec Dieu par la mort de son Fils, à bien
plus forte raison, après réconciliation, serons-nous
sauvés par sa vie. [11]Bien plus, nous nous glorifions en
Dieu par notre Seigneur Jésus Christ, par qui maintenant nous avons reçu la réconciliation.

Ce qu'Adam avait abattu, Jésus l'a relevé. –
[12]Ainsi donc, de même que par un seul homme le péché
est entré dans le monde et par le péché la mort, et
qu'ainsi la mort a atteint tous les hommes du fait que
tous ont péché...[d] [13]Jusqu'à la Loi, en effet, il y avait du
péché dans le monde, mais le péché n'est pas imputé
comme cause de mort quand il n'y a pas de loi[e].

---

[c]3-5. L'épreuve fortifie l'espérance : conviction profonde de
Paul, qu'il développe ailleurs,
tout au long de la seconde épître
aux Corinthiens.

[d]12. La phrase reste inachevée,
le second terme de la comparaison est sous-entendu. La Vulgate
latine a compris, à tort : *en qui*
tous ont péché.

[e]13-14. Avant la Loi mosaïque,
les péchés commis ne pouvaient
être imputés comme cause de
mort, puisqu'il n'y avait pas de
loi interdisant (comme au paradis, Gn 2, 17) le péché sous peine

¹⁴Cependant, la mort a régné d'Adam à Moïse même sur ceux qui n'avaient pas commis de péché semblable à la transgression d'Adam, lequel est la figure de celui qui devait venir.

¹⁵Il n'en va pas du don gratuit comme de la faute. Car, si par la faute d'un seul tous les autres sont morts, à bien plus forte raison la grâce de Dieu et le don obtenu par la grâce d'un seul homme, Jésus Christ, se sont-ils répandus en abondance sur tous les autres. ¹⁶Il n'en va pas non plus du don comme des suites du péché d'un seul : en effet, le jugement porté sur le péché d'un seul aboutit à une sentence de condamnation, tandis que le don gratuit, venant après de nombreuses fautes, aboutit à une sentence de justification. ¹⁷Car, si par la faute d'un seul homme, la mort a régné, et cela à cause d'un seul, à plus forte raison régneront-ils dans la vie par le seul Jésus Christ, ceux qui reçoivent en abondance la grâce et le don de la justice.

¹⁸De même donc que la faute d'un seul a conduit tous les hommes à la condamnation, de même aussi, un seul acte de justice vaut à tous les hommes la justification qui donne la vie. ¹⁹Comme, en effet, par la désobéissance d'un seul homme, tous les autres ont été constitués pécheurs, ainsi, par l'obéissance d'un seul, tous les autres seront constitués justes. ²⁰La Loi, il est vrai, est survenue pour faire abonder les fautes ; mais là où le péché a abondé, la grâce a surabondé, ²¹afin que, comme le péché a régné dans la mort, ainsi la grâce règne par la justice pour la vie éternelle par Jésus Christ notre Seigneur.

de mort. Durant cette période, la mort n'a donc pu frapper les hommes qu'en vertu d'une mystérieuse solidarité avec la faute d'Adam, que la théologie appelle le péché originel. Mais Adam est la figure du Christ, second Adam (1 Co 15, 21-22.45-49), en qui les hommes ont une solidarité bien plus puissante qu'en le premier Adam. La suite va développer ce thème.

6 Baptisés en Christ, morts au péché.

— [1]Que dire alors? Allons-nous demeurer dans le péché pour que la grâce abonde? [2]Certainement pas! Puisque nous sommes morts au péché, comment pourrions-nous jamais y revivre? [3]Ou bien ignorez-vous que nous tous qui avons été baptisés en Jésus Christ, c'est en sa mort[a] que nous avons été baptisés? [4]Nous avons donc été mis au tombeau avec lui par le baptême dans la mort, afin que, comme le Christ est ressuscité des morts par la gloire du Père, nous vivions nous aussi, d'une vie nouvelle. [5]Car, si nous sommes devenus un seul être avec le Christ par une mort semblable à la sienne, nous le serons aussi par une résurrection semblable. [6]Nous le savons bien: notre vieil homme a été crucifié avec lui, pour que soit détruit ce corps asservi au péché, et qu'ainsi nous ne soyons plus esclaves du péché. [7]Car celui qui est mort est affranchi du péché[b]. [8]Mais si nous sommes morts avec le Christ, nous croyons que nous vivrons aussi avec lui, [9]sachant que le Christ ressuscité des morts ne meurt plus, et que la mort n'a plus de pouvoir sur lui. [10]Sa mort a été une mort au péché une fois pour toutes, et sa vie est une vie pour Dieu. [11]Et vous de même: considérez-vous comme morts au péché, mais vivants pour Dieu en Jésus Christ.

[12]Que le péché ne règne donc plus dans votre corps mortel, et ne vous fasse obéir à ses convoitises. [13]Ne mettez pas vos membres au service du péché comme

---

6. — [a]3-5. Plongée du néophyte dans le mystère de mort du Christ, pour une vie nouvelle. Allusion probable au rite baptismal d'immersion. Ce texte est à l'origine de l'usage ancien de conférer le baptême pendant la nuit pascale.

[b]7. L'être asservi au péché (littéralement: le corps de péché, v 6) étant détruit, l'affranchissement du péché est aussi complet, par la mort mystique du baptême, qu'il le serait par la mort physique.

des armes d'injustice; offrez-vous au contraire à Dieu comme des vivants revenus de la mort et mettez vos membres au service de Dieu comme des armes de justice. [14]Car le péché n'aura plus d'empire sur vous, puisque vous n'êtes plus sujets de la Loi, mais de la grâce.

Libérés du péché, esclaves de la justice divine. – [15]Quoi donc! Allons-nous nous mettre à pécher parce que nous ne sommes plus sujets de la Loi, mais de la grâce? Non, certes! [16]Ne savez-vous pas qu'en vous livrant à quelqu'un comme esclaves pour lui obéir, vous êtes les esclaves de celui à qui vous obéissez, soit du péché pour la mort, soit de l'obéissance pour la justice? [17]Mais grâces soient rendues à Dieu de ce qu'après avoir été esclaves du péché vous avez obéi de tout cœur à la règle de doctrine à laquelle vous avez été confiés; [18]affranchis du péché, vous êtes devenus esclaves de la justice. – [19]J'emploie cette manière humaine de parler, à cause de la faiblesse de votre nature charnelle. De même donc que vous avez livré vos membres à l'esclavage de l'impureté et du désordre pour le désordre, de même maintenant livrez vos membres à l'esclavage de la justice pour la sainteté.

[20]Lorsque vous étiez esclaves du péché, vous étiez libres à l'égard de la justice. [21]Quel fruit en recueilliez-vous alors? Vous en rougissez maintenant; car le terme de tout cela, c'est la mort. [22]Mais aujourd'hui, affranchis du péché et devenus esclaves de Dieu, vous avez pour fruit la sainteté, et pour fin la vie éternelle. [23]Car le salaire du péché, c'est la mort; mais le don que Dieu accorde gratuitement, c'est la vie éternelle dans le Christ Jésus notre Seigneur.

7 Affranchis du juridisme, serviteurs de Dieu.

— [1]Ne savez-vous pas, mes frères, — je parle à des gens qui s'y connaissent en fait de loi —, que la loi n'a de pouvoir sur l'homme qu'aussi longtemps qu'il vit ? [2]Ainsi la femme mariée est liée par la loi à son mari tant qu'il est vivant ; mais si le mari vient à mourir, elle est dégagée de la loi qui la liait à lui. [3]Si donc, du vivant de son mari, elle devient la femme d'un autre, elle sera réputée adultère. Mais si son mari meurt, elle est affranchie de la loi, de sorte qu'elle n'est pas adultère si elle devient la femme d'un autre. [4]Vous de même, mes frères, vous avez été mis à mort à l'égard de la Loi par le corps du Christ, pour appartenir à un autre, à Celui qui est ressuscité d'entre les morts, afin de porter des fruits pour Dieu[a]. [5]En effet, lorsque nous étions dans la chair[b], les passions, sources de péchés, excitées par la Loi, agissaient dans nos membres, afin de nous faire porter des fruits pour la mort. [6]Mais maintenant nous avons été libérés de la Loi en mourant à ce qui nous tenait captifs, de sorte que nous servons Dieu sous le régime nouveau de l'esprit et non sous le régime vieilli de la lettre.

Grandeur et faiblesse de la Loi pour les hommes.

— [7]Qu'est-ce à dire ? La Loi serait-elle péché ? Certainement pas ! Mais je n'ai connu le péché que par la Loi. Car je n'aurais pas connu la convoitise, si la Loi n'avait dit : *Tu ne convoiteras pas*[c]. [8]Et, prenant occasion du commandement, le péché a fait naître en moi toutes les convoitises ; car sans la Loi le péché

---

7. — [a]4. La mort du Christ l'a soustrait à l'empire de la Loi ; de même en est-il de la mort mystique du baptisé uni au Christ.

[b]5. *La chair* : l'humanité, surtout en ses faiblesses et sa pro-

pension au péché. *L'esprit* : la présence de l'Esprit Saint, avec ses fruits de grâce et de bonnes œuvres. Cf. 8, 5sv.; Ga 5, 16-25.

[c]7. Ex 20, 17; Dt 5, 21.

est mort[d]. [9]Jadis, au temps où j'étais sans Loi, je vivais ; mais le commandement est venu, le péché a pris vie, [10]et moi, je suis mort. Et le précepte qui devait me conduire à la vie s'est ainsi trouvé me conduire à la mort, [11]car le péché, prenant occasion du commandement, m'a séduit et par lui m'a donné la mort. [12]Ainsi donc, la Loi est sainte, et le commandement saint, juste et bon.

[13]Mais alors ce qui est bon est-il devenu pour moi la mort ? Certainement pas ! Mais c'est le péché qui m'a donné la mort en utilisant une chose bonne, afin qu'on voie bien que c'est le péché et qu'il apparaisse dans toute sa malfaisance, par le moyen du commandement. [14]Nous savons que la Loi est spirituelle, mais moi, je suis charnel, vendu au péché[e]. [15]Vraiment je ne comprends pas ce que je fais : car ce que je veux, je ne le fais pas, mais je fais ce que je déteste. [16]Si donc je fais ce que je ne veux pas, je reconnais que la Loi est bonne. [17]Mais alors ce n'est pas moi qui agis ; c'est le péché qui habite en moi. [18]Oui, je sais que le bien n'habite pas en moi, je veux dire dans ma chair. Il est à ma portée de vouloir le bien, mais non de l'accomplir ; [19]car le bien que je veux, je ne le fais pas, et le mal que je ne veux pas, je le fais. [20]Or, si je fais ce que je ne veux pas, ce n'est plus moi qui agis, mais le péché qui habite en moi. [21]Je me trouve donc en face de cette loi : voulant faire le bien, c'est le mal qui est à ma portée. [22]J'aime la loi

[d]8-9sv. Sans loi, les actions de l'homme ne peuvent constituer une offense formelle à Dieu. Le « Je » ne doit pas faire illusion. Il est peu probable que Paul analyse ici son expérience personnelle. Bien plutôt fait-il un commentaire implicite de Genèse 2-3.

[e]14sv. Ici encore, il ne faut pas tant penser à une expérience personnelle de Paul qu'à un regard plus général sur le drame de l'homme pécheur. Ou du moins, si Paul est parti de son expérience, lui donne-t-il ici valeur théologique universelle.

de Dieu, en tant qu'homme intérieur ; 23mais j'aperçois dans mes membres une autre loi, en lutte avec la loi de ma raison et qui me rend captif de la loi du péché qui est dans mes membres. 24Malheureux homme que je suis ! Qui me délivrera de ce corps de mort[f] ? 25Grâces soient rendues à Dieu par Jésus Christ notre Seigneur !

Ainsi donc, je suis par la raison assujetti à la loi de Dieu, mais par la chair à la loi du péché.

8 Un meilleur combat. – 1Il n'y a donc plus désormais de condamnation pour ceux qui sont en Jésus Christ. 2En effet la loi de l'Esprit, qui donne la vie en Jésus Christ, t'a libéré de la loi du péché et de la mort. 3Ce qui était impossible à la Loi, rendue impuissante par la chair, Dieu l'a fait en envoyant son propre Fils, avec une chair semblable à notre chair pécheresse et pour vaincre le péché ; il a condamné le péché dans la chair[a] 4afin que la justice exigée par la Loi s'accomplît en nous, qui ne nous conduisons pas selon la chair, mais selon l'esprit.

5Ceux qui vivent selon la chair ne pensent qu'aux choses de la chair ; ceux qui vivent selon l'esprit pensent aux choses de l'esprit[b]. 6Dans le premier cas c'est la mort, dans l'autre c'est vie et paix. 7C'est pourquoi la tendance de la chair est hostile à Dieu ; elle n'est pas soumise à la loi de Dieu et ne peut même pas l'être. 8Ceux qui vivent dans la chair ne peuvent donc plaire à Dieu.

9Pour vous, vous n'êtes pas sous l'emprise de la chair, mais de l'Esprit, si vraiment l'Esprit de Dieu

---

[f]24. Littéralement : du corps de cette mort. Sémitisme pour désigner l'être humain esclave du péché et voué à la mort.
8. – [a]3. Le Fils de Dieu nous est devenu semblable en toute chose, excepté le péché, pour anéantir le péché par son Incarnation : 2 Co 5, 21 ; He 4, 15.
[b]5sv. Pour le sens de chair et esprit, voir note sur 7, 5.

habite en vous ; quiconque n'a pas l'Esprit du Christ ne lui appartient pas. [10]Or, si le Christ est en vous, votre corps, en vérité, est voué à la mort à cause du péché, mais l'Esprit est votre vie à cause de la justice. [11]Et si l'Esprit de Celui qui a ressuscité Jésus d'entre les morts habite en vous, Celui qui a ressuscité le Christ Jésus d'entre les morts rendra la vie aussi à vos corps mortels par l'action de son Esprit qui habite en vous.

[12]Ainsi donc, frères, nous sommes débiteurs, mais non envers la chair pour devoir vivre selon la chair. [13]Car si vous vivez selon la chair, vous mourrez ; mais si par l'Esprit vous faites mourir les œuvres du corps, vous vivrez.

Certitude et espérance du chrétien. – [14c]Tous ceux qui se laissent conduire par l'Esprit de Dieu, ceux-là sont fils de Dieu. [15]L'Esprit que vous avez reçu ne fait pas de vous des esclaves pour vivre encore dans la peur ; mais c'est un Esprit de fils adoptifs qui nous fait crier : « Abba, Père ! » [16]L'Esprit lui-même atteste à notre esprit que nous sommes enfants de Dieu. [17]Or, si nous sommes enfants, nous sommes aussi héritiers ; héritiers de Dieu, cohéritiers du Christ, s'il est vrai que nous souffrons avec lui pour être aussi glorifiés avec lui.

[18]J'estime en effet que les souffrances du temps présent sont sans proportion avec la gloire qui doit se manifester en nous[d]. [19]Car la création attend avec impatience la révélation des enfants de Dieu. [20]Assujettie au néant – non de son gré, mais par la volonté de Celui qui l'y a soumise –, [21]elle garde l'espoir qu'elle aussi sera affranchie de l'esclavage de la corruption pour participer à la liberté glorieuse des enfants de

---

[c]14-17. Comparer Ga 4, 6-7, [d]18. Cf. 2 Co 4, 17.
très proche de ce passage.

Dieu. [22]Nous savons, en effet, que maintenant encore la création tout entière gémit et souffre les douleurs de l'enfantement[e].

[23]Pas elle seulement : nous aussi, qui possédons les prémices de l'Esprit, nous gémissons en nous-mêmes dans l'attente de l'adoption[f], de la rédemption de notre corps. [24]Car c'est en espérance que nous avons été sauvés. Or, voir ce qu'on espère, ce n'est plus espérer ; ce que l'on voit, l'espère-t-on encore ? [25]Mais si nous espérons ce que nous ne voyons pas, nous l'attendons avec persévérance.

[26]De même aussi, l'Esprit vient en aide à notre faiblesse. Car nous ne savons pas prier comme il faut ; mais l'Esprit lui-même intercède pour nous en des gémissements ineffables. [27]Or Celui qui sonde les cœurs connaît le désir de l'Esprit : Il sait qu'il intercède selon Dieu pour les saints.

[28]Nous savons aussi qu'avec ceux qui l'aiment Dieu collabore en toutes choses pour leur bien, eux qui sont ses élus selon son libre dessein. [29]Car ceux qu'il a connus d'avance, il les a aussi prédestinés à reproduire l'image de son Fils afin qu'il soit le premier-né d'une multitude de frères. [30]Or ceux qu'il a prédestinés, il les a aussi appelés ; ceux qu'il a appelés, il les a aussi justifiés ; ceux qu'il a justifiés, il les a aussi glorifiés !

Hymne d'action de grâce. — [31]Qu'ajouter à cela ? Si Dieu est pour nous, qui sera contre nous ? [32]Lui qui n'a pas épargné son propre Fils[g], mais l'a livré pour nous tous, comment ne nous donnerait-il pas aussi toutes choses avec lui ? [33]Qui se portera accusateur

[e]19-22. La création est ici personnifiée ; expression littéraire hardie, très orientale et biblique.

[f]23. Le mot *adoption* manque dans certains manuscrits.

[g]32. Allusion possible au sacrifice d'Isaac, Gn 22, 16.

contre les élus de Dieu ? Dieu justifie ! [34]Qui condamnera ? Le Christ Jésus qui est mort ! que dis-je, qui est ressuscité, qui est à la droite de Dieu, qui intercède pour nous !

[35]Qui nous séparera de l'amour du Christ ? La tribulation ? l'angoisse ? la persécution ? la faim ? la nudité ? le péril ? le glaive ? [36]Comme il est écrit : *A cause de toi nous sommes mis à mort tout le long du jour ; on nous regarde comme des brebis destinées à l'abattoir*[h] [37]Mais en tout cela nous sommes plus que vainqueurs, grâce à celui qui nous a aimés. [38]Oui, j'en ai la certitude : ni la mort, ni la vie, ni les anges, ni les principautés, ni le présent, ni l'avenir, ni les puissances, [39]ni la hauteur, ni la profondeur[i], ni aucune autre créature ne pourra nous séparer de l'amour que Dieu nous témoigne en Jésus Christ notre Seigneur !

9 [a]La tristesse de Paul. – [1]Je dis la vérité dans le Christ, je ne mens pas, ma conscience m'en rend témoignage dans l'Esprit Saint : [2]j'ai au cœur une grande tristesse et une douleur continuelle. [3]Oui, je souhaiterais d'être moi-même anathème, séparé du Christ, pour mes frères, mes parents selon la chair ; [4]eux qui sont les Israélites, à qui appartiennent l'adoption filiale, la gloire, les alliances[b], la Loi, le culte, les promesses ; [5]à eux aussi les patriarches, et c'est d'eux que, selon

---

[h]36. Ps 44, 23.

[i]39. *Ni la hauteur, ni la profondeur* : Si elle n'est pas seulement oratoire, cette expression viserait les anges et les démons.

9. – [a]Les ch. 9-11 constituent un effort de réflexion théologique pour éclairer le mystère de la non-foi d'Israël, comme peuple, en Jésus Christ. Il ne s'agit pas d'un jugement sur les responsabilités ni sur le salut des personnes.

[b]4. Israël, fils premier-né : Ex 4, 22. Gloire divine, présente à Israël : Ex 40, 34-38. Alliances : avec Noé, Gn 9, 12, avec Abraham, Gn 17 ; avec Moïse, Ex 24.

la chair, est issu le Christ, qui est au-dessus de tout, Dieu béni éternellement. Amen[c] !

Dieu, seul maître de ses choix. – [6]Ce n'est pas que la parole de Dieu soit devenue caduque. Car tous ceux qui sont issus d'Israël ne sont pas Israël, [7]et pour être descendants d'Abraham, ils ne sont pas tous ses enfants, mais il est dit : *C'est en Isaac que tu auras une postérité à ton nom*[d]. [8]Cela veut dire que ce ne sont pas les enfants de la chair qui sont enfants de Dieu, mais ce sont les enfants de la promesse qui comptent comme descendants d'Abraham[e]. [9]Voici, en effet, les termes de la promesse : *A pareille époque je reviendrai et Sara aura un fils*[f]. [10]Il y a plus encore : Rébecca ne conçut que d'un seul homme, Isaac, notre père. [11]Or, avant que ses enfants ne fussent nés et n'eussent fait ni bien ni mal, afin que s'affirmât la liberté du choix de Dieu [12]qui ne dépend pas des œuvres, mais de Celui qui appelle, il lui fut dit : *L'aîné sera assujetti au plus jeune*[g], [13]selon qu'il est écrit : *J'ai aimé Jacob, et j'ai haï Ésaü*[h].

[14]Qu'est-ce à dire ? Y aurait-il de l'injustice en Dieu ? Non, certes. [15]Il dit en effet à Moïse : *Je ferai miséricorde à qui je veux faire miséricorde, et j'aurai pitié de qui je veux avoir pitié*[i]. [16]Il ne s'agit donc ni de vouloir ni de courir, mais que Dieu fasse miséricorde. [17]Car

---

[c]5. Malgré les hésitations de certains exégètes, la grammaire oblige à voir ici une doxologie adressée au Christ, et non au Père. A ce titre, elle est très remarquable (cf. Tt 2, 13).

[d]7. Gn 21, 12.

[e]8. Comparer Ga 4, 22-31, allégorie de Sara et Agar.

[f]9. Gn 18, 10-14.

[g]12. Gn 25, 23.

[h]13. Ml 1, 2-3. Jacob et Ésaü ne sont pas envisagés comme individus, mais comme personnification des deux peuples frères ennemis : Israël et Edom.

[i]15-18. Ex 33, 19. A la manière sémitique, Paul insiste exclusivement sur un aspect, la liberté de Dieu. Cela ne signifie pas qu'il nie l'autre, la coopération de l'homme. Il le laisse délibérément dans l'ombre.

l'Écriture dit au Pharaon : *Je t'ai suscité tout exprès pour manifester en toi ma puissance et pour que mon Nom soit célébré par toute la terre*[j]. [18]Ainsi donc, il fait miséricorde à qui il veut et il endurcit qui il veut.

[19]Tu vas sans doute me dire : Alors, de quoi se plaint-il ? Car, enfin, qui peut s'opposer à sa volonté ? [20]Vraiment, ô homme, qui es-tu donc pour disputer avec Dieu ? *Le vase d'argile va-t-il dire à celui qui l'a façonné :* Pourquoi m'as-tu fait ainsi ? [21]Le potier n'a-t-il pas le droit de faire de la même pâte d'argile tel vase pour un usage noble et tel autre pour un usage vulgaire ? [22]Or, si Dieu, pour manifester sa colère et faire connaître sa puissance, a supporté avec une grande patience des vases de colère, mûrs pour la perdition ; [23]s'il a voulu faire connaître ainsi les richesses de sa gloire à l'égard des vases de miséricorde qu'il a d'avance préparés pour la gloire, envers nous qu'il a appelés [24]non seulement d'entre les Juifs, mais encore d'entre les païens...[k]

Maintenant Dieu appelle les étrangers. — [25]Oui, c'est ce qu'il a dit dans Osée : *J'appellerai mon peuple celui qui n'était pas mon peuple, et bien-aimée celle qui n'était pas la bien-aimée ;* [26]*et dans le lieu où on leur avait dit : « Vous n'êtes pas mon peuple », là-même on les appellera fils du Dieu vivant*[l]. [27]Isaïe, de son côté, s'écrie au sujet d'Israël : *Quand le nombre des enfants d'Israël serait comme le sable de la mer, un reste seulement sera sauvé*[m], [28]*car le Seigneur accomplira pleinement et promptement sa parole sur la terre.* [29]Comme l'a prédit encore Isaïe : *Si le Seigneur*

---

[j]17. Ex 9, 16.

[k]24. La phrase reste en suspens, comme d'autres fois chez Paul. Suppléer : Qu'y a-t-il à objecter ?

[l]25-26. Os 2, 25 ; 2, 1.3.

[m]27. Is 10, 22-23, cité d'après les Septante.

des armées ne nous avait laissé un rejeton, nous serions devenus comme Sodome et nous aurions été semblables à Gomorrhe[n].

³⁰Que conclure? Que des païens qui ne recherchaient pas la justice ont obtenu la justice, j'entends la justice qui vient de la foi, ³¹tandis qu'Israël, en recherchant une loi qui conduisît à la justice, n'a pas atteint cette loi. ³²Pourquoi? Parce qu'il s'appuyait non sur la foi, mais sur des œuvres. Il s'est heurté contre la pierre d'achoppement, ³³selon qu'il est écrit: *Voici que je place dans Sion une pierre d'achoppement et un rocher contre lequel on butera; mais qui croit en lui ne sera pas confondu*[o].

10 L'erreur et la faute des Juifs. –

¹Frères, le désir de mon cœur et ma prière à Dieu pour eux, c'est qu'ils soient sauvés. ²Je leur rends en effet témoignage qu'ils ont du zèle pour Dieu, mais mal éclairé. ³Méconnaissant la justice de Dieu et cherchant à établir leur propre justice, ils ne se sont pas soumis à la justice de Dieu. ⁴Car la fin de la Loi, c'est le Christ[a], pour la justification de tout croyant.

⁵Moïse écrit en effet de la justice qui vient de la Loi: *L'homme qui l'aura observée vivra par elle*[b]. ⁶Mais la justice qui vient de la foi s'exprime ainsi[c]: *Ne dis pas dans ton cœur: Qui montera au ciel?* à savoir, pour en faire descendre le Christ; ⁷ni: *Qui descendra dans l'abîme?* à savoir, pour faire remonter le Christ de chez les morts. ⁸Que dit-elle donc? *La parole est près de toi, dans ta bouche et dans ton cœur,* à savoir, la parole de la foi que nous prêchons. ⁹Si en effet tu professes de

[o]29. Is 1, 9.
[p]33. Is 28, 16; 8, 14.
10. – [a]4. A la fois au sens où il y met fin et où il est sa finalité.
[b]5. Lv 18, 5. Comprendre qu'il est impossible à l'homme laissé à lui-même d'observer toute la Loi et donc de vivre par elle.
[c]6-8. Dt 30, 11-14.

bouche que Jésus est Seigneur et si tu crois de cœur que Dieu l'a ressuscité des morts, tu seras sauvé. [10]Car on croit de cœur pour parvenir à la justice et on professe de bouche la foi pour parvenir au salut. [11]L'Écriture dit en effet : *Quiconque croit en lui ne sera pas confondu*[d]. [12]Il n'y a pas de distinction entre Juif et Grec : le Seigneur est le même pour tous et dispense ses richesses à tous ceux qui l'invoquent. [13]Car, *quiconque invoquera le Nom du Seigneur sera sauvé*[e].

[14]Mais comment invoquer celui en qui ils n'ont pas cru ? Et comment croire, s'ils ne l'ont pas entendu ? [15]Et comment entendre, si personne ne prêche ? Et comment prêcher, si on n'est pas envoyé ? Selon qu'il est écrit : *Qu'ils sont beaux, les pieds de ceux qui annoncent de bonnes nouvelles*[f] ! [16]Mais tous n'ont pas obéi à la Bonne Nouvelle. Isaïe dit en effet : *Seigneur, qui a cru à notre prédication*[g] ? [17]La foi dépend donc de la prédication, et la prédication se fait sur la parole du Christ.

[18]Mais je le demande : ne l'ont-ils pas entendue ? Allons donc ! *Leur voix s'est répandue sur toute la terre, et leurs paroles jusqu'aux extrémités du monde*[h]. [19]Mais, je le demande, Israël n'a-t-il donc pas compris ? Déjà, Moïse dit : *Je vous rendrai jaloux d'un peuple qui n'en est pas un ; j'exciterai votre dépit contre un peuple sans intelligence*[i]. [20]Isaïe pousse même la hardiesse jusqu'à dire : *J'ai été trouvé par ceux qui ne me cherchaient pas, je me suis manifesté à ceux qui ne m'interrogeaient pas*[j]. [21]Mais à l'adresse d'Israël il dit : *Tout le long du jour j'ai tendu les mains vers un peuple désobéissant et rebelle*[k].

---

[d]11. Is 28, 16 (Septante).
[e]13. Jo 3, 5.
[f]15. Is 52, 7.
[g]16. Is 53, 1.
[h]18. Ps 19, 5.
[i]19. Dt 32, 21.
[j]20. Is 65, 1.
[k]21. Is 65, 2.

11 **Dieu n'a pas rejeté son peuple.** — [1]Je
demande donc : Dieu aurait-il rejeté son peuple ?
Certainement pas ! Ne suis-je pas moi-même israélite,
de la race d'Abraham, de la tribu de Benjamin ? [2]Non,
Dieu n'a pas rejeté son peuple qu'il a connu d'avance.
Ne savez-vous pas ce que dit l'Écriture dans l'histoire
où Élie se plaint d'Israël à Dieu ? [3]*Seigneur, ils ont tué
tes prophètes, ils ont démoli tes autels ; moi seul je suis
resté, et ils en veulent à ma vie*[a]. [4]Mais que lui répond
la voix divine ? *Je me suis réservé sept mille hommes
qui n'ont pas fléchi le genou devant Baal.*

[5]De même, dans le temps présent, il subsiste un
reste, choisi par grâce. [6]Mais si c'est par grâce, ce n'est
pas en raison des œuvres ; autrement la grâce n'est
plus la grâce. [7]Qu'est-ce à dire ? Ce qu'Israël cherche, il
ne l'a pas obtenu, mais ceux qui ont été choisis l'ont
obtenu. Quant aux autres, ils ont été endurcis, [8]selon
qu'il est écrit : *Dieu leur a donné un esprit hébété, des
yeux pour ne pas voir, des oreilles pour ne pas entendre, et cela jusqu'à ce jour*[b]. [9]David dit aussi : *Que
leur table soit un piège, un filet, une pierre d'achoppement, un juste châtiment.* [10]*Que leurs yeux s'obscur-
cissent et perdent la vue ; fais-leur sans cesse courber
l'échine.*

[11]Je demande donc : Ont-ils trébuché jusqu'à la
chute complète ? Certainement pas ! Mais par suite de
leur faux pas, les païens sont parvenus au salut, afin de
les rendre eux-mêmes jaloux. [12]Or, si leur faux pas a
fait la richesse du monde et leur défaillance la richesse
des païens, que ne fera pas leur retour en masse ?

[13]Je vous le dis donc à vous, les païens : en ma qualité d'Apôtre des païens, je fais honneur à mon ministère, [14]dans l'espoir d'exciter la jalousie de ceux de ma

11. – [a]3-4. 1 R 19, 10-18.
[b]8-10. Is 29, 10 ; Dt 29, 3 ; Ps 69, 23-24.

race[c] et d'en sauver quelques-uns. [15]Car, si leur rejet a
été la réconciliation du monde, que sera leur réintégra-
tion, sinon une résurrection d'entre les morts[d]?

Bonté et sévérité de Dieu. − [16]Si les prémices
sont saintes, la pâte l'est aussi; si la racine est sainte,
les rameaux le sont aussi. [17]Si quelques-uns des
rameaux ont été coupés, et si toi, olivier sauvage, tu as
été greffé parmi les rameaux qui sont restés, et si tu as
bénéficié avec eux de la riche sève de l'olivier fournie
par la racine, [18]ne va pas faire le fier avec les rameaux.
Tu as beau faire le fier; ce n'est pas toi qui portes la
racine, c'est la racine qui te porte. [19]Tu diras peut-être:
Des rameaux ont été coupés pour que moi, je sois greffé. [20]Fort bien! C'est à cause de leur incrédulité qu'ils
ont été coupés, et toi, c'est par la foi que tu tiens. N'aie
pas de pensées orgueilleuses, crains plutôt! [21]Si Dieu
n'a pas épargné les vrais rameaux, il ne t'épargnera pas
non plus. [22]Considère donc la bonté et la sévérité de
Dieu; sévérité envers ceux qui sont tombés, bonté
envers toi, pourvu que tu restes sous l'emprise de cette
bonté; autrement, tu seras retranché, toi aussi.
[23]Quant à eux, s'ils ne persistent pas dans leur incrédulité, ils seront greffés aussi: Dieu est assez puissant
pour les greffer à nouveau. [24]Car si tu as été coupé sur
l'olivier sauvage auquel tu appartenais par nature,
pour être greffé contre nature sur un olivier franc, à
combien plus forte raison ceux-ci pourront-ils être
greffés sur leur propre olivier auquel ils appartiennent
par nature.
[25]Je ne veux pas, frères, vous laisser ignorer ce mystère, afin que vous n'ayez pas une trop haute idée de
vous-mêmes. L'endurcissement d'une partie d'Israël

---

[c]14. Littéralement: ma chair.
[d]15. Plutôt que: la résurrection (générale) des morts.

durera seulement jusqu'à ce que l'ensemble des païens soit entré. 26Ainsi Israël tout entier sera sauvé, selon qu'il est écrit : *De Sion viendra le libérateur, il ôtera de Jacob les impiétés.* 27*Et c'est là l'alliance que je ferai avec eux, quand j'enlèverai leurs péchés*e. 28Si l'on considère l'Évangile, ils sont ennemis de Dieu à cause de vous ; si l'on considère l'élection divine, ils sont aimés à cause de leurs pères. 29Oui, les dons et l'appel de Dieu sont irrévocables. 30fJadis en effet, vous avez désobéi à Dieu et à présent, par suite de leur désobéissance, vous avez obtenu miséricorde ; 31de même eux aussi ont désobéi maintenant par suite de la miséricorde qui vous a été faite, afin qu'à leur tour ils obtiennent miséricorde. 32Car Dieu a enfermé tous les hommes dans la désobéissance pour faire miséricorde à tous.

Hymne au maître de l'histoire. – 33Ô abîme de la richesse, de la sagesse et de la science de Dieu ! Que ses desseins sont insondables et ses voies impénétrables ! 34*Qui a connu, en effet, la pensée du Seigneur ? Qui a jamais été son conseiller ?* 35*Qui lui a donné le premier pour devoir être payé en retour ?* 36Car tout est de lui, et par lui, et pour lui. A lui la gloire éternellement ! Amen.

DEVOIRS DE LA VIE CHRÉTIENNE

12 **Une vie offerte à Dieu.** – 1Je vous exhorte donc, frères, par la miséricorde de Dieu, à offrir vos personnes en victime vivante, sainte, agréable à Dieu ; tel est le culte que la raison vous demande. 2Ne prenez pas modèle sur le monde présent. Mais

e26-27. Is 59, 20-21 ; 27, 9.
f30-35. Inspiré d'Is 40, l3 ; Jr 23, 18 ; Jb 14, 8 ; 41, 3.

transformez-vous par le renouvellement de votre intelligence, afin de discerner la volonté de Dieu : ce qui est bon, agréable à ses yeux et parfait.

³En vertu de la grâce qui m'a été donnée, je dis à chacun d'entre vous : n'ayez pas de prétentions déraisonnables, mais jugez-vous avec une juste modération, chacun suivant le degré de foi que Dieu lui a départi[a]. ⁴Car de même que dans un seul corps[b] nous avons plusieurs membres et que tous ces membres n'ont pas la même fonction, ⁵de même, à nous tous, nous formons un seul corps dans le Christ, et nous sommes, chacun pour notre part, membres les uns des autres. ⁶Nous avons des dons différents, selon la grâce qui nous a été donnée. Si c'est le don de prophétie, qu'on prenne pour règle la foi ; ⁷Si c'est le don du service, que l'on serve ; a-t-on le don d'enseigner, que l'on enseigne ; ⁸celui d'exhorter, que l'on exhorte. Que celui qui donne le fasse avec simplicité ; celui qui préside, avec zèle ; celui qui pratique la miséricorde, avec un visage aimable.

Aimez-vous, aimez vos ennemis. – ⁹Que votre amour soit sans feinte. Ayez le mal en horreur, attachez-vous au bien. ¹⁰Aimez-vous les uns les autres d'un amour fraternel, rivalisez d'égards mutuels. ¹¹Que votre ardeur ne faiblisse pas, persévérez dans la ferveur de l'esprit, car c'est le Seigneur que vous servez. ¹²Soyez joyeux dans l'espérance, patients dans la tribulation, persévérants dans la prière. ¹³Subvenez aux besoins des saints, exercez l'hospitalité avec empressement.

¹⁴Bénissez ceux qui vous persécutent. Bénissez, ne maudissez pas. ¹⁵Réjouissez-vous avec ceux qui sont

---

12. – [a]3. C'est-à-dire la mesure des dons spirituels, ou charismes, accordés par Dieu à chacun.

[b]4. Mystère du Corps du Christ, un et divers. Cf. 1 Co 12, 12sv.; Ep 4, 7-15 ; Col 2, 9.

dans la joie, pleurez avec ceux qui pleurent. [16]Vivez en bonne intelligence les uns avec les autres. N'aspirez pas aux grandeurs ; laissez-vous attirer par ce qui est humble. N'ayez pas une trop haute opinion de vous-mêmes. [17]Ne rendez à personne le mal pour le mal ; *ayez à cœur de faire le bien devant tous les hommes*[c]. [18]S'il est possible, pour autant qu'il dépend de vous, vivez en paix avec tous les hommes. [19]Ne vous faites pas justice à vous-mêmes, mes bien-aimés, mais laissez agir la colère de Dieu, car il est écrit : *A moi la vengeance ; c'est moi qui rendrai à chacun son dû*, dit le Seigneur[d]. [20]Au contraire, *si ton ennemi a faim, donne-lui à manger ; s'il a soif, donne-lui à boire ; en agissant ainsi, tu amasseras des charbons ardents sur sa tête*[e]. [21]Ne te laisse pas vaincre par le mal ; mais sois vainqueur du mal par le bien.

13 Obéissez au gouvernement. – [1]Que chacun soit soumis aux autorités en charge[a] ; car il n'y a pas d'autorité qui ne vienne de Dieu ; celles qui existent ont été établies par lui. [2]Celui qui résiste à l'autorité se révolte donc contre l'ordre voulu de Dieu, et ceux qui se révoltent attireront sur eux la condamnation. [3]Les magistrats ne sont pas à redouter quand on fait le bien, mais quand on fait le mal. Veux-tu ne pas avoir à redouter l'autorité ? Fais le bien et tu recevras d'elle des éloges ; [4]car elle est au service de Dieu pour ton bien. Mais si tu fais le mal, tremble ; ce n'est pas pour rien qu'elle porte le glaive ; elle est au service de Dieu pour faire justice et punir celui qui fait le mal. [5]Il est donc nécessaire de se soumettre, non seulement par crainte

[c]17. Ou : Ayez de la bien-veillance pour tous.
[d]19. Dt 32, 35.
[e]20. Pr 25, 21-22.

13. – [a]1-7. Morale politique qui restera classique dans la tradition chrétienne. Cf. 1 Tm 2, 1-2 ; Tt 3, 1 ; 1 P 2, 13-17.

du châtiment, mais encore par motif de conscience. [6]C'est aussi pour cette raison que vous payez les impôts; car les magistrats sont des fonctionnaires de Dieu, assidûment appliqués à leur office. [7]Rendez donc à chacun ce qui lui est dû: à qui l'impôt, l'impôt; à qui les taxes, les taxes; à qui la crainte, la crainte; à qui l'honneur, l'honneur.

L'amour résume toute la Loi. – [8]N'ayez de dettes envers personne, sinon celle de l'amour mutuel, car celui qui aime le prochain accomplit toute la Loi. [9]En effet, les commandements: *Tu ne commettras pas d'adultère; tu ne tueras pas; tu ne voleras pas; tu ne convoiteras pas,* ainsi que tous les autres, se résument dans cette parole: *Tu aimeras ton prochain comme toi-même*[b]. [10]L'amour ne fait pas de mal au prochain: l'amour est donc le plein accomplissement de la Loi.

[11]Vous connaissez d'ailleurs l'époque que nous traversons: l'heure est venue de sortir de votre sommeil car le salut est maintenant plus près de nous que lorsque nous avons embrassé la foi. [12]La nuit est avancée, le jour est tout proche. Rejetons donc les œuvres des ténèbres et revêtons les armes de la lumière. [13]Comme en plein jour[c], conduisons-nous avec décence: ni ripailles, ni orgies, ni luxure, ni débauches, ni querelles, ni jalousies. [14]Revêtez-vous au contraire du Seigneur Jésus Christ, et ne prenez pas souci de la chair pour satisfaire ses convoitises.

14 Difficultés des chrétiens d'autrefois. –
[1]Faites bon accueil à qui est faible dans la foi[a], sans entrer en discussions d'opinions. [2]Tel croit pou-

---

[b]9. Ex 20, 13-17; Lv 19, 18.
[c]13-14. Ce passage a décidé de la conversion d'Augustin:

Confessions, VIII et XII, 29.
14. – [a]1sv. Il s'agit de chrétiens peu éclairés, qui se croyaient

voir manger de tout ; tel autre qui est faible ne mange que des légumes. [3]Que celui qui mange de tout ne méprise pas celui qui s'abstient, et que celui qui s'abstient ne juge pas celui qui mange de tout, car Dieu lui a fait le même accueil. [4]Qui es-tu, toi, pour te poser en juge du serviteur d'autrui ? Qu'il se tienne debout ou qu'il tombe, cela regarde son maître. Mais il se tiendra debout, car le Seigneur a le pouvoir de le soutenir. [5]Tel distingue entre jour et jour ; tel autre les estime tous pareils. Que chacun agisse suivant sa propre conviction. [6]Celui qui fait une distinction entre les jours le fait pour le Seigneur ; celui qui mange de tout le fait pour le Seigneur. Ne rend-il pas grâce à Dieu ? Celui qui s'abstient le fait aussi pour le Seigneur et rend, lui aussi, grâce à Dieu. [7]Nul d'entre nous en effet ne vit pour soi, et nul ne meurt pour soi[b]. [8]Si nous vivons, c'est pour le Seigneur que nous vivons ; si nous mourons, c'est pour le Seigneur que nous mourons. Que nous vivions donc ou que nous mourions, nous appartenons au Seigneur. [9]Car le Christ est mort et a repris vie pour être le Seigneur des morts et des vivants. [10]Toi donc, pourquoi juges-tu ton frère ? Ou toi, pourquoi méprises-tu ton frère ? Car nous comparaîtrons tous devant le tribunal de Dieu. [11]Il est écrit en effet : *Aussi vrai que je suis vivant, dit le Seigneur, tout genou fléchira devant moi, et toute langue rendra gloire à Dieu*[c]. [12]Ainsi, c'est pour soi-même que chacun rendra compte à Dieu.

[13]Cessons donc de nous juger les uns les autres. Jugez plutôt que vous ne devez pas être pour votre frère occasion de scandale ou de chute[d]. [14]Je sais, je suis persuadé dans le Seigneur Jésus que rien n'est impur

tenus par des tabous alimentaires, à la manière de certaines sectes philosophiques et religieuses, notamment orientales. Cf. 1 Co 8, 1-3 et 10, 19-33.

[b]7. Comparer 6, 10.
[c]11. Is 49, 18 ; 45, 23.
[d]13sv. Même pensée en 1 Co 8, 11.

en soi. Mais si quelqu'un estime une chose impure, elle l'est pour lui. ¹⁵Si pour une question d'aliment tu contristes ton frère, tu ne te conduis plus selon la charité. Ne va pas pour un aliment causer la perte de celui pour qui le Christ est mort. ¹⁶Ne donnez pas prétexte à la calomnie par ce que vous estimez bien. ¹⁷Le royaume de Dieu ne consiste pas dans le manger et le boire ; il est justice, paix et joie dans l'Esprit Saint. ¹⁸Celui qui sert le Christ dans cette disposition est agréable à Dieu et estimé des hommes. ¹⁹Recherchons donc ce qui contribue à la paix et à l'édification mutuelle.

²⁰Garde-toi, pour une question d'aliment, de détruire l'œuvre de Dieu ! Tout est pur, assurément ; mais c'est mal faire que de manger quelque chose en provoquant le scandale[e]. ²¹Ce qui est bien, c'est de ne pas manger de viande, de ne pas boire de vin, et de ne rien faire qui puisse être pour ton frère occasion de chute. ²²Tu as une conviction, garde-la pour toi, devant Dieu. Heureux celui qui ne se condamne pas lui-même dans la décision qu'il adopte ! ²³Mais celui qui mange dans le doute se condamne, parce qu'il n'agit pas par conviction de foi. Or tout ce qui ne procède pas d'une conviction de foi est péché.

15 Les plus forts sont au service des moins forts.

— ¹Nous devons, nous les forts, porter les infirmités des faibles et ne pas rechercher ce qui nous plaît. ²Que chacun de nous s'efforce de plaire à son prochain en vue du bien et pour l'édification. ³Car le Christ n'a pas recherché ce qui lui plaisait, mais, ainsi qu'il est écrit : *Les outrages de ceux qui t'outragent sont tombés sur moi*[a]. ⁴Or tout ce qui a été écrit dans le passé l'a été pour notre instruction, afin que par la per-

---

e20. Ou : En succombant au scandale.   **15.** – a3. Ps 69, 10.

sévérance et la consolation que donnent les Écritures
nous possédions l'espérance. [5]Que le Dieu de persévérance et de réconfort vous donne d'avoir les uns pour
les autres les mêmes sentiments, selon le Christ Jésus,
[6]afin que, d'un seul cœur et d'une seule voix, vous glo-
rifiiez le Dieu et Père de notre Seigneur Jésus Christ.

[7]Soyez donc accueillants les uns pour les autres,
comme le Christ l'a été pour vous, à la gloire de Dieu.
[8]J'affirme en effet que le Christ s'est mis au service des
circoncis pour manifester la véracité de Dieu, en
accomplissant les promesses faites aux Pères, [9]tandis
que les païens glorifient Dieu pour sa miséricorde,
ainsi qu'il est écrit : *C'est pourquoi je te louerai parmi
les nations et je chanterai à la gloire de ton Nom*[b].
[10]L'Écriture dit encore : *Réjouissez-vous, nations, avec
son peuple*[c]. [11]Et encore : *Nations, louez toutes le Seigneur et que tous les peuples le célèbrent*[d]. [12]Et Isaïe
dit encore : *Il viendra, le rejeton de Jessé, celui qui se
lève pour commander aux nations ; en lui les nations
mettront leur espérance*[e]. [13]Que le Dieu de l'espérance
vous comble de toute joie et paix dans la foi, afin que
vous débordiez d'espérance, par la force de l'Esprit
Saint.

ÉPILOGUE

Sentiments et souvenirs de Paul. — [14]Quant à
moi, mes frères, je suis persuadé, à votre égard, que
vous êtes vous-mêmes pleins de bonnes dispositions,
tout remplis du don de science, capables de vous avertir les uns les autres. [15]Je vous ai écrit cependant, par
endroits, avec quelque hardiesse, pour raviver vos sou-

[b]9. Ps 18, 50.   [d]11. Ps 117, 1.
[c]10. Dt 32, 43.   [e]12. Is 11, 10.

venirs, en vertu de la grâce que Dieu m'a faite [16]d'être auprès des païens le ministre du Christ Jésus, en m'acquittant du service sacré de l'Évangile de Dieu[f], afin que les païens lui soient une offrande agréable, sanctifiée par l'Esprit Saint.

[17]J'ai donc sujet d'être fier dans le Christ Jésus, pour ce qui regarde le service de Dieu. [18]Car je n'oserais pas parler de choses que le Christ n'aurait pas accomplies par mon intermédiaire pour amener les païens à l'obéissance, par la parole et par l'action, [19]par la puissance des signes et des prodiges, par la puissance de l'Esprit. Depuis Jérusalem, en rayonnant jusqu'à l'Illyrie, j'ai largement annoncé l'Évangile du Christ, [20]me faisant toutefois un point d'honneur de n'annoncer l'Évangile que là où le nom du Christ n'avait pas été prononcé, afin de ne pas bâtir sur les fondations posées par un autre, [21]mais de me conformer à l'Écriture : *Ils le verront, ceux à qui on ne l'avait pas annoncé; ils le comprendront, ceux qui n'en avaient pas entendu parler*[g].

[22]Voilà ce qui, à maintes reprises, m'a empêché d'aller chez vous.

Paul annonce ses projets. – [23]Mais maintenant, comme je n'ai plus de champ d'action dans ces pays-ci, et que depuis bien des années j'ai un vif désir d'aller chez vous, [24]quand je me rendrai en Espagne... J'espère en effet vous voir lors de mon passage et être mis par vous sur la bonne route, non toutefois sans avoir d'abord joui de votre présence. [25]Pour le moment je vais à Jérusalem pour le service des saints. [26]Car la Macédoine et l'Achaïe

---

[f]16. Ou bien : en prêtre de l'Évangile de Dieu. Ou encore : lui présentant comme un sacrifice l'annonce de l'Évangile. Paul utilise-t-il ici un vocabulaire intentionnellement sacerdotal ? On peut en discuter.

[g]21. Is 52, 15.

ont décidé de faire une collecte pour les saints de Jérusalem qui se trouvent dans le besoin[h]. [27]Elles l'ont décidé, et elles le leur devaient ; car si les païens ont eu part à leurs biens spirituels, ils doivent à leur tour les assister de leurs biens temporels. [28]Lors donc que j'aurai terminé cette affaire et remis entre leurs mains cette offrande, je partirai pour l'Espagne en passant par chez vous. [29]Et je sais qu'en allant chez vous j'y viendrai avec toute la richesse des bénédictions du Christ.

[30]Mais je vous le demande, frères, au nom de notre Seigneur Jésus-Christ et par l'amour de l'Esprit : combattez avec moi dans les prières que vous adresserez pour moi à Dieu, [31]afin que j'échappe aux incrédules de Judée et que l'offrande que je porte à Jérusalem soit bien accueillie par les saints. [32]Je pourrai ainsi arriver chez vous dans la joie et, si c'est la volonté de Dieu, prendre auprès de vous quelque repos[i]. [33]Que le Dieu de la paix soit avec vous tous ! Amen.

16

Salutations. — [1]Je vous recommande notre sœur Phœbé, diaconesse[a] de l'Église de Cenchrées[b] ; [2]accueillez-la dans le Seigneur d'une manière digne des saints et assistez-la en toute affaire où elle pourrait avoir besoin de vous ; car elle a été une protectrice pour beaucoup et pour moi-même.

[3]Saluez Prisca et Aquila, mes collaborateurs dans le Christ Jésus ; [4]ils ont risqué leur tête pour me sauver la vie, et ce n'est pas moi seul qui leur dois reconnaissance, mais aussi toutes les Églises du monde païen. [5]Saluez

---

[h]26. Paul attache une grande importance à la collecte pour l'Église-mère de Jérusalem. Il y voit le signe de l'échange dans la communion. Cf. 1 Co 16, 14 ; 2 Co 8-9.

[i]32. Cf. 1, 10sv. En fait, c'est en prisonnier que Paul verra Rome, Ac 21, 27-36.

16. — [a]1. Les diaconesses assistaient les pauvres et les malades.

[b]1. Cenchrées était le port oriental de Corinthe, Ac 18, 18.

aussi l'Église qui se réunit chez eux. Saluez mon cher Épénète, prémices de l'Asie offertes au Christ. [6]Saluez Marie, qui a pris beaucoup de peine pour vous. [7]Saluez Andronicus et Junie, mes compatriotes et compagnons de captivité, distingués parmi les apôtres et qui même ont appartenu au Christ avant moi. [8]Saluez Ampliatus qui m'est cher dans le Seigneur. [9]Saluez Urbain, notre collaborateur dans le Christ, et mon cher Stachys. [10]Saluez Apelle, qui a fait ses preuves dans le Christ. Saluez ceux de la maison d'Aristobule. [11]Saluez Hérodion, mon compatriote. Saluez ceux de la maison de Narcisse qui appartiennent au Seigneur. [12]Saluez Tryphène et Tryphose qui se donnent de la peine dans le Seigneur. Saluez la chère Persis qui s'est donné beaucoup de peine dans le Seigneur. [13]Saluez Rufus[c], cet élu dans le Seigneur, et sa mère qui est aussi la mienne. [14]Saluez Asyncrite, Phlégon, Hermès, Patrobas, Hermas et les frères qui sont avec eux. [15]Saluez Philologue et Julie, Nérée et sa sœur, Olympas et tous les saints qui sont avec eux. [16]Saluez-vous les uns les autres par un saint baiser. Toutes les Églises du Christ vous saluent.

[17]Je vous en prie, frères, prenez garde à ceux qui suscitent les divisions et les scandales, en s'opposant à la doctrine que vous avez reçue. Évitez-les. [18]Car ces gens-là ne servent pas le Christ, notre Seigneur, mais leur ventre. Par leurs discours lénifiants et flatteurs, ils séduisent les cœurs simples. [19]Votre obéissance est connue de tous. Je me réjouis donc à votre sujet. Je veux que vous soyez ingénieux pour le bien et candides pour le mal. [20]Le Dieu de paix écrasera promptement Satan sous vos pieds. Que la grâce de notre Seigneur Jésus Christ soit avec vous[d] !

---

[c]13. Peut-être l'un des fils de Simon de Cyrène, Mc 15, 21.

[d]20. Fin de la lettre. Paul a ajouté un post-scriptum, peut-être après un certain laps de temps.

²¹Timothée, mon collaborateur, vous salue, ainsi que Lucius, Jason et Sosipatros, mes compatriotes. ²²Je vous salue dans le Seigneur, moi Tertius, qui ai écrit cette lettre. ²³Gaïus, mon hôte et celui de l'Église entière, vous salue. Eraste, le trésorier de la ville vous salue, ainsi que Quartus, notre frère[e].

Hymne finale. – ²⁵[f]A Celui qui a le pouvoir de vous affermir dans mon Évangile, dans la prédication de Jésus Christ, dans la révélation du mystère tenu secret de toute éternité, ²⁶mais manifesté aujourd'hui et porté à la connaissance de tous les peuples païens par des écrits prophétiques, selon l'ordre du Dieu éternel, pour les amener à l'obéissance de la foi, ²⁷à Dieu qui seul est sage, par Jésus Christ, à lui soit la gloire aux siècles des siècles. Amen.

[e]23. La Vulgate latine insère ici un v 24, qui est la répétition de la fin de 20. Absent des meilleurs manuscrits grecs, il ne paraît pas authentique.

[f]25-27. Malgré les hésitations de la tradition manuscrite, l'authenticité paulinienne de cette doxologie est très probable. Comparer Ep 3, 5-9 : manifestation, en Jésus Christ, du mystère d'universel salut.

LETTRES AUX CORINTHIENS

INTRODUCTION

Saint Paul a évangélisé Corinthe pendant près de deux ans, de 50 à 52, au cours de son second voyage missionnaire (Ac 18, 1-18), aussitôt après son passage à Athènes. La ville était très florissante, par suite de sa position privilégiée sur l'isthme qui porte son nom; elle comptait plus d'un demi-million d'habitants, population fort mêlée, tristement célèbre pour sa dépravation, amie de la culture (2), des arts, du luxe, des exercices physiques (9, 24-55).

La prédication de saint Paul y eut un succès considérable, surtout auprès des païens et principalement dans les classes inférieures de la société : 1, 26-31. Mais l'Église de Corinthe, en dépit de sa ferveur, apparut bientôt fort turbulente. Des abus plus graves s'y manifestèrent, à propos desquels l'Apôtre écrivit une première lettre qui ne nous est pas parvenue : 5, 9. Une visite de quelques fidèles l'informa plus amplement de ces désordres à Éphèse, qu'il évangélisait alors, et lui transmit diverses questions sur lesquelles on souhaitait des éclaircissements : 1, 11 ; 7, 1.

C'est d'Éphèse, au printemps de 55 ou 56, probablement aux alentours de la fête de Pâques (5, 7-8), que saint Paul a écrit la première aux Corinthiens. Elle est d'une importance hors de pair, par le tableau qu'elle offre d'une communauté chrétienne primitive, où tous, tant s'en faut, n'étaient pas des saints, et qui ne réalisait pas sans tâtonnements ni écarts le difficile passage de la corruption païenne, de la légèreté et du scepticisme grec, à l'austérité, au sérieux et à la fermeté doctrinale du christianisme. On y voit dans quelles conditions s'est effectué le premier contact prolongé entre le message évangélique et la pensée antique, et comment furent abordés les redoutables obstacles que constituaient pour les convertis le penchant à la discorde et aux divisions, les misères morales du passé, les habitudes intellectuelles et sociales, les souvenirs malsains des religions à mystères, les objections de l'esprit grec à la doctrine de la résurrection. Saint Paul y apparaît à la fois théologien profond, moraliste et casuiste consommé, chef à l'autorité tempérée de tendresse. Il traite toutes les questions, même les plus humbles, avec une remarquable hauteur de vues, et les résout par des raisons décisives, en ce style dense, inimitable, qui n'appartient qu'à lui.

Il est assez difficile de déterminer la suite des événements entre les deux lettres aux Corinthiens. Voici ce qui semble le plus probable.

Après l'envoi de la première lettre, des judaïsants mirent de nouveau le trouble dans l'Église de Corinthe : 10, 7 ; 11, 22. Paul y fit alors une courte visite, dont il garda un assez mauvais souvenir : 2, 1. Les intrigues continuèrent après son départ et un représentant de l'Apôtre fut gravement offensé : 2, 5-10 et 7, 12. Malade à Éphèse (1, 8-9), Paul écrivit alors une lettre sévère qui n'a pas été conservée : 2, 3.4.9 ; 7, 8-12 (ce n'est pas la première aux Corinthiens, dont le ton est bien différent) ; il envoya Tite pour remettre les choses en ordre, et l'offenseur fut puni comme il le méritait, d'accord avec l'ensemble des fidèles : 2, 6 ; 7, 7-12. Contraint de quitter Éphèse après l'émeute des orfèvres (Ac 19, 23-40) et n'ayant pas trouvé Tite à Troas, l'Apôtre passa en Macédoine où son disciple le rejoignit, apportant de bonnes nouvelles : 7, 5-7.13. Il le renvoya à Corinthe pour terminer l'organisation de la collecte en faveur des chrétiens de Jérusalem: 8, 16-24. Certains judaïsants cependant persistaient dans une opposition irréductible à l'égard de saint Paul: 10, 7; 11, 5.23; 12, 11, etc. C'est pourquoi, avant de partir pour Corinthe, il écrivit notre seconde lettre canonique, afin de rétablir son autorité, de ramener la paix, d'inviter à la générosité envers l'Église de Jérusalem, de réfuter les calomnies de ses adversaires et de préparer les esprits à sa visite: 13, 1. Cette visite devait être en réalité un séjour de trois mois: Ac 20, 3.

La seconde aux Corinthiens a donc été composée en Macédoine, peut-être à Philippes, huit ou neuf mois ou au maximum deux ans après la première, donc à la fin de 56 ou en 57.

Certains critiques ont pensé que le fragment 6, 14 – 7, 1 appartiendrait à la lettre intermédiaire perdue – d'autres que le chapitre 9 qui reprend le thème du chapitre 8 serait un billet adressé aux Églises d'Achaïe en dehors de Corinthe – d'autres encore, que les chapitres 10-13, à cause de leur ton très différent, constitueraient une lettre distincte. Ces hypothèses respectent l'authenticité paulinienne, mais elles n'ont aucun appui dans les manuscrits; l'unité de l'épître peut être soutenue sans subtilités excessives, si on tient compte des circonstances et du tempérament de Paul, dont l'impressionnabilité a pu modifier les dispositions au cours des séances exigées par la dictée de cette longue lettre. Le plus sage est de s'en tenir à la tradition. Aucune lettre ne nous fait mieux connaître l'âme ardente et pleine de contrastes de l'Apôtre; aucune ne montre mieux l'origine divine et les qualités du ministère apostolique, avec les travaux et les épreuves qu'il impose. Bien que le but n'en soit pas doctrinal, il s'y rencontre des aperçus saisissants, en dépit de leur brièveté sur les plus hauts points du dogme chrétien:

Trinité (1, 19-22 ; 13, 13) ; Incarnation (8, 9) ; Rédemption (5, 21) ; supériorité de l'Alliance nouvelle (3, 4-16) ; divinisation progressive des chrétiens (3, 17-18) ; fins dernières (5, 1-10), etc.

PREMIÈRE LETTRE AUX CORINTHIENS

PROLOGUE

1 Adresse et compliments. – ¹Paul, appelé à être apôtre de Jésus-Christ par la volonté de Dieu, et Sosthène, notre frère, ²à l'Église de Dieu qui est à Corinthe, aux fidèles sanctifiés dans le Christ Jésus et appelés à être saints, avec tous ceux qui en tous lieux invoquent le nom de notre Seigneur Jésus Christ, leur Seigneur et le nôtre ; ³à vous grâce et paix de la part de Dieu, notre Père, et du Seigneur Jésus Christ !

⁴Je ne cesse de remercier Dieu à votre sujet pour la grâce qu'il vous a donnée dans le Christ Jésus. ⁵Vous avez été comblés en lui de toutes les richesses, toutes celles de la parole et toutes celles de la science, ⁶à proportion de la fermeté avec laquelle le témoignage du Christ a été établi parmi vous. ⁷Aussi ne vous manque-t-il aucun don spirituel, à vous qui attendez la manifestation de notre Seigneur Jésus Christ. ⁸C'est lui qui vous affermira jusqu'à la fin, pour que vous soyez irréprochables au Jour de notre Seigneur Jésus Christ. ⁹Il est fidèle, le Dieu qui vous a appelés à l'union intime avec son Fils Jésus Christ, notre Seigneur.

LES DIVISIONS ET LES SCANDALES

Mise au point sur le baptême. – ¹⁰Je vous conjure, frères, au nom de notre Seigneur Jésus Christ, d'avoir tous même sentiment. Qu'il n'y ait pas parmi vous de divisions. Soyez bien unis, n'ayant qu'un même esprit et qu'une même pensée. [11]Il m'est revenu à votre sujet, mes frères, par les gens de Chloé[a], qu'il y a des dissensions parmi vous. [12]Voici ce que je veux dire ; chacun de vous déclare : « Moi, je suis de Paul ! » – « Et moi, d'Apollos[b] ! » – « Et moi, de Céphas ! » – « Et moi, de Christ ! » [13]Le Christ est-il divisé ? Serait-ce Paul qui a été crucifié pour vous ? Serait-ce au nom de Paul que vous avez été baptisés ? [14]Je n'ai, Dieu merci, baptisé aucun de vous, sinon Crispus et Gaïus ; [15]personne ne peut donc prétendre que vous avez été baptisés en mon nom. [16]Ah si ! J'ai encore baptisé la famille de Stéphanas. Je ne sache pas, au surplus, avoir baptisé personne d'autre.

Évangile et culture. – [17]Le Christ en effet ne m'a pas envoyé baptiser, mais prêcher l'Évangile, et cela sans faire appel à la sagesse du langage, afin que la croix du Christ ne soit pas réduite à rien. [18]Car le langage de la croix est folie pour ceux qui se perdent, mais pour ceux qui se sauvent, pour nous, c'est une puissance divine. [19]Il est écrit en effet : *Je détruirai la sagesse des sages, et la science des savants, je la rejetterai*[c]. [20]Où est le sage ? Où est l'homme instruit ? Où est le raisonneur de ce monde ? Dieu n'a-t-il pas frappé de folie la sagesse du monde[d] ? [21]Puisque le monde, avec sa sagesse, n'a pas connu Dieu dans la sagesse de Dieu, il a plu à Dieu de sauver les croyants par la folie de notre prédication. [22]Alors que les Juifs réclament

1. – [a]11. *Chloé* : peut-être une commerçante dont le personnel faisait de fréquents voyages sur les côtes de Grèce et d'Asie mineure.

[b]12. Apollos nous est un peu connu par Ac 18, 24-28. Céphas est le nom araméen de Pierre.

« De Christ » est d'interprétation difficile : s'agirait-il d'un groupe de spirituels voulant relever directement du Christ ?

[c]19. Is 29, 14 (Septante).

[d]20-21. Cette idée est développée en Rm 1, 19sv.

des miracles et que les Grecs sont en quête de sagesse, 23nous prêchons, nous, un Christ crucifié, scandale pour les Juifs et folie pour les païens, 24mais pour ceux qui sont appelés, tant Juifs que Grecs, c'est le Christ, puissance de Dieu et sagesse de Dieu. 25Car ce qui est folie de Dieu est plus sage que les hommes, et ce qui est faiblesse de Dieu est plus fort que les hommes.

26Regardez, frères, ceux qui parmi vous ont été appelés. Il n'y a pas beaucoup de sages selon la chair, pas beaucoup de puissants, pas beaucoup de gens de noble naissance; 27mais ce qu'il y a de fou dans le monde, Dieu l'a choisi pour couvrir de confusion les sages; ce qu'il y a de faible dans le monde, Dieu l'a choisi pour couvrir de confusion les forts, 28et ce qui dans le monde est de modeste origine et méprisé[e], ce qui n'est pas, Dieu l'a choisi pour réduire à néant ce qui est, 29afin qu'aucune créature ne puisse se glorifier devant Dieu. 30C'est par lui que vous êtes dans le Christ Jésus, qui, de par Dieu, est devenu pour nous sagesse, justice, sanctification et rédemption, 31afin que, comme il est écrit: *Que celui qui se vante, se vante dans le Seigneur*[f].

2 **Souvenirs de Paul à Corinthe.** – 1Pour moi, frères, quand je suis venu chez vous, je ne suis pas venu vous annoncer le témoignage de Dieu, en me prévalant d'une supériorité de parole ou de sagesse. 2J'ai jugé que je ne devais savoir parmi vous que Jésus Christ et Jésus Christ crucifié. 3C'est avec faiblesse, crainte et grande frayeur que je me suis présenté à vous; 4ma parole et ma prédication n'ont rien eu des discours persuasifs de la sagesse; ils ont été une démonstration d'Esprit et de puissance, 5afin que votre

---

[e]28. Tout ce passage est le type même du paradoxe paulinien.   [f]31. Citation libre de Jérémie 9, 22-23.

foi ne soit pas fondée sur la sagesse des hommes, mais sur la puissance de Dieu.

Il y a une culture chrétienne. — [6]Il y a pourtant une sagesse que nous annonçons parmi les parfaits[a] ; ce n'est pas la sagesse de ce monde ni des princes de ce monde, voués à la destruction ; [7]c'est la sagesse de Dieu que nous annonçons, mystérieuse et restée cachée, que Dieu a préparée d'avance, avant tous les siècles pour notre glorification[b]. [8]Nul des princes de ce monde ne l'a connue ; s'ils l'avaient connue ils n'auraient pas crucifié le Seigneur de la gloire ; [9]mais ainsi qu'il est écrit : *Ce que l'œil n'avait pas vu, ce que l'oreille n'avait pas entendu, ce que le cœur de l'homme n'avait pu concevoir, c'est là ce que Dieu a préparé pour ceux qui l'aiment*[c].

[10]Mais à nous, par l'Esprit, Dieu l'a révélé. L'Esprit en effet scrute tout, jusqu'aux profondeurs de Dieu. [11]Qui parmi les hommes connaît ce qui est dans l'homme, si ce n'est l'esprit de l'homme qui est en lui ? De même, nul ne connaît ce qui est en Dieu, si ce n'est l'Esprit de Dieu. [12]Pour nous, ce n'est pas l'esprit du monde que nous avons reçu mais l'Esprit qui vient de Dieu, afin de connaître les dons que nous avons reçus de Dieu. [13]Et nous en parlons, non en des termes appris de la sagesse humaine, mais de l'Esprit, exprimant en langage spirituel les choses spirituelles. [14]L'homme naturel n'est pas en état de recevoir ce qui vient de l'Esprit de Dieu ; c'est folie pour lui, et il n'y peut rien comprendre, car c'est par l'Esprit qu'on en juge. [15]L'homme spirituel, au contraire, juge de tout et n'est lui-même jugé par personne. [16]*Qui, en effet, a connu la pensée du Seigneur pour lui donner des leçons ?*[d] Mais nous, nous avons la pensée du Christ.

2. – [a]6. Cf. 3, 1-2 ; Heb 5, 12-14. [c]9. Is 64, 3 et Jr 3, 16.
 [b]7. Col 1, 26-27 ; 2, 2-3 ; Ep 3, 3-6. [d]16. Cf. Is 40, 13.

3 **Paul bâtisseur de l'Église à Corinthe.** — [1]Pour moi, frères, je n'ai pu vous parler comme à des hommes spirituels, mais comme à des hommes charnels, comme à de petits enfants dans le Christ. [2]C'est du lait que je vous ai donné à boire, non une nourriture solide : vous n'auriez pu la supporter. Même à présent vous ne le pouvez pas, [3]car vous êtes encore dominés par la chair. Du moment qu'il y a parmi vous jalousie et disputes, n'est-ce pas la preuve que vous êtes charnels et que votre conduite est tout humaine ? [4]Lorsque l'un dit : « Moi, je suis de Paul », et l'autre : « Moi, je suis d'Apollos », n'agissez-vous pas d'une manière tout humaine ?

[5]Qu'est-ce donc qu'Apollos ? Et qu'est-ce que Paul ? Des serviteurs par qui vous avez cru, selon la part que le Seigneur a donnée à chacun. [6]Moi ! j'ai planté, Apollos a arrosé, mais c'est Dieu qui donnait la croissance. [7]Ainsi celui qui plante n'est rien, celui qui arrose n'est rien, seul compte celui qui donne la croissance : Dieu. [8]Celui qui plante et celui qui arrose ne font qu'un, et chacun recevra son salaire en proportion de son propre travail. [9]Car nous sommes les coopérateurs de Dieu[a], et vous êtes, vous, le champ de Dieu, l'édifice de Dieu.

[10]Selon la grâce que Dieu m'a donnée, j'ai, tel un bon architecte, posé les fondations. Un autre bâtit dessus. Mais que chacun prenne garde à la manière dont il bâtit. [11]Car, de fondations, personne n'en peut poser d'autres que celui qui est en place : Jésus Christ. [12]Si l'on bâtit sur ce fondement avec de l'or, de l'argent, des pierres précieuses, du bois, du foin, de la paille, [13]on verra quel est l'ouvrage de chacun ; le Jour du Seigneur le fera connaître, car il se manifestera dans le feu, et c'est ce feu qui éprouvera ce que vaut l'œuvre de cha-

3. – [a]9. Autre traduction : *Nous sommes tous les ouvriers de Dieu.*

cun[b]. [14]Celui dont l'œuvre bâtie sur le fondement tiendra recevra un salaire; [15]celui dont l'ouvrage sera consumé perdra sa rémunération; quant à lui, il sera sauvé, mais comme à travers le feu.

L'Église est un temple de Dieu. – [16]Ne savez-vous pas que vous êtes le temple de Dieu et que l'Esprit de Dieu habite en vous? [17]Si quelqu'un détruit le temple de Dieu, Dieu le détruira. Car il est sacré, le temple de Dieu, et ce temple, c'est vous.

[18]Que personne ne s'abuse! Si quelqu'un parmi vous se croit sage à la manière de ce monde, qu'il devienne fou pour être sage; [19]car la sagesse de ce monde est folie aux yeux de Dieu. Il est écrit en effet: *C'est moi qui prends les sages à leur propre ruse*[c]. [20]Et encore: *Le Seigneur connaît les pensées des sages et sait qu'elles sont vaines*[d]. [21]Ainsi donc, que nul ne mette sa gloire dans les hommes; car tout est à vous: [22]Paul, Apollos, Céphas, le monde, la vie, la mort, le présent, l'avenir. Tout est à vous [23]mais vous êtes au Christ et le Christ est à Dieu!

4 [1]Qu'on voie donc en nous de simples serviteurs du Christ et des intendants des mystères de Dieu. [2]Or tout ce qu'on demande à des intendants, c'est de se montrer fidèles. [3]Pour moi, il m'importe fort peu d'être jugé par vous ou par un tribunal humain; et je ne me juge pas non plus moi-même. [4]Car, bien que ma conscience ne me reproche rien, je ne suis pas justifié pour autant[a]; mon juge, c'est le Seigneur. [5]Ne portez donc

---

[b]13. Le feu, symbole du jugement de Dieu, cf. Mt 3, 12.

[c]19. Jb 5, 13.

[d]20. Ps 94, 11.

4. – [a]4. Ce texte a été appliqué par le concile de Trente à la conscience de l'état de grâce, qui peut susciter une confiance suffisante, non une certitude absolue (Denz. 810).

pas de jugement prématuré; attendez que vienne le
Seigneur qui éclairera ce qui est caché dans les ténèbres et manifestera les intentions des cœurs. Chacun
recevra alors de Dieu l'éloge qu'il mérite.

Trop de prétentions dans cette Église. – [6]Si je
me suis appliqué ces choses, à moi et à Apollos, c'est à
cause de vous, frères, afin que vous appreniez en nos
personnes la maxime: «Rien de plus de ce qui est
écrit[b]», et que personne ne s'enfle d'orgueil en prenant
le parti de l'un contre l'autre. [7]Qui donc en effet te distingue? Qu'as-tu que tu n'aies reçu? Et si tu l'as reçu,
pourquoi t'en faire gloire comme si tu ne l'avais pas
reçu? [8]Déjà vous voilà rassasiés[c]! Déjà vous voilà
riches! Sans nous, vous êtes devenus rois! Ah! Que ne
l'êtes-vous donc afin que nous le soyons aussi avec
vous! [9]Car je crois que Dieu nous a mis publiquement
au dernier rang, nous les apôtres, comme des condamnés à mort; nous avons été livrés en spectacle au
monde, aux anges et aux hommes. [10]Nous sommes
fous à cause du Christ, mais vous, vous êtes sages dans
le Christ; nous sommes faibles, vous êtes forts; vous
avez l'honneur, et nous le mépris! [11]A cette heure encore, nous souffrons la faim, la soif, la nudité; nous sommes brutalisés et errants; [12]nous peinons à travailler
de nos mains. Insultés, nous bénissons; persécutés,
nous endurons; [13]calomniés, nous consolons. Nous
sommes devenus comme les ordures du monde, nous
sommes jusqu'à maintenant le rebut de tous.

[14]Je ne vous écris pas cela pour vous faire honte,
mais pour vous avertir, comme mes enfants bien-

---

[b]6. Sans doute un proverbe
juif, dont le sens serait qu'il faut
en toute chose savoir rester
dans de justes limites. Il est
assez arbitraire de supposer
qu'il s'agit là d'une glose de
copiste passée dans le texte.

[c]8sv. Passage d'une ironie mor-
dante, typique de la manière de
Paul s'adressant aux Corinthiens.

aimés. ¹⁵Auriez-vous en effet des milliers de péda-
gogues dans le Christ, que vous n'avez pas plusieurs
pères, puisque c'est moi qui, par l'Évangile, vous ai
engendrés dans le Christ Jésus. ¹⁶Je vous en conjure
donc ; devenez mes imitateurs. ¹⁷C'est pour cela que
je vous ai envoyé Timothée, mon enfant bien-aimé
et fidèle dans le Seigneur. Il vous rappellera mes
principes de conduite[d] dans le Christ, tels que je les
enseigne partout, dans toutes les Églises.

¹⁸Dans l'idée que je ne retournerais pas chez vous
certains se sont gonflés d'orgueil. ¹⁹Mais j'irai bientôt
chez vous, s'il plaît au Seigneur, et je verrai alors ce que
ces orgueilleux valent, non en paroles, mais en actes ;
²⁰car le royaume de Dieu ne consiste pas en paroles,
mais en actes. ²¹Que préférez-vous ? Que j'aille chez vous
avec le bâton, ou avec amour et en esprit de douceur ?

5 **Un cas d'immoralité grave.** – ¹On n'entend parler que d'une impudicité commise chez vous, et
d'une impudicité telle qu'il ne s'en rencontre même pas
chez les païens ; c'est au point que l'un de vous vit avec la
femme de son père[a]. ²Et vous restez gonflés d'orgueil ! Et
vous n'avez pas plutôt pris le deuil, pour que l'auteur
d'une telle action soit exclu du milieu de vous. ³Eh bien !
moi, absent de corps, mais présent d'esprit, j'ai déjà jugé,
comme si j'étais présent, l'auteur d'une telle action.

⁴Qu'au nom du Seigneur Jésus et avec sa puissance,
vous et mon esprit étant assemblés, ⁵cet individu soit
livré à Satan pour la perte de son corps, afin que son
âme soit sauvée au jour du Seigneur[b].

---

[d]17. Littéralement : mes voies.
5. – [a]1. C'est-à-dire sa belle-mère.
[b]5. Exemple d'excommunica-
tion solennelle. Mais le but reste
d'assurer le salut final. Comparer 11, 30-32.

[6]Vous n'avez vraiment pas sujet de faire les fiers ! Ne savez-vous pas qu'un peu de levain fait lever toute la pâte ? [7]Purifiez-vous du vieux levain pour être une pâte nouvelle, puisque aussi bien vous êtes des azymes[c]. Car le Christ, notre agneau pascal, a été immolé. [8]Célébrons donc la fête, non avec du vieux levain, levain de malice et de perversité, mais avec les azymes de pureté et de vérité.

[9]Quand je vous ai écrit dans ma lettre[d] de ne pas avoir de relations avec les impudiques, [10]je ne l'entendais pas, absolument, des impudiques de ce monde, ni des gens cupides, des voleurs ou des idolâtres ; autrement, il vous faudrait sortir du monde. [11]Non, je vous ai écrit de n'avoir pas de relations avec celui qui, portant le nom de frère[e], serait impudique, cupide, idolâtre, diffamateur, ivrogne, voleur ; avec un tel individu, il ne faut même pas prendre de repas. [12]Qu'ai-je à faire de juger ceux du dehors[f] ? N'est-ce pas ceux du dedans que vous jugez, vous ? [13]Ceux du dehors, c'est Dieu qui les jugera. *Éliminez le coupable du milieu de vous*[g].

6 Des procès entre frères.

— [1]Quand l'un de vous a un différend avec un autre, comment ose-t-il aller en justice devant les païens et non devant les saints ? [2]Ne savez-vous pas que les saints jugeront le monde ? Et si c'est par vous que doit être jugé le monde, n'êtes-vous pas qualifiés pour juger des causes insignifiantes ? [3]Ne savez-vous pas que nous jugerons les anges ? A plus forte raison les affaires de cette vie ! [4]Et quand

---

[c]7. On est sans doute aux environs de la Pâque. Au début de la fête, les Juifs faisaient disparaître tout levain de leurs maisons et ne mangeaient plus que les pains azymes. De même, les chrétiens doivent renoncer à tout levain de perversité, cf. Mc 8, 15.

[d]9. Allusion à une lettre précédente, perdue pour nous.

[e]11. C'est-à-dire membre de la communauté chrétienne.

[f]12. Les non-chrétiens.

[g]13. Dt 17, 7.

vous avez des procès de cet ordre, vous faites siéger comme juges les moins considérés de l'Église ! [5]Je le dis à votre honte : il n'y a donc pas parmi vous un seul homme sage qui puisse servir de juge entre ses frères ? [6]Mais un frère va en justice contre son frère, et cela devant des infidèles ! [7]De toute façon, c'est déjà un mal que d'avoir entre vous des procès. Pourquoi ne souffrez-vous pas plutôt l'injustice ? Pourquoi ne vous laissez-vous pas plutôt dépouiller ? [8]Mais non, c'est vous qui pratiquez l'injustice et dépouillez les autres. Et ce sont vos frères !

[9]Ne savez-vous donc pas que les injustes n'hériteront pas du royaume de Dieu ? Ne vous y trompez pas ! Ni impudiques, ni idolâtres, ni adultères, ni dépravés, ni gens de mœurs infâmes, [10]ni voleurs, ni cupides, ni ivrognes, ni calomniateurs, ni fripons n'hériteront du royaume de Dieu. [11]Voilà ce que certains d'entre vous étaient. Mais vous avez été lavés, mais vous avez été sanctifiés, mais vous avez été justifiés par le nom de notre Seigneur Jésus Christ et par l'Esprit de notre Dieu !

Respectez votre corps, l'Esprit y réside. – [12]« Tout m'est permis[a] », mais tout n'est pas profitable. « Tout m'est permis », mais moi, je ne me laisserai asservir par rien. [13]Les aliments sont pour le ventre, et le ventre pour les aliments, et Dieu détruira l'un comme les autres. Mais le corps n'est pas fait pour la fornication ; il est pour le Seigneur, et le Seigneur est pour le corps. [14]Et Dieu qui a ressuscité le Seigneur nous ressuscitera, nous aussi, par sa puissance.

---

6. – [a]12. Peut-être une locution familière à Paul, expression de son sens de la liberté chrétienne, dont certains fidèles voulaient abuser. Comparer saint Augustin : « Aime et fais ce que tu veux. »

¹⁵Ne savez-vous pas que vos corps sont les membres du Christ[b]? Vais-je donc prendre les membres du Christ pour en faire les membres d'une prostituée? Certes non! ¹⁶Ne savez-vous pas non plus que celui qui s'unit à la prostituée ne fait qu'un corps avec elle? Car il est dit: *A eux deux, ils ne feront qu'une seule chair*[c]. ¹⁷Celui, au contraire, qui s'unit au Seigneur ne fait avec lui qu'un esprit[d]. ¹⁸Fuyez la fornication! Tous les autres péchés que l'homme peut commettre sont extérieurs à son corps, mais celui qui commet la fornication pèche contre son propre corps. ¹⁹Ou bien ne savez-vous pas que votre corps est le temple du Saint-Esprit qui est en vous, qui vous vient de Dieu, de sorte que vous ne vous appartenez plus? ²⁰Vous avez été rachetés cher! Glorifiez donc Dieu dans votre corps.

RÉPONSES À DIVERSES QUESTIONS

7 Mariage ou célibat. – ¹J'en viens à ce que vous m'avez écrit. Il est bon pour l'homme de s'abstenir de la femme. ²Cependant, à cause du péril d'impudicité, que chaque homme ait sa femme et chaque femme son mari. ³Que le mari s'acquitte de son devoir conjugal envers sa femme, et pareillement la femme envers son mari. ⁴La femme ne peut pas disposer de son corps, mais le mari. Pareillement le mari ne peut davantage disposer de son corps, mais la femme. ⁵Ne vous refusez pas l'un à l'autre, si ce n'est d'un commun accord et pour un temps, afin de vaquer à la prière; puis revenez à la vie commune de peur que Satan ne

[b]15. L'être tout entier, et non seulement l'âme, est membre du Christ et lui appartient.

[c]16. Recours inattendu et audacieux à Genèse 2, 24.

[d]17. Le Seigneur est esprit (2 Co 3, 18), esprit vivifiant (1 Co 15, 45).

profite, pour vous tenter, de votre propension à l'incontinence. [6]Ce que je dis là est une concession, non un ordre[a]. [7]Je voudrais bien, en effet, que tout le monde soit comme moi[b]; mais chacun reçoit de Dieu son don particulier, l'un d'une manière, l'autre d'une autre.

[8]Je dis donc aux célibataires et aux veuves qu'ils feront bien de rester comme moi. [9]Mais s'ils ne peuvent garder la continence, qu'ils se marient : mieux vaut se marier que de brûler de convoitise.

Mariage indissoluble. – [10]Quant aux personnes mariées, voici ce que j'ordonne, non pas moi, mais le Seigneur : que la femme ne se sépare pas de son mari – [11]en cas de séparation, qu'elle reste sans se remarier ou bien qu'elle se réconcilie avec son mari –, et que le mari, de son côté, ne répudie pas sa femme[c].

[12]Pour les autres, je leur dis, non pas le Seigneur, mais moi : si un frère a une femme non croyante et qu'elle consente à vivre avec lui, qu'il ne la répudie pas. [13]Si une femme a un mari non croyant et qu'il consente à vivre avec elle, qu'elle ne le répudie pas. [14]Car le mari non croyant est sanctifié par sa femme, et la femme non croyante est sanctifiée par son mari. Autrement, vos enfants seraient impurs, alors qu'ils sont saints. [15]Mais si la partie non croyante veut se séparer, qu'elle se sépare[d] ; le frère ou la sœur ne sont pas liés en pareil cas : c'est à vivre en paix que Dieu vous a appelés. [16]Et que sais-tu, femme, si tu sauveras ton mari ? Et que sais-tu, mari, si tu sauveras ta femme ?

---

7. – [a]6. Paul distingue avec soin, dans ce sujet délicat, ce qui est concession ici, – conseil, v 25 – précepte du Christ, v 10 – interprétation de ce précepte, v 12.

[b]7-8. L'état de continence n'est préférable que pour celui qui s'y

sent appelé et qui a la possibilité de le vivre.

[c]10-11. Indissolubilité du mariage. Comparer Mt 5, 32 ; 19, 9 ; Mc 10, 11-12.

[d]15. Il s'agit d'époux païens dont l'un se convertit. Si le

Que chacun reste dans sa situation. – [17]Par ailleurs, que chacun continue à vivre dans la condition que le Seigneur lui a donnée en partage, celle-là même où l'a trouvé l'appel de Dieu. C'est la règle que je donne dans toutes les Églises. [18]Quelqu'un était-il circoncis lors de son appel? Qu'il ne le dissimule pas. Était-il incirconcis? Qu'il ne se fasse pas circoncire. [19]La circoncision n'est rien et l'incirconcision n'est rien; ce qui compte, c'est d'observer les commandements de Dieu. [20]Que chacun demeure dans l'état où l'a trouvé l'appel divin. [21]Étais-tu esclave quand tu as été appelé? Ne t'en mets pas en peine. Et quand bien même il serait en ton pouvoir de devenir libre, mets plutôt à profit ta condition d'esclave. [22]Car celui qui était esclave lors de son appel dans le Seigneur est un affranchi du Seigneur; de même celui qui était libre lors de son appel est un esclave du Christ[e]. [23]Vous avez été achetés cher! Ne vous rendez pas esclaves des hommes. [24]Frères, que chacun demeure devant Dieu dans l'état où il se trouvait lors de son appel.

Mariage et célibat. – [25]Pour ce qui est des vierges, je n'ai pas d'ordre du Seigneur: je donne seulement un conseil en homme qui doit à la miséricorde du Seigneur d'être digne de confiance. [26]Je pense que c'est l'état qui convient, en raison des difficultés présentes[f];

conjoint païen se refuse à cohabiter pacifiquement et à respecter la foi de l'autre, le mariage peut être rompu. C'est le «privilège paulin», dont l'Église a fait parfois usage en pays de mission.

[e]22. Il y a là un passage du plan social au plan spirituel que notre mentalité moderne admet difficilement.

[f]26. Risque d'épreuves familiales provoquées par la conversion (cf. Lc 12, 51-53)? L'argument relèverait d'un singulier égoïsme. Pensons plutôt aux épreuves générales des derniers temps (cf. lignes suivantes, à partir du v 29).

oui, c'est ce qui convient pour l'homme. [27]Es-tu lié à une femme ? Ne cherche pas à rompre. N'es-tu pas lié à une femme ? Ne cherche pas de femme. [28]Si cependant tu te maries, tu ne pèches pas ; de même une jeune fille qui se marie ne pèche pas. Mais ceux-là connaîtront des épreuves dans leur chair, et moi, je voudrais vous les épargner.

[29]Je vous le dis, frères, le temps se fait court[g]. Que ceux donc qui ont une femme vivent comme s'ils n'en avaient pas ; [30]ceux qui pleurent, comme s'ils ne pleuraient pas ; ceux qui sont dans la joie, comme s'ils n'y étaient pas ; ceux qui achètent comme s'ils ne possédaient pas ; [31]ceux qui usent de ce monde, comme s'ils n'en usaient pas ; car la figure de ce monde passe. [32]Je voudrais vous voir exempts de soucis. Celui qui n'est pas marié a souci des affaires du Seigneur et cherche comment plaire au Seigneur. [33]Mais celui qui est marié a souci des affaires du monde et cherche comment plaire à sa femme, [34]et le voilà partagé. De même la femme sans mari et la jeune fille ont souci des affaires du Seigneur, afin d'être saintes de corps et d'esprit. Mais la femme mariée a souci des affaires du monde et cherche comment plaire à son mari. [35]Je dis cela dans votre intérêt, non pour vous tendre un piège mais pour vous porter à ce qui est meilleur et propre à vous attacher au Seigneur sans partage[h].

[36]Si cependant quelqu'un estime manquer aux convenances envers sa fille en lui laissant dépasser l'âge, et juge que les choses doivent suivre leur cours qu'il fasse ce qu'il veut ; il ne commet pas de péché, qu'on se marie ! [37]Mais celui qui est fermement décidé, libre de toute contrainte et maître de faire sa volonté,

[g]29-31. Comparer Rm 13, 11-13 ; 1 Jn 2, 15-17.

[h]32-35. Thème du souci ou de la préoccupation. Voir Mt 6, 27-34 ; 13, 22 ; Lc 10, 41.

et qui a résolu dans son cœur de garder sa fille vierge, celui-là agira bien. ³⁸Ainsi donc, celui qui marie sa fille fait bien, et celui qui ne la marie pas fera mieux encore.

³⁹La femme demeure liée à son mari aussi long-temps qu'il vit. Si son mari vient à mourir, elle est libre d'épouser qui elle voudra, mais dans le Seigneur seule-ment[i]. ⁴⁰Cependant, elle sera plus heureuse à mon avis, si elle reste comme elle est. Et je pense, moi aussi, avoir l'Esprit de Dieu !

8 Que faire avec les cultes païens. – ¹Pour ce qui est des viandes immolées aux idoles, il est entendu que nous sommes tous des gens éclairés[a]. Oui, mais la science enfle, tandis que la charité édifie. ²Si quelqu'un se figure savoir quelque chose, il ne sait pas encore comme il faut savoir ; ³mais si quelqu'un aime Dieu, celui-là est connu de lui.

⁴Pour ce qui est donc de manger les viandes im-molées aux idoles, nous savons bien qu'aucune idole n'existe réellement dans le monde et qu'il n'y a de Dieu que le Dieu unique. ⁵Encore qu'il y ait au ciel et sur la terre des êtres auxquels on donne le titre de dieu – et il y a ainsi quantité de dieux et quantité de seigneurs – ⁶il n'existe pour nous qu'un seul Dieu, le Père, de qui viennent toutes choses et pour qui nous sommes faits, et un seul Seigneur Jésus Christ, par qui toutes choses existent et par qui nous existons[b].

⁷Seulement, tous n'ont pas la science. Conservant encore leur manière d'envisager l'idole, certains man-gent comme telles les viandes immolées, et leur cons-cience, qui est faible, s'en trouve souillée. ⁸Ce n'est certes

---

[i]39. *Dans le Seigneur* : en épousant un chrétien.

8. – [a]1-2. Toujours le ton iro-nique de Paul à l'égard des Corinthiens.

[b]6. Cf. Col 1, 15-20 ; He 1, 1-2. On pourrait comprendre aussi : par qui tout vient à l'existence et par qui nous allons (vers le Père).

pas un aliment qui peut nous donner du crédit près de Dieu : à n'en pas manger, nous ne perdons rien, et à en manger, nous ne gagnons rien. [9]Prenez garde toutefois que la liberté dont vous usez ne soit pour les faibles une occasion de chute. [10]Si quelqu'un te voit, toi, l'homme éclairé, attablé dans un temple d'idoles, sa conscience, à lui qui est faible, ne le portera-t-elle pas à manger des viandes immolées ? [11]Et ainsi ta science va causer la perte du faible, ce frère pour qui le Christ est mort ! [12]En péchant ainsi contre vos frères et en blessant leur conscience qui est faible, c'est contre le Christ que vous péchez. [13]C'est pourquoi, si un aliment est pour mon frère une occasion de chute, je ne mangerai plus jamais de viande, afin de n'être pas pour mon frère une occasion de chute.

9 Liberté et dévouement de Paul. — [1]Ne suis-je pas libre ? Ne suis-je pas apôtre ? N'ai-je pas vu Jésus, notre Seigneur ? N'êtes-vous pas mon œuvre dans le Seigneur ? [2]Si pour d'autres je ne suis pas apôtre, pour vous du moins je le suis ; c'est vous qui, dans le Seigneur, êtes le sceau de mon apostolat. [3]Ma réponse à mes détracteurs, la voilà. [4]N'avons-nous pas le droit de manger et de boire[a] ? [5]N'avons-nous pas le droit d'emmener avec nous une sœur[b], tout comme les autres apôtres, les frères du Seigneur et Céphas ? [6]Ou bien serais-je seul, avec Barnabé[c], privé du droit de ne pas travailler ? [7]Qui fait jamais la guerre à ses frais ? Qui plante une vigne sans en manger le fruit ? Qui fait paître un troupeau sans se nourrir du lait de ce troupeau ?

---

9. – [a]4. A la charge des communautés.

[b]5. C'est-à-dire une chrétienne, comme les saintes femmes qui accompagnaient Jésus et les Douze, Lc 8, 2-3.

[c]6. Sur Barnabé, voir Ac 4, 36 ; 11, 22-26 ; 13, 3 ; 15, 12.

⁸Y a-t-il là des propos purement humains? La Loi ne dit-elle pas la même chose? ⁹C'est bien dans la Loi de Moïse qu'il est écrit: *Tu ne muselleras pas le bœuf qui foule le grain*[d]. Mais Dieu se met-il en peine des bœufs? ¹⁰N'est-ce pas en réalité pour nous qu'il parle? Oui, c'est pour nous que cela a été écrit: celui qui laboure doit labourer dans l'espérance, et celui qui foule le grain, dans l'espérance d'en avoir sa part. ¹¹Si nous avons semé parmi vous les biens spirituels, serait-il exorbitant de récolter de vos biens temporels? ¹²Si d'autres ont ce droit sur vous, ne l'avons-nous pas davantage? Pourtant, nous n'avons pas usé de ce droit; nous nous privons de tout pour ne créer aucun obstacle à l'Évangile du Christ.

¹³Ne savez-vous pas que les ministres du temple vivent du temple, et que ceux qui servent à l'autel ont part à ce qui est offert sur l'autel? ¹⁴De même le Seigneur a prescrit à ceux qui annoncent l'Évangile de vivre de l'Évangile.

¹⁵Mais moi, je n'ai usé d'aucun de ces droits, et je n'écris pas cela pour les réclamer. Plutôt mourir que de... Non, personne ne m'enlèvera ce titre de gloire! ¹⁶Car annoncer l'Évangile n'est pas pour moi un titre de gloire; c'est une nécessité qui m'incombe, et malheur à moi si je n'annonçais pas l'Évangile[f]! ¹⁷Si je le faisais de ma propre initiative, j'aurais droit à un salaire. Mais si ce n'est pas par mon initiative, je ne fais que m'acquitter d'une charge qui m'est confiée. ¹⁸Quel sera mon salaire dans ces conditions? Ce sera qu'annonçant l'Évangile, je l'offre gratuitement, sans user du droit que me confère l'Évangile.

---

[d]9. Dt 25, 4, interprété à la manière rabbinique.

[e]14. Voir Luc 10, 7.

[f]16. Dès le jour de sa conversion, Paul a eu conscience de sa vocation à l'apostolat: Ac 9, 15-16; 22, 14-15; 26, 16-18; Rm 1, 1; Ga 1, 15-16.

¹⁹Oui, libre à l'égard de tous, je me suis fait l'esclave de tous pour en gagner le plus grand nombre. ²⁰Je me suis fait juif avec les Juifs pour gagner les Juifs ; sujet de la Loi avec les sujets de la Loi — bien que je ne le sois pas — afin de gagner les sujets de la Loi. ²¹Je me suis fait sans-loi avec les sans-loi — bien que je ne sois pas sans une loi de Dieu, étant sous la loi du Christ — afin de gagner les sans-loi. ²²Je me suis fait faible avec les faibles, afin de gagner les faibles. Je me suis fait tout à tous pour en sauver quelques-uns coûte que coûte[g]. ²³Tout cela, je le fais pour l'Évangile, afin d'avoir ma part des biens qu'il promet.

²⁴Ne savez-vous pas que dans les courses du stade tous courent, mais un seul remporte le prix ? Courez donc de manière à le remporter. ²⁵Tous les athlètes s'imposent mille privations ; mais eux, c'est pour une couronne périssable, nous, pour une impérissable. ²⁶Quant à moi, c'est ainsi que je cours, et non à l'aventure. C'est ainsi que je boxe, et non en battant l'air. ²⁷Mais je meurtris mon corps et le traîne en esclavage, de peur qu'après avoir été le héraut des autres, je ne sois moi-même disqualifié.

10

Les dures leçons d'Israël. — ¹Je ne veux pas que vous l'ignoriez, frères ; nos pères ont tous été sous la nuée, tous ont passé à travers la mer[a], ²tous on été baptisés en Moïse dans la nuée et dans la mer[b], ³tous ont mangé du même aliment spirituel et ⁴tous ont bu de la même boisson spirituelle. Ils buvaient en effet à un rocher spirituel qui les accompagnait, ce

---

[g]22. Autres traductions : *Pour en sauver, de toute manière, quelques-uns. Pour les sauver tous.*

10. — [a]1. Ex 13, 21 ; 14, 22.

[b]2. En Moïse, comme le voulaient d'anciens exégètes. Unité mystique des Israélites en Moïse comme des chrétiens en Christ.

rocher, c'était le Christ[c]. [5]Cependant la plupart d'entre eux n'ont pas été agréables à Dieu, car leurs cadavres jonchèrent le désert[d].

[6]Ces choses se sont passées pour nous servir d'exemples, afin que nous ne nous abandonnions pas aux désirs mauvais, comme ils le firent eux-mêmes. [7]Ne devenez pas idolâtres comme certains d'entre eux, dont il est écrit : *Le peuple s'assit pour festoyer, puis il se leva pour s'amuser*[e]. [8]Ne nous livrons pas à la fornication, comme le firent certains d'entre eux, et il en tomba vingt-trois mille en un seul jour[f]. [9]Ne tentons pas le Seigneur, comme le firent certains d'entre eux, et ils périrent par les serpents. [10]Ne murmurez pas, comme le firent certains d'entre eux, et ils périrent sous les coups de l'Exterminateur[g]. [11]Tout cela leur arrivait pour servir d'exemple et a été écrit pour notre enseignement, à nous qui touchons à la fin des temps[h]. [12]Ainsi donc, que celui qui se flatte d'être debout prenne garde de tomber. [13]Aucune tentation ne vous est survenue qui dépasse les forces humaines. Dieu est fidèle ; il ne permettra pas que vous soyez tentés au-delà de vos forces. Avec la tentation, il vous donnera les moyens d'y échapper et de la surmonter.

Entre l'autel du Christ et la table des démons.
— [14]C'est pourquoi, mes bien-aimés, fuyez l'idolâtrie.

---

[c]3-4. La manne (Ex 16, 4-35) et l'eau du rocher (Ex 17, 5-6 ; Nb 20, 7-11). *Spirituel* signifie à la fois mystérieux et prophétique. D'après une tradition rabbinique le rocher accompagna les Israélites dans leur marche au désert. Paul applique ici au Christ ce qui est souvent dit de Dieu dans les psaumes : Rocher d'Israël. D'après Ex 17, 6, Dieu se tenait sur le rocher quand Moïse en fit jaillir l'eau.

[d]5. Nb 14, 16.

[e]7. Ex 32, 6.

[f]8. Nb 25, 1-9.

[g]10. Nb 17, 6-15. Cf. Ex 12, 23.

[h]11. Le temps de l'accomplissement, les temps messianiques, «ces temps qui sont les derniers », comme dit Hébreux 1, 2.

¹⁵Je vous parle comme à des gens sensés : jugez vous-mêmes de ce que je dis. ¹⁶ⁱLa coupe de bénédiction que nous bénissons n'est-elle pas une communion au sang du Christ ? Le pain que nous rompons n'est-il pas une communion au corps du Christ ? ¹⁷Du moment qu'il n'y a qu'un pain, nous ne formons tous qu'un seul corps, car tous nous participons à ce pain unique. ¹⁸Regardez l'Israël terrestreʲ. Ceux qui mangent les victimes ne sont-ils pas en communion avec l'autel ? ¹⁹Qu'est-ce à dire ? Que la viande immolée aux idoles soit quelque chose ? Ou que l'idole soit quelque chose ? ²⁰Non, mais ce que les païens sacrifient, c'est à des démons et à ce qui n'est pas Dieu qu'ils le sacrifient. Or je ne veux pas que vous entriez en communion avec les démons. ²¹Vous ne pouvez boire à la coupe du Seigneur et à la coupe des démons ; vous ne pouvez participer à la table du Seigneur et à la table des démons. ²²Voudrions-nous provoquer la jalousie du Seigneur ? Serions-nous donc plus forts que lui ?

Conclusions pratiques. — ²³Tout est permis, mais tout n'est pas opportun. Tout est permis, mais tout n'édifie pas. ²⁴Que personne ne cherche son avantage personnel, mais celui d'autrui. ²⁵Mangez de tout ce qui se vend au marché, sans poser de question par motif de conscience : ²⁶*car la terre est au Seigneur avec tout ce qu'elle contient*ᵏ. ²⁷Si un infidèle vous invite et qu'il vous plaise d'y aller, mangez de tout ce qu'on vous servira, sans poser de question par motif de conscience. ²⁸Mais si quelqu'un vous dit : « Ceci a été offert en sacrifice », abstenez-vous d'en manger, à cause de

---

ⁱ16-19. Le mystère de la Présence réelle et le caractère sacrificiel de l'Eucharistie sont ici clairement affirmés.

ʲ18. Littéralement : Israël selon la chair.

ᵏ26. Ps 24, 1.

celui qui vous a prévenu et par motif de conscience.
[29]Par conscience je veux dire la sienne, et non la vôtre ;
car pourquoi ma liberté serait-elle soumise au jugement de la conscience d'autrui ? [30]Si je prends quelque
chose avec action de grâce, pourquoi serais-je blâmé
pour ce dont je rends grâce ?

[31]Soit donc que vous mangiez, soit que vous buviez
ou quoi que vous fassiez, faites tout pour la gloire de
Dieu. [32]Ne donnez occasion de scandale ni aux Juifs, ni
aux Grecs, ni à l'Église de Dieu. [33]Faites comme moi,
qui m'efforce de plaire à tous en toutes choses, et qui
ne cherche pas mon propre avantage, mais celui du
plus grand nombre, afin qu'ils soient sauvés.

11 [1]Devenez mes imitateurs, comme je le suis moi-
même du Christ.

La tenue des femmes à l'église. – [2]Je vous félici-
te de ce qu'en toutes choses vous vous souvenez de moi
et que vous vous attachez à mes enseignements, tels que
je vous les ai transmis. [3]Or je veux que vous le sachiez :
le chef de tout homme, c'est le Christ ; le chef de la
femme, c'est l'homme ; et le chef du Christ, c'est Dieu...
[4]Tout homme qui prie ou prophétise[a] la tête couverte fait
affront à son chef. [5]Mais toute femme qui prie ou prophétise la tête découverte fait affront à son chef. C'est
tout comme si elle était tondue. [6]Si donc une femme ne
met pas de voile, qu'elle se fasse couper les cheveux[b].
Mais si c'est une honte pour une femme d'avoir les cheveux coupés ou tondus, qu'elle mette un voile.

---

11. – [a]4. Prophétiser : non
pas tant annoncer l'avenir que
prononcer une parole d'exhortation ou d'encouragement sous
l'action de l'Esprit.

[b]6. On coupait les cheveux
aux femmes de mauvaise vie
et aux esclaves.

[7]L'homme ne doit pas se couvrir la tête, car il est l'image et le reflet de Dieu, tandis que la femme est le reflet de l'homme. [8]Ce n'est pas en effet l'homme qui a été tiré de la femme, mais la femme de l'homme[c] ; [9]et ce n'est pas l'homme qui a été créé pour la femme, mais la femme pour l'homme. [10]C'est pourquoi la femme doit porter sur la tête un signe de sa dépendance, à cause des anges[d]. [11]D'ailleurs, dans le Seigneur, la femme ne n'existe pas sans l'homme ni l'homme sans la femme ; [12]car si la femme a été tirée de l'homme, l'homme à son tour naît de la femme, et tout vient de Dieu[e].

[13]Jugez-en vous-mêmes : est-il bienséant que la femme prie Dieu la tête découverte ? [14]La nature elle-même ne nous enseigne-t-elle pas que c'est une honte pour l'homme de porter les cheveux longs, [15]tandis que de les avoir ainsi est une gloire pour la femme ? Car la chevelure lui a été donnée comme voile. [16]Si au surplus quelqu'un veut chercher chicane, tel n'est pas notre usage ni celui des Églises de Dieu.

Le repas sacré de l'Eucharistie. — [17]Pour en rester aux observations, je n'ai pas à vous louer de ce que vos réunions tournent, non à votre bien, mais à votre détriment. [18]Tout d'abord, j'apprends que lorsque vous vous réunissez en assemblée il se forme parmi vous des groupes séparés, et je le crois en partie. [19]Il est inévitable qu'il y ait parmi vous des divisions pour qu'on reconnaisse les gens d'une vertu éprouvée. [20]Donc, quand vous vous réunissez ensemble, vous ne prenez pas le repas du Seigneur. [21]Car, une fois à table,

[c]8. Gn 2, 18sv.

[d]10. Les « anges » mystérieusement présents à l'assemblée chrétienne. Peut-être expression respectueuse pour « Dieu ».

[e]12. Paul met fin, avec un mot d'ironie souriante, à ce qui pourrait devenir une discussion sur l'inégalité des sexes.

chacun prend d'abord son propre repas, et l'un a faim tandis que l'autre s'enivre. [22]N'avez-vous donc pas des maisons pour manger et pour boire[f]? Ou bien méprisez-vous l'Église de Dieu et voulez-vous faire affront à ceux qui n'ont rien? Que vous dire? Vous louer? Sur ce point, non, je ne vous loue pas.

[23]Pour moi j'ai appris du Seigneur[g], ce qu'à mon tour je vous ai transmis: le Seigneur Jésus, la nuit où il fut livré, prit du pain [24]et[h], après avoir rendu grâce, il le rompit et dit: « Ceci est mon corps livré pour vous; faites ceci en mémoire de moi. » [25]De même, après le repas, il prit la coupe en disant: « Cette coupe est la nouvelle alliance en mon sang; chaque fois que vous en boirez, faites-le en mémoire de moi. » [26]Chaque fois donc que vous mangez ce pain et buvez cette coupe, vous annoncez la mort du Seigneur jusqu'à ce qu'il vienne[i]. [27]C'est pourquoi, quiconque mange le pain ou boit la coupe du Seigneur indignement sera coupable envers le corps et le sang du Seigneur.

[28]Que chacun donc s'éprouve soi-même et qu'alors il mange de ce pain et boive de cette coupe; [29]car quiconque mange et boit sans discerner le corps du Seigneur, mange et boit sa propre condamnation. [30]C'est pour cela que beaucoup parmi vous sont malades et infirmes et qu'un certain nombre sont morts[j]. [31]Si nous

---

[f]22. Paul veut absolument distinguer, et peut-être même séparer la célébration de l'Eucharistie de celle d'un repas communautaire. Cette pratique avait entraîné rapidement des inconvenances dont toute cette page témoigne.

[g]23. Par la catéchèse chrétienne. Il n'est nul besoin de penser ici à une révélation spéciale pour Paul.

[h]24. La tradition eucharistique attestée par Paul se rapproche de celle de Luc, par l'insistance sur la valeur sacrificielle et sur l'ordre du renouvellement. Celle de Marc et Matthieu insiste davantage sur le réalisme eucharistique.

[i]26. Sens eschatologique de la célébration eucharistique.

[j]30. Paul lit ces événements

nous examinions nous-mêmes, nous ne serions pas jugés. [32]Mais le Seigneur nous juge et nous corrige pour que nous ne soyons pas condamnés avec le monde. [33]Ainsi donc, mes frères, quand vous vous réunissez pour le repas du Seigneur, attendez-vous les uns les autres. [34]Si quelqu'un a faim, qu'il mange chez lui, afin que vous ne vous réunissiez pas pour votre condamnation. Quant aux autres points, je les réglerai lors de ma venue.

12 Les dons de l'Esprit. – [1]Au sujet des dons de l'Esprit[a], je ne veux pas, frères, que vous soyez dans l'ignorance. [2]Au temps où vous étiez païens, vous le savez, vous étiez entraînés, irrésistiblement pour ainsi dire, vers les idoles muettes. [3]C'est pourquoi je vous déclare que personne, parlant sous l'action de l'Esprit de Dieu, ne dit : « Maudit soit Jésus[b] ! » Et personne ne peut dire : « Jésus est Seigneur », sinon sous l'action de l'Esprit Saint.

[4]Il y a, certes, diversité de dons, mais c'est le même Esprit ; [5]il y a diversité de ministères, mais c'est le même Seigneur ; [6]il y a diversité d'activités, mais c'est le même Dieu[c] qui agit en tous. [7]A chacun la manifestation de l'Esprit est donnée pour l'utilité commune. [8]A l'un, c'est une parole de sagesse qui est donnée par l'Esprit ; à l'autre, c'est une parole de science, de par ce même Esprit ; [9]à un autre, c'est la foi, dans ce même Esprit ; à un autre, c'est le don de guérir, dans cet

---

comme des signes du jugement divin.

12. – [a]1. Les dons de l'Esprit, ou charismes, sont ordonnés au bien de la communauté entière. Mais les Corinthiens, peut-être enclins à les assimiler aux manifestations des mystères païens, en appréciaient surtout les aspects les plus spectaculaires, tels que le parler en langues, ou glossolalie. Paul va réagir, tout au long des pages qui viennent, contre ces tendances.

[b]3. Littéralement : Anathème Jésus !

[c]4-6. Remarquer la formulation trinitaire de la pensée.

unique Esprit, [10]à un autre le pouvoir de faire des miracles ; à un autre la prophétie ; à un autre le discernement des esprits ; à un autre le don de parler en langues ; à un autre celui de les interpréter. [11]Mais c'est le même et unique Esprit qui agit en tout cela, distribuant ses dons à chacun comme il lui plaît.

Un seul Esprit, un seul corps. – [12]De même, en effet, que le corps est un, tout en ayant plusieurs membres, et que tous les membres du corps, malgré leur nombre, ne forment qu'un seul corps, ainsi en est-il aussi du Christ[d]. [13]Tous, en effet, nous avons été baptisés en un seul Esprit pour ne former qu'un seul corps, Juifs ou Grecs, esclaves ou hommes libres ; et tous nous avons été baptisés dans cet unique Esprit. [14]Aussi bien, le corps ne se compose pas d'un seul membre, mais de plusieurs. [15]Si le pied disait : « N'étant pas la main, je ne fais pas partie du corps », en ferait-il moins partie pour cela ? [16]Et si l'oreille disait : « N'étant pas l'œil, je ne fais pas partie du corps », en ferait-elle moins partie pour cela ? [17]Si le corps entier était œil, où serait l'ouïe ? Si tout était oreille, où serait l'odorat ? [18]Mais Dieu a placé dans le corps chacun des membres comme il lui a plu. [19]Si tout n'était qu'un seul membre, où serait le corps ? [20]Aussi y a-t-il plusieurs membres, mais un seul corps. [21]L'œil ne peut donc pas dire à la main : « Je n'ai pas besoin de toi » ; ni la tête dire aux pieds : « Je n'ai pas besoin de vous ».

[22]Bien plus, les membres du corps réputés les plus faibles sont nécessaires, [23]et ceux que nous estimons les moins honorables sont ceux que nous entourons de plus d'honneur. Ainsi moins ils sont décents, plus nous les traitons avec décence, [24]tandis que les membres

[d]12. Le corps ecclésial du Christ, appelé « Corps mystique ». Cf. Col 1, 24.

décents n'en ont pas besoin. Mais Dieu a disposé le corps de manière à donner plus d'honneur à ce qui en manque, ²⁵afin qu'il n'y ait pas de division dans le corps et que tous les membres aient un égal souci les uns des autres. ²⁶Un membre souffre-t-il ? Tous les membres souffrent avec lui. Un membre est-il à l'honneur ? Tous les membres partagent sa joie.

²⁷Or vous êtes le corps du Christ et ses membres, chacun pour votre part. ²⁸Ceux que Dieu a établis dans l'Église sont : premièrement les apôtres[e], deuxièmement les prophètes, troisièmement les docteurs. Puis c'est le don des miracles, ensuite celui de guérir, d'assister, de gouverner, de parler en langues. ²⁹Tous sont-ils apôtres ? Tous prophètes ? Tous docteurs ? Tous font-ils des miracles ? ³⁰Tous ont-ils le don de guérir ? Tous parlent-ils en langues ? Tous ont-ils le don d'interprétation ?

³¹Aspirez aux dons supérieurs. Au surplus, je vais vous montrer la voie parfaite.

13 Le plus grand don: la charité. – ¹Quand je parlerais les langues des hommes et des anges, si je n'ai pas la charité, je ne suis qu'un bronze sonore ou une cymbale retentissante.

²Quand j'aurais le don de prophétie, la connaissance de tous les mystères et de toute la science, quand j'aurais la foi dans sa plénitude jusqu'à transporter les montagnes[a], si je n'ai pas la charité, je ne suis rien.

³Quand je distribuerais tous mes biens en aumônes, quand je livrerais mon corps aux flammes, si je n'ai pas la charité, cela ne me sert de rien.

⁴La charité est patiente ; la charité est serviable ; elle n'est pas envieuse ; la charité n'est ni fanfaronne ni

---

[e]28. Apôtres au sens de missionnaires, non de membres du groupe des Douze. Comparer d'autres listes de charismes en Rm 12, 6-9 et Ep 4, 11.

13. – [a]2. Mt 17, 20 ; 21, 21.

hautaine ; [5]elle ne fait rien d'inconvenant, ne cherche pas son intérêt, ne s'irrite pas, ne garde pas rancune du mal[b] ; [6]elle ne se réjouit pas de l'injustice mais elle met sa joie dans la vérité. [7]Elle excuse tout, croit tout, espère tout, supporte tout.

[8]Les prophéties disparaîtront, les langues se tairont, la science sera abolie, mais la charité, elle, ne passera jamais. [9]Car notre science est partielle, et de même notre prophétie.

[10]Quand donc viendra la perfection, ce qui est partiel disparaîtra. [11]Quand j'étais enfant, je parlais en enfant, je pensais en enfant, je raisonnais en enfant mais devenu homme, j'ai rejeté ce qui était de l'enfant. [12]A présent, nous voyons dans un miroir, de façon obscure, mais alors nous verrons face à face. A présent, je connais d'une manière partielle, mais alors je connaîtrai comme je suis connu.

[13]Maintenant donc, foi, espérance et charité demeurent toutes les trois ; mais la plus grande d'entre elles, c'est la charité.

14 **Un autre grand don: la prophétie. –** [1]Recherchez avec ardeur la charité ; aspirez aussi aux dons spirituels, surtout celui de prophétie. [2]En effet, celui qui parle en langues ne parle pas aux hommes, mais à Dieu ; car personne ne le comprend ; il dit en esprit des choses mystérieuses. [3]Celui qui prophétise, au contraire, parle aux hommes : il édifie, exhorte et console. [4]Celui qui parle en langues s'édifie lui-même, tandis que celui qui prophétise édifie l'Église. [5]Je souhaite que vous parliez tous en langues, mais bien plus encore que vous prophétisiez, car celui qui prophétise l'emporte sur celui qui parle en langues, à moins que ce dernier n'interprète, pour que l'Église en reçoive édification.

---

[b]5. Ou: elle ne pense pas à mal ; elle ne s'arrête pas au mal.

⁶Supposez maintenant, frères, que je vienne chez vous parlant en langues ; de quelle utilité vous serai-je, si ma parole ne vous apporte ni révélation, ni science, ni prophétie, ni enseignement ? ⁷Ainsi en est-il des instruments de musique, flûte ou cithare ; s'ils ne donnent pas des notes distinctes, comment reconnaître ce que joue la flûte ou la cithare ? ⁸Et si la trompette n'émet que des sons confus, qui se préparera au combat ? ⁹Vous, de même : si votre langue ne profère que des paroles indistinctes, comment comprendra-t-on ce que vous dites ? Vous parlerez en l'air. ¹⁰Il y a, de par le monde, je ne sais combien d'idiomes différents, et aucun n'est sans signification. ¹¹Mais si j'ignore le sens des mots, je ferai à celui qui parle l'effet d'un barbare et celui qui parle me fera le même effet. ¹²Ainsi donc, puisque vous aspirez aux dons spirituels, cherchez à les obtenir en abondance, pour l'édification de l'Église.

¹³En conséquence, que celui qui parle en langues prie pour obtenir le don d'interprétation. ¹⁴Car si je prie en langues, mon esprit est en prière, mais mon intelligence n'en retire pas de fruits[a]. ¹⁵Que faire donc ? Je prierai avec l'esprit, mais je prierai aussi avec l'intelligence ; je dirai un hymne avec l'esprit, mais je le dirai aussi avec l'intelligence. ¹⁶Car si tu ne bénis qu'avec l'esprit, comment le frère non initié[b] répondra-t-il « Amen » à ton action de grâce, puisqu'il ne comprend pas ce que tu dis ? ¹⁷Ton action de grâce est sans doute excellente, mais l'autre n'en est pas édifié. ¹⁸Je rends grâce à Dieu de ce que je parle en langues plus que vous tous ; ¹⁹mais, dans l'assemblée, j'aime mieux dire cinq

14. – [a]14. L'esprit est ici la « fine pointe » de l'âme, comme aime dire la tradition mystique. L'intelligence est la raison discursive.

[b]16. Celui qui ne bénéficie pas de tels charismes.

paroles avec mon intelligence, afin d'instruire aussi les autres, que dix mille en langues.

²⁰Frères, ne soyez pas des enfants en fait de jugement. Pour la méchanceté, oui, devenez de petits enfants, mais pour le jugement soyez des hommes faits. ²¹Il est écrit dans la Loi : *C'est par des hommes d'une autre langue et par des lèvres étrangères que je parlerai à ce peuple et, même alors, ils ne m'écouteront pas, dit le Seigneur*ᶜ. ²²Ainsi donc les langues ne sont pas un signe pour les croyants, mais pour les infidèles ; la prophétie, au contraire, n'est pas pour les infidèles, mais pour les croyants. ²³Si donc, l'Église entière étant réunie, tous parlent en langues, et que surviennent des fidèles non initiés ou des incroyants, ne diront-ils pas que vous êtes fous ? ²⁴Mais si tous prophétisent et qu'il survienne quelque incroyant ou fidèle non initié, le voilà repris par tous, jugé par tous ; ²⁵les secrets de son cœur sont dévoilés. Alors tombant la face contre terre, il adorera Dieu, en proclamant que Dieu est réellement parmi vous.

Conclusions pratiques. – ²⁶Que conclure, frères ? Lorsque vous vous assemblez, quelqu'un de vous a-t-il à faire entendre un cantique, ou bien un enseignement, une révélation, un discours en langues, une interprétation, que tout se passe de manière à édifier. ²⁷Parle-t-on en langues ? Qu'il y en ait deux ou trois au plus à le faire, et à tour de rôle, et qu'il y ait un interprète. ²⁸S'il n'y a pas d'interprète, qu'on se taise dans l'assemblée ; qu'on se parle à soi-même et à Dieu. ²⁹Pour les prophètes, que deux ou trois prennent la parole et que les autres jugent. ³⁰Si quelque autre des

---

ᶜ21. Citation approximative – du moins d'après les textes que nous possédons – d'Is 28, 11-12. Paul en fait au verset suivant une application non dénuée d'ironie.

assistants a une révélation, que le premier se taise. [31]Vous pouvez tous prophétiser, mais à tour de rôle, de manière que tous soient instruits et que tous soient encouragés. [32]Les esprits des prophètes sont soumis aux prophètes, [33]car Dieu n'est pas un Dieu de désordre, mais de paix.

Comme dans toutes les Églises des saints, [34]que les femmes se taisent dans les assemblées; il ne leur est pas permis d'y prendre la parole; qu'elles se tiennent dans la soumission, comme la Loi même le dit[d]. [35]Si elles veulent s'instruire sur quelque point, qu'elles interrogent leur mari à la maison. Il est inconvenant pour une femme de parler dans une assemblée. [36]Serait-ce de chez vous qu'est partie la parole de Dieu? Ne serait-elle parvenue qu'à vous seuls? [37]Si quelqu'un se croit prophète ou favorisé de dons spirituels, il doit reconnaître dans ce que je vous écris un commandement du Seigneur. [38]S'il l'ignore, c'est qu'il est lui-même ignoré de Dieu[e].

[39]Ainsi donc, mes frères, aspirez au don de prophétie, et n'empêchez pas de parler en langues. [40]Mais que tout se passe avec décence et en bon ordre.

15 Quelle est notre foi? – [1]Je vous rappelle, frères, l'Évangile que je vous ai prêché, que vous avez reçu, dans lequel vous demeurez fermes, [2]et par lequel aussi vous serez sauvés, si vous le gardez tel que je vous l'ai prêché. Sinon, vous auriez cru en vain.

[3]Je vous ai, en effet, transmis en premier lieu ce que j'avais moi-même reçu: le Christ est mort pour nos péchés conformément aux Écritures[a]; [4]il a été enseveli et il est ressuscité le troisième jour conformément aux

---

[d]34. Allusion à Genèse 3, 16.
[e]38. Littéralement: Si quelqu'un ignore, il est ignoré. Certains manuscrits ont: *si quelqu'un l'ignore, qu'il l'ignore.*
15. – [a]3. Is 52, 12-53, 13.

Écritures[b] ; [5]il est apparu à Céphas, puis aux Douze. [6]Ensuite il est apparu à plus de cinq cents frères à la fois : la plupart d'entre eux sont encore vivants, quelques-uns sont morts. [7]Ensuite il est apparu à Jacques, puis à tous les apôtres[c]. [8]En tout dernier lieu, il m'est apparu à moi aussi, comme à l'avorton. [9]Car je suis bien le moindre des apôtres, moi qui ne suis pas digne de porter le nom d'apôtre parce que j'ai persécuté l'Église de Dieu. [10]C'est par la grâce de Dieu que je suis ce que je suis, et sa grâce à mon égard n'a pas été stérile ; bien au contraire, j'ai travaillé plus qu'eux tous ; non pas moi, à la vérité, mais la grâce de Dieu qui est avec moi. [11]Bref, eux ou moi, voilà ce que nous prêchons, et voilà ce que vous avez cru.

Le Christ ne ressuscite pas tout seul. – [12]Or si l'on prêche que le Christ est ressuscité des morts, comment certains d'entre vous peuvent-ils dire qu'il n'y a pas de résurrection des morts[d] ? [13]S'il n'y avait pas de résurrection des morts, le Christ non plus ne serait pas ressuscité. [14]Et si le Christ n'est pas ressuscité, notre prédication est sans objet, sans objet aussi votre foi. [15]Bien plus, nous sommes de faux témoins de Dieu, car nous avons attesté contre Dieu qu'il a ressuscité le Christ, alors que de fait il ne l'a pas ressuscité, s'il est vrai que les morts ne ressuscitent pas. [16]Car enfin, si les morts ne ressuscitent pas, le Christ non plus n'est pas ressuscité. [17]Et si le Christ n'est pas ressuscité, votre foi est vaine, vous êtes encore dans vos péchés. [18]Alors aussi ceux qui sont morts dans le Christ ont péri. [19]Si

---

[b]4. Ps 2, 7sv.; 16, 8-11.

[c]7. Le rythme, le style stéréotypé de ces vv 3-7 font songer à un symbole de foi, que Paul reproduirait ici.

[d]12. L'esprit grec répugnait à la doctrine de la résurrection, cf. Ac 17, 32.

c'est pour cette vie seulement que nous avons mis notre espoir dans le Christ, nous sommes les plus malheureux de tous les hommes.

²⁰En fait le Christ est bien ressuscité des morts, prémices de ceux qui sont morts. ²¹Car c'est par un homme que la mort est venue, et c'est par un homme aussi que vient la résurrection des morts. ²²De même en effet que tous meurent en Adam de même aussi tous revivront dans le Christ[e]. ²³Chacun à son rang, toutefois : en tête le Christ comme prémices, ensuite ceux qui seront au Christ lors de sa venue.

Le Mystère engage l'avenir. – ²⁴Puis ce sera la fin, quand il remettra le Royaume à Dieu le Père, après avoir anéanti toute Principauté, toute Domination et Puissance. ²⁵Il faut en effet qu'il règne *jusqu'à ce qu'il ait mis tous ses ennemis sous ses pieds*. ²⁶Le dernier ennemi anéanti, c'est la mort, ²⁷car *Dieu a tout mis sous ses pieds*. Mais quand il dira : « Tout est soumis désormais[f] », c'est évidemment à l'exception de Celui qui lui a soumis toutes choses. ²⁸Quand toutes choses lui auront été soumises, alors le Fils lui-même se soumettra à Celui qui lui a tout soumis, afin que Dieu soit tout en tous.

²⁹Autrement, à quoi bon la pratique de ceux qui se font baptiser pour les morts[g] ? Si réellement les morts ne ressuscitent pas, pourquoi se font-ils baptiser pour eux ? ³⁰Et nous-mêmes, pourquoi à toute heure nous exposer au danger ? ³¹C'est chaque jour que je risque la mort ; aussi vrai, frères, que vous êtes ma fierté dans le Christ Jésus, notre Seigneur ! ³²Si c'est dans des vues humaines que j'ai combattu contre les bêtes à

---

[e]22. Comparer Rm 5, 12-21.

[f]27. Ou bien : quand l'Écriture dit que tout lui a été soumis.

[g]29. Pratique ou rite dont la nature ne nous est pas connue. Paul ne veut qu'en tirer argument : cette pratique suppose la foi en la résurrection.

Éphèse[h], quel avantage m'en revient-il? Si les morts ne ressuscitent pas, *mangeons et buvons, car demain nous mourrons*[i]. [33]Ne vous y trompez pas : *les mauvaises compagnies corrompent les bonnes mœurs.* [34]Revenez au bon sens[j], comme il convient, et ne péchez pas ; car il y en a parmi vous qui ignorent tout de Dieu, je le dis à votre honte.

Comment peut-on ressusciter? – [35]Mais, dira-t-on, comment les morts ressuscitent-ils ? Avec quel corps reviennent-ils ? [36]Insensé ! Ce que tu sèmes, toi, ne reprend vie s'il ne meurt. [37]Et ce que tu sèmes, ce n'est pas le corps à venir, mais un simple grain, du blé par exemple, ou quelque autre semence ; [38]et Dieu lui donne un corps à son gré, à chaque semence un corps particulier. [39]Toutes les chairs ne sont pas semblables : autre est celle des hommes, autre celle du bétail, autre celle des oiseaux, autre celle des poissons. [40]Il y a de même des corps célestes et des corps terrestres ; mais autre est l'éclat des célestes, autre celui des terrestres. [41]Autre l'éclat du soleil, autre celui de la lune, autre celui des étoiles ; et une étoile même diffère en éclat d'une autre étoile.

[42]Ainsi en est-il de la résurrection des morts. Semé dans la corruption, le corps ressuscite incorruptible ; [43]semé dans l'ignominie, il ressuscite glorieux ; semé dans la faiblesse, il ressuscite plein de force ; [44]semé corps psychique, il ressuscite corps spirituel. S'il y a un corps psychique, il y a aussi un corps spirituel.

---

[h]32. Expression imagée (les bêtes fauves, dans la Bible symbolisent les ennemis). Citoyen romain, Paul ne pouvait être condamné à ce supplice.

[i]32. Is 22, 13.

[j]34. Littéralement : Dégrisez-vous.

Le Christ fonde une nouvelle humanité. – [45]C'est ainsi qu'il est écrit : le premier *homme,* Adam, fut fait *âme vivante,* le second Adam est un esprit vivifiant[k]. [46]Ce n'est pas le spirituel qui paraît d'abord, mais ce qui est humain ; le spirituel ne vient qu'ensuite. [47]Le premier homme, tiré de la terre, est terrestre ; le second homme est du ciel. [48]Tel le terrestre, tels aussi les terrestres ; tel le céleste, tels aussi les célestes. [49]Et de même que nous avons revêtu l'image du terrestre, nous devons revêtir aussi celle du céleste.

[50]Je vous le déclare, frères, la chair et le sang[l] ne sauraient avoir part au royaume de Dieu, ni la corruption à l'incorruptibilité.

Hymne triomphal du croyant. – [51]Je vais vous dire une chose mystérieuse : nous ne mourrons pas tous, mais tous nous serons transformés[m], [52]en un instant, en un clin d'œil, au son de la trompette finale. Car la trompette sonnera, les morts ressusciteront incorruptibles, et nous serons transformés. [53]Il faut en effet que cet être corruptible revête l'incorruptibilité et que cet être mortel revête l'immortalité. [54]Quand donc cet être corruptible aura revêtu l'incorruptibilité et cet être mortel l'immortalité, alors s'accomplira la parole de l'Écriture : *La mort a été engloutie dans la victoire.* [55]*Où est-elle, ô mort, ta victoire ? Où est-il, ô mort, ton aiguillon*[n] *?* [56]L'aiguillon de la mort, c'est le péché, et la force du péché, c'est la Loi. [57]Mais grâces soient rendues à Dieu qui nous donne la victoire par notre Seigneur Jésus Christ !

[58]Ainsi donc, mes frères bien-aimés, montrez-vous fermes, inébranlables, progressant dans l'œuvre du Seigneur, sachant que votre peine n'est pas vaine dans le Seigneur.

[k]45. Gn 2, 7. Voir plus haut, v 22, et Rm 5, 12-21.

[l]50. L'humanité laissée à elle-même.

[m]51-52. Comparer 1 Th 4, 16-17 et 2 Co 5, 1-4.

[n]55. Is 25, 8 ; Os 13, 14.

ÉPILOGUE

16 **Instructions et projets.** – [1]Au sujet de la collecte pour les saints[a], observez, vous aussi, les règles que j'ai données aux Églises de Galatie. [2]Que le premier jour de la semaine chacun de vous mette de côté chez lui ce qu'il aura réussi à économiser : qu'on n'attende pas mon arrivée pour recueillir les dons. [3]Quand je serai là, j'enverrai ceux que vous aurez désignés, munis de lettres de recommandation, porter vos dons à Jérusalem ; et [4]s'il vaut la peine que j'y aille moi-même, ils feront le voyage avec moi.

[5]Je compte aller chez vous après avoir traversé la Macédoine, car je la traverserai, [6]et il est possible que je séjourne chez vous et même que j'y passe l'hiver, afin que ce soit vous qui me mettiez en route pour l'endroit où j'irai. [7]Je ne veux pas vous voir seulement en passant ; j'espère bien demeurer quelque temps parmi vous, si le Seigneur le permet. [8]Cependant, je resterai à Éphèse jusqu'à la Pentecôte, [9]car la porte y est largement ouverte à mon activité et les adversaires sont nombreux. [10]Si Timothée arrive[b], veillez à ce qu'il soit exempt d'inquiétude au milieu de vous, car il travaille comme moi à l'œuvre du Seigneur. [11]Que personne donc ne lui manque d'égards. Faites-le reconduire en paix, pour qu'il me rejoigne. Les frères et moi, nous l'attendons. [12]Quant à notre frère Apollos, j'ai beaucoup insisté pour qu'il aille chez vous avec les frères, mais il n'a absolument pas voulu le faire maintenant. Il ira quand il le jugera à propos.

[13]Soyez vigilants, demeurez fermes dans la foi, soyez virils, soyez forts. [14]Que tout se passe chez vous dans l'amour.

---

16. – [a]1. Sur cette collecte, cf. Rm 15, 26-28 ; 2 Co 8–9 ; Ga 2, 10.   [b]10. Comparer 1 Tm 4, 12.

Salutations finales. – ¹⁵Encore une recommandation, frères : vous savez que Stéphanas et sa famille sont les prémices de l'Achaïe et qu'ils se sont mis d'eux-mêmes au service des saints. ¹⁶A votre tour, faites preuve de déférence à l'égard de personnes si méritantes et de tous ceux qui partagent leurs travaux et leurs peines. ¹⁷Je suis heureux de la visite de Stéphanas, de Fortunatus et d'Achaïcus : ils ont suppléé à votre absence, ¹⁸ils ont en effet tranquillisé mon esprit et le vôtre. Sachez donc apprécier de tels hommes.

¹⁹Les Églises d'Asie vous saluent. Aquilas et Prisca vous envoient bien des salutations dans le Seigneur, ainsi que la communauté qui s'assemble chez eux^c. ²⁰Tous les frères vous saluent. Saluez-vous les uns les autres par un saint baiser.

²¹La salutation est de ma propre main à moi, Paul. ²²Si quelqu'un n'aime pas le Seigneur, qu'il soit anathème ! Maran atha^d.

²³La grâce du Seigneur Jésus soit avec vous !

²⁴Je vous aime tous dans le Christ Jésus.

---

^c19. Comparer Rm 16, 3-5.

^d22. Invocation araméenne : le Seigneur vient, ou : Seigneur, viens ! Cf. Ap 22, 20.

SECONDE LETTRE AUX CORINTHIENS

PROLOGUE

1 Adresse. — ¹Paul, apôtre du Christ Jésus, par la volonté de Dieu, et Timothée, notre frère, à l'Église de Dieu qui est à Corinthe, ainsi qu'à tous les saints de toute l'Achaïe. ²A vous grâce et paix de la part de Dieu notre Père et du Seigneur Jésus Christ.

Les épreuves de Paul fortifient ses lecteurs.

— ³Béni soit le Dieu et Père de notre Seigneur Jésus Christ, le Père des miséricordes et le Dieu de toute consolation, ⁴qui nous console dans toutes nos afflictions afin que nous puissions consoler les autres dans toutes leurs afflictions, par la consolation que nous-mêmes recevons de Dieu. ⁵De même, en effet, que les souffrances du Christ abondent pour nous, de même, par le Christ, abonde aussi notre consolation. ⁶Sommes-nous affligés ? c'est pour votre consolation et votre salut. Sommes-nous consolés ? c'est pour votre consolation, qui s'affirme dans votre patience à supporter les mêmes souffrances que nous endurons nous aussi. ⁷Nous avons à votre égard un ferme espoir : nous savons que, partageant nos souffrances, vous aurez part aussi à notre consolation.

⁸Nous ne voulons pas, frères, vous le laisser ignorer : l'épreuve qui nous est survenue en Asie nous a accablés au dernier point, au-delà de nos forces ; nous en étions à désespérer même de conserver la vie[a]. ⁹Vraiment, nous portions en nous notre arrêt de mort ;

---

1. — [a]8. Quelle épreuve : maladie grave, persécution ? Nous ne le savons.

c'était pour nous apprendre à ne pas mettre notre confiance en nous-mêmes, mais en Dieu qui ressuscite les morts. [10]C'est lui qui nous a délivrés d'une telle mort et qui nous en délivrera. Oui, nous l'espérons, il nous en délivrera encore. [11]Vous-mêmes y contribuerez en priant pour nous ; ainsi le bienfait qu'un grand nombre de personnes nous auront obtenu sera pour elles l'occasion de rendre grâce à notre sujet.

APOLOGIE PERSONNELLE

Paul a dû changer ses projets. – [12]Ce qui fait notre fierté, c'est le témoignage de notre conscience que nous nous sommes conduits dans le monde, et plus particulièrement à votre égard, avec la sainteté et la sincérité qui viennent de Dieu, sous l'inspiration, non de la sagesse humaine[b], mais de la grâce de Dieu. [13]Il n'y a pas en effet dans nos lettres autre chose que ce que vous lisez et comprenez. Et j'espère que vous arriverez à comprendre parfaitement – [14]puisque vous nous avez déjà compris en partie – que vous aurez sujet d'être fiers de nous, comme nous pourrons l'être de vous, au Jour de notre Seigneur Jésus[c].

[15]Dans cette assurance et pour vous procurer une double joie, j'avais formé le projet d'aller d'abord chez vous ; [16]je serais passé chez vous pour me rendre en Macédoine, puis de Macédoine je serais revenu chez vous, et vous m'auriez mis sur le chemin de la Judée. [17]Aurais-je, en formant ce projet, fait preuve de légèreté ? Ou bien mes projets seraient-ils inspirés par des motifs humains, de sorte qu'il y ait en moi le oui et le non ? [18]J'en atteste la fidélité de Dieu, mon langage avec vous n'est pas oui et non. [19]Car le Fils de Dieu, le Christ

[b]12. Littéralement : charnelle.   [c]14. 1 Co 1, 8 ; 1 Th 1, 10.

Jésus, que nous avons prêché parmi vous, Silvain, Timothée et moi, n'a pas été oui et non ; en lui il n'y a eu que du oui. [20]Toutes les promesses que Dieu a faites ont trouvé leur oui en lui ; aussi est-ce par lui que nous disons « Amen » à la gloire de Dieu. [21]Or celui qui nous affermit avec vous dans le Christ et qui nous a conféré l'onction, c'est Dieu, [22]qui nous a aussi marqués de son sceau et a mis dans nos cœurs les arrhes de l'Esprit[d].

[23]Quant à moi, j'en prends Dieu à témoin sur ma vie : c'est par ménagement pour vous que je ne suis pas retourné à Corinthe. [24]Nous ne prétendons certes pas régenter votre foi ; nous voulons seulement contribuer à votre joie, car, pour la foi, vous tenez ferme.

2 **Il a été sévère, il pardonne.** – [1]J'ai donc pris en moi-même la décision de ne pas retourner chez vous dans la peine. [2]Car si je vous fais de la peine, de qui pourrai-je attendre de la joie en dehors de celui-là même à qui j'aurai fait de la peine ? [3]Si je vous ai écrit comme je l'ai fait[a], c'est afin de ne pas éprouver de peine, à mon arrivée, de la part de ceux qui devraient me donner de la joie ; car j'ai à l'égard de vous tous la persuasion que ma joie est aussi la vôtre à tous. [4]C'est dans une grande affliction et angoisse de cœur et en versant beaucoup de larmes que je vous ai écrit, non pour vous faire de la peine, mais pour que vous connaissiez l'affection débordante que j'ai pour vous.

[5]Si quelqu'un a été un sujet de peine, ce n'est pas pour moi qu'il l'a été, mais dans une certaine mesure – je ne veux rien exagérer – c'est pour vous tous. [6]Il suffit pour cet homme du châtiment que lui a infligé la majorité[b] ; [7]mieux vaut maintenant lui pardonner et le

---

[d]22. Comparer 5, 5 et Ep 1, 14.
2. – [a]3-4. Allusion à une lettre sévère, qui ne nous est pas parvenue.

[b]6. Sans doute la communauté de Corinthe a-t-elle puni un de ses membres, fauteur d'actes d'opposition à Paul.

réconforter, pour qu'il ne sombre pas dans une peine excessive. [8]C'est pourquoi je vous invite à lui témoigner de l'amour. [9]En vous écrivant, je me proposais seulement de vous mettre à l'épreuve et de voir si votre obéissance était entière. [10]A qui vous pardonnez, je pardonne aussi; et si j'ai pardonné – pour autant que j'ai eu à le faire – c'est par amour pour vous, sous les yeux du Christ. [11]Il ne s'agit pas de devenir les dupes de Satan, dont nous n'ignorons pas les desseins.

Paul s'est remis en voyage. – [12]J'étais donc arrivé à Troas pour y annoncer l'Évangile du Christ et, malgré la porte qui s'ouvrait pour moi dans le Seigneur, [13]mon esprit n'eut pas de repos parce que je n'y trouvai pas Tite, mon frère.

Je pris donc congé des fidèles et partis pour la Macédoine. [14]Mais grâce soit rendue à Dieu qui nous fait triompher en tout temps dans le Christ et qui, par nous, répand en tout lieu le parfum de sa connaissance. [15]Vraiment, nous sommes, au service de Dieu, la bonne odeur du Christ parmi ceux qui se sauvent et parmi ceux qui se perdent: [16]pour les uns, odeur qui de la mort conduit à la mort; pour les autres, odeur qui de la vie conduit à la vie. Mais qui donc est à la hauteur d'un tel ministère? [17]Nous ne sommes pas, en effet, comme tant d'autres, qui altèrent la parole de Dieu; c'est en toute sincérité, de la part de Dieu et sous le regard de Dieu, dans le Christ que nous parlons.

3 **Comment un apôtre se recommande.** – [1]Est-ce que nous recommençons à nous faire valoir? Aurions-nous besoin, comme certaines gens, de vous présenter ou de vous demander des lettres de recommandation? [2]C'est vous qui êtes notre lettre, lettre écrite pour toujours dans nos cœurs[a], connue et lue par tous les hommes. [3]Oui, il est manifeste que vous êtes une lettre du Christ, confiée à notre ministère, écrite non avec de l'encre, mais avec l'Esprit du Dieu vivant ; non sur des tables de pierre, mais sur les tables de chair de vos cœurs.

[4]Telle est l'assurance que nous avons en Dieu par le Christ.

Nouvelle alliance, nouveau ministère. – [5]Ce n'est pas que de nous-mêmes nous soyons qualifiés pour revendiquer quoi que ce soit comme venant de nous ; notre capacité vient de Dieu, [6]qui nous a qualifiés pour être les ministres d'une alliance nouvelle[b], non celle de la lettre, mais celle de l'Esprit ; car la lettre tue, mais l'Esprit vivifie. [7]Or si le ministère de mort[c], avec ses caractères gravés sur des pierres, a été entouré de gloire à tel point que les Israélites ne pouvaient fixer le visage de Moïse à cause de la gloire, pourtant passagère[d], de ce visage, [8]combien le ministère de l'Esprit ne sera-t-il pas plus glorieux ? [9]Si le ministère de condamnation a été glorieux, combien plus le ministère de justice ne le surpasse-t-il pas en gloire ? [10]Non, ce qui a été glorieux jadis ne l'est pas vraiment, en comparaison de cette gloire suréminente. [11]Car si ce qui était éphémère est passé par la gloire, combien plus ce qui demeure ne sera-t-il pas glorieux ?

[12]En possession d'un tel espoir, nous sommes pleins d'assurance. [13]Nous ne faisons pas comme Moïse, qui se couvrait le visage d'un voile pour empêcher les Israélites de voir s'éteindre un éclat passager[e]. [14]Mais leur

---

3. – [a]2. Ou : *dans vos cœurs.*
[b]6. Jr 31, 33 ; Ez 11, 19 ; 36, 26.
[c]7. L'alliance de la Loi conduit au péché, donc à la mort : Rm 3, 20 ; 5, 20 ; 7, 6-11 ; Ga 3, 19.
[d]7. Ex 34, 30-35.

[e]13. Cette interprétation du voile de Moïse, différente de celle d'Exode 34 ci-dessus, est assez commune dans l'exégèse rabbinique du temps de Paul.

esprit s'est obscurci. Jusqu'à ce jour, en effet, ce même voile demeure lorsqu'on lit l'Ancien Testament ; il n'est pas levé, car c'est dans le Christ qu'il disparaît[f]. [15]Oui, jusqu'à ce jour, toutes les fois qu'on lit Moïse, un voile est sur leur cœur. [16]C'est lorsqu'on se convertit au Seigneur que le voile tombe. [17]Or le Seigneur est l'Esprit ; et où est l'Esprit du Seigneur, là est la liberté. [18]Et nous tous, contemplant[g] comme en un miroir sur nos visages découverts la gloire du Seigneur, nous sommes transformés en cette même image de plus en plus resplendissante ; c'est là l'action du Seigneur, qui est Esprit[h].

4 **L'âme de l'apôtre.** – [1]C'est pourquoi, miséricordieusement chargés de ce ministère, nous ne perdons pas courage. [2]Nous rejetons ce que l'on cache par honte, nous répudions les procédés astucieux et la falsification de la parole de Dieu. Au contraire, par la manifestation de la vérité, nous nous recommandons devant Dieu à toute conscience humaine. [3]Si notre Évangile demeure voilé, c'est pour ceux qui se perdent qu'il le demeure, [4]pour les incrédules dont le dieu de ce monde[a] a aveuglé l'esprit, afin qu'ils ne voient pas resplendir l'Évangile de la gloire du Christ qui est l'image de Dieu[b].

[5]Non, ce n'est pas nous-mêmes que nous prêchons, mais le Christ Jésus, le Seigneur ; pour nous, nous sommes vos serviteurs à cause de Jésus. [6]Le Dieu qui a dit : *Que du sein des ténèbres brille la lumière*[c], est aussi Celui qui a brillé dans nos cœurs, pour faire resplendir la connaissance de la gloire de Dieu qui rayonne sur le visage du Christ.

---

[f]14. Ou bien : *Il ne leur est pas dévoilé que cette alliance a été abolie par le Christ.*

[g]18. Ou : *réfléchissant.*

[h]18. Autre traduction : *par*

l'action de l'Esprit du Seigneur.
4. – [a]4. Satan.
[b]4. Cf. Col 1, 15 ; He 1, 3 ; Jn 1, 1-18.
[c]6. Gn 1, 3.

[7]Mais ce trésor nous le portons en des vases d'argile, pour qu'il apparaisse bien que cette incomparable puissance vient de Dieu et non de nous. [8]Nous sommes pressés de toutes parts, mais non réduits à l'extrémité ; ne sachant qu'espérer, mais non désespérés ; [9]persécutés, mais non hors de combat ; abattus, mais non anéantis. [10]Nous portons constamment dans notre corps les souffrances de la mort de Jésus, afin que la vie de Jésus soit, elle aussi manifestée dans notre corps. [11]Quoique vivants, en effet, nous sommes continuellement livrés à la mort à cause de Jésus, afin que la vie de Jésus soit, elle aussi, manifestée dans notre chair mortelle. [12]Ainsi la mort fait son œuvre en nous, et la vie en vous[d].

Son courage devant la mort. – [13]Possédant ce même esprit de foi dont il est écrit : *J'ai cru, c'est pourquoi j'ai parlé*[e], nous croyons, nous aussi, et c'est pourquoi nous parlons, [14]sachant que Celui qui a ressuscité le Seigneur Jésus nous ressuscitera nous aussi avec Jésus et nous placera avec vous près de lui. [15]Tout cela à cause de vous, afin que la grâce, se répandant avec abondance, multiplie chez un plus grand nombre l'action de grâce à la gloire de Dieu.

[16]C'est pourquoi nous ne perdons pas courage. Bien au contraire : encore qu'en nous l'homme extérieur s'en aille en ruine, l'homme intérieur se renouvelle de jour en jour. [17]Oui, la légère épreuve d'un moment nous prépare, bien au-delà de toute mesure, un poids éternel de gloire, [18]car nous n'attachons pas nos regards aux choses visibles, mais aux invisibles ; les choses visibles ne sont que pour un temps, les invisibles sont éternelles.

---

[d]12. Comparer Col 1, 24.   [e]13. Ps 116, 10 (Septante).

5 ¹Nous le savons en effet, si la tente qu'est notre demeure terrestre vient à être détruite, nous avons dans les cieux une maison qui est l'œuvre de Dieu, demeure éternelle non faite de main d'homme[a]. ²Cependant nous gémissons dans cet état, désirant ardemment revêtir par-dessus l'autre notre habitation céleste, ³puisque, l'ayant revêtue, nous ne devons pas être trouvés nus[b]. ⁴Oui, aussi longtemps que nous sommes dans cette tente, nous gémissons, accablés : nous ne voudrions pas nous dévêtir, mais revêtir par-dessus l'autre le second vêtement, afin que ce qui est mortel en nous soit absorbé par la vie. ⁵Or, c'est Dieu qui nous a formés pour cette destinée, lui qui nous a donné les arrhes de l'Esprit.

⁶Ainsi donc, toujours pleins de courage[c], sachant bien qu'habiter dans ce corps, c'est rester en exil loin du Seigneur, ⁷car nous cheminons dans la foi, non dans la claire vision... ⁸Nous sommes donc pleins de courage, et nous préférons de beaucoup déloger de ce corps pour aller habiter auprès du Seigneur. ⁹Aussi, que nous restions dans ce corps, ou que nous en sortions, nous avons à cœur de lui plaire. ¹⁰Car tous, tant que nous sommes, il nous faudra comparaître devant le tribunal du Christ, afin que chacun soit rétribué pour ce qu'il aura fait pendant sa vie mortelle, soit en bien, soit en mal.

Respect de Dieu et dévouement aux hommes. — ¹¹Ainsi, pénétrés de la crainte du Seigneur, nous nous employons à convaincre les hommes. Pour ce qui est de Dieu, nous sommes à découvert devant lui et j'espère que dans vos consciences aussi, nous le som-

---

5. — [a]1. Le corps glorieux du Christ ? Cette interprétation des Pères grecs est reprise par des exégètes modernes.

[b]3. Ou : *Pourvu que nous soyons trouvés vêtus et non pas nus.* Nu au sens de «sans demeure», dans une sorte d'état intermédiaire entre le terrestre et le céleste.

[c]6. Refrain de toute cette section : 4, 1.16 et plus loin v 8.

mes pareillement. [12]Nous n'allons pas recommencer à nous faire valoir devant vous ; nous voulons seulement vous donner sujet de vous montrer fiers de nous ; vous aurez ainsi de quoi répondre à ceux qui tirent gloire de ce qui paraît et non de ce qui est dans le cœur. [13]Si nous avons déraisonné, c'était pour Dieu ; si nous sommes raisonnables, c'est pour vous.

[14]L'amour du Christ nous presse, quand nous songeons que si un seul est mort pour tous, tous aussi sont morts. [15]Et il est mort pour tous afin que les vivants ne vivent plus pour eux-mêmes, mais pour celui qui est mort et ressuscité pour eux.

Pour le renouveau et la réconciliation. –

[16]Aussi désormais ne connaissons-nous plus personne selon la chair. S'il fut un temps où nous avons connu le Christ selon la chair[d], ce n'est plus ainsi que nous le connaissons maintenant. [17]Si donc quelqu'un est dans le Christ, c'est une créature nouvelle ; ce qui était ancien est passé ; voici qu'il s'est fait du nouveau. [18]Tout vient de Dieu, qui nous a réconciliés avec lui par le Christ et nous a confié le ministère de la réconciliation. [19]Car c'était Dieu qui, dans le Christ, se réconciliait le monde, ne tenant plus compte aux hommes de leurs fautes, et il a mis sur nos lèvres le message de réconciliation. [20]Nous sommes donc les ambassadeurs du Christ ; c'est comme si Dieu exhortait par nous. Nous vous en conjurons au nom du Christ, réconciliez-vous avec Dieu. [21]Celui qui n'avait pas commis le péché, il l'a fait péché pour nous, afin que nous devenions en lui justice de Dieu[e].

[d]16. Soit durant sa vie terrestre, soit selon des vues humaines. Il est difficile de trancher en faveur de l'une ou de l'autre interprétation. La première pourrait d'ailleurs, dans le contexte (v 15), être ramenée à la seconde.

[e]21 Paradoxe saisissant, cf. Ga 3, 13 et, au-delà, Is 53, 11-12.

6 **Patience et force d'un serviteur de Dieu.** – [1]Puisque nous sommes ses collaborateurs, nous vous exhortons à ne pas recevoir en vain la grâce de Dieu. [2]Il dit en effet :

Au temps favorable, je t'ai exaucé, et au jour du salut, je t'ai secouru[a].

C'est maintenant le temps favorable, c'est maintenant le jour du salut. [3]Nous ne donnons à personne le moindre sujet de scandale, pour ne pas faire décrier notre ministère. [4]Nous nous montrons au contraire en toutes choses comme des ministres de Dieu : par une grande patience dans les épreuves, dans les détresses, dans les angoisses, [5]sous les coups, dans les cachots, dans les émeutes, dans les fatigues, dans les veilles, dans les jeûnes ; [6]par la pureté, par la science, par la longanimité, par la bonté, par l'Esprit Saint[b], par une charité sans feinte, [7]par la parole de vérité, par la puissance de Dieu ; par les armes offensives et défensives[c] de la justice ; [8]dans l'honneur et le mépris, dans la mauvaise et la bonne réputation ; regardés comme imposteurs, et pourtant véridiques ; [9]comme inconnus, et pourtant bien connus ; comme des mourants, et nous voilà vivants : comme des gens qu'on châtie, et nous échappons à la mort ; [10]comme des affligés, nous qui sommes toujours joyeux ; comme des indigents, nous qui faisons tant de riches ; comme des gens qui n'ont rien, nous qui possédons tout[d].

A vous de choisir ! – [11]Nous vous avons parlé en toute franchise[e], Corinthiens ; notre cœur s'est large-

---

6. – [a]2. Is 49, 8.
[b]6. Ou : par un esprit saint.
[c]7. Littéralement : celles de droite (l'épée) et celles de gauche (le bouclier).

[d]10. Comparer toute cette section, 1-10, à 11, 23-33.
[e]11. Littéralement : Notre bouche s'est ouverte vers vous.

ment ouvert. [12]Vous n'êtes pas à l'étroit chez nous ; ce sont vos cœurs[f], à vous, qui sont étroits. [13]Rendez-nous la pareille – je vous parle comme à mes enfants : élargissez votre cœur, vous aussi.

[14]Ne formez pas avec les infidèles un attelage disparate. Quelle association peut-il y avoir entre la justice et l'iniquité ? Quelle union entre la lumière et les ténèbres ? [15]Quel accord entre le Christ et Béliar[g] ? Quels rapports entre le fidèle et l'infidèle ? [16]Quels accommodements entre le temple de Dieu et les idoles ? Or nous sommes le temple du Dieu vivant, ainsi que Dieu l'a dit :

J'habiterai et je marcherai au milieu d'eux: je serai leur Dieu, et ils seront mon peuple[h]. [17]*Sortez donc du milieu d'eux et tenez-vous à l'écart*, dit le Seigneur. *Ne touchez pas à ce qui est impur, et moi, je vous accueillerai*[i]. [18]*Je serai pour vous un père, et vous serez pour moi des fils et des filles,* dit le Seigneur tout-puissant[j].

7 [1]En possession de telles promesses, mes bienaimés, purifions-nous de toute souillure de la chair et de l'esprit, achevant de nous sanctifier dans la crainte de Dieu.

[2]Faites-nous place dans vos cœurs. Nous n'avons lésé, ruiné, exploité personne. [3]Je ne dis pas cela pour vous condamner ; je vous ai déjà dit que vous êtes dans nos cœurs à la vie et à la mort. [4]J'ai grande confiance en vous, je suis très fier de vous. Je suis rempli de consolation ; je déborde de joie dans toutes nos épreuves.

Ils ont bien choisi. – [5]A notre arrivée en Macédoine, notre corps n'a pas connu de repos. Ce n'étaient

---

[f]12. Littéralement : Vos entrailles.

[g]15. Béliar ou Bélial, « le vaurien », c'est-à-dire le diable.

[h]16. Lv 26, 11-12.

[i]17. Is 52, 11 ; Jr 51, 45.

[j]18. 2 S 7, 14 ; Is 43, 6 ; Jr 31, 9.

qu'épreuves : luttes au-dehors, craintes au-dedans.
[6]Mais le Dieu qui console les humbles nous a consolés par la venue de Tite, [7]et non seulement par sa venue, mais encore par la consolation qu'il avait reçue de vous. Il nous a dit vos ardents désirs, votre douleur, votre zèle pour moi, si bien que ma joie s'en est encore accrue.

[8]Si vraiment je vous ai attristés par ma lettre[a], je ne le regrette pas. Et si je l'ai regretté − car je vois que sur le moment cette lettre vous a attristés − [9]je m'en réjouis maintenant. Non pas, assurément, de ce que vous avez été attristés, mais de ce que cette tristesse vous a portés au repentir. La tristesse que vous avez éprouvée était selon Dieu, en sorte que vous n'avez subi de notre part aucun dommage. [10]En effet, la tristesse selon Dieu engendre un repentir salutaire qu'on ne regrette pas, tandis que la tristesse du monde produit la mort. [11]Voyez donc les effets qu'a produits en vous cette tristesse selon Dieu : quel empressement ! Que dis-je ? Quel souci de vous disculper ! Quelle indignation ! Quelle crainte ! Quel ardent désir ! Quel zèle ! Quelle punition ! Vous avez montré de toutes manières que vous étiez exempts de reproches en cette affaire. [12]Si donc je vous ai écrit, ce n'était ni à cause de l'offenseur ni à cause de l'offensé ; c'était pour fournir à votre empressement pour nous l'occasion de se manifester avec éclat parmi vous devant Dieu. [13]C'est là ce qui nous a consolés.

Outre cette consolation personnelle, nous avons éprouvé une joie encore plus vive en voyant la joie de Tite et le réconfort spirituel qu'il a trouvé auprès de vous tous. [14]Si devant lui je me suis montré quelque peu fier de vous, je n'ai pas eu à en rougir. De même

---

7. − [a]8. Allusion à une lettre intermédiaire entre les deux que nous connaissons.

que je vous ai dit en tout la vérité, de même l'éloge que nous avons fait de vous à Tite s'est trouvé conforme à la vérité. [15]Il ressent pour vous un redoublement de tendre affection quand il se rappelle votre obéissance à tous et la crainte respectueuse avec laquelle vous l'avez accueilli. [16]Ce m'est une joie de pouvoir en tout compter sur vous.

LA COLLECTE

8 [a] **L'exemple des voisins.** – [1]Nous voulons maintenant vous faire connaître, frères, la grâce que Dieu a accordée aux Églises de Macédoine. [2]Au milieu des multiples adversités qui les éprouvaient, leur joie a surabondé et leur extrême pauvreté s'est répandue en riches libéralités. [3]Selon leurs moyens, je l'atteste, et au-delà de leurs moyens et de leur propre mouvement, [4]ils nous ont demandé avec beaucoup d'insistance la faveur de participer à ce service rendu aux saints[b]. [5]Ils ont même dépassé nos espérances et se sont offerts eux-mêmes au Seigneur d'abord, puis à nous, par la volonté de Dieu. [6]Aussi avons-nous prié Tite, qui l'avait si bien commencée auprès de vous, d'y mener à bonne fin cette œuvre de charité.

[7]Et puisque vous excellez en toutes choses, foi, éloquence, science, zèle universel, amour que nous vous avons communiqué, appliquez-vous à exceller aussi dans cette œuvre de charité. [8]Ce n'est pas un ordre que je donne ; je voudrais seulement que l'exemple du zèle

---

8. – [a]Paul attache une grande importance à la collecte qu'il a organisée pour l'Église de Jérusalem. Elle manifeste l'unité de foi et de charité entre chrétiens de Palestine et chrétiens de la diaspora juive et du monde grec. Rm 15, 26 ; 1 Co 16, 1-4 ; Ga 2, 10.

[b]4. Les chrétiens de Jérusalem.

d'autrui fournisse à votre charité l'occasion de prouver qu'elle est sincère. [9]Vous connaissez en effet la générosité de notre Seigneur Jésus Christ: comment, étant riche, il s'est fait pauvre pour vous, afin de vous enrichir par sa pauvreté[c]. [10]C'est donc un simple avis que je donne ici; c'est ce qui convient pour vous, qui avez été les premiers, non seulement à entreprendre cette œuvre, mais même à la décider, dès l'année dernière.

[11]Achevez-la donc maintenant, et qu'ainsi, selon vos ressources, l'exécution réponde à la promptitude du vouloir. [12]Lorsque le cœur y est, on donne avec plaisir ce que l'on a, mais non, évidemment, ce que l'on n'a pas[d]. [13]Il ne s'agit pas, en effet, pour soulager autrui, de vous mettre dans la gêne; ce qu'il faut, c'est l'égalité. [14]Dans la circonstance présente, votre superflu va pourvoir à leur indigence, pour que leur superflu puisse aussi pourvoir un jour à votre indigence, afin qu'il y ait égalité[e], [15]suivant cette parole de l'Écriture: *Celui qui avait recueilli beaucoup n'a rien eu de trop, et celui qui avait peu recueilli n'a manqué de rien*[f].

Paul délègue quelques frères. — [16]Grâce soit rendue à Dieu qui a mis au cœur de Tite la même sollicitude pour vous. [17]Il a répondu à mon appel, et même, dans l'ardeur de son zèle, c'est de sa propre initiative qu'il se rend chez vous. [18]Nous envoyons avec lui le frère à qui la prédication de l'Évangile vaut les éloges

[c]9. Thème paulinien de l'échange, brillamment exprimé en une double antithèse, non exempte d'une pointe de rhétorique. Saint Augustin affectionnera ce type d'expression.

[d]12sv. Paul sait se faire, quand le sujet le demande, aimablement insinuant.

[e]14. Encore le thème de l'échange, qui prête à brillantes antithèses.

[f]15. Rappel spirituel et ici très heureux de ce qui est dit de la manne, divinement répartie selon les besoins de chacun, Ex 16, 18.

de toutes les Églises[g]. [19]Bien plus, il a été délégué par les Églises pour être notre compagnon de voyage dans cette mission de charité, à laquelle nous nous employons pour la gloire du Seigneur et la satisfaction de notre cœur[h]. [20]Notre souci est d'éviter ainsi tout reproche au sujet de ces sommes importantes dont nous avons la charge. [21]Car nous nous préoccupons de ce qui est bien, non seulement au regard de Dieu, mais encore au regard des hommes[i]. [22]Nous envoyons avec eux un frère dont nous avons éprouvé le zèle de bien des manières et en de nombreuses circonstances, et qui dans le cas présent témoigne d'un zèle encore plus vif, en raison de la grande confiance qu'il a en vous. [23]Quant à Tite, il est mon compagnon et collaborateur auprès de vous ; quant à nos frères, ils sont les envoyés des Églises, la gloire du Christ. [24]Donnez-leur donc, à la face des Églises, la preuve de votre charité et faites-leur voir que nous avions raison de nous montrer fiers de vous.

9 [1]Pour les secours destinés aux saints, il est superflu que je vous en écrive[a]. [2]Je connais votre bonne volonté, et je vous en fais gloire auprès des Macédoniens, leur disant que l'Achaïe est prête depuis l'an passé ; et votre ardeur a été un stimulant pour la plupart. [3]J'envoie toutefois nos frères, afin que l'éloge que je me suis plu à faire de vous ne soit pas démenti sur ce point, et que vous soyez prêts, ainsi que je l'ai annoncé. [4]Si des Macédoniens venaient avec moi et ne vous trou-

---

[g]18. Ce frère serait-il Luc ?

[h]19. Ou : en preuve de notre bon vouloir.

[i]21. Réminiscence de Proverbes 3, 4 (Septante).

9. – [a]1. Phrase plutôt surprenante, après tout ce qui précède. Ce chapitre 9 est probablement un fragment d'une autre lettre adressée soit à Corinthe, soit à l'ensemble des Églises d'Achaïe ; fragment inséré ensuite ici en raison du sujet.

vaient pas prêts, notre belle assurance tournerait à notre confusion, pour ne pas dire à la vôtre. [5]J'ai donc cru devoir inviter nos frères à nous précéder chez vous, pour veiller à ce que soit prête la libéralité promise par vous, de manière que ce soit une vraie libéralité et non une lésinerie.

Qui donne aux pauvres prête à Dieu. – [6]Songez-y ; qui sème parcimonieusement moissonnera parcimonieusement, et qui sème abondamment moissonnera abondamment. [7]Que chacun donne suivant le mouvement de son cœur, et sans regret ni contrainte ; *Dieu aime celui qui donne joyeusement*[b]. [8]Dieu est assez puissant pour vous combler de toutes sortes de bienfaits, afin qu'ayant toujours et en tout le nécessaire, il vous reste du superflu pour toutes les bonnes œuvres, [9]selon qu'il est écrit : *Il a fait des largesses, il a donné aux pauvres ; sa justice demeure éternellement*[c].

[10]Celui qui fournit la semence au semeur et le pain dont il se nourrit vous fournira aussi la semence et la multipliera, et il fera croître les fruits de votre justice. [11]Vous serez ainsi enrichis de toutes manières pour toutes sortes de libéralités qui, par notre intermédiaire, feront monter vers Dieu les actions de grâce. [12]Car ce service, cette offrande sacrée, ne pourvoira pas seulement aux nécessités des saints ; il provoquera en outre de nombreuses actions de grâce envers Dieu. [13]Ce service faisant la preuve de ce que vous êtes, ils glorifieront Dieu de la soumission que vous professez envers l'Évangile du Christ et des largesses de votre communion avec eux et avec tous[d]. [14]Et leur prière pour vous

[b]7. Ps 22, 8, citation libre des Septante.

[c]9. Ps 112, 9.

[d]13. Autre traduction : *Ils glorifieront Dieu... pour la sincérité généreuse de votre union avec eux et avec tous.*

manifestera la tendre affection qu'ils vous portent, à cause de la surabondance de grâces que Dieu a répandue sur vous. [15]Grâce soit rendue à Dieu pour son don ineffable !

PAUL SE DÉFEND
CONTRE SES ADVERSAIRES

10 **La force d'un envoyé du Christ.** – [1]C'est moi-même, Paul, qui vous en prie, par la douceur et la mansuétude du Christ, moi qui ai l'air si humble quand je suis devant vous, mais qui de loin montre tant de hardiesse à votre égard[a]. [2]Je vous en supplie : que je n'aie pas, une fois chez vous, à faire preuve de cette hardiesse assurée avec laquelle j'entends agir contre certaines gens qui se figurent que notre conduite s'inspire de motifs charnels. [3]Nous vivons dans la chair, assurément, mais nous ne combattons pas avec les moyens de la chair. [4]Nos armes de guerre ne sont pas charnelles, mais elles ont, pour la cause de Dieu[b], le pouvoir de renverser les forteresses. Oui, nous renversons les sophismes [5]et toute prétention qui s'élève contre la connaissance de Dieu ; nous faisons prisonnière toute pensée pour qu'elle obéisse au Christ. [6]Et nous sommes prêts à châtier toute désobéissance, dès que votre obéissance sera complète.

[7]Vous regardez aux apparences[c]. Si quelqu'un se flatte d'être au Christ, qu'il se dise bien que, s'il est au Christ, nous le sommes tout autant[d]. [8]Quand bien

---

10. – [a]1. Allusion à des critiques adressées à Paul ; de même au verset 10.

[b]4. Autre traduction : *de par Dieu*

[c]7. Ou bien : Rendez-vous à l'évidence.

[d]7. Peut-être allusion à ceux qui se disent « du Christ », 1 Co 1, 12.

même je me vanterais un peu trop du pouvoir que le Seigneur nous a donné pour votre édification et non pour votre ruine, je n'aurais pas à en rougir. [9]Mais je ne veux pas avoir l'air de chercher à vous intimider par mes lettres. [10]« Car ses lettres, dit-on, sont sévères et fortes ; mais, quand il est là, sa personne est chétive et sa parole pitoyable. » [11]Que celui qui tient de tels propos se dise bien que tels nous sommes de loin et en paroles dans nos lettres, tels nous serons aussi de près dans nos actes. [12]Certes nous n'avons pas l'audace de nous égaler ni de nous comparer à ces gens qui se font valoir eux-mêmes. En se mesurant à leur propre mesure et en se comparant, à eux-mêmes, ils ne font pas preuve de bon sens. [13]Pour nous, nous n'allons pas nous vanter sans mesure, mais nous prendrons comme mesure la règle même que Dieu nous a donnée en nous conduisant jusqu'à vous. [14]Nous ne dépassons pas nos limites, comme ce serait le cas si nous n'étions pas arrivés jusqu'à vous, car nous sommes bien venus jusqu'à vous avec l'Évangile du Christ. [15]Nous ne nous vantons pas démesurément en nous parant des travaux d'autrui[e] ; et nous espérons bien que, votre foi s'affermissant, notre œuvre s'étendra de plus en plus selon la règle qui nous est assignée, [16]en portant l'Évangile au-delà de chez vous, sans pénétrer dans le domaine d'autrui pour nous glorifier du travail tout fait. [17]Au reste, *si quelqu'un veut se glorifier, qu'il se glorifie dans le Seigneur*[f]. [18]Ce n'est pas celui qui se recommande lui-même qui est un homme éprouvé, c'est celui que le Seigneur recommande.

---

[e]15. Texte assez difficile, diversement traduit.

[f]17. Citation libre de Jr 9, 22-23. Comparer 1 Co 1, 31.

11

L'autorité d'un fondateur. — [1]Ah! si vous pouviez supporter de ma part un peu de folie! Eh bien oui! supportez-moi[a]! [2]J'éprouve à votre sujet une jalousie qui vient de Dieu; je vous ai fiancés à un époux unique; je vous ai présentés au Christ comme une vierge pure[b]. [3]Mais j'ai peur qu'à l'exemple d'Ève, que le serpent séduisit par sa ruse, vous ne laissiez vos pensées se corrompre et la fidélité due au Christ s'altérer. [4]Si le premier venu vous prêche un Jésus différent de celui que nous vous avons prêché, ou s'il est question de recevoir un Esprit différent de celui que vous avez reçu, ou un autre Évangile que celui que vous avez accueilli, vous le supportez fort bien. [5]J'estime pourtant n'avoir été inférieur en rien à ces archiapôtres. [6]Si je ne suis qu'un béotien en fait d'éloquence, c'est autre chose pour la science; nous vous l'avons montré en tout et de toute manière.

[7]Mon péché serait-il donc de m'être abaissé pour vous élever, en vous annonçant gratuitement l'Évangile de Dieu? [8]J'ai dépouillé d'autres Églises, recevant d'elles de quoi vivre, pour pouvoir me mettre à votre service. [9]Et lorsque je me suis trouvé dans le besoin pendant mon séjour chez vous, je n'ai été à charge à personne; ce sont les frères venus de Macédoine qui ont pourvu à ce qui me manquait.

De toute manière, j'ai évité de vous être à charge, et je l'éviterai encore. [10]Aussi sûrement que la vérité du Christ est en moi, jamais ce titre de gloire ne me sera enlevé dans le pays d'Achaïe. [11]Pourquoi? Parce que je ne vous aime pas? Dieu le sait.

[12]Et ce que je fais, je continuerai de le faire, pour ôter tout prétexte à ceux qui en cherchent un, afin

---

11. — [a]1. Ou bien: *Mais oui, vous me supportez.*

[b]2. Au moment de leur conversion et de leur baptême, comme un père présente sa fille à son époux.

d'être tenus pour nos égaux dans l'apostolat dont ils se vantent. ¹³Ces gens-là sont de faux apôtres, des ouvriers perfides, déguisés en apôtres du Christ. ¹⁴Rien d'étonnant à cela : Satan lui-même se déguise en ange de lumière. ¹⁵Ce n'est donc pas merveille si ses serviteurs se déguisent en serviteurs de la justice. Mais leur fin sera digne de leurs actes.

¹⁶Je le répète, qu'on ne me prenne pas pour un fou ; ou bien laissez-moi faire le fou, que je puisse à mon tour me vanter un peu ! ¹⁷Ce que je vais dire je ne le dirai pas sous l'inspiration du Seigneur[c], mais comme dans un accès de folie qui me donne l'audace de me vanter[d]. ¹⁸Puisque tant d'autres se vantent d'avantages humains, moi aussi je vais me vanter. ¹⁹Vous supportez volontiers les fous, vous, les gens raisonnables ! ²⁰Vous supportez qu'on vous asservisse, qu'on vous dévore, qu'on vous exploite, qu'on vous traite avec insolence, qu'on vous frappe au visage. ²¹Je le dis avec honte : c'est à croire que nous avons été trop faibles. Mais ce dont on peut oser se vanter − c'est en fou que je parle − je l'ose moi aussi.

Les titres de noblesse de Paul. − ²²Ils sont Hébreux ? Moi aussi. Israélites ? Moi aussi. De la descendance d'Abraham ? Moi aussi. ²³Ministres du Christ ? − c'est pour le coup que je parle comme un fou ! − je le suis plus qu'eux. Bien plus par les travaux, bien plus par les emprisonnements, infiniment plus par les coups. Souvent j'ai été à la mort. ²⁴Cinq fois j'ai reçu des Juifs les quarante coups de fouet moins une[e] ; ²⁵trois fois j'ai été flagellé, une fois lapidé ; trois fois j'ai fait naufrage ; j'ai même passé un jour et une

---

[c]17. Littéralement : selon le Seigneur.
[d]17. Autre traduction : *dans l'assurance où je suis d'avoir de quoi me vanter*.

[e]24. On ne donnait que trente-neuf coups, pour être sûr de ne pas dépasser quarante, limite fixée par Dt 25, 3.

nuit sur l'abîme. [26]Voyages sans nombre, dangers des fleuves, dangers des brigands, dangers de mes compatriotes, dangers des païens, dangers de la ville, dangers du désert, dangers de la mer, dangers des faux frères! [27]Labeur et fatigue, veilles répétées, faim et soif, jeûnes fréquents, froid et nudité! [28]Et sans parler du reste, mon obsession de chaque jour : le souci de toutes les Églises! [29]Qui est faible, que je ne le sois aussi? Qui vient à tomber, que je n'en sois brûlant de fièvre?

[30]S'il faut se vanter, c'est de ma faiblesse que je me vanterai. [31]Le Dieu et Père du Seigneur Jésus – béni soit-il à jamais! – sait que je ne mens pas. [32]A Damas, l'ethnarque du roi Arétas faisait garder la ville des Damascéniens pour se saisir de moi. [33]On me descendit par une fenêtre, dans une corbeille, le long du rempart, et j'échappai ainsi à ses mains.

12 [1]Il faut se vanter? (cela pourtant ne convient guère)... eh bien! j'en viendrai aux visions et révélations du Seigneur. [2]Je connais un homme dans le Christ, qui, voici quatorze ans[a] – était-ce en son corps? je ne sais; était-ce hors de son corps? je ne sais, Dieu le sait –, cet homme-là fut ravi jusqu'au troisième ciel[b]. [3]Et je sais que cet homme – était-ce dans son corps, était-ce hors de son corps? je ne sais, Dieu le sait –, [4]fut ravi jusqu'au paradis et y entendit des paroles ineffables qu'il n'est pas permis à l'homme de redire. [5]Pour cet homme-là je me vanterai; mais pour moi-même, je ne me vanterai que de mes faiblesses. [6]Et cependant, si je voulais me vanter, je ne serais pas fou : je ne dirais que la vérité. Mais je m'en abstiendrai,

---

12. – [a]2. Donc vers 43, quand Paul était à Tarse, ou peut-être à Antioche, cf. Ac 11, 25-26.

[b]2. Expression rabbinique pour désigner les plus hautes grâces mystiques, la plus haute contemplation.

de peur qu'on se fasse de moi une idée supérieure à ce qu'on voit en moi ou à ce qu'on m'entend dire[c].

[7]Mais, pour que ces révélations extraordinaires ne m'enflent pas d'orgueil, il m'a été mis une écharde dans la chair, un ange de Satan[d], pour me souffleter afin que je ne m'enfle pas d'orgueil. [8]A ce sujet, j'ai prié trois fois le Seigneur pour qu'il l'écarte de moi. [9]Mais il m'a déclaré : « Ma grâce te suffit, car c'est dans la faiblesse que ma puissance donne toute sa mesure[e]. » Je me vanterai donc plus volontiers de mes faiblesses afin que la puissance du Christ habite en moi. [10]Oui, je me complais dans les faiblesses, les outrages, la détresse, les persécutions, les angoisses endurées pour le Christ : car lorsque je suis faible c'est alors que je suis fort.

[11]J'ai fait le fou ! C'est vous qui m'y avez contraint. C'est vous qui auriez dû vous charger de faire mon éloge. Car je n'ai nullement été inférieur à ces archiapôtres, bien que je ne sois rien. [12]Les signes distinctifs de l'apôtre se sont montrés agissants parmi vous : patience à toute épreuve, signes, prodiges, miracles. [13]En quoi avez-vous été moins bien partagés que les autres Églises, sinon que je ne vous ai pas été à charge ? Pardonnez-moi cette injustice.

Une prochaine visite. – [14]Voici que je m'apprête à aller chez vous pour la troisième fois. Je ne vous serai pas à charge, car ce que je désire, ce ne sont pas vos biens, c'est vous-mêmes. Ce n'est pas aux enfants à thésauriser pour les parents, mais aux parents pour les enfants. [15]Quant à moi, je dépenserai bien volontiers et je me

[c]6. Autre traduction : ou *à ce qu'on entend dire de moi.*

[d]7. Une épreuve qui est comme un messager infernal. Maladie chronique (Ga 4, 13-15 ; cf. Jb 2) ? Épreuve plutôt psychologique ou morale ? Paul reste volontairement énigmatique sur ce sujet.

[e]9. Encore une belle antithèse paulinienne.

dépenserai moi-même tout entier pour vos âmes, dussé-je, en vous aimant davantage, être moins aimé de vous.

[16]Soit, dira-t-on, je ne vous ai pas été à charge, mais, en fourbe que je suis, je vous ai pris par ruse. [17]Vous aurais-je donc exploités par l'un de ceux que je vous ai envoyés ? [18]J'ai agi auprès de Tite, et j'ai envoyé avec lui le frère que vous savez. Tite vous aurait-il exploités ? N'avons-nous pas marché dans le même esprit, sur les mêmes traces ? [19]Vous pensez depuis longtemps que nous nous justifions devant vous. Non, c'est sous le regard de Dieu et dans le Christ que nous parlons, et tout cela, mes bien-aimés, pour votre édification. [20]Car je crains qu'à mon arrivée je ne vous trouve pas tels que je voudrais et que vous ne me trouviez pas non plus tel que vous voudriez ; je crains de trouver discorde, jalousie, animosités, cabales, diffamations, commérages, insolences, désordres. [21]Je crains qu'à ma prochaine visite mon Dieu ne m'humilie à votre sujet, et que je n'aie à pleurer sur beaucoup de pécheurs qui n'auront pas fait pénitence pour l'impureté, la fornication et la débauche auxquelles ils se sont autrefois livrés.

13 **Une épreuve de force se prépare.** – [1]Je vais donc chez vous pour la troisième fois. *Toute affaire se réglera sur la déclaration de deux ou trois témoins*[a]. [2]J'ai déjà dit lors de ma deuxième visite, et de loin je le redis maintenant encore, aux anciens pécheurs et à tous les autres : si je reviens, je serai sans ménagement, [3]puisque, sans doute, vous voulez une preuve que le Christ parle en moi, lui qui ne se montre pas faible à votre égard, mais vous fait éprouver sa puissance. [4]Certes, il a été crucifié en raison de sa faiblesse, mais il vit, de par la puissance de Dieu. Nous

13. – [a]1. Paul veut procéder dans les formes juridiques, Dt 19, 15.

aussi, nous sommes faibles en lui, mais nous vivrons avec lui, de par la puissance de Dieu, dans notre conduite envers vous[b].

[5]Examinez-vous vous-mêmes pour voir si vous êtes dans la foi ; éprouvez-vous vous-mêmes. Ne reconnaissez-vous pas que Jésus Christ est en vous ? A moins que l'épreuve ne tourne pas en votre faveur. [6]Mais vous reconnaîtrez, je l'espère, qu'elle ne tourne pas contre nous. [7]Nous demandons à Dieu que vous ne commettiez aucun mal ; notre désir n'est pas de paraître victorieux dans l'épreuve, mais que vous accomplissiez le bien, dussions-nous passer pour avoir été vaincus. [8]Car nous n'avons aucun pouvoir contre la vérité ; nous n'en avons que pour la vérité. [9]Nous nous réjouissons quand nous sommes faibles, pourvu que vous soyez forts. Et ce que nous demandons dans nos prières, c'est de vous voir parfaits. [10]Voilà pourquoi de loin je vous écris cela, afin de n'avoir pas, lors de mon arrivée, à user de rigueur, en vertu du pouvoir que le Seigneur m'a donné pour édifier et non pour détruire.

CONCLUSION

Salutations finales. – [11]Au demeurant, frères, soyez dans la joie. Tendez à la perfection, encouragez-vous, n'ayez qu'un cœur, vivez en paix, et le Dieu d'amour et de paix sera avec vous. [12]Saluez-vous mutuellement d'un saint baiser. Tous les saints vous saluent.

[13]Que la grâce du Seigneur Jésus Christ, l'amour de Dieu et la communion du Saint-Esprit soient avec vous tous[c]!

[b]4. Comparer Rm 1, 4.

[c]13. Remarquable conclusion trinitaire, peut-être déjà entrée dans l'usage liturgique des communautés chrétiennes.

LETTRE AUX GALATES

INTRODUCTION

Sur les destinataires de cette lettre, les commentateurs se partagent entre deux opinions. Les plus nombreux pensent à la Galatie du nord, ancien royaume des Galates, évangélisée par Paul au cours de son deuxième voyage (vers 50) : la lettre pourrait dater du séjour de Paul à Éphèse, vers 56. D'autres pensent aux provinces méridionales (Pisidie, Lycaonie, Isaurie), évangélisées dès le premier voyage de Paul (46-49). La lettre pourrait avoir un rapport étroit avec le Concile de Jérusalem (49) qui décida que les convertis du paganisme ne devaient pas être astreints à la Loi de Moïse (Ac 15, 4-29).

La lettre répond aux menées de judéo-chrétiens qui voulaient entraîner des convertis à la pratique de la circoncision et des observances judaïques (Ga 1, 7; 4, 29). Nous connaissons leur activité à Antioche (Ac 15, 1-2), et la lettre nous renseigne sur le heurt qui eut lieu, à ce sujet, entre Pierre et Paul : Ga 2, 11-14.

C'était, humainement parlant, question de vie ou de mort pour l'Église. Jamais le monde païen ne serait devenu chrétien s'il lui avait fallu d'abord se faire juif : les progrès de l'Évangile auraient été arrêtés net. La clairvoyance de Paul a conjuré le péril et nous a valu cette lettre inoubliable.

On y reconnaît volontiers une sorte d'esquisse de la lettre aux Romains qui en reprend les idées avec plus d'ordre et de clarté.

PRÉAMBULE

1 **Adresse et compliments.** – [1]Paul, apôtre, non de la part des hommes ni par un homme, mais par Jésus Christ et Dieu le Père qui l'a ressuscité des morts, [2]ainsi que tous les frères qui sont avec moi, aux Églises de Galatie. [3]A vous grâce et paix de la part de Dieu notre Père et du Seigneur Jésus Christ, [4]qui s'est livré lui-même pour nos péchés, afin de nous arracher à la perversité de ce monde, selon la volonté de notre Dieu et Père ; [5]à lui soit la gloire dans les siècles des siècles ! Amen.

Comment avez-vous pu dévier? – [6]Je suis stupéfait que vous vous détourniez si vite de Celui qui vous a appelés par la grâce du Christ pour passer à un autre évangile. [7]Non qu'il y en ait un autre ; il y a seulement des gens qui sèment le trouble parmi vous et qui veulent bouleverser l'Évangile du Christ. [8]Eh bien ! si nous-même, si un ange du ciel vous annonçait un évangile différent de celui que nous vous avons annoncé, qu'il soit anathème ! [9]Nous l'avons déjà dit et je le répète aujourd'hui : si quelqu'un vous annonce un Évangile différent de celui que vous avez reçu, qu'il soit anathème[a] ! [10]Est-ce donc la faveur des hommes que je cherche à gagner maintenant ou celle de Dieu ? Est-ce aux hommes que je cherche à plaire ?

Si j'en étais encore à plaire aux hommes, je ne serais plus le serviteur du Christ.

---

1. – [a]9. Malédiction à l'orientale : Rm 9, 3 ; 1 Co 12, 3 ; 16, 22.

APOLOGIE PERSONNELLE

Mon évangile m'a été révélé. – [11]Oui, je vous le déclare, frères, l'Évangile que je vous ai prêché ne doit rien à l'inspiration humaine. [12]Ce n'est pas non plus d'un homme que je l'ai reçu ou appris, mais c'est par une révélation[b] de Jésus Christ. [13]Vous avez certainement entendu parler de ma conduite d'autrefois dans le judaïsme : comment je persécutais à outrance l'Église de Dieu et la ravageais[c], [14]et comment je progressais dans le judaïsme, dépassant bien des compatriotes de mon âge dans un zèle acharné pour les traditions de mes pères.

[15]Mais quand il plut à Celui qui m'avait mis à part dès le sein de ma mère et appelé par sa grâce de [16]révéler son Fils en moi, pour que je l'annonce parmi les païens, aussitôt, sans consulter personne[d], [17]sans monter à Jérusalem auprès de ceux qui étaient apôtres avant moi, j'allai en Arabie, puis je revins de nouveau à Damas[e]. [18]Ensuite, au bout de trois ans[f], je montai à Jérusalem pour faire la connaissance de Céphas et demeurai quinze jours auprès de lui, [19]sans voir aucun autre apôtre, si ce n'est Jacques, le frère du Seigneur[g]. [20]Ce que je vous écris là, je l'atteste devant Dieu, ce n'est pas un mensonge. [21]Je me rendis ensuite dans les régions de Syrie et de Cilicie. [22]J'étais d'ailleurs personnellement inconnu aux Églises du Christ qui sont en Judée. [23]Elles

[b]12. Celle du chemin de Damas, peut-être suivie d'autres.

[c]13. Ac 8, 3 ; 9, 1-2 ; 22, 4-5 ; 26, 9-11 ; 1 Co 15, 9 ; 1 Tm 1, 13.

[d]16. Littéralement : sans consulter la chair et le sang.

[e]17. Ac 9, 19-25 ; 2 Co 11, 32-33.

[f]18. Vers 38-39 ? Sur ce voyage, cf. Ac 9, 26-30. Céphas est évidemment Pierre. Voir Jn 1, 42 et 1 Co 1, 12.

[g]19. Jacques dit le Mineur, frère, c'est-à-dire cousin de Jésus. Était-il un des Douze ? N'oublions pas que le titre d'apôtre avait un sens beaucoup plus large.

entendaient seulement dire que le persécuteur de jadis prêchait maintenant la foi qu'il voulait naguère détruire. [24]Et elles rendaient gloire à Dieu à mon sujet.

2 Jacques, Pierre et Jean m'ont donné la main.

– [1]Plus tard, au bout de quatorze ans, je montai de nouveau à Jérusalem avec Barnabé et Tite que j'avais pris aussi avec moi[a]. [2]J'y montai à la suite d'une révélation et j'y exposai l'Évangile que je prêche parmi les païens ; mais je l'exposai séparément aux personnes les plus considérées, pour savoir si je ne courais pas ou n'avais pas couru pour rien. [3]Or pas même Tite qui m'accompagnait et qui était grec ne fut contraint de se faire circoncire ; [4]cela à cause des intrus, des faux frères qui s'étaient glissés parmi nous, en espions de la liberté dont nous jouissions dans le Christ Jésus, pour nous réduire en esclavage... [5]Nous ne leur avons fait aucune concession, fût-ce un instant, afin de sauvegarder pour vous la vérité de l'Évangile. [6]Quant à ceux qui sont tenus pour des autorités – peu m'importe ce qu'ils étaient alors, Dieu ne regarde pas les fonctions des hommes – ces autorités ne m'imposèrent absolument rien. [7]Au contraire, voyant que l'évangélisation des incirconcis m'a été confiée comme à Pierre celle des circoncis – [8]car Celui dont l'intervention a fait de Pierre l'apôtre des circoncis a fait aussi de moi l'apôtre des païens – [9]et reconnaissant la grâce qui m'a été accordée, Jacques, Céphas et Jean, regardés comme des colonnes, nous donnèrent la main, à Barnabé et à moi, en signe d'accord[b] ; nous irions, nous, aux païens, eux aux circoncis[c].

---

2. – [a]1. *Quatorze ans* : à compter de la conversion de Paul, ou de son premier voyage à Jérusalem ? Il semble, en tout cas, que ce voyage soit celui que mentionne Ac 15.

[b]9. Littéralement : en signe de communion.

[c]9. Délimitation approximative et non exclusive des domaines d'apostolat.

¹⁰Ils nous demandèrent seulement de penser aux pauvres, ce que précisément j'ai eu à cœur de faire.

J'ai tenu tête à Pierre. – ¹¹Mais quand Céphas vint à Antioche, je lui résistai en face parce qu'il était répréhensible. ¹²Avant l'arrivée de certaines gens de l'entourage de Jacques, il prenait ses repas avec les païens; mais à leur arrivée, il s'esquiva et se tint à l'écart, par peur des circoncis. ¹³Les autres Juifs imitèrent sa dissimulation, de sorte que Barnabé lui-même s'y laissa entraîner. ¹⁴Mais quand je vis qu'ils ne marchaient pas droit selon la vérité de l'Évangile[d], je dis à Céphas en présence de tous: « Si toi, qui es juif, tu vis à la manière des païens et non à la manière juive, comment peux-tu contraindre les païens à vivre comme les Juifs? ¹⁵Nous autres, nous sommes juifs de naissance, et non de ces pécheurs de païens. ¹⁶Nous savons cependant que l'homme n'est pas justifié par les œuvres de la Loi, mais par la foi en Jésus Christ; nous avons cru, nous aussi, en Jésus Christ, afin d'être justifiés par la foi en lui et non par les œuvres de la Loi, car par les œuvres de la Loi *personne ne saurait être justifié*[e]. ¹⁷Or si, cherchant la justification dans le Christ, nous sommes trouvés pécheurs nous aussi, le Christ serait-il au service du péché? Certainement pas! ¹⁸Car si je rebâtis ce que j'ai détruit[f], c'est alors que je me constitue moi-même transgresseur. ¹⁹En effet par la Loi je suis mort à la Loi, afin de vivre pour Dieu. Je suis crucifié à jamais avec le Christ; ²⁰ce n'est plus moi qui vis, c'est le Christ qui vit en moi. Il est vrai que je vis

[d]14. L'attitude de Pierre contraignait moralement les chrétiens venus du paganisme à se judaïser.

[e]16. Ps 143, 2.

[f]18. Revenir à la Loi mosaïque serait reconnaître qu'on a eu tort de l'abandonner et se constituer prévaricateur en continuant à y manquer.

dans la chair, mais j'y vis dans la foi au Fils de Dieu qui m'a aimé et s'est livré pour moi. ²¹Je ne veux pas annuler la grâce de Dieu ; or si la justice s'obtient par la Loi, le Christ est donc mort pour rien ! »

PARTIE MORALE

3 Vous lâchez le Christ et son Esprit. – ¹Ô Galates sans cervelle, qui vous a ensorcelés, vous qui avez eu sous les yeux l'image de Jésus Christ crucifié ? ²Je ne veux savoir de vous qu'une chose : est-ce aux œuvres de la Loi que vous devez d'avoir reçu l'Esprit ou à votre adhésion à la foi ? ³Êtes-vous donc fous à ce point ? Après avoir commencé par l'Esprit, allez-vous finir par la chair ? ⁴Aurez-vous fait pour rien de pareilles expériences ? Si seulement c'était pour rien ! ⁵Celui qui vous donne l'Esprit et opère parmi vous des miracles, le fait-il parce que vous avez observé la Loi ou parce que vous avez adhéré à la foi ?

Imitez donc la foi d'Abraham. – ⁶ᵃC'est comme pour Abraham : *Il crut en Dieu et cela lui fut compté comme justice*ᵇ. ⁷Comprenez-le donc bien : ceux-là sont les fils d'Abraham qui se réclament de la foi. ⁸Aussi l'Écriture, prévoyant que Dieu justifierait les païens par la foi, a annoncé à Abraham cette bonne nouvelle : *Toutes les nations seront bénies en toi*ᶜ. ⁹De sorte que ceux qui se réclament de la foi, ceux-là sont bénis avec Abraham le croyant. ¹⁰Tous ceux en effet qui se réclament des œuvres de la Loi tombent sous le coup de la malédiction, car il est écrit : *Maudit quiconque ne persévère pas dans la pratique de tout ce qui est écrit*

---

3. – ᵃ6. Pour tout ce passage, voir Rm 3, 21-4, 25.   ᵇ6. Gn 15, 6.
ᶜ8. Gn 12, 3.

au livre de la Loi[d]. [11]D'autre part, que nul ne soit justifié devant Dieu par la Loi, c'est évident, puisque *celui qui a la justice de la foi vivra*[e]. [12]Or la Loi n'a pas la foi pour principe, mais *celui qui pratiquera ces choses vivra par elles*[f]. [13]Le Christ nous a rachetés de la malédiction de la Loi en se faisant pour nous malédiction, car il est écrit : *Maudit quiconque est suspendu au gibet*[g]. [14]Cela pour qu'en Jésus Christ la bénédiction d'Abraham parvînt aux païens et que, par le moyen de la foi, nous recevions l'Esprit promis.

[15]Frères, je prends une comparaison humaine. Un testament en bonne et due forme – et qui pourtant n'est que d'un homme – ne peut être annulé par personne ni recevoir des clauses nouvelles. [16]Or les promesses ont été faites à Abraham et à sa descendance. On ne dit pas : « à ses descendants », comme s'il s'agissait de plusieurs, mais comme pour un seul : « à sa descendance », qui est le Christ[h]. [17]Je raisonne donc ainsi : une disposition en bonne et due forme ayant été prise par Dieu, la Loi, venue quatre cent trente ans plus tard, ne saurait l'annuler de manière à abolir la promesse. [18]Si l'héritage s'obtenait par la Loi, ce ne serait plus par la promesse ; or c'est par le moyen d'une promesse que Dieu a accordé sa faveur à Abraham.

Libérés du légalisme par le baptême. – [19]Pourquoi donc la Loi[i] ? Elle a été ajoutée en vue des transgressions jusqu'à la venue de la descendance pour laquelle

---

[d]10. Dt 27, 26. Paul sous-entend que l'observation intégrale de la Loi – surtout avec les commentaires des scribes – est impossible à l'homme.

[e]11. Ha 2, 4 ; Rm 1, 17.

[f]12. Lv 18, 5.

[g]13. Dt 21, 23. Comparer 2 Co 5, 21.

[h]16. Exégèse rabbinique sur l'emploi du singulier, évidemment collectif dans la Genèse, pour désigner la descendance d'Abraham.

[i]19. Comparer Rm 3, 20 ; 5, 20.

avait été faite la promesse ; elle a été promulguée par l'intermédiaire des anges[j] et l'entremise d'un médiateur. [20]Or il n'y a pas de médiateur pour un seul, et Dieu est seul. [21]La Loi serait-elle donc contraire aux promesses de Dieu ? Certainement pas ! S'il avait été donné une loi capable de procurer la vie, alors la justice viendrait réellement de la Loi. [22]Mais l'Écriture a tout enfermé sous la domination du péché, afin que, par la foi en Jésus Christ, la promesse fût accordée aux croyants[k].

[23]Avant la venue de la foi, nous étions enfermés sous la garde de la Loi pour y attendre la révélation de la foi. [24]Ainsi la Loi a-t-elle été notre pédagogue[l], chargé de nous conduire au Christ, pour que nous soyons justifiés par la foi. [25]Mais à la venue de la foi, nous ne sommes plus soumis au pédagogue. [26]Tous en effet vous êtes fils de Dieu par la foi en Jésus Christ ; [27]vous tous qui avez été baptisés dans le Christ vous avez revêtu le Christ[m]. [28]Il n'y a plus désormais ni Juif ni Grec, plus d'esclave ni d'homme libre, plus d'homme ni de femme ; vous ne faites tous qu'un en Jésus Christ. [29]Mais si vous appartenez au Christ vous êtes donc la descendance d'Abraham, héritiers selon la promesse.

4 Non plus esclaves mais fils de Dieu. – [1]Or je dis[a] : aussi longtemps que l'héritier est un enfant, il ne se distingue en rien d'un esclave, bien qu'il soit maître

---

[j]19. Croyance juive : Ac 7, 53 ; He 2, 2.

[k]22. Rm 3, 9-20 ; 7, 7-25.

[l]24. Le pédagogue, au temps de Paul, est l'esclave qui conduit l'enfant à l'école. Son rôle est donc plus disciplinaire qu'éducatif ; pourtant, ce deuxième sens est peut-être présent (cf. Rm 10, 4 et la note), comme l'ont pensé des Pères de l'Église et des théologiens.

[m]27. Expression sémitique pour désigner l'union intime des baptisés avec le Christ : Rm 13, 14 ; 1 Co 15, 53-54 ; 2 Co 5, 2-4 ; Ep 4, 23-24.

4. – [a]1sv. Parabole juridique, bien dans le goût de Paul cf. Ga 3, 15sv. ; Rm 7, 1sv.

de tout; [2]il est soumis à des tuteurs et à des intendants jusqu'au temps fixé par son père. [3]De même pour nous: quand nous étions enfants, nous étions sous l'esclavage des éléments du monde[b]. [4]Mais lorsque le temps fut révolu, Dieu a envoyé son Fils, né d'une femme, né sous le régime de la Loi, [5]afin de racheter ceux qui étaient sous le régime de la Loi et de faire de nous des fils adoptifs. [6]Et la preuve que vous êtes fils, c'est que Dieu a envoyé dans nos cœurs l'Esprit de son Fils qui crie: Abba! Père[c]! [7]Ainsi donc tu n'es plus esclave, mais fils, et si tu es fils, tu es aussi héritier de par Dieu.

[8]Autrefois, il est vrai, ne connaissant pas Dieu, vous étiez esclaves de dieux qui ne le sont pas réellement. [9]Mais maintenant que vous connaissez Dieu, ou, pour mieux dire, que vous êtes connus de lui, comment pouvez-vous retourner à ces éléments infirmes et misérables dont vous voulez de nouveau vous rendre esclaves? [10]Vous observez les jours, les mois, les saisons, les années[d]!

Je voudrais vous parler de plus près. — [11]J'ai grand peur d'avoir travaillé pour vous en pure perte.

[12]Devenez semblables à moi, comme je me suis rendu semblable à vous, frères, je vous en prie. Vous ne m'avez fait aucun tort.

[13]Vous le savez bien: c'est à l'occasion d'une maladie que je me suis mis à vous annoncer l'Évangile. [14]Et malgré la répulsion qu'aurait pu vous inspirer mon état, vous ne m'avez manifesté ni dédain ni dégoût;

[b]3. Éléments du monde, mentionnés encore en 4, 9 et en Col 2, 8. Probablement la Loi mosaïque d'une part, les rites païens d'autre part, réalités inférieures qui gouvernaient les hommes jusqu'à la venue du Christ.

[c]6. Cf. Mc 14, 36.

[d]10. Allusion au calendrier religieux juif, d'une rigueur et d'une méticulosité extrêmes.

vous m'avez accueilli, au contraire, comme un ange de Dieu, comme le Christ Jésus. [15]Où sont donc ces protestations de bonheur ? Car je vous en rends témoignage : si c'eût été possible, vous vous seriez arraché les yeux pour me les donner. [16]Serais-je devenu votre ennemi pour vous avoir dit la vérité ? [17]L'affection qu'on vous témoigne n'est pas de bon aloi. Ce qu'on veut, c'est vous détacher de moi pour avoir votre affection. [18]Il est bien d'être l'objet d'une bonne affection, mais en tout temps et pas seulement quand je suis parmi vous. [19]Mes petits enfants, pour qui j'endure de nouveau les douleurs de l'enfantement, jusqu'à ce que le Christ soit formé en vous ! [20]Comme je voudrais être parmi vous en ce moment pour prendre le ton qui convient ! Car je ne sais plus comment m'y prendre avec vous.

L'ancienne et la nouvelle alliance. – [21]Dites-moi, vous qui voulez vous soumettre à la Loi, n'entendez-vous pas ce que dit cette Loi ? [22]Il est écrit qu'Abraham eut deux fils, l'un de la servante, l'autre de la femme libre[e] ; [23]mais celui de la servante est né selon la chair et celui de la femme libre en vertu de la promesse.

[24]Il y a là une allégorie. Ces femmes sont les deux alliances[f]. La première, celle du Sinaï, enfante pour la servitude et c'est Agar – [25]le Sinaï est en effet une montagne d'Arabie[g] ; – elle représente la Jérusalem actuelle, qui est esclave avec ses enfants. [26]Mais la Jérusalem d'en haut est libre, et c'est elle qui est notre mère. [27]Il est écrit en effet :

---

[e]22. Gn 16 et 21.

[f]24. Ces personnifications allégoriques, plus que surprenantes pour nous, sont familières aux esprits orientaux, voir Za 5, 5-11.

[g]25. Or Ismaël, le fils d'Agar, est l'ancêtre des Arabes. On voit le jeu subtil de cette allégorie.

Réjouis-toi, stérile, qui n'enfantes pas; éclate en cris de joie, toi qui n'éprouvais pas les douleurs; car les enfants de la délaissée sont plus nombreux que ceux de la femme qui a un mari[h].

[28]Pour vous, frères, vous êtes, comme Isaac, enfants de la promesse. [29]Mais tout comme alors l'enfant de la chair persécutait l'enfant de l'esprit[i], de même encore maintenant. [30]Or que dit l'Écriture? *Chasse la servante, car le fils de la servante ne saurait hériter avec le fils de la femme libre*[j]. [31]Ainsi donc, frères, nous ne sommes pas enfants de la servante, mais de la femme libre.

5 **Liberté du Christ, justice de l'Esprit.** – [1]Le Christ nous a rendu la liberté pour que nous restions libres; tenez donc ferme et n'allez pas vous remettre sous le joug de l'esclavage. [2]Voici que moi, Paul, je vous le dis: si vous vous faites circoncire, le Christ ne vous servira de rien. [3]J'atteste de nouveau à quiconque se fait circoncire qu'il est tenu d'observer la Loi tout entière. [4]Vous avez rompu avec le Christ, si vous placez votre justice dans la Loi, vous êtes déchus de la grâce. [5]Pour nous, c'est de l'Esprit et par la foi que nous attendons la justice espérée. [6]Car dans le Christ Jésus ni circoncision ni incirconcision n'ont de valeur, mais seulement la foi agissant par la charité.

[7]Vous couriez bien! Qui vous a arrêtés pour vous empêcher d'obéir à la vérité? [8]Cette suggestion ne vient pas de Celui qui vous appelle. [9]Un peu de levain fait lever toute la pâte. [10]Pour moi, j'ai dans le Seigneur cette conviction à votre égard que vous n'en

h27. Is 54, 1.   j30. Gn 21, 10.
i29. Gn 21, 9.

jugerez pas autrement. Quant à celui qui met parmi vous le trouble, il en subira les conséquences, quel qu'il soit. ¹¹Et s'il est vrai, frères, que je prêche encore la circoncision, pourquoi suis-je encore persécuté ? ¹²C'en est donc fait du scandale de la croix ! Qu'ils se mutilent donc complètement, ceux qui mettent le désordre parmi vous[a].

Liberté pour vivre, non pour mourir. – ¹³Pour vous, frères, c'est à la liberté ue vous avez été appelés. Seulement, que la liberté ne devienne pas prétexte à satisfaire la chair ; mais, par l'amour, faites-vous les serviteurs les uns des autres. ¹⁴Toute la Loi, en effet, atteint son accomplissement en cet unique précepte : *Tu aimeras ton prochain comme toi-même*[b].

¹⁵Mais si vous vous mordez à belles dents les uns les autres, prenez garde de vous entre-détruire.

¹⁶Je vous dis donc : laissez-vous mener par l'Esprit et vous ne risquerez pas d'obéir aux désirs de la chair[c]. ¹⁷Car les désirs de la chair s'opposent à l'Esprit, et les désirs de l'Esprit s'opposent à la chair : entre eux, c'est l'affrontement, si bien que vous ne faites pas ce que vous voudriez. ¹⁸Mais si vous êtes guidés par l'Esprit, vous n'êtes plus sujets de la Loi.

¹⁹Or les œuvres de la chair sont évidentes : inconduite, impureté, libertinage, ²⁰idolâtrie, magie, inimitiés, discordes, jalousies, emportements, disputes, dissensions, factions, ²¹envie, ripailles, orgies et

5. – [a]12. Allusion probable à la mutilation rituelle des prêtres de la déesse Cybèle, dont le culte était célébré en Galatie. Paul en rapproche intentionnellement la circoncision.

[b]14. Lv 19, 18. Paul reprend ce qu'a dit Jésus, Marc 12, 31. Cf. encore Rm 13, 8-10.
[c]16sv. Sur *chair* et *Esprit,* voir Rm 7, 5 et note ; Rm 8, 5sv.

autres choses de ce genre. Je vous en avertis comme je l'ai fait : ceux qui les commettent n'hériteront pas du royaume de Dieu. ²²Mais le fruit de l'Esprit est amour, joie, paix, patience, affabilité, bonté, fidélité, ²³douceur, tempérance. Contre de telles choses, il n'y a pas de loi. ²⁴Or ceux qui appartiennent au Christ Jésus ont crucifié la chair avec ses passions et ses convoitises. ²⁵Si nous vivons par l'Esprit, agissons aussi selon l'Esprit. ²⁶Ne cherchons pas la vaine gloire ; ne nous provoquons pas les uns les autres, ne nous portons pas envie les uns aux autres.

6 Liberté, douceur, service mutuel. – ¹Frères, s'il arrive que quelqu'un soit pris en faute, vous, les spirituels, redressez-le en esprit de douceur ; et prends garde à toi, car tu pourrais aussi être tenté. ²Portez les fardeaux les uns des autres, et vous accomplirez ainsi la loi du Christ. ³Si quelqu'un se croit quelque chose alors qu'il n'est rien, il se fait illusion à lui-même. ⁴Que chacun examine son propre ouvrage, alors il pourra être fier de lui seul et non de ce qui revient à autrui. ⁵Chacun aura en effet son propre fardeau à porter. ⁶Que celui à qui on enseigne la Parole donne de tous ses biens à celui qui l'instruit.

⁷Ne vous y trompez pas : on ne se moque pas de Dieu. Chacun récoltera ce qu'il aura semé. ⁸Qui sème dans sa chair récoltera de la chair la corruption ; qui sème dans l'esprit récoltera de l'esprit la vie éternelle. ⁹Ne nous lassons pas de faire le bien ; nous récolterons, le moment venu, si nous ne nous relâchons pas. ¹⁰Ainsi donc, pendant que nous en avons le temps, faisons du bien à tous, surtout à nos frères dans la foi.

ÉPILOGUE DE LA MAIN DE PAUL

Signature. — [11]Voyez en quels gros caractères je vous écris de ma propre main[a] ! [12]Tous ceux qui veulent se faire bien voir pour des motifs charnels prétendent vous imposer la circoncision, à l'unique fin de n'être pas persécutés pour la croix du Christ. [13]Car ces circoncis eux-mêmes n'observent pas la Loi ; mais ils veulent vous faire circoncire pour avoir dans votre corps un motif de gloire. [14]Pour moi, puissé-je n'avoir d'autre motif de gloire que la croix de notre Seigneur Jésus Christ, par laquelle le monde est à jamais crucifié pour moi et moi pour le monde. [15]La circoncision n'est rien, l'incirconcision non plus, mais seulement la nouvelle créature. [16]A tous ceux qui suivront cette règle, paix et miséricorde, ainsi qu'à l'Israël de Dieu.

[17]Que désormais personne ne me cause d'ennuis, car je porte en mon corps les marques de Jésus[b].

[18]Que la grâce de notre Seigneur Jésus Christ soit avec votre esprit, frères ! Amen.

6. – [a]11. Il n'en faut rien déduire sur une ophtalmie ou myopie de Paul. Les gros caractères sont alors la manière de souligner.

[b]17. On marquait les esclaves, les soldats, les dévots d'un dieu ou d'une déesse. Les traces des mauvais traitements endurés pour le Christ attestent l'appartenance totale de Paul à son Maître.

LETTRE AUX ÉPHÉSIENS

INTRODUCTION

La lettre aux Éphésiens a été très probablement écrite pendant la captivité de saint Paul à Rome, vers 62, en même temps que la lettre aux Colossiens ou peu de temps après. Son authenticité a été et reste contestée. Aucune pourtant n'est mieux attestée par la tradition des Pères et écrivains anciens, y compris les hérétiques gnostiques à partir du milieu du IIe siècle. Elle n'a donc pu être attaquée qu'au nom de la critique interne, et encore l'a-t-on parfois attribuée à un disciple de l'Apôtre, pénétré de sa pensée, ce qui serait à la rigueur acceptable. Il y a dans la lettre aux Éphésiens des mots nouveaux, mais pas plus que dans les lettres précédentes ; leur présence s'explique pour une bonne part par les circonstances et par le sujet de la lettre ; d'ailleurs Paul est assez maître de sa langue pour varier son vocabulaire et ses procédés littéraires. Le style est caractérisé par un ton solennel qui donne lieu à des phrases longues, enchevêtrées, surchargées de participes, de génitifs et de relatifs ; cf. surtout 1, 3-14. Mais ces particularités, bien que plus accentuées ici, ne sont pas rares dans les autres épîtres (cf., par exemple, Rm 1, 7 ; 3, 21-26 ; Col 1 , 3-8.9-20 ; et pour les génitifs 2 Co 4, 6 ; 1 Th 1, 3). De tels arguments ne sauraient prévaloir contre l'unanimité de la tradition. Le mode ample et solennel adopté ici par Paul s'harmonise bien avec la grandeur du sujet traité.

Un fait plus surprenant est le caractère très général de la lettre, si vraiment elle est adressée aux fidèles d'Éphèse, évangélisés par l'Apôtre pendant plus de deux ans : *Ac 19, 8-10*. Mais il l'a peut-être destinée à la fois aux Éphésiens et aux autres Églises d'Asie Mineure, ce qui expliquerait l'absence d'allusions et de détails personnels. L'hérétique Marcion lisait dans la suscription le nom de Laodicée, et celui d'Éphèse manque dans plusieurs manuscrits importants. Cette hypothèse d'une encyclique adressée, par l'intermédiaire de l'Église d'Éphèse aux autres Églises d'Asie, est aujourd'hui assez en faveur.

Il y a des ressemblances étroites de style, de vocabulaire et de doctrine entre les lettres aux Éphésiens et aux Colossiens ; l'une et l'autre insistent sur la prééminence et les prérogatives du Christ, sur l'Église et son extension universelle ; mais on ne saurait en conclure que la lettre aux Éphésiens soit l'amplification d'un faussaire. D'ailleurs, le point de vue n'est pas tout à fait le même. Aux Éphésiens, Paul rappelle surtout ce que l'Église est et doit être pour le Christ ; aux Colossiens, ce que la personne du Christ est pour l'Église, et le ton de cette dernière lettre est plus polémique et plus concret. L'idée centrale de la lettre aux Éphésiens est la doctrine du Corps mystique dont le Christ est la tête, et la réunion de tous les êtres en lui. Cette doctrine, déjà esquissée dans *Rm 8* et *1 Co 12*, trouve ici son entier développement et son explicitation la plus complète.

LE MYSTÈRE DU SALUT ET DE L'ÉGLISE

1 **Adresse.** – ¹Paul, apôtre du Christ Jésus par la volonté de Dieu, aux saints et fidèles dans le Christ Jésus. ²A vous grâce et paix de la part de Dieu, notre Père, et du Seigneur Jésus Christ.

Paul remercie Dieu qui sauve tous les hommes. – ³Béni soit Dieu, le Père de notre Seigneur Jésus Christ[a], qui, dans les cieux, nous a comblés de toute bénédiction spirituelle dans le Christ.

⁴Il nous a choisis en lui dès avant la création du monde pour que nous soyons saints et sans tache à ses yeux, dans l'amour.

⁵Il nous a prédestinés à devenir pour lui des fils adoptifs par Jésus Christ, selon le bon plaisir de sa volonté[b],

⁶à la louange de sa grâce magnifique dont il nous a comblés en son Bien-aimé[c].

⁷En lui, par son sang, nous avons la rédemption, la rémission des péchés, selon la richesse de sa grâce.

⁸Dieu l'a répandue en nous à profusion en toute sagesse et intelligence[d].

⁹Il nous a fait connaître le mystère de sa volonté, le

1. – [a]3. Autre traduction: *le Dieu et Père de notre Seigneur Jésus Christ.*

[b]5. Mystère de la prédestination, c'est-à-dire du salut. Avec toute la tradition biblique, Paul insiste sur la gratuité de l'élection (comparer Jean 6, 44-45), qui n'enlève rien à la liberté de l'homme.

[c]6. L'appellation: le *Bien-aimé*, pour désigner le Christ, évoque le Cantique des cantiques.

[d]8. Don de l'Esprit, sens des mystères de la grâce divine sur lequel vont insister cette épître et celle adressée aux Colossiens, dans une ligne déjà ouverte en 1 et 2 aux Corinthiens.

dessein bienveillant qu'il avait d'avance arrêté en lui-même

¹⁰pour le réaliser quand les temps seraient accomplis : réunir toutes choses dans le Christ, ce qui est dans les cieux et ce qui est sur la terre.

¹¹En lui encore, nous avons été choisis comme héritiers, selon le dessein de Celui qui mène toutes choses au gré de sa volonté : nous avons été prédestinés

¹²pour être, à la louange de sa gloire, ceux qui d'avance ont espéré dans le Christ.

¹³En lui, vous aussi, vous avez écouté la parole de vérité, l'Évangile de votre salut ; en lui, après y avoir cru, vous avez reçu le sceau^e de l'Esprit promis,

¹⁴acompte de notre héritage^f, pour la rédemption de ceux que Dieu s'est acquis, à la louange de sa gloire.

Paul remercie Dieu pour l'Église d'Éphèse. – ¹⁵C'est pourquoi, moi aussi, ayant entendu parler de votre foi dans le Seigneur Jésus et de votre amour envers tous les saints, ¹⁶je ne cesse de rendre grâce pour vous quand je fais mémoire de vous dans mes prières. ¹⁷Que le Dieu de notre Seigneur Jésus Christ, le Père de la gloire, vous donne un esprit de sagesse et de révélation qui vous le fasse connaître vraiment ; ¹⁸qu'il illumine les yeux de votre cœur, pour vous faire voir quelle espérance vous ouvre son appel, quelle richesse de gloire vous réserve son héritage parmi les saints, ¹⁹quelle est l'extraordinaire puissance qu'il a déployée pour nous, les croyants. ²⁰C'est la même force souveraine qu'il a déployée en la personne du Christ, quand il l'a ressuscité des morts et *l'a fait asseoir à sa droite* dans les cieux^g, ²¹bien au-dessus de toute Auto-

^e13. Voir plus loin : 4, 30.

^f14. Comparer Romains 8, 23.

^g20. Paul a fait dans sa propre vie l'expérience de cette force souveraine : Ph 3, 10-12.

rité, Pouvoir, Vertu, Seigneurie et de tout autre nom, quel qu'il soit, non seulement dans ce monde, mais encore dans le monde à venir. ²²*Il a tout mis sous ses pieds*[h] et l'a donné, au-dessus de tout, pour tête à l'Église, ²³qui est son corps, la plénitude même de Celui qui remplit tout de toute manière[i].

2 Juifs et nations sont réconciliés en un seul corps.

— ¹Et vous, vous étiez morts par suite des fautes et des péchés ²que vous commettiez jadis, quand vous suiviez le dieu de ce monde, le prince de l'empire de l'air[a], l'esprit qui agit maintenant dans les hommes rebelles... ³Nous étions de ce nombre aussi, nous tous qui vivions selon les désirs de la chair, soumis à ses volontés et à ses mauvais penchants, et nous étions par nature voués à la colère[b], tout comme les autres. ⁴Mais Dieu, qui est riche en miséricorde, à cause du grand amour dont il nous a aimés, ⁵alors même que nous étions morts du fait de nos fautes, nous a fait revivre avec le Christ — car c'est par grâce que vous avez été sauvés ! — ⁶Il nous a ressuscités avec lui, et nous a fait asseoir dans les cieux, en Jésus Christ[c]. ⁷Par sa bonté pour nous dans le Christ Jésus, il a voulu montrer aux siècles à venir la richesse inouïe de sa grâce. ⁸^dCar c'est bien par la grâce que vous avez été sauvés, au moyen de la foi. Cela ne vient pas de vous ; c'est le don de Dieu. ⁹Cela ne vient pas de vos actes, afin que personne n'ait

---

[h]22. Ps 8, 7 : un des psaumes (avec 2 et 110) par lesquels la première Église a exprimé sa foi en l'exaltation de Jésus et en son universelle Seigneurie.

[i]23. Expression difficile, que l'on éclairera par les développements de Col 1, 15-20 et 2, 9-10.

2. — [a]2. Les Juifs regardaient l'air comme un des séjours des démons, cf. 6, 12.

[b]3. Comparer Rm 2, 5.

[c]6. Les chrétiens inséparables du Christ : théologie du corps mystique.

[d]8-10. Foi et œuvres : comparer Ga 5, 6.

sujet de se vanter. ¹⁰Nous sommes son ouvrage, créés dans le Christ Jésus, en vue des bonnes œuvres que Dieu a préparées d'avance pour que nous les pratiquions.

¹¹Rappelez-vous donc qu'autrefois, vous les païens de naissance, traités d'incirconcis par ceux qui se disent circoncis et qui le sont dans leur chair par la main de l'homme, ¹²rappelez-vous qu'en ce temps-là vous étiez sans Christ, exclus de la communauté d'Israël, étrangers aux alliances de la promesse, sans espérance et sans Dieu dans le monde. ¹³Mais voici qu'à présent, dans le Christ Jésus, vous qui jadis étiez loin, vous avez été rendus proches par le sang du Christ. ¹⁴Oui, il est notre paixᵉ, lui qui des deux peuples en a fait un seul ; dans sa chair, il a abattu le mur qui les séparait : la haine ; ¹⁵il a supprimé la Loi avec ses ordonnances et ses décrets. Il a voulu rétablir ainsi la paix, former en lui-même de ces deux peuples un seul homme nouveauᶠ et, ¹⁶les ayant réunis en un seul corps, les réconcilier l'un et l'autre avec Dieu par la croix, sur laquelle, en sa personne, il a tué la haine. ¹⁷Il est venu *vous annoncer la paix, à vous qui étiez loin, la paix aussi à ceux qui étaient proches*. ¹⁸Par lui, en effet, les uns et les autres, nous avons accès auprès du Père dans un seul Esprit.

¹⁹Ainsi donc, vous n'êtes plus des étrangers ni des hôtes de passage ; vous êtes de la maison de Dieu, ²⁰car vous faites partie de l'édifice dont les apôtres et les prophètes sont les fondations et le Christ Jésus lui-même la pierre d'angle. ²¹En lui toute la construction s'organise et s'élève pour former un temple saint dans le Seigneur. ²²En lui, vous aussi, vous entrez dans la structure de l'édifice pour devenir dans l'Esprit la demeure de Dieu.

ᵉ14. Is 9, 6.
ᶠ15. Voir plus loin, 4, 15 et Ga 3, 28.

3 Paul et sa vocation. – ¹C'est pourquoi moi, Paul, prisonnier du Christ Jésus, pour vous les païens... ²car vous avez dû apprendre comment cette dispensation de la grâce de Dieu m'a été donnée en votre faveur, ³comment j'ai eu par révélation connaissance du mystère, tel que je viens de l'exposer en peu de mots. ⁴En me lisant, vous pouvez vous rendre compte de l'intelligence que j'ai du mystère du Christ, ⁵mystère qui dans les générations passées n'a pas été manifesté aux enfants des hommes, mais qui maintenant a été révélé par l'Esprit à ses saints apôtres et prophètes, ⁶à savoir : les païens sont admis au même héritage, membres du même corps, bénéficiaires de la même promesse dans le Christ Jésus, par le moyen de l'Évangile ⁷dont je suis devenu le ministre par le don de la grâce que Dieu m'a accordée par son action toute-puissante.

⁸A moi, le moindre de tous les saints, a été donnée cette grâce d'annoncer aux païens la richesse insondable du Christ ⁹et de mettre en lumière comment Dieu réalise le mystère tenu caché depuis les siècles en lui, le créateur de toutes choses. ¹⁰Ainsi désormais, par le moyen de l'Église, se trouve révélée aux Principautés et Puissances célestes la sagesse infiniment variée de Dieu, ¹¹selon le dessein éternel qu'il a formé dans le Christ Jésus notre Seigneur, ¹²en qui nous avons, par la foi en lui, la hardiesse de nous approcher de Dieu avec une pleine confiance. ¹³Aussi je vous demande de ne pas vous laisser décourager par les épreuves que j'endure pour vous ; elles sont votre gloire !

Paul et sa prière. – ¹⁴C'est pourquoi je fléchis les genoux devant le Père, ¹⁵de qui toute paternité tire son nom dans les cieux et sur la terre. ¹⁶Qu'il vous accorde, dans sa glorieuse richesse, d'être puissamment fortifiés par son Esprit en vue de l'homme intérieur ; ¹⁷que le

Christ habite dans vos cœurs par la foi ; que vous soyez enracinés dans la charité et fondés sur elle, [18]afin de pouvoir comprendre avec tous les saints ce qu'est la largeur, la longueur, la hauteur et la profondeur, [19]afin de connaître la charité du Christ qui surpasse toute connaissance et d'être ainsi remplis de toute la plénitude de Dieu[a].

[20]A celui qui peut tout faire bien au-delà de nos demandes et de nos pensées, par sa puissance agissant en nous, [21]à lui soit la gloire dans l'Église et dans le Christ Jésus à travers tous les âges, aux siècles des siècles ! Amen.

LA VIE NOUVELLE

4 **Bâtissez ensemble le corps du Christ.** – [1]Je vous exhorte donc, moi, le prisonnier du Seigneur, à mener une vie digne de la vocation à laquelle vous avez été appelés, [2]en toute humilité, douceur et patience, vous supportant avec charité les uns les autres[a], [3]vous appliquant à conserver l'unité d'esprit par le lien de la paix. [4]Il n'y a qu'un corps et qu'un Esprit, de même que vous avez été appelés par votre vocation à une unique espérance. [5]Il n'y a qu'un Seigneur, une foi, un baptême. [6]Il n'y a qu'un Dieu et Père de tous, qui est au-dessus de tous, qui agit en tous et demeure en tous[b].

[7]A chacun de nous a été départie la grâce, selon la mesure du don du Christ. [8]C'est pourquoi il est dit :

---

3. – [a]18-19. Rm 8, 39 a une expression analogue (voir note). Mais le sens en est différent. Il s'agit ici de l'infinitude du mystère de l'amour du Christ, qui dépasse toute mesure. Ajoutons qu'ici comme en Romains, l'ex-pression paulinienne prend manifestement un tour oratoire.
4. – [a]1-2. Comparer Ph 2, 1-4.
[b]4-6. Expression de la foi trinitaire, à rapprocher de 1 Co 12, 4-6.

Monté dans les hauteurs, il a emmené des captifs, il a fait des largesses aux hommes[c]. [9]« Il est monté »: qu'est-ce à dire, sinon qu'il est d'abord descendu ici-bas sur la terre[d]? [10]Celui qui est descendu est celui-là même qui est monté au-dessus de tous les cieux afin de remplir l'univers[e]. [11]C'est lui qui des uns a fait des apôtres, d'autres des prophètes, d'autres des évangélistes[f], d'autres des pasteurs et docteurs, [12]pour le perfectionnement des saints, pour l'accomplissement du ministère, en vue de l'édification du corps du Christ, [13]jusqu'à ce que tous ensemble nous parvenions à l'unité de la foi et de la pleine connaissance du Fils de Dieu, à l'état d'homme parfait, à la taille qui convient à la plénitude du Christ.

[14]Ainsi nous ne serons plus des enfants, ballottés et emportés à tout vent de doctrine, jouets de l'imposture des hommes et de l'astuce de leurs artifices trompeurs. [15]Il faut que, par la pratique sincère de la charité[g], nous grandissions de toute manière en celui qui est la tête, le Christ. [16]Par lui le corps entier, coordonné et uni grâce aux ligaments qui le desservent, et chaque organe travaillant selon l'activité qui lui est propre, poursuit sa croissance pour se construire lui-même dans l'amour.

Changez votre vie personnelle. – [17]Je vous dis donc et vous conjure dans le Seigneur de ne plus vous conduire à la manière des païens, victimes de leur esprit frivole. [18]Leur pensée est plongée dans les ténè-

---

[c]8. Ps 68, 19, commenté selon une exégèse rabbinique qui n'en retient que deux éléments: « Il est monté » et « Il a donné ».

[d]9. Ou: dans les régions inférieures de la terre. Ce serait alors une allusion à la « descente aux enfers » du Christ.

[e]10. Comparer Ph 2, 8-11.

[f]11. Au sens de missionnaires, prédicateurs de l'Évangile. Ainsi le diacre Philippe (Ac 8, 5-40; 21, 8), et Timothée (2 Tm 4, 5).

[g]15. Autre traduction: *professant la vérité dans la charité.*

bres, l'ignorance due à l'endurcissement de leur cœur les tient éloignés de la vie de Dieu. ¹⁹Ayant fait taire la voix de leur conscience, ils se sont livrés à la débauche, commettant avec frénésie toutes sortes d'impuretés. ²⁰Pour vous, ce n'est pas cela que vous avez appris à l'école du Christ, ²¹si toutefois c'est bien de lui qu'on vous a parlé et si l'enseignement que vous avez reçu en lui est conforme à la vérité qui est en Jésus, ²²à savoir qu'il faut, renonçant à votre conduite passée, vous dépouiller du vieil homme corrompu par les convoitises trompeuses, ²³pour vous renouveler par une transformation spirituelle de votre jugement, ²⁴et revêtir l'homme nouveau[h] créé à l'image de Dieu dans la justice et la sainteté véritables.

²⁵En conséquence, rejetez le mensonge et *que chacun dise la vérité à son prochain*[i], puisque nous sommes membres les uns des autres. ²⁶*Mettez-vous en colère, mais ne péchez pas*[j], que le soleil ne se couche pas sur votre ressentiment ; ²⁷il ne faut pas donner prise au diable. ²⁸Que celui qui volait ne vole plus, mais qu'il s'emploie à travailler honnêtement de ses mains, pour avoir de quoi donner à celui qui est dans le besoin. ²⁹Qu'il ne sorte de votre bouche aucune vilaine parole ; n'ayez au contraire que de bonnes paroles qui puissent au besoin servir à l'édification et être bienfaisantes à qui les écoute. ³⁰N'attristez pas le Saint-Esprit de Dieu, par qui vous avez été marqués d'un sceau pour le jour de la rédemption[k]. ³¹Que toute espèce d'aigreur, d'emportement, de colère, de scènes, de médisance soit bannie de chez vous, et de même toute forme de méchanceté. ³²Montrez-vous au contraire bons et pleins de compassion les uns envers les autres, vous

[h]24. Voir ci-dessus : 2, 15.
[i]25. Za 8, 16.

[j]26. Ps 4, 5, d'après les Septante.
[k]30. Voir ci-dessus : 1, 13-14.

pardonnant mutuellement, comme Dieu vous a pardonnés dans le Christ.

5 Imitez Dieu, remerciez-le. – [1]Montrez-vous donc les imitateurs de Dieu, comme ses enfants bien-aimés, [2]et vivez dans la charité, à l'exemple du Christ qui nous a aimés et s'est livré lui-même pour nous, en *offrande et sacrifice d'agréable odeur* fait à Dieu[a].

[3]Quant à la fornication, à l'impureté sous toutes ses formes, ou à la cupidité, que le nom n'en soit même pas prononcé parmi vous, ainsi qu'il convient à des saints. [4]Pas de propos déshonnêtes ni de bouffonneries ni de plaisanteries grossières – toutes choses malséantes – mais bien plutôt des actions de grâce. [5]Car, sachez-le bien, aucun fornicateur, impudique ou avare – autant d'idolâtres ! – ne saurait avoir part au royaume du Christ et de Dieu.

[6]Que personne ne vous séduise par de vains discours ; tout cela attire la colère de Dieu sur les rebelles ; [7]n'ayez donc rien de commun avec eux. [8]Vous étiez autrefois ténèbres, mais maintenant vous êtes lumière dans le Seigneur ; conduisez-vous en enfants de lumière ; [9]or le fruit de la lumière consiste en tout ce qui est bon, juste et vrai. [10]Apprenez à discerner ce qui est agréable au Seigneur. [11]Ne prenez aucune part aux œuvres stériles des ténèbres ; au contraire, condamnez-les ouvertement. [12]Ce que font en secret ces gens-là, on a honte même d'en parler ; [13]mais tout ce qui est ouvertement condamné apparaît en pleine lumière, [14]et tout ce qui est manifesté de la sorte devient lumière. Voilà pourquoi il est dit : « Réveille-toi, toi qui dors ; lève-toi d'entre les morts, et le Christ t'illuminera[b]. »

---

5. – [a]2. He 9, 14 ; 10, 5-10.
[b]14. Citation probable d'une hymne liturgique en usage dans les premières communautés chrétiennes.

¹⁵Surveillez donc avec soin votre conduite ; qu'elle ne soit pas celle d'insensés, mais de sages. ¹⁶Mettez le temps présent à profit, car les jours sont mauvais. ¹⁷Ne soyez donc pas irréfléchis ; sachez comprendre quelle est la volonté du Seigneur. ¹⁸*Ne vous enivrez pas de vin :* c'est une source de luxure. Remplissez-vous au contraire de l'Esprit. ¹⁹Récitez entre vous des psaumes, des hymnes et des cantiques spirituels ; chantez et célébrez le Seigneur de tout votre cœur ; ²⁰rendez grâce en tout temps et pour toutes choses à Dieu le Père, au nom de notre Seigneur Jésus Christ.

Consacrez vos mariages. – ²¹Soyez soumis les uns aux autres dans la crainte du Christ[c].

²²Femmes, soyez soumises à vos maris comme au Seigneur ; ²³car le mari est le chef de la femme comme le Christ est le chef de l'Église, lui le Sauveur de son corps. ²⁴De même que l'Église est soumise au Christ, que les femmes aussi soient soumises en tout à leurs maris.

²⁵Maris, aimez vos femmes comme le Christ a aimé l'Église et s'est livré pour elle, ²⁶afin de la sanctifier en la purifiant par le bain d'eau avec la Parole qui l'accompagne[d]. ²⁷Ainsi voulait-il se présenter à lui-même une Église resplendissante, sans tache, ni ride, ni rien de semblable, mais sainte et irréprochable. ²⁸C'est de cette façon que les maris doivent aimer leurs femmes, comme leur propre corps. Celui qui aime sa femme s'aime lui-même. ²⁹Personne, certes, n'a jamais haï son propre corps ; au contraire on le nourrit et on l'entoure de soins comme le Christ le fait pour son Église, ³⁰puisque nous sommes les membres de son corps.

[c]21. Dans toute cette section, 5, 21-6,9, on remarquera l'insistance de Paul sur la réciprocité des devoirs.

[d]26. Allusion évidente à la liturgie baptismale.

³¹*C'est pourquoi l'homme quittera son père et sa mère, il s'attachera à sa femme et tous deux ne feront plus qu'une seule chair*[e]. ³²C'est là un grand mystère... je veux dire qu'il se rapporte au Christ et à l'Église[f]. ³³Quoi qu'il en soit, que chacun de vous aime sa femme comme soi-même, et que la femme respecte son mari.

6 Soyez pères à la façon de Dieu. – ¹Enfants, obéissez à vos parents dans le Seigneur, car c'est cela qui est juste. ²*Honore ton père et ta mère* – c'est le premier commandement auquel soit attachée une promesse – ³*afin d'être heureux et d'avoir longue vie sur la terre*[a]. ⁴Et vous, parents, n'exaspérez pas vos enfants, mais élevez-les en les corrigeant et en les reprenant selon l'esprit du Seigneur.

Esclaves, servez le Maître; vous, maîtres, craignez-Le. – ⁵Esclaves, obéissez à vos maîtres d'ici-bas avec crainte et respect, en toute droiture de cœur, comme au Christ. ⁶Ne les servez pas parce qu'on vous voit et comme si vous vouliez plaire à des hommes, mais comme des esclaves du Christ qui accomplissent de toute leur âme la volonté de Dieu. ⁷Servez-les avec empressement, comme si vous serviez le Seigneur, et non les hommes; ⁸vous savez que chacun sera récompensé par le Seigneur pour tout ce qu'il aura fait de bien, qu'il soit esclave ou homme libre.

⁹Et vous, maîtres, agissez de même à leur égard; laissez de côté les menaces, sachant que leur Maître et le vôtre est dans les cieux et qu'il est absolument impartial[b].

---

[e]31. Gn 2, 24.

[f]32. Le Christ a pris lui-même le titre d'Époux: Mc 2, 19-20, cf. Jn 3, 29; Mt 22, 1-4. Le thème de Dieu époux d'Israël est traditionnel dans la Bible: Ps 45; Os 2, 4-25; Ez 16 et 23; etc.

6. – [a]3. Ex 20, 12.

[b]5-9. Comparer Phm 10-17.

Soyez de bons soldats du Christ. – [10]Enfin, cherchez des forces dans le Seigneur et dans sa puissance souveraine. [11]Revêtez-vous de l'armure de Dieu, afin de pouvoir résister aux embûches du diable. [12]Ce n'est pas contre la chair et le sang que nous avons à lutter, mais contre les Principautés, contre les Dominations, contre les Souverains de ce monde de ténèbres, contre les esprits mauvais répandus dans les airs[c].

[13]Endossez donc l'armure de Dieu[d], pour pouvoir résister au jour mauvais, tenir jusqu'au bout, et rester ainsi maîtres du terrain. [14]Debout donc, avec *la vérité pour ceinture, pour cuirasse la justice,* [15]*et pour chaussures aux pieds l'empressement à annoncer l'Évangile de paix*[e]. [16]Ayez toujours en main le bouclier de la foi, avec lequel vous pourrez éteindre tous les traits enflammés du Mauvais. [17]Prenez enfin le *casque du salut et le glaive de l'Esprit qui est la Parole de Dieu.*

[18]Par toutes sortes de prières et de supplications, priez en tout temps dans l'Esprit. Passez-y vos veilles avec une persévérance infatigable ; priez pour tous les saints, [19]et pour moi aussi, afin qu'il me soit donné, lorsque j'aurai à parler, d'annoncer hardiment le mystère de l'Évangile [20]dont je suis l'ambassadeur enchaîné. Puissé-je avoir la hardiesse d'en parler comme il se doit !

Nouvelles et salutations. – [21]Pour que vous sachiez, vous aussi, ce qui me concerne et ce que je deviens, Tychique, le frère bien-aimé et fidèle serviteur dans le Seigneur, vous informera de tout. [22]Je vous

---

[c]12. Voir ci-dessus, 2, 2 et la note. Les anciens pensaient que des puissances angéliques ou diaboliques gouvernaient les astres.

[d]13-17. Les vertus chrétiennes sont comparées aux différentes pièces de l'armure du soldat romain. Comparer Sagesse 5, 17sv. et Is 59, 17.

[e]15. Is 11, 5 ; 52, 7.

l'envoie tout exprès pour vous donner de mes nouvelles et réconforter vos cœurs.

[23]Paix aux frères, amour et foi de la part de Dieu le Père et du Seigneur Jésus Christ. [24]Que la grâce soit avec tous ceux qui aiment notre Seigneur Jésus Christ d'un amour inaltérable[f]!

[f]24. Autre traduction: *qui aiment notre Seigneur dans la vie incorruptible.*

LETTRE AUX PHILIPPIENS

INTRODUCTION

Philippes est la première ville d'Europe évangélisée par Paul (Ac 16, 12-40). Il y repassa sans doute en revenant à Corinthe, et sûrement en repartant pour Jérusalem (Ac 20, 2-4).

Sa lettre, spontanée et affectueuse, montre à quel point Paul aimait les Philippiens, gens simples et fervents : 1, 8 ; 4, 1. Par exception à sa règle ordinaire, il accepta de leur part les secours dont il les remercie. En même temps, il leur donne des nouvelles, les met en garde contre les judaïsants et les chrétiens médiocres, les exhorte à la concorde. N'hésitant pas à leur proposer Jésus comme modèle de perfection, il leur enseigne (ou leur rappelle) une hymne christologique d'un intérêt exceptionnel : 2, 5-11.

La lettre a été vraisemblablement écrite à la fin de la première captivité romaine, en 62 ou 63 : l'Apôtre est en prison depuis longtemps (1, 12sq.), espère une prochaine délivrance (1, 25-26 ; 2, 24), se plaint de l'isolement où il est laissé (2, 19-23). Plusieurs interprètes, cependant, situent la lettre vers 56-57, durant un emprisonnement de Paul à Éphèse, mais l'hypothèse ne s'appuie pas sur des arguments très probants.

Son authenticité n'est pas contestable. Nulle lettre n'est plus révélatrice des sentiments intimes de saint Paul.

1 Adresse et compliments.

Adresse et compliments. – ¹Paul et Timothée, serviteurs de Jésus Christ, à tous les saints dans le Christ Jésus qui sont à Philippes, ainsi qu'aux épiscopes et aux diacres[a] ; ²à vous grâce et paix de la part de Dieu notre Père et du Seigneur Jésus Christ.

³Je rends grâce à mon Dieu toutes les fois que j'évoque votre souvenir. ⁴Toujours, dans toutes mes prières pour vous tous, c'est avec joie que je prie, ⁵à la pensée du concours que vous avez apporté à l'Évangile depuis le premier jour jusqu'à maintenant. ⁶Je suis sûr que Celui qui a commencé en vous cette œuvre excellente en poursuivra l'achèvement jusqu'au Jour de Jésus Christ[b]. ⁷Il est bien juste que j'aie pour vous de tels sentiments, car je vous porte dans mon cœur, vous qui, aussi bien dans ma captivité que dans la défense et l'affermissement de l'Évangile, avez tous pris part à la grâce qui m'a été faite. ⁸Oui, Dieu m'est témoin que je vous chéris tous de la tendresse même de Jésus Christ[c]. ⁹Ce que je demande, c'est que votre amour grandisse toujours davantage en connaissance vraie et en parfaite clairvoyance. ¹⁰Vous discernerez ainsi ce qui est meilleur afin d'être purs et irréprochables pour le jour du Christ, ¹¹comblés des fruits de la justice qui nous vient par Jésus Christ pour la gloire et la louange de Dieu[d].

---

1. – [a]1. Attestation claire d'une hiérarchie dans les ministères d'Église. Les épiscopes sont assimilés ailleurs aux presbytres (Ac 20, 17.28 ; Tt 1, 5.7). Sur les diacres, voir Ac 6, 1sv. ; 1 Tm 3, 8-13.

[b]6. Le thème du jour du Christ, c'est-à-dire de son retour glorieux, tient une grande place dans cette lettre : 1, 10 ; 2, 16 ; 3, 20-21. Il sera longuement repris dans les deux lettres aux Thessaloniciens.

[c]8. Littéralement : *dans les entrailles du Christ.*

[d]11. Cf. Ep 1, 6.12.14.

NOUVELLES PERSONNELLES

Paul, ses aventures et ses sentiments. – [12]Je tiens à vous faire savoir, frères, que ce qui m'est arrivé a plutôt contribué au progrès de l'Évangile. [13]Dans tout le prétoire[e] et partout ailleurs, il est devenu notoire que je suis dans les chaînes pour le Christ, [14]et la plupart des frères dans le Seigneur ont repris courage du fait de mes chaînes et redoublent de hardiesse pour annoncer sans crainte la parole de Dieu.

[15]Certains, il est vrai, proclament le Christ dans un esprit de jalousie et de rivalité, mais d'autres le font dans de bonnes intentions. [16]Ceux-ci agissent par amour, sachant bien que j'ai pour mission la défense de l'Évangile. [17]Quant aux autres, c'est dans un esprit de rivalité qu'ils annoncent le Christ, pour des motifs qui ne sont pas purs, s'imaginant m'ajouter un surcroît d'affliction dans mes chaînes. [18]Mais qu'importe ! Il reste que de toute manière, avec un zèle hypocrite ou avec sincérité, le Christ est annoncé ; et je m'en réjouis ; et je m'en réjouirai encore. [19]Car je sais que *cela tournera à mon salut,* grâce à vos prières et à l'assistance de l'Esprit de Jésus Christ. [20]C'est là ma vive attente et mon espérance : rien ne pourra me confondre, et j'en ai l'entière assurance, aujourd'hui comme toujours, le Christ sera glorifié dans mon corps, soit que je vive soit que je meure. [21]Car pour moi, vivre, c'est le Christ, et mourir m'est un gain. [22]Mais si ma vie ici-bas peut encore me permettre un travail utile, je ne sais vraiment que choisir... [23]Je me sens attiré des deux côtés : je voudrais m'en aller pour être avec le Christ, et ce

[e]13. La garde prétorienne du palais des Césars à Rome ? Ou la résidence du gouvernement romain dans une province de l'Empire ? Jn 18, 28sv.; Ac 23, 35.

serait de beaucoup le meilleur[f] ; [24]mais demeurer dans mon corps est préférable à cause de vous. [25]Aussi, je suis certain, je sais que je resterai et demeurerai avec vous tous pour votre progrès et la joie de votre foi ; [26]ainsi mon retour et ma présence parmi vous vous donneront-ils un nouveau sujet de fierté dans le Christ Jésus.

Vous, luttez selon l'Évangile. – [27]Seulement, montrez-vous dans votre conduite dignes de l'Évangile du Christ. Soit que j'aille vous voir, soit qu'absent j'entende parler de vous, je veux apprendre que vous tenez ferme dans un même esprit, combattant ensemble d'un même cœur pour la foi de l'Évangile, [28]sans vous laisser aucunement intimider par les adversaires. Par la volonté de Dieu, ce sera un signe de perdition pour eux et de salut pour vous. [29]Car il vous a été fait la grâce, non seulement de croire au Christ, mais encore de souffrir pour lui, [30]engagés dans le même combat que vous m'avez vu soutenir et que, vous le savez, je soutiens encore.

2 [1]S'il y a donc une consolation dans le Christ, un réconfort dans l'amour, une communion dans l'Esprit, de la tendresse et de la pitié, [2]alors mettez le comble à ma joie en restant bien unis. Ayez un même amour, un même cœur, les mêmes pensées. [3]Ne faites rien par esprit de rivalité ou de vaine gloire, mais que l'humilité vous fasse regarder les autres comme supérieurs à vous-mêmes. [4]Que chacun ne recherche pas ses propres intérêts seulement, mais qu'il prenne à cœur aussi ceux des autres.

Abaissement et gloire du Christ. – [5]Ayez entre vous[a] les sentiments mêmes du Christ Jésus :

[f]23. Comparer 2 Co 5, 6-10.   **2.** – [a]5. Plutôt que : *en vous.*

⁶Lui qui était de condition[b] divine, n'a pas considéré comme une proie le rang qui l'égalait à Dieu,

⁷mais il s'est au contraire anéanti lui-même[c], prenant la condition de serviteur, devenant semblable aux hommes, et, dans son comportement, reconnu pour un homme,

⁸il s'est abaissé lui-même, devenant obéissant jusqu'à la mort et à la mort sur une croix.

⁹C'est pourquoi Dieu l'a souverainement exalté et lui a donné le Nom qui est au-dessus de tout nom[d],

¹⁰afin qu'au nom de Jésus tout genou fléchisse aux cieux, sur terre et au séjour des morts,

¹¹et que toute langue proclame que Jésus Christ est Seigneur, à la gloire de Dieu le Père.

Travaillez à votre salut, c'est Dieu qui travaille. — ¹²Ainsi donc, mes bien-aimés, vous qui vous êtes toujours montrés obéissants, soyez-le, non seulement quand je suis présent, mais plus encore maintenant que je suis absent : travaillez à votre salut avec crainte et tremblement ; ¹³car c'est Dieu qui, suivant sa bienveillance, produit en vous le vouloir et le faire. ¹⁴Agissez en tout sans murmures ni discussions, ¹⁵afin d'être irréprochables et purs, *enfants de Dieu irrépréhensibles* au milieu *d'une génération perverse et dépravée*[e], où vous brillez comme des foyers de lumière dans le monde. ¹⁶Tenez fermement la parole de vie,

[b]6-11. Important passage dogmatique, peut-être inspiré d'une hymne liturgique. « Condition » (littéralement : *forme*) reparaît au verset 7. Ce terme est l'équivalent de notre mot : nature (divine, humaine).

[c]7. L'« anéantissement » (Kénose) du Christ est cette assomption de la nature humaine, qui voile la divinité.

[d]9. Le Nom de Kyrios, ou Seigneur, par lequel les Septante ont traduit le Nom divin, et qui est donné à Jésus comme son nom propre à partir de la résurrection.

[e]15. Dt 32, 5.

et ainsi au Jour du Christ, j'aurai la fierté de n'avoir pas couru ni peiné en vain. ¹⁷Si mon sang doit servir de libation pour le sacrifice et l'offrande de votre foi, j'en serai heureux et m'en réjouirai avec vous tous[f]. ¹⁸Et vous, faites de même ; soyez-en heureux et réjouissez-vous avec moi.

Paul et ses projets. – ¹⁹J'espère dans le Seigneur Jésus vous envoyer bientôt Timothée, afin d'être réconforté moi-même par les nouvelles que j'aurai de vous. ²⁰Car je n'ai personne qui partage comme lui mes sentiments et prenne vraiment à cœur vos intérêts. ²¹Tous en effet recherchent leurs propres intérêts, non ceux du Christ Jésus. ²²Vous connaissez sa vertu éprouvée et vous savez que, tel un fils à côté de son père, il s'est dévoué avec moi au service de l'Évangile. ²³J'espère donc vous l'envoyer dès que je verrai comment tournent mes affaires. ²⁴J'ai d'ailleurs bon espoir dans le Seigneur de venir moi-même bientôt.

²⁵J'ai estimé nécessaire de vous renvoyer Épaphrodite, mon frère, collaborateur et compagnon d'armes, que vous m'aviez délégué pour subvenir à mes besoins. ²⁶Il désirait ardemment vous revoir tous, et il se tourmentait parce que vous aviez appris sa maladie. ²⁷Il a été malade, en effet, et bien près d'en mourir. Mais Dieu a eu pitié de lui, et pas seulement de lui, mais aussi de moi, pour que je n'aie pas tristesse sur tristesse. ²⁸Je me hâte donc de vous le renvoyer, pour que vous ayez la joie de le revoir et que ma propre peine en soit allégée. ²⁹Accueillez-le donc dans le Seigneur avec une joie entière, et honorez des hommes d'un tel mérite ; ³⁰car pour l'œuvre du Christ il a frôlé la mort, risquant sa vie pour s'acquitter du service qu'il me rendait à votre place.

[f]17. Comparer Rm 12, 1 ; l5, 16 ; 2 Tm 4, 6.

3 **Attention aux faux prêcheurs.** – [1]Au reste, mes frères, réjouissez-vous dans le Seigneur. Il ne m'en coûte pas de vous écrire les mêmes choses, et pour vous c'est plus sûr. [2]Prenez garde aux chiens! Prenez garde aux mauvais ouvriers! Prenez garde aux faux circoncis[a]! [3]Car les vrais circoncis, c'est nous dont le culte s'inspire de l'Esprit de Dieu, nous qui mettons notre fierté dans le Christ Jésus au lieu de placer notre confiance dans la chair. [4]Pourtant j'aurais sujet, moi aussi, d'y placer ma confiance.

Paul a tout laissé pour le Christ. – Si quelqu'un se croit des raisons d'avoir cette confiance-là, j'en ai moi, bien davantage: [5]circoncis le huitième jour, de la race d'Israël, de la tribu de Benjamin, hébreu, fils d'Hébreux; pour ce qui est de la Loi, pharisien; [6]pour ce qui est du zèle, persécuteur de l'Église; pour ce qui est de la justice légale, vraiment irréprochable. [7]Mais toutes ces choses qui étaient pour moi des gains, je les tiens pour un désavantage à cause du Christ. [8]Oui, certes, je considère tout cela comme un désavantage au regard de ce bien suprême: la connaissance du Christ Jésus, mon Seigneur. Pour lui, j'ai renoncé à tout et je considère tout comme bon à mettre au rebut, afin de gagner le Christ [9]et de me trouver en lui, non pas avec ma propre justice, celle qui vient de la Loi, mais avec celle qui s'obtient par la foi au Christ, justice venant de Dieu et fondée sur la foi. [10]Ainsi je le connaîtrai, lui, et la puissance de sa résurrection[b] et la communion à ses souffrances en me conformant à lui dans sa mort, [11]dans l'espoir de parvenir à la résurrection des morts[c].

[12]Ce n'est pas que j'aie déjà remporté le prix ou que je sois déjà parvenu à la perfection. Mais je poursuis

3. – [a]2-3. Ep 1, 20.   [c]11. 2 Co 4,10-11.
[b]10. Ep 1, 20.

ma course pour tâcher de le saisir, ayant été moi-même saisi par le Christ Jésus. [13]Frères, je ne me flatte pas, pour ma part, de l'avoir déjà saisi. Je ne sais qu'une chose : oubliant ce qui est derrière moi et tendu de toutes mes énergies vers ce qui est en avant, [14]je cours droit au but, pour remporter la récompense du céleste appel de Dieu dans le Christ Jésus.

C'est la route qu'il faut suivre. — [15]Que ce soient donc là nos pensées, à nous tous, les parfaits ; et si, en quelque point, vous pensez autrement, Dieu vous éclairera aussi là-dessus. [16]Seulement, à quelque point que nous soyons parvenus, continuons du même pas.

[17]Frères, montrez-vous mes imitateurs ; ayez les yeux fixés sur ceux qui se conduisent d'après le modèle que vous avez en nous. [18]Il en est beaucoup — je vous l'ai dit souvent, et je vous le redis aujourd'hui avec larmes — qui se conduisent en ennemis de la croix du Christ. [19]Leur fin, c'est la perdition ; leur dieu, c'est leur ventre ; ils mettent leur gloire dans leur honte et n'ont de goût que pour les choses terrestres. [20]Mais nous, nous sommes citoyens des cieux[d], d'où nous attendons comme Sauveur le Seigneur Jésus Christ, [21]qui transformera notre corps de misère en un corps semblable à son corps de gloire, en vertu du pouvoir qu'il a de s'assujettir toutes choses[e].

4 [1]Ainsi donc, frères bien-aimés et tant désirés, ma joie et ma couronne, continuez à tenir ferme dans le Seigneur, mes bien-aimés.

---

[d]20. La vraie patrie des croyants est le ciel de Dieu : He 13, 14.

[e]21. 1 Co 15, 27-28.43.49.53.

RECOMMANDATIONS

Conseils et remerciements. – [2]Je prie Évodie comme je prie Syntyche de vivre en bonne intelligence dans le Seigneur. [3]Oui, je te le demande à toi aussi, cher compagnon, occupe-toi d'elles, car elles ont lutté avec moi pour l'Évangile, ainsi que Clément[a] et mes autres collaborateurs dont les noms figurent au livre de vie[b].

[4]Réjouissez-vous sans cesse dans le Seigneur; je le répète, réjouissez-vous[c]. [5]Que votre bienveillance soit connue de tout le monde. Le Seigneur est proche[d]. [6]Ne vous inquiétez de rien; mais en toute circonstance, par la prière et la supplication accompagnée d'actions de grâces, présentez vos demandes à Dieu. [7]Et la paix de Dieu qui dépasse tout sentiment gardera vos cœurs et vos pensées dans le Christ Jésus.

[8]Au reste, frères, tout ce qui est vrai, tout ce qui est noble, tout ce qui est juste, tout ce qui est pur, tout ce qui est aimable, tout ce qui est honorable, tout ce qui peut être vertueux et digne d'éloges, faites-en l'objet de vos pensées. [9]Ce que vous avez appris, reçu et entendu de moi, ce que vous m'avez vu faire, mettez-le en pratique, et le Dieu de paix sera avec vous.

[10]J'ai éprouvé une grande joie dans le Seigneur de voir enfin refleurir vos sentiments à mon égard; ils étaient toujours vivants, certes, mais l'occasion vous manquait. [11]Ce n'est pas le besoin qui me fait ainsi parler, car j'ai appris à me contenter de ce que j'ai: [12]je sais

---

4. – [a]3. Il est fort douteux que ce Clément soit le pape du même nom.

[b]3. Le livre de vie, vieux thème oriental et biblique: Dn 12, 1; Ap 3, 5; etc.

[c]4. La joie chrétienne, dont les premières pages du livre des Actes témoignent si souvent.

[d]5. Paul vit dans l'attente du retour du Christ, mais ne se livre jamais à des spéculations chronologiques sur cet événement.

vivre dans le dénuement, je sais vivre dans l'abondance. Je suis initié à tout et à toutes choses, à la satiété et à la faim, à l'abondance et à l'indigence. [13]Je puis tout en Celui qui me rend fort. [14]Cependant vous avez bien fait de porter intérêt à ma détresse.

[15]Vous savez bien, vous, Philippiens, qu'au début de l'évangélisation, quand j'ai quitté la Macédoine, aucune autre Église ne m'a ouvert un compte de doit et avoir; vous avez été les seuls[e]. [16]A Thessalonique déjà, une première puis une seconde fois, vous m'avez envoyé de quoi subvenir à mes besoins. [17]Ce n'est pas que je recherche les cadeaux; ce que je recherche, c'est le bénéfice qu'ils rapportent à votre compte. [18]J'ai tout ce qu'il me faut et au-delà; je suis comblé depuis que j'ai reçu par Épaphrodite votre don, *parfum de bonne odeur,* sacrifice agréable et qui plaît à Dieu. [19]Mon Dieu, de son côté, comblera tous vos besoins selon sa richesse et avec magnificence dans le Christ Jésus. [20]A Dieu notre Père soit la gloire dans les siècles des siècles! Amen.

Salutation finale. — [21]Saluez chacun des saints dans le Christ Jésus. Les frères qui sont avec moi vous saluent. [22]Tous les saints vous saluent, en particulier ceux de la maison de César[f].

[23]La grâce du Seigneur Jésus Christ soit avec votre esprit!

---

[e]15sv. Attestation précise, intéressante du point de vue historique, de l'aide matérielle apportée à Paul par les Philippiens.

[f]22. Fonctionnaires de la cour impériale à Rome, ou d'ailleurs en quelque autre ville importante.

LETTRE AUX COLOSSIENS

INTRODUCTION

La petite ville de Colosses en Phrygie, à 200 kilomètres à l'est d'Éphèse, n'a pas été évangélisée par Paul mais par son disciple Épaphras (1, 7) qui en était originaire (4, 12). Les chrétiens de Colosses venaient en majorité du paganisme (1, 13.21.27), mais il devait y avoir aussi parmi eux quelques Juifs, à en juger d'après les erreurs que combat l'Apôtre (2, 11-16). Le milieu a été de tout temps assez exalté, un peu à l'image du pays, de relief tourmenté. La Phrygie était la patrie du culte de Dionysos, des mystères de Cybèle et d'Attis avec leurs mutilations sanglantes ; la philosophie de Thalès y avait popularisé le culte des esprits. C'est également en Phrygie qu'apparaîtra deux siècles plus tard le montanisme avec ses extravagances. Il n'est donc pas surprenant que les premiers missionnaires aient dû s'opposer dans cette région à un engouement imprudent pour des erreurs assez troubles et à la prétention de posséder une doctrine ou gnose supérieure, réservée à un groupe d'initiés (2, 18).

L'occasion de la lettre fut une visite d'Épaphras qui, tout en rendant à Paul bon témoignage des Colossiens (1, 4 ; 2, 5), dut lui signaler les dangereuses tendances qui se faisaient jour dans la chrétienté naissante. Paul écrit donc aux fidèles de Colosses pour les exhorter à la vie chrétienne et les détourner des faux docteurs.

Les erreurs qu'il combat ne sont mentionnées que par allusions. Voici ce qu'on peut conjecturer sur leur origine et leur nature.

Les novateurs se montraient enclins à exalter la dignité des anges et leur médiation au détriment de celle du Christ, peut-être sous l'influence de spéculations orientales qui concevaient Dieu comme transcendant au monde, au point de ne pouvoir entrer en relations avec lui que par le moyen d'intermédiaires indéfiniment multipliés : principautés, puissances, etc. (1, 16 ; 2, 10.18). C'était une sorte de gnosticisme avant la lettre, imprécis et rudimentaire, prélude de la gnose hérétique dont le développement a troublé si gravement l'Église aux IIᵉ et IIIᵉ siècles. Il s'y superposait une doctrine ascétique qui prônait des abstinences excessives, inspirées peut-être d'une philosophie dualiste considérant la matière comme mauvaise, et des pratiques judaïsantes concernant la circoncision, les aliments et les fêtes : voir surtout 2, 11-23.

Saint Paul réfute ce syncrétisme nébuleux et affirme la transcendance du Christ, sa supériorité sur les anges, sa divinité, son pouvoir créateur, son rôle comme chef de l'Église, la réconciliation du monde avec Dieu par son sang. La christologie des lettres précédentes (Rm 8, 19sv.; 1 Co 8, 6 ; 15, 24 ; 2 Co 5, 19) reçoit ainsi des explications et des développements importants.

L'opinion commune place la rédaction de la lettre aux Colossiens en 61 ou 62, à Rome plutôt qu'à Césarée, un peu avant la lettre aux Éphésiens qui en reprend partiellement les enseignements sous une forme plus achevée. L'authenticité, jadis assez attaquée malgré les témoignages très fermes de la tradition, est plus généralement admise aujourd'hui.

PROLOGUE

1

Adresse, compliments, vœux. – [1]Paul, apôtre du Christ Jésus par la volonté de Dieu, et Timothée, notre frère, aux saints qui sont à Colosses, aux croyants, nos frères dans le Christ. [2]A vous grâce et paix de la part de Dieu notre Père.

[3]Nous rendons grâce à Dieu, le Père de notre Seigneur Jésus Christ, dans les prières continuelles que nous lui adressons pour vous. [4]Nous avons en effet appris votre foi dans le Christ Jésus et l'amour que vous avez pour tous les saints, [5]à cause de l'espérance qui vous est réservée dans les cieux[a]. Cette espérance vous a été annoncée par la parole de vérité, par l'Évangile [6]qui vous est parvenu ainsi qu'au monde entier où il fructifie et grandit sans cesse. Il en est de même chez vous depuis le jour où vous avez entendu l'annonce de la grâce de Dieu et appris à la connaître véritablement. [7]Elle vous a été enseignée par Épaphras, notre bien-aimé compagnon de ministère, qui est pour vous un fidèle ministre du Christ. [8]C'est lui aussi qui nous a informés de quel amour l'Esprit vous anime.

[9]C'est pourquoi nous aussi, depuis le jour où nous l'avons appris, nous ne cessons de prier Dieu pour vous. Nous lui demandons que vous parveniez à la pleine connaissance de sa volonté, en toute sagesse et intelligence spirituelle. [10]Vous pourrez ainsi vous conduire d'une manière digne du Seigneur et lui plaire en tout; vous porterez du fruit par toutes sortes de bonnes œuvres et grandirez dans la connaissance de Dieu; [11]fortifiés de toute manière par la

---

1. – [a]4-5. Remarquer la mention des trois vertus théologales comme en 1 Co 13, 13 et 1 Th 1, 3.

puissance de sa gloire, vous ferez preuve d'une patience et d'une endurance à toute épreuve.

Avec joie ¹²vous rendrez grâce au Père qui vous a mis en mesure de partager l'héritage des saints dans la lumière. ¹³Il nous a arrachés au pouvoir des ténèbres et transférés dans le royaume de son Fils bien-aimé, ¹⁴en qui nous avons la rédemption, le pardon des péchés.

PARTIE DOGMATIQUE

Le Christ premier partout. – ¹⁵Il est l'image du Dieu invisible[b], Premier-né de toute créature,

¹⁶car c'est en lui que tout a été créé dans les cieux et sur la terre, les êtres visibles et invisibles, Trônes, Dominations, Principautés, Puissances. Tout a été créé par lui et pour lui;

¹⁷il est antérieur à tout et tout subsiste en lui.

¹⁸Il est aussi la tête du corps, c'est-à-dire de l'Église; il est le Principe, Premier-né d'entre les morts, afin de tenir en tout le premier rang;

¹⁹car il a plu à Dieu de faire résider en lui toute la plénitude

²⁰et de se réconcilier par lui toutes choses sur la terre et dans les cieux, ayant rétabli la paix par le sang de sa croix.

²¹Et vous qui autrefois étiez pour lui des étrangers et des ennemis par vos pensées et vos œuvres mauvaises, ²²voici que maintenant il vous a réconciliés dans le corps de chair de son Fils, par sa mort, pour vous faire paraître devant lui saints, sans tache, irrépréhensibles. ²³Mais il faut que vous persévériez dans

[b]15sv. Ce passage christologique important doit être rapproché de Mt 11, 27; Jn 1, 1-18; 14, 9; Ep 1, 22-23; 4, 12-16; 5, 23; He 1, 1-4.

la foi, solides et fermes, sans vous laisser détourner de l'espérance apportée par l'Évangile que vous avez entendu, qui a été proclamé à toute créature sous le ciel, et dont moi, Paul, je suis devenu le ministre.

Paul continue le Christ. – [24]Je me réjouis maintenant des souffrances que j'endure pour vous, et ce qui manque aux épreuves du Christ, je le complète dans ma chair, pour son corps qui est l'Église. [25]J'en suis devenu le ministre, en vertu de la mission que Dieu m'a confiée à votre égard et qui est d'annoncer dans sa plénitude la Parole de Dieu, [26]à savoir le mystère tenu caché depuis les siècles et les générations, mais manifesté maintenant à ses saints. [27]Dieu a voulu leur faire connaître quelle est la glorieuse richesse de ce mystère parmi les païens : vous avez en vous le Christ, l'espérance de la gloire ! [28]C'est lui que nous annonçons, avertissant et instruisant tout homme en toute sagesse, afin de rendre tout homme parfait dans le Christ. [29]A cela je travaille, pour cela je lutte, avec le secours de sa force qui agit puissamment en moi.

2 [1]Je veux en effet que vous sachiez quel combat je soutiens pour vous, pour ceux de Laodicée et pour tant d'autres qui ne m'ont jamais vu de leurs yeux, [2]afin que leur cœur soit réconforté, et qu'étroitement unis dans la charité, ils possèdent dans toute sa richesse la plénitude de l'intelligence qui leur fera pénétrer le mystère de Dieu, à savoir le Christ, [3]en qui se trouvent *cachés tous les trésors de la sagesse* et de la science[a]. [4]Je parle ainsi pour que personne ne vous induise en

2. – [a]3. Attaque implicite contre tous ceux qui veulent chercher quelque révélation en dehors du Christ. Voir le verset suivant et le v 8.

erreur par des raisonnements spécieux. ⁵Car, bien qu'absent de corps, je suis en esprit avec vous, heureux de constater le bel ordre qui règne parmi vous et la solidité de votre foi au Christ.

Le Christ suffit à tout. – ⁶Vivez donc dans le Christ Jésus, le Seigneur, tel qu'on vous l'a fait connaître, ⁷enracinés en lui, fondés sur lui, affermis dans la foi telle qu'on vous l'a enseignée et débordants d'action de grâce. ⁸Veillez à ce que personne ne vous séduise par la « philosophie », cette vaine tromperie qui s'appuie sur une tradition tout humaine et les éléments du monde, et non sur le Christᵇ. ⁹Car en lui habite corporellement toute la plénitude de la divinité, ¹⁰et vous-mêmes, vous participez à sa plénitude, en lui qui est le chef de toute Autorité et de tout Pouvoir.

¹¹En lui aussi vous avez été circoncis, non d'une circoncision de main d'homme, mais de celle qui consiste dans l'entier dépouillement du corps charnel, la circoncision du Christᶜ. ¹²Mis au tombeau avec lui par le baptême, vous êtes aussi ressuscités avec lui par la foi en la puissance de Dieu qui l'a ressuscité des morts. ¹³Et vous, qui étiez morts à cause de vos fautes et de l'incirconcision de votre chair, Dieu vous a fait revivre avec lui : il nous a pardonné toutes nos offenses. ¹⁴Il a effacé l'acte rédigé contre nous et dont les dispositions nous condamnaient ; il l'a supprimé en le clouant à la croix. ¹⁵Il a dépouillé les Principautés et les Puissances et en a fait un objet de dérision en triomphant d'elles dans le Christᵈ.

¹⁶Que personne donc ne vous critique à propos de nourriture et de boisson, ou en matière de fêtes, de

---

ᵇ8. Sur les « éléments du monde », voir Ga 4, 9 et la note.
ᶜ11. Rm 2, 28-29 ; Ga 3, 2-3.

ᵈ15. Allusion à la cérémonie romaine du « triomphe » d'un général vainqueur.

nouvelles lunes ou de sabbats. ¹⁷Tout cela n'est que l'ombre de ce qui devait venir; la réalité, c'est le Christ^e. ¹⁸Que personne ne vienne vous en frustrer, sous prétexte d'humilité et de culte des anges: ce sont visions d'illuminés qui s'enorgueillissent sottement dans leur intelligence charnelle ¹⁹et ne s'attachent pas à la tête, de qui le corps tout entier, bien uni grâce aux jointures et aux ligaments dont il est pourvu, tire la croissance voulue de Dieu.

²⁰Si donc vous êtes morts dans le Christ aux éléments du monde, pourquoi, comme si vous viviez encore dans le monde, vous soumettez-vous à ces défenses: ²¹« Ne prends pas, ne goûte pas, ne touche pas », ²²alors que toutes ces choses se corrompent par l'usage? Il n'y a là que *préceptes et enseignements tout humains*. ²³Ces choses peuvent avoir un semblant de sagesse en tant que «culte volontaire», «humilité», «mépris du corps»; elles sont sans valeur véritable et ne servent qu'à satisfaire la chair^f.

PARTIE MORALE

3 **Leçon pour la vie chrétienne.** – ¹Si donc vous êtes ressuscités avec le Christ, recherchez les réalités d'en haut, là où est le Christ, *assis à la droite de Dieu;* ²pensez aux choses d'en haut et non à celles de la terre, ³car vous êtes morts et votre vie est cachée en Dieu avec le Christ. ⁴Quand le Christ, votre vie, se

---

^e17. La réalité, littéralement: «le corps est le Christ», par opposition à «l'ombre» des institutions périmées (He 8, 5; 10, 1). Paul joue sur les deux sens du mot «corps».

^f23. Autre traduction: *elles n'ont aucune valeur pour mater l'insolence de la chair.* Il s'agit sans doute ici de superstitions cultuelles et de faux principes d'ascèse.

manifestera, alors vous aussi serez manifestés avec lui dans la gloire.

[5]Faites donc mourir ce qui en vous est encore terrestre[a] : fornication, impureté, passions, désirs mauvais et la cupidité, qui est une idolâtrie ; [6]ces désordres attirent la colère de Dieu. [7]C'est bien ainsi que vous vous conduisiez autrefois quand vous viviez dans ces péchés. [8]Mais maintenant, vous aussi rejetez tout cela : colère, emportement, méchanceté, diffamation, propos déshonnêtes ne doivent plus sortir de votre bouche. [9]Ne vous mentez plus les uns aux autres, car vous avez dépouillé le vieil homme avec ses agissements [10]et revêtu l'homme nouveau, celui qui se renouvelle sans cesse à l'image de son créateur en vue d'atteindre à la parfaite connaissance. [11]Là il n'y a plus de Grec ni de Juif, de circoncision ni d'incirconcision, il n'y a plus de barbare, de Scythe, d'esclave, d'homme libre, mais seulement le Christ qui est tout et en tous[b].

[12]Comme il convient à des élus de Dieu, saints et bien-aimés, revêtez-vous de sentiments de miséricorde[c], de bonté, d'humilité, de douceur, de patience. [13]Supportez-vous les uns les autres et pardonnez-vous mutuellement, si quelqu'un a sujet de se plaindre d'un autre. Comme le Seigneur vous a pardonné, pardonnez, vous aussi. [14]Par-dessus tout, revêtez l'amour qui est le lien de la perfection. [15]Que règne dans vos cœurs la paix du Christ à laquelle vous avez été appelés pour former en lui un seul corps. Vivez dans l'action de grâce. [16]Que la parole du Christ habite en vous dans toute sa richesse ; instruisez-vous et reprenez-vous les uns les autres avec une vraie sagesse. Par des psaumes,

---

3. – [a]5. Littéralement : « les membres qui sont sur la terre », c'est-à-dire l'humanité en nous portée au péché.

[b]11. Thème paulinien classique : 1 Co 12,13 ; Ga 3, 28 ; Ep 2, 15.

[c]12. Littéralement : *d'entrailles de miséricorde.*

des hymnes, des cantiques inspirés par l'Esprit, chantez à Dieu de tout cœur votre reconnaissance. ¹⁷Tout ce que vous dites, tout ce que vous faites, que ce soit toujours au nom du Seigneur Jésus, rendant grâce par lui à Dieu le Père.

Pour la vie en famille. – ¹⁸Femmes, soyez soumises à vos maris, ainsi qu'il convient dans le Seigneur. ¹⁹Maris, aimez vos femmes, et ne soyez pas désagréables avec elles. ²⁰Enfants, obéissez en tout à vos parents ; c'est ce qui plaît au Seigneur. ²¹Parents, n'irritez pas vos enfants, de peur qu'ils ne se découragent. ²²Esclaves, obéissez en tout à vos maîtres humains, pas seulement parce qu'on vous voit, dans la pensée de plaire à des hommes, mais avec simplicité de cœur et dans la crainte du Seigneur. ²³Quoi que vous ayez à faire, faites-le de toute votre âme, comme pour le Seigneur et non pour les hommes, ²⁴sachant que vous recevrez du Seigneur, pour récompense, son héritage. Prenez pour maître le Seigneur Christ. ²⁵Celui qui agit injustement recevra le salaire de son injustice ; il n'y a acception de personne.

4 ¹Maîtres, montrez-vous justes et équitables envers vos esclaves, sachant que, vous aussi, vous avez un Maître dans le ciel.

²Soyez assidus à la prière ; qu'elle vous garde vigilants dans l'action de grâce. ³Priez également pour nous, afin que Dieu donne libre champ à notre prédication, que je puisse annoncer le mystère du Christ pour lequel je suis dans les fers ⁴et que je le fasse connaître comme je dois en parler.

⁵Conduisez-vous avec sagesse à l'égard de ceux du dehors[a] ; sachez mettre à profit le temps présent. ⁶Que

4. – [a]5. *Ceux du dehors :* les païens.

votre parole soit toujours aimable, assaisonnée de sel[b], en sorte que vous sachiez répondre à chacun comme il faut.

Amitiés et nouvelles. – [7]Quant à ce qui me concerne, Tychique, le frère bien-aimé, le fidèle ministre du Seigneur et mon compagnon dans son service, vous informera de tout. [8]Je vous l'envoie tout exprès pour vous donner de nos nouvelles et vous réconforter. [9]Onésime, ce frère fidèle et bien-aimé, votre compatriote, est avec lui. Ils vous informeront de tout ce qui se passe ici.

[10]Aristarque, mon compagnon de captivité, vous salue, ainsi que Marc, le cousin de Barnabé : vous avez reçu des instructions à son sujet ; s'il vient chez vous, faites-lui bon accueil. [11]Jésus, surnommé Justus, vous salue également. Parmi les circoncis, ils sont les seuls qui travaillent avec moi pour le royaume de Dieu ; ils ont été ma consolation. [12]Épaphras, votre compatriote, vous salue ; ce serviteur du Christ Jésus ne cesse de combattre pour vous dans ses prières, afin que vous demeuriez fermes, parfaits et dans une complète soumission à toute volonté de Dieu. [13]Je lui rends témoignage qu'il prend beaucoup de peine pour vous, ainsi que pour ceux de Laodicée et de Hiérapolis. [14]Luc, le cher médecin, vous salue, ainsi que Démas.

[15]Saluez les frères de Laodicée, ainsi que Nympha et l'Église qui se réunit chez elle. [16]Quand vous aurez lu ma lettre, faites en sorte qu'elle le soit aussi dans l'Église de Laodicée, et, de votre côté, lisez celle qui vous viendra de Laodicée[c]. [17]Dites à Archippe : « Prends

[b]6. C'est-à-dire pleine de sagesse et d'à-propos.

[c]16. Serait-ce notre lettre aux Éphésiens ?

garde au ministère que tu as reçu dans le Seigneur, tâche de bien l'accomplir. »

[18]La salutation est de ma propre main, à moi, Paul[d]. Souvenez-vous de mes chaînes. La grâce soit avec vous !

---

[d]18. Selon l'usage du temps, Paul utilise un secrétaire et n'écrit de sa main que les dernières lignes ou les derniers mots, cf. Ga 6, 11.

LETTRES AUX THESSALONICIENS

INTRODUCTION

Paul a évangélisé la grande cité de Thessalonique au cours de son deuxième voyage missionnaire, en 50. Parti pour Athènes, puis pour Corinthe, il restait en contact avec les fidèles de Macédoine (Ac 17 et 18). L'arrivée de Timothée auprès de lui fut l'occasion de la première lettre (3, 1-5), vers la fin de 50 ou le début de 51 ; c'est le premier en date de nos documents chrétiens.

La lettre répond avant tout aux difficultés des Thessaloniciens devant le mystère de la Résurrection. Paul explique qu'il englobe tous les hommes, y compris ceux qui meurent et qui mourront avant la Parousie du Christ (notes sur 4, 13sv.).

Un peu plus tard, il fallut compléter cet enseignement par une seconde lettre. Paul y affirme la longue durée de l'attente chrétienne : certains signes avant-coureurs de la Venue du Christ ne se sont pas produits, toute excitation est vaine. Il faut s'armer de persévérance et travailler normalement (2, 13 à 3, 14).

Les circonstances expliquent suffisamment la différence de ton entre les deux lettres, la seconde moins chaleureuse et plus sévère. Les objections soulevées contre l'authenticité de la seconde n'ont pas de fondement suffisant.

Les penseurs chrétiens se sont évertués à comprendre l'enseignement de Paul sur l'Adversaire qui doit venir avant le Christ ; ils n'ont pas atteint l'unanimité.

PREMIÈRE LETTRE
AUX THESSALONICIENS

1 **Adresse et compliments.** — [1]Paul, Silvain[a] et Timothée à l'Église des Thessaloniciens qui est en Dieu le Père et dans le Seigneur Jésus Christ. A vous grâce et paix.

[2]Nous rendons de continuelles actions de grâce à Dieu pour vous tous quand nous faisons mention de vous dans nos prières. [3]Nous nous rappelons constamment devant Dieu notre Père les œuvres de votre foi, les labeurs de votre charité et la fermeté de votre espérance en notre Seigneur Jésus Christ. [4]Nous savons bien, frères aimés de Dieu, que vous êtes de ses élus, [5]car notre prédication de l'Évangile ne vous a pas été faite seulement en paroles ; elle a été accompagnée de miracles, d'effusion de l'Esprit Saint et d'une pleine assurance. Vous savez en effet comment nous nous sommes conduits parmi vous pour votre bien. [6]Et vous-mêmes êtes devenus nos imitateurs et ceux du Seigneur, recevant la Parole parmi bien des épreuves, avec la joie que vous donnait l'Esprit Saint. [7]Vous êtes ainsi devenus un modèle pour tous les croyants de Macédoine et d'Achaïe. [8]De chez vous, en effet, la parole du Seigneur a retenti non seulement en Macédoine et en Achaïe, mais la renommée de votre foi en Dieu s'est répandue partout, si bien que nous n'avons pas besoin d'en parler. [9]Tous racontent à notre sujet ce qu'a été notre arrivée chez vous, et comment vous vous êtes convertis à Dieu, abandonnant les idoles pour servir le Dieu vivant et véritable, [10]et pour attendre des

1. — [a]1. *Silvain* est le Silas des Actes 15, 40 ; 17, 4 ; 18, 5 ; etc.

cieux son Fils qu'il a ressuscité des morts, Jésus, qui nous sauve de la colère qui vient.

LE MYSTÈRE DE PAUL

2 Souvenirs de Paul à Thessalonique. – [1]Vous savez vous-mêmes, frères, que notre venue parmi vous n'a pas été sans fruit[a]. [2]Ayant subi auparavant à Philippes, comme vous le savez, mauvais traitements et outrages, nous avons trouvé en notre Dieu l'assurance de vous annoncer son Évangile au milieu de bien des combats. [3]Notre prédication ne s'inspire ni de l'erreur ni d'intention vicieuse et elle n'use pas de fourberie. [4]Au contraire, Dieu nous ayant jugés dignes de nous confier l'Évangile, nous parlons en cherchant à plaire non aux hommes, mais à Dieu qui sonde les cœurs.

[5]Jamais, vous le savez, nous n'avons usé de paroles de flatterie ; jamais, Dieu en est témoin, nous n'avons eu une arrière-pensée de cupidité. [6]Nous n'avons pas non plus recherché la gloire humaine chez vous ni chez d'autres, [7]alors que nous aurions pu nous donner de l'importance en qualité d'apôtres du Christ. Au contraire nous nous sommes comportés avec simplicité au milieu de vous. Comme une mère qui entoure de soins les enfants qu'elle nourrit, [8]nous étions prêts, dans notre tendresse pour vous, à vous donner non seulement l'Évangile de Dieu, mais notre propre vie, tant vous nous étiez devenus chers. [9]Rappelez-vous, frères, nos labeurs et nos fatigues. C'est en travaillant nuit et jour pour n'être à charge à aucun d'entre vous que nous vous avons prêché l'Évangile de Dieu. [10]Vous êtes témoins, et Dieu aussi, combien notre conduite envers vous, les croyants, a été sainte, juste et irrépréhensible.

---

2. – [a]1. Ac 16, 19-40.

[11]Vous le savez, nous avons agi avec chacun de vous comme un père avec ses enfants ; [12]nous vous avons exhortés, encouragés, adjurés de mener une vie digne du Dieu qui vous appelle à son royaume et à sa gloire.

Portrait d'une Église. – [13]C'est pourquoi, pour notre part, nous ne cessons de rendre grâce à Dieu de ce que, recevant la parole divine que nous vous annoncions, vous l'avez accueillie non comme une parole humaine, mais ainsi qu'elle l'est véritablement, comme la parole de Dieu, qui déploie son action en vous, les croyants. [14]Car vous êtes devenus, mes frères, les imitateurs des Églises de Dieu qui sont en Judée, dans le Christ Jésus : vous avez enduré de la part de vos compatriotes les mêmes souffrances qu'elles de la part des Juifs, [15]ces Juifs qui ont tué le Seigneur Jésus et les prophètes, qui nous ont persécutés, qui ne plaisent pas à Dieu, et se font les ennemis du genre humain [16]en nous empêchant de prêcher aux païens pour leur salut[b]. Ainsi ils comblent sans cesse la mesure de leurs péchés ; mais la colère est tombée sur eux pour toujours.

Sentiments de Paul, nouvelles et projets. – [17]Pour nous, frères, séparés de vous pour un temps, de visage mais non de cœur, nous n'en avions qu'une plus grande hâte et un vif désir de vous revoir. [18]Oui, nous avons voulu nous rendre auprès de vous, moi Paul en particulier, non pas une fois, mais deux : et Satan nous en a empêchés. [19]Quelle est en effet notre espérance, notre joie, la couronne dont nous serons fiers devant notre Seigneur Jésus lors de son avènement ? N'est-ce pas vous[c] ? [20]Oui, notre gloire et notre joie, c'est vous.

[b]16. Cf. Ac 17, 5-9.
[c]19. Lors de sa venue glorieuse à la fin des temps (litt. de sa Parousie), de sa présence par excellence, au sens étymologique du mot.

3 ¹Aussi, n'y tenant plus, nous avons préféré rester seuls à Athènes, ²et nous vous avons envoyé Timothée, notre frère et le ministre de Dieu dans l'Évangile du Christ, pour vous affermir et vous encourager dans votre foi, ³afin que personne ne se laisse ébranler au milieu de ces épreuves, car vous savez bien vous-mêmes que c'est là notre lot. ⁴Déjà quand nous étions parmi vous, nous vous prédisions qu'il nous faudrait endurer des épreuves, et c'est ce qui est arrivé, comme vous le savez. ⁵C'est pourquoi, n'y tenant plus, j'ai envoyé prendre des nouvelles de votre foi, dans la crainte que le tentateur ne vous ait tentés et que notre labeur ne soit rendu vain.

⁶Mais voici que Timothée vient de nous revenir de chez vous, nous apportant de bonnes nouvelles de votre foi et de votre charité. Il dit que vous gardez toujours un bon souvenir de nous et que vous avez le même désir de nous revoir que nous-mêmes à votre égard. ⁷Aussi, frères, votre foi a-t-elle été pour nous un sujet de consolation dans toutes nos détresses et nos chagrins[a]. ⁸Nous revivons maintenant, puisque vous tenez ferme dans le Seigneur ! ⁹Comment pourrions-nous rendre assez d'actions de grâce à Dieu à votre sujet, pour toute la joie que nous recevons de vous devant Lui ? ¹⁰Nuit et jour, nous lui demandons avec une extrême instance qu'il nous soit donné de vous revoir afin de compléter ce qui manque encore à votre foi. ¹¹Que Dieu lui-même, notre Père, et notre Seigneur Jésus dirigent notre route vers vous. ¹²Que le Seigneur fasse croître et abonder votre amour les uns pour les autres et pour tous, à l'égal de notre amour pour vous. ¹³Qu'ainsi il affermisse vos cœurs et les rende irréprochables en sainteté devant Dieu notre Père, lors de la venue de notre Seigneur Jésus avec tous ses saints.

3. – [a]7. Cf. Ac 17, 32-34 ; 18, 6sv.

4 **Vivre pour plaire à Dieu.** – ¹Au reste, frères, nous vous prions et supplions dans le Seigneur Jésus ; vous avez appris de nous quelle doit être votre conduite pour plaire à Dieu et déjà vous vous conduisez ainsi. Allez de progrès en progrès. ²Vous savez quelles instructions nous vous avons données au nom du Seigneur Jésus. ³Ce que Dieu veut, c'est votre sanctification ; c'est que vous vous absteniez de l'impudicité, ⁴que chacun de vous sache garder son corps dans la sainteté et le respect, ⁵sans s'abandonner aux emportements de la convoitise, comme *les païens qui ne connaissent pas Dieu*. ⁶Que sur ce point personne ne cause de tort ou de dommage à son frère, car le Seigneur *tire vengeance* de tous ces désordres, ainsi que nous vous l'avons déjà dit et attesté. ⁷Dieu, en effet, ne nous a pas appelés à l'impureté, mais à la sainteté. ⁸Celui-là donc qui rejette ces préceptes, ce n'est pas un homme qu'il rejette, mais Dieu, qui au surplus vous donne son Esprit Saint[a].

⁹Quant à la charité fraternelle, vous n'avez pas besoin qu'on vous en écrive : vous avez été instruits par Dieu lui-même à vous aimer les uns les autres[b]. ¹⁰C'est d'ailleurs ce que vous faites à l'égard de tous les frères, dans la Macédoine entière. Mais nous vous exhortons, frères, à faire mieux encore.

¹¹Mettez votre point d'honneur à vivre paisiblement, à vous occuper de vos propres affaires et à travailler de vos mains, comme nous vous l'avons prescrit, ¹²de manière à vous comporter dignement aux yeux des gens du dehors et à n'avoir besoin de personne[c].

---

4. – [a]8. Cf. Ez 37, 14 ; 1 Co 6, 13-20.

[b]9. Lv 19, 18. Comparer Jean 6, 45.

[c]11-12. Première allusion à l'oisiveté dans laquelle vivaient certains fidèles, persuadés à tort de l'imminence de la Parousie. Les gens du dehors, c'est-à-dire les païens.

MORT ET RÉSURRECTION

Que deviendront les morts? – [13]Nous ne voulons pas, frères, que vous soyez dans l'ignorance au sujet des morts, afin que vous ne vous affligiez pas comme les autres qui n'ont pas d'espérance[d]. [14]Si, en effet, nous croyons que Jésus est mort et ressuscité, de même devons-nous croire que Dieu amènera avec Jésus ceux qui sont morts en lui. [15]Nous vous le déclarons en effet, sur la parole du Seigneur[e] : nous, les vivants, qui serons encore là pour l'Avènement du Seigneur nous ne devancerons pas les morts. [16]Car, au signal, à la voix de l'archange, au son de la trompette divine, le Seigneur en personne descendra du ciel et ceux qui sont morts dans le Christ ressusciteront d'abord. [17]Ensuite, nous, les vivants, qui serons encore là, nous serons emportés avec eux sur les nuées à la rencontre du Seigneur dans les airs. Ainsi nous serons pour toujours avec le Seigneur[f]. [18]Réconfortez-vous donc les uns les autres par cet enseignement.

5 **Le Christ viendra comme un voleur.** – [1]Pour ce qui est du temps et du moment, vous n'avez pas besoin, frères, qu'on vous en écrive. [2]Vous savez en effet très bien que le Jour du Seigneur doit venir comme un voleur dans la nuit[a]. [3]Quand les hommes

[d]13. Imprégnés de la pensée grecque contemporaine, qui méprisait la matière, les chrétiens de Salonique avaient grand-peine à croire à la résurrection de la chair ; ils espéraient très proche le retour glorieux du Christ et l'entrée de tous dans le bonheur éternel. La mort de quelques frères et sœurs leur posait question.

[e]15. Peut-être une révélation particulière.

[f]17. *Nous, les vivants* : Paul partage en son intime le désir d'assister au retour du Christ ; les Thessaloniciens y verront l'affirmation de ce retour imminent. Paul mettra les choses au point dans la 2 Th : « Nul ne connaît ce jour. »

5. – [a]2. Comparer Mt 24, 43 ; Lc 12, 39. Le Jour, expression

diront : « Paix et sécurité », c'est alors que la ruine fondra soudain sur eux, comme les douleurs sur la femme enceinte, et ils n'échapperont pas. [4]Mais vous, frères, vous n'êtes pas dans les ténèbres, pour que ce Jour vous surprenne comme un voleur. [5]Vous êtes tous fils de la lumière et fils du jour. Nous ne sommes pas de la nuit ni des ténèbres ; [6]ne dormons donc pas, comme les autres, mais veillons et soyons sobres. [7]Ceux qui dorment, c'est la nuit qu'ils dorment, et ceux qui s'enivrent, c'est la nuit qu'ils s'enivrent. [8]Mais nous, qui sommes du jour, soyons sobres ; revêtons la foi et la charité pour cuirasse, et pour casque l'espérance du salut. [9]En effet, Dieu ne nous a pas destinés à sa colère, mais à l'acquisition du salut par notre Seigneur Jésus Christ, [10]qui est mort pour nous, afin que, veillant ou dormant, nous vivions unis à lui. [11]Réconfortez-vous donc mutuellement et édifiez-vous l'un l'autre, comme vous le faites déjà.

Conseils. — [12]Nous vous demandons, frères, d'avoir des égards pour ceux qui travaillent parmi vous, qui vous dirigent dans le Seigneur et qui vous reprennent. [13]Témoignez-leur une charité toute spéciale, en raison de leur labeur. Vivez en paix entre vous. [14]Nous vous en prions, frères, reprenez ceux qui vivent dans le désordre, réconfortez ceux qui sont abattus, venez en aide aux faibles, usez de patience envers tous. [15]Veillez à ce que personne ne rende le mal pour le mal ; efforcez-vous au contraire de rechercher en tout temps le bien entre vous et à l'égard de tous. [16]Soyez toujours joyeux. [17]Priez sans relâche. [18]Rendez grâce en toute circonstance, car telle est à votre égard la volonté de

---

semblable au « Jour du Seigneur » des prophètes qui désignait les grandes interventions divines. Cf. par exemple Am 5, 18.

Dieu dans le Christ Jésus. ¹⁹N'éteignez pas l'Esprit[b].
²⁰Ne méprisez pas le don de prophétie. ²¹Mais exami-
nez toutes choses et retenez ce qui est bon. ²²Abstenez-
vous de toute espèce de mal.

Salutation finale. – ²³Que le Dieu de paix lui-
même vous sanctifie tout entiers et que tout votre être,
esprit, âme et corps, soit gardé irréprochable pour l'A-
vènement de notre Seigneur Jésus Christ. ²⁴Celui qui
vous appelle est fidèle : c'est lui qui réalisera cela.

²⁵Frères, priez aussi pour nous.

²⁶Saluez tous les frères par un saint baiser.

²⁷Je vous en conjure par le Seigneur : que cette lettre
soit lue à tous les frères.

²⁸Que la grâce de notre Seigneur Jésus Christ soit
avec vous !

---

[b]19-21. Ne pas contrarier les
manifestations de l'Esprit Saint,
mais en rejeter les contrefaçons.
Comparer 1 Co 12 et 14.

SECONDE LETTRE
AUX THESSALONICIENS

1 **Adresse, compliments, prière.** – ¹Paul, Silvain et Timothée à l'Église des Thessaloniciens qui est en Dieu, notre Père, et dans le Seigneur Jésus Christ. ²A vous grâce et paix de la part de Dieu le Père et du Seigneur Jésus Christ.

³Nous devons à Dieu, frères, de continuelles actions de grâce à votre sujet – et c'est justice – pour les grands progrès de votre foi et l'accroissement de la charité que vous avez tous les uns pour les autres. ⁴Aussi êtes-vous pour nous un sujet de fierté auprès des Églises de Dieu par votre constance et votre foi au milieu de toutes les persécutions et tribulations que vous endurez. ⁵Elles sont le gage du juste jugement de Dieu, qui vous estimera dignes de son Royaume pour lequel vous souffrez. ⁶N'est-il pas conforme à la justice de Dieu de donner en retour l'affliction à ceux qui vous affligent, ⁷et à vous qui êtes affligés le repos, ainsi qu'à nous, lors de la Manifestation du Seigneur Jésus ? Il viendra du ciel avec ses puissances angéliques, dans un feu ardent[a], ⁸pour tirer vengeance de ceux qui ne connaissent pas Dieu et de ceux qui n'obéissent pas à l'Évangile de notre Seigneur Jésus Christ. ⁹Ils subiront le châtiment d'une perdition éternelle, loin de la face du Seigneur et de sa gloire puissante[b], ¹⁰lorsque, en ce jour-là, il viendra pour être glorifié dans ses saints et admiré en tous ceux qui auront cru. Mais vous avez cru, vous, à notre témoignage !

¹¹Dans cette attente, nous prions sans cesse pour vous, afin que notre Dieu vous rende dignes de son

1. – [a]7. Cf. 1 Co 3, 13.   [b]9. Cf. Mt 25, 41.

appel et que, dans sa puissance, il mène à leur terme tous vos désirs de bien et les labeurs de votre foi, [12]pour que soit glorifié en vous le nom de notre Seigneur Jésus Christ, et vous en lui, par la grâce de notre Dieu et du Seigneur Jésus Christ.

LE JOUR DU SEIGNEUR

2 La venue du Seigneur n'est pas imminente.

– [1]Nous vous prions, frères, au sujet de l'Avènement de notre Seigneur Jésus Christ et de notre rassemblement auprès de lui, [2]de ne pas si vite perdre la tête ni de vous laisser alarmer par quelque déclaration prophétique, propos ou lettre comme venant de nous[a], et présentant le Jour du Seigneur comme étant déjà là. [3b]Que personne ne vous égare en aucune manière : il faut au préalable que vienne l'apostasie et que se révèle l'Homme du péché, l'Être de perdition, [4]l'Adversaire, celui qui s'élève contre tout ce qui porte le nom de Dieu ou qui reçoit un culte, au point de trôner en personne dans le temple de Dieu et de se donner lui-même pour Dieu[c].

2. – [a]2. Les ennemis de Paul faisaient circuler des lettres faussement attribuées à l'Apôtre ; c'est pourquoi désormais Paul ajoutera toujours quelques lignes de sa main pour authentifier ses épîtres. Cf. 3, 17.

[b]3. L'apostasie (Cf. Mt 24, 11-12.23-24 ; Lc 18, 8) et le retard apporté par l'obstacle à la manifestation de l'homme de péché, repoussent l'échéance de la Parousie dans un lointain indéterminé.

[c]4. L'homme de péché, l'être de perdition, l'adversaire (assimilé v 7, au mystère d'iniquité) semble bien être une collectivité personnifiée. L'Évangile (Mt 24, 11-12.24) et Jean (1 Jn 2, 18 ; 2 Jn 7) envisagent une pluralité de faux christs et d'antéchrists. L'homme d'iniquité est décrit en termes apparentés à ceux des prophètes : Ez 28, 2 ; Dn 11, 36-38.

⁵Ne vous rappelez-vous pas qu'étant encore parmi vous je vous disais cela ? ⁶Vous savez bien maintenant ce qui lui fait obstacle et le contraint de ne se révéler qu'en son temps. ⁷Oui, le mystère d'iniquité est déjà à l'œuvre. Que seulement soit écarté celui qui lui fait obstacle[d], ⁸et alors se révélera l'Impie, que le Seigneur détruira du souffle de sa bouche et anéantira par l'éclat de sa venue. ⁹La venue de l'impie s'accompagnera, par la puissance de Satan, de toutes sortes de miracles, de signes et de prodiges mensongers, ¹⁰et de toutes les séductions du mal, pour ceux qui se perdent faute d'avoir accueilli l'amour de la vérité qui les eût sauvés. ¹¹C'est pourquoi Dieu leur envoie une puissance d'égarement qui les fera croire au mensonge, ¹²afin que soient condamnés tous ceux qui n'auront pas voulu croire à la vérité, et se seront complu dans l'injustice.

En attendant, tenez ferme. – ¹³Pour nous, nous devons rendre à Dieu de continuelles actions de grâce à votre sujet, frères bien-aimés du Seigneur, car Dieu vous a choisis dès l'origine pour vous sauver par l'action sanctifiante de l'Esprit et la foi en la vérité. ¹⁴C'est à quoi il vous a appelés par notre prédication de l'Évangile, pour vous faire acquérir la gloire de notre Seigneur Jésus Christ. ¹⁵Ainsi donc, frères, tenez ferme et gardez les enseignements dont nous vous avons instruits, soit de vive voix, soit par lettre. ¹⁶Que notre Seigneur Jésus

---

[d] 6-7. Autre traduction : *Que seulement soit écarté ce qui le retient.* Les commentateurs se perdent en conjectures sur la nature de ce mystérieux obstacle. Désigné successivement par un neutre et par un masculin, il doit être, lui aussi, une collectivité, peut-être l'ensemble des prédicateurs de l'Évangile qui empêchent la manifestation complète de l'impie. Comparer Ap 11, 1-8. Mais l'impuissance et la disparition de ces prédicateurs au moment de la Parousie de l'antichrist demeurent pour nous irrémédiablement mystérieuses.

Christ lui-même et Dieu, notre Père, qui nous a aimés et nous a donné par sa grâce consolation éternelle et bonne espérance, [17]consolent vos cœurs et les affermissent en tout bien, en parole et en œuvre.

3 **Ne vous lassez pas de bien faire.** – [1]Au reste, frères, priez pour nous, afin que la parole du Seigneur poursuive sa course et soit en honneur comme elle l'est chez vous, [2]et afin que nous soyons délivrés des méchants et des pervers, car la foi n'est pas le lot de tous. [3]Mais le Seigneur est fidèle ; il vous affermira et vous préservera du Mauvais. [4]Nous sommes sûrs dans le Seigneur que vous agissez et continuerez d'agir selon nos prescriptions. [5]Que le Seigneur dirige vos cœurs vers l'amour de Dieu et la constance du Christ.

[6]Nous vous enjoignons, frères, au nom de notre Seigneur Jésus, de vous tenir à l'écart de tout frère qui vit dans l'oisiveté et ne se conforme pas aux instructions que vous avez reçues de nous. [7]Vous-mêmes savez bien ce que vous avez à faire pour nous imiter : nous n'avons pas vécu parmi vous en oisifs ; [8]nous n'avons mangé gratuitement le pain de personne ; au contraire, nuit et jour, dans la fatigue et la peine, nous avons travaillé pour n'être à charge à aucun de vous. [9]Ce n'est pas que nous n'en ayons pas le droit, mais nous voulions vous donner en nous-même un exemple à imiter[a]. [10]Aussi bien, quand nous étions parmi vous, nous vous donnions cet ordre : si quelqu'un ne veut pas travailler, qu'il ne mange pas non plus ! [11]Or nous apprenons qu'il y a parmi vous des gens qui vivent dans l'oisiveté sans rien faire, mais toujours affairés. [12]Ceux-là, nous les prions et nous les engageons dans le Seigneur Jésus Christ à travailler paisiblement pour manger un pain qui soit bien à eux.

3. – [a]9. Comparer 1 Co 9, 3-14.

¹³Pour vous, frères, ne vous lassez pas de faire le bien. ¹⁴Si quelqu'un n'obéit pas à ce que nous disons dans cette lettre, faites-le-lui remarquer et, pour sa confusion, ne le fréquentez plus. ¹⁵Ne le considérez pas toutefois comme un ennemi, mais corrigez-le comme un frère.

Salutation finale. – ¹⁶Que le Seigneur de la paix vous donne lui-même la paix en tout temps et de toute manière ! Que le Seigneur soit avec vous tous !

¹⁷La salutation est de ma propre main, à moi, Paul. C'est le signe qui distingue chacune de mes lettres. Voilà comment j'écris. ¹⁸Que la grâce de notre Seigneur Jésus Christ soit avec vous tous !

LES LETTRES PASTORALES

INTRODUCTION

Le nom de lettres pastorales est communément donné aux lettres à Timothée et à Tite, à qui elles rappellent leurs obligations dans le gouvernement des Églises dont le soin leur est confié par saint Paul. L'authenticité de ces lettres a été très attaquée au XXe siècle ; elles sont cependant aussi fermement attestées que les autres par la tradition ancienne. Les objections, fondées uniquement sur la critique interne, ne sauraient prévaloir absolument contre la tradition.

On a opposé en premier lieu à l'authenticité le fait que les données historiques des Pastorales ne peuvent trouver place dans le cadre du livre des Actes et des autres lettres. Le fait est incontestable, mais on ne voit pas quel motif il y aurait d'arrêter à l'année 63 nos informations, si d'autres documents viennent les compléter. Or tel est précisément le cas ; les Pastorales, qui du reste s'accordent bien avec ce que nous savons par ailleurs de Timothée et de Tite, nous renseignent très utilement, quoique de manière fragmentaire, sur l'activité apostolique de Paul après sa libération. L'Apôtre alla peut-être en Espagne (1re lettre de saint Clément, 5, 4-7 ; canon de Muratori) ; il évangélisa la Crète où il laissa Tite (Tt 1, 5), séjourna quelque temps à Éphèse, puis se rendit en Macédoine. C'est de là qu'il écrivit la 1re à Timothée et la lettre à Tite, entre 54 et 66.

Un argument plus important est tiré du style et du vocabulaire. Il est vrai que le style n'est pas tout à fait celui des lettres antérieures ; il est moins fougueux, un peu traînant, plus apaisé.

Mais il faut tenir compte de la souplesse et de la mobilité du génie de l'Apôtre, comme aussi du fait que tout écrivain de personnalité accusée dont la carrière littéraire a été tant soit peu longue varie notablement ses procédés et ses expressions.

Pour ce qui est du vocabulaire, les Pastorales diffèrent beaucoup des autres lettres. Mais si l'on défalque les termes dont la racine a été antérieurement utilisée, ceux que la nouveauté des sujets traités a imposés, etc., on obtient une proportion d'hapax qui ne dépasse guère celle des écrits pauliniens incontestés. De plus la fonction des destinataires, collaborateurs intimes de l'Apôtre et chefs de communautés, devait normalement entraîner un style plus sobre, un langage plus technique. Enfin, on constate de notables ressemblances avec les autres lettres : habitudes de langage, constructions, tournures de phrases, expressions caractéristiques, à telle enseigne que beaucoup d'adversaires de l'authenticité reconnaissent dans les Pastorales de nombreux fragments pauliniens rassemblés plus tard et mis en œuvre par un disciple ; il paraît impossible en effet de refuser à Paul les nombreux détails personnels dont les Pastorales sont émaillées et plusieurs passages riches de doctrine (Tt 2, 11-14 ; 3, 4-6 ; 2 Tm 1, 9, etc.) dont la frappe et la densité ne laissent place à aucun doute sur leur auteur.

Il reste que ces remarques ne semblent pas expliquer toutes les différences de style et de vocabulaire : l'intervention d'un disciple-secrétaire de l'Apôtre pour la rédaction des Pastorales est assez probable.

Saint Paul combat dans les Pastorales des erreurs assez mal définies, moins des hérésies proprement dites qu'une tendance ou un état d'esprit. Les faux docteurs prônaient des pratiques magiques, une ascèse douteuse, des interprétations allégoriques et symbo-

liques de l'Écriture, compliquées à propos des patriarches, d'interminables généalogies, dont le livre
apocryphe des Jubilés peut donner une idée. Tout cela
n'était bon qu'à engendrer des rêveries et des disputes,
au détriment des vérités essentielles de l'Évangile et de
la doctrine du salut par la foi en Jésus Christ. A la base,
un orgueil inconscient et l'idée fausse qui fait de la foi,
moins l'acceptation d'une révélation divine, d'une tradition et d'un dépôt, qu'un objet de connaissance et un
terrain de choix pour la curiosité intellectuelle et l'élaboration d'une prétendue science, supérieure à celle
des simples fidèles.

Dans la prévision de sa fin prochaine, Paul se devait
d'organiser les Églises et d'y établir une hiérarchie. Au-
dessus des diacres, dont le rôle ne soulève pas de difficulté, les Pastorales mentionnent l'épiscope et les presbytres, appellations d'où dérivent celles d'évêque et de
prêtre. On les rencontre déjà mais synonymes et inter-
changeables, dans les Actes 20, 17. 28 et Ph 1, 1. Ici l'é-
piscope, dont il n'est question qu'au singulier (1 Tm 3,
2 ; Tt 1, 7) se distingue-t-il des presbytres (l Tm 5, 17 ;
Tt 1, 5) et a-t-il seul autorité pour gouverner l'Église ?
De toute façon, on ne peut voir en lui un évêque
monarchique. Le seul véritable évêque est encore l'A-
pôtre ; Timothée et Tite eux-mêmes ne sont que des
évêques délégués, des itinérants que Paul envoie tem-
porairement tantôt dans une Église, tantôt dans une
autre. Mais déjà s'esquisse l'évolution qui, très naturellement, aboutira à l'établissement à poste fixe dans
chaque communauté chrétienne d'un évêque unique
chargé de la gouverner et possédant seul la plénitude
du sacerdoce.

La hiérarchie à trois degrés, évêques, prêtres, diacres, apparaît clairement et définitivement constituée
dès le temps de saint Ignace d'Antioche, au début du IIe

siècle, ainsi qu'en témoignent ses lettres, et elle dérive visiblement de la hiérarchie incomplètement différenciée que décrivent les Pastorales.

LETTRES À TIMOTHÉE

INTRODUCTION

Timothée était né à Lystres, en Lycaonie, d'un père païen et d'une mère juive qui l'avait élevé dans la religion d'Israël et dans le culte des Écritures. La mère et le fils devinrent chrétiens, et Paul attacha Timothée à sa personne au cours de son séjour à Lystres, pendant son second voyage missionnaire, après l'avoir circoncis pour faciliter son apostolat auprès des Juifs. L'Apôtre témoigna toujours à son disciple une vive affection (Ph 2, 19-20), et fit de lui son compagnon habituel. Il lui confia diverses missions à Corinthe (1 Co 4, 17), en Macédoine (Ac 17, 14 ; 19, 22 ; 1 Th 3, 2-6) et à Éphèse.

Timothée était resté à Éphèse, chargé par l'Apôtre de gouverner momentanément l'Église de cette ville (1, 3). Paul lui envoie de Macédoine ses encouragements, le met en garde contre les erreurs qui se répandaient et lui donne des directives concernant les membres de la hiérarchie et les diverses catégories de fidèles.

La seconde lettre est comme le testament spirituel de Paul. Écrite en 66, au cours de la seconde captivité romaine, alors que l'Apôtre était abandonné de tous, et dans l'attente du martyre (4, 1-8), elle est particulièrement émouvante.

Les enseignements sont semblables à ceux de la première lettre.

PREMIÈRE LETTRE À TIMOTHÉE

1 **Adresse.** – ¹Paul, apôtre du Christ Jésus par ordre de Dieu Sauveur et du Christ Jésus notre espérance, ²à Timothée, mon vrai fils dans la foi : grâce, miséricorde et paix de la part de Dieu le Père et du Christ Jésus notre Seigneur !

Défends les idées vraies. – ³Ainsi que je te l'ai recommandé lors de mon départ pour la Macédoine, reste à Éphèse pour interdire à certaines gens d'enseigner une autre doctrine ⁴et de s'attacher à des fables et à des généalogies sans fin : elles sont plus aptes à soulever d'inutiles problèmes qu'à favoriser le plan de Dieu fondé sur la foiᵃ. ⁵Le but de la recommandation que je t'adresse est de promouvoir l'amour qui naît d'un cœur pur, d'une bonne conscience et d'une foi sincère. ⁶C'est pour s'en être écartés que certains se sont égarés en de vains bavardages ; ⁷ils se posent en docteurs de la Loi, alors qu'ils ne comprennent ni ce qu'ils disent ni ce qu'ils affirment.

⁸Or nous savons que la Loi est bonne, pourvu qu'on en fasse un usage légitime ⁹et qu'on sache bien qu'elle n'est pas faite pour le justeᵇ, mais pour les méchants et les rebelles, les impies et les pécheurs, les sacrilèges et

---

1. – ᵃ3-4. Timothée doit combattre à Éphèse des doctrines étrangères à la prédication de l'Apôtre, plutôt que formellement opposées à l'Évangile, d'où l'indulgence relative de Paul. Elles consistent surtout en légendes et en généalogies relatives aux personnages de l'AT.

Ce sont là spéculations vaines qui détournent ceux qui s'y adonnent de leur véritable rôle qui est l'enseignement de l'Évangile.

ᵇ9. La loi mosaïque est bonne, préparant la loi parfaite du Christ. Cf. Rm 7, 12 ; Ga 5, 23.

les profanateurs, les parricides et les matricides, pour les assassins, [10]les impudiques, les gens de mœurs infâmes, les trafiquants d'hommes, les menteurs, les parjures et tout ce qui est opposé à la saine doctrine. [11]Ainsi l'enseigne le glorieux Évangile du Dieu bienheureux, qui m'a été confié.

Paul témoin du Christ sauveur. – [12]Je rends grâce à celui qui m'a fortifié, le Christ Jésus, notre Seigneur, de m'avoir jugé digne de confiance en m'appelant à son service, [13]moi qui étais auparavant un blasphémateur, un insulteur et un violent. Mais il m'a fait miséricorde, car j'agissais par ignorance, n'ayant pas la foi; [14]et la grâce de notre Seigneur a surabondé, avec la foi et la charité qui est dans le Christ Jésus.

[15]C'est là une parole sûre et digne de toute créance[c]: le Christ Jésus est venu dans le monde pour sauver les pécheurs, dont je suis le premier. [16]Et il m'a été fait miséricorde, afin qu'en moi, le premier, le Christ Jésus montre toute l'étendue de sa longanimité: je devais servir d'exemple à ceux qui croiront en lui pour obtenir la vie éternelle.

[17]Au Roi des siècles, immortel, invisible et seul Dieu, honneur et gloire pour les siècles des siècles. Amen.

[18]Voici ce que je te recommande, Timothée, mon enfant, en accord avec les prophéties prononcées jadis

---

[c]*15-17. C'est une parole sûre*: formule solennelle, particulière aux Pastorales. C'est pour sauver les hommes pécheurs que le Christ, évidemment envisagé comme préexistant, est venu dans le monde. Comparer Luc 15 et 19, 10. Paul est lui-même un pécheur insigne, en faveur de qui la longanimité du Christ s'est exercée avec éclat. (Comparer 1 Co 15, 8-9; Ep 3, 8). Ce rappel du passé se termine par une belle doxologie, peut-être empruntée, au moins en partie, à une formule liturgique juive.

sur toi. Appuie-toi sur elles pour combattre le bon combat [19]en la foi et en bonne conscience. Certains, pour s'en être affranchis, ont fait naufrage dans la foi. [20]C'est le cas d'Hyménée et d'Alexandre, que j'ai livrés à Satan pour leur apprendre à ne plus blasphémer[d].

PRIÈRE PRIVÉE ET PUBLIQUE

2 **La prière des assemblées chrétiennes.** – [1]Je recommande donc avant toutes choses de faire des demandes, des prières, des supplications, des actions de grâce pour tous les hommes, [2]pour les rois et tous les dépositaires de l'autorité, afin que nous puissions mener une vie calme et paisible, en toute piété et dignité. [3]Cela est bon et agréable aux yeux de Dieu notre Sauveur : [4]il veut que tous les hommes soient sauvés et parviennent à la connaissance de la vérité[a]. [5]Il n'y a en effet qu'un seul Dieu et un seul médiateur entre Dieu et les hommes, le Christ Jésus, homme lui-même, [6]qui s'est donné en rançon pour tous[b]. Tel est le témoignage rendu en son temps [7]et pour lequel – je dis la vérité, je ne mens pas – j'ai été établi héraut et apôtre, docteur des païens dans la foi et la vérité. [8]Je veux donc qu'en tout lieu les hommes prient, élevant vers le ciel des mains pures, sans colère ni contestation.

[9]Pareillement, que les femmes aient une tenue décente, que leur toilette soit pudique et modeste. Que

[d]20. Cf. 1 Co 5, 4-5.
2. – [a]4. Affirmation célèbre de la volonté salvifique universelle de Dieu ; toutefois sa réalisation est subordonnée au libre acquiescement de l'homme.

[b]5-6. Le Christ est l'unique médiateur entre le Dieu unique et les hommes, et l'unique rédempteur. Comparer Mt 20, 28 et Mc 10, 45. Son sacrifice volontaire constitue le témoignage attestant indiscutablement que Dieu veut sauver tous les hommes. Cf. 6, 13.

leur parure ne soit pas faite de cheveux tressés d'or, de perles ou de vêtements somptueux, [10]mais de bonnes œuvres, comme il convient à des femmes qui font profession de piété. [11]Que la femme écoute l'instruction en silence et dans une entière soumission. [12]Je ne permets pas à la femme d'enseigner ni de prendre le pas sur l'homme ; qu'elle se tienne sur la réserve ! [13]C'est en effet Adam qui a été formé le premier, Ève ensuite. [14]Et ce n'est pas Adam qui a été séduit ; c'est la femme qui, s'étant laissé séduire, est tombée dans le péché. [15]Elle se sauvera toutefois en devenant mère, pourvu qu'elle persévère dans la foi, la charité et la sainteté, unies à la modestie.

3 Les cadres de l'Église.

[1]Voici une parole sûre : celui qui aspire à l'épiscopat, c'est une noble tâche qu'il désire. [2]Il faut donc que le gardien soit irréprochable, qu'il n'ait été marié qu'une fois, qu'il soit sobre, pondéré, digne, hospitalier, capable d'enseigner ; [3]qu'il ne soit pas buveur ni batailleur, mais condescendant, pacifique, détaché de l'argent, [4]sachant bien diriger sa maison et maintenir ses enfants dans la soumission et une parfaite honnêteté ; [5]car si quelqu'un ne sait pas diriger sa propre maison, comment pourra-t-il prendre soin de l'Église de Dieu ? [6]Que ce ne soit pas un nouveau converti, de peur qu'enflé d'orgueil il n'encoure la même condamnation que le diable. [7]Il faut aussi que les gens du dehors lui rendent un bon témoignage pour qu'il ne tombe dans le mépris et dans les filets du diable.

[8a]Les diacres, pareillement, doivent être dignes, exempts de duplicité, ni adonnés au vin ni avides de

---

3. – [a]8-13. Les épiscopes (évêques), ailleurs nommés presbytres (prêtres), sont des chefs d'Églises locales. Les diacres les aident dans le service des chrétiens, ainsi que peut-être des dia-

gains malhonnêtes. [9]Ils doivent garder le mystère de la foi dans une conscience pure. [10]Il faut d'abord les éprouver, et on les admettra aux fonctions de diacres s'ils sont reconnus irréprochables. [11]Les femmes, de même, doivent être dignes; qu'elles ne soient pas médisantes, mais sobres et fidèles en toutes choses. [12]Que les diacres soient maris d'une seule femme, qu'ils sachent bien diriger leurs enfants et leur propre maison. [13]Ceux qui s'acquittent bien de leur ministère s'acquièrent un rang honorable et une grande assurance dans la foi au Christ Jésus.

[14]Je t'écris cela tout en espérant venir te voir bientôt. [15]Mais au cas où je tarderais, il faut que tu saches comment te comporter dans la maison de Dieu, c'est-à-dire l'Église du Dieu vivant, colonne et support de la vérité. [16]Car, sans contredit, il est grand, le mystère de la piété :

Il a été manifesté dans la chair,
justifié par l'Esprit,
vu par les anges, proclamé chez les païens,
cru dans le monde,
exalté dans la gloire[b].

CONSEILS PASTORAUX

4 Comment enseigner, comment être. – [1]L'Esprit dit expressément que dans les derniers temps[a], il en est qui abandonneront la foi pour s'attacher à des esprits séducteurs et à des doctrines diaboliques, [2]sous

---

conesses: voir l'introduction aux épîtres pastorales.

[b]16. Un fragment de ces hymnes chrétiennes antérieures aux écrits du NT. Cf. 2 Tm 2, 11-13.

4. – [a]1. Les *derniers temps* sont l'intervalle qui sépare les deux avènements du Christ; ils ont commencé avec l'incarnation et la rédemption.

l'influence d'imposteurs hypocrites marqués au fer rouge dans leur conscience. ³Ils proscriront le mariage, ainsi que l'usage d'aliments créés par Dieu pour que les croyants qui connaissent pleinement la vérité les prennent avec action de grâce. ⁴En effet, toute créature de Dieu est bonne, et rien n'est à rejeter si on le prend avec action de grâce ; ⁵tout est sanctifié par la parole de Dieu et la prière.

⁶En exposant cela aux frères, tu seras un bon serviteur du Christ Jésus, nourri des enseignements de la foi et de la bonne doctrine que tu as fidèlement suivie. ⁷Quant aux fables profanes, ces contes de vieilles femmes, rejette-les. Exerce-toi à la piété. ⁸L'exercice corporel est de peu d'utilité, tandis que la piété est utile à tout : elle a les promesses de la vie présente et de la vie à venir. ⁹C'est là une parole sûre et digne de toute créance : ¹⁰si, en effet, nous peinons et luttons, c'est que nous avons mis tout notre espoir dans le Dieu vivant, Sauveur de tous les hommes et surtout des croyants. ¹¹Voilà ce que tu dois prescrire et enseigner.

¹²Que personne ne méprise ta jeunesse ; sois un modèle pour les croyants en parole, en conduite, en amour, en foi, en chasteté. ¹³En attendant ma venue applique-toi à la lecture de l'Écriture, à l'exhortation, à l'enseignement. ¹⁴Ne néglige pas le don spirituel qui est en toi et qui t'a été conféré par une intervention prophétique, avec l'imposition des mains du collège des presbytres[b]. ¹⁵Prends cela à cœur et sois-y tout entier, afin que tes progrès soient évidents pour tous. ¹⁶Veille sur toi-même et sur ton enseignement avec une constante application, car en agissant ainsi, tu te sauveras, toi-même et ceux qui t'écoutent.

[b]11-14. Par l'imposition des mains (cf. 2 Tm 1, 6), il a reçu délégation des pouvoirs apostoliques ; il est chef d'Église.

5 **Comment traiter les uns et les autres.** – [1]Ne reprends pas rudement un ancien, mais exhorte-le comme un père, les jeunes gens comme des frères, [2]les femmes âgées comme des mères, les jeunes filles comme des sœurs, en toute pureté.

[3]Honore les veuves, les vraies veuves. [4]Si une veuve a des enfants ou des petits-enfants, qu'on leur apprenne que c'est à eux d'abord de témoigner de la piété filiale envers leur propre famille et de payer leurs parents de retour; voilà ce qui plaît à Dieu. [5]Mais la vraie veuve, celle qui reste seule au monde met tout son espoir en Dieu et persévère nuit et jour dans les supplications et les prières. [6]Quant à celle qui mène une vie de plaisirs, bien que vivante elle est morte. [7]Rappelle-leur cela, afin qu'elles soient irréprochables. [8]Si quelqu'un n'a pas soin des siens, surtout de ceux qui vivent dans sa maison, il a renié la foi; il est pire qu'un incroyant.

[9]Pour être inscrite au groupe des veuves, il faut qu'une femme soit âgée d'au moins soixante ans, qu'elle n'ait été mariée qu'une fois. [10]Il faut qu'elle se recommande par ses bonnes œuvres: qu'elle ait élevé des enfants, exercé l'hospitalité, lavé les pieds des saints, secouru les malheureux, pratiqué toutes sortes de bonnes œuvres. [11]Quant aux jeunes veuves, écarte-les. Car, lorsque leurs désirs les détachent du Christ, elles veulent se remarier [12]et encourent ainsi le reproche de manquer à leur premier engagement. [13]Avec cela, comme elles sont désœuvrées, elles prennent l'habitude de courir les maisons. Elles ne sont pas seulement désœuvrées, mais bavardes, indiscrètes, elles parlent à tort et à travers. [14]Je veux donc que les jeunes veuves se remarient, qu'elles aient des enfants, gouvernent leur maison, et ne donnent aucun sujet de médisance à l'adversaire. [15]Il en est déjà qui se sont égarées à la suite de Satan. [16]Si une croyante a des veuves dans

sa parenté, qu'elle les assiste, afin que l'Église n'en ait pas la charge et puisse réserver son assistance à celles qui sont réellement veuves.

[17]Les presbytres qui s'acquittent bien de leur présidence méritent une double rémunération, surtout ceux qui se dévouent à la parole et à l'enseignement. [18]L'Écriture dit en effet :

Tu ne musselleras pas le bœuf qui foule le grain; ou encore :

L'ouvrier mérite son salaire[a].

[19]N'accueille d'accusation contre un presbytre que sur la déposition de deux ou trois témoins. [20]Reprends publiquement ceux qui sont fautifs, afin d'inspirer aux autres la crainte. [21]Je te conjure devant Dieu, le Christ Jésus et les anges élus[b], d'observer ces règles avec impartialité et de ne rien faire par faveur. [22]N'impose hâtivement les mains à personne et ne te rends pas complice des péchés d'autrui. Garde-toi pur. [23]Cesse de ne boire que de l'eau; prends un peu de vin à cause de ton estomac et de tes fréquentes indispositions.

[24]Il y a des gens dont les fautes apparaissent avant toute enquête; pour d'autres, elles ne se découvrent qu'après. [25]De même que les œuvres bonnes se voient, de même celles qui ne le sont pas ne peuvent demeurer cachées.

6 **Règles à enseigner à tous.** — [1]Tous ceux qui sont sous le joug de l'esclavage doivent considérer leurs maîtres comme dignes de tout respect, afin que le Nom de Dieu et notre enseignement ne soient pas

---

5. – [a]18. Dt 25, 4; Lc 10, 7. Cette dernière parole semble bien être citée comme Écriture, et donc être mise sur le même rang que l'Ancien Testament.

[b]21. Les anges élus, par opposition aux mauvais anges, révoltés contre Dieu.

outragés. ²Ceux qui ont des maîtres croyants ne doivent pas les mépriser, sous prétexte que ce sont des frères ; qu'ils les servent au contraire d'autant mieux que ce sont des croyants, amis de Dieu qui bénéficient de leurs services. Voilà ce que tu dois enseigner et recommander.

³Si quelqu'un enseigne autre chose et ne s'attache pas aux salutaires paroles de notre Seigneur Jésus Christ ainsi qu'à l'enseignement conforme à la piété, ⁴c'est un être bouffi d'orgueil, un ignorant, qui a la maladie des recherches oiseuses et des querelles de mots. De là viennent envie, discorde, dénigrements, soupçons malveillants, ⁵discussions sans fin de gens à l'esprit perverti et privés de vérité, qui voient dans la piété une source de profit. ⁶C'est, en effet, une grande source de profit que la piété quand elle se contente du nécessaire[a]. ⁷Nous n'avons rien apporté en venant au monde, et nous n'en pouvons rien emporter. ⁸Si donc nous avons nourriture et vêtement, nous devons être satisfaits. ⁹Quant à ceux qui veulent s'enrichir, ils tombent dans la tentation, dans le piège, dans toutes sortes de désirs insensés et funestes, qui plongent les hommes dans la ruine et la perdition. ¹⁰Car l'amour de l'argent est la racine de tous les maux, et certains qui s'y sont livrés se sont égarés loin de la foi et se sont créé l'âme de multiples tourments.

Appel et promesse à Timothée. — ¹¹Mais toi, homme de Dieu, fuis tout cela. Recherche la justice, la piété, la foi, la charité, la patience, la douceur. ¹²Combats le bon combat de la foi, conquiers la vie éternelle

6. – [a]6. Remarque un peu ironique : la piété est la source des vrais profits ; comparer 4, 8. Elle apprend à se contenter de ce que l'on a et à estimer comme elles le méritent les richesses, dont les vv 9-10 dénoncent le danger.

à laquelle tu as été appelé, et pour laquelle tu as fait ta belle profession de foi devant de nombreux témoins[b]. [13]Devant Dieu qui donne vie à toutes choses et devant Jésus Christ qui a rendu devant Ponce Pilate son beau témoignage[c], voici ce que je t'ordonne : [14]observe le commandement en demeurant pur et irréprochable jusqu'à la Manifestation[d] de notre Seigneur Jésus Christ, [15]que fera paraître en son temps

le bienheureux et unique Souverain,
Roi des rois et Seigneur des seigneurs,
[16]le seul à qui appartient l'immortalité,
qui habite une lumière inaccessible,
que nul homme n'a vu ni ne peut voir.
A lui honneur et puissance éternelle ! Amen.

[17]Recommande aux riches de ce monde de ne pas s'enorgueillir, de ne pas mettre leur espoir dans les richesses incertaines, mais en Dieu qui nous donne tout en abondance afin que nous en profitions. [18]Recommande-leur de faire le bien, de s'enrichir en bonnes œuvres, de donner avec générosité et libéralité. [19]Ils s'amasseront ainsi pour l'avenir un beau et sûr trésor, de manière à acquérir la vie véritable. [20]Timothée, garde le dépôt[e]. Évite les discours vains et impies et les contradictions de la fausse science. [21]Certains, pour s'y être attachés, se sont égarés loin de la foi.

Que la grâce soit avec vous !

---

[b]12. La profession de foi de Timothée est probablement celle de son baptême ou peut-être l'engagement pris lors de son ordination.

[c]13. Le *beau témoignage* rendu par le Sauveur devant Ponce-Pilate est ou bien l'affirmation déclarant qu'il était le Roi-Messie, venu pour rendre témoignage à la vérité : Jn 18, 36-37 ; ou bien le fait d'avoir accepté la mort ; comparer plus haut 2, 6.

[d]14-16. L'Épiphanie ou la *Manifestation* est l'équivalent de la Parousie. Elle se produira *en son temps*, dans un avenir qui reste indéterminé.

[e]20. Cf. 2 Tm 1, 14.

SECONDE LETTRE À TIMOTHÉE

DIRECTIVES

1 **Adresse, prière, souvenirs.** – [1]Paul, apôtre du Christ Jésus par la volonté de Dieu, selon la promesse de la vie qui est dans le Christ Jésus, [2]à Timothée, mon enfant bien-aimé; grâce, miséricorde et paix, de la part de Dieu le Père et du Christ Jésus notre Seigneur.

[3]Je rends grâce à Dieu, que je sers comme mes ancêtres avec une conscience pure, lorsque sans relâche, nuit et jour, je fais mention de toi dans mes prières. [4]J'éprouve, en me rappelant tes larmes, un vif désir de te revoir, afin d'être rempli de joie. [5]Je garde aussi le souvenir de ta foi si sincère, cette foi qui a d'abord habité en ta grand-mère Loïs et en ta mère Eunice, et qui, je suis persuadé, habite aussi en toi.

La vocation de Timothée. – [6]C'est pourquoi je t'invite à raviver le don que Dieu a déposé en toi par l'imposition de mes mains[a]. [7]Car ce n'est pas un esprit de timidité, mais de force, d'amour et de maîtrise de soi que Dieu nous a donné. [8]Ne rougis donc pas de rendre témoignage à notre Seigneur, ni de moi son prisonnier. Souffre au contraire avec moi pour l'Évangile, fort de la puissance de Dieu, [9]qui nous a sauvés[b] et appelés par un saint appel en vertu, non de nos œuvres, mais de

---

1. – [a]6. Nouvelle allusion à l'ordination de Timothée. Paul l'invite à ressusciter la grâce de l'ordination, à faire produire au don reçu alors de Dieu tous ses effets et toutes les grâces qui découlent de la présence de l'Esprit Saint : v 7.

[b]9-11. Dieu nous a sauvés en nous libérant du péché et en nous justifiant (Rm 5, 9-10) et

son propre dessein et de sa grâce. Il nous l'avait donnée dans le Christ Jésus dès l'éternité ; [10]elle a été manifestée maintenant par l'apparition de notre Sauveur le Christ Jésus ; lui, qui a détruit la mort et a fait resplendir la vie et l'immortalité par l'Évangile, [11]dont j'ai été établi héraut, apôtre et docteur. [12]C'est la raison de mes souffrances présentes ; mais je n'en rougis pas, car je sais en qui j'ai mis ma foi, et je suis convaincu qu'il a le pouvoir de garder le dépôt qui m'est confié jusqu'à ce Jour-là.

[13]Prends modèle sur les salutaires instructions que tu as reçues de moi, dans la foi et l'amour du Christ Jésus. [14]Garde le bon dépôt avec l'assistance de l'Esprit Saint qui habite en nous[c].

Quelques nouvelles. – [15]Tu sais que tous ceux d'Asie m'ont abandonné, entre autres Phygèle et Hermogène. [16]Que le Seigneur fasse miséricorde à la maison d'Onésiphore, car il m'a souvent réconforté et il n'a pas rougi de mes chaînes[d]. [17]Bien plus, dès son arrivée à Rome, il m'a cherché avec zèle et m'a trouvé. [18]Que le Seigneur lui donne de trouver miséricorde auprès du Seigneur en ce Jour-là. Quant aux services qu'il m'a rendus à Éphèse, tu les connais mieux que personne.

nous a appelés à la sainteté de la vie chrétienne. C'est là un don absolument gratuit décidé de toute éternité et qui se réalise par l'union au Christ : Ep 1, 4-5. Ce don, jadis caché (Ep 3, 5 ; Col 1, 26) a été manifesté par l'incarnation du Christ, qui, par sa résurrection, a tué la mort et a manifesté en pleine lumière la vie et l'immortalité, désormais accordées à l'homme dans son âme et dans son corps.

[c]14. C'est la doctrine évangélique transmise par la tradition vivante, dans la lumière de l'Esprit.

[d]16. Gardons le souvenir de ce chrétien intrépide. Laissant sa famille à Éphèse (4, 19), il est venu à Rome, il a fini par retrouver Paul et rétablir le contact ; grâce à lui a pu être rédigée cette lettre, testament spirituel de l'Apôtre.

2 **Courage, Timothée.** – ¹Toi, mon enfant, fortifie-toi dans la grâce du Christ Jésus. ²Ce que tu as appris de moi en présence de nombreux témoins, confie-le à des hommes sûrs qui soient à leur tour capables d'en instruire d'autres.

³Prends ta part de souffrances comme un bon soldat du Christ Jésus. ⁴Personne, dans la vie militaire ne s'embarrasse des affaires de la vie civile s'il veut donner satisfaction à celui qui l'a enrôlé. ⁵De même nul athlète n'est couronné s'il n'a combattu suivant les règles. ⁶C'est au cultivateur qui peine de recevoir le premier sa part de la récolte. ⁷Comprends bien ce que je dis : d'ailleurs le Seigneur t'en donnera la parfaite intelligence.

⁸Souviens-toi de Jésus-Christ, ressuscité d'entre les morts, issu de la race de David, selon mon Évangile. ⁹Pour lui je souffre jusqu'à porter des chaînes comme un malfaiteur. Mais la parole de Dieu n'est pas enchaînée. ¹⁰C'est pourquoi je supporte tout pour les élus, afin qu'eux aussi aient part au salut qui est dans le Christ Jésus, ainsi qu'à la gloire éternelle. ¹¹C'est là une parole sûre :

Si nous mourons avec lui, avec lui nous vivrons.
¹²Si nous tenons ferme, avec lui nous régnerons.
Si nous le renions, lui aussi nous reniera.
¹³Si nous sommes infidèles, lui reste fidèle,
car il ne peut se renier lui-même[a].

Lutte contre les idées fausses. – ¹⁴Voilà ce que tu dois rappeler, attestant devant Dieu qu'il faut éviter les querelles de mots : elles ne servent à rien, sinon à perdre ceux qui les écoutent. ¹⁵Efforce-toi d'apparaître aux yeux de Dieu comme un homme éprouvé, un

2. – [a]11-13. Autre fragment d'une hymne liturgique ancienne. Cf. 1 Tm 3, 16.

ouvrier qui n'a pas à rougir, qui transmet fidèlement la parole de vérité. [16]Évite les discours creux et impies ; ceux qui les tiennent s'enfonceront toujours plus avant dans l'impiété [17]et leur parole fera des ravages comme une gangrène[b]. Tels Hyménée et Phylète, [18]qui se sont égarés loin de la vérité, prétendant que la résurrection a déjà eu lieu et ont ainsi ruiné la foi de plusieurs. [19]Cependant les solides fondations posées par Dieu tiennent bon, ayant comme sceau ces paroles :

Le Seigneur connaît les siens ;

et :

Qu'il s'éloigne de l'iniquité,
celui qui prononce le nom du Seigneur[c].

[20]Dans une grande maison, il n'y a pas que des vases d'or et d'argent ; il y en a aussi de bois et d'argile, les uns pour un usage honorable, les autres pour un usage vulgaire. [21]Celui qui se préservera de ces souillures sera un vase de choix, sanctifié, utile au Maître, propre à toute œuvre bonne.

[22]Fuis les passions de la jeunesse. Recherche la justice, la foi, la charité, la paix avec ceux qui d'un cœur pur invoquent le Seigneur. [23]Évite les recherches folles et absurdes : tu sais bien qu'elles n'engendrent que des disputes. [24]Il ne sied pas que le serviteur du Seigneur soit batailleur ; il faut au contraire qu'il se montre affable envers tous, apte à l'enseignement, patient dans l'épreuve. [25]Qu'il reprenne avec douceur les opposants, en espérant que Dieu leur accordera de se convertir, de reconnaître la vérité [26]et de revenir au bon sens, une fois dégagés des filets du diable qui les tient captifs et les asservit à sa volonté.

[b]14-17. Comparer 1 Tm 4, 1-8.

[c]19. Dieu distingue et protège ceux qui lui appartiennent (Nb 16, 5) et restent fidèles à la vérité, et il les garde dans la sainteté (Is 26, 13, cité librement). Vérité et sainteté seront toujours la marque de l'Église, malgré les faiblesses individuelles.

3 **Tu as bien appris, enseigne bien.** – [1]Sache bien que dans les derniers jours[a] surviendront des temps difficiles. [2]Les hommes seront égoïstes, cupides, fanfarons, orgueilleux, blasphémateurs, rebelles à leurs parents, ingrats, impies, [3]sans affection, sans loyauté, calomniateurs, intempérants, cruels, ennemis du bien, [4]traîtres, emportés, enflés d'orgueil, amis des voluptés plus que de Dieu, [5]ayant les dehors de la piété, mais reniant ce qui en fait la force. Ceux-là aussi, évite-les. [6]Ils en sont, ceux qui s'insinuent dans les familles et envoûtent les femmelettes chargées de péchés, travaillées par toutes sortes de passions, [7]cherchant perpétuellement à apprendre et à jamais incapables de parvenir à la connaissance de la vérité.

[8]De même que Jannès et Jambrès[b] firent opposition à Moïse, ceux-là aussi font opposition à la vérité, gens à l'esprit perverti, disqualifiés pour ce qui est de la foi. [9]Mais ils n'iront pas plus loin ; leur déraison deviendra manifeste à tous, comme jadis celle de ces deux-là.

[10]Quant à toi, tu m'as suivi dans mon enseignement, ma conduite, mes projets, ma foi, ma patience, ma charité, ma constance, [11]dans les persécutions et les souffrances qui me sont survenues à Antioche, à Iconium, à Lystres. Quelles persécutions n'ai-je pas eu à subir ! Toujours le Seigneur m'en a délivré. [12]Aussi bien, tous ceux qui veulent vivre avec piété dans le Christ Jésus souffriront persécution. [13]Mais les méchants et les imposteurs s'enfonceront toujours plus avant dans le mal, à la fois trompeurs et trompés.

[14]Pour toi, demeure fidèle à ce que tu as appris : tu l'as accepté comme vrai, sachant bien de quels maîtres

---

3. – [a]1. Les derniers jours sont commencés. Cf. 1 Tm 4, 1.
[b]8. *Jannès et Jambrès* sont, d'après la tradition juive, les magiciens qui s'opposèrent à Moïse : Ex 7, 8sv.

tu le tiens. [15c]Depuis ton enfance, tu connais les saintes Écritures; elles peuvent te donner la sagesse qui conduit au salut par la foi dans le Christ Jésus. [16]Toute Écriture est inspirée de Dieu et utile pour enseigner, réfuter, redresser, former à la justice, [17]afin que l'homme de Dieu soit accompli, équipé pour toute œuvre bonne.

TESTAMENT

4 **Le testament spirituel de Paul.** — [1]Je t'adjure devant Dieu et le Christ Jésus, qui doit juger les vivants et les morts, au nom de sa manifestation et de son règne: [2]proclame la parole, insiste à temps et à contretemps, reprends, menace, exhorte, toujours avec patience et souci d'instruire. [3]Car un temps viendra où les hommes ne supporteront plus la saine doctrine, mais, au gré de leurs passions, et l'oreille les démangeant, ils se donneront une foule de maîtres; [4]ils détourneront leurs oreilles de la vérité pour se tourner vers les fables. [5]Mais toi, sois prudent en toutes choses, patient dans la souffrance; fais ton œuvre de prédicateur de l'Évangile; sois tout entier à ton ministère.

[6]Pour moi, je suis déjà offert en libation, et le temps de mon départ est arrivé. [7]J'ai combattu jusqu'au bout le bon combat, j'ai achevé ma course. J'ai gardé la foi. [8]Je n'ai plus qu'à recevoir la couronne de justice, que me donnera en ce Jour-là le Seigneur, le juste juge; et

[c]15-17. Passage capital sur la nature et l'utilité de la sainte Écriture. Elle instruit du salut qui s'obtient par la foi au Christ; elle est éminemment propre à convaincre, former, redresser; elle rend l'homme de Dieu capable d'accomplir parfaitement sa tâche. Cette vertu de l'Écriture tient à ce qu'elle est inspirée, littéralement soufflée par Dieu, et donc au plus haut point parole de Dieu. Cf. 2 P 1, 21.

non seulement à moi, mais à tous ceux qui auront attendu avec amour sa manifestation.

⁹Hâte-toi de me rejoindre au plus tôt. ¹⁰Car Démas m'a abandonné par amour du monde présent, et il est parti pour Thessalonique. Crescens est allé en Galatie, Tite en Dalmatie. ¹¹Luc seul est avec moi. Prends Marc et amène-le avec toi, car il m'est fort utile pour le ministère. ¹²J'ai envoyé Tychique à Éphèse. ¹³Quand tu viendras, rapporte-moi le manteau que j'ai laissé à Troas chez Carpus, ainsi que les livres et surtout les parchemins.

¹⁴Alexandre le fondeur m'a fait beaucoup de mal : *le Seigneur lui rendra selon ses œuvres.* ¹⁵Toi aussi, méfie-toi de lui, car il s'est violemment opposé à notre prédication.

¹⁶La première fois que j'ai présenté ma défense, personne ne m'a assisté ; tous m'ont abandonné. Qu'il ne leur en soit pas tenu compte ! ¹⁷Mais le Seigneur, lui, m'a assisté ; il m'a rempli de force, afin que par moi l'annonce de l'Évangile ait son plein épanouissement et que tous les païens l'entendent. *J'ai été délivré de la gueule du lion.* ¹⁸Le Seigneur me délivrera de toute entreprise mauvaise et me donnera le salut dans son Royaume céleste. A lui la gloire dans les siècles des siècles ! Amen.

¹⁹Salue Prisca et Aquilas, et la famille d'Onésiphore. ²⁰Eraste est resté à Corinthe. J'ai laissé Trophime malade à Milet. ²¹Hâte-toi de venir avant l'hiver. Eubule, Pudens, Lin, Claudia et tous les frères te saluent.

²²Le Seigneur soit avec ton esprit ! La grâce soit avec vous !

LETTRE À TITE

INTRODUCTION

Converti du paganisme dans des circonstances qui ne nous sont pas connues, Tite accompagna saint Paul dans son second voyage à Jérusalem (Ga 2, 1). L'Apôtre lui confia dans la suite une mission à Corinthe, ainsi qu'en témoignent plusieurs passages de la seconde aux Corinthiens. Quand Paul eut été acquitté à Rome, il confia à Tite le soin de gouverner et d'organiser les Églises de Crète (1, 5sv.) en 63 ou 64. Pendant la seconde captivité de Paul (66-67) il est en Dalmatie (2 Tm 4, 10).

La lettre à Tite a été écrite en même temps que la première à Timothée, par conséquent en Macédoine entre 64 et 66. Les deux lettres sont étroitement apparentées et témoignent des mêmes préoccupations: organisation hiérarchique des Églises, conduite à tenir vis-à-vis des diverses catégories de fidèles, mise en garde contre les faux docteurs dont les erreurs sont semblables à celles des prédicants d'Éphèse.

1 **Adresse.** – ¹Paul, serviteur de Dieu, apôtre de Jésus Christ pour amener les élus de Dieu à la foi et à la connaissance de la vérité ordonnée à la piété, ²dans l'espérance de la vie éternelle, promise avant tous les siècles par le Dieu qui ne ment pas, ³et qui, au temps marqué, a manifesté sa parole par la prédication qui m'a été confiée suivant l'ordre de Dieu, notre Sauveur, ⁴à Tite, mon vrai fils en notre foi commune. Grâce et paix de la part de Dieu et du Christ Jésus, notre Sauveur.

DES RESPONSABLES

Organise et instruis les Églises. – ⁵Je t'ai laissé en Crète pour achever de tout organiser et pour établir, comme je te l'ai prescrit, des presbytres dans chaque ville. ⁶Chacun d'eux doit être irréprochable, mari d'une seule femme, avoir des enfants croyants et qui ne puissent être taxés d'inconduite et d'insubordination. ⁷Il faut en effet que l'épiscope, comme intendant de Dieu, soit irréprochable, qu'il ne soit ni arrogant, ni irascible, ni adonné au vin, ni batailleur, ni avide de gains illicites, ⁸mais au contraire hospitalier, ami du bien, prudent, juste, pieux, maître de soi, ⁹attaché à l'expression fidèle de l'enseignement, afin qu'il soit en mesure d'exhorter suivant la saine doctrine et de réfuter les contradicteurs.

¹⁰Il y a en effet beaucoup d'indisciplinés, de bavards et de séducteurs, surtout parmi les circoncis. ¹¹Il faut leur fermer la bouche, car ils bouleversent des familles entières, enseignant, dans un vil esprit de lucre, ce qui ne se doit pas. ¹²Un des leurs, leur propre prophète, a

dit : « Crétois, perpétuels menteurs, mauvaises bêtes, panses voraces[a]. » [13]Ce jugement est vrai. C'est pourquoi reprends-les sévèrement, pour qu'ils conservent une foi saine, [14]qu'ils ne s'attachent pas à des fables judaïques et à des préceptes de gens qui tournent le dos à la vérité. [15]Tout est pur pour ceux qui sont purs ; mais pour ceux qui sont souillés et incroyants, rien n'est pur ; même leur esprit et leur conscience sont souillés[b]. [16]Ils font profession de connaître Dieu, mais ils le renient par leurs actes, abominables qu'ils sont, révoltés, et incapables d'aucun bien.

LA VIE CHRETIENNE

2 **Instruire diverses sortes de personnes.** – [1]Pour toi, donne un enseignement conforme à la saine doctrine. [2]Que les vieillards soient sobres, graves, prudents, robustes dans la foi, la charité, la patience. [3]De même, que les femmes âgées aient une tenue empreinte de sainteté ; qu'elles ne soient ni médisantes ni adonnées au vin ; qu'elles soient de bon conseil : [4]elles apprendront ainsi aux plus jeunes à aimer leur mari et leurs enfants, [5]à être réservées, chastes, femmes d'intérieur, bonnes, soumises à leur mari, pour que la parole de Dieu ne soit pas blasphémée.

---

1. – [a]12. Citation du poète Épiménide, que les Crétois considéraient, au témoignage des historiens anciens, comme un prophète et un grand réformateur religieux.

[b]15. Maxime générale qui concerne directement les aliments ; la pureté rituelle n'est rien : ce qui compte, c'est la pureté du cœur. Mais pour ceux qui sont souillés moralement et pour les incroyants, rien n'est pur, car le jugement étant faussé et la conscience obscurcie, il n'y a pas pour eux de règle de conduite ferme.

⁶Exhorte les jeunes gens à être réservés, ⁷et donne toi-même en toutes choses l'exemple des bonnes œuvres : pureté de doctrine, dignité, ⁸enseignement sain et irréprochable, pour la confusion de l'adversaire qui ne trouvera rien de mal à dire sur nous.

⁹Que les esclaves soient soumis en tout à leurs maîtres, cherchent à leur plaire, évitent de les contredire ¹⁰et de rien dérober ; qu'ils témoignent toujours une fidélité parfaite, afin de faire honneur en tout à la doctrine de Dieu, notre Sauveur.

L'épiphanie de la grâce de Dieu. – ¹¹La grâce de Dieu, source de salut pour tous les hommes, s'est manifestée. ¹²Elle nous enseigne à renoncer à l'impiété et aux convoitises de ce monde pour vivre dans le temps présent avec retenue, justice et piété, ¹³dans l'attente de la bienheureuse espérance et de la manifestation glorieuse de notre grand Dieu et Sauveur Jésus Christ. ¹⁴Car il s'est livré pour nous afin de nous racheter de toute iniquité et de se préparer, en le purifiant, un peuple zélé pour les bonnes œuvres. ¹⁵Voilà ce que tu dois enseigner, prêcher et défendre en toute autorité. Que personne ne te méprise.

3 **La foi commande de bien faire.** – ¹Rappelle à tous de se soumettre aux magistrats et aux autorités, de leur obéir, d'être prêts à toute bonne œuvre, ²de ne dénigrer personne, de se montrer pacifiques, bienveillants, d'une douceur parfaite envers tout le monde. ³Jadis, nous aussi, nous étions insensés, rebelles, égarés, esclaves de toutes sortes de convoitises et de voluptés, vivant dans la méchanceté et l'envie, odieux et nous haïssant mutuellement. ⁴Mais quand la bonté de Dieu notre Sauveur et son amour pour les hommes se sont manifestés, ⁵il nous a sauvés, non en raison des œuvres de justice que nous aurions accomplies, mais en vertu de sa miséricorde, par le bain de régénération et de renouvellement dans l'Esprit Saint. [6]Il a répandu cet Esprit sur nous à profusion, par Jésus Christ notre Sauveur, [7]afin que, justifiés par sa grâce, nous obtenions, selon l'espérance, l'héritage de la vie éternelle[a].

[8]Elle est sûre, cette parole, et je veux que tu l'affirmes catégoriquement, afin que tous ceux qui ont placé leur foi en Dieu s'appliquent à exceller dans les bonnes œuvres. Voilà qui est bon et profitable aux hommes.

[9]Quant aux folles recherches, généalogies, querelles et disputes sur la Loi, évite-les : elles sont inutiles et vaines. [10]Pour ce qui est de l'hérétique[b], après un ou deux avertissements, romps avec lui, [11]sachant qu'un tel homme est dévoyé et que, par son péché, il se condamne lui-même.

Conclusion. – [12]Lorsque je t'aurai envoyé Artémas ou Tychique, hâte-toi de venir me trouver à Nicopolis, car j'ai décidé d'y passer l'hiver. [13]Prends les dispositions nécessaires pour le voyage de Zénas le juriste et d'Apollos, afin qu'ils ne manquent de rien. [14]Il faut que les nôtres aussi apprennent à exceller dans les bonnes œuvres pour subvenir aux nécessités pressantes. Ainsi ne seront-ils pas stériles.

[15]Tous ceux qui sont avec moi te saluent. Salue ceux qui nous aiment dans la foi. La grâce soit avec vous tous !

---

3. – [a]4-7. Résume bien le mystère du salut : Dieu a l'initiative ; celui qui accueille la parole du Christ (foi) et entre dans le Christ (baptême), devient fils avec le Fils, entraîné dans l'Esprit d'amour. Cf. Rm 8, 15-16 ; Ga 4, 6-7.

[b]10. L'hérésie (sens du grec : déchirure) naît de la recherche légitime de la vérité, mais unie à l'obstination dans les déviations doctrinales possibles. Cf. 1 Co 1-4.

LETTRE À PHILÉMON

INTRODUCTION

Philémon, chrétien notable de Colosses, avait un esclave, Onésime, qui s'était enfui et réfugié dans la foule de Rome. Il avait rencontré Paul, s'était converti et avait reçu le baptême. L'Apôtre fait appel au sens chrétien de Philémon pour recevoir Onésime comme un frère. Il envoie sa lettre en même temps que la lettre aux Colossiens (cf. Col 4, 7-9).

SUPPLIQUE EN FAVEUR D'UN ESCLAVE
EN FUITE

¹Paul, prisonnier du Christ Jésus, et Timothée, le frère, à Philémon, notre bien-aimé collaborateur, à notre sœur Appia, ²à notre compagnon d'armes Archippe et à l'Église qui se réunit chez toi. ³A vous grâce et paix de la part de Dieu notre Père et du Seigneur Jésus Christ.

⁴Je rends grâce à mon Dieu en faisant sans cesse mention de toi dans mes prières, ⁵car j'entends parler de la foi et de l'amour dont tu fais preuve envers le Seigneur Jésus et envers tous les saints. ⁶Puisse la foi qui nous est commune se montrer efficace et te faire connaître tout le bien que nous pouvons accomplir[a] pour le Christ. ⁷Ton amour m'a fait éprouver grande joie et consolation, car par toi, mon frère, le cœur des saints a été réconforté.

⁸C'est pourquoi, bien que j'aie dans le Christ toute liberté de te prescrire ton devoir, ⁹je préfère faire appel à ton amour. Moi, Paul, qui suis un vieil homme, et, qui plus est, prisonnier du Christ Jésus, ¹⁰je viens te prier pour mon enfant que j'ai engendré dans les chaînes, pour Onésime, ¹¹qui jadis ne t'a guère été utile[b], mais qui désormais te sera utile à toi comme à moi. ¹²Je te le renvoie, lui, je veux dire mon propre cœur. ¹³J'aurais voulu le garder près de moi pour qu'il me serve à ta place dans la prison où je me trouve à cause de l'Évangile; ¹⁴mais je n'ai rien voulu faire sans ton assentiment; le bien que tu feras ne doit pas paraître forcé,

[a]6. Délicat prélude aux suggestions que fera Paul à Philémon, d'affranchir Onésime: vv 16.21.

[b]11. Jeu de mots amené par le nom d'Onésime, qui signifie «utile».

mais venir de ton plein gré. [15]Peut-être Onésime n'a-t-il été momentanément séparé de toi qu'afin de t'être rendu pour toujours, [16]non plus comme un esclave, mais mieux qu'un esclave, comme un frère bien-aimé. Il l'est tellement pour moi, mais il le sera bien plus encore pour toi, et humainement et dans le Seigneur[c].

[17]Si donc tu me tiens pour ton ami, accueille-le comme si c'était moi. [18]Et s'il t'a fait quelque tort ou te doit quelque chose, porte-le à mon compte. [19]Moi, Paul, je l'écris de ma propre main, c'est moi qui paierai...[d] Et je ne veux pas te rappeler que tu es, toi aussi, mon débiteur, et de toute ta personne. [20]Allons, frère, donne-moi cette joie dans le Seigneur ; donne à mon cœur ce réconfort dans le Christ ! [21]Je t'écris plein de confiance en ta docilité, persuadé que tu feras même plus que je ne te demande.

[22]Prépare-toi en même temps à me donner l'hospitalité, car, grâce à vos prières, j'espère vous être rendu.

[23]Épaphras, mon compagnon de captivité dans le Christ Jésus, te salue, [24]ainsi que Marc, Aristarque, Démas et Luc, mes collaborateurs.

[25]La grâce du Seigneur Jésus Christ soit avec vous tous ! Amen !

[c]16. *Humainement* : littéralement : selon la chair. Paul invite discrètement Philémon à affranchir l'esclave coupable.

[d]18-19. Paul utilise les formules officielles du Droit romain relatives aux contrats : engagement olographe de prendre à son compte toutes les dettes d'Onésime.

LETTRE AUX HÉBREUX

INTRODUCTION

La lettre aux Hébreux est, malgré sa longueur et son importance, placée par la Vulgate en dernier lieu et comme en appendice. Il est, en effet, impossible d'en attribuer la rédaction à saint Paul; cependant elle apparaît marquée par la pensée de l'Apôtre.

Il y a entre la lettre aux Hébreux et les autres lettres pauliniennes une certaine parenté, principalement en ce qui concerne la personne du Christ, la nécessité de la foi, le caractère provisoire et figuratif de la Loi mosaïque, l'interprétation allégorique de l'Écriture. D'autre part, le style est très différent : phrases élégantes et bien construites (1, 1-3 ; 9, 9-12), transitions habilement ménagées (1, 4-5 ; 9, 9-12) qui contrastent avec la manière souvent heurtée et elliptique de l'Apôtre ; les images, les comparaisons, le vocabulaire sont, dans une notable proportion, étrangers à saint Paul. Les citations de l'Ancien Testament, toujours faites d'après les Septante, sont attribuées à Dieu même et introduites de façon anonyme. Ces remarques – et on pourrait en ajouter d'autres – inclinent à faire admettre que la lettre, d'influence paulinienne, eut un auteur alexandrin.

L'antiquité chrétienne témoigne dans le même sens.

La personnalité du rédacteur a été l'objet de nombreuses hypothèses ; on a proposé Barnabé, Apollos, l'apôtre Jude, etc.; le plus sage est de rester sur la réserve, tout en reconnaissant comme possible l'attribution à Apollos.

Mêmes incertitudes sur les destinataires et les circonstances de composition. Il paraît cependant à peu près assuré qu'elle est adressée à des chrétiens d'origine juive, enclins à revenir au judaïsme, peut-être sous la menace de la persécution, et à qui les splendeurs du culte mosaïque inspirent des regrets. Ce culte est supposé toujours en vigueur et le Temple toujours debout, ce qui indique une époque antérieure à 70 ; vraisemblablement vers 68. Mais s'agit-il de chrétiens d'Asie Mineure ou de Palestine ? Cette dernière hypothèse est la plus probable ; certains précisent que l'auteur s'adresse aux chrétiens de Jérusalem, peut-être à des prêtres convertis, peu de temps après le martyre de l'évêque Jacques le Mineur, dont la mort fut suivie d'un terrible réveil de fanatisme juif.

Quoi qu'il en soit, la lettre aux Hébreux apporte de précieux compléments à l'enseignement antérieur de Paul : supériorité de la personne du Christ sur les anges (1, 2) et sur Moïse (3, 1-4, 13) ; supériorité de son sacerdoce «à la manière de Melchisédech» sur celui de la Loi mosaïque (4, 13-7, 28) ; supériorité du nouveau sanctuaire et de la nouvelle alliance (8) ; enfin et surtout supériorité du sacrifice de Jésus-Christ (9, 1-10, 18), sacrifice unique, efficace, pleinement rédempteur et qui abolit les sacrifices anciens. Des exhortations répétées et pressantes s'intercalent entre les développements doctrinaux.

PRÉAMBULE

1 **Dieu nous instruit par son Fils.** – [1]Après avoir, à maintes reprises et de bien des manières, parlé autrefois à nos pères par les prophètes, [2]Dieu, en ces jours qui sont les derniers, nous a parlé par le Fils qu'il a établi héritier de toutes choses et par qui il a créé les mondes. [3]Rayonnement de la gloire du Père, empreinte de sa substance, ce Fils qui soutient l'univers par sa parole toute-puissante, après avoir accompli la purification des péchés, s'est assis à la droite de la Majesté divine au plus haut des cieux.

[4]Il est devenu ainsi d'autant supérieur aux anges que le nom dont il a hérité l'emporte sur le leur[a].

SUPÉRIORITÉ DU CHRIST

[5]Auquel des anges, en effet, Dieu a-t-il jamais dit :
Tu es mon Fils[b]; c'est moi qui t'engendre aujourd'hui ?
Et encore :
Je serai pour lui un père, et il sera pour moi un fils ?
[6]Quand de nouveau il introduit le Premier-né dans le monde, il dira :

1. – [a]1-4. Après les « paroles » de préparation qui ont jalonné l'AT, Dieu a envoyé sa Parole totale et définitive, qui est le tout de la Révélation : c'est le Fils éternel, Dieu et créateur : cf. Ps 104, 30 ; Sg 1,7 ; 7, 25-27. C'est le Fils incarné, rédempteur, supérieur aux anges, trônant au-dessus de tout : cf. Ep 1, 19 ; Ph 2, 9.

[b]5. Le Christ possède un nom unique, à savoir : la nature divine. L'auteur multiplie les textes d'AT, suivant une exégèse parfois bien alexandrine. Cf. Ps 2, 7 ; 2 S 7, 14.

Que tous les anges de Dieu l'adorent.

[7]D'une part, il dit à propos des anges :

Il fait de ses anges des souffles de vent et de ses ministres une flamme ardente[c],

[8]et, d'autre part, au sujet du Fils :

Ton trône, ô Dieu, est établi pour l'éternité. Ton sceptre royal est un sceptre de droiture ; [9]*tu as aimé la justice et haï l'iniquité ; c'est pourquoi, ô Dieu, ton Dieu t'a oint de l'huile d'allégresse, de préférence à tes compagnons*[d].

[10]Et encore :

C'est toi, Seigneur, qui au commencement as fondé la terre, et les cieux sont l'œuvre de tes mains. [11]*Ils passeront, mais toi, tu demeures ; ils vieilliront tous comme un vêtement ;*

[12]*tu les rouleras comme un manteau : tel un vêtement, ils s'useront. Mais toi, tu restes le même, et tes années ne finiront pas*[e].

[13]*Auquel des anges a-t-il jamais dit :*

Assieds-toi à ma droite, jusqu'à ce que j'aie fait de tes ennemis l'escabeau de tes pieds ?

[14]Ne sont-ils pas tous des esprits chargés d'un ministère, envoyés au service de ceux qui doivent recevoir l'héritage du salut[f] ?

2 [1]C'est pourquoi nous devons nous attacher d'autant plus fermement aux enseignements reçus, de peur d'être entraînés à la dérive. [2]Car si la parole promulguée par des anges a été si efficace que toute transgression et désobéissance a reçu son juste châtiment, [3]comment pourrons-nous échapper nous-mêmes si nous négligeons un pareil salut ?... Ce salut, annoncé d'abord par le Seigneur, nous a été confirmé par ceux qui

[c]7. Ps 97, 7 ; 104, 4 (Septante).
[d]9. Ps 45, 7-8.
[e]10-12. Ps 102, 26-28.
[f]13-14. Ps 110, 1.

l'ont entendu, [4]tandis que Dieu lui-même y joignait son témoignage par des signes, prodiges et miracles de toutes sortes, ainsi que par les dons de l'Esprit Saint, répartis au gré de sa volonté.

Ce Fils est le frère aîné de tous les hommes. – [5]Ce n'est pas en effet aux anges que Dieu a soumis le monde à venir dont nous parlons. [6]Car quelqu'un a fait quelque part cette déclaration :

Qu'est-ce que l'homme pour que tu te souviennes de lui,

et le fils de l'homme pour que tu t'occupes de lui ?

[7]*Tu l'as abaissé un moment au-dessous des anges ;*

tu l'as couronné de gloire et d'honneur ;

[8]*tu as mis toutes choses sous ses pieds.*

En lui soumettant toutes choses, il n'a rien laissé qui ne lui soit soumis. Or, en fait, nous ne constatons pas encore que tout lui soit soumis. [9]Mais celui qui a été *abaissé un moment au-dessous des anges,* Jésus, nous le voyons *couronné de gloire et d'honneur* à cause de la mort qu'il a soufferte : par la grâce de Dieu, la mort qu'il a endurée devait profiter à tout homme.

[10]Il convenait, en effet, que, pour conduire à la gloire un grand nombre de fils, Celui pour qui et par qui sont toutes choses rendît parfait par la souffrance le chef qui devait les amener au salut. [11]Car le sanctificateur et les sanctifiés sont tous issus d'un seul. C'est pourquoi il ne rougit pas de les appeler ses frères, [12]quand il dit :

J'annoncerai ton nom à mes frères ; au sein de l'assemblée je te louerai.

[13]Et encore :

Pour moi, je mettrai ma confiance en lui.

Et encore :

Me voici, moi et les enfants que Dieu m'a donnés[a].

14Ainsi, puisque les enfants avaient une nature de sang et de chair, il a pareillement revêtu cette nature, afin d'anéantir par sa mort celui qui avait l'empire de la mort, c'est-à-dire le diable, 15et de délivrer ceux que la crainte de la mort tenait durant toute leur vie dans l'esclavage. 16Ce n'est certes pas aux anges qu'il vient en aide ; c'est à la postérité d'Abraham. 17C'est pourquoi il devait se rendre semblable en tout à ses frères, afin de devenir, dans le service de Dieu, un grand prêtre miséricordieux et fidèle, capable d'expier les péchés du peuple. 18Parce qu'il est passé lui-même par la souffrance et l'épreuve, il peut secourir ceux qui sont éprouvés.

LE CHRIST, PRÊTRE ET VICTIME

3 **Le Christ est plus grand que Moïse**[a]. – 1Ainsi donc, frères saints, qui avez en partage une vocation céleste, considérez l'apôtre et le grand prêtre de notre profession de foi, Jésus. 2Il est fidèle à celui qui l'a établi, comme Moïse le *fut dans toute sa maison.* 3Mais la gloire dont il a été jugé digne est supérieure à celle de Moïse dans la mesure où la dignité du constructeur surpasse celle de la maison. 4Toute maison est construite par quelqu'un, et celui qui a construit toutes choses, c'est Dieu. 5*Moïse a été fidèle dans toute sa maison* en qualité de *serviteur* et de témoin de ce qui devait être dit, 6tandis que le Christ l'a été en qualité de Fils, chef de sa propre maison. Sa maison, c'est nous, si nous gardons fermement jusqu'à la fin notre assurance et l'espérance qui fait notre fierté.

2. – a12-13. Ps 22, 23 ; Is 8, 17-18.
3. – a1-6. Moïse (Nb 12, 7) et Jésus ont été fidèles à leur mission, mais Jésus est supérieur à Moïse comme l'architecte l'est à la maison et comme le fils l'est au serviteur. Le verset 4 identifie le Christ à Dieu.

Écoutez la parole de Dieu. – [7a]C'est pourquoi, comme le dit l'Esprit Saint :

Aujourd'hui, si vous entendez sa voix,

[8]*n'endurcissez pas vos cœurs, comme au temps de l'exaspération, au jour de la tentation dans le désert.*

[9]*Quand vos pères me tentèrent et me mirent à l'épreuve,*

[10]*alors qu'ils avaient vu mes œuvres pendant quarante ans.*

Aussi je me suis irrité contre cette génération, et j'ai dit :

Leur cœur s'égare sans cesse ; ils n'ont rien compris à mes desseins.

[11]*J'ai donc juré dans ma colère :*

non, ils n'entreront pas dans mon repos.

[12]Prenez garde, mes frères, que quelqu'un de vous n'ait un cœur assez mauvais et incrédule pour abandonner le Dieu vivant. [13]Au contraire, exhortez-vous mutuellement chaque jour, aussi longtemps qu'on peut parler *d'aujourd'hui,* afin que nul parmi vous ne *se laisse endurcir* par la séduction du péché. [14]Car nous sommes devenus participants du Christ à la condition de garder ferme jusqu'à la fin notre assurance première, [15]pendant qu'il nous est dit encore :

Aujourd'hui, si vous entendez sa voix,

n'endurcissez pas vos cœurs, comme au temps de l'exaspération.

[16]Or quels sont ceux qui, après l'avoir entendu, l'ont exaspéré, sinon tous ceux qui étaient sortis d'Égypte sous la conduite de Moïse ? [17]Et contre qui Dieu fut-il irrité pendant quarante ans ? N'est-ce pas

[b]7 – **4**, 13. L'auteur utilise l'homélie terminant le Ps 95, 7-11 : le repos de Dieu, c'est le bonheur qu'il veut pour l'homme, dans un septième jour sans soir ni matin, éternel : Gn 2, 1-3 ; il demeure offert « aujourd'hui » et toujours.

contre ceux qui avaient péché et dont *les cadavres jonchèrent le désert?* ¹⁸Et à qui *fit-il serment qu'ils n'entreraient pas dans son repos,* sinon à ces rebelles ? ¹⁹Nous voyons en effet qu'ils ne purent y entrer à cause de leur incrédulité.

4 ¹Craignez donc, alors que la promesse d'entrer dans son repos reste valable, que quelqu'un d'entre vous ne vienne à en être exclu. ²Car la Bonne Nouvelle s'adresse à nous comme à eux. Mais la parole qu'ils entendirent ne leur servit de rien, parce qu'ils l'entendirent sans y ajouter foi. ³Nous, en effet, qui avons cru, nous entrerons dans ce repos dont il a dit :

Je l'ai juré dans ma colère : non, ils n'entreront pas dans mon repos.

Sans doute les œuvres de Dieu étaient achevées depuis la création du monde, ⁴puisqu'il est dit quelque part à propos du septième jour : *Et Dieu se reposa le septième jour de toutes ses œuvres.* ⁵Et ici il dit encore : *Non, ils n'entreront pas dans mon repos.* ⁶Ainsi donc, puisqu'il est réservé à quelques-uns d'y entrer et que ceux qui en ont reçu les premiers la bonne nouvelle n'y sont pas entrés à cause de leur désobéissance, ⁷Dieu fixe de nouveau un jour, un « aujourd'hui », en disant beaucoup plus tard, par la voix de David, les paroles déjà citées :

Aujourd'hui, si vous entendez sa voix, n'endurcissez pas vos cœurs.

⁸En fait, si Josué leur avait procuré ce repos Dieu n'aurait pas dans la suite parlé d'un autre jour. ⁹Il reste donc pour le peuple de Dieu un repos sabbatique, ¹⁰et celui qui entre dans ce repos de Dieu *s'y reposera de ses œuvres,* comme Dieu s'est reposé des siennes.

¹¹Empressons-nous donc d'entrer dans ce repos afin que personne ne tombe en donnant le même exemple

de désobéissance. [12]Car la parole de Dieu est vivante et efficace, plus affilée qu'aucune épée à deux tranchants ; elle pénètre jusqu'à la division de l'âme et de l'esprit, des jointures et des moelles ; elle discerne les intentions et les pensées du cœur. [13]Aussi nulle créature n'est-elle cachée aux regards de Dieu ; tout est nu et à découvert aux yeux de Celui à qui nous aurons à rendre compte.

Le Christ est plus grand qu'Aaron le prêtre.

– [14a]Ainsi puisque nous avons un grand prêtre éminent qui a pénétré dans les cieux, Jésus, le Fils de Dieu, tenons donc ferme dans la profession de notre foi. [15]Nous n'avons pas, en effet, un grand prêtre incapable de compatir à nos faiblesses ; il est passé absolument par les mêmes épreuves que nous, sauf le péché. [16]Approchons-nous donc avec assurance du trône de la grâce, afin d'obtenir miséricorde et de trouver, en temps voulu, la grâce de son secours.

5 [1]Tout grand prêtre, en effet, choisi parmi les hommes, est établi pour les représenter dans leurs relations avec Dieu ; il doit offrir des dons et des sacrifices pour les péchés. [2]Il peut témoigner de la compréhension aux ignorants et aux égarés, étant lui-même enveloppé de faiblesse. [3]C'est pourquoi il doit offrir des sacrifices pour ses propres péchés comme pour ceux du peuple. [4]Nul ne s'attribue à soi-même cet honneur ; on ne le reçoit que par un appel de Dieu, comme Aaron.

[5]Aussi bien le Christ ne s'est-il pas attribué à lui-même le titre glorieux de grand prêtre ; il l'a reçu de celui qui lui a dit : *Tu es mon Fils ; c'est moi qui t'ai engendré aujourd'hui.* [6]Comme il dit encore : *Tu es*

---

4. – [a]14-16. Appel à la confiance en Jésus, Fils de Dieu et grand prêtre compatissant.

prêtre pour l'éternité, à la manière de Melchisédech.
[7]C'est ce Christ qui, au cours de sa vie mortelle, a adressé des prières et des supplications avec un grand cri et des larmes à celui qui pouvait le sauver de la mort; et il a été exaucé en raison de sa piété. [8]Tout Fils qu'il était, il a appris par ses souffrances ce que c'est qu'obéir, [9]et ainsi, rendu parfait, il est devenu pour tous ceux qui lui obéissent cause de salut éternel, [10]Dieu l'ayant proclamé grand prêtre *à la manière de Melchisédech*[a].

Faites bien attention! – [11]Nous aurions là-dessus beaucoup à dire et des choses difficiles à expliquer, car vous êtes devenus lents à comprendre. [12]Alors qu'avec le temps vous devriez être passés maîtres, vous avez de nouveau besoin qu'on vous enseigne les premiers rudiments des oracles divins; vous en êtes arrivés à avoir besoin de lait au lieu d'une nourriture solide[b]. [13]Celui qui en est encore au lait ne comprend pas la doctrine de justice, car ce n'est qu'un tout petit enfant. [14]La nourriture solide est pour les parfaits, ceux dont l'expérience a exercé les facultés à discerner le bien et le mal.

6 [1]Ainsi donc, laissant de côté l'enseignement élémentaire sur le Christ, élevons-nous jusqu'à l'enseignement parfait, sans reprendre les articles fondamentaux: repentir des œuvres de mort, foi en Dieu, [2]doctrine sur les baptêmes, imposition des mains, résurrection des morts, jugement éternel[a]. [3]Voilà ce que nous allons faire, s'il plaît à Dieu.

---

5. – [a]5-10. Les caractères du sacerdoce (vv 1-4) sont à la perfection réalisés dans le Christ. Cf. Ps 2, 7; 110, 4.
[b]12-14. 1 Co 3, 2.

6. – [a]1-2. Exigences de la vie chrétienne. Les baptêmes désignent le baptême chrétien comparé au baptême de Jean et à celui des Prosélytes.

[4]Aussi bien est-il impossible pour ceux qui ont été une fois illuminés, qui ont goûté le don céleste, ont participé à l'Esprit Saint, [5]ont savouré la belle parole de Dieu et les merveilles du monde à venir, [6]et cependant sont tombés, il est impossible de les renouveler une seconde fois dans la pénitence, car, pour leur part, ils crucifient de nouveau le Fils de Dieu et le vouent à l'ignominie. [7]Une terre abreuvée par des pluies fréquentes et qui produit des plantes utiles à ceux qui la cultivent reçoit la bénédiction de Dieu. [8]Mais si elle ne porte que des épines et des chardons, elle est jugée sans valeur, tout près d'être maudite, et on finit par y mettre le feu[b].

[9]En dépit de ces propos, mes bien-aimés, nous avons de vous une opinion meilleure et plus favorable à votre salut. [10]Dieu n'est pas injuste au point d'oublier vos œuvres et la charité dont vous avez fait preuve pour son Nom en servant les saints, comme vous continuez à le faire. [11]Nous désirons seulement que chacun de vous montre jusqu'à la fin le même zèle, en vue de la pleine réalisation de votre espérance; [12]que, loin de vous relâcher, vous imitiez ceux qui, par la foi et la persévérance, obtiennent l'héritage promis.

[13]Quand Dieu fit la promesse à Abraham, n'ayant personne de plus grand que lui par qui jurer, il jura par lui-même, [14]en disant : *En vérité, je te bénirai et te multiplierai*. [15]Ainsi, par sa persévérance, Abraham obtint la réalisation de la promesse. [16]Les hommes jurent par un plus grand qu'eux, et la garantie du serment met fin pour eux à toute contestation. [17]Voilà pourquoi Dieu, voulant montrer avec éclat aux héritiers de la promesse

[b]4-8. Celui qui demeure sciemment dans l'apostasie rejette à jamais le Christ, unique moyen de salut.

[c]19. Allusion au voile du sanctuaire : cf. 9.

le caractère immuable de son dessein, intervint par un serment. [18]Par ces deux actes irrévocables, qui ne sauraient être mensongers puisqu'ils viennent de Dieu, il voulait nous donner un puissant encouragement, à nous qui avons cherché un refuge dans le ferme attachement à l'espérance qui nous est offerte. [19]Nous possédons en elle comme une ancre de l'âme, sûre et solide, qui pénètre, par-delà le voile, à l'intérieur du sanctuaire[c], [20]où Jésus est entré pour nous en avant-coureur, devenu grand prêtre *pour l'éternité à la manière de Melchisédech.*

7 Le Christ est plus grand qu'Abraham. – [1]*Ce Melchisédech, roi de Salem, prêtre du Dieu très-haut, est celui qui se porta à la rencontre d'Abraham à son retour de la défaite des rois et le bénit,* [2]celui à qui *Abraham* donna *la dîme de tout* le butin, dont le nom signifie d'abord roi de justice, et qui, de plus, est *roi de Salem,* c'est-à-dire roi de paix. [3]Sans père, sans mère, sans généalogie, sa vie n'a ni commencement ni fin ; vraie figure du Fils de Dieu, il demeure prêtre à perpétuité[a].

[4]Considérez combien est grand celui à qui Abraham donna la dîme du meilleur de son butin, lui, le patriarche. [5]Ceux des fils de Lévi qui sont revêtus du sacerdoce ont ordre, de par la Loi, de percevoir la dîme sur le peuple, c'est-à-dire sur leurs frères, qui sont pourtant eux aussi issus d'Abraham. [6]Mais lui, bien qu'étranger à leur race, a perçu la dîme sur Abraham et a béni le détenteur des promesses. [7]Sans contredit, c'est l'inférieur qui reçoit la bénédiction du supérieur.

---

7. – [a]1-3. Le sacerdoce de Melchisédech (Gn 14, 18-20) figure le sacerdoce éternel du Christ, du fait que le récit biblique ne nomme pas les ancêtres de ce patriarche et ne mentionne pas sa mort ; il est comme en dehors du temps : argument à la manière rabbinique, donné en passant, et dont l'ensemble de la démonstration ne dépend pas.

[8]De plus, ici, ce sont des hommes mortels qui prélèvent les dîmes ; là, c'est quelqu'un dont il est attesté qu'il vit. [9]Au surplus, si l'on peut dire, Lévi lui-même, qui perçoit la dîme, l'a payée en la personne d'Abraham, [10]car il était encore dans son ancêtre, quand *Melchisédech se porta à sa rencontre*[b].

[11]Si donc la perfection avait été réalisée par le sacerdoce lévitique, sur lequel est basée la Loi donnée au peuple, quel besoin y aurait-il eu d'instituer un autre prêtre «à la manière de Melchisédech», au lieu de dire simplement : «à la manière d'Aaron»? [12]Or le changement du sacerdoce entraîne nécessairement le changement de la Loi. [13]De fait, celui à qui s'appliquent ces paroles appartient à une autre tribu, dont aucun membre n'a jamais été affecté au service de l'autel. [14]Il est notoire, en effet, que notre Seigneur est issu de Juda, tribu dont Moïse n'a jamais fait mention à propos du sacerdoce.

[15]L'évidence est encore plus éclatante si un autre prêtre est institué à la ressemblance de Melchisédech, [16]non d'après la prescription d'une loi charnelle, mais selon la puissance d'une vie indestructible. [17]Or voici ce qui est attesté : *Tu es prêtre pour l'éternité, à la manière de Melchisédech.* [18]Ainsi se trouve abrogée la première ordonnance, à cause de sa faiblesse et de son inutilité. [19]La Loi, en effet, n'a rien amené à la perfection : elle a servi d'introductrice à une espérance plus parfaite qui nous rapproche de Dieu.

Le Christ est le prêtre éternel. — [20]D'autant plus que cela ne s'est pas fait sans serment[c]. Alors que

[b]4-10. Melchisédech est supérieur à Abraham, car celui-ci lui a payé la dîme de son butin et a reçu sa bénédiction : Gn 14, 18-20. C'est une interprétation conforme à la manière rabbinique.

[c]20-25. Confirmation de la

les autres prêtres avaient été institués sans serment, [21]lui l'a été avec le serment de Celui qui lui a dit : *Le Seigneur l'a juré, et il ne s'en repentira pas ; tu es prêtre pour l'éternité.* [22]D'où il suit que l'alliance dont Jésus est devenu le garant est supérieure à la première. [23]En outre, les autres forment une longue suite de prêtres, la mort les empêchant de durer toujours. [24]Mais lui, qui demeure pour l'éternité, possède un sacerdoce qui ne passe pas. [25]D'où il résulte qu'il peut sauver d'une façon définitive ceux qui vont à Dieu par lui, car il est toujours vivant pour intercéder en leur faveur[d].

[26]C'est bien là le grand prêtre qu'il nous fallait : saint, innocent, sans tache, sans rien de commun avec les pécheurs et élevé au-dessus des cieux. [27]Il n'a pas besoin, comme les autres grands prêtres, d'offrir chaque jour des sacrifices, d'abord pour ses propres péchés, et ensuite pour ceux du peuple ; car cela, il l'a fait une fois pour toutes en s'offrant lui-même. [28]Tandis que la Loi établit grands prêtres des hommes sujets à la faiblesse, la parole du serment, qui a succédé à la Loi, établit un Fils rendu parfait pour l'éternité.

8 Le Christ fonde la nouvelle alliance. — [1]Le point capital de ce qui vient d'être dit est que nous avons un grand prêtre qui est allé s'asseoir dans les cieux[a] à la droite du trône de la Majesté, [2]en qualité de

supériorité du sacerdoce nouveau : à la différence de l'ancien, il a été établi avec serment (Ps 110, 4) ; et, au lieu de prêtres nombreux atteints successivement par la mort, il n'y a qu'un Prêtre unique et éternel, qui ne cesse d'intercéder pour nous. Grâce à lui, nous pouvons nous approcher de Dieu.

[d]25. Comparer Rm 8, 34 ; 1 Jn 2, 1.

8. — [a]1-5. Le Christ a inauguré le sanctuaire céleste bien supérieur au sanctuaire lévitique, car on y accède à la Présence divine sans intermédiaire.

ministre du sanctuaire et du tabernacle véritable, dressé par le Seigneur et non par un homme. ³Tout grand prêtre est institué pour offrir des dons et des sacrifices ; il est donc nécessaire que le nôtre ait, lui aussi, quelque chose à offrir. ⁴En vérité, si Jésus était sur la terre, il ne serait même pas prêtre, puisqu'il s'y trouve des prêtres qui ont pour mission d'offrir des dons, conformément à la Loi. ⁵Mais leur culte n'est qu'une image et une ombre des réalités célestes, ainsi que Moïse en fut divinement instruit comme il allait construire le tabernacle : *Prends soin,* lui fut-il dit, *de tout faire d'après le modèle qui t'a été montré sur la montagne.*

⁶Mais notre grand prêtre a reçu en partage un ministère d'autant plus élevé qu'il est médiateur d'une alliance plus parfaite, fondée sur des promesses supérieures[b]. ⁷Car, si la première avait été sans défaut, il n'y aurait pas eu lieu d'en établir une seconde. ⁸Or c'est bien un blâme que Dieu adresse aux Juifs :

Voici que des jours viennent, dit le Seigneur, où je conclurai avec la maison d'Israël et la maison de Juda une alliance nouvelle, ⁹*une alliance différente de celle que j'ai faite avec leurs pères, lorsque je les pris par la main pour les faire sortir du pays d'Égypte. Comme ils ne sont pas restés fidèles à mon alliance, à mon tour je les ai délaissés, dit le Seigneur.* ¹⁰*Voici l'alliance que je contracterai avec la maison d'Israël :*

Après ces jours-là, dit le Seigneur, je mettrai mes lois dans leur esprit et je les graverai dans leur cœur ; je serai leur Dieu, et ils seront mon peuple.

¹¹*Personne n'aura plus à instruire son compatriote ni personne son frère, en disant :*

Connais le Seigneur ; car tous me connaîtront depuis le plus petit jusqu'au plus grand.

---

[b]6-13. Alliance plus parfaite, fondée sur des promesses supérieures et substituée à l'ancienne devenue caduque, conformément à la prophétie de Jr 31, 31-34.

¹²*Je leur pardonnerai leurs iniquités, je ne me souviendrai plus de leurs péchés.*

¹³En appelant « nouvelle » cette alliance, Dieu a proclamé ancienne la première ; or ce qui est ancien et vieilli touche à sa fin.

9 **Le Christ entre auprès de Dieu.** – ¹La première alliance avait aussi des institutions cultuelles et un sanctuaire terrestre. ²Une tente avait été dressée, dont la partie antérieure renfermait le chandelier, la table et les pains de présentation : on l'appelait le Saint. ³Au-delà du second voile se trouvait la partie de la tente appelée le Saint des Saints, ⁴avec l'autel d'or pour les parfums, l'arche d'alliance toute plaquée d'or, et dans celle-ci une urne d'or contenant la manne, le bâton d'Aaron qui avait fleuri et les tables de l'alliance ; ⁵au-dessus, les chérubins de gloire couvrant de leur ombre le propitiatoire. Mais de tout cela il n'y a pas lieu de parler ici en détail[a].

⁶Les choses étant ainsi disposées, les prêtres entrent en tout temps dans la première partie de la tente pour les fonctions du culte[b]. ⁷Mais dans la seconde le grand prêtre pénètre seul, une fois par an, et encore n'est-ce qu'avec du sang, qu'il offre pour lui-même et pour les péchés d'inadvertance du peuple. ⁸Par quoi l'Esprit Saint montre que l'accès au sanctuaire n'est pas ouvert tant que subsiste le premier tabernacle. ⁹C'est là un symbole relatif au temps présent, où sont offerts des dons et des sacrifices incapables de rendre

9. – [a]1-5. Description schématisée du tabernacle de l'alliance ancienne ; l'autel des parfums n'était pas dans le Saint des Saints, mais à son service et en étroite relation avec lui : Ex 25-26 ; 30, 1-10 ; 40, 26-27 ; l'urne de la manne et le bâton d'Aaron n'étaient pas dans l'arche, mais devant elle : Ex 16, 32-34 ; Nb 17, 25.

[b]6-10. Rappel du Yôm Kippur ou Jour des Expiations : Lv 16.

parfaite la conscience de celui qui pratique un tel culte ; [10]il ne s'agit là que d'aliments, de boissons, d'ablutions diverses ; institutions charnelles qui n'ont de valeur que jusqu'au temps d'un régime plus parfait.

[11]Mais le Christ est survenu, grand prêtre des biens à venir[c], traversant une tente plus grande et plus parfaite, qui n'est pas faite de main d'homme, c'est-à-dire qui n'appartient pas à la création d'ici-bas. [12]En offrant son propre sang et non celui des boucs ou des veaux, il est entré une fois pour toutes dans le sanctuaire, après nous avoir acquis une rédemption éternelle.

Le Christ se sacrifie lui-même. — [13]Si en effet le sang des boucs et des taureaux, si la cendre de génisse dont on asperge ceux qui ont contracté des souillures, les sanctifient en purifiant leur corps, [14]combien plus le sang du Christ, qui par l'Esprit éternel s'est offert lui-même à Dieu comme une victime sans tache, purifiera-t-il notre conscience des œuvres de mort pour nous permettre de rendre un culte au Dieu vivant.

[15]Voilà pourquoi il est le médiateur d'une alliance nouvelle ; puisqu'il est mort pour le rachat des transgressions commises sous la première alliance, ceux qui sont élus peuvent obtenir l'héritage éternel qui leur était promis. [16d]Là en effet où il y a testament, il est nécessaire que la mort du testateur soit établie. [17]Un testament n'entre en vigueur qu'après la mort : il reste sans effet tant que vit le testateur. [18]De là vient que la première alliance elle-même n'a pas été inaugurée sans effusion de sang. [19]Quand Moïse eut promulgué devant tout le peuple la totalité des commandements selon la teneur

[c]11-15. Ressuscité, le Christ est entré dans le Saint des Saints céleste, en présence de Dieu ; il y offre son propre sang pour réaliser une fois pour toutes la rédemption définitive, éternelle.

[d]16-22. Pas d'alliance sans effusion de sang : Ex 24, 3-8.

de la Loi, il prit du sang des veaux et des boucs avec de l'eau, de la laine écarlate et de l'hysope, puis il en aspergea le livre lui-même et tout le peuple, ²⁰en disant : *Voici le sang de l'alliance que Dieu a contractée avec vous.* ²¹Puis il aspergea de même avec ce sang la tente et tous les objets du culte. ²²C'est d'ailleurs avec du sang que se font d'après la Loi presque toutes les purifications : sans effusion de sang, il n'y a pas de pardon.

²³Si donc la copie des réalités célestes réclamait une telle purification, il fallait pour purifier ces réalités elles-mêmes des sacrifices encore plus parfaits.

²⁴Car ce n'est pas dans un sanctuaire fait de main d'homme, simple image du sanctuaire véritable, que le Christ est entré, mais dans le ciel même, afin de paraître désormais pour nous devant la face de Dieu. ²⁵Ce n'est pas non plus pour s'offrir plusieurs fois en sacrifice, comme le grand prêtre qui entre chaque année dans le sanctuaire avec du sang qui n'est pas le sien ; ²⁶car alors, il aurait dû souffrir à plusieurs reprises depuis la création du monde, tandis qu'il est apparu une seule fois, à la fin des temps, pour abolir le péché par son sacrifice[e]. ²⁷Et de même que les hommes ne meurent qu'une seule fois, puis vient le jugement, ²⁸ainsi le Christ s'est offert une seule fois pour effacer les péchés de la multitude, et il apparaîtra une seconde fois sans relation avec le péché, pour le salut de ceux qui l'attendent.

10 **Ce sacrifice remplace tous les autres. –** ¹La Loi, ne contenant que l'ombre des biens à venir et non la réalité elle-même, est totalement impuissante à rendre parfaits ceux qui prennent part

---

[e]23-26. L'offrande du Christ au ciel prolonge celle du Calvaire et se continue au sacrifice de la messe. Cf. 7,25 ; Ap 5, 6.12.13 ; 7, 9.17.

aux sacrifices, toujours les mêmes, qu'on renouvelle indéfiniment chaque année. ²N'aurait-on pas autrement cessé de les offrir, puisque les participants de ce culte, purifiés une fois pour toutes, n'auraient plus eu conscience d'aucun péché? ³Au contraire, par ces sacrifices, on rappelle chaque année le souvenir des péchés; ⁴il est en effet impossible que le sang des taureaux et des boucs enlève les péchés.

⁵C'est pourquoi le Christ dit, en entrant dans le monde:

Tu n'as pas voulu de sacrifice ni d'offrande, mais tu m'as formé un corps.

⁶*Tu n'as eu pour agréables ni holocaustes ni sacrifices pour le péché.*

⁷*Alors j'ai dit: Me voici — car c'est de moi qu'il s'agit dans le rouleau du livre — je viens, ô Dieu, pour faire ta volonté*[a].

⁸Il commence par dire:

Les sacrifices, les offrandes, les holocaustes et les victimes pour le péché, tu n'en as pas voulu, tu ne les as pas agréés.

Ce sont les sacrifices prescrits par la Loi. ⁹Puis il ajoute:

Me voici, je viens pour faire ta volonté.

Il abolit ainsi la première institution pour établir la seconde. ¹⁰En vertu de cette volonté nous sommes sanctifiés par l'offrande qu'une fois pour toutes Jésus-Christ a faite de son corps.

¹¹Tandis que tout prêtre se présente chaque jour pour s'acquitter de son ministère et offrir à maintes reprises les mêmes sacrifices qui sont absolument impuissants à enlever les péchés, ¹²le Christ au contraire a offert pour les péchés un sacrifice unique; après quoi il est allé *s'asseoir* pour toujours *à la droite*

---

10. – [a]7. Cf. Ps 40, 7-9 cité d'après les Septante.

de Dieu, ¹³où il attend désormais que *ses ennemis soient placés comme un escabeau sous ses pieds.* ¹⁴Car, par une offrande unique, il a amené pour toujours à la perfection ceux qu'il a sanctifiés. ¹⁵L'Esprit Saint lui-même l'atteste ; car après avoir dit :

¹⁶*Voici l'alliance, qu'une fois ces jours passés, je contracterai avec eux,*

le Seigneur ajoute :

Je mettrai mes lois dans leur cœur, et je les graverai dans leur esprit.

¹⁷*Quant à leurs péchés* et à leurs iniquités, *je ne m'en souviendrai plus.*

¹⁸Or, là où il y a rémission des péchés, il n'y a plus besoin d'offrande pour le péché[b].

LA PERSÉVÉRANCE DANS LA FOI

Foi persévérante du chrétien[c]. — ¹⁹Ayant donc, frères, un accès assuré au sanctuaire grâce au sang de Jésus, ²⁰par la voie nouvelle et vivante qu'il nous a ouverte à travers le voile, c'est-à-dire sa propre chair, ²¹et possédant un prêtre éminent établi sur la maison de Dieu, ²²approchons-nous de lui avec un cœur sincère, dans la plénitude de la foi, le cœur purifié de tout reproche de conscience et le corps lavé d'une eau pure. ²³Restons indéfectiblement attachés à l'espérance dont nous faisons profession, car Celui qui a fait la promesse est fidèle. ²⁴Veillons les uns sur les autres pour nous inciter à la charité et aux bonnes œuvres. ²⁵Ne désertons pas

[b]11-18. Le Christ unique prêtre (Ps 110, 1) réalise l'oracle de Jr 31, 34.

[c]19-25. Ici commence une longue exhortation à la persé-vérance dans la foi. Ce paragraphe forme transition et en même temps conclut tout ce qui pré-cède.

nos assemblées, comme certains en ont pris l'habitude; encourageons-nous mutuellement, au contraire, et cela d'autant plus que vous voyez approcher le Jour.

[26]Car si nous péchons volontairement après qu'il nous a été donné de connaître la vérité[d], il ne reste plus de sacrifice pour le péché; [27]il n'y a plus qu'à attendre dans la terreur le jugement et le feu de la colère divine qui doit dévorer les rebelles. [28]Celui qui viole la loi de Moïse est impitoyablement mis à mort sur *la déposition de deux ou trois témoins*. [29]De quel châtiment plus sévère ne pensez-vous pas que sera jugé digne celui qui aura foulé aux pieds le Fils de Dieu, profané le sang de l'alliance par lequel il a été sanctifié, et outragé l'Esprit de la grâce? [30]Nous connaissons, en effet, Celui qui a dit:

A moi la vengeance! C'est moi qui paierai de retour!

Et encore:

Le Seigneur jugera son peuple.

[31]Il est effroyable de tomber entre les mains du Dieu vivant! [32]Souvenez-vous des jours passés[e]. A peine aviez-vous reçu la lumière, que vous avez soutenu de longs et douloureux combats, [33]tantôt donnés en spectacle dans les outrages et les adversités, tantôt vous rendant solidaires de ceux qui avaient à les subir. [34]Oui, vous avez pris part aux souffrances des prisonniers, vous avez accepté avec joie la spoliation de vos biens, vous sachant en possession d'une richesse meilleure et qui ne périt pas. [35]N'abandonnez donc pas votre ferme assurance, à

---

[d]26-31. Gravité et caractère moralement irrémédiable de l'apostasie: il n'y a pas de sacrifice expiatoire qui puisse suppléer à celui du Christ. Le sens général est le même que plus haut, 6, 4-8. Les citations sont tirées de Dt 17, 6; 32, 35-36; Ps 135, 14.

[e]32-39. Exhortation particulièrement pressante. Elle fait sans doute allusion à la persécution qui avait suivi le martyre d'Étienne: Ac 8, 1-3. La récompense ne tarde pas: Is 26, 20; Ha 2, 3-4.

laquelle une grande récompense est attachée. [36]Vous avez besoin de persévérance pour accomplir la volonté de Dieu et entrer en possession de la promesse.

[37]Car encore un *peu, très peu de temps, en effet, et Celui qui doit venir viendra, il ne tardera pas.*

[38]*Mon juste vivra par la foi ; mais s'il fait défection, mon cœur cessera de se complaire en lui.*

[39]Pour nous, nous ne sommes pas de ceux qui font défection pour leur perte, mais de ceux qui gardent la foi pour sauver leur âme.

11 Foi des saints de l'ancienne alliance. – [1]La foi est la garantie de ce qu'on espère, la preuve de l'existence des choses qu'on ne voit pas. [2]C'est elle qui a valu aux anciens un bon témoignage[a].

[3]Par la foi, nous comprenons que le monde a été formé par une parole de Dieu, le visible tirant ainsi son origine de l'invisible.

[4]Par la foi, Abel offrit à Dieu un sacrifice plus parfait que celui de Caïn et grâce à elle il fut proclamé juste, Dieu ayant attesté qu'il agréait ses dons ; grâce à elle aussi, bien que mort, il parle encore[b].

[5]Par la foi, Hénoch fut enlevé sans avoir connu la mort, *et on ne le trouva plus parce que Dieu l'avait enlevé*[c]. Avant son enlèvement, en effet, il est attesté qu'il *avait plu à Dieu*. [6]Or, sans la foi, il est impossible de plaire à Dieu ; car celui qui s'approche de Dieu doit

---

11. – [a]1-2. Définition classique de la foi ; elle est le fondement (littéralement : la substance) des choses qu'on espère, elle en garantit l'existence et donne l'assurance de les posséder un jour. D'une manière plus générale, elle est la démonstration, la preuve, par l'autorité infaillible de Dieu, de l'existence de ce qui ne se voit pas, avant tout les réalités surnaturelles. Autre traduction : *la foi est la substance des choses qu'on espère, la conviction de celles qu'on ne voit pas.*

[b]4. Gn 4, 10 ; le sang d'Abel criait vers Dieu et a obtenu justice.

[c]5. Gn 5, 24.

croire qu'il existe et qu'il récompense ceux qui le cherchent[d].

[7]Par la foi, Noé, divinement averti de ce qui ne se voyait pas encore et pénétré d'une crainte religieuse, construisit une arche pour sauver sa famille ; grâce à elle, il condamna le monde et devint héritier de la justice qui s'obtient par la foi[e].

[8]Par la foi, Abraham, obéissant à l'appel divin, émigra vers un pays qu'il devait recevoir en héritage, et il émigra sans savoir où il allait. [9]Par la foi, il vint séjourner comme étranger dans la Terre promise, habitant sous la tente, ainsi qu'Isaac et Jacob, héritiers comme lui de la même promesse, [10]car il attendait la cité pourvue de fondations dont Dieu est l'architecte et le constructeur.

[11]Par la foi aussi, Sara reçut, malgré son âge avancé, le pouvoir d'enfanter, parce qu'elle crut à la fidélité de Celui qui lui en faisait la promesse. [12]Et ainsi d'un seul homme, qui était pour ainsi dire mort, naquit une postérité *comparable en nombre aux étoiles du ciel et aux grains de sable innombrables du bord de la mer*[f].

[13]Dans la foi, tous sont morts sans avoir vu l'accomplissement des promesses, mais après les avoir aperçues et saluées de loin, et après avoir reconnu qu'ils n'étaient sur *la terre que des étrangers et des voyageurs*[g]. [14]Ceux qui tiennent un tel langage montrent bien qu'ils sont à la recherche d'une patrie. [15]S'ils avaient pensé à celle qu'ils venaient de quitter, ils auraient, certes, trouvé le moyen d'y retourner. [16]Mais leurs désirs allaient à une patrie meilleure,

---

[d]6. Absolue nécessité de la foi ; elle doit porter au minimun sur l'existence de Dieu, et de Dieu rémunérateur.

[e]7. Comparer Rm 1, 17.
[f]12. Gn 15, 5 et 32, 13.
[g]13. Comparer Gn 23, 4.
[h]18. Gn 21, 12.

la patrie céleste. Aussi Dieu n'a-t-il pas honte d'être appelé leur Dieu, puisqu'il leur a préparé une cité.

[17]Par la foi, Abraham, mis à l'épreuve, offrit Isaac en sacrifice ; il offrit son fils unique, [18]lui qui avait reçu les promesses, lui à qui il avait été dit : *C'est en Isaac que tu auras une postérité portant ton nom*[h]. [19]Il estima en effet que Dieu peut même ressusciter les morts ; aussi recouvra-t-il son fils, et c'était là un événement prophétique.

[20]Par la foi et en vue des événements futurs, Isaac bénit Jacob et Ésaü. [21]Par la foi, Jacob mourant bénit chacun des fils de Joseph et *se prosterna appuyé sur l'extrémité de son bâton*[i]. [22]Par la foi, Joseph, à la fin de sa vie, parla de l'exode des enfants d'Israël et prit des dispositions au sujet de ses ossements.

[23][j]Par la foi, Moïse, à sa naissance, fut caché pendant trois mois par ses parents, qui, voyant la beauté de l'enfant, n'eurent pas peur du décret du roi. [24]Par la foi, Moïse, devenu grand, renonça au titre de fils de la fille du Pharaon. [25]Il préféra partager les souffrances du peuple de Dieu plutôt que de goûter les joies éphémères du péché. [26]Il estima que l'humiliation du Christ était une richesse supérieure aux trésors de l'É-gypte, car il avait les yeux fixés sur la récompense. [27]Par la foi, il quitta l'Égypte, sans redouter la colère du roi, tenant ferme comme s'il voyait l'invisible. [28]Par la foi, il célébra la pâque et fit l'aspersion du sang, afin que l'Exterminateur ne touchât pas aux premiers-nés des Israélites.

[29]Par la foi, les Israélites traversèrent la mer Rouge comme une terre ferme, tandis que les Égyptiens qui s'y risquèrent furent engloutis[k].

[i]21. Gn 47, 31, cité d'après les Septante.

[j]23sv. Ex 2.
[k]29. Ex 12 ; 14.

[30]Par la foi, les murs de Jéricho s'écroulèrent après qu'on en eut fait le tour pendant sept jours[l]. [31]Par la foi, Rahab, la courtisane, ne périt pas avec les rebelles, parce qu'elle avait fait bon accueil aux espions.

[32]Que dire encore ? Le temps me manquerait si je voulais parler de Gédéon, Barac, Samson, Jephté, de David, de Samuel et des prophètes. [33]Par la foi, ils ont conquis des royaumes, pratiqué la justice, vu se réaliser les promesses. Ils ont fermé la gueule des lions, [34]éteint la violence du feu, échappé au tranchant de l'épée, triomphé de la maladie, ils se sont montrés vaillants à la guerre, ils ont mis en déroute les armées étrangères. [35]Des femmes ont retrouvé leurs morts rendus à la vie par la résurrection[m]. Les uns ont été mis à la torture, refusant la délivrance, pour obtenir un bien supérieur, la résurrection. [36]D'autres ont enduré les moqueries et le fouet, les chaînes et la prison. [37]Ils ont été lapidés, torturés, sciés, mis à mort à coups d'épée. Ils ont mené une vie errante, vêtus de peaux de mouton ou de chèvre, dénués de tout, persécutés, maltraités, [38]eux dont le monde n'était pas digne. Ils ont erré dans les déserts, les montagnes, les cavernes et les antres de la terre.

[39]Pourtant, malgré le bon témoignage mérité à cause de leur foi, aucun d'eux n'a obtenu la réalisation de la promesse, [40]car Dieu, qui envisageait pour nous un sort meilleur, n'a pas voulu qu'ils parviennent sans nous à la perfection.

12 Imitez Jésus jusqu'au bout ! – [1]Ainsi donc, entourés que nous sommes d'une telle nuée de témoins, défaisons-nous de tout ce qui nous alourdit et du

---

[l]30. Jos 6.
[m]35. Allusion probable aux résurrections opérées par Élie et

Élisée : 1 R 17, 17-24 ; 2 R 4, 18-37 ; puis au supplice d'Éléazar et des sept frères Maccabées, 2 M 7.

péché qui nous entrave ; courons avec persévérance sur la piste qui nous est ouverte, [2]les yeux fixés sur celui qui est à l'origine et au terme de notre foi, Jésus : renonçant au bonheur qui lui était offert, il a enduré la croix sans en regarder l'ignominie, et s'est assis à la droite du trône de Dieu. [3]Songez à celui qui a supporté dans sa personne une telle opposition de la part des pécheurs, afin de ne pas vous laisser abattre par le découragement.

[4]Vous n'avez pas encore résisté jusqu'au sang dans votre lutte contre le péché, [5]et vous avez oublié l'exhortation qui vous est adressée comme à des fils :

Mon fils, ne méprise pas la correction du Seigneur,
et ne perds pas courage quand il te reprend ;
[6]*car le Seigneur corrige celui qu'il aime ;*
il châtie tous ceux qu'il reconnaît pour ses fils[a].

[7]C'est pour votre correction que vous êtes soumis à l'épreuve : Dieu vous traite comme des fils. Car quel est le fils que son père ne corrige pas ? [8]Si la correction, qui est le partage de tous, vous était épargnée, vous seriez des bâtards et non des fils. [9]D'ailleurs nos pères de la terre nous ont corrigés et nous les respections ; combien plus ne devons-nous pas nous soumettre au Père des esprits pour avoir la vie ! [10]Eux nous corrigeaient comme ils le jugeaient bon et pour peu de temps ; lui le fait pour notre bien, afin que nous ayons part à sa sainteté. [11]Sur le moment, il est vrai, toute correction paraît un sujet de tristesse et non de joie ; mais dans la suite, elle produit chez ceux qu'elle a ainsi formés des fruits de paix et de justice. [12]*Relevez donc vos mains défaillantes et vos genoux chancelants,* [13]*faites-vous des sentiers droits pour y marcher,* afin que les boiteux guérissent au lieu de s'estropier[b].

---

12. – [a]6. Pr 3, 11-12.
[b]12-13. Comparer Is 35, 3. Autres traductions : *afin que les boiteux ne s'égarent pas,* ou encore : *afin qu'au lieu de faire fausse route, ils se raffermissent.*

Restez fidèles à la grâce reçue. – [14]Recherchez la paix avec tous et la sainteté, sans laquelle personne ne verra le Seigneur. [15]Veillez ce que personne ne se dérobe à la grâce de Dieu et à ce *qu'aucune racine amère ne pousse des rejetons*[c], ne cause du désordre et ne contamine toute la masse. [16]Qu'il n'y ait pas d'impudique ni de profanateur, comme Ésaü qui, pour un seul mets, vendit son droit d'aînesse. [17]Vous savez bien que lorsqu'il voulut, par la suite, obtenir la bénédiction, il fut repoussé et ne put faire revenir son père sur ses paroles, bien qu'il l'en suppliât avec larmes.

[18]Vous ne vous êtes pas approchés d'une réalité palpable, ni d'un feu ardent, ni de la nuée, ni des ténèbres, ni de la tempête, [19]ni de la trompette retentissante, ni de cette voix puissante dont les auditeurs supplièrent qu'elle ne leur parlât pas davantage. [20]Ils ne pouvaient, en effet, supporter cette défense : *Si un animal même touche la montagne, il sera lapidé.* [21]Si terrifiant était le spectacle que Moïse dit : *Je suis tout épouvanté et tremblant*[d]. [22]Vous vous êtes approchés au contraire de la montagne de Sion, de la cité du Dieu vivant, de la Jérusalem céleste, des myriades d'anges en réunion de fête, [23]de l'assemblée des premiers inscrits dans les cieux, de Dieu, le juge universel, des âmes des justes parvenus à la perfection, [24]de Jésus enfin, médiateur de la nouvelle alliance, et du sang purificateur qui parle avec plus d'éloquence que celui d'Abel.

[25]Prenez garde ; ne refusez pas d'écouter Celui qui vous parle. Si ceux-là n'ont pas échappé au châtiment, qui ont refusé d'écouter Celui qui publiait ses oracles

---

[c]15. Comparer Dt 29, 17 cité librement.

[d]18-21. Rappel de la théophanie du Sinaï: Ex 19, 12-20 ; Dt 4, 11-14 ; 5, 22-30 ; 9, 19. D'après plusieurs manuscrits : *vous ne vous êtes pas approchés d'une montagne.*

sur la terre, combien plus nous-mêmes si nous le repoussons maintenant qu'il nous parle du haut des cieux ! ²⁶Celui dont la voix jadis ébranla la terre fait aujourd'hui cette promesse : *Une fois encore, j'ébranlerai* non seulement *la terre,* mais aussi *le ciel.* ²⁷Les mots : *une fois encore,* l'indiquent bien : les choses ébranlées passeront, parce qu'elles sont créées, afin que subsistent celles qui sont inébranlables. ²⁸Puisque nous recevons un Royaume inébranlable, soyons reconnaissants et rendons par là un culte agréable à Dieu, dans le respect et dans la crainte. ²⁹Car notre *Dieu est un feu dévorant.*

13 Conseils et conclusion.

— ¹Persévérez dans l'amour fraternel. ²Ne négligez pas l'hospitalité ; c'est en la pratiquant que, sans le savoir, certains ont accueilli des anges[a]. ³Souvenez-vous des prisonniers comme si vous étiez en prison avec eux, et de ceux qui sont maltraités, en pensant que, vous aussi, vous avez un corps. ⁴Que le mariage soit respecté de tous, et le lit conjugal sans souillure ; car Dieu jugera les impudiques et les adultères. ⁵Ne vivez pas pour l'argent ; contentez-vous de ce que vous avez car Dieu lui-même a dit : *Je ne te délaisserai ni ne t'abandonnerai.* ⁶De sorte que nous pouvons dire en toute confiance : *Le Seigneur est mon secours, je n'ai rien à craindre ; que peut me faire un homme*[b]?

⁷Souvenez-vous de vos chefs, qui vous ont annoncé la parole de Dieu et, considérant l'issue de leur carrière, imitez leur foi[c]. ⁸Jésus-Christ est le même hier et aujourd'hui, et dans les siècles. ⁹Ne vous laissez pas égarer par

---

13. — [a]2. Allusion à Gn 18-19.
[b]5-6. Dt 31, 6 et Ps 118, 6.
[c]7. Allusion probable aux martyres d'Étienne, de Jacques, frère de Jean, et de Jacques le Mineur. L'issue de leur carrière, c'est-à-dire leur mort.

la diversité des doctrines étrangères, car c'est par la grâce qu'il convient de fortifier son cœur, non par des aliments qui n'ont jamais été d'aucun profit pour ceux qui y recourent. [10]Nous avons un autel dont ceux qui sont attachés au service de la tente n'ont pas le droit de tirer leur nourriture. [11]Car on brûle hors du camp les corps des animaux dont le grand prêtre porte le sang dans le sanctuaire pour l'expiation du péché. [12]C'est la raison pour laquelle Jésus, voulant sanctifier le peuple par son propre sang, a souffert en dehors de la porte. [13]Allons donc à lui, hors du camp, en portant son humiliation. [14]Car nous n'avons pas ici-bas de cité permanente ; nous recherchons la cité future. [15]Par lui donc, *offrons sans cesse à Dieu un sacrifice de louange,* c'est-à-dire *le fruit de nos lèvres* qui célèbrent son nom.

[16]N'oubliez pas la bienfaisance et la mise en commun des ressources ; c'est à de tels sacrifices que Dieu se plaît. [17]Soyez obéissants et soumis à vos chefs, car ils veillent sur vos âmes comme devant en rendre compte ; ainsi pourront-ils le faire avec joie et non en gémissant, ce qui ne serait pas à votre avantage.

APPENDICE

[18]Priez pour nous. Sans doute croyons-nous avoir une bonne conscience, résolus que nous sommes à nous bien conduire en toutes choses. [19]Mais je vous le demande avec insistance : faites-le pour obtenir que je vous sois plus vite rendu.

[20]Que le Dieu de la paix — qui a ramené d'entre les morts celui qui, par le sang d'une alliance éternelle, est

---

[d]23-24. D'Italie probablement, l'auteur annonce que Timothée, venu à Rome à la prière de Paul (2 Tm 4, 9-13) et probablement arrêté, vient d'être élargi ; Néron s'était suicidé en juin 68.

devenu le grand pasteur des brebis, notre Seigneur Jésus — [21]vous rende aptes à toute œuvre bonne, pour accomplir sa volonté ; qu'il réalise en nous ce qui est agréable à ses yeux, par Jésus-Christ, à qui soit la gloire dans les siècles des siècles ! Amen.

[22]Je vous en prie, frères, faites bon accueil à ce discours d'exhortation ; aussi bien je vous ai écrit brièvement. [23]Sachez que notre frère Timothée a été remis en liberté ; s'il revient à temps, j'irai vous voir avec lui[d].

[24]Saluez tous vos chefs et tous les saints. Ceux d'Italie vous saluent.

[25]La grâce soit avec vous tous !

LES LETTRES CATHOLIQUES

LETTRE DE SAINT JACQUES

INTRODUCTION

Cette lettre et les suivantes sont souvent appelées lettres catholiques *parce qu'à la différence de celles de saint Paul, elles ne s'adressent pas à un groupe limité ou à un destinataire unique, mais à des ensembles beaucoup plus vastes : Jc 1, 1 ; 1 P 1, 1 ; ou parce que les formules initiales sont très générales : 2 P et Jn. Les deux petites lettres de saint Jean, plus particulières, ont été placées tout naturellement à la suite de la première.*

L'attribution à Jacques est explicite au milieu du IIIe siècle avec Origène. La lettre est universellement reconnue comme faisant partie de l'Écriture à partir du VIe siècle ; auparavant il y a en Occident quelques hésitations, provoquées par les doutes sur la personne de l'auteur.

On reconnaît généralement que celui-ci est Jacques, « frère du Seigneur » (Ga 1, 19), chef des presbytres de Jérusalem, particulièrement vénéré de l'antiquité chrétienne (Ga 2, 9-12 ; Ac 12, 17 ; 15, 13 ; 21, 18), et martyrisé en 62 selon l'historien Josèphe (Antiquités judaïques 20, 9, 1). Tout, en effet, dans la lettre : pensée, ton, couleur du style, dénote un auteur d'origine juive s'adressant à des chrétiens venus du judaïsme. Mais doit-on voir en lui un des douze apôtres (Jacques, fils d'Alphée, Mt 10, 3) ou seulement un disciple ? La question demeure très controversée. Le texte de Ga 1, 19 n'est pas décisif, et les évangiles semblent distinguer le groupe des Douze de celui des parents de Jésus (Mc 3, 13-21 ; 6, 3). Le degré précis de sa paren-

té avec le Sauveur est difficile à déterminer ; plusieurs hypothèses ont été proposées. Mais il est certain que l'expression de «*frère du Seigneur*» signifie proche parent. Voir la note sur Mt 13, 55. L'influence de Jacques et celle des autres parents du Seigneur ont été très importantes dans la chrétienté, au moins jusqu'à l'époque d'Adrien, vers 140.

La date de la lettre fait pareillement l'objet de discussions. Beaucoup d'interprètes, estimant qu'elle a été influencée par les lettres de saint Paul et qu'elle suppose les judéo-chrétiens répandus sur une aire géographique trop vaste pour une époque primitive, la placent peu de temps avant le martyre de l'auteur. C'est méconnaître qu'il y a eu de très bonne heure des judéo-chrétiens à Damas, en Phénicie, à Antioche et à Chypre : Ac 9, 1-2 ; 11, 19 ; 15, 1sv. D'autre part, la dépendance à l'égard de saint Paul n'est aucunement prouvée : aucune allusion aux troubles provoqués par la question des observances mosaïques. Enfin la lettre a un caractère archaïque très marqué ; la christologie n'est pas développée ; le fond et la forme sont apparentés aux livres sapientiaux et plus encore au discours sur la montagne, mais, à ce qu'il semble, sans en dépendre littéralement. Il s'agirait donc d'un écrit issu du milieu palestinien, antérieur aux Évangiles synoptiques et aux lettres pauliniennes, et adressé aux Églises judéo-chrétiennes extérieures à la Palestine. On peut avec une probabilité sérieuse en placer la composition entre 45 et 50, avant la controverse judaïsante et l'assemblée de Jérusalem. Le grec de la lettre, qui est le meilleur du Nouveau Testament, étonne un peu de la part d'un Juif ; Jacques aura utilisé les bons offices d'un rédacteur dont le grec était la langue maternelle.

LA FOI ET LES ŒUVRES

1 **Adresse et idée principale.** – ¹Jacques, serviteur de Dieu et du Seigneur Jésus Christ, aux douze tribus de la Dispersion[a], salut.

²Considérez comme une joie totale, mes frères, d'être en butte à toutes sortes d'épreuves, ³car vous savez que la mise à l'épreuve de votre foi produit la persévérance. ⁴Mais il faut que la persévérance s'accompagne d'œuvres parfaites, afin que vous soyez parfaits et accomplis, ne laissant rien à désirer[b].

⁵Si la sagesse fait défaut à l'un d'entre vous, qu'il la demande à Dieu – il donne à tous libéralement et sans faire de reproches, – et elle lui sera donnée. ⁶Mais qu'il la demande avec foi et sans hésiter, car celui qui hésite ressemble au flot de la mer, soulevé et agité par le vent. ⁷Que cet homme-là ne s'attende pas à recevoir quoi que ce soit du Seigneur : ⁸c'est un homme partagé, inconstant dans toute sa conduite[c].

⁹Que le frère d'humble condition se glorifie de son exaltation ¹⁰et le riche de son humiliation, car il passera comme la fleur des champs[d] : ¹¹le soleil se lève brûlant, il dessèche la plante, sa fleur tombe, c'en est fait de sa gracieuse parure. Ainsi se flétrira le riche dans ses entreprises.

---

1. – [a]1. Les « douze tribus de la Dispersion» désignent les chrétiens d'origine juive répandus à travers le monde.

[b]2-4. La foi soumise à l'épreuve est source de patience, d'endurance courageuse et persévérante. Comparer Rm 5, 3-4 ; 2 Co 6, 4. Mais il faut que l'endurance soit effective, littéralement : qu'elle s'accompagne d'œuvres parfaites, qu'elle tende sans cesse à la perfection.

[c]5-8. Celui qui hésite dans sa prière est instable comme le flot ballotté par le vent.

[d]10. Cf. Ps 90, 5-6 ; Is 40, 7-8.

Soyez heureux dans les épreuves. – [12]Heureux l'homme qui supporte patiemment la tentation, car, ainsi éprouvé, il recevra la couronne de vie que le Seigneur a promise à ceux qui l'aiment.

[13]Que personne, dans la tentation, ne dise : « Cette tentation vient de Dieu. » Car Dieu ne peut être tenté par le mal, et lui-même ne tente personne. [14]Chacun est tenté par sa propre convoitise, qui l'attire et le séduit. [15]Puis la convoitise, ayant conçu, enfante le péché, et le péché, une fois consommé, engendre la mort.

Enfants de Dieu, écoutez sa parole. – [16]Ne vous y trompez pas, mes frères bien-aimés[e] : [17]tout présent excellent, tout don parfait descend d'en haut, du Père des lumières, en qui il n'y a ni variation ni même l'ombre d'un changement. [18]Selon son libre vouloir il nous a engendrés par la parole de vérité afin que nous soyons en quelque sorte les prémices de ses créatures.

[19]Sachez-le, mes frères bien-aimés, il faut que tout homme soit prompt à écouter, lent à parler, lent à la colère, [20]car la colère de l'homme n'accomplit pas la justice de Dieu. [21]Rejetant donc toute souillure et tout reste de méchanceté, recevez avec docilité la parole qui a été implantée en vous et qui peut sauver vos âmes. [22]Mettez en pratique la parole et ne vous bornez pas à l'écouter : ce serait vous tromper vous-mêmes. [23]En effet, celui qui écoute la parole sans la mettre en pratique ressemble à un homme qui regarde dans un miroir le visage qu'il tient de la nature : [24]il s'est regardé, puis il est parti et

[e]16-18. Bien loin de nous tenter, Dieu nous gratifie de toutes sortes de dons dans sa bonté paternelle, continuelle et immuable. Cette bonté va jusqu'à nous accorder la naissance surnaturelle qui nous constitue ses enfants (comparer Jn 1, 13 ; Ga 4, 19 ; etc.), grâce à la puissante efficacité de l'Évangile, parole de vérité. Nous devenons ainsi les prémices d'une humanité nouvelle.

aussitôt il a oublié comment il était. [25]Mais celui qui se penche attentivement sur la loi parfaite, la loi de liberté, et s'y tient attaché, qui n'écoute pas pour l'oublier, mais pour la mettre en pratique, celui-là trouvera son bonheur dans l'accomplissement de la loi.

[26]Si quelqu'un se croit religieux sans savoir tenir sa langue, il s'abuse lui-même et sa religion est vaine. [27]La religion pure et sans tache devant Dieu le Père consiste à visiter les orphelins et les veuves dans leur détresse et à se garder de toute souillure du monde[f].

2 **Respectez vos frères pauvres.** – [1]Mes frères, ne mêlez aucune considération de personne à la foi en notre glorieux Seigneur Jésus Christ. [2]Supposez qu'il entre dans votre assemblée un homme portant au doigt un anneau d'or et somptueusement vêtu, et qu'il entre aussi un pauvre en habits sordides. [3]Si, regardant celui qui porte les vêtements somptueux, vous lui dites: « Toi, assieds-toi ici, à cette place d'honneur »; tandis que vous dites au pauvre: « Toi, reste là debout », ou: « Assieds-toi au bas de mon escabeau », [4]n'établissez-vous pas en vous-mêmes des distinctions et ne vous comportez-vous pas en juges aux calculs pervers?

[5]Écoutez, mes frères bien-aimés: Dieu n'a-t-il pas choisi ceux qui sont pauvres aux yeux du monde pour les faire riches par la foi et héritiers du Royaume qu'il a promis à ceux qui l'aiment? [6]Et vous, vous méprisez le pauvre! Ne sont-ce pas les riches qui vous oppriment? Eux aussi qui vous traînent devant les tribunaux? [7]Eux encore qui blasphèment le beau nom que vous portez[a]? [8]Assurément, si vous accomplissez la loi

---

[f]26-27. Mise en garde contre une religion purement extérieure, particulièrement en situation pour des convertis du judaïsme, comparer Is 1, 11-17; Am 5, 21-26; Mt 23; etc.

2. – [a]7. Le beau nom porté par les fidèles est sans doute celui de

royale de l'Écriture : *Tu aimeras ton prochain comme toi-même*, vous agissez bien[b]. [9]Mais si vous faites acception de personne, vous commettez un péché, convaincus par la Loi d'être des transgresseurs. [10]Car celui qui observe l'ensemble de la Loi, s'il trébuche sur un seul point, est coupable de tout. [11]En effet, celui qui a dit : *Tu ne commettras pas d'adultère*, a dit aussi : *Tu ne tueras pas*[c]. Si donc tu évites l'adultère mais que tu commettes un meurtre, tu deviens transgresseur de la Loi. [12]Parlez donc et agissez en hommes qui doivent être jugés par une loi de liberté. [13]Le jugement sera sans miséricorde pour qui n'aura pas fait miséricorde ; mais la miséricorde se rit du jugement.

Que votre foi produise des actes. – [14]Que sert-il à quelqu'un de dire qu'il a la foi, s'il n'a pas les œuvres, mes frères ? La foi peut-elle le sauver ? [15]Si un frère ou une sœur sont sans vêtements et dépourvus du pain quotidien, [16]et que l'un de vous leur dise : « Allez en paix, réchauffez-vous et mettez-vous à table », sans leur donner ce qui est nécessaire à leur corps, à quoi cela sert-il ? [17]Ainsi en est-il de la foi : si elle n'a pas les œuvres, elle est bel et bien morte.

[18]Mais quelqu'un dira : « Toi, tu as la foi, et moi, j'ai les œuvres. » Montre-moi ta foi sans les œuvres ; pour moi, c'est par mes œuvres que je te montrerai ma foi. [19]Tu crois qu'il n'y a qu'un seul Dieu, et tu fais bien. Mais les démons aussi le croient, et ils tremblent.

chrétien : Ac 11, 26. Autre traduction : *le beau nom invoqué sur vous ;* il s'agirait alors du nom de Jésus ou du nom du Seigneur : Ac 4, 12 ; Ph 2, 11.

[b]8-13. La partialité, constamment dénoncée par les livres saints, viole la loi royale de la charité (Lv 19, 18). Omettre une seule des volontés divines (par ex. Ex 20, 13-14) revient à les rejeter toutes.

[c]11. Ex 20, 13-14.

²⁰Veux-tu te convaincre, homme insensé, que la foi sans les œuvres est stérile ? ²¹Abraham, notre père, ne fut-il pas justifié par les œuvres lorsqu'il offrit son fils Isaac sur l'autel ? ²²Tu vois que la foi coopérait à ses œuvres et que par les œuvres sa foi fut rendue parfaite. ²³Ainsi s'est accomplie la parole de l'Écriture : *Abraham eut foi en Dieu qui l'en reconnut justifié,* et il fut appelé ami de Dieu. ²⁴Vous le voyez : c'est par les œuvres que l'homme est justifié et non par la foi seulement. ²⁵De même Rahab la courtisane : ne fut-elle pas justifiée par les œuvres quand elle accueillit les messagers et les fit passer par un autre chemin ? ²⁶Oui, de même que sans l'âme le corps est mort, ainsi la foi sans les œuvres est morte[d].

3 Tenez votre langue. – ¹Mes frères, ne soyez pas nombreux à vouloir enseigner, sachant que nous serons jugés plus sévèrement. ²Car tous nous péchons sur bien des points[a]. Mais si quelqu'un ne pèche pas en paroles, c'est un homme parfait, capable de brider aussi son corps tout entier. ³Si nous mettons aux chevaux un mors dans la bouche pour qu'ils nous obéissent, nous dirigeons tout l'animal. ⁴Voyez encore les navires : quoique de grandes dimensions et poussés par des vents impétueux, ils sont dirigés par un minuscule gouvernail au gré du pilote. ⁵De même la langue, un si petit membre, peut se vanter de grandes choses. Voyez quel petit feu suffit pour embraser une grande forêt ! ⁶La langue aussi est un feu, un monde d'iniquité.

---

[d]21-26. Comme Paul (Ga 5, 6sv.), Jacques enseigne que la foi doit être vivante et s'exprimer en actes. Sur Abraham et Rahab, voir Gn 15, 6 ; Jos 2, 9-21 ; 6, 17-25.

3. – [a]2. Tous les hommes sont pécheurs ; l'Écriture l'affirme en maints endroits (Rm 3, 9-18 ; 1 Co 4, 4, etc. sans parler de l'AT).

La langue, qui a sa place parmi nos membres, est capable d'infecter le corps entier et d'embraser le cours de notre vie, embrasée qu'elle est elle-même du feu de la géhenne. [7]Toutes les espèces de bêtes sauvages, d'oiseaux, de reptiles et d'animaux marins peuvent être domptées et ont été domptées par le génie de l'homme ; [8]mais la langue, aucun homme ne peut la dompter ; c'est un fléau qu'on ne peut arrêter ; elle est remplie d'un venin mortel. [9]Par elle nous bénissons le Seigneur, notre Père, et par elle nous maudissons les hommes, créés à l'image de Dieu. [10]De la même bouche sortent bénédiction et malédiction. Il ne faut pas, mes frères, qu'il en soit ainsi. [11]Jaillit-il d'une source par le même orifice l'eau douce et l'eau amère ? [12]Le figuier peut-il, mes frères, donner des olives, ou la vigne des figues ? Une source salée ne donnera donc pas non plus de l'eau douce.

[13]Quelqu'un est-il sage et expérimenté parmi vous ? Qu'il en donne la preuve par sa bonne conduite, par des œuvres empreintes de douceur et de sagesse. [14]Mais si vous avez au cœur un zèle amer et un esprit de rivalité, ne vous vantez pas et ne mentez pas contre la vérité. [15]Une telle sagesse ne vient pas d'en haut : c'est une sagesse terrestre, charnelle, diabolique. [16]Car là où il y a jalousie et dispute, il y a aussi désordre et toute espèce de mal. [17]Mais la sagesse qui vient d'en haut est d'abord pure, ensuite pacifique, indulgente, accommodante, pleine de miséricorde et féconde en bonnes œuvres, sans partialité, sans hypocrisie. [18]Le fruit de la justice se sème dans la paix pour ceux qui pratiquent la paix[b].

---

[b]17-18. Comparer 1 Co 13, 4-7.

4 Aimez Dieu, n'aimez pas le monde. – [1]D'où viennent les guerres et les batailles parmi vous ? N'est-ce pas de vos passions qui mènent la guerre dans vos membres ? [2]Vous convoitez et vous ne possédez pas ; vous êtes meurtriers[a] et jaloux sans pouvoir rien obtenir ; vous bataillez et vous faites la guerre. Vous ne possédez pas parce que vous ne demandez pas. [3]Vous demandez et ne recevez pas parce que vous demandez mal, avec l'intention de tout dépenser pour vos passions. [4]Adultères, ne savez-vous pas que l'amitié du monde est inimitié à l'égard de Dieu ? Celui qui veut être ami du monde se rend ennemi de Dieu. [5]Vous imaginez-vous que l'Écriture dise en vain : L'âme que Dieu a fait habiter en nous se porte à la jalousie[b] ? [6]Mais il accorde une grâce d'autant plus forte. C'est pourquoi l'Écriture dit : *Dieu résiste aux orgueilleux, mais il donne sa grâce aux humbles*[c]. [7]Soumettez-vous donc à Dieu et résistez au diable qui s'enfuira loin de vous. [8]Approchez-vous de Dieu et il s'approchera de vous. Purifiez vos mains, pécheurs ; sanctifiez vos cœurs, hommes à l'âme partagée. [9]Reconnaissez votre misère, prenez le deuil et lamentez-vous ; que votre rire se change en deuil et votre joie en tristesse. [10]Humiliez-vous devant le Seigneur, et il vous élèvera.

---

4. – [a]2. Il faut probablement lire : vous êtes envieux, en corrigeant légèrement le texte qui porte : « vous tuez », et n'est guère intelligible.

[b]5. Verset difficile. Certains traduisent : *Jusqu'à la jalousie Dieu désire l'âme qu'il a fait habiter en nous*, ou bien : *Jusqu'à la jalousie vous aime l'Esprit (Saint) qui demeure en vous*. Le texte est peut-être altéré ; la citation est sans doute relative à Genèse 2, 7.

[c]6. La grâce divine permet de surmonter l'orgueil et la jalousie. Suit une citation de Proverbes 3, 34.

Ne jugez pas. – [11]Ne dites pas de mal les uns des autres, mes frères. Celui qui médit de son frère ou qui le juge, médit de la loi et juge la loi. Mais, si tu juges la loi, tu n'en es plus l'observateur : tu te fais son juge. [12]Il n'y a qu'un seul législateur et juge. Celui qui a le pouvoir de sauver et de perdre. Mais toi, qui es-tu pour juger le prochain[d]?

Soumettez vos projets à Dieu. – [13]A vous maintenant, qui dites : « Aujourd'hui ou demain nous irons dans telle ville, nous y passerons l'année, nous ferons du commerce et nous aurons du bénéfice. » [14]Vous qui ne savez pas ce que sera demain ! Qu'est-ce en effet que votre vie ? Vous n'êtes qu'une fumée qui paraît un instant, et s'évanouit ensuite. [15]Vous devriez dire au contraire : « Si le Seigneur le veut, nous serons en vie, et nous ferons ceci ou cela. » [16]Mais vous préférez vous enorgueillir dans vos fanfaronnades. Toute vantardise de ce genre est coupable. [17]Celui qui sait faire le bien et ne le fait pas commet un péché.

5 **Toute injustice sera punie.** – [1]A vous maintenant, les riches[a]!

Pleurez, lamentez-vous sur les malheurs qui vous menacent. [2]Votre richesse est pourrie, vos vêtements sont rongés des mites ; [3]votre or et votre argent sont rouillés ; leur rouille portera témoignage contre vous

---

[d]12. Juger son frère, c'est se mettre au-dessus de la loi divine. Comparer Mt 7, 1-2.

5. – [a]1-6. Terrible diatribe contre les riches, égoïstes et exploiteurs des pauvres. Ils osent thésauriser sous le régime de l'Évangile, dernière période de l'histoire du monde ! (Comparer 1 Tm 4, 1 ; 2 Tm 3, 1). Ils se repaissent sans qu'ils s'en doutent pour le jour de la tuerie, le jour du jugement qui sera marqué par leur extermination.

et dévorera vos chairs comme le feu. Vous avez amassé de l'argent dans les derniers jours! [4]Voici que le salaire dont vous avez frustré les ouvriers qui ont fauché vos champs crie contre vous; et les cris des moissonneurs sont parvenus aux oreilles du Seigneur des armées.

[5]Vous avez vécu sur terre dans la sensualité et la mollesse, vous vous êtes repus au jour de la tuerie. [6]Vous avez condamné et tué le juste, sans qu'il vous résiste.

Soyez patients et sincères. — [7]Prenez donc patience, frères, jusqu'à l'Avènement du Seigneur[b]. Voyez le cultivateur qui attend patiemment le précieux fruit de la terre et compte qu'il recevra la pluie de l'automne et celle du printemps. [8]Prenez patience vous aussi et affermissez vos cœurs, car l'Avènement du Seigneur est proche. [9]Frères, ne vous répandez pas en plaintes les uns contre les autres, afin de n'être pas jugés. Voici que le juge est là aux portes. [10]Frères, prenez modèle d'endurance et de patience sur les prophètes qui ont parlé au nom du Seigneur. [11]Oui, nous proclamons bienheureux les patients. Vous avez entendu parler de la patience de Job, et vous savez le terme que le Seigneur y a mis, car *le Seigneur est plein de compassion et de miséricorde*[c].

[12]Surtout, mes frères, ne jurez ni par le ciel, ni par la terre, ni par quelque autre serment. Que votre oui soit un oui et votre non un non, afin que vous ne tombiez pas sous le coup du jugement[d].

---

[b]1-8. Vive attente de la parousie ou retour glorieux du Seigneur; cf. 1 Co 16, 22; Ap 22, 20.

[c]11. Ps 103, 8.

[d]12. Comparer Mt 5, 33-37; 23, 16-22.

Priez en toute occasion. – [13]L'un d'entre vous souffre-t-il ? Qu'il prie. Est-il joyeux ? Qu'il chante des hymnes. [14]L'un d'entre vous est-il malade ? Qu'il appelle les presbytres de l'Église, et que ceux-ci prient sur lui en l'oignant d'huile au nom du Seigneur. [15]La prière faite avec foi sauvera le malade, et le Seigneur le rétablira ; s'il a commis des péchés[e], ils lui seront pardonnés. [16]Confessez-vous donc mutuellement vos péchés et priez les uns pour les autres afin d'être guéris[f].

La prière du juste agit avec une singulière puissance. [17]Élie n'était qu'un homme soumis aux mêmes misères que nous ; il pria instamment pour qu'il ne tombe pas de pluie, et il ne plut pas sur la terre pendant trois ans et demi. [18]Puis il pria de nouveau, et le ciel donna de la pluie et la terre produisit ses fruits.

[19]Mes frères, si l'un d'entre vous s'est égaré loin de la vérité, et qu'un autre l'y ramène, [20]sachez que celui qui ramène un pécheur de la voie où il s'égarait sauvera son âme de la mort et fera disparaître une multitude de péchés[g].

---

[e]14-15. Il s'agit du sacrement des malades, ainsi que l'a défini le concile de Trente : l'onction des malades par les apôtres (Mc 6, 13) avait préparé l'institution de ce sacrement par le Christ. Il est administré par les prêtres et est ordonné à un double effet : santé du corps, s'il plaît à Dieu, et rémission des péchés.

[f]16-18. L'aveu des fautes était pratiqué depuis longtemps (par ex. Ps 51) ; mais on ne peut affirmer qu'il soit ici question de la confession sacramentelle.

[g]19-20. Celui qui ramène des égarés les sauve et s'assure personnellement pardon et salut. Cf. Dn 12, 3.

LES LETTRES DE SAINT PIERRE

INTRODUCTION

La première lettre de saint Pierre a été utilisée de très bonne heure dans l'Église. L'attribution au chef des apôtres ressort de la seconde lettre (3, 1) et des affirmations de saint Irénée, Clément d'Alexandrie, Tertullien, etc. Eusèbe au vi^e siècle déclare que la lettre est incontestée. Les réminiscences évangéliques, les ressemblances avec les discours de Pierre dans les Actes, la simplicité d'âme, l'humilité, l'ardent amour du Christ qui s'y révèlent apportent à la tradition une confirmation qui n'est pas négligeable.

L'élégance relative de la langue semble à certains faire difficulté. Pierre a eu recours aux bons offices de Silvain (5, 12), jadis disciple de Paul (Ac 15, 22 ; 2 Co 1, 19), à qui on peut attribuer avec probabilité la rédaction. La présence à Rome avec Silvain de l'évangéliste Marc, devenu disciple de Pierre après l'avoir été de Paul, explique peut-être les réminiscences pauliniennes qui se remarquent dans la lettre, sans parler de la diffusion des enseignements du Docteur des Gentils dans les Églises où il avait prêché l'Évangile et particulièrement à Rome.

C'est dans la capitale de l'empire qu'a été écrite la première lettre de saint Pierre ; le nom de Babylone (5, 13) est un symbole transparent (comparer Ap 14, 8 ; 17, 5 ; 18, 2). Elle est adressée aux communautés d'Asie Mineure, composées surtout, mais non exclusivement, de chrétiens d'origine païenne. Ils ont à souffrir de la part tant des païens que des Juifs (1, 6 ; 4, 12 ; etc.) ; ils ont besoin d'être encouragés et invités à ne pas retomber dans les désordres où ils vivaient avant leur conversion : *2, 11-12 ; 4, 2sv.* Cependant la persécution proprement dite n'est pas en vue, ainsi qu'il ressort de la manière dont la lettre parle de l'autorité civile : *2, 13-15.* Il faut donc la placer avant l'incendie de Rome (juillet 64), et la persécution de Néron. Comme d'autre part l'influence des lettres aux Romains et aux Éphésiens n'est pas douteuse, la date la plus probable est 63 ou 64.

L'allure générale de la lettre est d'une grande noblesse dans sa simplicité. Il en émane un parfum évangélique qui a été remarqué depuis longtemps. Elle semble aussi s'être inspirée de la catéchèse qui préparait au baptême les catéchumènes : *1, 3.23 ; 2, 2 ; 3, 18sv.*

Le caractère canonique et inspiré de la seconde lettre a été, comme pour tous les livres de l'Écriture, défini au XVIe siècle par le concile de Trente.

L'attribution à l'apôtre Pierre est plus difficile à établir. On ne trouve pas avant le IIIe siècle d'allusion certaine à la lettre. Origène la reçoit à cette époque comme l'œuvre de l'apôtre, mais reconnaît qu'elle est discutée. L'historien Eusèbe hésite. Saint Jérôme, en revanche, est formel en faveur de l'authenticité.

Si l'on interroge le texte lui-même, on constate qu'il se donne comme étant de Pierre : *1, 1.16-18 ; 3, 1.* Cependant, il présente de notables différences de style et de vocabulaire par rapport à la première lettre ; saint Jérôme attribuait la rédaction des deux lettres à deux secrétaires différents. Des commentateurs catholiques se contentent d'une authenticité dérivée et croient que la seconde lettre a été rédigée après la mort de Pierre par un de ses disciples, qui reproduit son enseignement et emprunte son nom. Une telle pseudonymie n'est pas incompatible avec le caractère inspiré de l'Écriture.

L'auteur paraît avoir fait de notables emprunts à la lettre de Jude. Il s'adresse aux chrétientés d'Asie Mineure pour les mettre en garde contre de fausses doctrines, consistant moins en une gnose systématique qu'en des tendances licencieuses qui prétendaient justifier de graves désordres moraux et les accorder avec l'Évangile. Pierre est sans doute à Rome ; il pressent sa mort prochaine (1, 14), ce qui donnerait comme date de rédaction 64 ou 67, suivant celle à laquelle on s'arrête pour son martyre. Ceux qui voient dans la lettre l'œuvre postérieure d'un disciple la retardent jusque vers 70 ou 80.

Elle insiste sur la certitude de la Parousie, malgré son retard, et du jugement qui l'accompagnera : 1, 11.19 ; 3, 3-8. Elle met en valeur le caractère prophétique de l'Ancien Testament : 1, 19-21 ; 2, 5 ; 3, 7 ; la divinité du Christ Rédempteur et son règne éternel : 1, 11 ; 2, 1, etc.; la transcendance de la vie surnaturelle : 1, 4. Elle mentionne l'existence d'une collection des lettres pauliniennes considérée dès cette époque comme faisant partie de l'Écriture au même titre que l'Ancien Testament : 3, 16.

PREMIÈRE LETTRE DE SAINT PIERRE

ESPÉRANCE DU SALUT

1 Adresse. – ¹Pierre, apôtre de Jésus Christ, aux élus qui séjournent en étrangers dans la dispersion, dans le Pont, la Galatie, la Cappadoce, l'Asie et la Bithynie[a], ²élus selon la prescience de Dieu le Père, sanctifiés par l'Esprit, pour obéir à Jésus Christ et avoir part à l'aspersion de son sang. Que la grâce et la paix vous soient données en abondance[b].

Régénérés, sauvés par la foi. – ³Béni soit Dieu, le Père de notre Seigneur Jésus Christ[c]: dans sa grande miséricorde, il nous a fait renaître pour une vivante espérance, par la résurrection de Jésus Christ d'entre les morts, ⁴pour un héritage incorruptible, sans souillure ni flétrissure. Cet héritage vous est réservé dans les cieux, ⁵à vous que, par la foi, la puissance divine garde pour le salut prêt à se manifester dans les derniers temps.

⁶Vous en tressaillez de joie, même s'il faut que pendant quelque temps vous soyez affligés par diverses épreuves, ⁷afin que la valeur éprouvée de votre foi – bien plus précieuse que l'or périssable affiné cependant par le feu – tourne à votre louange, à votre gloire et à votre honneur lors de la révélation de Jésus Christ. ⁸Vous l'aimez sans l'avoir vu; vous croyez en lui sans le

---

1. – [a]1. La lettre est adressée aux chrétiens d'Asie Mineure dispersés parmi les païens; le terme d'Asie désigne la province romaine de ce nom.

[b]2. Cf. Rm 8, 29-33; Ep 1, 4-6; Col 3, 12.

[c]3. Autre traduction: *Béni soit le Dieu et Père de notre Seigneur.* Cette adresse rappelle Ep 1, 3.

voir encore ; et vous tressaillez d'une joie indicible et glorieuse, [9]assurés d'obtenir le prix de votre foi, le salut de vos âmes.

[10]Ce salut[d] a été l'objet des recherches et investigations des prophètes qui ont prophétisé la grâce qui vous était destinée. [11]Ils s'efforçaient de découvrir quels étaient le temps et les circonstances indiqués par l'Esprit du Christ, qui, déjà présent dans leur cœur, prédisait les souffrances du Christ et sa gloire future. [12]Ils savaient par révélation qu'ils parlaient pour vous et non pour eux, annonçant ce message sur lequel les anges désirent plonger leurs regards. Et maintenant vous l'avez entendu de ceux qui vous ont évangélisés sous l'action de l'Esprit Saint, envoyé du ciel.

Devenez saints par l'espérance. – [13]C'est pourquoi, votre esprit prêt à l'action, soyez vigilants et ayez une entière espérance en la grâce qui vous sera apportée par la Révélation de Jésus Christ. [14]En enfants obéissants, ne vous laissez plus entraîner par les convoitises d'autrefois, du temps de votre ignorance ; [15]mais, à l'imitation du Saint qui vous a appelés, soyez saints vous-mêmes dans toute votre conduite, [16]car il est écrit : *Soyez saints parce que je suis saint*[e]. [17]Et si vous invoquez comme Père celui qui, en toute impartialité, juge chacun selon ses œuvres, vivez dans la crainte durant le temps de votre exil, [18]sachez que vous avez été affranchis de la vaine manière de vivre héritée de vos pères, non par des biens périssables, argent ou

---

[d]10-12. C'est ce salut qu'ont scruté et annoncé autrefois les prophètes sous l'action de l'Esprit du Christ, supposé ici préexistant comme dans 1 Co 10, 4-9 (comparer Ac 2, 23-36 ; 3, 18 où Pierre cite quelques-unes de leurs prédictions, et Lc 24, 25-27.44-47). Le même Esprit, envoyé par le Christ, a maintenant révélé au monde le mystère du salut : comparer Ep 3, 10.

[e]16. Lv 19, 2.

or, ¹⁹mais par le sang précieux du Christ, cet Agneau sans défaut et sans tache[f], ²⁰prédestiné dès avant la création du monde et manifesté pour vous à la fin des temps. ²¹Par lui, vous croyez en Dieu qui l'a ressuscité des morts et l'a glorifié, de sorte que Dieu est tout ensemble l'objet de votre foi et de votre espérance.

Vous êtes purifiés pour aimer comme il faut.

— ²²Vous avez purifié vos âmes en obéissant à la vérité pour pratiquer une charité fraternelle exempte d'hypocrisie ; aimez-vous donc ardemment les uns les autres du fond du cœur, ²³car vous êtes régénérés, non d'un germe corruptible, mais incorruptible, grâce à la parole du Dieu vivant et éternel. ²⁴Car :

Toute chair est comme l'herbe et tout son éclat comme la fleur de l'herbe. L'herbe sèche et sa fleur tombe, mais la parole du Seigneur demeure éternellement[g].

²⁵Et c'est la bonne nouvelle de cette parole qui vous a été annoncée.

CHOISIR LE BIEN

2 **Soyez le Temple, le Peuple de Dieu.** — ¹Défaites-vous donc de toute méchanceté, de toute espèce de ruse, d'hypocrisie, d'envie, de toute sorte de médisance. ²Comme des enfants nouveaux-nés, soyez avides du pur lait spirituel, afin qu'il vous fasse grandir pour le salut, ³si toutefois vous avez *goûté combien le Seigneur est bon*[a]. Allez à lui : ⁴il est la pierre vivante[b], rejetée par les hommes, mais choisie et précieuse aux yeux de Dieu. ⁵Vous aussi, comme des pierres vivantes,

---

[f]19. Prix infini du sang de Jésus, l'Agneau sans tache qui remplace les victimes de l'ancienne Loi. Comparer plus loin 2, 22-23 ; Jn 1, 29.36 ; Ap 14, 5.

[g]24. Is 40, 6-8, d'après les Septante.

devenez les matériaux de l'édifice spirituel, pour former un sacerdoce saint et offrir des sacrifices spirituels, agréables à Dieu par Jésus Christ. [6]Il est dit en effet dans l'Écriture :

Voici que je place en Sion une pierre angulaire, choisie et précieuse ; et celui qui met sa confiance en elle ne sera pas déçu.

[7]Honneur donc à vous qui croyez ! Mais pour les incrédules,

la pierre rejetée par les maçons est devenue la pierre d'angle,

[8] *pierre d'achoppement et rocher contre lequel on trébuche*[c].

Ils s'y heurtent parce qu'ils n'obéissent pas à la Parole, ce à quoi d'ailleurs ils étaient destinés. [9]Mais vous, vous êtes *la race élue, le sacerdoce royal, la nation sainte, le peuple que Dieu s'est acquis* afin que vous proclamiez les merveilles de Celui qui vous a appelés des ténèbres à son admirable lumière : [10]vous qui jadis n'étiez pas *son peuple* et êtes maintenant le *peuple de Dieu, vous* qui jadis n'aviez pas *obtenu miséricorde* et qui maintenant *avez obtenu miséricorde*[d].

Étrangers à ce monde, ressemblez au Christ. –

[11]Mes bien-aimés, je vous exhorte, comme des étrangers

2. – [a]3. Allusion au Ps 34, 9.

[b]4-6. Le Christ, pierre angulaire, placée à la rencontre de deux murs, soutient l'édifice et en assure la cohésion : Is 28, 16 ; Mc 12, 10 et parallèles ; Ep 2, 20. Les chrétiens entrent pour leur part dans cet édifice, ils constituent avec le Christ un sacerdoce saint et, en union avec lui, peuvent offrir à Dieu des sacrifices spiri-

tuels qui seront agréés grâce à sa médiation : sainteté de vie, prière, travaux apostoliques, martyre.

[c]7-8. Par contre, la pierre angulaire (Ps 118, 22 ; Is 8, 14) fait trébucher ceux qui refusent de croire en Jésus Christ ; comparer Mt 11, 6 ; Lc 20, 17-18.

[d]9-10. Cf. Ex 19, 6 ; Is 43, 20-21 ; Ml 3, 17.

et des hôtes de passage, à vous garder des convoitises charnelles qui font la guerre à l'âme. ¹²Ayez au milieu des païens une conduite exemplaire, afin que sur le point même où ils vous calomnient comme malfaiteurs, ils soient amenés, par le spectacle de vos bonnes œuvres, à glorifier Dieu au jour où il les visitera.

¹³Soyez soumis, à cause du Seigneur, à toute autorité humaine : au roi, comme souverain, ¹⁴aux gouverneurs comme délégués par lui pour punir les malfaiteurs et honorer les gens de bien. ¹⁵C'est en effet la volonté de Dieu qu'en faisant le bien vous réduisiez au silence les insensés qui vous méconnaissent. ¹⁶Comportez-vous en hommes libres ; mais ne faites pas de la liberté un voile destiné à cacher la malice ; agissez au contraire comme des serviteurs de Dieu. ¹⁷Rendez honneur à tous, aimez vos frères, craignez Dieu, respectez le roi.

¹⁸Serviteurs, soyez soumis à vos maîtres avec une entière déférence, non seulement à ceux qui sont bons et doux, mais encore à ceux qui sont difficiles.

Suivez votre chef, le Christ. – ¹⁹C'est une grâce d'endurer, par égard pour Dieu, des peines que l'on souffre injustement. ²⁰Quel mérite y a-t-il en effet à supporter d'être battu après avoir commis une faute ? Mais si, au contraire, vous souffrez avec patience après avoir fait le bien, voilà qui est une grâce auprès de Dieu. ²¹C'est bien à cela que vous avez été appelés, puisque le Christ lui-même a souffert pour vous, vous laissant un exemple, afin que vous suiviez ses traces,

²²lui qui n'a pas commis de péché, *et dans la bouche duquel il ne s'est pas trouvé de mensonge ;*

²³lui qui, insulté, ne rendait pas l'insulte, maltraité, ne menaçait pas, mais s'en remettait à Celui qui juge avec justice. ²⁴Sur le gibet, il a porté nos péchés dans son

corps, afin que, morts à nos péchés, nous vivions pour la justice. *Par ses meurtrissures vous avez été guéris.*

[25]Vous étiez comme des brebis errantes, mais vous êtes maintenant revenus au pasteur et gardien de vos âmes[e].

3 Dans la famille et dans l'église. – [1a]Vous pareillement, les femmes, soyez soumises à vos maris ; s'il en est qui ne croient pas à la Parole, qu'ils soient gagnés sans parole par la conduite de leurs femmes, [2]à la vue de votre vie chaste et respectueuse. [3]Que votre parure ne soit pas celle de l'extérieur, cheveux tressés, bijoux d'or, luxe de la toilette, [4]que ce soit au contraire la réalité cachée du cœur, la parure incorruptible d'une âme douce et paisible, qui est d'un si grand prix aux yeux de Dieu. [5]Ainsi se paraient autrefois les saintes femmes qui mettaient leur espoir en Dieu et étaient soumises à leurs maris ; [6]telle Sara, qui obéissait à Abraham, l'appelant son seigneur, elle dont vous êtes devenues les enfants, si vous faites le bien, sans vous laisser troubler par aucune crainte. [7]Vous de même, les maris, comportez-vous avec sagesse dans la vie commune avec vos femmes, comme avec des êtres plus faibles. Traitez-les avec égards, puisqu'elles sont héritières comme vous de la grâce qui donne la vie, afin que rien ne fasse obstacle à vos prières.

[8]Qu'enfin il y ait chez tous union de cœur et de sentiments, amour fraternel, miséricorde, humilité. [9]Ne rendez pas le mal pour le mal, ni l'injure pour l'injure ; bénissez au contraire, puisque vous avez été appelés à hériter vous-mêmes de la bénédiction.

---

[e]21-25. Cf. Is 53 ; 2 Co 5, 21 : Rm 4, 25 ; 5, 18-21 ; 6, 11 ; etc.
3. – [a]1-6. Devoirs des épouses chrétiennes. Conseils non exempts d'une pointe d'humour. Sur Sara, cf. Gn 18, 12. Comparer Rm 9, 7-9 ; Ga 4, 22-30.

[10]*Celui qui,* en effet, *veut aimer la vie et connaître des jours heureux doit garder sa langue du mal et ses lèvres des paroles trompeuses.*

[11]*Qu'il se détourne du mal et fasse le bien, qu'il recherche la paix et la poursuive.*

[12]*Car le Seigneur a les yeux sur les justes et ses oreilles sont attentives à leurs prières ; mais le visage du Seigneur se tourne contre ceux qui font le mal*[b].

Face aux calomnies. – [13]Qui pourrait vous faire du mal si vous montrez du zèle pour le bien ? [14]Si cependant vous avez à souffrir pour la justice, heureux êtes-vous ! *Ne craignez pas leurs menaces, et ne vous laissez pas troubler*[c], [15]mais traitez saintement le Christ Seigneur dans vos cœurs, toujours prêts à répondre à quiconque vous demande raison de l'espérance qui est en vous, [16]mais avec douceur et respect. Ayez une bonne conscience : ainsi, sur le point même où l'on vous calomnie, ceux qui décrient votre bonne conduite dans le Christ seront couverts de confusion. [17]Car mieux vaut, si telle est la volonté de Dieu, souffrir en faisant le bien qu'en faisant le mal.

Le Christ, le baptême, la vie chrétienne. – [18]Le Christ est bien, une fois pour toutes, mort pour les péchés, lui, juste, pour des coupables, afin de vous conduire à Dieu, subissant la mort dans sa chair, mais rendu à la vie selon l'Esprit[d].

[19]Dans cet Esprit, il est allé prêcher aux esprits détenus captifs[e], [20]qui jadis avaient été rebelles quand la

---

[b]10-12. Ps 34, 13-17.

[c]14. Comparer Is 8, 12.

[d]18. Le Christ innocent s'est bien sacrifié pour les pécheurs (Ac 3, 14), acceptant la mort corporelle ; mais il a été vivifié, res-

suscité selon l'esprit, selon qu'il convenait à sa nature spirituelle, à sa divinité. La comparaison s'impose avec Rm 1, 4 ; 1 Co 15, 45.

[e]19-22. La descente aux enfers

patience de Dieu se prolongeait, aux jours où Noé construisait l'arche, dans laquelle peu de gens – huit personnes seulement – entrèrent et furent sauvées par l'eau. [21]Cela préfigurait ce qui maintenant vous sauve, à savoir le baptême, qui n'est pas une purification de la souillure corporelle mais la demande faite à Dieu d'une conscience bonne ; il vous sauve par la résurrection de Jésus Christ [22]qui, retourné au ciel, siège à la droite de Dieu après s'être soumis anges, Principautés et Puissances.

4 [1]Ainsi, puisque le Christ a souffert dans sa chair, armez-vous aussi de cette même pensée : celui qui a souffert dans sa chair a rompu avec le péché, [2]afin de ne plus vivre au gré des passions humaines, mais conformément à la volonté de Dieu, durant le temps qui lui reste à vivre dans la chair. [3]C'est bien assez d'avoir dans le passé suivi les mœurs des païens en vivant dans les dérèglements, les passions, l'ivrognerie, les orgies, les beuveries, le culte criminel des idoles. [4]Ils trouvent étrange que vous ne couriez plus avec eux aux mêmes débordements de débauche, et ils se répandent en injures.

Dans l'attente du jugement. – [5]Ils en rendront compte à Celui qui est prêt à juger les vivants et les morts[a]. [6]C'est pour cela que l'Évangile a été annoncé

---

signifie essentiellement qu'entre la mort et la résurrection du Christ l'âme humaine de Jésus a rejoint les âmes des justes défunts au séjour des morts (en hébreu *shéol*, en latin *inferna*, lieux inférieurs : à ne pas confondre avec l'enfer de la théologie chrétienne). Ce fut alors la proclamation de la victoire rédemptrice : cf. 4, 6 ; Ac 2, 24 ; Rm 10, 6-7 ; Ap 1, 18.

4. – [a]5-6. Le Christ jugera les vivants et les morts, car il a été établi le Juge de tous ; Ac 10, 42 ; 2 Tm 4, 1 ; Jn 5, 22 ; etc. Il a déjà jugé les morts au shéol (3, 19-20), associant à sa vie glorieuse

aussi aux morts, afin que, jugés dans leur chair selon les hommes, ils vivent selon Dieu dans l'esprit.

⁷La fin de toutes choses est proche. Soyez donc sages et vigilants en vue de la prière[b]. ⁸Avant tout, ayez les uns pour les autres une ardente charité, car *la charité efface une multitude de péchés*. ⁹Exercez sans murmure l'hospitalité entre vous. ¹⁰Mettez au service des autres le don que chacun a reçu, en bons dispensateurs de la grâce si variée de Dieu. ¹¹Quelqu'un parle-t-il? Que ce soit comme pour des oracles de Dieu. Quelqu'un remplit-il un ministère? Que ce soit avec la force que Dieu dispense, afin qu'en toutes choses Dieu soit glorifié par Jésus Christ. A lui gloire et puissance dans les siècles des siècles. Amen.

Si les choses tournaient très mal. — ¹²Bien-aimés, ne vous étonnez pas comme d'un événement anormal de vous trouver dans la fournaise de l'épreuve; ¹³réjouissez-vous au contraire dans la mesure où vous êtes associés aux souffrances du Christ, afin que, lors de sa Révélation glorieuse, vous soyez aussi dans la joie et l'allégresse. ¹⁴Si on vous insulte pour le nom du Christ, heureux êtes-vous; alors en effet l'Esprit de gloire, qui est aussi l'Esprit de Dieu, repose sur vous. ¹⁵Que nul d'entre vous n'ait à subir un châtiment comme meurtrier, voleur, malfaiteur ou comme s'ingérant dans les affaires d'autrui; ¹⁶mais si c'est comme chrétien, qu'il n'ait pas honte, qu'il glorifie plutôt Dieu de porter ce nom-là. ¹⁷Car voici le moment où le jugement va commencer par la maison de Dieu; et s'il commence par nous, quelle sera la fin de ceux qui refusent

et vivifiant par l'esprit les justes qui se trouvaient parmi eux.

[b]7. Exhortation à la vigilance, car le Christ viendra «comme un voleur» (Ap 3, 3); donc être toujours prêt. Cf. Lc 12, 35-40; Mt 24, 37-25, 13; 2 P 3, 7-10; Ap 16, 15.

de croire à l'Évangile de Dieu? [18]Et *si le juste ne se sauve qu'avec peine, qu'adviendra-t-il de l'impie et du pécheur*[c]?

[19]Ceux donc qui ont à souffrir selon la volonté de Dieu, qu'ils confient leur âme à ce Créateur fidèle, en faisant le bien.

5 Un mot pour chacun. – [1]Je m'adresse donc aux presbytres qui sont parmi vous, moi, presbytre comme eux, et de plus témoin des souffrances du Christ, en attendant de participer aussi à la gloire qui doit être manifestée. [2]Conduisez le troupeau de Dieu qui vous est confié, veillant sur lui, non par contrainte, mais de bon gré et selon Dieu; non dans un esprit sordide de lucre, mais par dévouement. [3]N'exercez pas un pouvoir dominateur sur ceux qui vous sont échus en partage, mais devenez les modèles du troupeau. [4]Lorsque paraîtra le souverain Pasteur, vous recevrez la glorieuse couronne qui ne flétrit jamais.

[5]Quant à vous, les jeunes, soyez soumis aux presbytres. Pénétrez-vous tous d'humilité dans vos rapports les uns avec les autres, *car Dieu résiste aux orgueilleux, tandis qu'il accorde sa grâce aux humbles.* [6]Humiliez-vous donc sous la main puissante de Dieu afin qu'il vous élève au temps marqué. [7]*Déchargez-vous* sur lui *de tous vos soucis,* car lui-même prend soin de vous.

[8]Soyez sobres et veillez! Votre adversaire, le diable, comme un lion rugissant, rôde, cherchant qui dévorer. [9]Résistez-lui dans la fermeté de votre foi, car vous savez que vos frères, dans le monde, supportent les mêmes souffrances. [10]Le Dieu de toute grâce, qui vous a appelés dans le Christ à sa gloire éternelle, vous relèvera lui-même après une courte épreuve; il vous affer-

[c]18. Pr 11, 31 (Septante).

mira, vous fortifiera, vous rendra inébranlables. [11]A lui la puissance pour les siècles des siècles ! Amen.

[12]Je vous écris ces quelques mots par Silvain, que je considère comme un frère fidèle, afin de vous exhorter et vous assurer que telle est la véritable grâce de Dieu ; demeurez-y. [13]L'Église de Babylone, élue comme vous, vous salue, ainsi que Marc, mon fils[a]. [14]Saluez-vous mutuellement par un baiser fraternel. La paix soit avec vous tous qui êtes dans le Christ.

5. — [a]12-13. Pierre écrit de « Babylone » qui désigne la Rome impériale et persécutrice (Ap 17-18). Auprès de lui se trouvent Silvain et Marc l'évangéliste, qui était auprès de Paul pendant sa captivité romaine en 61-63.

SECONDE LETTRE DE SAINT PIERRE

LETTRE D'ADIEU

1 **Le testament d'un apôtre.** – [1]Siméon Pierre, serviteur et apôtre de Jésus Christ, à ceux qui ont reçu comme nous le don précieux de la foi, par la justice de notre Dieu et Sauveur Jésus Christ[a]. [2]Que la grâce et la paix vous soient données en abondance par la connaissance de Dieu et de Jésus notre Seigneur.

[3]En effet, sa puissance divine nous a fait don de tout ce qui contribue à la vie et à la piété, en nous faisant connaître Celui qui nous a appelés par sa propre gloire et sa puissance[b]. [4]Par elles nous avons été gratifiés des précieuses et grandes promesses[c], afin que par ce moyen vous deveniez participants de la nature divine, en échappant à la corruption que la convoitise a introduite dans le monde. [5]En conséquence, faites tous vos efforts pour joindre à votre foi la vertu, à la vertu la science, [6]à la science la tempérance, à la tempérance la persévérance, à la persévérance la piété, [7]à la piété l'a-

---

1. – [a]1. *Siméon,* au lieu de Simon : forme aramaïsante, qui se retrouve dans Ac 15, 14. L'auteur insiste sur le prix inestimable de la foi, don entièrement gratuit, procédant de la justice bienveillante de Dieu qui offre sa grâce à tous ; comparer Rm 1, 17. Le Christ est appelé : notre Dieu et Sauveur, comme dans Tite 2, 13 (comparer Rm 9, 5 ; He 1, 8-9). Plus loin (1, 11 ; 2, 20 ; 3, 2-18), il aura le titre de Seigneur et Sauveur : le sens est le même ;

Seigneur doit s'entendre comme dans Ph 2, 11.

[b]2-3. La foi et les biens surnaturels qui en dérivent sont dus au don par Dieu d'une connaissance intime, personnelle, pénétrante, de Dieu et du Christ. Cette pensée, caractéristique de l'épître, va revenir à plusieurs reprises : 1, 6.8 ; 3, 18 ; comparer Jn 17, 3.

[c]4. La filiation adoptive dans le Christ : Ga 4, 6-7 ; 1 Jn 3, 1-2 ; etc.

mitié fraternelle, à l'amitié fraternelle l'amour. [8]Si ces vertus se trouvent en vous et y abondent, elles ne vous laisseront pas inactifs ni sans fruit pour la connaissance de notre Seigneur Jésus Christ. [9]Celui à qui elles font défaut est un aveugle, un myope; il oublie qu'il a été purifié de ses péchés passés. [10]C'est pourquoi, frères, appliquez-vous d'autant plus à affermir votre vocation et votre élection; car, ce faisant, vous ne trébucherez jamais. [11]Ainsi vous sera largement ouvert l'accès au Royaume éternel de notre Seigneur et Sauveur Jésus Christ.

[12d]Voilà pourquoi j'aurai à cœur de vous rappeler constamment ces choses, bien que vous les connaissiez et que vous soyez affermis dans la vérité présente. [13]Mais je crois de mon devoir, aussi longtemps que je suis dans ce monde, de vous tenir en éveil par mes avertissements, [14]sachant que je devrai bientôt le quitter, ainsi que notre Seigneur Jésus Christ me l'a fait connaître. [15]Je prendrai soin qu'après mon départ vous puissiez toujours vous remettre ces choses en mémoire.

Évangile et prophéties. – [16]Ce n'est pas, en effet, sur la foi de fables habilement imaginées que nous vous avons fait connaître la puissance et la venue de notre Seigneur Jésus Christ; c'est pour avoir vu de nos propres yeux sa grandeur. [17]Car il a reçu de Dieu le Père honneur et gloire, lorsque du sein de la gloire magnifique cette voix se fit entendre : *Celui-ci est mon Fils bien-aimé, en qui j'ai mis mes complaisances.* [18]Nous-mêmes avons entendu cette voix venant du ciel, quand nous étions avec lui sur la montagne sainte[e].

[19]Ainsi la parole des prophètes a pris pour nous une force nouvelle; vous faites bien de fixer sur elle vos

regards comme sur une lampe qui brille dans un lieu obscur, jusqu'à ce que le jour vienne à poindre et que l'étoile du matin se lève dans vos cœurs.

²⁰Avant tout, sachez-le bien : aucune prophétie de l'Écriture ne procède d'une interprétation personnelle ; ²¹car aucune prophétie n'a jamais été proférée par la volonté de l'homme ; mais c'est poussés par l'Esprit Saint que des hommes ont parlé de la part de Dieu[f].

2 Condamnation des faux docteurs. – ¹Comme il y a eu de faux prophètes dans le peuple d'Israël, il y aura de même parmi vous de faux docteurs : ils introduiront sournoisement des doctrines pernicieuses et, reniant le Maître qui les a rachetés, ils attireront sur eux une prompte perdition. ²Beaucoup les suivront dans leurs désordres, et à cause d'eux la voie de la vérité sera calomniée. ³Dans leur cupidité, ils vous exploiteront par des paroles trompeuses. Mais la condamnation les menace depuis longtemps et leur perdition ne sommeille pas.

⁴ᵃSi en effet, Dieu n'a pas épargné les anges pécheurs, mais les a précipités dans les abîmes ténébreux de l'enfer où il les tient en réserve pour le jugement ; ⁵s'il n'a pas épargné l'ancien monde, tout en préservant, avec sept autres, Noé, héraut de justice, lorsqu'il a fait fondre le déluge sur un monde d'impies ; ⁶s'il a condamné à la destruction et réduit en cendres les villes de Sodome et de Gomorrhe pour servir d'exemple aux impies à venir ; ⁷s'il a délivré Lot le juste, révol-

---

[f]20-21. Texte important disant bien l'inspiration divine des « prophéties », c'est-à-dire de toutes les Écritures. A rapprocher de 2 Tm 3, 15-17.

2. – ᵃ4. Les leçons du passé montrent que le châtiment des faux docteurs est certain. Dans ce passage, l'auteur évoque la révolte et le châtiment des anges rebelles, racontés surtout dans le livre d'*Hénoch*. Cf. Jude 9-10 ; Ap 12.

té par les mœurs débauchées de ces gens pervers – [8]car, vivant au milieu d'eux, ce juste, dans son âme vertueuse, était chaque jour torturé par ce qu'il voyait et entendait de leurs œuvres criminelles, – [9]c'est donc que le Seigneur sait délivrer de l'épreuve les hommes pieux et garder en réserve les impies pour les châtier au jour du jugement, [10]ceux-là surtout qui, dans leurs impures convoitises, courent après les voluptés de la chair et méprisent la Souveraineté. Audacieux et arrogants, ils ne craignent pas de blasphémer les Gloires[b], [11]alors que des anges, supérieurs en force et en puissance, ne portent pas contre elles devant le Seigneur de jugement blasphématoire. [12]Mais eux, semblables à des animaux sans raison voués par leur nature à être capturés et à périr, ils blasphèment ce qu'ils ignorent ; aussi périront-ils de la même perdition, [13]recevant ainsi le salaire de leur iniquité.

Ils prennent plaisir à se livrer en plein jour à la débauche. Êtres tarés et souillés, ils mettent leur plaisir à vous tromper en faisant bonne chère avec vous ; [14]ils ont les yeux remplis d'adultère et insatiables de péché ; ils prennent à leurs amorces les âmes mal affermies, ils ont le cœur exercé à la cupidité ; êtres maudits ! [15]Ils ont quitté le droit chemin pour s'égarer dans la voie de Balaam, fils de Béor, qui aima le salaire de l'iniquité, [16]mais fut repris de sa désobéissance : une bête de somme muette, faisant entendre une voix humaine, arrêta la folie du prophète[c]. [17]Ces gens sont des sources sans eau, des nuées chassées par la tempête, auxquelles sont réservées d'épaisses ténèbres. [18]Avec des discours pompeux et vides, ils attirent dans les convoitises charnelles et la débauche ceux qui viennent à peine d'échapper aux hommes qui vivent dans l'égarement.

[b]10. *Souveraineté* : celle du Christ. *Gloires* : les anges.
[c]16. Nb 22, 2 – 23, 24.

¹⁹Ils leur promettent la liberté, alors qu'eux-mêmes sont esclaves de la corruption, car on est esclave de ce par quoi on est dominé.

²⁰Si en effet, ceux qui se sont soustraits aux souillures du monde par la connaissance du Seigneur et Sauveur Jésus Christ, s'y engagent de nouveau et s'y laissent asservir, leur dernière condition devient pire que la première. ²¹Mieux eût valu pour eux ne pas connaître la voie de la justice que de se détourner, après l'avoir connue, de la loi sainte qui leur avait été transmise. ²²Il leur est arrivé ce que dit justement le proverbe : *Le chien est retourné à son vomissement,* et : « La truie à peine lavée s'est vautrée dans la boue[d]. »

3 Patientez jusqu'à la fin. – ¹ᵃMes bien-aimés, voici déjà la seconde lettre que je vous écris ; dans l'une et l'autre je fais appel à vos souvenirs pour éveiller en vous une saine intelligence. ²Souvenez-vous des prédictions des saints prophètes et du commandement de notre Seigneur et Sauveur, enseigné par vos apôtres. ³Sachez avant tout que dans les derniers jours, des moqueurs, guidés par leurs passions, viendront avec leurs railleries ⁴et diront : « Où est la promesse de son avènement ? Car depuis que nos pères

---

[d]22. Deux dictons, dont le premier est emprunté à Proverbes 26, 11.

3. – ᵃ1-7. Le délai de l'Avènement du Seigneur ne doit pas faire douter des prophéties qui le concernent ni de l'enseignement des apôtres. L'allusion à une lettre antérieure concerne probablement la première épître. Les faux docteurs objectent qu'aucun changement n'apparaît dans le monde non seulement depuis la mort des premiers chrétiens, mais depuis la création elle-même. Ils font exprès d'oublier que le monde ancien, tiré de l'eau à la parole de Dieu (séparation des eaux supérieures et inférieures, de la terre et de la mer : Gn 1, 6-10), quoique tardivement, périt par l'eau lors du déluge (Gn 7, 11sv.) ; le monde actuel, ciel et terre, périra, mais par le feu, lors de l'anéantissement des impies.

sont morts, tout demeure dans le même état qu'au commencement du monde. » [5]Ils ignorent volontairement qu'il y eut, à l'origine, des cieux et aussi une terre qui, à la parole de Dieu, avait émergé de l'eau et par l'eau, [6]et que, par ces mêmes causes, le monde d'alors périt submergé par l'eau. [7]Quant aux cieux et à la terre d'à présent, la même Parole les tient en réserve et les garde pour le feu, en vue du jour du jugement et de l'anéantissement des impies.

[8b]Mais il y a une chose qui ne doit pas vous échapper, mes bien-aimés : pour le Seigneur un jour est comme mille ans, et mille ans sont comme un jour. [9]Le Seigneur ne retarde pas l'accomplissement de sa promesse, comme certains se le figurent ; mais il use de patience envers vous, voulant que personne ne périsse, mais que tous viennent au repentir. [10]Cependant le jour du Seigneur viendra comme un voleur ; alors les cieux disparaîtront avec fracas, les éléments embrasés se dissoudront et la terre sera consumée avec tout ce qu'elle contient.

[11]Puisque tout doit ainsi se dissoudre, quelles ne doivent pas être la sainteté de votre conduite et votre piété, [12]tandis que vous attendez et hâtez l'avènement du Jour de Dieu, où les cieux enflammés se dissoudront et où les éléments embrasés se fondront ! [13]Nous attendons, selon sa promesse, *des cieux nouveaux et une terre nouvelle* où habitera la justice.

Grandissez dans la grâce. – [14]C'est pourquoi, dans cette attente, mes bien-aimés, faites tous vos efforts pour qu'il vous trouve sans tache et sans reproche dans la paix. [15]Reconnaissez dans la longue patience de notre Seigneur un moyen de salut, ainsi que vous l'a écrit Paul, notre frère bien-aimé, avec la sagesse qui lui

[b]8-10. Cf. 1 P 4, 7.

a été donnée. [16]Il le fait dans toutes les lettres où il aborde ces questions. Il s'y trouve des passages difficiles à comprendre, que des gens ignorants et mal affermis détournent de leur sens pour leur perdition, comme ils le font d'ailleurs avec les autres Écritures[c].

[17]Vous voilà prévenus, mes bien-aimés; tenez-vous sur vos gardes, de peur qu'entraînés par l'égarement de ces hommes iniques, vous ne perdiez ce qui fait votre fermeté. [18]Progressez donc dans la grâce et la connaissance de notre Seigneur et Sauveur Jésus Christ. A lui la gloire, dès maintenant et éternellement! Amen.

---

[c]11-16. L'embrasement du monde (peut-être, en arrière-plan, l'éruption du Vésuve en 77) marquera la fin des temps, mais non son anéantissement, car le monde sera transformé: *cieux nouveaux et terre nouvelle* (Rm 8, 19; Ap 21, 1).

LES LETTRES DE SAINT JEAN

INTRODUCTION

Il y a entre la première lettre de Jean et le quatrième Évangile une ressemblance étroite de doctrine, de style, de langue; malgré des différences non négligeables, les deux écrits doivent être sans aucun doute attribués au même auteur. La lettre est moins vigoureuse et plus traînante; elle offre plus de répétitions; mais elle n'est pleinement intelligible que pour un lecteur familier de l'Évangile, auquel elle fait constamment allusion. On en conclut généralement qu'elle est un peu postérieure et a été écrite dans les dernières années du Ier siècle. La tradition ancienne est formelle sur l'auteur.

Le but de l'apôtre est d'affirmer les fidèles dans la foi en Jésus (2, 1; 5, 6sv.), dans l'union intime avec lui et avec Dieu (1, 34; 5, 13), dans la voie de la vie éternelle (2, 25). Il veut en même temps les mettre en garde contre les antichrists (2, 18sv.), faux prophètes qui renient le Sauveur (2, 22) et, par là même, se séparent du Père (2, 22-23; 5, 10-20). Ils rejetaient en outre la réalité de l'Incarnation (4, 2.9); certains prétendaient être sans péché, n'avoir pas besoin de rédemption (1, 8-10) et connaître Dieu par des voies particulières qui les dispensaient de pratiquer les vertus essentielles du chrétien, en particulier la charité (3, 12-18). Il s'agit donc d'erreurs assez complexes qui font présager la gnose hérétique du IIe siècle. Il est probable que l'apôtre a en vue Cérinthe (selon qui le Christ était descendu en Jésus lors du baptême pour le quitter avant la Passion), les Nicolaïtes mentionnés dans Ap 2, 6.15, et les docètes qui ne reconnaissaient au Christ qu'une humanité apparente. On devine que l'auteur est un contemplatif. Il est pénétré des grands thèmes johanniques, qu'il reprend plusieurs fois sans parvenir à en épuiser la richesse, avec une autorité, une dignité paisible et une force de suggestion qui laissent une impression inoubliable. Il aboutit ainsi à une affirmation décisive, singulièrement éclairante et comparable en importance à la révélation du Fils de Dieu comme Verbe : Dieu est amour ! (4, 8.16).

Les deuxième et troisième lettres sont deux courts billets, émanant de la même main, et au surplus étroitement apparentés à la première lettre. Ils n'ont été acceptés dans l'Église ancienne qu'après quelques hésitations, dues peut-être à leur peu d'importance. L'auteur y prend le titre d'Ancien, sans nom propre. On sait que Papias réservait cette appellation aux apôtres et aux disciples témoins de la vie du Seigneur. Elle convenait excellemment à Jean, dernier survivant du groupe des Douze ; c'était une désignation discrète, mais suffisamment claire, comparable à celle du disciple bien-aimé dans le quatrième Évangile. Il est probable que ces lettres, si brèves, n'auraient pas été conservées si elles n'avaient pas été d'origine apostolique. Elles ont dû être écrites, à peu de chose près, en même temps que la première. La deuxième est adressée à une « Dame élue », c'est-à-dire une Église, impossible d'ailleurs à identifier, pour l'encourager dans la pratique de la charité et l'inviter à rompre avec les hérétiques. Dans la troisième l'apôtre demande à un chrétien notable, du nom de Gaïus, de faciliter la tâche des prédicateurs itinérants envoyés dans diverses Églises et que le responsable, Diotréphès, refuse de recevoir.

PREMIÈRE LETTRE DE SAINT JEAN

DIEU LUMIÈRE, DIEU AMOUR

1 Nous avons vu la Parole de Vie. — [1]Ce qui était dès le commencement, ce que nous avons entendu, vu de nos yeux, contemplé et touché de nos mains concernant le Verbe de vie — [2]car la vie s'est manifestée et nous l'avons vue, nous en rendons témoignage, et nous vous annonçons la vie éternelle, qui était auprès du Père et qui s'est manifestée à nous[a] — [3]ce que nous avons vu et entendu, nous vous l'annonçons à vous aussi, afin qu'à votre tour vous soyez en communion avec nous. Nous sommes, nous, en communion avec le Père et avec son Fils Jésus Christ. [4]Tout cela, nous vous l'écrivons pour que notre joie soit complète[b].

[5]Voici le message que nous avons entendu de lui et que nous vous annonçons : Dieu est lumière[c] et il n'y a en lui aucune ténèbre. [6]Si nous disons que nous sommes en communion avec lui alors que nous marchons dans les ténèbres, nous sommes des menteurs, nous ne pratiquons pas la vérité. [7]Mais si nous marchons dans la lumière, comme il est lui-même dans la lumière, nous sommes en communion les uns avec les autres, et le sang de Jésus, son Fils, nous purifie de tout péché.

---

1. — [a]1-2. Jean, témoin premier comme les autres disciples, a vu ou entendu et compris quelque chose du mystère du Verbe incarné : il ne peut pas ne pas le proclamer ; cf. Jn 1, 13-14.
[b]3-4. Cf. Jn 15, 11 ; 16, 20-24 ; 17, 13 ; 2 Jn 12.

[c]5-10. Dieu est lumière (vérité) : Ps 104, 1-2 ; Is 60, 1-2.19-20 ; Sg 7, 26-30 ; Jn 8, 12 ; 9, 5. Il est donc incompatible avec les ténèbres du mensonge. Par conséquent le vrai croyant doit « faire la vérité ».

Nous sommes des pécheurs pardonnés. – [8]Si nous prétendons être sans péché, nous nous trompons nous-mêmes, la vérité n'est pas en nous. [9]Mais si nous confessons nos péchés, Dieu, qui est fidèle et juste, nous pardonnera nos péchés et nous purifiera de toute iniquité. [10]Si nous disons que nous n'avons pas péché, nous faisons de lui un menteur, et sa parole n'est pas en nous.

2 [1]Mes petits enfants, je vous écris cela afin que vous ne péchiez pas. Mais si quelqu'un vient à pécher, nous avons un défenseur auprès du Père : Jésus Christ, le juste. [2]Lui-même est victime de propitiation pour nos péchés, et non pas seulement pour les nôtres, mais pour ceux du monde entier[a].

Qui est-ce qui connaît Dieu? – [3]Voici à quel signe nous savons que nous le connaissons[b]: si nous gardons ses commandements. [4]Celui qui dit : « Je le connais », et ne garde pas ses commandements est un menteur, et la vérité n'est pas en lui. [5]Quant à celui qui garde sa parole, vraiment, l'amour de Dieu a atteint en lui sa perfection. Voilà à quoi nous reconnaissons que nous sommes en lui. [6]Celui qui prétend demeurer en lui doit se conduire comme lui-même s'est conduit.

[7]Mes bien-aimés, ce n'est pas un commandement nouveau que je vous écris, mais un commandement ancien que vous avez reçu dès le commencement. Ce commandement ancien, c'est la parole que vous avez entendue. [8]Il est aussi pourtant un commandement

2. – [a]1-2. En toute humilité, reconnaître son péché et sa faiblesse, mais sans jamais désespérer, car auprès du Père Jésus est le Paraclet (avocat, défenseur, consolateur). Cf. Jn 14, 15-17.26 ; Rm 8, 34-35 ; He 7, 25.

[b]3-6. L'union à Dieu-Lumière entraîne l'obéissance à ses volontés, à l'imitation du Christ.

nouveau que je vous écris, – ceci est vrai pour lui comme pour vous, – car les ténèbres se dissipent et déjà brille la véritable lumière. [9]Celui qui prétend être dans la lumière et qui déteste son frère est encore dans les ténèbres. [10]Celui qui aime son frère demeure dans la lumière et il n'y a en lui aucune occasion de chute ; [11]mais celui qui déteste son frère est dans les ténèbres et marche dans les ténèbres ; il ne sait où il va, car les ténèbres ont aveuglé ses yeux[c].

Vous connaissez Dieu, n'aimez rien d'autre que lui.

– [12]Je vous écris, mes petits enfants, parce que vos péchés vous sont remis par la puissance du nom de Jésus. [13]Je vous écris, pères, parce que vous connaissez Celui qui est dès le commencement. Je vous écris, jeunes gens, parce que vous avez vaincu le Mauvais. [14]Je vous ai écrit, mes enfants, parce que vous connaissez le Père. Je vous ai écrit, pères, parce que vous connaissez celui qui est dès le commencement. Je vous ai écrit, jeunes gens, parce que vous êtes forts, que la parole de Dieu demeure en vous et que vous avez vaincu le Mauvais.

[15]N'aimez pas le monde, ni ce qui est dans le monde. Si quelqu'un aime le monde, l'amour du Père n'est pas en lui. [16]Tout ce qui est, en effet, dans le monde – la convoitise de la chair, la convoitise des yeux et l'orgueil vital – ne vient pas du Père, mais du monde. [17]Or le monde passe avec ses convoitises, mais celui qui fait la volonté de Dieu demeure à jamais[d].

Sachez reconnaître les ennemis du Christ.

– [18]Mes petits enfants, voici la dernière heure[e]. Vous avez

[c]7-11. Tout finalement (lumière et obéissance) se résume dans l'amour.

[d]17. Le monde mauvais passe (1 Co 7, 31), mais le vrai fidèle demeure, car son renoncement joyeux le rend libre (Ga 5, 1.13-14).

[e]18. *La dernière heure* désigne les temps messianiques ; cf. Rm 13, 11 ; 2 Tm 3, 1 ; He 1, 2.

appris que l'Antichrist doit venir ; or dès maintenant il y a de nombreux antichrists[f] : à quoi nous reconnaissons que la dernière heure est venue. [19]Ils sont sortis de chez nous, mais ils n'étaient pas des nôtres. S'ils avaient été des nôtres, ils seraient restés avec nous ; mais il devait être mis en évidence qu'aucun d'eux n'était des nôtres. [20]Pour vous, vous possédez l'onction qui vient du Saint et vous avez tous la science. [21]Je vous ai écrit, non parce que vous ignorez la vérité, mais parce que vous la connaissez et qu'aucun mensonge ne peut provenir de la vérité. [22]Qui est le menteur, sinon celui qui nie que Jésus est le Christ ? Voilà l'antichrist, celui qui nie le Père et le Fils. [23]Quiconque nie le Fils ne possède pas non plus le Père ; celui qui confesse le Fils possède aussi le Père.

Gardez l'onction du Saint-Esprit. — [24]Pour vous, que l'enseignement entendu dès le commencement demeure en vous. Et s'il demeure en vous, cet enseignement entendu dès le commencement, vous aussi vous demeurerez dans le Fils et dans le Père. [25]Et la promesse que lui-même nous a faite, c'est la vie éternelle.

[26]Voilà ce que j'avais à vous écrire au sujet de ceux qui vous égarent. [27]Pour vous, l'onction que vous avez reçue de lui demeure en vous et vous n'avez pas besoin qu'on vous instruise. Mais puisque l'onction reçue de lui vous instruit de toutes choses — car elle est véridique et non mensongère — selon ce qu'elle vous enseigne, demeurez en lui. [28]Demeurez donc en lui, mes petits enfants, afin que, s'il se manifeste, nous soyons pleins d'assurance et que nous n'ayons pas la

---

[f] 18. Ces antichrists sont des hérétiques et des apostats hostiles à la Vérité, au Christ et par suite au Dieu Trinité.

honte de nous trouver loin de lui lors de son Avènement. [29]Puisque vous savez qu'il est juste, reconnaissez
que quiconque pratique la justice est né de lui[g].

3 Enfants de Dieu dès maintenant.

— [1]Voyez
quel immense amour le Père nous a témoigné pour
que nous soyons appelés enfants de Dieu; et nous le
sommes en effet. Voilà pourquoi le monde ne nous
connaît pas, car il ne l'a pas connu. [2]Mes bien-aimés,
nous sommes dès maintenant enfants de Dieu, et ce
que nous serons n'a pas encore été manifesté. Mais
nous savons que lorsque se fera cette manifestation
nous lui serons semblables, parce que nous le verrons
tel qu'il est[a]. [3]Quiconque a cette espérance en lui se
rend pur comme lui-même est pur. [4]Quiconque commet le péché viole la loi, car le péché est la violation de
la loi. [5]Mais vous savez que Jésus s'est manifesté pour
enlever les péchés, et qu'il n'y a pas de péché en lui.
[6]Quiconque demeure en lui ne pèche pas; quiconque
pèche ne l'a ni vu ni connu[b].

[7]Mes petits enfants, que personne ne vous égare;
celui qui pratique la justice est juste, comme lui-même
est juste. [8]Celui qui commet le péché procède du diable, car le diable est pécheur dès l'origine. Or, c'est
pour détruire les œuvres du diable que le Fils de Dieu
s'est manifesté[c]. [9]Quiconque est né de Dieu ne commet
pas de péché, car la semence divine réside en lui, et il
ne peut pécher parce qu'il est né de Dieu. [10]Voici à quoi

---

[g]24-29. La fidélité à l'Évangile
traditionnel conditionne l'union
à Dieu, donc la vie éternelle.
3. – [a]1-2. Dans le Christ le fidèle
est enfant de Dieu. Cette filiation
n'est pas ignorée de l'AT: Gn 1,
26; Ex 4, 22-23; Dt 14, 1-2; Jr
31, 9; Os 11, 1 etc. Elle est plei-

nement proclamée dans le NT:
Ga 4, 6-7; Rm 8, 15-17; 2 P 1, 4;
mais elle demeure ignorée du
monde: Jn 15, 18-21.
[b]3-6. Cf. 1, 8-10; 2, 1.
[c]7-8. Le pécheur endurci est
fils du diable qui, depuis l'origine, veut ruiner en l'homme la

se reconnaissent les enfants de Dieu et les enfants du diable : quiconque ne pratique pas la justice n'est pas de Dieu, non plus que celui qui n'aime pas son frère.

Aimons-nous les uns les autres. – [11]Tel est en effet le message que vous avez entendu dès l'origine : que nous nous aimions les uns les autres. [12]Ne faisons pas comme Caïn qui venait du Mauvais : il a égorgé son frère. Et pourquoi l'a-t-il égorgé ? Parce que ses œuvres étaient mauvaises, tandis que celles de son frère étaient justes.

[13]Ne vous étonnez pas, mes frères, si le monde vous hait. [14]Nous, nous savons que nous sommes passés de la mort à la vie, parce que nous aimons nos frères ; celui qui n'aime pas demeure dans la mort. [15]Quiconque hait son frère est un homicide, et vous savez qu'aucun homicide n'a la vie éternelle demeurant en lui[d].

[16]Voici à quoi nous avons connu l'amour : Jésus a livré sa vie pour nous, et nous devons, nous aussi, livrer notre vie pour nos frères. [17]Si quelqu'un, possédant les biens de ce monde, voit son frère dans le besoin et lui ferme son cœur, comment l'amour de Dieu pourrait-il demeurer en lui ! [18]Mes petits enfants, n'aimons pas en paroles ni des lèvres, mais en actes et en vérité[e]. [19]A cela nous reconnaîtrons que nous venons de la vérité et devant lui nous rassurerons notre cœur ; [20]car si notre cœur nous fait quelque reproche, Dieu est plus grand que notre cœur et il connaît toutes choses.

[21]Mes bien-aimés, si notre cœur ne nous condamne pas, nous avons pleine assurance devant Dieu[f], [22]et

---

vie véritable : allusion au péché originel ; cf. 1 Co 15, 20-22 ; Rm 5, 18-19 ; Jn 8, 44.

[d]13-15. Cf. Jn 15, 18-19 ; 17, 14.

[e]16-18. Comparer Jean 10, 11sv. ; 15, 13.

[f]19-21. Faire aussi bien que possible la volonté de Dieu doit entretenir une pleine confiance, car Dieu nous connaît mieux que nous-mêmes : Jn 21, 17.

quoi que nous demandions, nous le recevons de lui parce que nous gardons ses commandements et faisons ce qui lui est agréable. [23]Or voici son commandement : croire au nom de son Fils Jésus Christ et nous aimer les uns les autres comme il nous l'a ordonné. [24]Celui qui garde ses commandements demeure en Dieu, et Dieu en lui. A ceci nous reconnaissons qu'il demeure en nous : grâce à l'Esprit qu'il nous a donné[g].

4 Sachez reconnaître les esprits faux. – [1]Mes bien-aimés, ne croyez pas à tout esprit, mais mettez les esprits à l'épreuve pour voir s'ils viennent de Dieu, car beaucoup de faux prophètes ont fait irruption dans le monde. [2]A ceci vous reconnaîtrez l'Esprit de Dieu : tout esprit qui confesse Jésus Christ venu dans la chair est de Dieu, [3]et tout esprit qui ne confesse pas Jésus n'est pas de Dieu ; c'est là l'esprit de l'antichrist dont vous avez entendu annoncer la venue ; et il est dès maintenant dans le monde[a]. [4]Mais vous venez de Dieu, vous, petits enfants, et vous les avez vaincus, car Celui qui est en vous est plus grand que celui qui est dans le monde. [5]Eux viennent du monde : aussi parlent-ils le langage du monde et le monde les écoute. [6]Nous, nous venons de Dieu. Celui qui connaît Dieu nous écoute ; celui qui n'est pas de Dieu ne nous écoute pas. Par là nous distinguons l'esprit de vérité de l'esprit d'erreur.

Dieu est Amour. – [7]Mes bien-aimés, aimons-nous les uns les autres, parce que l'amour vient de Dieu, et quiconque aime est né de Dieu et connaît Dieu. [8]Celui qui n'aime pas n'a pas connu Dieu, car Dieu est amour.

[g]24. Comparer Rm 8, 14sv.; Ga 4, 6.
4. – [a]1-3. La pierre de touche de l'orthodoxie et de la fidélité est de proclamer que Jésus, fils de Marie, est Fils de Dieu lui-même. Cf. Jn 20, 28 ; 1 Co 12, 3 ; Rm 10, 9.

⁹Voici comment s'est manifesté l'amour de Dieu parmi nous : Dieu a envoyé son Fils unique dans le monde, afin que nous vivions par lui. ¹⁰Voici en quoi consiste l'amour : ce n'est pas nous qui avons aimé Dieu, c'est lui qui nous a aimés et qui a envoyé son Fils comme victime expiatoire pour nos péchés.

¹¹Mes bien-aimés, si Dieu nous a aimés à ce point, nous devons, nous aussi, nous aimer les uns les autres. ¹²Personne n'a jamais contemplé Dieu. Si nous nous aimons les uns les autres, Dieu demeure en nous et son amour atteint en nous sa perfection. ¹³Nous reconnaissons que nous demeurons en lui et lui en nous, à ce qu'il nous a donné de son Esprit[b]. ¹⁴Et nous, nous avons vu et nous attestons que le Père a envoyé son Fils comme Sauveur du monde. ¹⁵Quiconque confesse que Jésus est le Fils de Dieu, Dieu demeure en lui, et lui en Dieu. ¹⁶Et nous, nous avons reconnu l'amour de Dieu pour nous, et nous y avons cru. Dieu est amour, et celui qui demeure dans l'amour demeure en Dieu, et Dieu demeure en lui[c].

¹⁷Voici en quoi cet amour atteint en nous sa perfection : que nous ayons pleine assurance pour le jour du jugement, car tel il est, lui, tels nous sommes, nous aussi, en ce monde. Il n'y a pas de crainte dans l'amour ; ¹⁸au contraire, l'amour parfait bannit la crainte, car la crainte implique un châtiment, et celui qui craint n'a pas atteint la perfection de l'amour.

¹⁹Pour nous, nous devons aimer parce qu'il nous a aimés le premier. ²⁰Si quelqu'un dit : « J'aime Dieu », et

---

[b]7-13. Ce passage, qu'il faut rapprocher de Jean 17, souligne à trois reprises les idées entrelacées : Dieu est amour, il a donné son Fils ; à notre tour, nous devons pratiquer l'amour fraternel et préparer la vision de Dieu :

aimer, c'est rechercher en l'autre le visage du Christ et non le nôtre : Jn 14, 6-10.
[c]14-18. Reprise des mêmes affirmations aux vv 14-15, puis 16-18.

a de la haine pour son frère, c'est un menteur. Celui qui n'aime pas son frère qu'il voit ne saurait aimer Dieu qu'il ne voit pas. [21]Et voici le commandement que nous tenons de lui : que celui qui aime Dieu aime aussi son frère.

5 Qui croit en Dieu a vaincu le monde.

[1]Quiconque croit que Jésus est le Christ est né de Dieu, et quiconque aime celui qui l'a engendré aime aussi celui qui est né de lui. [2]A ceci nous reconnaissons que nous aimons les enfants de Dieu : quand nous aimons Dieu et observons ses commandements. [3]L'amour de Dieu consiste en effet à garder ses commandements, et ses commandements ne sont pas onéreux. [4]Car tout ce qui est né de Dieu est vainqueur du monde ; et la victoire qui a vaincu le monde, c'est notre foi. [5]Qui est en effet le vainqueur du monde, sinon celui qui croit que Jésus est le Fils de Dieu[a] ?

[6]C'est lui qui est venu par l'eau et le sang, Jésus Christ[b] ; non pas avec l'eau seulement, mais avec l'eau et le sang. Et l'Esprit en rend témoignage, parce que l'Esprit est la vérité. [7]Ils sont ainsi trois à rendre témoignage : [8]l'Esprit, l'eau et le sang, et ces trois ne font qu'un.

[9]Si nous recevons le témoignage des hommes, le témoignage de Dieu est supérieur, car c'est le propre témoignage de Dieu qu'il a rendu au sujet de son Fils. [10]Celui qui croit au Fils de Dieu possède ce témoignage

---

5. – [a]1-5. La perfection de l'amour est l'épanouissement de la foi et le résumé de tous les commandements.

[b]6-8. C'est le fameux *comma johanneum*, ou versets des trois témoins : l'eau, le sang, l'Esprit. L'eau et le sang du Crucifié (Jn 19, 34-35) symbolisent en même temps, dans la pensée de Jean, la lumière de vérité et le baptême, la vie divine et l'Eucharistie. L'Esprit ajoute son témoignage intérieur : Jn 1, 32-34 ; 16, 7-11 ; Ac 2, 37-38.

en lui. Mais celui qui ne croit pas en Dieu fait de lui un menteur, parce qu'il n'ajoute pas foi au témoignage que Dieu a rendu au sujet de son Fils. [11]Ce témoignage, le voici : Dieu nous a donné la vie éternelle, et cette vie est en son Fils. [12]Celui qui a le Fils a la vie ; celui qui n'a pas le Fils n'a pas la vie[c]. [13]Je vous ai écrit tout cela afin que vous sachiez que vous avez la vie éternelle, vous qui croyez au Nom du Fils de Dieu.

Priez. – [14]Nous avons en lui cette assurance que si nous demandons une chose conforme à sa volonté, il nous exauce. [15]Et si nous savons qu'il nous exauce en tout ce que nous lui demandons, nous savons que l'objet de nos demandes est déjà à nous.

[16]Si quelqu'un voit son frère commettre un péché[d] qui ne conduit pas à la mort, qu'il prie, et Dieu lui donnera la vie, cela pour ceux qui ne commettent pas de péché conduisant à la mort. Mais il y a un péché qui conduit à la mort : ce n'est pas pour celui-là que je dis de prier. [17]Toute prévarication est péché, mais tout péché ne conduit pas à la mort.

Résumé final. – [18]Nous savons que quiconque est né de Dieu ne pèche pas, mais Celui qui est engendré de Dieu le garde et le Mauvais n'a pas de prise sur lui. [19]Nous savons que nous venons de Dieu et que le monde entier est au pouvoir du Mauvais. [20]Mais nous savons aussi que le Fils de Dieu est venu et qu'il nous a donné le discernement pour connaître le Véritable, et

[c]9-12. Ce témoignage de Dieu lui-même est présent en tout croyant ; il concerne essentiellement l'entrée dans la vie divine par l'union au Fils de Dieu. Cf. 4, 9 ; Jn 3, 26 ; 6, 57.

[d]16-17. Dieu pardonne tout péché, sauf celui qui conduit à la mort : c'est le refus volontaire et coupable de la lumière ; dans une telle disposition, on demeure dans son péché. Cf. Mt 12, 31-32 par. ; He 6, 4-8 ; 10, 26-31.

nous sommes dans le Véritable en son Fils Jésus Christ. C'est lui qui est le Dieu véritable et la vie éternelle[e]. [21]Mes petits enfants, gardez-vous des idoles.

[e]18-20. Le véritable enfant de Dieu est impeccable à condition de rester dans le Christ (Rm 8, 14-17). Mais Jean est réaliste: nous sommes pécheurs, mais Dieu est toujours prêt à pardonner (vv 16-17).

DEUXIÈME LETTRE DE SAINT JEAN

AIMONS-NOUS LES UNS LES AUTRES

A une Église en difficulté. – [1]L'Ancien à la Dame élue et à ses enfants que j'aime en vérité – non pas moi seulement, mais aussi tous ceux qui connaissent la vérité – [2]en raison même de la vérité qui demeure en nous et sera avec nous éternellement. [3]Avec nous seront la grâce, la miséricorde et la paix, de la part de Dieu le Père et de Jésus Christ, Fils du Père, dans la vérité et l'amour[a].

[4]J'ai eu beaucoup de joie à rencontrer ceux de tes enfants qui se conduisent selon la vérité, d'après le commandement que nous avons reçu du Père[b]. [5]Maintenant, Dame, je t'en prie, – et ce n'est pas un commandement nouveau que je t'écris, mais celui que nous avons reçu depuis le commencement, – aimons-nous les uns les autres. [6]Or voici en quoi consiste l'amour : à vivre selon ses commandements. Tel est le commandement que vous avez appris dès l'origine, pour que vous viviez dans l'amour.

[7]Beaucoup de séducteurs se sont répandus dans le monde, qui ne reconnaissent pas Jésus Christ venu dans la chair. C'est bien là le séducteur et l'antichrist ! [8]Prenez garde à vous[c], pour ne pas perdre le fruit de

---

[a]1-3. Jean se présente comme l'Ancien par excellence et estime cette désignation suffisante ; il s'adresse à la Dame élue et à ses enfants, peut-être à une Église particulière qu'il salue à la fin (13) de la part de l'élue, de l'Église où lui-même réside.

[b]4-6. Exhortation à la charité fraternelle ; mêmes thèmes que dans 1 Jean 2, 7 ; 3, 11-23.

[c]7-11. Mise en garde contre les hérétiques et exhortation à la persévérance dans la foi. Comparer 1 Jean 2, 18-19 ; 4, 1-6, où les hérétiques sont décrits à peu

vos travaux, mais bien pour recevoir une récompense complète. ⁹Quiconque va plus avant et ne demeure pas dans la doctrine du Christ ne possède pas Dieu ; celui qui demeure dans cette doctrine possède, lui, le Père et le Fils. ¹⁰Si quelqu'un vient à vous sans apporter cette doctrine, ne l'accueillez pas chez vous et ne le saluez pas, ¹¹car celui qui le salue s'associe à ses œuvres mauvaises.

¹²J'aurais beaucoup de choses à vous écrire, mais je n'ai pas voulu le faire avec du papier et de l'encre. J'espère aller chez vous et vous entretenir de vive voix, afin que notre joie soit complète. ¹³Les enfants de ta sœur l'élue te saluent.

près dans les mêmes termes. Celui qui rejette la doctrine du Christ transmise par les apôtres s'exclut de la possession de Dieu et du Christ ; comparer 1 Jean 2, 22-23 ; 4, 2-3.

TROISIÈME LETTRE DE SAINT JEAN

A un disciple fidèle et courageux. – [1]L'Ancien, à Gaïus, le bien-aimé, que j'aime en vérité. [2]Bien-aimé, je souhaite que tu ailles bien à tous égards, et que ton corps se porte aussi bien que ton âme[a].

[3]J'ai eu bien de la joie à la venue des frères qui ont témoigné de ton attachement à la vérité, disant combien ta conduite lui est conforme. [4]Ma plus grande joie, la voici : apprendre que mes enfants se conduisent selon la vérité. [5]Bien-aimé, tu agis en vrai fidèle quand tu fais du bien à nos frères, bien que ce soient des étrangers ; [6]aussi ont-ils rendu témoignage à ta charité devant l'Église. Tu agiras bien en pourvoyant à leur voyage d'une manière digne de Dieu. [7]Car c'est pour le Nom qu'ils se sont mis en route, sans rien recevoir des païens. [8]Notre devoir est donc d'accueillir de tels hommes, afin de collaborer avec eux pour la vérité.

[9]J'ai écrit un mot à l'Église, mais Diotréphès, avide d'y occuper la première place, ne veut pas nous recevoir. [10]C'est pourquoi, si je viens, je ne manquerai pas de dénoncer sa manière d'agir. Il se répand en méchants propos contre nous, et, non content de cela, il refuse de recevoir nos frères, en empêche ceux qui le voudraient et les chasse de l'Église[b].

[a]1-2. L'épître est adressée à un chrétien notable, du nom de Gaïus, à qui Jean souhaite délicatement que sa santé soit aussi prospère que le sont les affaires de son âme.

[b]9-10. Le chef de l'Église locale, Diotréphès, n'a pas tenu compte d'une lettre où l'apôtre lui recommandait les missionnaires. Il bat en brèche son autorité, refuse de recevoir les prédicateurs et même excommunie ceux qui les accueillent.

¹¹Bien-aimé, n'imite pas le mal, mais le bien. Celui qui fait le bien vient de Dieu ; celui qui fait le mal n'a pas vu Dieu.

¹²Quant à Démétrius, tout le monde lui rend bon témoignage, y compris la vérité elle-même. Nous aussi, nous lui rendons témoignage, et tu sais que notre témoignage est vrai[c].

¹³J'aurais bien des choses à t'écrire, mais je ne veux pas le faire avec l'encre et la plume. ¹⁴J'espère te voir bientôt, et nous nous entretiendrons de vive voix.

¹⁵Paix à toi. Les amis te saluent. Salue les amis, chacun en particulier.

[c]12. Cependant Démétrius, peut-être le chef des missionnaires, reçoit bon témoignage de tous et de la Vérité elle-même, car sa conduite est pleinement conforme à l'idéal évangélique. Jean ajoute son témoignage personnel qu'il estime décisif. Il se réserve d'intervenir dans l'Église ainsi troublée et de mettre ordre aux abus de pouvoir du chef (9-10). Il semble jouir d'une autorité incontestée, qui se comprend bien quand il s'agit d'un apôtre.

LETTRE DE SAINT JUDE

INTRODUCTION

L'auteur de cette lettre se présente comme le frère de Jacques, le chef des presbytres de Jérusalem (Ac 21, 18) que Paul appelle «frère du Seigneur» (Ga 1, 9 ; cf. l'introduction à l'épître de saint Jacques). De fait, Jude est nommé avec Jacques dans le groupe des «frères de Jésus» (Mt 13, 55). Plusieurs Pères voient en lui l'apôtre Jude (Lc 6, 16, appelé Thaddée en Mt 10, 3 ; Mc 3, 18), mais on ne peut démontrer cette identification, d'autant plus que l'auteur ne prend pas le titre d'apôtre et semble au verset 17 se distinguer du collège apostolique.

La lettre a été écrite pour mettre les fidèles en garde contre des faux docteurs qui prêchent une licence incompatible avec l'Évangile et professent des erreurs semblables à celles que combat la seconde lettre de saint Pierre. Elle semble adressée aux Églises de Syrie ou d'Asie Mineure ; mais les commentateurs ne s'accordent pas sur les destinataires précis : chrétiens d'origine païenne ou d'origine juive ? Il y a des arguments dans les deux sens. L'auteur est un juif qui connaît bien l'Ancien Testament et utilise même des écrits apocryphes. La bonne qualité de son grec ne constitue pas d'objection contre l'authenticité, car il a sans doute recouru à un secrétaire helléniste.

La parenté de cette lettre avec la seconde de Pierre est évidente. On admet généralement que c'est Pierre qui a utilisé Jude, car il est plus développé, présente pour les faits allégués de l'Ancien Testament un ordre chronologique meilleur et évite les allusions aux apo-

cryphes. Dans ces conditions, il faut placer la lettre de Jude un peu avant la seconde de Pierre, c'est-à-dire après la mort de Jacques, martyrisé en 62, et certainement avant les années 70-80.

GARDEZ-VOUS DE TOUT MAL

Gardez-vous dans l'amour de Dieu. – [1]Jude, serviteur de Jésus Christ, frère de Jacques, à ceux qui sont appelés, aimés en Dieu le Père et gardés pour Jésus Christ. [2]Que la miséricorde, la paix et l'amour vous soient donnés en abondance.

[3]Mes bien-aimés, j'avais à cœur de vous écrire au sujet de notre salut commun, et je me suis vu dans la nécessité de le faire, afin de vous exhorter à la lutte pour la foi qui a été transmise aux saints une fois pour toutes. [4]Il s'est glissé en effet parmi vous des individus, depuis longtemps désignés d'avance pour cette condamnation, des impies qui changent en débauche la grâce de notre Dieu et qui renient notre seul Maître et Seigneur Jésus Christ.

[5]Je veux vous rappeler, bien que vous ayez déjà appris tout cela une fois pour toutes, que le Seigneur, après avoir fait sortir son peuple du pays d'Égypte, a fait périr ensuite ceux qui s'étaient montrés incrédules[a]. [6]Quant aux anges qui n'ont pas gardé leur rang et ont abandonné leur propre demeure, il les garde enchaînés éternellement dans les ténèbres pour le jugement du grand Jour. [7]Pareillement Sodome et Gomorrhe et les villes voisines, qui avaient pratiqué la même sorte de prostitution par leurs péchés contre nature, gisent en exemple, subissant la peine d'un feu éternel. [8]De la même façon ces gens-là, dans leur délire, souillent la chair, méprisent la Souveraineté et blasphèment

---

[a]5-7. Exemples bibliques du châtiment qui menace les impies : les révoltes du Désert (Nb 14 ; Ps 95, 9-11) ; Sodome et Gomorrhe (Gn 19).

les Gloires[b]. [9]Pourtant l'archange Michel, lorsqu'il contestait avec le diable et discutait au sujet du corps de Moïse, n'osa pas porter contre lui un jugement blasphématoire, il dit seulement : « Que le Seigneur te condamne ! » [10]Mais ces individus insultent ce qu'ils ne connaissent pas ; et ce qu'ils connaissent par les sens, à la façon des animaux sans raison, ne sert qu'à les perdre. [11]Malheur à eux ! Ils ont suivi la voie de Caïn, ils sont tombés par esprit de lucre dans l'égarement de Balaam et ils ont trouvé leur ruine dans la révolte de Coré[c]. [12]Ils sont le scandale de vos agapes, où ils font impudemment bonne chère et se repaissent eux-mêmes : nuées sans eau emportées par le vent ; arbres de fin d'automne, sans fruit, deux fois morts, déracinés ; [13]vagues furieuses de la mer, projetant l'écume de leurs propres hontes ; astres errants auxquels d'épaisses ténèbres sont réservées pour l'éternité ! [14]C'est pour eux aussi qu'Hénoch, le septième patriarche après Adam, a prophétisé en ces termes : « Voici que le Seigneur vient avec ses saintes myriades, [15]afin d'exercer le jugement sur tous et de confondre tous les impies pour toutes les œuvres d'impiété qu'ils ont commises et pour toutes les paroles insolentes qu'ont proférées contre lui les pécheurs impies. »

[16]Ce sont des gens qui murmurent, des mécontents qui vivent au gré de leurs convoitises, dont la bouche profère des propos ampoulés et qui flattent les autres pour en tirer profit[d].

---

[b]8-11. Sur le péché des anges (déjà au v 6) voir 2 P 2, 4-11. Jude ajoute un épisode raconté par l'*Assomption de Moïse,* apocryphe juif : le diable et Michel se disputant le corps de Moïse. C'est l'écho d'une ancienne tradition fondée sur Dt 34, 6 et selon laquelle Moïse, à l'instar d'Hénoch et d'Élie, aurait été enlevé au ciel.

[c]11. Cf. Gn 4, 3-15 ; Nb 22, 24 ; 16.

[d]12-16. Vigoureuse diatribe contre l'immoralité des faux docteurs ; à rapprocher de 2 P 2, 13-14.17-22. La prophétie d'Hénoch

¹⁷Mais vous, mes bien-aimés, souvenez-vous de ce qui vous a été prédit par les apôtres de notre Seigneur Jésus Christ. ¹⁸Ils vous disaient : « A la fin des temps[e], il y aura des railleurs qui vivront au gré de leurs convoitises. » ¹⁹Les voilà, ces fauteurs de discorde, ces êtres sensuels qui ne possèdent pas l'Esprit.

²⁰Mais vous, mes bien-aimés, édifiez-vous sur le fondement de votre foi très sainte, priez dans l'Esprit Saint, ²¹gardez-vous dans l'amour de Dieu, dans l'attente de la miséricorde de notre Seigneur Jésus Christ pour la vie éternelle. ²²Ayez pitié de ceux qui hésitent ; ²³sauvez-les en les arrachant au feu. Pour les autres, ayez une pitié mêlée de crainte, haïssant jusqu'au vêtement souillé par leur chair.

²⁴Celui qui peut vous préserver de toute chute et vous faire paraître devant sa gloire sans tache et dans l'allégresse, ²⁵au Dieu unique, notre Sauveur par Jésus Christ notre Seigneur, gloire, majesté, force et puissance avant tous les temps, maintenant et dans tous les siècles ! Amen.

---

est empruntée assez librement à l'apocryphe de ce nom 1, 9. Les saintes myriades sont les anges ; comparer Dt 33, 2 ; He 12, 22.

[e]18. Cf. 1 Tm 4, 1 ; 2 Tm 3, 1 ; He 1, 2 ; etc.

L'APOCALYPSE

INTRODUCTION

*L'Apocalypse se donne explicitement comme l'œu-
vre de Jean (1, 4.9 ; 22, 8). On doit pourtant constater quelques différences de langue et de style avec le
quatrième évangile ; mais on y trouve la même théologie fondamentale (par ex. le Verbe de Dieu, l'Esprit)
ainsi que des notions caractéristiques : lumière et
ténèbres, vie et mort, témoignage ; il faut y ajouter un
sens dramatique remarquable (par ex. Ap 12, 18 et Jn
13, 30). Ces différences et plus encore le fait qu'un
esprit occidental n'attribue qu'avec peine à un même
auteur des doublets apparents ou ce qu'il considère
comme des incohérences rédactionnelles, ont fait
supposer que l'ouvrage résulterait de la fusion de
deux apocalypses rédigées l'une au temps de Néron,
l'autre sous Domitien. Si fusion il y eut, elle fut géniale,
conforme à la mentalité sémitique et supposant la
maîtrise de ce genre apocalyptique si étrange pour
nous. On peut dire que le vieil apôtre, utilisant des
passages déjà écrits peut-être ainsi qu'un enseignement oral prolongé, eut recours pour la rédaction
finale à un disciple que les premiers Pères de l'Église
nomment Jean le Presbytre ; de plus aujourd'hui on
tend à reconnaître auprès de Jean la présence active
de Luc.*

Un temps d'angoisse. – *Selon Irénée, Eusèbe de
Césarée et Jérôme, l'Apocalypse fut écrite à Éphèse, à
la fin du règne de Domitien (81-96), vers 95-96. C'était
un temps d'angoisse pour les chrétiens, exposés à des
dangers venant de l'intérieur et de l'extérieur.*

D'une part, dans les milieux grecs d'Éphèse et de la province d'Asie, on désirait souvent tout expliquer par la seule raison : il en résultait des déviations doctrinales que Paul déjà avait combattues dans ses lettres aux Éphésiens et aux Colossiens. La foi est en baisse ; des clans plus ou moins intellectuels se forment (par ex. Nicolaïtes de 2, 6.15.20sv.), menaçant l'unité et attiédissant la charité.

D'autre part, Domitien, vers la fin de son règne, prend au sérieux le culte impérial : il prétend se faire adorer comme « seigneur et dieu ». Les chrétiens n'y peuvent souscrire : il les considère comme des rebelles et déclenche contre eux la première persécution vraiment universelle et systématique (cf. le martyre d'Antipas, 2, 13 et la déportation de Jean à Patmos, 19). L'Église n'allait-elle pas être submergée par l'empire persécuteur ? L'espérance s'étiole.

C'est pour répondre à ces tentations de tiédeur, de découragement, d'apostasie, que Jean écrit l'Apocalypse : elle est essentiellement un message d'espérance : le Christ vaincra. Il a choisi pour s'exprimer le genre apocalyptique qui, fort étrange pour nous, était alors à la mode. Depuis plusieurs siècles (Amos, Ézéchiel, Zacharie, Joël, Daniel, etc.), on l'utilisait pour dévoiler l'avenir (apocalypse), surtout les derniers temps (eschatologie), qui s'achèveraient par la manifestation suprême (parousie) du Seigneur.

Ainsi s'était constitué un style d'anticipation, tout un matériel convenu d'expressions et d'images stéréotypées. Il prend origine dans l'imagination même des prophètes, dans leurs efforts pour traduire des visions authentiques, dans la tradition juive ancestrale (le Paradis, le déluge, les plaies d'Égypte, les anges, les femmes représentant des groupes humains...) et même dans le folklore oriental (monstres, montagnes *fantastiques, pierres et métaux précieux, angélologie étrange...).*

Quelques procédés sont communs à tous. Puisque *l'avenir n'appartient qu'à Dieu, le visionnaire est introduit au ciel, où parfois le guident des anges ou des saints. Jamais une apocalypse ne veut donner la suite chronologique des événements : entre aujourd'hui et le dernier jour, elle envisage l'avenir global sous forme de tableaux qui reprennent ou précisent, de points de vue différents, le même ensemble.*

Il importe d'insister sur la symbolique et d'en relever en particulier quelques traits (utilisés d'ailleurs avec beaucoup de liberté et de souplesse) :

Nombres:

3 : multiplicité la plus simple, chiffre divin.
4 : chiffre cosmique = l'universalité du monde visible.
7 et 12 : expriment la plénitude (de plus 12 évoque les tribus d'Israël, le peuple de Dieu).

3½ et 6 (moitiés de 7 et de 12) : désignent ce qui est opposé à la plénitude, l'imperfection et la précarité. Quand il s'agit de la durée, 7 suggère la durée totale, l'éternité ; 3½ la durée limitée, celle de l'histoire humaine (c'est encore : 42 mois ou 1260 jours).

10 : est une quantité notable, mais limitée ; 100, c'est la multitude dans l'espace ; 1000, la multitude dans l'espace et le temps, la durée de l'histoire (comme 3½).

Couleurs: *(voir par ex. : 6, 1-6) :*

Blanc (et toute splendeur) : *joie, victoire, vie céleste ;* Écarlate : *luxe et débauche.* Noir : *famine.* Pourpre : *pouvoir impérial.* Rouge : *sang, cruauté, guerre.* Vert (ou verdâtre) : *peste.* Arc-en-ciel : *miséricorde universelle de Dieu (Gn 9, 12sv.).*

Divers:

Bras, main : *puissance*. Clé : *pouvoir*. Corne : *force*. Couronne : *victoire et récompense, ou pouvoir royal*. Eau vive : *vie divine, Esprit Saint*. Femme : *ville, nation ou peuple*. Nom : *nature*. Yeux : *science ;* etc.

PROLOGUE

1 Prologue. – [1]Révélation de Jésus Christ : Dieu la lui a confiée pour montrer à ses serviteurs ce qui doit arriver bientôt[a]. Il l'a fait connaître par l'envoi de son ange à son serviteur Jean, [2]lequel atteste comme parole de Dieu et témoignage de Jésus Christ tout ce qu'il a vu. [3]Heureux le lecteur et les auditeurs des paroles de cette prophétie, s'ils gardent ce qui s'y trouve écrit, car le temps est proche !

[4]Jean aux sept Églises d'Asie[b]. A vous grâce et paix de la part de Celui qui est, qui était et qui vient, et de la part des sept Esprits qui sont devant son trône, [5]et de la part de Jésus Christ, le témoin fidèle, le premier-né d'entre les morts et le prince des rois de la terre.

A celui qui nous aime, qui nous a lavés de nos péchés par son sang, [6]et qui a fait de nous un royaume, des prêtres pour son Dieu et Père, à lui gloire et puissance pour les siècles des siècles ! Amen.

[7]Le voici qui vient sur les nuées ; tout œil le verra, même ceux qui l'ont transpercé, et toutes les tribus de la terre se lamenteront sur lui. Oui. Amen !

---

1. – [a]1-3. Cette révélation est une prophétie, c'est-à-dire une Parole de Dieu ; il faut donc recevoir ce message avec vénération et le mettre en pratique sans tarder.

[b]4-5. La province d'Asie comptait d'autres Églises (Troas, Milet, Colosses, etc.). Jean en nomme sept (cf. v 11), chiffre de plénitude : il envisage toutes les Églises d'Asie, peut-être toutes les Églises chrétiennes de tous les temps. *Grâce et paix* sont des dons du Dieu-Trinité : le Père (il est, il était et il vient) ; les *sept Esprits*, nommés encore les sept Lampes (4, 5) ou les sept Yeux (5, 6) : c'est l'Esprit parfait, très saint et qui voit toutes choses. La troisième personne est le Ressuscité, témoin fidèle (Jean 1, 18), roi des rois.

[8]Je suis l'Alpha et l'Oméga, dit le Seigneur Dieu, Celui qui est, qui était et qui vient, le Tout-Puissant.

Vision du Christ roi et prêtre. – [9]Moi, Jean, votre frère et votre compagnon dans l'épreuve, la royauté et la persévérance en Jésus, je me trouvais dans l'île de Patmos à cause de la parole de Dieu et du témoignage de Jésus. [10]J'entrai en extase le jour du Seigneur, et j'entendis derrière moi une voix puissante, telle une trompette[c].

[11]Elle disait : « Ce que tu vois, écris-le dans un livre, et envoie-le aux sept Églises : Éphèse, Smyrne, Pergame, Thyatire, Sardes, Philadelphie et Laodicée. »

[12]Je me retournai pour regarder la voix qui me parlait. Je vis alors sept candélabres d'or [13]et au milieu d'eux quelqu'un, *semblable à un fils d'homme*[d]. Il portait une longue tunique et à hauteur de poitrine une ceinture d'or. [14]*Sa tête et ses cheveux étaient blancs comme de la laine, comme de la neige ; ses yeux étaient comme une flamme ardente* [15]*et ses pieds comme du bronze incandescent* dans une fournaise ; *sa voix était comme la voix des grandes eaux ;* [16]dans sa main droite, il tenait sept étoiles, et de sa bouche sortait un glaive acéré, à deux tranchants. Son visage ressemblait au soleil quand il brille dans toute sa force.

[17]A sa vue, je tombai comme mort à ses pieds. Mais il posa sur moi sa main droite, en disant : « Ne crains

[c]9-10. Comme toute révélation authentique, cette vision est un événement de l'histoire, localisé et daté : c'était le jour du Seigneur, un dimanche (Jean 20, 1 ; Ac 20, 7) : ne fut-ce pas en lien avec la célébration de l'Eucharistie ?

[d]12-16. Le Christ, semblable au Fils d'homme de Dan 7, 13-14, porte la tunique sacerdotale et la ceinture royale ; la blancheur éclatante et le regard de feu symbolisent sa divinité et son omniscience ; le bronze ou airain suggère la stabilité, et le glaive, la toute-puissante Parole divine. Cf. Dn 7, 9 ; 10, 5-6 ; Mt 17, 2-6 par. Selon v 20, les candélabres et les étoiles symbolisent les Églises ; elles sont dans la main du Christ : il les gouverne et les protège.

rien; je suis le Premier et le Dernier, [18]et le Vivant; j'étais mort et me voici vivant pour les siècles des siècles, et je détiens les clefs de la mort et de l'abîme. [19]Écris ce que tu as vu, ce qui est maintenant et ce qui doit arriver dans la suite. [20]Voici le sens mystérieux des sept étoiles que tu as vues dans ma main droite et des sept candélabres d'or: les sept étoiles sont les anges des sept Églises, et les sept candélabres sont les sept Églises[e]. »

LETTRES AUX SEPT ÉGLISES D'ASIE

2 [a]**A l'Église de la capitale: Éphèse.** – [1]« A l'ange de l'Église d'Éphèse[b], écris:

Ainsi parle Celui qui tient les sept étoiles dans sa droite et qui marche au milieu des sept candélabres d'or. [2]Je connais tes œuvres, ton labeur et ta persévérance; je sais que tu ne peux supporter les méchants et que tu as mis à l'épreuve ceux qui se prétendent apôtres et ne le sont pas; tu les as reconnus menteurs. [3]Tu as de la persévérance et tu as souffert pour mon nom

[e]17-20. Le Ressuscité, maître de la vie, rassure le prophète effrayé; il lui confie une mission précise: rédiger ce qui concerne le présent (ce sont les ch 2-3), puis les choses de l'avenir (le reste de l'ouvrage).

2-3. – [a]Ces lettres disent bien la vie des chrétiens à la fin du Ier siècle, avec ses grandeurs et ses ombres: leçons valables pour tous les temps. Chacune est dictée par le Christ lui-même présenté avec l'un des attributs décrits dans la vision de Patmos. Le message comporte louanges ou reproches, exhortations ou menaces. La conclusion mentionne les promesses adressées à ceux qui demeurent fidèles. Toutes paroles que «l'Esprit dit aux Églises»: elles ont une portée universelle.

2. – [b]1-7. Capitale et métropole, Éphèse est ferme dans la foi; mais son amour premier est en baisse, cette charité sans laquelle rien ne compte (cf. 1 Co 13). Sans conversion, elle disparaîtra. Sur l'arbre de vie promis, cf. Gn 2, 9; Pr 3, 18; Jn 6, 27.

sans te décourager. [4]Mais j'ai contre toi que tu t'es relâché de ton premier amour. [5]Souviens-toi donc de quelle hauteur tu es tombé ; repens-toi et reviens à tes œuvres d'autrefois. Sinon, je vais venir à toi, et, si tu ne te repens pas, j'enlèverai ton candélabre de sa place. [6]Tu as cependant en ta faveur que tu détestes les agissements des Nicolaïtes, comme je les déteste moi-même.

[7]Que celui qui a des oreilles entende ce que l'Esprit dit aux Églises : Au vainqueur je donnerai à manger de l'arbre de vie qui est dans le paradis de Dieu.

Lettre à l'Église de Smyrne. – [8]« A l'ange de l'Église de Smyrne[c], écris :

Ainsi parle le Premier et le Dernier, Celui qui était mort et qui a repris vie. [9]Je connais tes épreuves et ta pauvreté — encore que tu sois riche — et les calomnies de ceux qui se disent Juifs sans l'être alors qu'ils sont une synagogue de Satan. [10]Ne redoute pas les souffrances qui t'attendent ; voici que le diable va jeter quelques-uns des vôtres en prison pour vous mettre à l'épreuve, et vous subirez dix jours d'épreuve. Sois fidèle jusqu'à la mort, et je te donnerai la couronne de vie. [11]Que celui qui a des oreilles entende ce que l'Esprit dit aux Églises : Le vainqueur ne sera pas atteint par la seconde mort.

A Pergame. – [12]« A l'ange de l'Église de Pergame, écris :

Ainsi parle Celui qui tient le glaive affilé à deux tranchants. [13]Je sais où tu habites : là même où est le trône

[c]8-11. A Smyrne, qui aura bientôt pour évêque Polycarpe, le Christ se présente comme le Vivant, ce qui convient bien à l'annonce de la persécution qui sera provoquée, semble-t-il, par certains Juifs locaux. Mais heureux ceux qui souffrent persécution (Mt 5, 10-12) : ils échapperont à la seconde mort, qui est la damnation éternelle.

de Satan[d]. Cependant tu restes attaché à mon nom et tu n'as pas renié ma foi, même aux jours où Antipas, mon témoin fidèle, a été mis à mort chez vous, là où Satan habite. [14]Mais j'ai contre toi un léger grief: tu as là des partisans de la doctrine de Balaam, qui enseigna à Balac à tendre un piège aux enfants d'Israël, en les poussant à manger des viandes sacrifiées aux idoles et à s'adonner à la fornication. [15]De plus, tu as, toi aussi, des partisans de la doctrine des Nicolaïtes. [16]Repens-toi donc; sinon je viens à toi sans tarder, et je combattrai contre eux avec le glaive de ma bouche. [17]Que celui qui a des oreilles entende ce que l'Esprit dit aux Églises: Au vainqueur je donnerai la manne cachée; je lui donnerai aussi une pierre blanche, sur laquelle est gravé un nom nouveau que personne ne connaît, sauf celui qui le reçoit.

A Thyatire. — [18]« A l'ange de l'Église de Thyatire[e], écris:

Ainsi parle le Fils de Dieu, Celui qui a les yeux comme une flamme ardente et les pieds semblables à du bronze. [19]Je connais tes œuvres, ton amour, ta foi,

[d]12-17. A Pergame on adorait Asklepios, le dieu de la médecine, l'ancien dieu Serpent qui persiste sous la forme du caducée et qui fut l'image du tentateur (Gn 3); c'est là également que s'élevait depuis 29 av. J.C. le premier temple à l'empereur divinisé. Pergame est le siège de Satan. La chrétienté locale a donné un martyr, Antipas, mais comme Éphèse, elle tolère les Nicolaïtes (cf. Nb 25, 1-2; 31, 16). Que cette Église rénove son zèle pour la vérité. La *manne* rappelle l'Eucharistie; *la pierre*

blanche fait allusion aux boules blanches d'acquittement des tribunaux romains. Pour un homme de la Bible, le *nom nouveau* signifie le renouvellement de tout l'être.

[e]18-25. Cette ville industrielle fabriquait le mystérieux *aurichalcum,* sorte de bronze précieux: le Christ, Fils de Dieu, a la stabilité de cet alliage. Les nombreuses vertus de cette Église sont ternies par la tolérance de Nicolaïtes, groupés autour d'une femme surnommée Jézabel: 1 R 18, 13; 2 R 9, 22. Il faut savoir

ton service, ta persévérance et tes dernières œuvres plus nombreuses que les premières. ²⁰Mais j'ai contre toi que tu tolères Jézabel, cette femme qui se dit prophétesse, et qui égare mes serviteurs en leur enseignant à pratiquer la fornication et à manger des viandes sacrifiées aux idoles. ²¹Je lui ai laissé du temps pour se repentir, mais elle ne veut pas se repentir de sa fornication. ²²Voici que je vais la jeter sur un lit de grandes souffrances, ainsi que ses complices d'adultère, à moins qu'ils ne se repentent de leurs œuvres.

²³« Je frapperai de mort ses enfants : toutes les Églises sauront ainsi que je sonde les reins et les cœurs, et je rendrai à chacun de vous selon ses œuvres. ²⁴Quant à vous, les autres fidèles de Thyatire, qui ne partagez pas cette doctrine et n'avez pas fait connaissance avec les "profondeurs de Satan", comme ils disent, je déclare ne pas vous imposer d'autre fardeau ; ²⁵tenez ferme seulement ce que vous possédez, jusqu'à ce que je vienne. ²⁶Au vainqueur, à celui qui garde mes œuvres jusqu'à la fin, je donnerai pouvoir sur les nations ; ²⁷*il les mènera paître avec une houlette de fer, comme on fracasse les vases d'argile,* ²⁸ainsi que j'ai moi-même reçu pouvoir de mon Père. Et je lui donnerai l'étoile du matin[f]. ²⁹Que celui qui a des oreilles entende ce que l'Esprit dit aux Églises !

3 A Sardes. — ¹« A l'ange de l'Église de Sardes[a], écris : Ainsi parle Celui qui possède les sept Esprits de Dieu et les sept étoiles. Je connais tes œuvres : tu passes pour vivant, alors que tu es mort ! ²Montre-toi

résister aux séductions pour régner avec le Christ.
[f]26-28. Cf. Ps 2, 7-9 ; et sur l'étoile du matin : Nb 24, 17 ; 2 P 1, 19 ; Ap 22, 16.

3. — [a]1-6. Ancienne capitale de Lydie (royaume de Crésus), elle était à deux reprises (546 et 218) tombée aux mains de ses ennemis ; reconstruite après le trem-

vigilant, et affermis ce qui reste, et qui est sur le point de mourir, car je n'ai pas trouvé tes œuvres parfaites aux yeux de mon Dieu. ³Rappelle-toi donc comment tu as reçu et entendu la parole ; garde-la et repens-toi ! Si tu ne veilles pas, je viendrai comme un voleur, sans que tu saches à quelle heure je te surprendrai. ⁴Tu as pourtant à Sardes quelques fidèles qui n'ont pas souillé leurs vêtements ; ils m'escorteront vêtus de blanc, car ils en sont dignes. ⁵Le vainqueur sera pareillement habillé de blanc ; je n'effacerai pas son nom du livre de vie ; je proclamerai son nom devant mon Père et devant ses anges. ⁶Que celui qui a des oreilles entende ce que l'Esprit dit aux Églises !

A Philadelphie. – ⁷« A l'ange de l'Église de Philadelphie[b], écris :

Ainsi parle le Saint, le Véridique, Celui qui *détient la clef de David, qui ouvre et personne ne peut fermer, qui ferme et personne ne peut ouvrir.* ⁸Je connais tes œuvres ; voici que je tiens ouverte devant toi une porte que nul ne peut fermer, car, malgré tes forces limitées, tu as gardé ma parole et n'as pas renié mon nom. ⁹Voici que je te livre des membres de la synagogue de Satan, qui se disent Juifs, mais ne le sont pas, menteurs qu'ils sont. Je les ferai venir se prosterner à tes pieds, et reconnaître que je t'ai aimé. ¹⁰Parce que tu as gardé ma

blement de terre de l'an 17, elle avait retrouvé une part de sa splendeur. Mais l'Église locale est morte ; qu'elle se réveille pour ne pas être surprise par les forces du mal, sinon le Christ viendra comme un voleur : il faut toujours veiller : 1 Th 5, 2-3. *Le livre de vie* : cf. 13, 8 ; 17, 8 ; 20, 11-15.

[b]7-13. Au seuil de la Phrygie sauvage, souvent détruite par des séismes et reconstruite (d'où les symboles tirés du bâtiment), cette Église ne reçoit que des louanges (comme Smyrne). Elle est une porte ouverte pour l'évangélisation, mais elle va connaître épreuves et persécutions : qu'elle tienne ferme (Mt 24, 9-13).

consigne de persévérance, moi aussi je te garderai de l'heure de l'épreuve qui va venir sur le monde entier pour éprouver les habitants de la terre. [11]Je viens bientôt; tiens ferme ce que tu as, pour que personne ne te ravisse ta couronne. [12]Du vainqueur, je ferai une colonne dans le temple de mon Dieu, et il n'en sortira jamais plus. Je graverai sur lui le nom de mon Dieu et le nom de la cité de mon Dieu, la nouvelle Jérusalem qui descend du ciel d'auprès de mon Dieu, ainsi que mon nom nouveau. [13]Que celui qui a des oreilles entende ce que l'Esprit dit aux Églises!

A Laodicée. – [14]« A l'ange de l'Église de Laodicée, écris:

Ainsi parle l'Amen, le Témoin fidèle et véridique, le Principe de la création de Dieu. [15]Je connais tes œuvres: tu n'es ni froid ni chaud. Que n'es-tu froid ou chaud! [16]Mais puisque tu es tiède, et ni chaud ni froid, je vais te vomir de ma bouche! [17]Parce que tu dis: Je suis riche, je me suis enrichi, je ne manque de rien, et tu ne sais pas que tu es malheureux, pitoyable, pauvre, aveugle et nu, [18]je te conseille d'acheter chez moi de l'or purifié au feu pour t'enrichir et des vêtements blancs pour t'en couvrir et cacher ta honteuse nudité, et un collyre pour oindre tes yeux et voir clair[c]. [19]Ceux que j'aime, je les reprends et les corrige; ranime donc ton zèle et repens-toi. [20]Voici, je me tiens à la porte et je frappe; si quelqu'un écoute ma voix et ouvre la porte,

[c]14-22. Dans cette ville riche (textiles, commerce et banques) il y avait une célèbre école d'ophtalmologie. On s'y embourgeoisait très vite: le Christ blâme la tiédeur de cette Église. Qu'elle se procure donc l'*or* de la foi, les *vêtements blancs* des vertus évangéliques et un *collyre* pour retrouver une vue surnaturelle des choses. Épreuves et souffrances l'y aideront, car elles sont dirigées par l'amour divin (Pr 3, 11-12; He 12, 7-8). Le Seigneur ne cesse d'appeler ses bien-aimés (Os 2, 16; Ct 5, 2).

j'entrerai chez lui ; je dînerai avec lui et lui avec moi. [21]Au vainqueur, je donnerai de s'asseoir avec moi sur mon trône, comme moi-même, après ma victoire, je me suis assis avec mon Père sur son trône. [22]Que celui qui a des oreilles entende ce que l'Esprit dit aux Églises ! «

LES LUTTES DE L'ÉGLISE

4 [a]**Le Dieu de l'univers**[b]. – [1]J'eus ensuite cette vision : Une porte était ouverte dans le ciel, et la voix que j'avais entendue me parler auparavant, semblable au son d'une trompette, me disait : « Monte ici, et je te montrerai ce qui doit arriver dans la suite. » [2]Aussitôt j'entrai en extase. Et voici qu'un trône était dressé dans le ciel, et sur ce trône quelqu'un était assis. [3]Celui qui était assis avait l'aspect d'une pierre de jaspe et de sardoine, et un arc-en-ciel d'un ton d'émeraude entourait le trône. [4]Autour du trône, vingt-quatre trônes, et sur ces trônes étaient assis vingt-quatre anciens, vêtus de blanc, des couronnes d'or sur la tête[c]. [5]Du trône partent des éclairs, des voix et des coups de tonnerre ; sept lampes ardentes brûlent devant le trône : ce

4.-7. – [a]Tableau rassurant avant que ne soit décrit l'avenir général du monde : vision du ciel où Dieu détient tous les secrets de l'avenir ; le Christ maître de l'histoire. Première vue générale de cette histoire, au rythme de la rupture des sept sceaux.

4. – [b]1-3. La présence de Dieu, qui n'est ni nommé ni décrit, est suggérée par l'éclat des pierres précieuses et par l'arc-en-ciel de l'universelle miséricorde (Gn 9).

[c]4. Les vingt-quatre *anciens,* qu'on retrouvera souvent (4, 9-11 ; 5, 8-10 ; etc.), ne sont pas des anges, car trônes, couronnes et vêtements blancs symbolisent le triomphe des élus. Jean les distingue toujours des martyrs et de la foule des rachetés. Leur caractère de vieillards et leur nombre invitent à voir en eux les saints de l'AT qui, eux aussi, font partie du Peuple de Dieu. Cf. 1 Ch 24, 1-5 ; Is 24, 23.

sont les sept Esprits de Dieu[d]; [6]devant le trône s'étend comme une mer de verre, semblable à du cristal ; face au trône et tout autour, quatre Vivants constellés d'yeux devant et derrière ; [7]le premier Vivant ressemble à un lion, le second à un taureau, le troisième a comme un visage d'homme, le quatrième est semblable à un aigle en plein vol.

[8]Les quatre Vivants ont chacun six ailes, constellées d'yeux tout autour et à l'intérieur[e]. Ils ne cessent de proclamer jour et nuit : «*Saint, saint, saint est le Seigneur Dieu, le Tout-Puissant,* Celui qui était, qui est et qui vient. » [9]Et chaque fois que les Vivants rendent gloire, honneur et action de grâce à Celui qui est assis sur le trône et qui vit pour les siècles des siècles, [10]les vingt-quatre anciens se prosternent devant Celui qui est assis sur le trône, ils adorent Celui qui vit aux siècles des siècles et lancent leurs couronnes devant le trône, en disant : [11]« Tu es digne, Seigneur notre Dieu, de recevoir la gloire, l'honneur et la puissance, car c'est toi qui as créé toutes choses ; c'est par ta volonté qu'elles existent et qu'elles ont été créées[f]. »

5 [1]Et je vis dans la main droite de Celui qui était assis sur le trône un livre écrit au-dedans et au-dehors, scellé de sept sceaux. [2]Et je vis un ange très fort qui

---

[d]5. Les sept *Lampes* sont l'Esprit Saint purificateur (cf. 1, 4-5). Les manifestations grandioses rappellent celles du Sinaï (Ex 19-20).

[e]6-8. Les Vivants sont à la fois les Chérubins et les Ophannim d'Ézéchiel 1, combinés avec les Séraphins d'Isaïe 6, mais simplifiés. En relation étroite avec Dieu, ils regardent les quatre points de l'horizon : ce sont les agents de la toute-puissance divine et de la louange céleste au nom de l'univers. C'est une interprétation gratuite postérieure (Irénée) qui les identifie avec les quatre évangélistes.

[f]8-11. Cette liturgie de louange unit les anges, les hommes et la nature entière. Elle commence par le triple *sanctus* d'Is 6, 2-3 en l'honneur de la transcendance divine.

proclamait d'une voix puissante : « Qui est digne d'ouvrir le livre et d'en briser les sceaux[a] ? »

³Mais personne, ni au ciel, ni sur la terre, ni sous la terre, ne fut trouvé digne d'ouvrir le livre ni de le regarder. ⁴Je fondis en larmes de ce que personne ne fût digne d'ouvrir le livre ni de le regarder.

L'Agneau de Dieu révélateur. – ⁵Alors l'un des anciens me dit : « Ne pleure pas. Voici que le lion de la tribu de Juda, le rejeton de David, a remporté la victoire : il ouvrira le livre et ses sept sceaux. »

⁶Je vis alors, au milieu, entre le trône aux quatre Vivants et les anciens, un Agneau debout en même temps qu'égorgé. Il avait sept cornes et sept yeux, qui sont les sept Esprits de Dieu envoyés par toute la terre[b]. ⁷Il s'approcha et reçut le livre de la main droite de Celui qui était assis sur le trône. ⁸Quand il reçut le livre, les quatre Vivants et les vingt-quatre anciens se prosternèrent devant l'Agneau. Chacun tenait une harpe et des coupes d'or remplies de parfums, qui sont les prières des saints. ⁹Et ils chantaient ce cantique nouveau :

« Tu es digne de recevoir le livre et d'en briser les sceaux, car tu as été égorgé, et tu as racheté pour Dieu, par ton sang, des hommes de toute tribu, langue, peuple et nation. ¹⁰Tu as fait d'eux, pour notre Dieu, un royaume et des prêtres, et ils régneront sur la terre. »

---

5. – [a]3-5. Le livre roulé contient tous les décrets divins sur l'avenir (Ez 2, 9-10 ; 3, 1-3) ; ils attendent leur réalisation, car le rouleau est parfaitement fermé par sept sceaux.

[b]6-7. Le visionnaire pleure, car il partage l'angoisse de tous ses frères. Mais apparaît le Christ, Lion de Juda vainqueur (Gn 49, 10) et Fils de David (Is 11, 1sv.) ; il est l'Agneau de Dieu (Jn 1, 28-29 ; Is 53, 6-7), portant les marques de sa Passion, mais bien vivant. Il possède la plénitude de la puissance et de la science (sept cornes et sept yeux) ainsi que l'Esprit.

[11]Puis, dans ma vision, j'entendis la voix d'une multitude d'anges qui entouraient le trône, les Vivants et les anciens. Leur nombre était myriades de myriades et milliers de milliers. [12]Ils disaient d'une voix forte :

« Il est digne, l'Agneau qui a été égorgé, de recevoir puissance, richesse, sagesse, force, honneur, gloire et louange. »

[13]Et toutes les créatures qui sont au ciel, sur terre, sous terre et sur mer, tous les êtres qui s'y trouvent, je les entendis proclamer :

« A Celui qui est assis sur le trône et à l'Agneau, louange, honneur, gloire et domination pour les siècles des siècles ! »

[14]Et les quatre Vivants disaient : « Amen. » Et les anciens se prosternèrent et adorèrent[c].

6 [a]Quatre scellés sont ouverts. — [1]Puis je vis l'Agneau ouvrir le premier sceau, et j'entendis l'un des quatre Vivants dire comme d'une voix de tonnerre : « Viens ! » [2]Je vis paraître alors un cheval blanc ; celui qui le montait[b] tenait un arc ; on lui donna une couronne, et il partit en vainqueur et pour vaincre.

[3]Quand l'Agneau ouvrit le deuxième sceau, j'entendis le deuxième Vivant qui disait : « Viens ! » [4]Sortit alors un autre cheval, rouge feu ; à celui qui le montait fut donné le pouvoir de bannir la paix de la terre pour

---

[c]8-14. Le chant qui s'élargit finalement à toutes les créatures (cf. Ph 2, 9-11) proclame la doctrine de la Rédemption et l'égalité du Christ avec Dieu.

[6]. — [a]A la rupture de chaque sceau, on a un premier regard sur les grands événements qui forment la trame de l'histoire.

[b]2-8. Surgissent d'abord les quatre cavaliers (Za 6, 1-5). Le cavalier blanc déjà vainqueur est le Christ qui, dans son Église, ne cesse de proclamer la Bonne Nouvelle : assurance de victoire pour les fidèles. Les trois autres représentent les calamités qui atteignent tous les hommes, le trio traditionnel : guerre, famine et peste.

faire s'entretuer les hommes. Et on lui donna une grande épée.

⁵Quand l'Agneau ouvrit le troisième sceau, j'entendis le troisième Vivant qui disait : « Viens ! » Je vis paraître un cheval noir ; celui qui le montait tenait une balance à la main. ⁶Et au milieu des quatre Vivants j'entendis comme une voix qui disait : « Un denier, la mesure de froment ! Un denier, les trois mesures d'orge ! Quant à l'huile et au vin, épargnez-les ! »

⁷Quand l'Agneau ouvrit le quatrième sceau, j'entendis la voix du quatrième Vivant qui disait : « Viens ! » ⁸Je vis paraître un cheval verdâtre ; celui qui le montait avait nom la Mort, et l'Enfer l'accompagnait. Il leur fut donné pouvoir sur le quart de la terre pour faire périr par le glaive, par la famine, par la peste et par les bêtes sauvages de la terre.

Cinquième sceau : le sacrifice des justes. – ⁹Quand l'Agneau brisa le cinquième sceau, je vis sous l'autel les âmes de ceux qui avaient été égorgés à cause de la parole de Dieu et du témoignage qu'ils avaient rendu. ¹⁰Ils crièrent d'une voix forte : « Jusques à quand, Maître saint et véridique, tarderas-tu à faire justice et à venger notre sang sur les habitants de la terre ? » ¹¹On leur donna à chacun une robe blanche et on leur dit de patienter encore un peu de temps, jusqu'à ce que le nombre de leurs compagnons de service et de leurs frères qui doivent être mis à mort comme eux soit complété[c].

Sixième sceau : Dieu se donne un peuple. – ¹²Puis je vis l'Agneau briser le sixième sceau. Il se fit un

[c]9-11. Dans le même temps est évoqué l'ensemble des persécutions et des témoignages que portent les fidèles ; tout près de Dieu, ils prient sans cesse pour que triomphent la justice et la miséricorde (Ps 85, 10sv.).

violent tremblement de terre[d]. Le soleil devint noir comme une étoffe de crin, la lune entière devint comme du sang. [13]Les étoiles du ciel s'abattirent sur la terre comme les fruits verts que laisse tomber un figuier secoué par une bourrasque. [14]Le ciel se retira comme un livre qu'on roule, toutes les montagnes et les îles furent arrachées de leur place.

[15]Alors les rois de la terre, les grands, les capitaines, les riches, les puissants, tous, tant esclaves qu'hommes libres, allèrent se terrer dans les cavernes et parmi les rochers des montagnes. [16]Ils disaient aux montagnes et aux rochers : « Tombez sur nous et cachez-nous loin du visage de Celui qui siège sur le trône et de la colère de l'Agneau. [17]Car il est arrivé, le grand jour de leur colère, et qui pourrait tenir ? »

7 [a] [1]Après cela, je vis quatre anges debout aux quatre coins de la terre ; ils retenaient les quatre vents de la terre, pour qu'il ne soufflât de vent ni sur la terre, ni sur la mer, ni sur aucun arbre.

[2]Je vis encore un autre ange qui montait du levant ; il tenait le sceau du Dieu vivant, et d'une voix puissante il cria aux quatre anges qui avaient pouvoir de nuire à la terre et à la mer : [3]« Ne nuisez pas à la terre, ni à la mer, ni aux arbres, jusqu'à ce que nous ayons marqué

---

[d]12-17. La juste colère de Dieu se manifestera en signes terrifiants, qu'il ne faut pas prendre au pied de la lettre : ce sont les images traditionnelles de l'apocalyptique biblique ; toutes les classes sociales (sept) éprouveront la même terreur : mais quel sera le sort des justes ?

7. – [a]Comme dans les séquences suivantes, Jean, messager d'espérance, veut rassurer les fidèles ; préservés et rachetés, ils afflueront un jour au ciel et recevront le bonheur promis.

[b]1-8. Les justes sont marqués d'un sceau (cf. Ez 9, 3-6), préservés de la défaite spirituelle ; leur nombre est impressionnant (le carré de 12, multiplié par 1000, extension indéfinie), ils comprennent tout l'Israël de Dieu, le premier et le nouveau (Ep 1, 13 ; 4, 30).

du sceau le front des serviteurs de notre Dieu. » [4]Et j'entendis le nombre de ceux qui étaient marqués du sceau : cent quarante-quatre mille, de toutes les tribus des fils d'Israël[b] :

   [5]de la tribu de Juda, douze mille ;
   de la tribu de Ruben, douze mille ;
   de la tribu de Gad, douze mille ;
   [6]de la tribu d'Aser, douze mille ;
   de la tribu de Nephtali, douze mille ;
   de la tribu de Manassé, douze mille ;
   [7]de la tribu de Siméon, douze mille ;
   de la tribu de Lévi, douze mille ;
   de la tribu d'Issachar, douze mille ;
   [8]de la tribu de Zabulon, douze mille ;
   de la tribu de Joseph, douze mille ;
   de la tribu de Benjamin, douze mille.

Dieu agrandit son peuple. – [9]Après cela, je vis paraître une foule immense[c], innombrable, de toutes nations, tribus, peuples et langues ; ils se tenaient debout face au trône et à l'Agneau, vêtus de robes blanches et des palmes à la main. [10]Ils criaient à haute voix :

« Le salut est à notre Dieu qui siège sur le trône, et à l'Agneau. »

[11]Et tous les anges, se tenant en cercle autour du trône, des anciens et des quatre Vivants, tombèrent devant le trône, la face contre terre, pour adorer Dieu. [12]Ils disaient :

« Amen ! Louange, gloire, sagesse, action de grâce, honneur, puissance et force à notre Dieu pour les siècles des siècles. Amen ! »

[c]9-17. La foule immense correspond aux 144 000 d'ici-bas, victorieux du monde mauvais, avec ou sans martyre, car ils ont accepté de s'associer à la Passion du Christ ; ils en glorifient Dieu et l'Agneau et jouissent déjà des biens spirituels (cf. Jn 7, 37-39 ; Is 25, 8).

[13]Alors l'un des anciens prit la parole et me dit : « Ceux qui sont vêtus de robes blanches, qui sont-ils et d'où viennent-ils ? » [14]Je lui répondis : « Mon Seigneur, tu le sais, toi. » Il me dit : « Ceux-là viennent de la grande épreuve ; ils ont lavé leurs robes et les ont blanchies dans le sang de l'Agneau. [15]Voilà pourquoi ils se tiennent devant le trône de Dieu et lui rendent un culte jour et nuit dans son temple. Et Celui qui est assis sur le trône les abritera sous sa tente. [16]Ils n'auront plus faim, ils n'auront plus soif ; jamais plus le soleil ni la chaleur brûlante ne les accableront, [17]car l'Agneau qui se tient au milieu du trône les fera paître ; il les mènera aux sources d'eaux vives. Et Dieu essuiera toute larme de leurs yeux. »

8 Septième sceau : la prière des saints. –
[1]Lorsque l'Agneau brisa le septième sceau, il se fit au ciel un silence d'une demi-heure environ[a].

[2]Je vis alors les sept anges qui se tiennent devant Dieu ; on leur donna sept trompettes[b].

[3]Puis un autre ange vint se placer près de l'autel, tenant un encensoir d'or ; on lui donna quantité de parfums pour les offrir avec les prières de tous les saints sur l'autel d'or qui se trouve devant le trône. [4]Et, de la main de l'ange, la fumée des parfums monta devant Dieu, avec la prière des saints. [5]Puis l'ange saisit l'encensoir, le remplit du feu de l'autel et le jeta sur la terre ; et il y eut des coups de tonnerre, des voix, des éclairs et un tremblement de terre.

---

8. – [a]1. Les décrets divins vont se réaliser, mais, au lieu d'une vue du dernier jour, c'est le silence dramatique.

[b]2-5. Les épreuves de l'humanité sont en relation avec les exigences de la justice divine (les charbons ardents) et avec les prières des saints (l'encens : Ps 141, 2). Elles vont être décrites au rythme de sept trompettes.

Quatre trompettes angéliques. – [6]Et les sept anges qui tenaient les sept trompettes s'apprêtèrent à en sonner.

[7c]Le premier sonna de la trompette ; il se produisit de la grêle et du feu mêlés de sang, qui furent jetés sur la terre. Le tiers de la terre fut consumé, le tiers des arbres flamba et toute plante verte fut brûlée.

[8]Le deuxième ange sonna de la trompette ; il tomba dans la mer une sorte de grande montagne embrasée ; le tiers de la mer tourna en sang, [9]le tiers des créatures vivant dans la mer périt et le tiers des navires fut détruit.

[10]Le troisième ange sonna de la trompette ; il tomba du ciel un grand astre flamboyant comme une torche ; il tomba sur le tiers des fleuves et sur les sources des eaux. [11]Le nom de cet astre est Absinthe ; le tiers des eaux tourna en absinthe et un grand nombre d'hommes moururent d'avoir bu ces eaux devenues amères.

[12]Le quatrième ange sonna de la trompette ; le tiers du soleil fut frappé, le tiers de la lune et le tiers des étoiles, de sorte qu'un tiers s'en obscurcit et que le jour perdit le tiers de sa clarté, et la nuit de même.

[13]Et à ce point de ma vision, j'entendis un aigle qui volait très haut dans le ciel proclamer d'une voix puissante : « Malheur ! Malheur ! Malheur aux habitants de la terre, à cause des dernières sonneries de trompettes, celles dont les trois anges vont sonner[d] ! »

9 **Cinquième trompette.** – [1]Le cinquième ange sonna de la trompette ; je vis un astre tombé du ciel sur la terre ; on lui remit la clef du puits de l'Abîme. [2]Il

[c]7-12. Ces quatre premières trompettes introduisent aux calamités qui touchent directement la nature et par là même les justes aussi bien que les impies. Leur description s'inspire des plaies d'Égypte : mais la miséricorde divine tient à les limiter : un tiers seulement est touché.

ouvrit le puits de l'abîme et il en monta une fumée semblable à celle d'une grande fournaise ; le soleil et l'air furent obscurcis par la fumée du puits. ³De cette fumée, des sauterelles s'échappèrent sur la terre. Il leur fut donné un pouvoir semblable à celui des scorpions de la terre. ⁴On leur dit de ne s'attaquer ni à l'herbe de la terre, ni à aucune plante verte, ni à aucun arbre, mais seulement aux hommes qui ne portaient pas sur leur front le sceau de Dieu. ⁵On leur permit non de les tuer, mais de les tourmenter pendant cinq mois d'un tourment pareil à celui de la piqûre du scorpion quand il pique un homme. ⁶En ces jours-là, les hommes chercheront la mort sans la trouver ; ils désireront mourir, mais la mort les fuira.

⁷Ces sauterelles ressemblaient à des chevaux équipés pour la guerre ; elles portaient sur la tête comme des couronnes d'or ; leurs visages étaient comme des visages humains, ⁸leur chevelure comme celle des femmes, et leurs dents semblables à des crocs de lions. ⁹Elles avaient la poitrine pareille à des cuirasses de fer, et le bruit de leurs ailes rappelait le vacarme de chars à plusieurs chevaux qui se précipitent au combat. ¹⁰Elles ont des queues comme celles des scorpions, armées d'un aiguillon, et c'est dans leurs queues que se trouve leur pouvoir de torturer les hommes pendant cinq mois. ¹¹Elles ont comme roi l'ange de l'Abîme, qui s'appelle en hébreu Abaddôn, en grec Apollyôn[a].

¹²Le premier malheur est passé ; en voici deux autres qui le suivent.

---

[d]13. Le triple malheur s'abat directement sur les hommes (Ez 7, 5-6.25-26).
9. – [a]1-11. Ces sauterelles ont pour chef un astre déchu (Luc 10, 17-19), roi de l'Abîme (enfer), Satan (8, 10 ; 12), elles symbolisent l'action infernale dans les consciences (péchés, remords, désespoir) ; Abaddôn et Apollyôn signifient perdition, destruction (Pr 27, 20).

Sixième trompette. — [13]Le sixième ange sonna de la trompette ; j'entendis alors une voix provenant des quatre cornes de l'autel d'or placé devant Dieu [14]et disant au sixième ange, celui qui tenait la trompette : « Délie les quatre anges enchaînés près du grand fleuve de l'Euphrate[b]. » [15]On délia donc les quatre anges qui se tenaient prêts pour l'heure, le jour, le mois et l'année, afin d'exterminer le tiers des hommes. [16]L'effectif de leur cavalerie était de deux myriades de myriades ; j'entendis énoncer ce nombre. [17]Voici comment m'apparurent dans ma vision les chevaux et leurs cavaliers : ils avaient des cuirasses couleur de feu, d'hyacinthe et de soufre ; les têtes des chevaux étaient comme des têtes de lions, et leurs bouches crachaient du feu, de la fumée et du soufre. [18]Le tiers des hommes périt par ces trois fléaux : le feu, la fumée et le soufre qui sortaient de la bouche des chevaux. [19]Car le pouvoir des chevaux réside dans leurs bouches ainsi que dans leurs queues. Leurs queues sont semblables à des serpents ; elles ont des têtes, et c'est par là qu'elles blessent.

[20]Quant au reste des hommes qui ne furent pas tués par ces fléaux, ils ne se repentirent même pas des œuvres de leurs mains ; ils ne cessèrent pas d'adorer les démons et les idoles d'or, d'argent, d'airain, de pierre et de bois, qui ne peuvent ni voir, ni entendre, ni marcher. [21]Ils ne se repentirent pas de leurs meurtres, ni de leurs sortilèges, ni de leurs débauches, ni de leurs rapines.

10 Le mystère va s'accomplir, le Voyant pourra en parler.

— [1]Je vis alors un autre ange, très fort, descendre du ciel, enveloppé d'une

[b]14-21. Quatre anges du mal venus de l'Euphrate (souvenir de Ninive, de Babylone, peut-être d'une invasion parthe) mènent des cavaliers diaboliques qui poussent les hommes à s'entre-tuer ; mais les impies survivants ne rejettent pas leurs idoles (Am 4, 9-12).

nuée, la tête nimbée de l'arc-en-ciel, le visage semblable au soleil et les jambes à une colonne de feu[a]. [2]Il tenait à la main un petit livre ouvert. Il posa le pied droit sur la mer et le pied gauche sur la terre, [3]puis il cria d'une voix puissante comme le rugissement d'un lion. A ce cri, les sept tonnerres firent gronder leur voix. [4]Quand ils eurent parlé, je me disposais à écrire, mais j'entendis une voix du ciel me dire : « Scelle ce qu'ont dit les sept tonnerres et ne l'écris pas ! »

[5]Alors l'ange que j'avais vu campé sur la mer et sur la terre leva la main droite vers le ciel, [6]et il fit serment par Celui qui vit aux siècles des siècles, qui a créé le ciel et son contenu, la terre et son contenu, la mer et son contenu : « Plus de délai ! [7]Mais le jour où se fera entendre le septième ange en sonnant de la trompette, le mystère de Dieu s'accomplira, comme il en a donné la bonne nouvelle à ses serviteurs les prophètes. »

[8]Alors la voix du ciel que j'avais entendue me parla de nouveau et me dit : « Va, prends le petit livre ouvert dans la main de l'ange qui se tient debout sur la mer et sur la terre[b]. » [9]Je m'avançai donc vers l'ange, en lui demandant de me donner le petit livre. Il me répondit : « Prends-le et dévore-le : il sera amer à tes entrailles, mais dans ta bouche il sera doux comme du miel. » [10]Je pris le petit livre de la main de l'ange et le dévorai ; il me fut à la bouche doux comme du miel, mais quand je l'eus mangé, j'eus de l'amertume aux entrailles. [11]Et l'on me dit : « Il te faut encore prophétiser sur des peuples, des nations, des langues et des rois nombreux. »

---

10. — [a]1-7. Le messager de justice et de miséricorde (arc-en-ciel) présente un rouleau descellé, avant que ne sonne la septième trompette ; Jean va transmettre une part de son contenu, celle qui concerne plus spécialement l'Église, à partir du chapitre 12.

[b]8-11. Le voyant assimile ce message (cf. Ez 2, 8 - 3,4) qui est à la fois *doux* et *amer* : miséricorde et châtiment.

11 **Dernières épreuves de Jérusalem.** – [1]On me donna alors un roseau semblable à un bâton d'arpenteur, en me disant : « Lève-toi, mesure le temple de Dieu, avec l'autel et les adorateurs qui s'y trouvent ; [2]mais laisse de côté sans le mesurer le parvis extérieur du temple, car il a été livré aux païens ; ils fouleront la ville sainte pendant quarante-deux mois[a]. [3]Cependant je vais donner mission à mes deux témoins[b] de prophétiser, revêtus de sacs, pendant mille deux cent soixante jours. [4]Ce sont eux les deux oliviers et les deux candélabres dressés devant le Seigneur de la terre. [5]Si quelqu'un veut leur faire du mal, un feu sort de leur bouche et dévore leurs ennemis ; qui veut leur faire du mal, c'est ainsi qu'il doit être exterminé. [6]Ils ont le pouvoir de fermer le ciel pour empêcher la pluie de tomber durant le temps de leur ministère prophétique ; ils ont aussi le pouvoir de changer les eaux en sang et de frapper la terre de toutes sortes de fléaux aussi souvent qu'ils le voudront.

[7]Lorsqu'ils auront achevé de rendre leur témoignage, la Bête qui monte de l'Abîme leur fera la guerre, les vaincra et les tuera. [8]Et leurs cadavres gisent sur la place de la grande cité, appelée symboliquement Sodome et Égypte, là même où leur Seigneur a été crucifié. [9]Des gens des divers peuples, tribus, langues et races

11. – [a]1-2. Le vieux rite de la mensuration détermine et symbolise ce qu'on veut préserver du profane et de la souillure, ou vouer à la divinité (cf. Jos 6, 2sv. ; Ez 40, 1-5). Le *temple* représente l'Église extérieurement persécutée pendant 42 mois (durée de l'histoire), mais intérieurement toujours unie au Seigneur.

[b]3-10. Les *deux témoins* prêchent aussi longtemps que le mal agit ; comme les oliviers et candélabres de Zacharie 4, 3.11-14, ils représentent le pouvoir civil et le religieux ; ils ont un rôle prophétique, agissant par la parole (le feu) et par la prière, comme Moïse et Élie (cf. Si 48, 1-3). Sans cesse persécutés et massacrés, ils renaissent et le triomphe des impies, menés par la Bête de l'abîme (cf. 13), est éphémère.

regardent leurs cadavres pendant trois jours et demi sans permettre qu'on les mette au tombeau. [10]Les habitants de la terre sont en liesse à leur sujet ; ils se félicitent et échangeront des présents, car ces deux prophètes ont fait le tourment des habitants de la terre.

[11]Mais au bout de trois jours et demi, un souffle de vie émané de Dieu les pénétra[c]; ils se dressèrent sur leurs pieds, et une grande frayeur s'abattit sur ceux qui les regardaient. [12]Et ils entendirent une voix forte venant du ciel qui leur disait : « Montez ici ! » Ils montèrent alors au ciel dans la nuée sous les yeux de leurs ennemis. [13]Au moment même, il se fit un grand tremblement de terre ; un dixième de la ville s'écroula, et il périt sept mille hommes dans le tremblement de terre ; les survivants, saisis d'effroi, rendirent gloire au Dieu du ciel. [14]Le deuxième malheur est passé ; voici venir bientôt le troisième.

Septième trompette, le ciel s'ouvre. – [15]Le septième ange sonna de la trompette[d], et dans le ciel retentirent des voix puissantes qui disaient :

« L'empire du monde est acquis à notre Seigneur et à son Christ ; il régnera pour les siècles des siècles. »

[16]Alors les vingt-quatre anciens qui sont assis devant Dieu sur leurs trônes tombèrent la face contre terre pour adorer Dieu [17]en disant :

« Nous te rendons grâce, Seigneur, Dieu tout-puissant, qui es et qui étais, car tu es entré en possession de ton immense puissance et tu as établi ton règne. [18]Les nations s'étaient mises en fureur ; mais ta fureur à toi est survenue, ainsi que le temps de juger les morts et de donner leur récompense à tes serviteurs les prophètes,

---

[c]11-13. Au souffle de Dieu l'Église renaît sans cesse (Ez 37) et l'emporte.
[d]15-19. Elle annonce la consommation des décrets divins, le règne définitif de Dieu et du Christ. Tous dans le ciel le proclament.

aux saints, à ceux qui craignent ton nom, petits et grands, et le temps de détruire les destructeurs de la terre. »

¹⁹Alors le temple de Dieu, celui du ciel, s'ouvrit ; et l'arche de son alliance apparut dans le temple. Alors il y eut des éclairs, des voix, des coups de tonnerre, un tremblement de terre et une forte grêle.

12 La Femme, le Dragon, l'Enfant. – ¹Un signe grandiose parut dans le ciel : une Femme[a] revêtue du soleil, la lune sous les pieds et une couronne de douze étoiles sur la tête. ²Elle était enceinte, et elle criait dans le travail et les douleurs de l'enfantement. ³Puis un autre signe parut dans le ciel : un énorme Dragon[b] couleur de feu, avec sept têtes et dix cornes et sur ses têtes sept diadèmes. ⁴Sa queue balaya le tiers des étoiles du ciel, et les précipita sur la terre. Le Dragon se posta devant la Femme sur le point d'enfanter, afin de dévorer l'enfant dès qu'elle l'aurait mis au monde. ⁵Elle donna le jour à un enfant mâle, qui doit *mener paître toutes les nations avec une houlette de fer*. Mais l'enfant fut enlevé auprès de Dieu et de son trône, ⁶et la Femme s'enfuit au désert, où Dieu lui a préparé un refuge, pour y être nourrie mille deux cent soixante jours[c].

---

12. – [a]1-2. Reine glorieuse comme l'Épouse de Ct 6, 10 et comme la Sagesse (7, 29-30), cette femme représente le Peuple de Dieu, comme chez les prophètes ; mais Jean a l'avantage de connaître la femme idéale, Marie ; aussi sa description s'applique-t-elle également et parfois beaucoup mieux à la Vierge. La maternité douloureuse semble bien suggérer les souffrances de Marie au Calvaire (Jn 19, 25sv.).

[b]3-4. Le *Dragon,* monstre du chaos, hostile à Dieu depuis les origines (Gn 3, 1sv.), rouge comme feu (homicide : Jn 8, 44), est bien identifié au verset 9 ; il a tout pouvoir ici-bas (sept têtes : prince de ce monde) et fait choir les étoiles (chute des anges, vv 7-9 ; aussi prince des ténèbres).

[c]5-6. De Noël à l'Ascension, ce sont les luttes et le triomphe du Christ. La femme fuit au désert : cf. vv 13-17.

[7]Alors se livra un combat dans le ciel[d]: Michel et ses anges luttaient contre le Dragon, et le Dragon riposta avec ses anges; [8]mais ils ne furent pas les plus forts et il ne se trouva plus de place pour eux dans le ciel. [9]Ainsi fut précipité l'énorme Dragon, l'antique serpent, celui qu'on appelle Diable et Satan, le séducteur du monde entier; il fut précipité sur la terre et ses anges avec lui.

[10]J'entendis alors dans le ciel une voix puissante qui disait:

« Maintenant sont acquis à notre Dieu le salut, la puissance et la royauté, et à son Christ le pouvoir; car il a été précipité, l'accusateur de nos frères, celui qui les accusait jour et nuit devant notre Dieu. [11]Mais eux, ils l'ont vaincu par le sang de l'Agneau et la parole de leur témoignage, eux qui n'ont pas aimé la vie jusqu'à reculer devant la mort. [12]C'est pourquoi, réjouissez-vous, cieux et vous qui les habitez. Mais malheur à vous, la terre et la mer, car le diable est descendu chez vous en grande fureur, sachant qu'il ne lui reste que peu de temps. »

[13]Quand le Dragon se vit précipité sur la terre il poursuivit la Femme qui venait de mettre au monde l'enfant mâle. [14]Mais les deux ailes[e] du grand aigle furent données à la Femme pour s'envoler au désert, en son refuge où elle est nourrie un temps, des temps et un demi-temps, hors de portée du serpent. [15]De sa gueule le serpent lança derrière la Femme comme un fleuve d'eau pour la noyer. [16]Mais la terre vint au secours de la Femme en ouvrant la bouche pour absorber le torrent vomi par la gueule du Dragon.

[d]7-12. *Alors* n'indique aucune succession chronologique. L'hostilité du Dragon a pour origine lointaine l'orgueil et la révolte de certains anges, bannis du ciel par Michel (cf. 2 P 2, 4-11; Jude 6.8.11).

[17f]Le Dragon, rempli de fureur contre la Femme, s'en alla faire la guerre au reste de sa descendance, à ceux qui gardent les commandements de Dieu et possèdent le témoignage de Jésus. [18]Et il s'établit sur le sable de la mer.

13 La Bête de la mer.

— [1]Je vis alors monter de la mer une Bête à dix cornes et sept têtes, avec sur ses cornes dix diadèmes et sur ses têtes des noms blasphématoires[a]. [2]La Bête que je vis était semblable à une panthère ; ses pattes étaient comme celles d'un ours et sa gueule comme celle d'un lion. Le Dragon lui donna sa puissance, son trône et un pouvoir immense. [3]L'une de ses têtes paraissait blessée à mort, mais sa plaie mortelle avait été guérie. Remplie d'admiration, la terre entière se mit à suivre la Bête. [4]On se prosterna devant le Dragon qui avait donné le pouvoir à la Bête, et on se prosterna devant la Bête, en disant : « Qui est semblable à la Bête, et qui est de taille à lutter contre elle ? »

[5]Il lui fut donné une bouche pour proférer des paroles arrogantes et blasphématoires, ainsi que le pouvoir de sévir pendant quarante-deux mois. [6]Elle ouvrit donc la bouche pour blasphémer contre Dieu, pour blasphémer contre son nom, sa demeure et les

[e]14-16. Les *deux ailes* du grand aigle (puissance et protection divines : Ex 19, 4 ; Dt 32, 11-12 ; Ps 55, 5-8) mènent la femme au désert (lieu d'épreuves mais d'intimité) où jusqu'à la fin des temps elle est réconfortée par une nourriture divine ; elle échappe aux attaques du Dragon (les eaux destructrices).

[f]17-18. Le Dragon se détourne de la femme (ici Marie) pour s'en prendre aux chrétiens, les autres enfants de la femme et les témoins du Christ.

13. – [a]1-7. Satan prend à son service deux agents décrits comme des bêtes, à la manière de Daniel 7. La première vient de la mer, de l'occident par rapport à Patmos, de la Rome impériale : c'est la puissance politique persécutrice qui cherchera toujours à se faire adorer.

habitants du ciel. [7]Il lui fut donné de faire la guerre aux saints et de les vaincre, et elle reçut pouvoir sur toute tribu, peuple, langue et nation. [8]Tous les habitants de la terre l'adoreront, ceux dont le nom n'est pas inscrit, depuis la création du monde, dans le livre de vie de l'Agneau égorgé.

[9]Que celui qui a des oreilles entende ! [10]Celui qui est destiné à la captivité, ira en captivité ; celui qui doit périr par l'épée, périra par l'épée. Ainsi se manifestent la persévérance et la foi des saints[b].

La Bête de la terre. – [11]Je vis monter de la terre une autre Bête ; elle avait deux cornes comme celles d'un agneau, mais elle parlait comme un dragon[c]. [12]Elle exerce en sa présence tout le pouvoir de la première Bête. Elle amène la terre et ses habitants à adorer la première Bête, celle dont la blessure mortelle a été guérie. [13]Elle accomplit des prodiges étonnants, jusqu'à faire descendre le feu du ciel sur la terre sous les yeux des hommes. [14]Elle séduit les habitants de la terre par les prodiges qu'il lui a été donné d'accomplir au service de la Bête. Elle persuade les habitants de la terre de dresser une image en l'honneur de cette Bête qui a été blessée par l'épée, et a repris vie. [15]Il lui fut même donné d'animer l'image de la Bête au point qu'elle en arrive à parler, et de faire mettre à mort tous

[b]10. Le plus grave danger pour l'Église serait de vouloir lutter par la force : Jr 15, 1-2 ; Mt 5, 43-45 ; 26, 51-52 ; Lc 21, 16-19.

[c]11-18. La seconde Bête prend les aspects de l'Agneau, comme les faux messies : Dt 13, 2-4 ; Mt 7-15 ; 24, 23-25 ; 2 Th 2, 9-10. Imitant les merveilles opérées par les deux témoins, elle pousse les hommes à adorer la première Bête. C'est la séduction d'ordre intellectuel et religieux au service des persécuteurs. Jean la désigne comme 666 qui par le procédé de la gématrie (traduction de mots en chiffres), s'applique bien à Néron César ; remarquer que le triple six suggère la totale imperfection.

ceux qui n'adorent pas l'image de la Bête. [16]Elle réussit à faire mettre à tous, petits et grands, riches et pauvres, hommes libres et esclaves, une marque sur la main droite ou sur le front; [17]et personne ne pourra acheter ni vendre s'il n'est marqué au nom de la Bête ou au chiffre de son nom. [18]C'est ici qu'il faut faire preuve d'intelligence! Que celui qui a l'esprit avisé calcule le chiffre de la Bête! Car c'est un chiffre d'homme; son chiffre est six cent soixante-six.

14 L'Agneau et ses compagnons. – [1]J'eus encore une vision: l'Agneau était debout sur la montagne de Sion, et avec lui cent quarante-quatre mille personnes portant son nom et le nom de son Père écrits sur leurs fronts[a]. [2]Et j'entendis une voix venant du ciel, semblable à la voix des grandes eaux et au grondement d'un fort coup de tonnerre, mais elle rappelait aussi un concert de citharistes jouant de leurs cithares. [3]Ils chantaient un cantique nouveau devant le trône, devant les quatre Vivants et les anciens. Personne ne pouvait apprendre ce cantique excepté les cent quarante-quatre mille qui ont été rachetés de la terre; [4]eux ne se sont pas souillés avec des femmes, car ils sont vierges; ils suivent l'Agneau partout où il va. Ils ont été rachetés d'entre les hommes comme prémices pour Dieu et pour l'Agneau. [5]Dans leur bouche, il n'a pas été trouvé de mensonge: ils sont sans tache.

[6b]Je vis alors un autre ange qui volait très haut dans ciel. Il avait un Évangile éternel à annoncer aux habitants

14. – [a]1-5. La femme est défendue par l'Agneau et les 144 000 du ch. 4, les fidèles du Christ qui fuient toute compromission et sont «vierges» au sens prophétique du terme (depuis Osée).

[b]6-13. Dans les trois derniers signes, Jean donne une vue globale des luttes de l'Église; d'abord une sorte de manifeste: ce sera la ruine de Babylone, cité du mal et figure de Rome (Is 21, 9;

de la terre, à toute nation, tribu, langue et peuple. [7]Il disait d'une voix puissante : « Craignez Dieu et rendez-lui gloire, car l'heure de son jugement est venue ; adorez Celui qui a fait le ciel, la terre, la mer et les sources. »

[8]Un deuxième ange le suivit, qui disait : « Elle est tombée, elle est tombée, Babylone la grande, elle qui a fait boire à toutes les nations le vin de son impudicité effrénée ! »

[9]Un troisième ange les suivit, disant d'une voix puissante : « Celui qui adore la Bête et son image et en accepte la marque sur le front ou sur la main, [10]celui-là aussi boira du vin de la fureur de Dieu, vin versé pur dans la coupe de sa colère ; il sera tourmenté dans le feu et le soufre, devant les saints anges et devant l'Agneau. [11]La fumée de leur supplice s'élève pour les siècles des siècles ; ils n'ont de répit ni jour ni nuit, ceux qui adorent la Bête et son image et ceux qui acceptent la marque de son nom. » [12]Voilà ce qui fonde la persévérance des saints, ceux qui gardent les commandements de Dieu et la foi en Jésus. [13]Et j'entendis une voix qui, du ciel, disait : « Écris : Heureux dès maintenant ceux qui sont morts dans le Seigneur. Oui, dit l'Esprit, qu'ils se reposent de leurs fatigues, car leurs œuvres les suivent. »

Le Juge qui viendra du ciel. – [14]J'eus encore une vision : une nuée blanche et sur la nuée siégeait comme un Fils d'homme[d]. Il avait sur la tête une couronne d'or et à la main une faucille aiguisée. [15]Un autre ange sortit du Temple, criant d'une voix puissante à Celui qui

---

1 P 5, 12 ; Ap 17-18) ainsi que de ses adorateurs. Par contre, bonheur des fidèles (cf. 21-22).

[c]14-20. Deux tableaux parallèles mais antithétiques : la moisson finale opérée par le Fils d'homme pour recueillir les justes (Mt 3, 38-42) ; la vendange redoutable réalisée par un ange qui rassemble les impies pour les châtier : Jl 4, 12-13 ; Is 63, 2-6.

était assis sur la nuée : « Lance ta faucille et moissonne, car le moment est venu de moissonner : la moisson terrestre est mûre. » [16]Celui qui était assis sur la nuée lança sa faucille sur la terre et la terre fut moissonnée.

[17]Puis un autre ange sortit du temple céleste, tenant pareillement une faucille aiguisée. [18]Un autre ange encore, l'ange préposé au feu, quitta l'autel et cria d'une voix puissante à celui qui tenait la faucille aiguisée : « Lance ta faucille aiguisée et vendange les grappes de la vigne de la terre, car les raisins sont mûrs. » [19]L'ange lança sa faucille sur la terre et vendangea la vigne de la terre. Il jeta les raisins dans la cuve immense de la colère de Dieu. [20]La cuve fut foulée hors de la ville et il en sortit du sang jusqu'à la hauteur du mors des chevaux sur une distance de mille six cents stades.

15 Sept coupes sortent du ciel qui s'obscurcit.

— [1]Je vis encore dans le ciel un autre signe, grand et merveilleux : sept anges tenant sept fléaux, les derniers, car par eux doit se consommer la colère de Dieu[a].

[2]Je vis aussi comme une mer de cristal, mêlée de feu, et les vainqueurs de la Bête, de son image et du chiffre de son nom, debout sur la mer de cristal, tenant des harpes divines. [3]Ils chantaient le cantique de Moïse, le serviteur de Dieu, et le cantique de l'Agneau :

« Grandes et admirables sont tes œuvres, Seigneur, Dieu tout-puissant ! Justes et véridiques sont tes voies, ô Roi des nations ! [4]Qui ne craindrait, Seigneur, et ne glorifierait ton nom ? Car seul tu es saint. Toutes les nations viendront se prosterner devant toi parce que tes jugements se sont manifestés. »

---

15. — [a]1-4. Ce signe proclame l'indissoluble unité de l'Église militante et triomphante qui se réjouit de la victoire messia- nique. Déjà les sept anges qu'on voit à l'œuvre dans la séquence suivante, sont là.

⁵Je vis ensuite s'ouvrir dans le ciel le temple qui renferme la tente du Témoin. ⁶Il en sortit les sept anges qui tenaient les sept fléaux ; ils étaient vêtus de lin pur et éblouissant, avec des ceintures d'or autour de la poitrine. ⁷L'un des quatre Vivants donna aux sept anges sept coupes d'or, remplies de la colère du Dieu[b] qui vit aux siècles des siècles. ⁸Le temple fut rempli de la fumée qui émane de la gloire de Dieu et de sa puissance ; et personne ne pouvait pénétrer dans le temple jusqu'à ce que les sept fléaux des sept anges fussent consommés.

16 Sept coupes, sept fléaux. – ¹J'entendis[a] une voix puissante sortant du temple, qui disait aux sept anges : « Allez verser sur la terre les sept coupes de la colère de Dieu. » ²Le premier s'en alla verser sa coupe sur la terre, et un ulcère malin et pernicieux frappa les hommes qui portaient la marque de la Bête et se prosternaient devant son image.

³Le deuxième ange versa sa coupe sur la mer : elle devint comme le sang d'un mort, et tous les animaux marins périrent.

⁴Le troisième versa sa coupe sur les fleuves et les sources : ils se changèrent en sang. ⁵J'entendis alors l'ange des eaux qui disait : « Tu es juste, toi qui es et qui étais, toi le Saint, d'avoir porté ce jugement. ⁶Puisqu'ils ont répandu le sang des saints et des prophètes, tu leur as donné du sang à boire ; ils l'ont mérité ! » ⁷Et

---

[b]7-8. Les coupes contiennent symboliquement la colère divine qui va faire justice ; on ne peut plus entrer dans le temple : le temps de l'intercession est passé. **16.** – [a]1-9. Cette séquence, plus que celle des trompettes (8-9), s'inspire des plaies d'Égypte. Les fléaux atteignent toute la création, mais seuls les persécuteurs en souffrent : les ulcères, la corruption des eaux marines et douces, le feu (remords cuisant), les ténèbres du désespoir.

j'entendis l'autel qui disait : « Oui, Seigneur, Dieu tout-puissant, tes jugements sont véridiques et justes ! »

[8]Le quatrième ange versa sa coupe sur le soleil : il lui fut donné de consumer les hommes par le feu. [9]Les hommes furent brûlés par une chaleur torride et ils blasphémèrent le nom de Dieu qui commande à ces fléaux, sans vouloir se repentir et lui rendre gloire.

[10]Le cinquième ange versa sa coupe sur le trône de la Bête : son royaume fut plongé dans les ténèbres ; les hommes se mordaient la langue de douleur, [11]et ils blasphémèrent le Dieu du ciel à cause de leurs souffrances et de leurs ulcères, sans se repentir de leurs œuvres.

[12]Le sixième ange versa sa coupe sur le grand fleuve de l'Euphrate : ses eaux tarirent pour livrer passage aux rois d'Orient.

[13]Alors je vis sortir de la gueule du Dragon, de celle de la Bête et de celle du faux prophète trois esprits impurs, semblables à des grenouilles ; [14]ce sont des esprits démoniaques qui opèrent des prodiges et s'en vont trouver les rois de toute la terre, afin de les rassembler pour la bataille, au grand Jour du Dieu tout-puissant.

[15]Voici que je viens comme un voleur ! Heureux celui qui veille et garde ses habits, pour ne pas aller nu et laisser voir sa honte ! [16]Et ils les rassemblèrent au lieu appelé en hébreu Harmagédon[b].

[17]Le septième ange versa sa coupe dans l'air[c] : il sortit du temple une voix puissante venant du trône, qui disait : « C'en est fait ! » [18]Il y eut des éclairs, des voix,

---

[b]12-16. Des esprits diaboliques (grenouilles) provoquent guerres et invasions. Mais qu'on ne désespère point : ils vont être rassemblés à Harmagédon, la montagne de Mégiddo (Carmel), où avaient eu lieu de grandes batailles et de grandes défaites : c'est le symbole du désastre (Jg 5, 19-21 ; 2 R 23, 29-30).

[c]17-21. La septième coupe déclenche d'épouvantables phénomènes cosmiques, dont la grêle. Babylone s'effondre et

des coups de tonnerre et un tremblement de terre comme il n'y en a jamais eu de pareil depuis que l'homme est sur la terre, tant ce tremblement de terre fut violent. [19]La Grande Cité se scinda en trois parties ; les villes des nations s'écroulèrent, et Dieu se souvint de Babylone la grande, pour lui administrer la coupe du vin de sa furieuse colère. [20]Toutes les îles s'enfuirent et les montagnes disparurent. [21]D'énormes grêlons, pesant bien un talent, tombèrent du ciel sur les hommes ; et les hommes blasphémèrent Dieu à cause du fléau de la grêle, car c'était un fléau effroyable.

17 [a]La Bête de la mer et Babylone, la Rome païenne. – [1]Alors l'un des sept anges qui tenaient les sept coupes vint me parler en ces termes : « Viens, que je te montre le jugement de la grande Prostituée qui est assise au bord des grandes eaux[b] ; [2]avec elle se sont souillés les rois de la terre, et les habitants de la terre se sont enivrés du vin de son impudicité. » [3]Et il me transporta en esprit au désert. Là je vis une Femme montée sur une Bête écarlate, couverte de noms blasphématoires, qui avait sept têtes et dix cornes. [4]Cette Femme était vêtue de pourpre et d'écarlate, étincelante d'or, de pierres précieuses et de perles ; elle tenait en main une coupe d'or pleine de ses abominations et des

---

disparaît en même temps que le monde ancien. Mais la séquence suivante reprend ce dernier point.

17-20. – [a]Après avoir expliqué *Babylone la grande,* Jean dit la ruine de cette cité du mal, la victoire du Christ sur les Bêtes, la défaite sans appel de Satan lui-même et le jugement dernier.

17. – [b]1-6. La cité du mal est une Prostituée qui règne sur de nombreux peuples ; elle trône sur une Bête écarlate (Bête de la mer, puissance impériale). En contraste avec la femme-Église de 12, elle a pour ornements la pourpre impériale, les richesses de ce monde et les produits de ses fornications : Jr 51, 13-14 ; Ez 16, 15-19 ; Na 3, 4-6. C'est Babylone la grande, honnie des prophètes : Jr 51, 7-8 ; Ez 16, 35-37.

souillures de sa prostitution. [5]Sur son front était inscrit un nom mystérieux : « Babylone la grande, mère des impudiques et des abominations de la terre. » [6]Je vis cette Femme s'enivrer du sang des saints et du sang des témoins de Jésus. A ce spectacle, je fus saisi d'un étonnement extrême.

[7]L'ange me dit : « Pourquoi t'étonner ? Je vais, moi, t'expliquer le mystère de la Femme et de la Bête à sept têtes et dix cornes qui la porte[c]. [8]La Bête que tu as vue était, mais elle n'est plus : elle va remonter de l'Abîme pour aller à sa perte. Les habitants de la terre, ceux dont le nom n'a pas été inscrit dès l'origine du monde sur le livre de vie, s'émerveilleront de voir reparaître la Bête, qui était, qui n'est plus et qui reparaît. [9]C'est ici qu'il faut de l'intelligence douée de sagesse. Les sept têtes sont sept collines sur lesquelles la Femme est assise ; ce sont aussi sept rois ; [10]cinq ont passé, l'un vit, l'autre n'est pas encore venu, et quand il viendra, ce sera pour durer peu de temps. [11]Quant à la Bête, qui était et n'est plus, elle est un huitième roi, mais elle va à sa perte. [12]Les dix cornes que tu as vues sont dix rois qui n'ont pas encore régné, et qui recevront le pouvoir royal pour une heure avec la Bête. [13]Ils n'ont qu'une pensée : mettre au service de la Bête leur force et leur pouvoir. [14]Ils feront la guerre à l'Agneau, mais l'Agneau les vaincra, parce qu'il est le Seigneur des seigneurs, et le Roi des rois ; et avec lui seront vainqueurs les siens, les appelés, les élus, les fidèles. »

[c]7-8. C'est la Rome historique, la ville aux sept collines ; les sept rois sont d'abord les six empereurs, de Néron à Domitien ; le septième représente toute la suite des nouveaux Néron (666). D'autres rois (les dix cornes) se révolteront contre Rome, mais ils ne seront que de nouveaux instruments au service de la Bête. A travers la Rome impériale, la grande Prostituée désigne donc toutes les Babylones ou pouvoirs persécuteurs dont elle est le type.

¹⁵Puis l'ange me dit: « Les eaux que tu as vues, au bord desquelles est assise la Prostituée, sont des peuples et des foules, des nations et des langues. ¹⁶Les dix cornes que tu as vues et la Bête vont prendre en haine la Prostituée; elles la dépouilleront, la mettront à nu, dévoreront ses chairs et la consumeront par le feu. ¹⁷Car Dieu leur a mis au cœur d'exécuter son dessein, d'agir dans un même dessein et de remettre à la Bête leur pouvoir royal, jusqu'à l'accomplissement des paroles de Dieu. ¹⁸Enfin la Femme que tu as vue, c'est la Grande Cité qui règne sur les rois de la terre. »

18 Chute de Babylone-Rome. – ¹Je vis ensuite un autre ange descendre du ciel; il avait une grande puissance, et la terre fut illuminée de sa splendeur. ²Et il cria d'une voix forte: « Elle est tombée, elle est tombée, Babylone la grande[a]! La voilà devenue une demeure de démons, un repaire pour toutes sortes d'esprits impurs, pour toutes sortes d'oiseaux impurs et répugnants, ³parce que toutes les nations ont bu du vin de sa fornication effrénée, que les rois de la terre ont forniqué avec elle et que les marchands de la terre se sont enrichis de son luxe excessif. »

⁴Puis j'entendis une autre voix du ciel qui disait: « Sors du milieu d'elle, ô mon peuple, de peur d'être solidaire de ses péchés et de partager les fléaux qui vont l'atteindre; ⁵car ses péchés se sont amoncelés jusqu'au ciel, et Dieu s'est souvenu de ses iniquités. ⁶Payez-la de sa propre monnaie; payez-la double pour ses forfaits; dans la coupe où elle versait, versez-lui le double. ⁷Autant elle a paradé et s'est plongée dans le

---

18. – ᵃ2-8. Double proclamation de cette ruine (Is 21, 9 ; Jr 50, 39-40) ; c'est le moment de sortir de Babylone (Gn 19, 15-17 ; Is 48, 20 ; Jr 50, 8-9). Voir aussi Mc 13.

luxe, autant donnez-lui de tourments et de deuils. Elle qui dit dans son cœur : "Je trône en reine, je ne suis pas veuve, il n'y a pas de danger que je connaisse le deuil". [8]Pour cela même, en un seul jour vont fondre sur elle les fléaux : mort, deuil, famine ; et elle sera consumée par le feu, car il est puissant, le Seigneur, le Dieu qui l'a condamnée ! »

[9]Alors pleureront et se lamenteront sur elle les rois de la terre qui ont forniqué avec elle et partagé son luxe, en voyant la fumée de son brasier[b]. [10]Se tenant à distance par peur de ses tourments, ils diront : « Malheur ! Malheur ! Babylone, la grande ville, la ville forte ; il a suffi d'une heure pour ton jugement. »

[11]Les marchands de la terre pleurent et se lamentent sur elle, parce que personne n'achète plus leur cargaison : [12]cargaison d'or et d'argent, de pierres précieuses et de perles, de fin lin et de pourpre, de soie et d'écarlate ; toutes sortes de bois de senteur et d'objets en ivoire, tous objets de bois précieux, de bronze, de fer, de marbre ; [13]cannelle et aromates, amome, myrrhe, encens ; vin et huile, fleur de farine et froment ; bestiaux et brebis, chevaux, chariots, esclaves et marchandise humaine ! [14]Les fruits, objets de ta convoitise, ont disparu de chez toi ; tout ce qu'il y a de délicat et de somptueux est perdu pour toi et ne se retrouvera jamais plus. [15]Les trafiquants de ces marchandises qui s'enrichissaient par elle se tiendront à distance par peur de ses tourments ; ils pleureront et se lamenteront, en disant : [16]« Malheur ! Malheur ! La ville, la grande ville, qui était vêtue de fin lin, de pourpre et d'écarlate, parée d'or, de pierres précieuses et de perles ; [17]il a suffi d'une heure pour anéantir tant de richesses ! »

[b]9-20. Lamentations des amis de la Prostituée (cf. Ez 27) : rois, marchands et marins symbolisent ici l'orgueil, la cupidité et le vice.

Tous les capitaines et ceux qui font du cabotage, les matelots et tous les travailleurs de la mer se tenaient à distance [18]et criaient en voyant la fumée de son brasier : « Quelle cité était comparable à la grande ville ? » [19]Ils se jetaient de la poussière sur la tête, criaient, pleuraient et se lamentaient en disant : « Malheur ! Malheur ! La grande ville, dont l'opulence avait enrichi tous ceux qui possèdent des vaisseaux sur la mer, une heure a suffi pour la détruire ! »

[20]Réjouissez-vous à son sujet, cieux, et vous, les saints, les apôtres et les prophètes, car en la jugeant Dieu vous a fait justice.

[21]Alors un ange très fort saisit une pierre pareille à une grosse meule et la jeta dans la mer en disant : « C'est ainsi que, d'un coup, sera précipitée Babylone, la grande ville, et jamais plus on ne la retrouvera[c]. » [22]Les sons des citharistes, des musiciens, des joueurs de flûte et de trompette, on ne les entendra plus chez toi. Aucun artisan d'aucun métier ne se trouvera plus chez toi ; la voix de la meule ne se fera plus entendre chez toi ; [23]la lumière de la lampe ne brillera plus chez toi ; la voix de l'époux et de l'épouse ne se fera plus entendre chez toi, parce que tes marchands étaient les grands de la terre et que tes sortilèges ont égaré toutes les nations. [24]Et on a trouvé chez elle le sang des prophètes, des saints et de tous ceux qui ont été égorgés sur la terre. »

19 Chants de triomphe au ciel. – [1]J'entendis[a] ensuite dans le ciel comme la voix puissante d'un chœur immense, qui disait : « Alléluia ! Salut,

---

[c]21-24. Un troisième ange confirme la ruine de Babylone, en accomplissant un acte symbolique expliqué en termes prophétiques et qui rappelle de nombreux poèmes de l'AT : Jr 25, 10 ; 51, 47-48 ; Is 24, 7-10 ; Ez 26, 14 ; Qo 12, 1-16 ; etc.

19. – [a]1-10. Chant d'action de grâce, ponctué de quatre allé-

gloire et puissance à notre Dieu. ²Ses jugements sont véridiques et justes ; il a jugé la grande Prostituée qui avait corrompu la terre par sa prostitution, et il a vengé sur elle le sang de ses serviteurs. » ³Puis ils répétèrent : « Alléluia ! Sa fumée s'élève pour les siècles des siècles. » ⁴Alors les vingt-quatre anciens et les quatre Vivants, se prosternant, adorèrent Dieu qui est assis sur le trône, disant : « Amen ! Alléluia ! » ⁵Et une voix qui venait du trône dit : « Louez notre Dieu, vous tous ses serviteurs, vous qui le craignez, petits et grands. »

⁶Là-dessus j'entendis comme la voix d'une foule immense, comme le mugissement des grandes eaux, comme le grondement de puissants tonnerres, qui disaient :

« Alléluia ! Le Seigneur notre Dieu, le Tout-Puissant, a pris possession de son règne ! ⁷Réjouissons-nous, exultons et rendons-lui gloire, car les noces de l'Agneau sont arrivées ! Son épouse s'est parée ; ⁸il lui a été donné de se vêtir de lin fin, éclatant et pur. Ce lin fin, ce sont les bonnes œuvres des saints. »

⁹Un ange me dit : « Écris : Heureux ceux qui sont invités au festin des noces de l'Agneau ! » Il ajouta : « Ce sont là les paroles véridiques de Dieu. » ¹⁰Alors je tombai à ses pieds pour l'adorer, mais il me dit : « Garde-t'en bien ! Je suis un serviteur comme toi et tes frères qui possèdent le témoignage de Jésus. C'est Dieu que tu dois adorer ! » Car le témoignage de Jésus, c'est l'esprit de la prophétie.

---

luias, car voici les noces de l'A-gneau avec la femme Église du chapitre 12, ou la nouvelle Jérusalem de 21.

TRIOMPHE DU CHRIST ET DE L'ÉGLISE

Victoire du Christ sur la terre. – [11]Puis je vis le ciel ouvert : parut un cheval blanc. Celui qui le monte s'appelle Fidèle et Véridique ; il juge et combat avec justice[b]. [12]Ses yeux sont une flamme de feu ; il a sur la tête plusieurs diadèmes. Il porte, inscrit sur lui, un nom que nul ne connaît, sinon lui seul. [13]Il est vêtu d'un manteau teint de sang, et son nom est : le Verbe de Dieu. [14]Les armées célestes le suivent, montées sur des chevaux blancs, vêtues de lin fin d'une blancheur éclatante. [15]De sa bouche sort un glaive aiguisé pour en frapper les nations ; c'est lui qui les *mènera paître avec une houlette de fer ;* c'est lui qui foule la cuve du vin de la terrible colère du Dieu tout-puissant. [16]Sur son manteau et sur son cuissard, il porte ce nom écrit : *Roi des rois et Seigneur des seigneurs.* [17]Je vis alors un ange debout dans le soleil ; il criait d'une voix puissante à tous les oiseaux qui volent à travers le ciel[c] : « Venez, rassemblez-vous pour le grand festin de Dieu, [18]pour dévorer la chair des rois, la chair des grands capitaines, la chair des guerriers, la chair des chevaux et de leurs cavaliers, la chair de tous, libres et esclaves, petits et grands. »

[19]Puis je vis la Bête et les rois de la terre, avec leurs armées rassemblées pour faire la guerre au Cavalier et à son armée. [20]Mais la Bête fut prise, et avec elle le

[b]11-16 Le Christ lui-même prend en main la conduite de cette lutte suprême ; il est le Cavalier blanc déjà vainqueur (6, 2), paré du Sang rédempteur, le fidèle et le vrai (Jn 1, 14) ; son nom est un mystère qu'on ne pourra atteindre que dans la vision directe : le Verbe de Dieu (Jn 1, 1sv.), le Roi et le Seigneur universel (Dn 7).

[c]17-21. Victoire sur la Bête de la mer et sur le faux prophète (ou Bête de la terre), jetés dans l'étang de feu et de soufre (Gn 19, 24 ; Nb 16, 31-33). Les puissances sataniques sont anéanties.

faux prophète qui avait accompli des prodiges devant elle, séduisant par là ceux qui avaient reçu la marque de la Bête et adoré son image. Tous deux furent jetés vivants dans l'étang de feu où brûle le soufre. [21]Le reste fut tué par le glaive du Cavalier, le glaive qui sortait de sa bouche, et tous les oiseaux se rassasièrent de leurs chairs.

20 Un règne de mille ans.

— [1]Je vis encore un ange descendre du ciel. Il tenait à la main la clef de l'Abîme et une énorme chaîne. [2]Il maîtrisa le Dragon, l'antique Serpent qui n'est autre que le Diable et Satan, et l'enchaîna pour mille ans[a]. [3]Puis il le précipita dans l'abîme, qu'il verrouilla et scella sur lui, pour qu'il ne séduise plus les nations jusqu'au terme des mille ans ; après quoi, il doit être relâché pour un peu de temps.

[4b]Je vis aussi des trônes, où prirent place ceux à qui fut donné le pouvoir de juger ; et je vis les âmes de ceux qui avaient été décapités à cause du témoignage de Jésus et de la parole de Dieu, ainsi que tous ceux qui n'avaient pas adoré la Bête ni son image et n'avaient pas accepté sa marque au front et à la main. Ils reprirent vie et régnèrent avec le Christ pendant mille ans. [5]Le reste des morts ne revint pas à la vie jusqu'au terme des mille ans. C'est la première résurrection. [6]Heureux et saint celui qui a part à la première résurrection ! Sur eux la seconde mort n'a pas de pouvoir, mais ils seront prêtres de Dieu et du Christ et régneront avec lui pendant les mille ans.

20. — [a]2-3. Enchaîné, car son pouvoir est limité (cf. 12, 7-12), il tente de nuire à l'Église pendant mille ans (cf. Ps 90, 4 ; 2 P 3, 8), mais il ne peut atteindre les vrais fidèles.

[b]4-6. Déjà règnent avec le Christ, pendant la même période de mille ans, ceux qui ont eu part à la première résurrection : l'entrée dès ici-bas dans la vie divine avant la résurrection de la chair.

Rechute du monde et jugement dernier. – [7]Quand les mille ans seront achevés[c], Satan sera relâché de sa prison. [8]Il en sortira pour séduire les nations qui sont aux quatre coins de la terre – Gog et Magog. Il les rassemblera pour le combat, en aussi grand nombre que le sable de la mer. [9]Ils montèrent à l'intérieur du pays et cernèrent le camp des saints et la ville bien-aimée, mais un feu descendit du ciel et les dévora. [10]Le Diable, leur séducteur, fut jeté dans l'étang de feu et de soufre, où étaient déjà la Bête et le faux prophète. Ils y seront torturés jour et nuit aux siècles des siècles.

[11d]Je vis ensuite un grand trône blanc et Celui qui y était assis. La terre et le ciel s'enfuirent loin de sa face, sans laisser de traces. [12]Je vis aussi les morts, grands et petits, debout devant le trône. Des livres furent ouverts, puis encore un autre livre : le livre de vie. Les morts furent jugés selon leurs œuvres, d'après ce qui était écrit dans ces livres. [13]La mer rendit les morts qu'elle gardait ; la mort et l'abîme rendirent les leurs, et chacun fut jugé selon ses œuvres. [14]Enfin la mort et l'abîme furent

[c]7-10. Selon la tradition biblique une lutte suprême opposera l'armée du mal au Seigneur, elle sera anéantie (Ez 38, 39, Gog, roi de Magog, type de Satan). Et Satan rejoindra les deux Bêtes au feu éternel.

Note - Il ne faut pas prendre les mille ans au pied de la lettre. Nommés à six reprises, ils s'opposent au temps parfait (éternité, que symbolise 7). Il s'agit donc du temps de l'histoire : c'est déjà le règne spirituel du Christ et des élus dans le temps même où l'Église connaît sur terre luttes, épreuves et persécutions ; mais cette longue période historique s'achèvera par la victoire sans appel du Christ et des siens.

[d]11-15. Le jugement est décrit avec une sobriété extraordinaire. Seuls demeurent le trône divin et Dieu lui-même. Tous les hommes ressuscités sont jugés d'après leurs œuvres (les livres) sans aucun arbitraire. Mais dans son éternel présent, Dieu connaît les élus, il les voit dans son amour (livre de vie). La Mort elle-même rejoint les damnés dans l'étang de feu ; la seconde mort est l'éternelle privation de la vie céleste, du bonheur.

jetés dans l'étang de feu. C'est cela la seconde mort, l'étang de feu. [15]Quiconque ne fut pas trouvé inscrit dans le livre de vie fut précipité dans l'étang de feu.

21 Jérusalem descend du ciel. – [1]Je vis alors un ciel nouveau[a] et une terre nouvelle, car le premier ciel et la première terre avaient disparu, et la mer n'était plus. [2]Et je vis la Cité sainte, la Jérusalem nouvelle, descendre du ciel, d'auprès de Dieu, apprêtée comme une fiancée parée pour son époux. [3]Et j'entendis une voix puissante venant du trône, qui disait: «Voici la demeure de Dieu parmi les hommes! *Il demeurera avec eux, et eux seront son peuple.* Dieu lui-même *sera avec eux.* [4]*Il essuiera toute larme de leurs yeux,* et il n'y aura plus de mort; il n'y aura plus de deuil, de gémissement ni de souffrance, car le premier monde a disparu.»

[5]Alors Celui qui est assis sur le trône dit: «Voici que je renouvelle toutes choses.» Il ajouta: «Écris, car ces paroles sont certaines et véridiques.» [6]Puis il me dit: «C'en est fait! Je suis l'Alpha et l'Oméga, le commencement et la fin. A celui qui a soif, je donnerai de la source d'eau vive, gratuitement. [7]Tel sera l'héritage du vainqueur: *je serai son Dieu et il sera mon fils.* [8]Quant aux lâches, aux incrédules, aux abominables, aux meurtriers, aux impudiques, aux sorciers, aux idolâtres et à tous les menteurs, leur lot sera l'étang embrasé de feu et de soufre: la seconde mort.»

---

21. – [a]1-8. A quatre reprises, le mot *nouveau* suggère que l'univers entier retrouvera l'harmonie parfaite voulue par Dieu (Is 65, 17-19; Rm 8, 19-22; 2 P 3, 13). Jérusalem (Église) est à la fois céleste, et terrestre; le dernier jour manifestera sa splendeur. L'alliance nouvelle est essentiellement l'Emmanuel d'Isaïe 7, 13-14 (Dieu avec nous), source de paix, de joie et de bonheur. Affirmations confirmées par Dieu qui seul peut les réaliser en répandant l'eau vive (Esprit de vie: Ez 37; Is 55, 1-3; Za 14, 8-9; Jn 4, 10).

Jérusalem, l'épouse de l'Agneau. – [9]Alors l'un des sept anges qui tenaient les sept coupes pleines des derniers fléaux vint et me parla ainsi : « Viens, je vais te montrer la Fiancée, l'épouse de l'Agneau[b]. » [10]Il me transporta en esprit sur une grande et haute montagne, et il me montra la Cité sainte, Jérusalem, qui descendait du ciel, d'auprès de Dieu, [11]resplendissante de la gloire de Dieu. Son éclat était semblable à celui d'une pierre très précieuse, comme du jaspe cristallin. [12]Elle avait une grande et haute muraille. Elle avait douze portes ; sur ces portes douze anges, et des noms inscrits, ceux des douze tribus des enfants d'Israël. [13]A l'orient trois portes, au nord trois portes, au midi trois portes et à l'occident trois portes. [14]Le mur de la ville avait douze assises portant douze noms, ceux des douze apôtres de l'Agneau.

[15]Celui qui me parlait tenait comme mesure un roseau d'or pour mesurer la ville, ses portes et sa muraille. [16]La ville forme un carré ; sa longueur est égale à sa largeur. Il mesura donc la ville avec le roseau : douze mille stades. Sa longueur, sa largeur et sa hauteur sont égales. [17]Il en mesura aussi la muraille : cent quarante-quatre coudées, mesure humaine qu'employait l'ange. [18]La muraille est construite en jaspe, et la ville est d'or pur, semblable à du pur cristal. [19]Les assises du mur de la ville sont ornées de toutes sortes de pierres précieuses : la première est de jaspe, la deuxième de

[b]9-21. C'est l'Église qui rayonne de la gloire même de Dieu (Is 58, 8-11 ; 60, 1-3). Elle est ouverte à tous (trois portes, chiffre divin, dans chacune des quatre directions). Fondée à jamais sur le collège apostolique, elle est l'Israël de Dieu. L'ange la mesure (Ez 40, 2-5 ; Za 2, 5-6) et les dimensions symbolisent l'absolue perfection (voir Ez 48). Les matériaux employés (voir Is 54) évoquent l'harmonie et le resplendissement de la gloire divine, et les couleurs mêmes de l'arc-en-ciel dont on sait le sens de miséricorde universelle.

saphir, la troisième de calcédoine, la quatrième d'émeraude, [20]la cinquième de sardoine, la sixième de cornaline, la septième de chrysolithe, la huitième de béryl, la neuvième de topaze, la dixième de chrysoprase, la onzième d'hyacinthe, la douzième d'améthyste. [21]Les douze portes sont douze perles, et chaque porte est faite d'une seule perle. La place de la ville est d'or pur, transparent comme du cristal.

Dieu, l'Agneau, l'Esprit en Jérusalem. –

[22]Je n'y vis pas de temple[c], car le Seigneur, le Dieu tout-puissant, en est le temple, ainsi que l'Agneau. [23]La ville n'a besoin ni du soleil ni de la lune pour l'éclairer, car la gloire de Dieu l'illumine, et son flambeau, c'est l'Agneau. [24]*Les nations marcheront à sa lumière,* et les rois de la terre y apporteront leurs trésors. [25]Ses *portes ne se fermeront jamais le jour,* car il n'y aura pas de nuit pour elle. [26]On y apportera ce qui fait la gloire et l'honneur des nations. [27]Il n'y entrera rien d'impur, ni personne qui commette l'abomination et le mensonge, mais ceux-là seuls qui sont inscrits au livre de vie de l'Agneau.

22 [1]Puis l'ange me montra un fleuve d'eau vive brillant comme du cristal, qui jaillissait du trône de Dieu et de l'Agneau[a]. [2]Au milieu de la place de la ville, de part et d'autre du fleuve, il y a l'arbre de vie qui fructifie douze fois, une fois par mois, et dont les feuilles servent à la guérison des nations. [3]Il n'y aura plus de malédiction. Le trône de Dieu et de l'Agneau

---

[c]22-27. Le temple, symbole de la divine présence, disparaît, car plus n'est besoin d'intermédiaire pour jouir de l'intimité divine. Tout y est lumière et attire toutes les nations (Is 60 ; Ps 72, 5-11). Le temps des ténèbres a disparu. **22.** – [a]1-5. Comme les prophètes, Jean décrit ce bonheur comme l'âge d'or retrouvé, au moyen

sera dressé dans la ville, et ses serviteurs l'adoreront ; [4]ils verront son visage et son nom sera sur leur front. [5]Il n'y aura plus de nuit ; ils n'auront plus besoin de la lumière d'un flambeau ni de celle du soleil, car le Seigneur Dieu répandra sur eux sa lumière, et ils régneront aux siècles des siècles.

ÉPILOGUE

Attestation finale de l'Ange. — [6b]L'ange me dit encore : « Ce sont là paroles certaines et véridiques ; le Seigneur Dieu, qui inspire les prophètes, a envoyé son ange montrer à ses serviteurs ce qui doit arriver bientôt. [7]Oui, je viens bientôt. Heureux qui garde les paroles prophétiques de ce livre ! »

[8]Moi, Jean, j'ai entendu et vu toutes ces choses. Après les avoir entendues et vues, je tombai aux pieds de l'ange qui me les avait montrées, pour l'adorer. [9]Mais il me dit : « Garde-t'en bien ! Je suis un serviteur comme toi et tes frères les prophètes et ceux qui gardent les paroles de ce livre. Adore Dieu ! »

[10]Il ajouta : « Ne scelle pas les paroles prophétiques de ce livre[c], car le temps est proche. [11]Que l'injuste continue d'être injuste et l'impur d'être impur ; que le juste continue de pratiquer la justice et le saint de se sanctifier. [12]Oui, je viens bientôt ; j'apporte avec moi ma rétribution pour rendre à chacun selon ses œuvres.

d'images classiques : le *fleuve d'eau vive* et *l'arbre de vie*, symbolisant la vie véritable dispensée par l'Esprit d'amour (Si 24, 23-31 ; Dn 7, 18.27).

[b]6-9. L'espérance d'Israël s'accomplit dans le Christ. Trois personnages interviennent : l'ange, le Christ et Jean lui-même qui se présente comme le porte-parole ou prophète de Dieu. Ils attestent la vérité du message.

[c]10-15. Ne pas sceller ce livre, car son contenu intéresse les contemporains de Jean, mais demeure toujours actuel.

¹³Je suis l'Alpha et l'Oméga, le Premier et le Dernier, le Principe et la Fin. ¹⁴Heureux ceux qui lavent leurs robes pour avoir droit à l'arbre de vie et entrer dans la cité par les portes ! ¹⁵Dehors les chiens, les sorciers, les impudiques, les assassins, les idolâtres et quiconque aime et pratique le mensonge ! »

Dernier dialogue du Christ et de son prophète.

— ¹⁶« Moi, Jésus, j'ai envoyé mon ange vous apporter ce témoignage au sujet des Églises. Je suis le rejeton et la postérité de David, l'étoile brillante du matin. »

¹⁷L'Esprit et l'Épouse disent : « Viens ! » Que celui qui écoute dise aussi : « Viens ! » Que celui qui a soif s'approche ! Que celui qui le désire prenne de l'eau vive, gratuitement[d] !

¹⁸[e]Je l'atteste, moi, à quiconque écoute les paroles prophétiques de ce livre : Si quelqu'un ose y ajouter, Dieu lui fera subir les fléaux décrits dans ce livre ; ¹⁹et si quelqu'un ose retrancher aux paroles de ce livre prophétique, Dieu lui retranchera sa part de l'arbre de vie et de la Cité sainte qui sont décrits dans ce livre.

²⁰Celui qui atteste ces choses le déclare : « Oui, je viens bientôt. » Amen. Viens, Seigneur Jésus !

²¹La grâce du Seigneur Jésus soit avec vous tous. Amen !

---

[d]17. C'est en pleine joie que les fidèles des temps apostoliques attendent et implorent le retour glorieux du Christ. Le verbe « venir » se trouve sept fois dans l'épilogue. Ce désir de toute l'Église, de l'Épouse, est en même temps une prière de l'Esprit.

[e]18-21. Le message garde toute son actualité. Il ne faut pas y introduire nos propres idées ni nos imaginations éphémères. L'histoire continue, jalonnée de joies et d'épreuves. L'Église lutte dans la foi, l'espérance et l'amour. Il faut désirer le retour du Christ et rappeler que le Bien triomphera dans l'union de tous en Dieu et en l'Agneau. *Maran atha* : Rm 13, 11-12 ; 1 Co 16, 21-24.

LEXIQUE

Lieux, peuples et groupes sociaux
personnages bibliques
termes du vocabulaire biblique

Aaron : Ce personnage, chef d'un groupe religieux dans le désert, est appelé frère de Moïse : Ex 4, 14c ; il sera considéré comme l'ancêtre et le modèle des prêtres et tout spécialement du Grand Prêtre de Jérusalem. Traditions relatives à Aaron : Ex 4, 14 ; 6, 20 ; 7-12 ; 15, 20 ; 24 ; 32 ; Nb 12, 1 ; 20, 24. Les fils d'Aaron sont les prêtres : Ex 28-31 ; Lv ; Nb ; Ch ; Lc 1, 5. De même la maison d'Aaron : Ps 115 ; 135. Dans le N.T., nommé aussi en He 5, 4 ; 7, 11 ; 9, 4.

Abba : mot d'origine araméenne : Père ou Papa : Mc 14, 36 ; Rm 8, 15 ; Ga 4, 6.

Abel : première victime de la violence : Gn 4, 2 ; Sg 10, 3 ; 1 Jn 3, 12 ; Mt 23, 35. Le N.T. verra en lui un modèle du juste : He 11, 4 ; 12, 24.

Abias : fils de Roboam : Mt 1, 7.

Abiatar (ou **Ebyatar**) : 1 S 22, 20 ; 23 ; 30 ; 2 S 15, 27 ; 1 R 2, 7 ; 2, 26 ; Mc 2, 26.

Abîme : C'est le monde d'en bas, sans fond, la partie du monde que le Dieu créateur domine : Gn 1, 2 ; Ha 3, 10 ; Ps 36, 7. Monde des morts : Ps 73, 18 ; Si 21, 10. Désigne aussi les profondeurs de l'océan et l'océan lui-même : Ps 107, 24 ; 2 Co 11, 25. Monde infernal : Ap 9, 11 ; 11, 7 ; 17, 8 : c'est alors une traduction du Sheol.

Abomination : désigne habituellement une idole : 1 R 11, 5 ; 2 R 23, 13 ; Jr 4, 1. L'Abomination de la désolation désigne l'idole installée dans le Temple par les Syriens : 1 M 1, 54 ; Dn 8, 12 ; 9, 27 ; 11, 31 ; 12, 11. Voir Mt 24, 15.

Abraham : traditions relatives à Abraham : Gn 12 à 15. On sait peu de choses de ce père des croyants, pourtant personnage historique : note en Gn 11, 26. Le Dieu d'Abraham, d'Isaac et de Jacob : Gn 50, 20 ; Ex 2, 24 ; 3, 6 ; 3, 15 ; 6, 3 ; 32, 13 ; Nb 32, 11 ; Dt 1, 8 ; Mt 22, 32. Notre père Abraham : Is 51, 2 ; 63, 16 ; Mt 3, 9 ; Lc 1, 55 ; 13, 16 ; 16, 25 ; Jn 8, 39. La foi d'Abraham : Rm 4 ; Ga 3 ; He 11, 8 ; Jc 2, 21. Ens. bib. 20-28.

Acculturation : C'est l'incarnation de la foi et de la liturgie chrétiennes dans une nouvelle culture. La foi et l'Évangile laissent de côté ce qui était propre de la culture où ils se sont exprimés auparavant, et s'expriment dans une culture nouvelle, en même temps que celle-ci, baptisée de quelque façon, se renouvelle grâce à la foi (Mc 16, 15).

Adam : est un nom collectif en hébreu ancien : les gens. Ben-Adam, fils d'Adam signifie quelqu'un. Adam : nom donné au premier homme dans le récit du jardin d'Éden : Gn 2 et 3. Ézéquiel sera appelé ainsi par Dieu en Ez 2, 1. Voir Fils de l'homme. Pour la tradition Adam sera l'ancêtre : Sg 10, 1 ; Si 33, 10 ; 49, 116 ; Lc 3, 38 ; Rm 5, 12 ; 1 Co 15, 22.

Adoption : se pratiquait très communément et donnait tous les droits d'un fils. Voir les notes en Rt 3, 1 ; Mt 1, 18. Fils adoptifs (?) de Dieu : voir la note en Rm 8, 15.

Adultère : au sens propre, voir Ex 20, 14 et Lv 20, 10. Au sens d'idolâtrie, voir notes en Is 1, 21 et Os 1, 2. Dans le N.T., voir Mt 5, 27 ; 19, 9 ; Jn 4, 18 ; 8, 4 ; Jc 4, 4 ; Ap 2, 22.

Afec : au carrefour de la Route de la Mer, qui venait d'Égypte et montait en Syrie, et de la montée à Jérusalem. Là, défaite d'Israël et capture de l'Arche : 1 S 4. Reconstruite par Hérode à l'époque hellénistique, devient Antipatris, étape de Paul prisonnier entre Jérusalem et Césarée : Ac 23, 12-32.

Agabus : Ac 11, 27 ; 21, 10.

Agapé : mot grec qui désigne l'amour vrai et désintéressé. Le plus usuel dans le N.T. Le mot désignera dans l'Église primitive les repas avec eucharistie : 1 Co 11, 11.

Agar, l'Égyptienne : femme d'Abraham : Gn 16, 1 ; 21, 9 ; Ga 4, 21-23.

Agneau pascal : Chaque année l'immolation de l'agneau pascal et le repas rituel au cours duquel on le consommait rappelaient à Israël comment Dieu l'avait arraché à l'esclavage de l'Égypte pour le conduire vers la terre promise (Ex 12, 21-28). Par sa mort sur la croix à l'heure même où l'on immolait dans le temple les agneaux pour la Pâque, Jésus accomplissait et transfigurait toutes les pâques de l'ancienne alliance (Jn 19, 35 et 36). Il est l'Agneau de Dieu : Jn 1, 29 et la note en Jn 19, 31. Voir Ap 1, 4 et l'Introduction à l'Apocalypse.

Alexandrie : dans le delta du Nil, principale cité d'Égypte et du monde grec au temps des apôtres. Voir les introductions à Qohélet, à la Sagesse et la note en He 1, 1.

Alléluya ! : Louez Dieu ! Cette acclamation se lit dans les derniers psaumes et dans l'Apocalypse.

Alliance : Ce seul mot résume toute la foi israélite, puis chrétienne. Nous sommes le peuple de l'Alliance avec Dieu. Une première alliance est donnée à l'humanité entière en la personne de Noé : Gn 9. Ensuite l'alliance est donnée à Abraham (voir le commentaire de Gn 15, 1), puis à Israël par l'intermédiaire de Moïse : voir le commentaire de Ex 19 et 24. Le Deutéronome situe une confirmation de cette alliance au pays de Moab : Dt 28, 69. Elle est renouvelée par Josué (Jos 8 et 24) ; Josias (2 R 23). Une Alliance éternelle est promise par Isaïe et Jérémie (Is 55, 3 ; Jr 32, 40). Elle sera tout à fait nouvelle (Jr 31, 31). La nouvelle alliance promise par Dieu sera célébrée par Jésus à la veille de sa mort (commentaire de Mc 14, 12). La Lettre aux Hébreux la compare avec la première alliance avec Israël (appelée ancienne en 2 Co 3, 14) : voir He 7-10. Seule une partie d'Israël est entrée dans cette alliance que le Messie devait leur apporter, mais à leur place entrent les convertis venus d'autres peuples Ac 15, 16 ; Rm 11. En grec, un même mot signifie alliance et testament : voir Ga 3, 15 et He 9, 16. Le Nouveau Testament est le livre de la nouvelle alliance.

Alpha : la lettre A de l'alphabet grec. L'Omega est la dernière : voir Ap 1, 8.

Alphée : Un des apôtres est Jacques fils d'Alphée : Mt 10, 3 ; Lc 6, 15 ; Ac 1, 13. Lévi est dit fils d'Alphée en Mc 2, 14.

Âme : voir l'Ens. biblique 83 et les notes en Mc 8, 34 et 1 P 1, 9.

Amen : Je crois, je dis oui. Voir 2 Co 1, 20 et Ap 3, 14.

Analogie : C'est un peu une comparaison, mais on ne compare pas deux choses sinon la façon dont les choses se passent dans des domaines très différents. La graine qui tombe en terre et apparemment se perd est une analogie de ce qui doit nous arriver : Jn 12, 24 ; 1 Co 15, 37 : mais nous ne ressemblons pas à une graine et nous n'aurons jamais de feuilles.

Ananias : Il y en a deux : Ac 5, 1 et 9, 10, sans compter les autres : Ac 24, 1. Ananie et Saphire : Ac 5, 1.

Anathème : À l'origine, le mot signifie séparé, et s'applique à ce qui appartient à Dieu et ne peut donc tomber entre des mains profanes ; ce peut être une personne, ou un domaine, ou une chose donnée à Dieu (Lv 27, 21 ; Nb 18, 14). Ce peut être une ville conquise où l'on brûlera tout et massacrera toute la population (Jos 7). Plus tard, l'anathème sera la condamnation qui exclut quelqu'un du peuple de Dieu et le désigne pour la malédiction (Rm 9, 3 ; Ga 1, 9).

Anciens : Ce sont les chefs des clans nomades, aux premiers temps de l'histoire biblique ; par la suite, après la sédentarisation, ce terme désignera les grands propriétaires terriens qui, après l'Exil à Babylone, seront une des composantes du Sanhédrin. Lorsque commencent à s'organiser les synagogues, elles sont dirigées par un conseil d'anciens, et c'est ce mode de gouvernement qu'adopteront les premières églises (Ac 11, 30). Les anciens sont alors des hommes choisis pour leur maturité (Ac 14, 23) ; élus par la communauté et acceptés par la hiérarchie, ils ont reçu l'imposition des mains des apôtres, de façon directe ou indirecte (1 Tm 5, 17 ; Tt 1, 5). C'est à eux qu'est confiée la charge de guider la communauté, de lui donner la parole et de présider l'eucharistie (Ac 20, 17). En grec, ancien se dit *presbyteros* ; de là vient le mot prêtre, mais il est clair que dans notre Église le mot n'a plus le même sens.

André : apôtre : Mc 1, 16 ; 3, 18 ; 13, 3 ; Jn 1, 35 ; 12, 22.

Anges : Le mot signifie messagers ; il a dans la Bible des significations diverses. L'ange est parfois une manière de parler d'une intervention de Dieu (Gn 16, 1 ; Jg 6, 11 ; 2 R 19, 35). Habituellement, il exprime la croyance en des êtres supérieurs qui entourent Dieu et sont à son service ; on les appelle souvent fils de Dieu – la vraie traduction serait en français : êtres divins : Ps 29, 1 ; 89, 7. À l'origine, ces êtres divins étaient des dieux, mais en Israël on en avait fait les serviteurs du Dieu unique et par la suite il n'a jamais été question de s'en passer : on avait là des êtres supérieurs, liés à notre univers mais appartenant au monde invisible. L'A.T. nous parle de Séraphins (Is 6) et de Chérubins (Ez 1), monstres sacrés des religions du Moyen-Orient, devenus les gardes de Dieu. Plus tard, les anges seront vus comme les messagers de Dieu, chargés de guider les nations et de diriger les événements (Dt 32, 8 ; Dn 4, 10 et 14). Ce sera encore leur rôle majeur dans le N.T. (Ep 1, 21). Mais aussi l'on voit des anges chargés de veiller sur ceux qui font la volonté de Dieu : Dn 2 et Tb 5, 4 ; voir Mt 18, 10. Dans l'Apocalypse, ils représentent les fidèles devant Dieu (Ap 8, 3).

Anne : mère de Samuel : 1 S 1-2. Mais le nom est aussi porté par des hommes : Lc 3, 2 ; Ac 4, 6.

Antéchrist : On nomme ainsi un personnage qui, selon diverses traditions, sera l'instrument du démon avant la venue du Christ : 2 Th 2, 6 ; 1 Jn 2, 18. Voir aussi Ap 13, 11.

Antioche : Plusieurs villes portaient ce nom au Proche-Orient. Antioche de Syrie : aujourd'hui Antakya en Turquie. Une communauté chrétienne fut fondée dès l'an 37 dans cette capitale de la province romaine de Syrie (Ac 11, 19-30). Antioche de Pisidie : aujourd'hui un champ de ruines à 250 km au S.-O. d'Ankara. Paul et Barnabé évangélisèrent cette ville vers l'an 46 (Ac 13, 14-52).

Apocalypse : Ce mot veut dire révélation. Ce n'est pas seulement l'Apocalypse du Nouveau Testament : le mot désigne toute une catégorie de livres qui prétendaient révéler le sens des années que l'on vivait et ouvrir une perspective sur l'avenir. Voir l'Introduction de l'Apocalypse, l'Introduction de Daniel et le commentaire d'Ézéchiel 38.

Apocryphes : Livres qui commentent les événements bibliques, mais qui n'ont pas été reconnus par l'Église comme livres inspirés.

Apollos : Ac 18, 24 ; 1 Co 1, 12 ; Tt 3, 13.

Apologétique : Écrits destinés à défendre la foi.

Apostasie : C'est le fait de renoncer à son identité comme croyant ou intégrant du peuple de Dieu : 1 M 2, 15 ; 2 Th 2, 3. Voir He 3, 12 et 12, 15.

Apôtres : Ce mot grec signifie envoyés. À l'époque de Jésus, l'envoyé était vraiment le représentant de son maître. Il est probable que Jésus a donné ce titre aux premiers missionnaires qu'il envoyait par toute la Galilée : Mc 3, 13 et Lc 3, 14. Ensuite, les apôtres semblent s'identifier avec le groupe des Douze. C'est pourquoi Jésus donne tant d'importance à la formation de ces Douze. Liste des Douze : Mt 10, 2 ; Ac 1, 13. Leur appel : Jn 1, 35-51 ; Lc 5, 1-11. Voir Ens. bib. 121, 122, 158, 163, 175, 180, 240.

Aquila et **Priscille :** Ac 18, 2 et 26 ; 1 Co 16, 19 ; Rm 16, 3.

Araméen : La langue araméenne, de la même famille que l'hébreu, deviendra la langue courante d'Israël au retour d'exil. Mais l'hébreu restera la langue sacrée. Jésus parlait l'araméen mais comprenait l'hébreu, et les premiers documents qui sont à la base de nos évangiles ont été écrits en araméen et en hébreu.

Aréopage : Conseil des sages de la ville d'Athènes, qui supervisait l'enseignement et chargé entre autres des questions religieuses. Voir la note en Ac 17, 16.

Athènes : Cette ville, dont le rayonnement intellectuel s'étendait à toute la Méditerranée, fut évangélisée par Paul vers l'an 50 (Ac 17, 16-34).

Balaam : était le prophète national des Amonites et le livre des Nombres mêle deux traditions à son sujet. Selon la première, il proclame l'avenir d'Israël (Nb 22). Selon la seconde, il voulut jeter une malédiction sur les Israélites et mit sur leur chemin les prostituées du dieu de Péor (Nb 31, 16). La postérité ne retiendra que cette seconde version : 2 P 2, 15 ; Ap 2, 14.

Baptême : C'est un rite utilisé en bien des religions avec un sens de purification. Baptiser est un mot grec qui signifie laver ou plonger. Le baptême apparaît dans la Bible avec

Jean Baptiste. Il deviendra le rite de l'entrée dans l'Église. Baptême de Jean et baptême de Jésus : voir le commentaire de Lc 3, 15. Baptême de l'Esprit : note en Ac 8, 14. Baptême au nom de Jésus : Ac 19, 1. Paul donne le sens du baptême chrétien en Rm 6, 3 et Col 2, 11 ; voir 1 P 1.

Barnabé : l'un des premiers apôtres autres que les Douze, missionnaire avec Paul : Ac 4, 36 ; 9, 27 ; 11, 22 ; 13, 1 ; 15, 36.

Barrabas : Mt 27, 16 ; Jn 18, 40.

Barthélemy : l'un des Douze : Mt 10, 3.

Béatitudes : voir Mt 5, 1 et la note ; Lc 6, 1. Mais les formules de béatitude sont nombreuses chez Luc (11, 28 ; 12, 37…) et dans l'Apocalypse (1, 3 ; 14, 13 ; 16, 15 ; 20, 6…).

Béelzéboul : divinité cananéenne dont le nom signifie : Baal, le Prince. Autrefois vénérée dans la ville philistine d'Eqron, cette divinité symbolise dans les Évangiles, à cause même de son nom, le prince des démons (Mt 12, 24).

Bénédictus : C'est le nom latin du cantique de Zacharie en Lc 1, 68.

Béthanie : village à la sortie de Jérusalem (Jn 11, 18) sur l'autre versant du mont des Oliviers. Là se placent la résurrection de Lazare (Jn 11) et l'onction de Marie (Jn 12, 1).

Bethléem : signifie maison du dieu Lahamu ou maison du pain. Un des centres de la tribu de Juda, à 7 km au sud de Jérusalem. C'est de là qu'est partie Ruth, la Moabite, ancêtre de David. David était de Bethléem (1 S 16) ; le prophète Michée dit que le Messie sortira de Bethléem : Mi 5, 4. C'est là que Jésus naît en un lieu identifié par la tradition chrétienne dès la fin du Ier siècle.

Bethsabée : femme d'Urie que le roi David fit enlever et qui fut la mère de Salomon : 2 S 11, 3 ; 1 R 1, 11 ; Mt 1, 6.

Bethsaïde : village de pêcheurs au bord du lac. Philippe fils d'Hérode en fait une ville. Les apôtres Pierre, André et Philippe étaient de Bethsaïde (Jn 1, 44). Voir pourtant Mt 11, 21.

Beth-Shéan : cité cananéenne très ancienne à l'extrémité est de la plaine de Yizréel, près du Jourdain. Elle devient un centre industriel hostile aux Israélites (1 S 31, 10) avec l'installation des Philistins. David la conquiert. Des siècles plus tard, elle prend le nom de Scytopolis et devient un centre de l'hellénisme. Les Romains en font la capitale de la Décapole (Mc 5, 20 ; 7, 31), une province grecque à part du monde juif.

La Bible : Tous entendent qu'il s'agit du livre sacré dont la majeure partie est commune aux juifs et aux chrétiens. Le mot signifie : Les Livres. C'est le nom qu'on a donné aux Écritures d'Israël lorsqu'elles ont été traduites en grec. Et comme l'Église des apôtres utilisait la version et la présentation grecque de ces Écritures, le mot bible s'est enraciné chez les chrétiens lorsqu'ils ont ajouté à l'ancienne collection les livres de l'époque apostolique qui devaient constituer le Nouveau Testament.

Blasphème : Le mot blasphémer signifiediffamer ou calomnier (Jc 2, 7). La plupart du temps dans la Bible, il s'agit du blasphème qui offense Dieu ou ceux qui lui sont consacrés (1 M 7, 34 ; Tb 1, 18 ; Ap 13, 1). Il devait être puni de mort : Lv 24, 11 et il a été la cause de la condamnation de Jésus (Mc 15, 26 ; Jn 10, 33 ; Mt 26, 63). Blasphème contre l'Esprit saint : Mc 3, 20.

Capharnaüm : peut signifier beau village ou village du repos. Bourg de Galilée situé à quelques kilomètres à l'ouest du Jourdain sur la rive du lac de Galilée. Ville frontière entre les territoires d'Hérode Antipas et de son frère Philippe, elle a un poste de douanes : Mt 9, 9. Elle tirait de la pêche une partie de ses ressources. Les archéologues ont mis à jour les restes du bourg au temps de Jésus. La première église se fit sur les bases d'une maison privée qui doit avoir été celle de Pierre, où Jésus a résidé un temps : Mc 1, 21 ; 1, 29 ; 1, 33 ; 2, 1.

Cana : village de Galilée à 14 km au nord de Nazareth sur l'ancienne route de Nazareth à Capharnaüm. C'est lieu de deux miracles de Jésus (Jn 2, 1 et 4, 46).

Canaan, Cananéens : C'étaient les anciens habitants de la Palestine à l'époque où les Israélites y sont entrés. Ils étaient très désunis, ce qui facilita la conquête. Ils avaient déjà plus d'un millénaire de culture urbaine et les Israélites ne purent que détruire ou copier bien des éléments de leur prospérité. La langue de Canaan devint l'hébreu. De nombreux usages religieux leur furent empruntés : fêtes, lieux sacrés. Mais l'opposition fut farouche sur la foi au Dieu unique, le refus des images et celui des sacrifices humains. La civilisation de Canaan se maintint en Phénicie, dans les villes marchandes de Tyr et Sidon. Cananéen désigne parfois le Phénicien ou le marchand (Mt 15, 22 ; So 1, 11). Plus tard, Simon le Cananéen (Mc 3, 19) est l'équivalent de Simon le Zélote.

Canon : C'est une règle ou un tube droit. Le canon des Écritures est la règle ou liste officielle des livres qui composent la Bible.

Catéchèse : désigne à la fois le cours de formation chrétienne et les contenus de cet enseignement. La catéchèse occupe une place très importante dans la vie primitive à côté de la liturgie et la prédication. Si, comme il semble, la source principale de nos Évangiles a été rédigée avant l'année 36, ce document a été conçu comme une règle de la catéchèse dont les apôtres étaient encore directement responsables. L'Évangile n'est pas un écho tardif de catéchèses orales qui nécessairement se déforment : c'est un témoignage officiel qui, dès le début, donne aux catéchèses une base sûre.

Catholique : un adjectif grec qui signifie universel. L'Église latine s'est rapidement distinguée des Églises qui se séparaient d'elle et se subdivisaient par l'affirmation de son universalité. Non seulement une, sinon capable d'embrasser tous les hommes et toute la réalité humaine. Cette catholicité s'oppose au rêve d'une Église pyramidale dans laquelle tout vient d'en haut et les personnalités si diverses doivent se loger dans les cadres prévus pour elles. Cette catholicité suppose une intelligence à la fois du rôle unificateur du Christ et de la diversité et des tensions constamment renouvelés par l'Esprit.

Céphas : voir Képhas.

César : surnom de Claudius Julius, conquérant des Gaules. Son neveu Octave voulut qu'on l'appelle César Auguste (César divin). Après sa mort, le César sera la façon de désigner l'empereur (Ac 25, 12). Après Auguste (Lc 2, 1) et Tibère (Lc 3, 1), le N.T. connaît les nommer Claude et Néron.

Césarée : port sur la Méditerranée qui fut construit en grande partie par Hérode. Cité neuve et magnifique, tête des relations maritimes avec Rome et le monde méditerranéen. Les Romains en font la capitale de la Palestine. Philippe y passe (Ac 8, 40). Pierre y baptise le centurion Cornelius (Ac 10) et y revient après sa libération miraculeuse (Ac 12, 19). Paul y passe bien des fois et y reste plus de deux ans détenu en attendant d'aller au tribunal de l'empereur : Ac 23-26.

Césarée de Philippe : Philippe, fils d'Hérode le Grand, donne ce nom à la ville de Paneas (ville du dieu Pan) située à l'extrême-nord de la Palestine. Il fait d'elle sa capitale. Jésus se réfugie dans cette province quand il n'est plus en sécurité en Galilée, laquelle dépend de Hérode Antipas : Mt 16, 13.

Charismes : Dons spirituels que Dieu donne à chacun comme il l'entend pour le bien de l'Église tout entière. Les Actes et les lettres de Paul nous parlent des manifestations de l'Esprit qui accompagnent le baptême (Ac 8, 13) et l'imposition des mains (Ac 19, 6) et donnent la vie aux rencontres chrétiennes (1 Co 14, 26). L'action des inspirés, toujours imprévisible, pouvait troubler les assemblées et Paul intervient pour y mettre de l'ordre, donnant la priorité aux ministères apostoliques et à l'amour. Voir 1 Co 12 et 14, et leurs notes.

Chemin : Dans la première Église, le Chemin est le mot qui désigne la foi et la vie chrétienne (Ac 9, 2 ; 18, 26).

Chrétiens : Le nom apparaît en Ac 11, 26 et ensuite en Ac 26, 28 et 1 P 4, 16.

Christ : voir Messie.

Ciel : La culture hébraïque oppose la terre et les cieux. Les cieux, voûte étendue par-dessus la terre (Gn 1, 1 ; Is 51, 16 ; Jr 10, 12 ; Za 12, 1 ; Ps 136, 6), sont le plancher du monde où Dieu demeure, les cieux des cieux (Dt 10, 14 ; 1 R 8, 27). Yahvé devient le Dieu du Ciel au temps des Perses (Esd 5, 11 ; Ne 1, 4). Plus tard, on remplace le nom de Dieu par Le Ciel : voir les notes de Mt 5, 1 et 6, 9. Dans le N.T., dans les cieux signifie : près de Dieu ou dans l'éternité : Lc 12, 33 ; Ep 1, 1.

Circoncision : Elle a dû arriver en Orient avec la migration des populations égyptiennes vers la vallée du Nil. Pratiquée en Égypte aux IIIe et IIe millénaire, elle sera retenue par Israël comme le signe de son appartenance à Dieu. Voir Gn 17, 9. Lorsque l'Église commence à atteindre les non-juifs, le problème se pose de savoir si on exigera d'eux la circoncision. Paul surtout s'y oppose et l'assemblée de Jéru-salem (Ac 15) donne la liberté aux chrétiens venus du monde grec. Le refus d'imposer davantage la circoncision est très fortement motivé chez Paul : c'est un moyen d'afficher, au risque de faire scandale, ce qui est le plus neuf dans la foi chrétienne (Ga 5, 11).

Cisjordanie : la Jordanie de ce côté du Jourdain. Vue de Jérusalem, c'est la partie ouest de la vallée et, par extension, la Palestine. Mais vue de perse ou de Mésopotamie, c'est la terre de l'autre côté du Jourdain : Nb 35, 14.

Cléopas (ou **Clopas**) : Lc 24, 18 ; Jn 19, 25.

Cœur : voir Ens. biblique 83. Il ne faut jamais oublier que pour les Hébreux le cœur ne désigne pas l'affectivité (c'est bien plutôt l'âme qui s'attache aux personnes et aux choses), mais l'intériorité. La promesse d'un cœur nouveau (Ez 36) et les textes sur l'Esprit en nos cœurs (Rm 8, 27) ne se réfèrent pas à la générosité mais à l'intériorité.

Commandements : voir Loi.

Communion : C'est l'union fraternelle entre chrétiens et dans le Christ. C'est la communion à ses souffrances (Ph 3, 10), communion dans l'Esprit (2 Co 13, 13), communion dans l'Eucharistie (1 Co 10, 16).

Connaissance : Lorsque Paul emploie ce mot, il fait souvent allusion à la connaissance des mystères qu'on attendait des religions nouvelles venues d'Orient. Il lui opposera la connaissance mystique, don de l'Esprit : 2 Co 8, 2.

Consécration : C'est le rite qui fait qu'une personne ou une chose appartient désormais à Dieu. Le Temple est consacré : 1 R 8 ; les prêtres et les rois : Lv 8, 1 ; Nb 35, 22 ; 2 R 9. Le Messie est celui qui a été consacré : Is 11, 1. Les chrétiens consacrés à Dieu : voir Saints.

Conversion : En hébreu, le verbe revenir, se retourner, est devenu : se convertir. En grec, on utilise un verbe qui signifie : changer sa façon de penser. Dans l'A.T., les prophètes demandent un retour à l'alliance, qui est au cœur du Deutéronome : Dt 32 et 1 R 8, 47. Voir Is 6 qui met en relation la conversion et le petit reste. Le retour des exilés à leur terre ira de pair avec le retour à Dieu des esprits : voir Ens. biblique 43. Conversion du cœur : Ez 36, 22 et don de l'Esprit : 37, 34. Dieu convertit son peuple : 1 R 18, 37. Dans le N.T., Jean Baptiste prêche baptême et changement de vie : Mt 3, 1. Jésus commence de même : voir la note en Mc 1, 14, mais vite il insistera sur le cœur ouvert à la miséricorde : Mt 9, 13. Conversion et baptême : Ac 2, 38 ; 26, 20. Conversion toujours refusée : Is 6, 10 ; Jn 12, 40 ; Ac 28, 26. Convertissez-vous ou vous périrez : Lc 13, 5.

Corneille (ou **Cornelius**) : officier romain baptisé par Pierre : Ac 10.

Correction fraternelle : Mt 18, 15.

Croix : supplice terrible qui vient sans doute des Perses. Les Romains ne l'utilisent que pour les esclaves et les rebelles étrangers. Le fait que la croix soit associée de mille manières à la foi chrétienne dans tous les pays manifeste ce qui est propre de la révélation biblique. Le peuple de Dieu proclame dans le monde une connaissance que les religions ne pouvaient atteindre et qui est la sagesse paradoxale de Dieu Amour, le passage de l'Infini au zéro. Sans ce pas, il n'y a pas de salut vrai pour les hommes.

David : le véritable fondateur du royaume d'Israël, fondateur de la dynastie qui régna durant quatre siècles à Jérusalem : 1 S 16-30, 2 S (en entier), 1 R 1 et 2. Considéré comme organisateur du culte et auteur des Psaumes : 1 Ch 16-29. David, fondateur de la dynastie messianique, sera pour le N.T. une des figures privilégiées du Messie : Mt 12, 23 ; 22, 43 ; Ac 2, 25 ; 13, 34 ; Ap 22, 16.

Démon : Quelques passages de l'Ancien Testament mentionnent un adversaire de Dieu et d'Israël, le Satan en hébreu, le Diabolos en grec, c'est-à-dire celui qui met les bâtons dans les roues, ou l'accusateur (1 S 29,

4 ; Jb 1). Dans les derniers siècles avant le Christ, la croyance populaire se fixe sur les démons, c'est-à-dire les esprits étranges et mauvais. Le mot grec daimon peut désigner un esprit génial, un esprit dérangé (Jn 10, 20), un esprit mauvais. Jésus chasse les démons comme faisaient déjà les exorcistes juifs (Lc 11, 19 ; Ac 19, 13), et il invite ses disciples à partager sa victoire sur les esprits impurs (Lc 9, 1 ; 10, 17). Jésus laisse entendre que le mot démon recouvre des choses très diverses (Mc 9, 29), mais il donne beaucoup plus d'importance au Démon, le Diable, adversaire de Dieu et du salut (Mc 3, 27 ; Lc 10, 18). L'Évangile de Jean en particulier montre la dimension spirituelle et cosmique de la rédemption : il s'agit de reprendre au démon le contrôle d'un monde aliéné (Jn 12, 31 ; 14, 30).

Désert : désigne dans la Bible aussi bien le désert où rien ne pousse que les terrains arides qui sont le domaine des pasteurs et ne sont verts qu'au printemps.

Diaconesses : Le mot se lit en Rm 16, 1. Voir aussi Ph 4, 2.

Diacres : voir Act 6 et la note. Paul, dans la lettre aux Philippiens, présente les diacres comme les assistants des épiscopes (c'est-à-dire les anciens, responsables de l'église locale). La lettre à Timothée indique les conditions requises pour ce ministère (1 Tm 3, 8-12).

Diaspora (ou **Dispersion**) : Ce mot désignait l'ensemble des Juifs dispersés dans les contrées environnantes, et tout spécialement dans le monde romain aux alentours de l'ère chrétienne. Ils étaient beaucoup plus nombreux que les Juifs de Palestine. Tous étaient convaincus que dans les derniers temps Israël entier se réunirait (Jn 7, 35). L'apostolat chrétien, infructueux en Palestine après quelques années, s'est alors dirigé vers les communautés de la Diaspora : c'est parmi elles que se situe en bonne part le travail de Paul : c'est à partir des Juifs de la Diaspora qu'il atteint aussi les non-Juifs. Le mot figure en 1 P 1, 1.

Dimanche : La semaine juive s'achevant avec le sabbat (Gn 2, 2), le dimanche était le premier jour de la semaine. Les premiers chrétiens retiendront ce jour où le Seigneur est ressuscité pour célébrer l'eucharistie (Act 20, 7). Dimanche est une déformation du latin dies dominicus, qui signifie : le jour du Seigneur.

Disciple : un mot très peu utilisé dans l'A.T. (Is 8, 16 ; 50, 4). Le disciple est habituellement celui qui s'attache à un maître et se laisse former par lui (Pr 2, 1 ; 8, 32). Les disciples apparaissent au temps des rabbins, mais Jésus est celui qui donne le sens le plus fort à ce terme, car il se présente avec l'autorité de Dieu (Mt 10, 37 ; Mc 10, 21). Dans l'Évangile, on confond souvent les termes disciple et apôtre (Mt 10, 1), mais non chez Luc. Les apôtres (les Douze de Jésus) sont choisis par lui et restent avec lui ; les disciples forment un public fluctuant de personnes qui lui sont attachées mais ne vivent pas en communauté avec lui. Il y a parmi eux un bon nombre de femmes (Lc 8, 2). Dans les Actes, les disciples sont les chrétiens (Ac 21, 16).

Divorce : les concessions de la Loi : Dt 24, 1. Les paroles de Jésus : Mt 5, 31 ; Mt 19, 4. Les précisions de Paul : 1 Co 7.

Doctrine : Là où il y a un maître, il y a une doctrine. Dans l'Ancien Testament, le mot se réfère spécialement à l'éducation des enfants et des jeunes, laquelle suppose l'usage de punitions, et souvent la doctrine doit se traduire : discipline, remontrance (Pr 3, 1 ; 4, 13 ; 5, 12).

Les **Douze :** voir Apôtres.

Égypte : Le pays s'est développé autour de la vallée du Nil. L'agriculture et la culture obéissent au rythme de ses crues annuelles qui arrosent le désert alentour. L'Ancien Empire commence plus de 35 siècles avant le Christ. Les pyramides d'Égypte, l'écriture, sont de cette époque. Autorité absolue du Pharaon maître des terres sauf celles des prêtres. Tout l'Ancien Testament

a été vécu sur une terre enviée à la fois par l'Égypte et par les maîtres de la Mésopotamie. Les deux cultures s'affrontent ou se complètent en Israël.

Élie : Le grand prophète d'Israël : 1 R 17 ; 19, 21 ; 21, 17 ; 2 R 1, 3. Élie enlevé au ciel : 2 R 2, 1 ; Si 48, 9 ; Ml 3, 23. Élie reste dans toute la tradition biblique le type même du prophète : Mt 11, 14 ; 17, 1-13.

Élisabeth : cousine de Marie et mère de Jean Baptiste : Lc 1, 5 ; 1, 40.

Élisée : prophète successeur d'Élie, l'homme des miracles : 1 R 19, 16 ; 2 R 2-5 ; 9, 1 ; Lc 4, 27.

Elohim : Ce mot hébreu désigne presque toujours Dieu, très rarement pour des dieux étrangers, quelquefois pour des personnages éminents : Jn 10, 34.

Emmaüs : En un village appelé Amaüs, à 60 km au N.-O. de Jérusalem, Judas Maccabée remporte une de ses victoires (1 M 4). Plus tard, les ennemis y construisent une forteresse (1 M 9,50). On ne sait pas s'il faut l'identifier avec l'Emmaüs de Luc 24, car la distance de Jérusalem n'est pas celle de la majorité des manuscrits qui disent 20 km. Une minorité, cependant, donnent la même distance de 60 km.

Emmanuel : Dieu avec nous ; c'est le nom donné à l'enfant annoncé comme un signe de Dieu par le prophète Isaïe (Is

7, 14) ; Matthieu appliquera ce texte à Jésus et dès lors Emmanuel deviendra dans la tradition chrétienne un des noms du Sauveur.

Énée : guéri par Pierre : Ac 9, 33.

Enfer : voir Mt 13, 47 et Mt 25, 31.

Éphèse : Capitale de la province romaine d'Asie, cette ville se trouvait sur la côte ouest de l'actuelle Turquie ; Paul y fonda une communauté chrétienne vers l'an 55.

Épicuriens : philosophes disciples d'Épicure (Ac 17, 18). Ce Grec se proposait d'atteindre les plaisirs qui durent plutôt que ceux qui passent et de dominer les impressions et les désirs du moment.

Épiscope : Ce mot grec signifie superviseur. Au temps des apôtres, il désignait le responsable d'une ou de plusieurs communautés d'une même ville. De ce mot vient évêque. Voir la note en Ac 20, 18 et Ph 1, 1.

Eschatologie : un mot grec qui signifie : en dernier. Il peut s'agir du sort des personnes après l'existence présente ; ou d'un monde nouveau à la fin des temps ; ou plus souvent de la façon dont nous faisons dès à présent l'expérience de la vie divine. Voir les notes en Mc 13, 1 et les discours de l'Évangile de Jean.

Les Esséniens : étaient issus, comme les Pharisiens, du mouvement des Assidéens ou Hassidim, lequel avait renouvelé l'esprit de foi un siècle et demi auparavant. Comme les Pharisiens, ils s'attachaient à la Loi et plus qu'eux ils s'opposaient aux Sadducéens. Par contre, ils étaient fatalistes et ne croyaient guère à l'action politique. Ils pensaient que Dieu se chargerait d'intervenir pour éliminer tous les fils des ténèbres. Ils se regroupaient en communautés dont l'une au moins, celle de Qumrán, vivait de façon monastique dans le désert, sur les bords de la mer Morte.

Esprit : En grec comme en hébreu, c'est d'abord le souffle ou le vent. Ensuite, il acquiert tous les sens du mot français esprit. Parole et Esprit : Gn 1, 1. L'Esprit de Dieu dans l'A.T. : Nb 11, 24 et Jg 11, 1. La Sagesse et l'Esprit : Sg 1, 1 et 7, 1. Naître de l'Esprit : Jn 3, 1 et 37. Baptême de l'Esprit : Ac 8, 14. La chair et l'Esprit : Rm 7, 14 et 8, 5. La liberté de l'esprit : Ga 4, 1. La lettre et l'esprit : 2 Co 4, 14. Adorer en esprit et en vérité : Jn 4, 24. Corps, âme et esprit : 1 Th 5, 23.

Éternité : Elle n'est pas autre chose que Dieu Père, lequel n'a ni origine ni fin, de qui tout procède et à qui tout retourne (Rm 11, 36). Une des faces de notre personne se développe dans le temps, l'autre est en Dieu et dans l'éternité. Dieu Amour et éternité ne passe pas : Il Est. L'éternité n'est pas après le temps ; elle n'est pas permanence mais créativité pure. Il faut considérer comme balbutiements toutes les expressions qu'on lit en Ps 102, 24-27 et 2 P 3, 8.

Étienne : l'un des sept premiers diacres : Ac 6, 5. Le premier martyr : 6, 60-8, 1.

Eucharistie : voir Lc 22, 19 ; Jn 6, 48 ; 1 Co 11, 17 ; He 8, 1.

Évangile : C'est la Bonne Nouvelle. Voir en Rm 1, 1 et 1, 17. Ce n'est pas d'abord une doctrine mais la proclamation de temps nouveaux et de la manifestation de Dieu en la personne de son Fils. La résurrection de Jésus est au centre du message : 1 Co 15, 1. Les quatre Évangiles : voir l'Introduction au N.T. Évangiles de l'enfance : les deux présentations de l'enfance de Jésus en Mt 1-2 et Lc 1-2. Évangiles apocryphes : évangiles plus tardifs, non reconnus par l'Église comme tradition authentique des apôtres.

Évangéliste : C'était l'un des ministères de l'Église primitive : voir Ac 21, 8 ; 2 Co 8, 18 ; 2 Tm 4, 5. C'est le nom traditionnellement réservé à Matthieu, Marc, Luc et Jean, auteurs des quatre Évangiles.

Excommunication : C'est l'exclusion de la communauté, de l'Église. Voir Rm 9, 3 ; 1 Co 5, 3 ; 16, 22 ; Ga 1, 8 ; 1 Tm 1, 20. Voir Anathème.

Exégèse : Au départ, le mot signifie conter, ensuite, expliquer. L'exégèse est l'art d'éclairer le sens d'un texte à partir de techniques littéraires, historiques, la comparaison avec des textes d'autre provenance. Les techniques sont nombreuses et ont éclairé de nombreux aspects de l'histoire biblique. Mais comme les textes procèdent de la foi et de l'expérience d'un peuple différent des autres, l'exégèse ne livre jamais le sens des textes à celui qui ne partage pas la foi et l'expérience du peuple de Dieu. Jésus est l'exégète de Dieu : Jn 1, 8.

Exil : période de l'histoire d'Israël qui s'étend de la destruction de Jérusalem en -587 aux premiers retours à partir de -538. Cette épreuve fut pour Israël un temps de maturation, d'approfondissement et de purification de sa foi.

Exorcisme : action de chasser les démons des possédés. Voir Démon.

Expiation : signifie habituellement qu'on apaise Dieu par le sacrifice d'une victime : Lv 1, 4 ; Rm 3, 25 ; He 9, 5 ; 1 Jn 2, 2 et Mt 20, 28 ; Rm 5, 20 ; 1 Tm 2, 3 et 1 Jn 2, 12. Jésus fait l'expiation pour nos péchés.

Fête des Tentes : voir Fêtes juives. Durant une semaine on vit sous des tentes de branchages dans les cours ou sur les terrasses pour rappeler le séjour au désert.

Fêtes juives : voir Deut 16, 1-15. La Pâque, liée à la fête des pains sans levain (commentaire de Ex 12, 15), se situait au début des récoltes. La fête des Semaines, la Pentecôte, était action de grâces à la fin de la récolte de l'orge. La fête de l'an neuf se situait à l'automne (Lv 23, 24), conformément à l'ancien calendrier. La fête des Tentes et le grand jour de l'Expiation (Lv 16) venaient à la même époque. Plus tard, on ajouta la fête de la Dédicace du Temple (1 M 4, 36-59) et la fête des Purim (Est 9, 17). Ces fêtes avaient presque toutes une origine agricole, mais on leur avait donné un sens religieux : la Pâque, sortie d'Égypte ; la Pentecôte, don de la Loi ; la fête des Tentes : le séjour au désert. Elles étaient donc une catéchèse vivante.

Fils de l'Homme : C'est en hébreu : Fils d'Adam. Au pluriel, c'est le genre humain. Au singulier, c'est l'homme du peuple (Ps 49, 3). Dans l'Ancien Testament, le prophète Ézéquiel est interpelé souvent par Dieu avec cette épithète (Ez 21, 1 ; 22, 1 ; 23, 1...). Mais c'est dans la vision de Daniel (7, 13) qu'apparaît dans l'auréole de Dieu un fils d'homme représentant le peuple de Dieu. Jésus s'applique à lui-même cette vision (Lc 22, 69) et c'est sans doute la raison pour laquelle il s'appelle lui-même Fils de l'Homme, tout spécialement lorsqu'il parle de sa venue glorieuse (Lc 9, 26).

Lorsque Jésus choisit ce titre, il nous donne l'une des clés de l'interprétation chrétienne de l'Ancien Testament : en lui s'accomplit tout ce que les prophètes annonçaient au peuple de Dieu. Remarquer en Jn 5, 27 le seul endroit où le N.T. dit fils d'homme et non fils de l'homme.

Flavius Josèphe : Né autour de l'an 37 de notre ère, il participe à la guerre contre les Romains, puis il se retourne et travaille avec eux. Reçu à Rome après la chute de Jérusalem, il écrit l'histoire des Juifs durant les quatre siècles antérieurs et le premier siècle de notre ère.

Foi : En hébreu, le mot a la même racine que ferme et s'appuyer sur. En grec, le mot qui a servi pour dire la foi signifie à la fois la confiance qu'on peut faire à un débiteur et la garantie qu'il a engagée. En He 11, 1, nous lisons une définition dynamique de la foi : s'accrocher à ce qu'on espère.

Fondamentalisme : courant né aux États-Unis autour de 1910, qui posait comme fondements de la foi chrétienne la naissance virginale de Jésus, sa résurrection physique et corporelle, sa deuxième venue comme juge comprise au sens littéral. Le lecteur fondamentaliste lit le texte de façon passive, comme il l'entend dans sa propre culture, sans se demander comment l'auteur sacré le comprenait et ce qu'il voulait dire. Il y a donc tout un discernement à faire dans ses exigences.

Fraction du pain : Jésus avait repris lors de l'institution de l'eucharistie ce rite qui marquait le début des repas chez les juifs (Mc 6, 41 ; Ac 27, 35) ; très vite, on prit l'habitude d'utiliser cette expression pour parler de la célébration eucharistique (1 Co 10, 16).

Frères du Seigneur : expression qu'utilisait l'Église primitive pour désigner le groupe influent et fort conservateur constitué par les parents et connaissances de Jésus à Nazareth. Dans l'Évangile, ils sont appelés frères de Jésus selon l'usage de la Bible en son texte hébreu comme dans les versions grecques, mais jamais on ne leur applique les expressions hébraïques qui correspondent à des frères de sang : voir le commentaire de Mc 3, 31.

Galilée : C'est la partie nord de la Palestine. La Haute Galilée (1208 m au mont Merom) est un secteur accidenté et fermé. Par contre, les vallées ouvertes de Basse Galilée ont accueilli des populations diverses. Galilée signifie le district (des non-juifs) : Is 8, 23 ; Mt 2, 22 et 4, 4. Le nom se lit après l'Exil, spécialement en 1 M. Là les Juifs vivaient mêlés avec d'autres peuples. Jésus est le Galiléen : Lc 22, 59.

Lorsque disparaît le royaume d'Israël, la Galilée devient une province assyrienne, puis perse. Un siècle avant Jésus, les Asmonéens de Jérusalem la reconquièrent. Au temps de Jésus, Hérode Antipas la gouverne (Lc 3, 1).

Gamaliel : maître réputé du temps de Jésus. Paul lui devait beaucoup : Ac 5, 34 ; 22, 3.

Garizim : Ce mont (880 m), et son jumeau le mont Ébal (940 m) forment les deux côtés du défilé où se situe la ville de Sichem. Durant des millénaires, il a été une montagne sacrée. Au IVe siècle avant le Christ, les Samaritains y ont bâti un temple rival de celui de Jérusalem. Tout a été rasé par Jean Hyrcan dans les guerres de reconquête et d'expansion qui précèdent la venue des Romains.

Géhenne : C'est la vallée qui entoure Jérusalem à l'ouest et au sud, appelée vallée de Hinnom (en hébreu : gè-hinnom). En ce lieu où abondent les sépultures, bien des Israélites immolaient leurs enfants par le feu au temps de Jérémie (Jr 7, 31). Bien des pages de Jérémie et d'autres prophètes condamnent ces pratiques (Jr 19, 1-9). Dans les Évangiles, la géhenne est l'image de l'enfer (Mc 9, 43).

Généalogie : liste des ancêtres, ou mieux encore, les origines des personnes et des institutions. Voir Gn 5, 1 ; Mt 1, 1.

Gérasa : Le possédé mentionné en Mc 5, 1 (Lc 8, 26) est de la Décapole (Mc 5, 20). Certains manuscrits parlent du pays des Géraséniens, d'autres des Gadaréniens. Gadara et Gérasa sont en Décapole, mais non à proximité du lac.

Gnose : c'est-à-dire connaissance. On appelle gnose ou gnosticisme un courant religieux issu du monde grec d'Orient à la fin du Iᵉʳ siècle de notre ère. La première lettre de Jean la tenait déjà présente sans la nommer. Elle parle d'un Dieu bon et d'un Dieu mauvais, oppose la lumière et les ténèbres. L'esprit est bon, la matière est mauvaise. Les âmes doivent se libérer de la matière et retourner à la lumière. Des connaissances secrètes assuraient le salut aux initiés. Ce gnosticisme est issu de tendances religieuses fort anciennes qui se retrouveront chez les manichéens et chez les cathares du Moyen Âge – et jusque dans le Nouvel Âge d'aujourd'hui. À Nag Hamadí, on a mis à jour une bibliothèque gnostique des IIᵉ et IIIᵉ siècles.

Gethsémani : le pressoir à olives. Nom d'un jardin connu de Jésus sur le mont des Oliviers, à l'est de Jérusalem. Lieu où Jésus a donné le Notre Père et où a eu lieu son agonie (Mt 26, 26).

Grâce : Ce mot qui signifie originellement beauté (Ps 45, 3) ou bonté (Ex 12, 36) devient vite faveur. Il se charge de sens religieux dans le N.T. La grâce devient alors le plan de salut né de la bonté de Dieu (Lc 4, 22 ; Ac 14, 3 ; Rm 5, 21). Il peut désigner l'état de la créature réconciliée avec Dieu (Rm 5, 2) ; il désigne aussi les dons spirituels de Dieu (2 Co 12, 9 ; Ga 2, 9) et les œuvres bénies de Dieu (2 Co 8, 19).

Grand Prêtre : À partir du règne de Salomon, ce terme désigne le chef des prêtres et le responsable du service du Temple. Il est regardé comme le successeur d'Aaron (Lv 8-10). Au retour d'Exil, le Grand Prêtre devient le chef de la communauté juive : 1 M 10, 20. Au temps de Jésus, il présidera le Sanhédrin ou Grand Conseil. L'Évangile parle aussi des Grands Prêtres, les principaux chefs de service du Temple.

Guérisons : voir les notes en Mt 9, 35 ; Mc 5, 33 ; 16, 17 ; Lc 10, 8. Les guérisons ne sont pas toujours présentées comme des miracles : voir la distinction en 1 Co 12, 9. Les dons de guérison, la guérison opérée par le sacrement des malades et les guérisons miraculeuses, signes du pouvoir de Dieu agissant par la foi, ont toujours été nombreuses dans l'Église.

Hadès : C'est dans la Bible grecque l'équivalent du Shéol en hébreu. C'est le lieu réservé aux morts dessous terre : Lc 10, 5 ; 16, 23. C'est aussi dans la Bible le lieu des pouvoirs mauvais, d'où partent les attaques contre l'œuvre de Dieu : Mt 16, 18 ; Ap 6, 8.

Hébreu : Jusqu'à l'instauration de la monarchie, ce terme désigne aux yeux des peuples plus cultivés les nomades étrangers de condition sociale considérée inférieure (Ex 1, 19 ; 1 S 4, 9). Beaucoup plus tard, au temps des Grecs, ce mot désignera tout ce qui est langue et culture juive, par opposition aux Grecs. On appellera Hébreux les Juifs d'origine palestinienne (Ac 6, 1 ; 2 Co 11, 22).

Hellénisme : C'est la culture grecque transplantée au Moyen-Orient à la suite des conquêtes d'Alexandre : voir les Introductions à Qohéleth, la Sagesse et Sirac. L'hellénisme imposé par les souverains syriens devient persécuteur : voir 1 et 2 M. Il restera présent en Palestine à côté de la culture hébraïque, Les hellénistes du N.T. sont des croyants juifs ou chrétiens de culture et de langue grecque présents en Palestine (Ac 6, 1 ; 9, 29).

Hérésie : C'est en grec le même mot que secte. Pour les chrétiens, l'hérétique est celui qui choisit dans la foi de l'Église ce qu'il accepte de croire (Tt 3, 10). Il détruit la foi (2 P 2, 1) et divise l'Église.

Herméneutique : les théories et la méthodologie relatives à l'interprétation des textes juridiques, philosophiques ou religieux. Elle oriente l'emploi des procédés qui serviront à faire l'exégèse (l'explication) du texte.

Hérode : Plusieurs rois régnèrent sous ce nom. Hérode le Grand régna sur la Palestine de 37 à 4 av. J.C. On lui attribue le massacre des Saints Innocents (Mt 2, 7). Hérode Antipas, fils d'Hérode le Grand, hérita d'une partie de son royaume : la Galilée et la Pérée. Il régna de 4 av. J.C. à 39 apr. J.C. C'est devant lui que Jésus comparut (Lc 23, 8-12). Hérode Philippe II, un autre fils d'Hérode le Grand, est nommé Philippe en Lc 3, 1. Hérode Agrippa I, petit-fils d'Hérode le Grand régna de 39 à 44 apr. J.C : voir Ac 12, 1-19. Hérode Agrippa II régna hors de la Palestine de 48 à 70 ; c'est lui que Paul rencontra à Césarée (Ac 25 et 26). Il faut encore nommer Hérode Philippe I, fils d'Hérode le Grand, que sa femme Hérodiade quitta pour son demi-frère, Hérode Antipas ; elle lui demanda la tête de Jean Baptiste (Mc 6, 17-28).

Hiérarchie : principe sacré. C'est en grec l'ordre du pouvoir sacré. Au départ, elle désignait une classification des anges selon les divers noms que la Bible donne aux pouvoirs célestes. Ensuite, on a voulu qu'un ordre semblable se retrouve sur la terre et l'on a élaboré des classifications comparables des différents ordres et ministères dans l'Église.

Hymne : un poème religieux destiné à être chanté avec accompagnement.

Hypocrisie : voir le commentaire de Mt 6, 1.

Icône : Le mot grec eikon a le même sens que eidolon. Pourtant, ils ont pris dans notre langue des chemins différents. L'idole est la fausse divinité, l'icône orientale est une image plus théologique que réaliste. L'icône orientale est une image sans profondeur, avec une perspective inversée. C'est comme une fenêtre ouverte sur l'éternité. Elle montre les réalités dont les événements terrestres ne sont que l'image. Couleurs et formes ont des significations symboliques.

Incarnation : Ce mot signifie : se faire chair, et nous rappelle Jn 1, 14. Ce mystère est propre à la foi chrétienne et continue d'effrayer même de nombreux chrétiens. Car il affirme que le Fils, Dieu né de Dieu, l'une des faces éternelles de l'Amour-Dieu, s'est fait homme de chair. Voir les notes en Jn 1, 1 ; Ep 1, 1 ; Ph 2, 6. Jésus est ce Fils ou Verbe de Dieu.

Inspiration : Ce mot signifie que les textes bibliques sont à la fois l'œuvre d'un auteur humain et de l'Esprit de Dieu. Voir 1 P 3, 16.

Isaac : Les traditions relatives à cet ancêtre se lisent en Gn 17-27. Il est resté dans la tradition comme le fils de la promesse : Gn 17, 19 ; Rm 9, 7 ; He 11, 18.

Israël : C'est le nom de l'ancêtre auquel se rattachaient plusieurs des tribus qui ont formé le peuple d'Israël. Il a été identifié plus tard à Jacob, un autre ancêtre (Gn 32, 29). Lors de la division du royaume de David et Salomon, les tribus du nord ont gardé le nom d'Israël tandis que le royaume du sud s'appelait royaume de Juda. Après la destruction du royaume du nord, ceux du sud, les Judéens, seront tout ce qui reste de l'ancien Israël, et ils reprendront ce nom.

Jacob : C'est l'un des grands ancêtres des tribus. On le présentait comme un fils d'Isaac (Gn 25, 21) et l'on a conté sa vie en Gn 25-35.

Jacques : Le N.T. nomme Jacques, fils de Zébédée et frère de Jean, appelé communément Jacques le Majeur (Mt 4, 21). Voir Ac 1, 13 ; 12, 2.

Il y a aussi **Jacques :** fils de Clopas et de Marie, parente de Marie (Mc 6, 3 et Jn 19, 25). Ce Jacques, frère du Seigneur, devient le chef de l'Église de Palestine : Ac 12, 17 ; 15, 13 ; 21, 18 ; 1 Co 15, 7 ; Ga 1, 19 ; 2, 9-12 ; Jc 1, 1 ; Ju de 1, 1. Il faut sans doute le distinguer de Jacques, fils d'Alphée (Mt 10, 3 ; Ac 1, 13).

Jaïre : Jésus ressuscite sa fille : Mc 5, 22.

Jean : frère de Jacques et fils de Zébédée. L'un des douze apôtres : Mc 1, 16 ; Lc 8, 51 ; 9, 28 ; 22, 8 ; Jn 13, 23 ; 18, 15 ; 19, 26 ; 20, 2 ; 21. Selon l'opinion commune, il est l'auteur du 4ᵉ Évangile, de l'Apocalypse et des trois lettres qui portent son nom : voir cependant l'Introduction à l'Évangile de Jean.

Jean (l'évangéliste?) **:** Ac 1, 13 ; 3, 1-4 ; 3, 11 ; 4, 13-19 ; 8, 14 ; Ga 2, 9 ; Ap 1, 1 ; 22, 8.

Jean Baptiste : Il est le dernier et le plus grand de tous les prophètes : Lc 1. Il prêche et baptise dans le désert : 3, 1-18 ; Jn 1, 19-28 ; Lc 7, 18-35 ; Jn 3, 22-36 ; 10, 41 ; Mt 17, 21. Avec lui, s'achève l'A.T. Comme Moïse, il conduit le peuple de Dieu aux portes de la terre promise, mais il n'y entre pas, car c'est là que s'arrête sa mission (Jn 3, 30). Jésus soulignera la grandeur de Jean (Mt 11, 11-14).

Jean Marc : voir Marc.

Jeanne : une des femmes qui suivent Jésus : Lc 8, 3 ; 24, 10.

Jéricho : cité de la lune, appelée aussi cité des palmiers. Un paradis dans la vallée du Jourdain. La tour sanctuaire qu'on a mise au jour est un des monuments les plus anciens du monde : 80 siècles avant notre ère! De ses murailles, il ne restait que des ruines lorsque Josué s'est présenté. Le récit de la procession qui fait tomber ses murs provient sans doute d'une liturgie annuelle qui célébrait la passage miraculeux du Jourdain (Jos 3). Voir la malédiction de Josué en Jos 6, 26 : elle se réalise en 1 R 16, 34. Au temps de Jésus, Jéricho était la résidence d'hiver d'Hérode. Là se situent les deux épisodes de Zachée et de Bartimée (Lc 19, 1 et 18, 35).

Jérusalem : Selon Jg 19, 10, cette ville s'appelait Jébus avant la conquête israélite. En fait le nom est très ancien. Il peut signifier : la ville, ou bien fondation de paix, ou plus probablement fondation de Salem (une divinité). Sa conquête par David marque une étape décisive de l'histoire d'Israël et de la révélation biblique : voir commentaire de 2 S 5, 1. Sa libération miraculeuse au temps d'Ézéquias et Isaïe ne le sera pas moins (Is 37, 21 ; Ps 46 et 48). L'image de Jérusalem, cité de paix, parfois esclave, parfois libre mais tout aussi décevante maintient éveillé le rêve de la cité céleste promise par Dieu (Is 60-62) dont l'expression la plus belle se trouve à la fin de l'Apocalypse (Ap 21).

Jessé : père de David : 1 S 17, 12 ; Is 11, 1 ; Rm 15, 12.

Jeûne : Il faisait partie du rituel de pénitence lors de certaines fêtes juives (Lv 16, 29-31). Il était pratiqué à titre personnel dans certaines occasions (Ps 35, 13). Jésus jeûnera avant d'entreprendre sa mission (Mt 4, 2), les disciples de Jean Baptiste jeûnent ainsi que les Pharisiens (Mt 9, 14 ; Lc 18, 12). Dans l'Église primitive, le jeûne accompagne la prière au moment des grandes décisions (Ac 13, 3 ; 14, 23).

Jézabel : femme du roi Akab : 1 R 16-21 ; 2 R 9. Image du pouvoir qui corrompt et qui persécute : Ap 2, 20.

Joseph : père adoptif de Jésus : Mt 1-2 ; Lc 1-2 ; 3, 23 ; 4, 22 ; Jn 6, 42.

Joseph d'Arimathie : Mt 27, 57 ; Jn 19, 38.

Jourdain : Il prend sa source au pied du mont Hermon, au nord de la Palestine, et descend vers le sud pour se perdre dans les eaux de la mer Morte. Il représente dans l'A.T. la frontière spirituelle de la terre promise : sa traversée miraculeuse derrière l'arche sainte rappellera à Israël que cette terre n'est pas conquise mais donnée par Dieu (Jos 3 à 5). Le baptême de Jésus dans les eaux du Jourdain marque le début de la prédication évangélique (Ac 1, 21 et 22).

Juda : est le nom de l'un des douze fils de Jacob, celui qui est censé être le père de la tribu de Juda : Gn 29, 35 ; 35, 23 ; 49, 8-12.

Juda-Judée : Ce terme désigne tout aussi bien l'une des tribus d'Israël (Nb 10, 14) et le royaume qui restait entre les mains de la dynastie de David après le schisme de 931 av. J.C. C'est la partie sud du massif montagneux dont la partie nord est la Samarie. Elle se divise en trois régions très différentes :

1. À l'ouest, la plaine de la Sephela.
2. Au centre, les Monts de Juda qui dépassent les 1000 m s'étendent sur une largeur de 40 km de Bethléem à Bersabée. Jérusalem se situe au nord, non loin de la frontière qui séparait la tribu de Juda de celle de Benjamin.
3. La partie est s'appelle désert de Juda. Il descend de Jérusalem au Jourdain et à la mer Morte avec une dénivellation de 1400 m. C'est le domaine des pasteurs.

Les clans qui allaient constituer la tribu de Juda s'unirent sous l'autorité de David. C'est alors qu'on leur attribua un ancêtre fils de Jacob (Gn 29, 35). Par suite de l'élection de David et de Jérusalem par Dieu (1 R 11, 13), cette région méridionale de Palestine devint le cœur d'Israël. Sa vocation privilégiée est inscrite dans les bénédictions de Jacob : Gn 49, 8. Après l'occupation de la Palestine par les Romains, la partie sud correspondant plus ou moins à l'ancienne tribu de Juda recevra le nom de **Judée**.

Judaïsant, Judaïser : Le mot se trouve en Ga 2, 14. Il désigne les chrétiens qui, dès les premiers temps du christianisme, ont tout fait pour ne pas être rejetés par la communauté juive qui n'avait pas reçu le Christ. Ils voulaient que l'Église recommande l'observance des lois de l'A.T. Ils s'opposaient à ce que soit proclamée la nouveauté totale de la foi au Christ dont la base était la croyance en sa personne divine. Ils n'ont cessé de persécuter Paul. Il y a toujours eu un courant judaïsant dans l'Église. Souvent, il paralyse les efforts d'évangélisation, moins préoccupé de révéler à tous, et d'abord aux Juifs, leur Sauveur que de réduire au silence tout ce qui, dans la foi chrétienne, «pourrait faire de la peine aux Juifs».

Judas Iscariote : l'un des Douze, qui trahit Jésus : Mt 10, 4 ; Lc 6, 16 ; Jn 6, 70 ; 12, 4 ; 18, 3 ; Mt 27, 3.

Judéo-chrétiens : voir Judaïser.

Juif : C'est la traduction française du mot Judéen : voir Juda.

Justice (ou **justification**) **:** C'est un des mots les plus fréquents dans la Bible. L'histoire biblique connaît Dieu comme celui qui fait justice. Le Dieu d'Israël veut d'abord la loi juste et l'observation de la loi juste. Le sens du mot justice va s'étendre à mesure que l'on prendra conscience des multiples exigences de la loi de Dieu. Il finira par exprimer la perfection de celui qui est juste aux yeux de Dieu, qui plaît à Dieu parce qu'il fait ce qui est agréable à ses yeux. Le juste est l'homme droit. Dans le Nouveau Testament,

le mot grec le plus employé signifie à la fois justice et justification. Un mot clé du langage de Paul pour qui il exprime à la fois le renouveau de la personne et sa réconciliation avec Dieu moyennant la foi au Christ sauveur : voir le commentaire de Rm 1, 16.

Képhas (Pierre) **:** Ce surnom signifie roc en araméen : Jn 1, 42. Le nom est mentionné en 1 Co 1, 12 ; 3, 22 ; 9, 5 ; 15, 5 ; Ga 1, 18 ; 2, 9-14. Pierre est au centre de la première partie des Actes (1-15).

Simon surnommé Képhas deviendra Simon Pierre dans l'Église grecque et latine : Mt 16, 16.

Kérigme : un mot grec qui signifie proclamation, ou prédication d'un message. Le message est au cœur de l'Évangile, c'est un appel à croire au geste du Père qui nous envoie son Fils pour une réconciliation de l'univers.

Don des **Langues :** louer Dieu en des langues qu'on ne connaît pas est un des dons de l'Esprit : Ac 2, 11 ; 10, 46 ; 19, 6 ; 1 Co 2, 10 ; 12, 30 ; 13, 1 ; 14… Voir la note en Ac 8, 14.

Lazare : que Jésus ressuscita : Jn 11, 1-14 ; 12, 1. Le même nom sera donné au pauvre de la parabole contée en Lc 16, 19.

Légion : C'est la plus grosse unité de l'armée romaine, de 3000 à 6000 fantassins plus la cavalerie. Elle se divise en cohortes commandées par des tribuns ou commandants (Ac 21-24) et les cohortes se subdivisent en centuries commandées par les centurions (Ac 10, 1).

Lévi : l'un des Douze de Jésus : Mc 2, 14 ; Lc 5, 27.

Lévites : Parmi les douze tribus d'Israël, la tribu de Lévi avait été choisie pour assurer le service du culte (Ex 32, 22 ; Nb 3, 12). Le sanctuaire de Jérusalem n'était pas le plus ancien et des sanctuaires de Yahvé existaient dans tout le pays (Béthel, Bersabée, Sichem, Mambré, Silo, et bien d'autres). Des prêtres de la tribu de Lévi officiaient dans ces temples ; après la fermeture des sanctuaires de province sous les rois Ézéchias et Josias, ils revinrent à Jérusalem. Mais les prêtres de la ville sainte ne leur laissèrent que des emplois secondaires (2 R 23, 9). On appela donc lévites ces prêtres venus de province pour les distinguer de ceux de Jérusalem. Tout ce qui se réfère aux lévites dans les écrits du Pentateuque, d'Esdras et des Chroniques a été écrit après le retour d'Exil.

Lévirat : voir Dt 25, 5-10. Voir aussi les deux exemples de Thamar (Gn 38, 6-9) et de Ruth (Rt 2 et 3), ainsi que Mt 22, 23-27.

Liberté : dimension fondamentale de la personne. Voir les notes en Gn 1, 1 ; 2, 7 ; 3, 1 ; Si 17. Liberté qui choisit la vie ou la mort : Dt 30, 15. Liberté qui se livre à Dieu : Is 50, 4 ; Jr 1, 4 ; 15, 10 ; 20, 7 ; Ps 40 ; Mc 14, 36 ; Jn 4, 32 ; 1 Co 9, 16 ; Ph 2, 6.

Liturgie : Le mot désigne une célébration ou un acte public. Les premières liturgies chrétiennes ont adopté une bonne part des éléments des liturgies du sabbat dans les synagogues : lecture de l'Écriture, interventions et commentaires, chant des psaumes. S'y ajoutaient le rappel de la Pâque du Seigneur et les manifestations de l'Esprit (1 Co 12 et 14), surtout pour le baptême et l'Eucharistie.

Logos : mot grec qui se traduit trop facilement par parole : voir notes en Jn 1, 1. Dans la philosophie grecque, le logos était un principe raisonnable qui gouvernait l'ordre du monde et mettait au pas les individualités : le Verbe de Jean ne vient pas pour réprimer, au contraire on le met dehors. Durant le siècle antérieur à Jésus, les Juifs de culture grecque tendent à rapprocher la Sagesse et la Parole de Dieu : voir en Col 1, 15. Seul Jean identifie le Fils de Dieu avec sa Parole de sa Sagesse, l'appelant le Logos en Jn 1, 1 ; 1, 14 ; Ap 19, 13.

Loi : au sens d'un ensemble de règles et de commandements : voir Ens. bib. 70-78. On utilise aussi ce mot pour désigner les cinq premiers livres de l'A.T., en hébreu la Torah. L'Évangile et la Loi : voir en

Mt 5, 17 ; 5, 20 ; 7, 12 ; 22, 40 ; Lc 16, 16 ; 24, 44 ; Jn 1, 17 ; Rm 10, 4. La foi et la Loi : Rm 2-7 ; Ga 2-3. La Loi et les œuvres : Rm 13, 10 ; Ga 2, 16 ; Ep 5, 2 ; 1 Tm 1, 8 ; Jc 1, 25 ; 2, 8.

Lot : neveu d'Abraham : Gn 12, 4 ; 13, 1 ; 19 ; 2 P 2, 7.

Lydie : disciple de Paul : Ac 16, 14 et 40.

Madeleine : voir Marie.

Magdala : petit port sur les rives du lac de Tibériade ; Marie-Madeleine (Marie de Magdala) était de cette ville.

Magie : Toujours présente, comme une tentation indéracinable, elle n'a cessé d'être combattue par les prophètes dans l'A.T. (Dt 18, 10 ; Is 2, 6). La prédication de Paul à Éphèse fera prendre conscience à beaucoup de la vanité de ces pratiques (Ac 19, 19).

Magnificat : C'est en latin le premier mot du cantique de Marie (Lc 1, 46-55), et il a désigné ce cantique en Occident.

Maîtres (de la Loi, ou Légistes, ou Scribes) **:** Ces gens de classes moyennes étaient versés dans l'étude des Écritures. Ils appartenaient généralement au parti des Pharisiens (Mc 2, 16) et siégeaient au Sanhédrin depuis la reine Alexandra (76-67 av. J.C.). Ces maîtres s'appuyaient sur la tradition qui commençait à se développer et qui bientôt serait écrite dans les livres rabbiniques. Ils présidaient les services religieux de la synagogue, réunissent des disciples, font office de juges bénévoles (Lc 12, 13), enseignent dans les cours du Temple (Lc 12, 46 ; 20, 1). Jésus sera considéré comme un maître de la Loi autodidacte (Jn 7, 15). Pour cette raison, ses disciples l'appellent rabbi (*maestro*) : Mt 8, 19 ; 9, 11 ; 10, 24.

Mammon : C'était le dieu syrien des affaires : nous traduisons : argent, ou dieu argent en Mt 6, 24 ; Lc 16, 9 ; 16, 11 ; 16, 13.

Marana tha ! : exclamation araméenne : Viens, Seigneur ! 1 Co 16, 23 et Ap 22, 20.

Marc : l'un des premiers disciples, compagnon de mission de Paul et Barnabé, évangéliste : Ac 12, 12 ; 12, 25 ; 13, 5-25 ; 15, 37 ; Col 4, 10 ; 2 Tm 4, 11 ; Phm 24.

Mariage : mot qui résume le terme de l'histoire humaine : Ap 21, 9 ; voir Is 49, 1 ; 54, 1 et les notes ; le Cantique (Introduction et 3, 6) ; Jn 2, 1 ; Ep 5, 32. Le mariage, la loi du commencement : Gn 1, 24 ; Mt 5, 38 ; 19, 1 ; 10, 1. Moïse et le divorce : Dt 24, 1. La polygamie considérée comme normale par les patriarches et les rois disparaîtra progressivement : Ml 2, 13. Esdras et les mariages mixtes : Esd 10, 1 ; Ne 13, 23 ; Tb 4, 12. Mariage, divorce et virginité : 1 Co 7, 1 ; 7, 8 ; 7, 12 ; 7, 25-38. Mariage sacrement : Ep 5, 22 ; 1 Th 4, 4.

Marie : transcription de l'hébreu Miryam. Mère de Jésus.

Marie : mère de Jean Marc : Ac 12, 12.

Marie de Cléopas : Mt 27, 56 ; 28, 1 ; Jn 19, 25.

Marie-Madeleine : Mt 27, 56-61 ; 28, 1 ; Lc 8, 2 ; 24, 10 ; Jn 12, 3 ; 19, 25 ; 20, 1 ; 20, 11.

Marthe : sœur de Lazare : Lc 10, 38 ; Jn 11.

Marthe et Marie : Lc 10, 38 ; Jn 11.

Martyrs : mot grec signifiant témoins. Pour un chrétien, les martyrs sont ceux qui ont été témoins au prix de leur vie, mais sans entrer dans l'esprit de violence : Ac 7, 57.

Massorètes : du mot *massora*, la tradition. Ce sont les experts juifs qui durant des siècles, et déjà plus d'un siècle avant Jésus, vérifiaient l'exactitude des copies du texte biblique.

Matthias : élu par les apôtres pour remplacer Judas Iscariot : Ac 1, 15-26.

Matthieu : l'un des Douze : Mt 9, 9 ; 10, 3.

Méguiddo : Cité très ancienne, c'était le passage obligé pour toute relation entre l'Égypte, l'Asie mineure et la Mésopotamie. C'est une des forteresses que Salomon restaure grâce aux travaux de corvée (1 R 9, 15). C'est là que meurt Josias, le roi juste, avant d'avoir terminé son œuvre de réforme : 2 R 23, 29 et 2 Ch 35, 21. Le nom de Méguiddo est symbole de l'affrontement du bien et du mal, Jean lui donne ce sens en Ap 16, 16.

Melquisédek : personnage légendaire des traditions relatives à Abraham : Gn 14 ; Ps 110, 4 ; He 5, 6 ; 7, 1-17.

Mer d'airain (de bronze) : Grande vasque montée sur 12 taureaux sur l'esplanade face au temple (1 R 7, 23) et qui contenait l'eau nécessaire aux purifications. En Ap 4, 6, nous traduisons bassin.

Mer Morte : Curiosité naturelle, ce lac salé long de 75 km et large de 15 km est à 400 m au-dessous du niveau des mers. Dans l'A.T., il est appelé tantôt mer Salée (Gn 14, 3), tantôt mer de la Araba (Dt 3, 17), tantôt encore mer Orientale (Jl 2, 20), plus tard lac Asphaltite en raison du bitume abondant dans ses eaux.

Mésopotamie : est le pays entre les deux fleuves, le Tigre et l'Euphrate. C'est là que s'est développée bien avant 3000 av. J.C. la civilisation la plus ancienne du monde, celle des Sumériens. C'est dans cette plaine que se situent la Chaldée et Babylone, près du delta ; l'Assyrie plus au nord des montagnes. Ur en Chaldée est considérée comme le point de départ de l'amorréen Abraham, en un temps où les tribus amorréennes circulaient librement du sud (Ur) au nord extrême (Harân) de la Mésopotamie.

Messie : transcription de l'hébreu mashiah, celui qui a reçu l'onction. Les rois d'abord ont été oints (1 S 16, 1-13 ; 16, 13 ; 1 R 1, 39 ; 2 R 9). Ensuite ce furent les prêtres. Voir Lv 8, 1 ; Nb 35, 22 ; Is 11, 1. Voir Ens. bib. 62-66. Jésus a été reconnu comme le Messie dans sa résurrection. Déjà Pierre l'avait reconnu : Mt 16, 16 ; Jn 6, 68. En grec, Messie se traduit Christ : ce titre restera lié au nom de Jésus.

Midrash : mot hébreu qui signifie recherche, étude. C'est un commentaire de l'Écriture à partir de la réalité présente, comme en Mt 2.

Millénarisme : désigne l'attente d'un temps intermédiaire entre l'histoire actuelle et la vie éternelle. C'est un peu un paradis terrestre sous l'autorité du Messie : voir texte et note en Ap 20, 1.

Ministres : C'est la traduction de diakonos, d'où l'on a tiré également le mot diacre. Les deux se complètent, car le grec indique à la fois un service et une charge. Les apôtres établissent dans les églises des ministres pour le service ordinaire de l'Église ; d'autres ministres partagent leur propre charge et responsabilité. Voir Ac 14, 1 ; Ac 20, 28 et l'Introduction aux lettres pastorales. Qualités demandées aux anciens et aux diacres : 1 Tm 3, 1 ; 5, 3 ; Tt 1, 5. Voir aussi Prêtres.

Miracle : C'est un événement qui ne suit pas les normes de la nature ou qui défie les probabilités et laisse un message au croyant. Les miracles apportent un salut en même temps qu'ils révèlent quelque chose de Dieu. En hébreu comme en grec, le miracle peut recevoir des noms divers. C'est un signe, ou un prodige, ou une œuvre de puissance, ou l'un et l'autre à la fois. La foi, le miracle et la santé : voir les notes en Mc 5, 33 ; Lc 8, 43 ; Lc 17, 11. Les œuvres de puissance : voir la note en Mt 15, 29. Jean insistera sur le caractère de signe : Jn 2, 11 ; 2, 18 ; 4, 54 ; 6, 14 ; 12, 18. Les miracles toujours présents dans le peuple de Dieu : Ac 3, 11 ; 9, 34 ; 9, 40 ; 19, 11 ; 20, 10 ; Rm 15, 19 ; 1 Co 12, 12.

Mission : Le mot a le sens d'un envoi. Envoyé est le même mot qu'apôtre. Jésus envoyé par le Père : Mt 10, 40 ; 15, 24 ; Lc 4, 18 ; Jn 3, 17 ; 6, 44 ; 8, 42 ; 17, 3. Les apôtres envoyés par Jésus : Jn 17, 18 ; 20, 21. La mission en Galilée : Mt 10, 16 ; Lc 9, 1 ; 10, 1. Paul envoyé : Ac 22, 21 ; 13, 2 ; Rm 10, 15 ; 1 Co 1, 17 ; Ga 1, 1. Les missions de Paul : voir Paul. La mission universelle : Mt 28, 18 ; Mc 16, 15 ; Ac 1, 8.

Moïse : Choisi par Dieu, il fera sortir d'Égypte les fils d'Israël et les conduira aux portes de la terre promise. Les livres de l'Exode, du Lévitique, des Nombres et du Deutéronome rapportent l'œuvre de Moïse telle qu'elle a été perçue par Israël.

Monothéisme : C'est la croyance en un Dieu unique. De fait l'immense majorité des religions croient en une Divinité unique au-delà des dieux multiples. Au sens strict, la foi au Dieu unique est davantage propre aux juifs, aux chrétiens et aux musulmans, lesquels s'appuient sur une révélation de ce Dieu. La foi au Dieu unique s'exprime entre autres en Dt 6, 4 pris comme le credo des juifs. Pour les juifs et les musulmans, la foi des chrétiens en Dieu-Trinité affaiblit le monothéisme. Pour un chrétien, elle nous fait entrer dans le mystère de Dieu. Cette foi a apporté au monde le sens de la personne, la priorité de l'amour, le sens du pardon, la découverte d'un prochain universel. Elle a mis fin au fanatisme inséparable du monothéisme révélé et nous a donné accès à un monde qui est au-delà de la religion. Voir les notes en Gn 1, 1 ; Ex 3, 1 ; 20, 1 ; Dt 4, 1 ; Jn 1, 1 ; Ep 3, 1.

Mystère : Dans le langage courant, le mystère est ce qui dépasse l'entendement. Dieu et son œuvre nous dépassent : Jb 42, 1 ; Pr 30, 2. Le Fils nous révèle Dieu (Jn 1, 18), les choses de la terre et celles du ciel

(Jn 3, 12). Ceci étant, le mot grec mysterion signifie habituellement un secret enfin révélé : Mt 13, 11 ; 1 Co 4, 1. Ce secret est avant tout le plan de Dieu pour le salut universel : Ep 1, 9 ; 3, 3 ; Col 1, 26.

Mythe : mot grec désignant une fable. Ce sont des histoires forgées par la tradition populaire qui transmettent et en même temps dissimulent les faits anciens de façon à nous donner une vision tranquillisante de la situation actuelle de l'homme et de la société. Les mythes du Moyen-Orient sur les origines du monde et de l'humanité sont en filigrane derrière les récits de Gn 1-3 ; Ez 28, 11 ; Ps 74, 13.

Naïm : Ce village se trouve sur la face nord d'une colline de la plaine de Yizréel, pas très loin de Nazareth. Sur l'autre versant se trouve Sunem. À Sunem, Élisée ressuscite un garçon : 2 R 4, 8. À Naïm Jésus ressuscite un jeune : Lc 7, 11.

Nathanaël : l'un des premiers disciples : Jn 1, 45.

Nazareth : village petit, bien que très ancien, que l'Ancien Testament ne mentionne pas, situé dans une petite dépression sur une colline de Galilée au bord de la plaine de Yizréel. Il est fort possible que, comme on l'a vu à Capharnaüm pour la maison de Pierre, la première communauté de Nazareth se soit réunie dans la «maison de Marie», le lieu où sans doute elle a reçu l'annonce (Lc 1, 26). Sur cette maison s'est construite au siècle suivant l'église synagogale. À partir de ce moment une succession d'édifices se sont remplacés, confirmant ainsi l'authenticité du lieu. Jésus a grandi à Nazareth, il y est resté plus de trente ans, Fils de Dieu devenu homme complet, faisant l'expérience du monde dans ce recoin de Galilée. Jésus est le Nazaréen (Mt 2, 23 ; 26, 71 ; Lc 4, 34 ; Jn 1, 45) tout comme il est le Galiléen (Mt 26, 69 ; Lc 22, 59).

Nazir : Consacré à Dieu pour un temps ou définitivement, il s'abstient de boissons alcoolisées et ne coupe pas sa chevelure (Jg 13, 5 ; Lc 1, 15).

Nicodème : un chef des Juifs, disciple de Jésus : Jn 3, 1 ; 7, 50 ; 19, 39.

Ninive : Cette capitale de l'Assyrie fut le centre d'un empire insatiable du IXe au VIIe siècles avant notre ère. Elle domina jusqu'à l'Égypte et ruina définitivement le royaume d'Israël en -721 avec la prise de Samarie et la déportation qui suivit. Ses artistes, ses temples et sa bibliothèque n'ont guère ému les auteurs de la Bible. C'est la ville pécheresse où Jonas est envoyé (Jon 3, 2 et 4, 11) ; la ville de l'oppresseur où vit Tobie. Les prophètes attendent sa chute (Na 1, 1 ; 3, 7), qui de fait fut rapide et totale. Jésus dit qu'on

peut faire pire : Mt 12, 41 ; Lc 11, 30.

Noé : constructeur de l'Arche et père de la viniculture : Gn 5, 29 ; 6-8. Mentionné en Lc 17, 26 ; 1 P 3, 20 ; 2 P 2, 5.

Nom : sur l'usage de ce mot pour exprimer le pouvoir d'un être supérieur, Dieu ou génie surnaturel, voir le commentaire de Mc 16, 15. Le Nom de Yahvé est l'irradiation de son pouvoir : Ex 23, 21 ; Nb 6, 27 ; Ps 89, 25.

Nunc dimittis : Ce sont en latin les premiers mots du cantique de Siméon en Lc 2, 29.

Œcuménisme : vient du grec *oikoumenè*, la terre habitée. Le mot avait un sens plus géographique qu'humain, car le mot humanité n'existait pas encore.

Orthodoxe : vraie croyance. Les Églises d'Orient ont choisi ce terme pour souligner leur volonté de garder la foi authentique transmise par la liturgie et la tradition. Les Églises catholique et orthodoxe partagent la même foi. Malgré cela la différence de culture et les blessures historiques ont maintenu des oppositions tenaces.

Païen : vient du latin *paganus*, le paysan. Le sens actuel est dû au fait que, durant les siècles en Europe, les villes étaient évangélisées, mais les campagnes gardaient leurs traditions et leurs dieux. Voir Peuples.

Paix : Tout l'A.T. aspire à la paix, car il a connu surtout la guerre et l'oppression. Il sait que la paix vient de Dieu (Is 9, 5 ; Mi 5, 4 ; Is 53, 5 ; 57, 19), mais il ignore que la paix est pour tous et la paix signifie habituellement que les opposants sont réduits au silence : Is 61, 2 ; 63, 1 ; 25, 11. L'Évangile enracine la paix dans une réconciliation, dans la certitude d'un salut déjà donné par Dieu (Lc 2, 14 ; 10, 5 ; Ac 10, 36). Jésus donne la paix (Jn 14, 27), mais aussi il apporte la guerre (Lc 12, 51) parce que l'appel de Dieu sépare : Mt 5, 11 ; 10, 16. Le chrétien lutte contre le pouvoir des ténèbres et la paix pour lui n'est jamais que provisoire : Ep 6, 1 ; 1 P 5, 8.

Palestine : nom dérivé des Philistins qui occupèrent la côte tout au long de l'époque royale. Ses frontières ont changé tout au long des siècles selon les hasards de l'histoire. Les limites que donne le Pentateuque ont été rédigées après le retour d'Exil et n'ont guère été atteintes que durant le règne de Salomon.

Pantocrator : Ce mot grec traduit l'hébreu Sabaot, Dieu des armées, ou Dieu de l'univers : Ap 1, 8.

Pâque : Elle est à l'origine une fête de nomades (Ex 5, 1-4). Comme la sortie d'Égypte a coïncidé avec cette fête, elle s'est chargée d'une dimension nouvelle pour les générations suivantes (Ex 13, 8). Avec l'entrée en terre promise, ce peuple de bergers deviendra un peuple

de cultivateurs et la célébration des premières gerbes récoltées se confondra avec la vieille fête nomade de l'agneau sacrifié. En passant de ce monde à son Père (pâque signifie passage) au temps de la Pâque, Jésus donnera à cette fête sa dimension totale (1 Co 5, 7). Voir aussi Mc 14, 1 et la note.

Parabole : voir Mt 13, 1 ; 13, 34 ; Mc 4, 10 et leurs notes.

Paraclet : signifie en grec intercesseur ou défenseur. Titre donné à l'Esprit en Jn 14, 16 ; 14, 26 ; 15, 26 ; 16, 7 ; et à Jésus en 1 Jn 2, 1.

Parole de Dieu : C'est dans la Bible qu'il faut d'abord la chercher. Mais il n'y a pas de Bible sans un peuple de Dieu qui en vit et qui en témoigne.

Parousie : Ce mot grec traduit le mot hébreu visite (pour demander des comptes). Tout l'A.T. annonce de telles visites de Dieu, en fait, des jugements de Dieu sur le monde. Avec le N.T., la visite attendue est celle de Jésus, à la fois juge et sauveur (1 Th 2, 19).

Pasteurs : Dans l'A.T., ce sont les autorités du peuple d'Israël : Jr 2, 8 ; 3, 15. Chez les prophètes, Dieu promet de se faire le Pasteur de son peuple : Jr 23 ; Ez 34. La parabole du bon pasteur : Jn 10, 1. Jésus pasteur : Mt 15, 24 ; Lc 15, 3 ; He 13, 20 ; 1 P 5, 1. Pasteurs dans l'Église : Jn 21, 5 ; 1 P 5, 1.

Patriarches : Ce mot désigne les grands ancêtres du peuple d'Israël, des chefs de clans du temps de la vie nomade : Abraham, Jacob et ses fils (Ac 7, 8), et même David ancêtre des rois (Ac 2, 29). On incluait dans cette catégorie quelques héros légendaires du passé, comme Hénoch (Jude 14).

Paul : sa vie : Ac 22, 1 ; Phi 3, 4-11 ; Ac 7, 58 ; 8, 3 ; 26, 9 ; sa conversion : Ac 9, 1 ; Ga 1, 15 ; 1 Tm 1, 12 ; ses missions Ac 9, 23 ; 11, 25 ; 13-21 ; 2 Co 11. Voyage à Rome : Ac 21.

Péché : désigne au départ la rébellion contre Dieu en dépit de l'alliance faite avec lui. Tout au long de la Bible, le sens du péché s'affine : on offre des quantités de victimes pour obtenir le pardon des péchés (Lv 4, 1 ; 8, 1 ; 16, 6), mais aussi le sens du péché s'intériorise : Ps 51. Voir aussi Expiation et Sacrifices. Les péchés et le péché : voir la note en Jn 8, 31. Le pardon des péchés : voir Mt 18, 18 et les notes en Jn 20, 19 et Jc 5, 16.

Pécheur : Ce mot avait des sens divers dans le monde de Jésus. Les pécheurs étaient ceux qui, par ignorance ou négligence, n'observaient pas la loi de Dieu ; c'étaient aussi les catégories sociales dont l'activité semblait condamnée par Dieu : les publicains ou les prostituées, ou même des professions qui obligeaient à un contact continuel avec les impurs (les non-juifs).

Pentecôte : Au départ, cette fête appelée fête des Semaines avait un caractère purement agricole : 7 semaines après avoir fauché les premières gerbes d'orge, on célébrait la moisson du blé. Mais vers la fin de l'A.T., on rattacha à cette fête le souvenir de la Loi donnée au Sinaï. Pour l'Église, ce n'est plus le don de la Loi mais l'effusion de l'Esprit que rappelle le jour de la Pentecôte : Ac 2, 1.

Persécutions : dans l'A.T. : 1 M 1 ; 2 M 4-7 ; Dn 3. Dans le N.T. : Mt 5, 11 ; 10, 16-39 ; 24, 9 ; Jn 15, 18 ; 17, 14 ; Ac 7, 57 ; 8, 1 ; 12, 1. Paul persécuté : Ga 5, 11 et la note ; Ph 1, 28 ; 1 Th 2, 14 ; 1 Tm 1, 13. L'Église et la Bête : Ap 13, 16 ; 14, 9. Voir Martyrs.

Peuples : En hébreu, les peuples (ou les nations) désignent tous les peuples autres que les Israélites, alors que le peuple (ou la nation) désigne Israël. On peut donc traduire selon les cas : les étrangers ou les païens. Dans le monde grec où se mouvait Paul, les Juifs utilisaient d'autres termes : la circoncision désignait la collectivité juive, et le prépuce, la collectivité des non-juifs.

Pharisiens : Les Pharisiens (ou séparés) étaient l'une des branches issues du mouvement des Assidéens, ou Hassidim, qui avait renouvelé l'esprit de foi un siècle et demi plus tôt (1 M 2, 42). Ces laïcs donnaient peu d'importance au culte du Temple et beaucoup à la pratique de la Loi. Ils insistaient beaucoup sur la responsabilité de l'individu, lequel se sauve en fait par ses propres mérites sous l'œil juste du Dieu qui récompense. C'était le parti (et la secte) des purs (Mt 16, 5 ; 23, 1 ; Mc 8, 1 et notes). Bien des maîtres de la Loi appartenaient à leur parti (Mc 2, 16). Depuis déjà un siècle, ils avaient leur place au Sanhédrin à côté des Sadducéens (Ac 23, 7). Après la tragédie nationale de l'an 70, ils deviendront les guides incontestés de la nation et c'est alors qu'ils exclurent de la communauté juive ceux qui se sont fait baptiser.

Philippe : l'un des Douze : Mt 10, 3 ; Jn 1, 43 ; 12, 21.

Philippe : l'un des sept : Ac 6, 5 ; 8 ; 21, 8.

Pierre : son appel : Jn 1, 42 ; Mt 4, 17 ; Lc 5, 1. Pierre, Jacques et Jean : Mc 5, 37 ; 9, 2 ; 13, 3 ; 14, 33. Promesses à Pierre : Mt 16, 13 ; Jn 21, 15. Foi de Pierre : Jn 6, 68 ; Lc 9, 18 ; 22, 31. Reniement de Pierre : Mc 14, 53. Son apostolat : Ac 1, 13-15 ; 2, 14-40 ; chap. 3-12 ; 15, 7 ; 1 P 1, 1 ; 2 P 1, 1. Voir aussi Képhas.

Pilate : Ponce Pilate (Lc 3, 1) gouverna la Judée de 26 à 36 apr. J.C. Il était en poste au moment de la Passion de Jésus (Lc 23, 1 ; Jn 18, 28). Il dépendait du légat romain qui administrait les actuels territoires de la Syrie, du Liban, d'Israël, de la Palestine occupée, et de la Jordanie.

Possédés du démon : voir Mc 1, 23 et la note.

Prédestination : voir Rm 9, 14 et la note ; Ep 1, 1 et la note.

Premiers-nés : Comme toutes les prémices, le premier-né des garçons appartient à Dieu (Nb 8, 17) ; il devait être présenté à Dieu au quarantième jour (Lc 2, 22). Mais on considérait que les lévites remplaçaient les premiers-nés pour le service de Dieu. Cependant, le sacrifice des premier-nés était pratique courante chez les Cananéens, voisins d'Israël, et durant les siècles les prophètes luttèrent contre cette pratique : Ex 13, 13 ; Jr 19, 1-9. Le récit du sacrifice d'Isaac entre autre but de fonder l'interdit de la Bible en ce domaine (Gn 22). Dans le N.T., le mot n'apparaît guère que pour qualifier Jésus comme le premier-né de Dieu et le premier-né pour toute créature : voir la note en Col 1, 15.

Prémices : Ces sont les premiers fruits et les premières gerbes qu'on offre à Dieu (2 R 4, 42). Cette offrande que tous les peuples ont pratiquée spontanément a été réglementée avec le temps, de là l'emploi de divers mots pour la désigner. Dans le N.T., le mot prémices a un sens figuré (le premier et le meilleur) en Rm

11, 16 ; 16, 5 ; 1 Co 16, 15. Il a un sens plus profond en 1 Co 15, 20 ; 2 Th 2, 13 ; voir note en Ap 14, 4.

Prêtres : prêtres de l'Ancien Testament : voir les commentaires de Nb 3, 1 et 4, 1. Le Lévitique et les Nombres contiennent les lois relatives aux prêtres et au culte à la fin du temps des Rois et lors du retour d'Exil. Les familles sacerdotales de la tribu de Lévi avaient le monopole du service dans le temple de Jérusalem. Ce service consistait dans les sacrifices d'animaux, l'offrande de l'encens, les bénédictions. Les prêtres avaient leur tour de service et ensuite retournaient à leurs villages (1 Ch 24 ; Lc 1, 8). Ils faisaient aussi office de juges. Voir aussi Lévites. Pour le N.T. : voir les commentaires de Ac 14, 21 et Heb 9, 1.

Priscilla : voir Aquila.

Prosélytes : On nommait ainsi les païens qui se convertissaient à la foi juive et acceptaient toute la Loi, en commençant par la circoncision. À la deuxième ou troisième génération seulement, ils étaient regardés comme des Juifs à part entière. C'est au IIIe siècle avant notre ère que l'apostolat juif commença à attirer à leur foi de nombreux étrangers.

Publicains : Ceux qui, dans la Palestine occupée par les Romains, prélevaient l'impôt pour le César de Rome. Leurs chefs étaient haïs, les petits,

méprisés : Mc 1, 15 ; Lc 18, 9 et 19, 1.

Pur et **impur :** C'est une classification fondamentale dans le monde de Jésus et des apôtres. Voir les commentaires de Mc 7, 14 et Ac 10.

Qumrán : voir Esséniens. La bibliothèque de cette communauté essénienne, retrouvée au siècle dernier, a fourni une quantité de documents du Ier siècle avant notre ère, entre autres, des fragments ou des exemplaires complets de tous les livres de la Bible.

Rabbi : vient de l'hébreu rab qui désigne une tête ou un chef. Au temps de l'Évangile déjà, on donnait ce titre aux maîtres de la Loi qui avaient des disciples, comme c'est le cas de Jean Baptiste (Jn 3, 26) et souvent pour Jésus (Mc 9, 5). À une époque postérieure, les rabbins recevront ordination et reconnaissance.

Rachel : épouse préférée de Jacob : Gn 29, 15 ; 29 et 30 ; 35, 16 ; Jr 31, 15 ; Mt 2, 18.

Répudiation : Selon la Loi (Dt 24, 1), le mari pouvait répudier sa femme, mais non l'inverse. Il devait lui donner un acte de répudiation qui lui permettait de se remarier. Jésus rappelle la sainteté du mariage et condamne cette pratique. Voir Mt 19, 1-9.

Révélation : enlever le voile. Toute la Bible est révélation, elle nous transmet la vérité et le sens, le chemin et le genre de salut que Dieu a confiés à son peuple et qui se sont manifestés pleinement en la personne de Jésus. Cette vérité, ce chemin et ce salut que les cultures et les religions du monde ne pouvaient atteindre sont vécus et proclamés par le peuple de Dieu. Cette révélation a trait au mystère de Dieu et à son plan mystérieux, mais aussi elle nous révèle à nous-mêmes notre vraie nature : Jn 3, 12.

Rocher : Dieu est le rocher : Dt 32, 4 ; 32, 31 ; Is 44, 8 ; Ps 18, 3 ; 28, 1 ; 28, 1 ; 42, 10 ; 89, 27... Le Christ était le rocher : 1 Co 10, 4. Voir Képhas.

Rome : était la capitale d'un vaste empire qui englobait tous les territoires situés autour de la Méditerranée, conquis peu à peu durant les trois derniers siècles av. J.C. Depuis une cinquantaine d'années avant la naissance de Jésus, la Palestine faisait partie de cet empire : Rome était donc pour les Juifs le symbole de la puissance d'occupation et des malheurs qui en découlaient (Ap 17 et 18). Mais on ne pouvait qu'admirer cette réussite d'un immense empire qui savait assurer l'ordre et dont les richesses et les lois faisaient de Rome une ville unique. L'Apocalypse, faisant de Rome l'incarnation du pouvoir de Satan, nous montre l'autre face du monde : voir le commentaire de Ap 19, 1.

Sacrifice : un mot qui en latin signifie faire sacré. Les formes du et des sacrifices sont innombrables à travers le temps, innombrables sont aussi les théories à leur sujet. Les Hébreux nomades avaient le sacrifice de l'agneau : voir la note en Ex 12, 1. Par la suite, en Canaan, ils ont adopté bien des coutumes religieuses de l'endroit, les offrandes et les animaux sacrifiés dans les sanctuaires : 1 S 1, 4 ; 4, 12. Les lois sur les sacrifices contenues dans le Pentateuque ne sont pas de Moïse. C'est le rituel du Temple de Jérusalem après le retour d'Exil. La lettre aux Hébreux montre comment cette liturgie annonçait le sacrifice du Christ qui donne sa vie pour réconcilier le monde : voir les notes en He 3, 1 et 9, 1.

Sadoc : prêtre ami de David (2 S 8, 17 ; 15, 24 ; 17, 15) qui joua le parti de Salomon (1 R 1) et obtint pour ses descendants le contrôle du clergé de Jérusalem. Plus tard, on choisira le Grand Prêtre entre ses descendants : Ez 40, 46 ; 43, 19 ; 48, 11.

Les Sadducéens : s'appuyaient sur les grandes familles sacerdotales, les descendants de Sadoc, qui s'étaient approprié l'office de Grand Prêtre au temps de l'Exil (Ez 44, 15). Détenant l'autorité religieuse et la majorité des sièges au Sanhédrin, ou grand conseil, ils dominaient la politique. Ils essayaient de tirer le meilleur parti de l'occupation romaine, ne connaissant d'autre salut que celui de la communauté nationale. Ils se méfiaient des Prophètes dont le message risquait de dissoudre l'esprit nationaliste (Ac 23, 8). Ils s'attachaient au Pentateuque qui avait l'avantage d'insister lourdement sur leurs privilèges comme prêtres (Mc 12, 18 et note).

Saint et **Saint des Saints :** Le Saint était la première salle du Temple de Jérusalem ; dedans se trouvaient l'autel des parfums, la table de présentation des pains et le chandelier à 7 branches (He 9). Un voile le séparait du Saint des Saints, la salle la plus sacrée du Temple ; dans cette salle, était conservée l'Arche sainte, mais après sa prise par les Babyloniens le Saint des Saints demeura vide.

Les **Saints :** En hébreu, le mot *kadosh* (saint) est propre à Dieu et aux êtres divins. Les saints sont des anges en Dn 4, 10. Appliqué aux personnes et aux choses, le mot signifie consacré : Ex 39, 30 ; Nb 6, 8. Dans le N.T., le mot grec *agios*, saint, s'applique aussi à une vie noble et pure (1 Co 7, 34). Ce mot a donc deux sens : 1) il s'applique à l'Église, peuple que Dieu s'est consacré, et les saints sont ceux que Dieu a choisis et appelés : voir la note en 1 Co 1, 1.2) Il est dit à ces baptisés que leur vie morale doit être sainte, parfaite devant Dieu.

Salomé : Mt 27, 56 ; Mc 15, 40 ; Mt 20, 20.

Salomon : fils de David et de Bethsabée (2 S 12, 24), roi d'Israël : 1 R 1-11 ; 1 Ch 28-29 et 2 Ch 1-9. Il a laissé une réputation de richesse (Mt 6, 29) et de sagesse (Lc 11, 31).

Salut : Toute la Bible parle de salut. Voir Gn 3, 15 ; Ex 15 (le Dieu Sauveur) ; Is 45, 8 (le salut germe de la terre) ; Mc 11 (le sauveur qu'on n'attendait pas) ; Lc 2, 22 (le salut paradoxal) ; Lc 8, 48 (ta foi t'a sauvée) ; Ac 4, 12 (le salut des chrétiens) ; Rm 14, 9 ; 15, 7 ; 1 Tm 2, 4 (Dieu veut le salut de tous) ; 1 P 1, 3 (le salut des âmes).

La **Samaritaine :** Jn 4, 7.

Samaritains : population composite faite d'Israélites et de gens de diverses régions du Proche-Orient importés par les Assyriens après leur victoire sur le royaume du nord en 721 av. J.C. Bien qu'habitant la Palestine, ils étaient suspects aux yeux des Juifs et profondément méprisés par eux (Jn 4, 9 ; Lc 17, 16).

Sanhédrin : C'était le grand conseil des Juifs au temps de Jésus. Il comprenait 71 membres représentant les grandes familles sacerdotales (les grands prêtres), les gros propriétaires terriens (les anciens) et, depuis la reine Alexandra (76-67 av. J.C.), les scribes, représentant le parti des Pharisiens.

Sara : femme d'Abraham (Gn 12, 5) et mère du fils de la promesse (Gn 17, 15 ; 21, 1). Le N.T. l'associera à la foi d'Abraham : He 11, 11 ; 1 P 3, 6.

Satan : voir Démon.

Scandale : la pierre sur laquelle on butte. Le mot apparaît en Is 8, 14. Le scandale est devenu dans le langage ce qui choque la conscience et fait douter de la justice divine, ce qui incite à commettre le péché. Voir Mt 16, 23 ; 18, 8.

Scribes : voir Maîtres de la Loi.

Sectes : Ce mot désignait à l'époque de Jésus les groupes ou mouvements importants qui divisaient la communauté juive. Selon l'historien juif Flavius Josèphe, leur division venait d'un concept différent de la liberté : disons, de la façon de répondre au plan sauveur de Dieu. Ces quatre sectes étaient : les Sadducéens, les Pharisiens, les Zélotes et les Esséniens. Dans les premiers temps de l'Église, elle sera considérée comme une nouvelle secte du judaïsme : Ac 24, 14 ; 28, 22. Plus tard, à l'intérieur même de l'Église apparaîtront des sectes : Tt 3, 10.

Le Seigneur : est dans la Bible grecque la traduction de Yahvé. Le titre de Seigneur sera donné très vite à Jésus et tous les textes bibliques qui mentionnent le Seigneur lui seront appliqués : voir Jn 1, 1 ; 4, 11 ; 13, 2 ; 20, 1 ; 20, 8 ; 20, 11.

Sémitisme : Ce qui est propre aux Sémites, arabes ou juifs. Les sémitismes sont les tournures propres de ces langues.

Les Septante : abrégés en LXX : la grande version grecque de la Bible réalisée à Alexandrie au troisième siècle avant le Christ. C'est ce texte que les apôtres et l'Église ont utilisé dans le monde de langue grecque, de fait, dans tout l'empire romain durant plus de trois siècles.

Serviteur de Yahvé : La seconde partie du livre d'Isaïe contient quatre poèmes admirables (Is 42, 1-9 ; 49, 1-7 ; 50, 4-11 ; 52, 13-53, 12) qui présentent le parfait serviteur de Yahvé. Dès les premières heures, l'Église a reconnu son Seigneur sous les traits de ce saint serviteur (Ac 3, 13 et 26 ; 4, 27 et 30).

Sicle ou **Shekel :** une mesure de poids. Il devient une monnaie d'or ou d'argent. Six shekels d'or en valent 50 d'argent. Le demi-sicle du sanctuaire vaut deux drachmes, c'est-à-dire un statère (Mt 17, 24).

Silas ou **Sylvain :** compagnon de Paul : Ac 15, 22-40 ; 16, 19 ; 17, 14 ; 18, 5 ; 2 Co 1, 19. Devenu secrétaire de Pierre : 1 P 5, 12.

Siméon : une des douze tribus d'Israël. Et c'est le nom du vieillard qui prophétise en Lc 2, 25.

Simon : surnommé Képhas, deviendra Simon Pierre dans l'Église grecque et latine : Mt 16, 16. Voir Pierre.

Simonie : C'est le commerce des choses saintes : voir Ac 8, 9.

Sodome : lieu désolé, un énorme bloc de sel couvert de plâtre et de roches. Il a fait naître bien des traditions : Gn 13, 13 ; 18, 23 ; 14, 10 ; Ez 16, 49. Sodome est mentionnée en Mt 10, 15 et 11, 23 ; 2 P 2, 6.

Sunem : voir Naïm.

Suzanne : une des femmes qui suivaient Jésus : Lc 8, 3.

Sylvain : voir Silas.

Synagogue : Le mot hébreu est presque le même que pour église. C'est à la fois la communauté et le lieu de culte. Elle est dirigée par un conseil de chefs : Mc 5, 22 ; Ac 18, 8 et 17. Sur le culte de la synagogue, voir la note en Mc 1, 21.

Tabitha : ressuscitée par Pierre : Ac 9, 4.

Talent : en hébreu, une chose ronde. Au début, c'était un poids de 59 kg. Puis il s'est réduit à 48 et à 35 kg.

Temple : Les Israélites ont eu leur premier Temple en Palestine, sur un projet du roi David (2 S 7, 2) réalisé par Salomon. Voir les notes de 1 R 6, 2 et 6, 14. Ce Temple (la Bible parle habituellement de la Maison) remplace la Tente qui abritait l'Arche depuis les temps du désert (Ex 33, 7 ; Nb 16, 18 ; Dt 31, 14 ; 1 S 2, 22 ; 1 R 8, 4). Détruit en 587 av. J.C. (2 R 25, 9), le Temple est rebâti avec des moyens pauvres au retour d'Exil. Construit de nouveau de façon magnifique par Hérode (Mt 24, 1 ; Jn 2, 20), il sera incendié et détruit par les Romains en l'an 70 de notre ère.

La Tente : C'est le sanctuaire des Hébreux au désert. Voir Ex 25-40 et les notes en 25, 40 et Nb 9, 15. Jean reprendra cette figure en Jn 1, 14.

Terre : Ce mot peut désigner la terre entière. La Terre peut aussi désigner la Palestine, terre promise par Dieu.

Testament : voir Alliance. Voir Ga 3, 15 et He 9, 16.

Thabor : un mont d'altitude fort modeste (600 m) posé comme un chapeau sur la plaine de Yizréel. Ancien lieu saint des Cananéens. Là se réunissent les tribus du nord pour la victoire sur les rois de Canaan (Jg 4-5). C'est le lieu le plus probable pour la transfiguration de Jésus : Mc 9, 2.

Lac de Tibériade : Ce nom (Jn 21, 1) vient de la ville (Jn 6, 23) construite sur la rive par Hérode Antipas au temps de Jésus. Dans l'Ancien Testament, il est appelé mer de Kinnéret (Nb 34, 11 ; Dt 3, 17 ; 1 R 15, 20). Dans le Nouveau Testament, il est appelé mer de Génésareth (Mt 14, 34 ; Lc 5, 1) ou mer de Galilée. Le lac sert de modérateur au Jourdain. Il a 15 km de large et 20 de long. Situé dans la grande dépression, sa surface est à 200 m au-dessous du niveau de la mer.

Timothée : choisi par Paul : Ac 16, 1. Avec Paul en Ac 17, 14 ; 18, 5 ; 19, 22 ; 20, 4. Mentionné en Rm 16, 21 ; 1 Co 4, 17 ; 16, 10 ; 2 Co 1, 1 ; 1, 19 ; Ph 1, 1 ; 2, 19 ; Col 1, 1 ; 1 Th 1, 1 et 3, 2 ; 2 Th 1, 1 ; 1 Tm 1, 2 ; Phm 1 ; He 13, 23.

Tite : auxiliaire de Paul, ses rapports avec les Corinthiens : 2 Co 2, 13 ; 7 ; 8 ; 12, 18 ; problème de la circoncision : Ga 2, 1 ; mission en Dalmatie : 2 Tm 4, 10.

Tradition et **traditions :** On appelle tradition apostolique l'ensemble des faits, gestes et paroles de Jésus que les apôtres ont transmis à la communauté. L'Église, comme toute communauté, a également ses traditions : Mc 7, 1 ; Ac 23, 6 ; 1 Co 11, 17 ; 11, 23 ; Ga 1, 12 ; 2 Tm 3, 14.

Tribus : les douze tribus d'Israël, considérées comme la descendance des douze fils de Jacob : voir notes en Gn 29, 1 ; 35, 23 ; 49, 3. Leur liste en Nb 1, 18 ; Dt 33 ; Ez 48 ; Ap 7, 5. Voir aussi Mc 3, 13.

Trinité : Ce mot est une façon de nommer Dieu tel qu'il s'est révélé dans la Bible : le Père, le Fils et l'Esprit. Voir en Jn 1, 1 ; Ep 3, 1 ; Jn 15, 26. Voir aussi Monothéisme.

Vertus : Toutes les vertus chrétiennes sont animées par celles qu'on appelle vertus théologales, c'est-à-dire divines : la foi, l'espérance et la charité.

Vices : catalogues de vices dans le N.T. : Mc 7, 21 ; Rm 1, 26 et 29 ; 1 Co 5, 9 et 6, 9 ; 2 Co 12, 20 ; 1 Tm 1, 9.

Vocation : signifie appel. L'A.T. nous raconte l'appel de Moïse (Ex 3, 1) ; de Gédéon (Jg 6, 11) ; de Samuel (1 S 3, 1) ; Élisée (1 R 19, 19 ; Isaïe (Is 6, 1) ; Jérémie (Jr 1,5) ; Ézéquiel (Ez 1, 5) ; Amos (Am 7, 14). Le N.T. garde l'appel de Marie (Lc 1, 26) ; des apôtres (Mc 1, 16 ; 2, 1 ; 3, 14 ; Lc 5, 11) ; de Paul (Ac 9, 1). Les apôtres montrent que la foi de tout baptisé est la réponse à un appel et un choix de Dieu : Rm 1, 7 ; 8, 28 ; 9, 24 ; 1 Co 1, 9 et 26.

Vulgate : nom donné à la version latine de la Bible réalisée par saint Jérôme, prêtre romain d'origine dalmate (l'actuelle Bosnie) autour de l'an 360. Elle a été la Bible officielle de l'Église latine jusqu'à 1950.

Yahvé(ou **Yahweh**) **:** sur la signification de ce nom, voir les notes en Ex 3, 14 et 6, 2. Au IVe siècle avant le Christ, les Juifs cessèrent de prononcer ce nom, mais ils l'ont conservé de façon artificielle dans le texte sous la forme Yéhovah. Depuis le XVIe siècle, certaines bibles écrivent Jéhovah. D'autres, plus fidèles au génie hébraïque, écrivent YHWH. Ici nous gardons le nom divin tel qu'Israël, Moïse et les prophètes l'ont connu et prononcé durant neuf siècles.

Zacharie : C'est le nom du prophète auteur du livre de ce nom. Il y a aussi le père de Jean Baptiste : Lc 1, 5 ; 1, 59.

Zachée : le publicain : Lc 19, 1.

Zélotes : Les Zélotes étaient fanatiques comme les Esséniens, politiques comme les Sadducéens. On trouvait chez eux bien des Esséniens qui en étaient arrivés à penser que les armes sont plus efficaces que la prière. À l'époque de l'Évangile, ils restaient les héritiers d'une longue tradition qui, depuis le prêtre Pinhas (Nb 25, 7) jusqu'aux Maccabées, avait défendu l'honneur d'Israël et l'indépendance nationale. Postérieurement, ils s'organiseront et prendront une part décisive au soulèvement contre Rome en 66.

Zorobabel : Descendant des rois de Juda, il fut gouverneur de ceux qui rentrèrent d'Exil mais sa lignée se perdit : Esd 3, 2 ; 5, 2 ; Ne 12, 1 ; Ag 2, 20 ; Mt 1, 12 ; Lc 3, 27.

MESURES ET MONNAIES

Longueur		Poids	
Doigt	2 cm	Géra	0,6 g
Palme	7,5 cm	Demi-sicle	5,7 g
Empan	22 cm	Sicle	11,4 g
Coudée	44 cm	Livre	326 g
Brasse	1,85 m	Mine	571 g
Stade	185 m	Talent	34,272 kg
Mille	1480 m		

Capacité (solides)		(liquides)	
Dixième	4,5 l	Pinte	0,6 l
Boisseau	15 l	Sétier	7,5 l
Mesure	45 l	Mesure	45 l
Muid	450 l	Muid	450 l

Monnaie : Elle apparaît au Proche-Orient vers le VIIIe s. av. J.C. et dans les textes bibliques après le retour de la captivité. Dans le N.T., les monnaies mentionnées sont grecques (tétradrachme, didrachme et drachme) ou romaine (denier, as et quart d'as).

Tétradrachme :	environ 16 g argent
Drachme et denier :	4 g argent
Obole :	0,75 g argent
As :	10 g bronze

MOIS et FÊTES (Voir: **Calendrier**, **Fêtes juives**)

1 Nisan (Abib)	Mars-Avril	Pâques, Azymes, premières gerbes
2 Iyar (Ziv)	Avril-Mai	
3 Sivan	Mai-Juin	Pentecôte
4 Tammouz	Juin-Juillet	
5 Av	Juillet-Août	
6 Eloul	Août-Sept.	
7 Tishri (Etanim)	Sept.-Oct.	Nouvel An, Expiation, les Tentes
8 Mareshvan (Bul)	Oct.-Nov.	
9 Kisleu	Nov.-Déc.	Dédicace
10 Tebet	Déc.-Janvier	
11 Shebat	Janv.-Février	
12 Adar	Fév.-Mars	Les Purim

TABLE DES MATIÈRES

784

CARTES

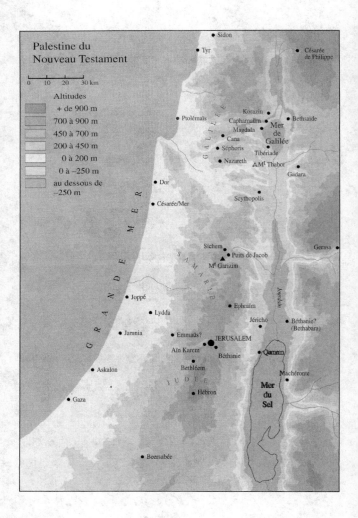

Palestine du Nouveau Testament

0   10   20   30 km

Altitudes

+ de 900 m
700 à 900 m
450 à 700 m
200 à 450 m
0 à 200 m
0 à –250 m
au dessous de –250 m

GRANDE MER

Sidon
Tyr
Césarée de Philippe
Ptolémaïs
Korazin
Capharnaüm
Bethsaïde
Magdala
Mer de Galilée
Cana
Séphoris
Tibériade
Nazareth
Mt Thabor
Gadara
GALILÉE
Dor
Césarée/Mer
Scythopolis
Sichem
Puits de Jacob
Gerasa
Mt Garizim
SAMARIE
Joppé
Lydda
Ephraïm
Jéricho
Béthanie? (Bethabara)
Jamnia
Emmaüs?
JÉRUSALEM
Aïn Karem
Béthanie
Qamrân
Askalon
Bethléem
JUDÉE
Machéronte
Gaza
Hébron
Mer du Sel
Beersabée
Jourdain

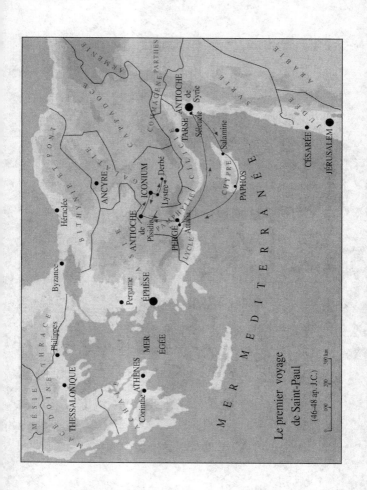

Le premier voyage
de Saint-Paul

(46-48 ap. J.C.)

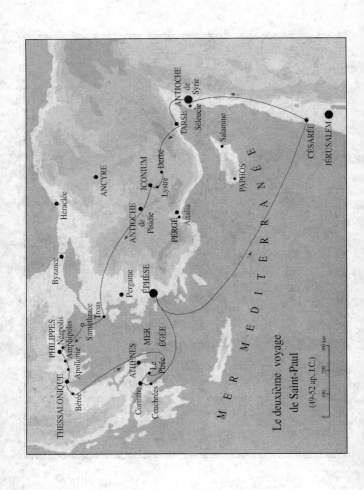

Le deuxième voyage de Saint-Paul

(49-52 ap. J.C.)